La thérapie des schémas

carrefour des psychothérapies

Collection dirigée par Edith GOLDBETER-MERINFELD

carrefour des psychothérapies

La thérapie des schémas

Approche cognitive des troubles de la personnalité

Jeffrey E. YOUNG

Janet S. KLOSKO, Marjorie E. WEISHAAR

Traduction de Bernard PASCAL

Préface de Jean COTTRAUX

de boeck

Ouvrage original :
YOUNG, J.E. - KLOSKO, J.S. - WEISHAAR, M.E., *Schema Therapy. A Practioner's Guide*
© 2003 The Guilford Press

Pour toute information sur notre fonds et les nouveautés dans votre domaine de spécialisation, consultez notre site web : **www.deboeck.com**

© De Boeck Supérieur s.a., 2005
Fond Jean Pâques, 4 – 1348 Louvain-la-Neuve

1re édition
11e tirage 2014

Imprimé en Belgique

Dépôt légal :
Bibliothèque nationale, Paris : juin 2005
Bibliothèque royale de Belgique, Bruxelles : 2005/0074/137

ISSN 1780-9517
ISBN 978-2-8041-4881-2

Les auteurs

Jeffrey E. Young, PhD, travaille au Département de psychiatrie de l'Université de Columbia (USA). Il est également fondateur et directeur des Centres de thérapie cognitive de New York et du Connecticut, ainsi que de l'Institut de schéma-thérapie. Le Dr Young est l'auteur de nombreuses publications internationales de thérapie cognitive depuis 20 ans. Il a formé des milliers de professionnels de santé mentale et il est particulièrement renommé pour ses capacités pédagogiques.

Il est le créateur de la thérapie des schémas (ou schéma-thérapie), approche intégrative des troubles chroniques et des patients difficiles à traiter, et il a publié deux livres importants — *Cognitive Therapy for Personality Disorders : A Schema-Focused Approach*, écrit pour les professionnels de santé mentale, et un livre traduit en français, *Je réinvente ma vie* (avec Janet S. Klosko), destiné au grand public. Il a été consultant dans plusieurs études subventionnées par le gouvernement américain, telle la *Collaborative Study of Depression* du *National Institute of mental health*. Le Dr Young fait également partie du comité de rédaction des périodiques suivants : *Cognitive Therapy and Research* et *Cognitive and Behavioral Practice*.

Janet S. Klosko, PhD, est co-directeur du Centre de thérapie cognitive de Long Island, New York, et psychologue à l'Institut de schéma-thérapie de Manhattan ainsi qu'au Centre de santé féminine de Woodstock, à New York. Elle est diplômée en psychologie clinique de la State University of New York (SUNY) à Albany, et a enseigné à la Brown University Medical School. À la SUNY, elle a travaillé avec David H. Barlow, dans le domaine des troubles anxieux. Le Dr Klosko a obtenu deux distinctions : la *Albany Award for Excellence in Research* et une *Dissertation Award* de l'*American Psychological Association*. Elle est co-auteur (avec

William Sanderson) de *Cognitive-Behavioral Treatment of Depression*, et (avec Jeffrey E. Young) de *Je ré-invente ma vie*.

Marjorie E. Weishaar, PhD, est professeur de psychiatrie à la Brown University Medical School, où elle enseigne la thérapie cognitive ; elle y a reçu deux distinctions pour son enseignement. Elle est diplômée de l'Université de Pennsylvanie. Elle a été formée à la thérapie cognitive par Aaron T. Beck, et à la schéma-thérapie par Jeffrey E. Young. Elle est l'auteur de *Aaron T. Beck*, un livre sur la thérapie cognitive et son fondateur. Elle est également l'auteur de nombreux articles et chapitres de livres de thérapie cognitive, notamment dans le domaine du risque suicidaire. Actuellement, elle exerce à titre privé à Providence, Rhode Island.

Remerciements du traducteur

Je tiens particulièrement à remercier Jean Cottraux pour le soutien qu'il a apporté à ce travail de traduction, ainsi que pour son enseignement de thérapie cognitive et comportementale à l'Université de Lyon 1.

Je remercie également Christine, ainsi que Marie, Jean-Loup, Camille et Rémi, pour leur contribution au bon état de fonctionnement de mes schémas cognitifs personnels.

Enfin, j'adresse à Marie mes remerciements pour sa re-lecture de la traduction.

Bernard PASCAL

Note du traducteur

Dans cette traduction, un certain nombre de termes sont présentés avec des lettres capitales : cette façon de rédiger veut signifier que les substantifs et leurs adjectifs épithètes, repérés par une lettre capitale, correspondent à une entité définie par les auteurs.

Ainsi, partout où le lecteur trouvera l'expression Schéma, Schéma Précoce Inadapté, il sera fait référence aux définitions respectives de ces termes, telles qu'elles sont présentées dans le modèle théorique (chapitre 1).

De même, chacun des dix-huit Schémas Précoces Inadaptés sera présenté tout au long du livre avec des capitales : par exemple « Droits Personnels Exagérés/Grandeur », ou « Fusionnement/Personnalité Atrophiée », ou encore « Punition ». De cette manière, on différenciera aisément l'acception « punition » au sens large de sanction et celle de « Punition » faisant référence au sens restreint de Schéma Précoce Inadapté de Punition.

Il en sera de même pour chacun des dix modes de Schémas répertoriés par les auteurs : l'Enfant Vulnérable, le Protecteur Détaché, sont des exemples de modes définis aux chapitres 1 et 8.

Pour traduire le terme « schema therapy », le terme de thérapie des schémas a été choisi plutôt que celui de schéma-thérapie. Ce dernier m'a paru trop se rapprocher d'une sorte de label qui annoncerait la naissance d'une méthode radicalement nouvelle, alors que le terme de thérapie des schémas est plus approprié à la terminologie utilisée par Jeffrey Young dans son livre princeps « Cognitive therapy for personnality disorders : A schema-focused approach » (1990). En parlant de thérapie des schémas, on signifie que la thérapie cognitive des troubles de la personnalité dirige le projecteur sur les schémas cognitifs, tout en se plaçant dans le prolongement de la thérapie cognitivo-comportementale classique.

Néanmoins, le terme de « schéma-thérapeutes » est utilisé dans ce livre pour désigner les praticiens qui utilisent cette approche thérapeutique, ceci afin d'alléger l'écriture et d'éviter de longues périphrases.

Dr Bernard PASCAL
1 Montée Saint-Nicolas
F- 38420 Domene
E-mail : berpas@free.fr

Préface de l'édition américaine

Il est difficile de croire que 9 ans se sont écoulés depuis notre dernier livre important de schéma-thérapie. Au cours de cette décennie, qui connut l'intérêt naissant pour cette approche thérapeutique, on nous a régulièrement demandé : « Quand écrirez-vous une mise à jour d'un manuel thérapeutique de synthèse ? » Un peu gênés, nous étions bien obligés de répondre que nous n'en avions pas encore trouvé le temps.

Après 3 ans de travail intense, nous avons enfin rédigé ce qui, nous l'espérons, deviendra la « bible » pratique de la thérapie des schémas. Nous avons essayé d'inclure dans ce livre toutes les nouveautés des 10 dernières années, notamment notre modèle conceptuel réactualisé, des protocoles thérapeutiques détaillés et des exemples de cas. Nous avons consacré, en particulier, deux chapitres importants au traitement des troubles de personnalité borderline et narcissique.

Au cours des 10 dernières années, le domaine de la santé mentale a connu de nombreux changements qui ont eu un impact en thérapie des schémas. Les praticiens de toutes orientations n'étant pas satisfaits des limites des psychothérapies classiques, il est parallèlement apparu un intérêt pour les tendances intégratives en psychothérapie. Étant une des premières approches intégratives, la thérapie des schémas a attiré de nombreux thérapeutes qui recherchaient un guide les autorisant à dépasser les limites des modèles existants.

L'un des signes évidents de cet intérêt grandissant pour la thérapie des schémas est l'usage largement répandu du Questionnaire des Schémas de Young (YSQ) par les cliniciens et les chercheurs au niveau mondial. Le YSQ a déjà été traduit en espagnol, grec, néerlandais, français, japonais, norvégien, allemand et finlandais, pour ne citer que certains des pays où l'on utilise des éléments de ce modèle. Les nombreuses recherches sur le YSQ soutiennent de façon importante le modèle du Schéma.

L'autre témoin de l'intérêt porté à la schéma-thérapie est le succès de nos deux premiers livres, même 10 ans après leur sortie : *Cognitive Therapy for Personality Disorders : A Schema-Focused Approach* en est à sa troisième édition, et *Je ré-invente ma vie*, qui s'est vendu à plus de 125 000 exemplaires, est toujours disponible en librairie et a été traduit en plusieurs langues.

La dernière décennie a également connu l'extension de la thérapie des schémas au-delà des indications que représentent les troubles de personnalité. Cette approche a pu être appliquée à un grand nombre de problèmes cliniques, tels que la dépression chronique, les traumatismes infantiles, les problèmes de criminalité, les troubles alimentaires, les problèmes de couple et la prévention de rechute dans les conduites addictives. On utilise souvent la thérapie des schémas pour traiter des problèmes caractériels chez des patients ayant des troubles de l'Axe I, une fois les symptômes aigus disparus.

La spiritualité a contribué à un autre développement important de la thérapie des schémas. Il est paru trois livres (*L'alchimie des émotions*, de Tara Bennett-Goleman ; *Praying through our Lifetraps : a Psycho-spiritual path to Freedom*, de John Cecero ; et *The Myth of More*, de Joseph Novello) qui associent la thérapie des schémas et la méditation de pleine conscience (*mindfulness*) ou d'autres pratiques religieuses traditionnelles.

Il est décevant de constater, et on peut espérer que cela changera dans les dix ans à venir, l'effet négatif de la maîtrise des dépenses publiques en matière de traitement des troubles de personnalité aux États-Unis. Il est devenu de plus en plus difficile pour les praticiens d'obtenir le remboursement de leurs interventions par les assurances sociales. De même, les chercheurs ont beaucoup de mal à faire subventionner leurs recherches par le gouvernement fédéral ; ceci parce que les traitements pour l'Axe II sont plus longs et ne correspondent donc pas aux modèles habituels de prise en charge. Si bien qu'en matière d'aide accordée aux travaux sur les troubles de personnalité, les États-Unis sont maintenant à la traîne par rapport à bien d'autres pays.

La réduction de cette aide a eu pour conséquence le faible nombre d'études bien conduites dans ce domaine. (À l'exception de celle sur l'approche comportementale et dialectique de Marsha Linehan pour le traitement des borderlines.) Il nous a donc été très difficile d'obtenir des subventions pour des études susceptibles de démontrer l'intérêt pratique de la thérapie des schémas.

Nous nous tournons actuellement vers d'autres pays pour obtenir la subvention d'études dans ce domaine. Aux Pays-Bas, Arnoud Arntz dirige une étude importante, en voie d'achèvement, qui nous intéresse tout particulièrement. Cette étude multicentrique à grande échelle compare la thérapie des schémas à l'approche d'Otto Kernberg dans le domaine du traitement du trouble de personnalité borderline. Nous en attendons les résultats avec impatience.

Pour les lecteurs qui ne sont pas familiers à la schéma-thérapie, nous passerons en revue les nombreux avantages de cette méthode par rapport aux autres thérapies les plus courantes. Si on la compare à d'autres approches, la thérapie des schémas est plus intégrative, elle fait intervenir des aspects de la thérapie cognitivo-comportementale, de la psychodynamique (notamment les relations d'objet), de la théorie de l'attachement (Bowlby) et de la Gestalt. La schéma-thérapie considère que la composante cognitivo-comportementale est l'essentiel du traitement, mais elle donne aussi une valeur égale aux méthodes émotionnelles et à la relation thérapeutique.

Un autre bénéfice important de la schéma-thérapie est son apparente simplicité, bien qu'elle soit, en fait, une méthode complexe et qu'elle agisse en profondeur. Elle est simple à comprendre, aussi bien pour les patients que pour les thérapeutes. Le modèle du schéma fait appel à des idées complexes, dont beaucoup apparaissent confuses aux patients qui reçoivent d'autres thérapies, et ce modèle les présente d'une manière simple et directe. La thérapie des schémas se sert donc du bon sens de la thérapie cognitivo-comportementale, tout en ayant la profondeur de la psychodynamique et des approches voisines.

La schéma-thérapie retient deux caractéristiques principales de la thérapie cognitive et comportementale : elle est structurée et systématisée. Le thérapeute suit une séquence de techniques diagnostiques et thérapeutiques. La phase de diagnostic comprend l'administration de questionnaires qui évaluent les schémas et les stratégies d'adaptation. Le traitement est actif, directif, en vue du changement cognitif, émotionnel, interpersonnel et comportemental. La thérapie des schémas peut aussi être utile en thérapie de couple, pour aider chacun des deux partenaires à comprendre et guérir leurs schémas.

Un autre avantage de ce modèle est sa spécificité. Il détermine de façon spécifique des *schémas*, des *styles d'adaptation* (stratégies) et des *modes de schémas*. De plus, il établit des méthodes thérapeutiques spécifiques elles aussi, permettant le *re-parentage partiel* approprié et adapté aux besoins de chaque patient. Il fournit une méthode accessible pour comprendre et travailler avec la *relation thérapeutique*. Les thérapeutes surveillent leurs propres schémas, leurs styles d'adaptation et leurs modes, au cours des séances avec les patients.

Enfin, et c'est peut-être le plus important, nous estimons que l'approche des schémas est humaine et empreinte de compassion, si on la compare à un « simple traitement ». Elle normalise, au lieu de les pathologiser, les troubles psychologiques : chacun d'entre nous a ses schémas, ses styles d'adaptation et ses modes de schémas — ils sont simplement plus extrêmes et plus rigides chez les patients que nous sommes amenés à traiter. Cette approche est sympathique et respectueuse, particulièrement vis-à-vis des patients les plus sévèrement atteints, comme les borderlines, qui sont souvent traités avec très peu de compassion et avec une attitude de réprimande dans les autres méthodes psychothérapiques. Les concepts de *confrontation empathique* et de *re-parentage partiel* incitent les thérapeutes à une attitude très attentionnée vis-à-vis des patients. L'utilisation des modes facilite le processus de confrontation, elle permet au thérapeute de confronter de façon agressive les comportements rigides et inadaptés, tout en restant allié avec le patient.

Pour finir, nous insistons sur les nouveaux développements que la schéma-thérapie a connus au cours des dix dernières années. Tout d'abord, la liste des schémas a été revue de façon plus large et elle comprend actuellement 18 schémas, appartenant à cinq domaines. Ensuite, nous avons développé de nouveaux protocoles, détaillés, pour le traitement des troubles de personnalité borderline et narcissique. Ces protocoles ont étendu la portée de la schéma-thérapie, essentiellement grâce à l'adjonction du concept de *mode de schémas*. Troisièmement, nous insistons beaucoup plus sur les styles d'adaptation, notamment l'évitement et la compensation, et sur leur modification grâce aux techniques comportementales. Notre but est de remplacer des styles d'adaptation dysfonctionnels par d'autres, plus sains, qui permettront aux patients de *satisfaire leurs besoins affectifs fondamentaux*.

Avec le développement et la maturation de la schéma-thérapie, nous avons insisté davantage sur le re-parentage partiel pour tous les patients, notamment ceux qui souffrent de troubles sévères. Dans le cadre des limites appropriées de la relation thérapeutique, le thérapeute essaie de combler les besoins affectifs infantiles insatisfaits du patient. Enfin, nous insistons sur les schémas et styles d'adaptation personnels du thérapeute, dans le cadre de la relation thérapeutique.

Nous espérons que ce livre apportera aux thérapeutes une nouvelle approche des patients ayant des scénarios et des thèmes récurrents chroniques et que la thérapie des schémas permettra des bénéfices significatifs à ces patients extrêmement demandeurs et difficiles que notre approche a pour but de traiter.

Préface

Il est rare que le public francophone ait aussi rapidement une traduction de qualité d'un ouvrage fondamental, paru en 2003, comme *La thérapie des schémas*, de Jeffrey Young, Janet Klosko et Marjorie Weishaar. Il faut donc louer la célérité et la précision de la traduction de Bernard Pascal, qui a su restituer la saveur du texte original, et en remercier les Éditions De Boeck.

Pour permettre au lecteur francophone d'aborder cet ouvrage plus facilement, je vais tenter de clarifier la notion de schéma, en la mettant en perspective.

1 UNE BRÈVE HISTOIRE DES SCHÉMAS COGNITIFS

Bien que le terme de schéma ait été élaboré par les penseurs de la Grèce antique, il faut attendre le XVIIIe siècle pour voir apparaître, véritablement, une définition opérationnelle des schémas cognitifs. Emmanuel Kant, dans *La Critique de la raison pure* distinguait les choses en soi, ou noumènes, de leurs apparences : les phénomènes. Et il soutenait que personne ne pouvait se vanter de connaître ou comprendre le monde nouménal. En fait chacun doit imposer aux objets du monde extérieur trois catégories mentales « a priori », qui sont des schèmes : le temps, l'espace et la causalité. Ils spécifient la forme du monde des apparences. L'homme va imposer aux objets les catégories de son entendement, mais il ne peut connaître que ce qui tombe dans ces catégories. Kant propose donc l'un des premiers modèles psychologiques de traitement de l'information.

À partir de là on peut distinguer deux manières de concevoir les schémas :

- les schémas font partie de la structure du système nerveux ;
- les schémas représentent un principe organisateur de la vie psychologique qui se rattache aux croyances imprimées par les expériences vécues.

Comme on va le voir, à la lumière des données actuelles des neurosciences cognitives, ces deux conceptions ne sont pas irréconciliables.

a. Schéma et structure du système nerveux

Le terme de schéma a été ensuite utilisé par les neurologues pour désigner les localisations cérébrales qui sont le support de l'identité. En particulier on doit à Head (1918) la notion de schéma corporel, localisé dans le lobe pariétal qui assure la stabilité de l'image du corps et donc de la représentation de soi, au cours de l'action.

Le grand neuropsychologue de la mémoire Bartlett (1932) rattache les schémas cognitifs à la mémoire sémantique, à savoir la partie de la mémoire qui conserve les significations, les concepts et les plans d'action.

Piaget dans de nombreux travaux, résumés dans un ouvrage de 1964, décrit deux grands processus qui permettent de rendre compte du développement cognitif :

- l'assimilation rend le monde semblable au sujet et à ses schémas ;
- l'accommodation tient compte de la réalité du monde et modifie les schémas.

Il existe donc une série d'équilibres successifs qui partent des schèmes **innés** sensori-moteurs les plus élémentaires : sucer et prendre, pour aller vers les stades les plus élaborés de la connaissance : les opérations logiques concrètes puis abstraites. Les notions d'assimilation au schéma et d'accommodation du schéma ont été reprises par les thérapeutes cognitivistes qui ont mis au point la thérapie cognitive des troubles de la personnalité (Layden *et al.*, 1993).

b. Schéma et système personnel de croyances

Alfred Adler, après sa rupture avec Freud, est sans doute le premier psychothérapeute à décrire les schémas cognitifs. Il parle du « schéma d'aperception » pour rendre compte de la vision personnelle que chacun a du monde et de lui-même, dans un ouvrage qui s'appelle *La science de la vie*

(1929). Selon Adler, la psychopathologie reflète les schémas névrotiques individuels. Son œuvre a une influence reconnue sur la thérapie cognitive moderne (Sperry, 1997).

Il faut souligner le rôle important joué par Georges Kelly dont l'œuvre, peu connue en Europe, a eu une influence décisive aux USA. En 1955, Kelly avait forgé le terme de « construction personnelle » pour désigner des structures ou des dimensions bipolaires qui reflètent des convictions et des jugements concernant soi-même, le monde et les autres. Les constructions personnelles peuvent se fragmenter et provoquer des comportements contradictoires. On peut aussi se trouver devant des oscillations rapides entre les deux pôles, qui se manifesteront par l'ambivalence des jugements sur les autres en « noir et blanc ». Kelly avait validé ce modèle par l'analyse factorielle et proposé une thérapie « des rôles fixés » qui représentait un précurseur de la thérapie cognitive.

2 La thérapie cognitive

Beck a utilisé le terme de schéma dès 1967. À partir d'un deuxième ouvrage sur la dépression, paru en 1979, la thérapie cognitive se complexifie (Alford et Beck, 1997). Le modèle cognitif actuel des troubles psychopathologiques peut se résumer en dix propositions :

1. Les schémas représentent des interprétations personnelles et automatiques de la réalité : ils traitent donc l'information de manière inconsciente.
2. Ils influent sur les stratégies individuelles d'adaptation.
3. Ils se manifestent par des distorsions cognitives et des biais spécifiques à chacun des grands types psychopathologiques. En clair, ce sont des « préjugés » ou des « attitudes dysfonctionnelles ».
4. Ces schémas peuvent être à la base de la personnalité et en particulier les schémas précocement acquis.
5. Ils se traduisent par une vulnérabilité cognitive individuelle.
6. Chaque trouble psychopathologique résulte d'interprétations inadaptées concernant soi-même, l'environnement actuel et le futur. On peut citer, par exemple, les schémas d'interprétation négative des événements (dépression), les schémas de danger (phobies et attaques de panique) et les schémas de sur-responsabilité (trouble obsessionnel compulsif).

7. Ces schémas se traduisent par une attention sélective vis-à-vis des événements qui les confirment : ils représentent donc une prédiction qui se réalise.
8. Les schémas pathologiques sont des structures mentales sélectionnées par un environnement et devenues inadaptées à un autre environnement. Ils peuvent avoir présenté une valeur de survie dans l'histoire de l'individu ou bien celle de l'espèce dont ils représentent un vestige, qui a survécu à son utilité pratique.
9. Ils sont à relier à des réseaux de neurones, gérant à la fois les émotions, les croyances et les comportements.
10. L'activation des émotions et des pensées automatiques qui leur sont associées, permet d'accéder au schéma.

On entend par pensée automatique une image ou une pensée dont le sujet n'est pas conscient à moins de se focaliser sur elle. Beck propose, lorsque le sujet, au cours d'une séance de thérapie, ressent une forte émotion, de lui demander quelle est la pensée qui lui vient à l'esprit. Cette mise à jour de constellations de pensées automatiques permettra progressivement de comprendre et d'évaluer les schémas : « l'émotion est la voie royale vers la cognition ».

La thérapie cognitive va s'appliquer rapidement et avec succès à la dépression, aux troubles anxieux, aux troubles de la personnalité (Beck *et al.*, 1990), et plus tardivement aux états psychotiques. Elle sera aussi appliquée à l'étude de la montée de la violence communautaire dans la société, dans un essai prémonitoire publié avant les événements du 11 septembre 2001 par A.T. Beck (1999).

La thérapie comportementale et cognitive représente actuellement la forme de psychothérapie la plus efficace dans la plupart des troubles psychologiques et psychiatriques, ainsi que le montre, à la suite de bien d'autres, le rapport publié par l'INSERM, en 2004.

3 Schémas cognitifs et neurosciences cognitives

Un certain nombre d'auteurs, plus théoriciens que thérapeutes, ont tenté d'ancrer les schémas cognitifs dans les neurosciences cognitives. Ainsi, Ingram et Wisnicki (1991) qui distinguent plusieurs niveaux dans les cognitions selon un modèle que j'appellerai par commodité POPS.

1. **Les Produits cognitifs** qui sont accessibles à la conscience et sont faits de pensées automatiques, d'images mentales et d'émotions.
2. **Les Opérations cognitives** (ou processus cognitifs) : attention, encodage, traitement de nouvelles informations et accès aux anciennes informations.
3. **Les Propositions cognitives** qui sont représentées par le contenu des schémas fait de croyances fonctionnelles ou de dysfonctionnements.
4. **Les Structures cognitives** : elles correspondent à l'organisation des schémas dans la mémoire à long terme. En particulier, dans la mémoire sémantique où les schémas représentent des règles et des abstractions. Ces schémas sont aussi reliés à la mémoire autobiographique qui a enregistré les épisodes personnels de vie.

Le modèle POPS se fonde aussi sur des processus neurobiologiques. Des anomalies de la neurotransmission peuvent entraîner des dysfonctionnements des réseaux de neurones, qui seront modifiés aussi bien par des médicaments que par des thérapies cognitives et comportementales, comme l'ont montré en particulier des travaux de neuro-anatomie fonctionnelle dans les obsessions-compulsions, les phobies sociales et la dépression (Cottraux, 2004).

4 La thérapie des schémas précoces inadaptés

La contribution considérable de Jeffrey Young réside dans la définition, l'étude et la modification des schémas précoces inadaptés par une forme originale de thérapie cognitive. Un premier ouvrage scientifique très influent, publié par Young (1990, 1994), suivi d'un livre plus « grand public » en 1995, avaient « placé sur la carte » cette notion clé. Elle est développée, avec le recul de quinze ans de travaux, dans le présent ouvrage.

Selon Young, les schémas précoces inadaptés représentent des modèles ou des thèmes importants et envahissants pour l'individu. Ils sont constitués de souvenirs, d'émotions, de pensées et de sensations corporelles. Ils concernent la personne et ses relations avec les autres. Ils se sont développés au cours de l'enfance ou de l'adolescence. Ils se sont enrichis et complexifiés tout au long de la vie. Cinq grands domaines de fonctionnement sont explorés : séparation et rejet, manque d'autonomie et de performance, manque de limites, orientation vers les autres, sur-vigilance et inhibition.

Le schéma n'est pas un comportement, mais les stratégies individuelles d'adaptation vont entraîner un style relationnel particulier, pour tenter de résoudre les problèmes qu'il pose. Ainsi, par exemple, une personne qui se sent inférieure peut soit devenir égocentrique pour compenser (personnalité narcissique), soit se vouloir persécutée (personnalité paranoïaque), ou encore chercher la protection d'autrui (personnalité dépendante).

Les schémas précoces inadaptés se traduisent dans des comportements autodéfaitistes, qui apparaissent très tôt dans le développement et se répètent tout au long de la vie. Les contenus des schémas sont latents et évités par le sujet qui ne peut reconnaître qu'ils guident sa vie. Ils représentent donc un des éléments constitutifs de la personnalité et sont à la source des scénarios de vie, selon lesquels un individu va répéter sans cesse les mêmes erreurs en croyant que sa vie va changer (Cottraux, 2001).

Les schémas précoces sont mesurés par le Questionnaire des Schémas de Young dont plusieurs versions existent. Ce questionnaire a été traduit en français et revalidé (Lachenal-Chevallet, 2002), ce qui a, en particulier, montré qu'il présentait des scores significativement plus élevés chez des personnalités borderline que chez des sujets tirés de la population générale. On trouvera en annexe de cet ouvrage une version de ce questionnaire. Il existe également une forme abrégée. Elle vient d'être revalidée, dans sa version française (Lachenal-Chevallet *et al.*, 2004).

À la suite d'autres auteurs du courant comportemental et cognitif, Young s'est efforcé d'ancrer son modèle dans les perspectives actuelles des neurosciences concernant les relations entre le conditionnement émotionnel et les souvenirs traumatiques, développées par LeDoux (1996, 2003). Cependant, les schémas ne résultent pas tous d'expériences traumatiques intenses et ponctuelles, ils peuvent avoir été stabilisés pas des expériences précoces répétées et nocives. Le rôle du psychothérapeute est donc « d'aider le patient à mettre des mots sur l'expérience émotionnelle du schéma ». Ce dernier ne sera peut-être jamais complètement modifié, car il est inscrit dans le cerveau émotionnel, mais le sujet pourra vivre une vie plus satisfaisante, à travers les modifications cognitives émotionnelles et comportementales proposées par un thérapeute actif.

Plusieurs études contrôlées commencent à voir le jour et à démontrer l'efficacité de cette approche dans le trouble de personnalité borderline. En particulier, une étude hollandaise a montré la supériorité de la Thérapie Cognitive des Schémas par rapport à la Thérapie Psychanalytique après une thérapie de trois ans (Giesen-Bloo *et al.*, 2004). D'autres études contrôlées, dans la même indication, sont en cours en particulier à Philadelphie (Cory Newman), à Glasgow (Kate Davidson : Boscot Project) et à Lyon et Marseille (Jean Cottraux et Ivan Note : Programme Hospitalier de Recherche Clinique). Elles permettront d'évaluer, de manière toujours plus précise, l'apport de cette nouvelle psychothérapie.

L'essentiel du présent ouvrage réside dans la présentation d'un modèle pratique et structuré de psychothérapie fondé tout autant sur des interventions cognitives que comportementales. Le lecteur intéressé à la psychologie trouvera, ici, de quoi satisfaire sa curiosité et le psychothérapeute le moyen d'enrichir sa pratique, en particulier dans le domaine difficile du traitement des personnalités narcissiques et du trouble de personnalité borderline.

La thérapie des schémas, en moins de quinze ans, a séduit aussi bien les psychothérapeutes que les patients en Amérique et en Europe. Cet ouvrage magistral en présente une peinture vivante, à travers de nombreuses histoires de cas, où les difficultés de la relation thérapeutique et la résolution des différents problèmes rencontrés par le clinicien, sont particulièrement bien étudiées.

Jean COTTRAUX [1]
Psychiatre des Hôpitaux,
Chargé de cours à l'Université Lyon 1

1. Founding Fellow : Cognitive Therapy Academy, Philadelphie
Unité de Traitement de l'Anxiété, Hôpital Neurologique, 59 bd Pinel 69394 LYON
Tél : 33 (0) 4 72 11 80 65 ; Fax : 33 (0) 4 72 35 73 30 ; Mail : cottraux@univ-lyon1.fr

Références

1. Alford B.A, et Beck A.T. *The integrative power of cognitive therapy.* New York, The Guilford Press, 1997.
2. Adler A. *The science of living.* New-York, Harper and Row, 1929 (réédition 1959).
3. Bartlett F.C. *Remembering.* New York, Columbia University Press, 1932.
4. Beck, A.T. *Depression : Causes and treatment.* Philadelphia : University of Pennsylvania Press, 1967.
5. Beck A.T., Rush A.J, Shaw B.F et Emery G. : *Cognitive therapy of depression.* New York, The Guilford Press, 1979.
6. Beck, A.T., Freeman, A., & Coll. *Cognitive therapy of personality disorders.* York, The Guilford Press, 1990.
7. Beck A.T. *Prisoners of Hate : the cognitive basis of anger hostility and violence*, New York, HarperCollins, 1999. Traduction française par Jean Cottraux, Héloise Dupont et Maud Milliery : *Prisonniers de la haine : Les racines de la violence*, Paris, Masson, 2002.
8. Cottraux J. *La répétition des scénarios de vie. Demain est une autre histoire*, Paris, Éditions Odile Jacob, 2001.
9. Cottraux J. *Les thérapies comportementales et cognitives*, Quatrième édition, Paris, Masson, 2004.
10. Head H. *Sensation and the cerebral cortex, Brain*, (1918) Traduit en français in Corraze J : *Schéma corporel et image du corps*, Toulouse, Privat, 1973.
11. Giesen-Bloo J., Arntz A., Van Dijk R, Spinhoven P, et Van Tilburg W., *Schema-focused Therapy versus Transference-focused Therapy for borderline personality disorder : results of a RCT of three years of therapy.* European Association of Behaviour and Cognitive Therapy, XXIVth Annual Congress, Manchester, September 9-11, 2004.
12. Ingram, R.E., & Wisnicki, K. S : Cognition in depression. In PA Magaro (Ed) *Cognitive Bases of Mental Disorders* vol 1, Newbury Park, Ca, Sage, 1991:187-239. Cité pat Elting et Hope in Heimberg R, Liebowitz MR, Hope D et Schneier FR « Social phobia diagnosis and treatment », New York, The Guilford Press, 1995.
13. INSERM. *Psychothérapie : Trois approches évaluées.* Expertise Collective INSERM (O. Canceil, J. Cottraux, B Falissard, M. Flament, J. Miermont, J. Swendsen, M. Teherani, J.M Thurin), Inserm, 2004, 553 pages.
14. Kelly G. A *theory of personality. The psychology of personal constructs.* New York, Norton, 1955.

15. Lachenal-Chevallet K. *Validation du questionnaire des schémas précoces inadaptés de Young et étude exploratoire de l'échelle des croyances LIR de Cottraux.* Note de recherche pour le DEA. Dimensions cognitives et modélisation, Université Lyon II, 2002.
16. Lachenal-Chevallet K., Mauchand P., Cottraux J., Bouvard M., Martin R. Factor Analysis of the Schema Questionnaire-Short Form in a Nonclinical Sample. *Journal of Cognitive Psychotherapy : An International Quaterly*, 2004.
17. Layden, M.A., Newman, C.F., Freeman, A. & Morse, S.B. *Cognitive Therapy of borderline personality disorder.* Boston, Allyn & Bacon, 1993.
18. LeDoux J. *The emotional brain*, New York, Simon and Schuster, 1996.
19. LeDoux J. *Neurobiologie de la personnalité*, Paris, Odile Jacob, 2003.
20. Piaget J. *Six études de psychologie*, Paris, Gonthier, Médiations, 1964.
21. Sperry L. Adlerian psychotherapy and cognitive therapy : An adlerian perspective. *Journal of Cognitive Psychotherapy* : 1997,11, 3, 157-164.
22. Young J. *Cognitive Therapy for personality disorders : A schema-focused approach.* Sarasota, Fl., Professional Resource Press, 1990.
23. Young J. *Cognitive therapy for personality disorders : A schema-focused approach.* Sarasota, Professional Resource Exchange, Revised edition, 1994.
24. Young J. & Klosko J.S. *Je réinvente ma vie* (Traduction : M. Perron). Montréal, Les Éditions de l'Homme, 1995.

Sommaire

Chapitre 1

Modèle théorique de la thérapie des schémas

La thérapie des schémas est une méthode originale et intégrative développée par Young et ses collègues (Young, 1990, 1999). Elle est une expansion des concepts et des traitements cognitivo-comportementaux habituels. Elle rassemble des éléments issus de différentes écoles (la thérapie cognitivo-comportementale, la théorie de l'attachement, la Gestalt-thérapie, le constructivisme et la psychanalyse) en un modèle conceptuel et thérapeutique riche et unificateur.

La schéma-thérapie propose un nouveau système de psychothérapie, particulièrement adapté aux patients souffrant de troubles psychologiques chroniques très enracinés, considérés jusqu'alors comme difficiles à traiter. Dans notre expérience clinique, les patients atteints de troubles de personnalité caractérisés, ainsi que ceux présentant des troubles de l'Axe I sous-tendus par des problèmes caractériels importants, répondent extrêmement bien à la thérapie centrée sur les schémas (parfois associée à d'autres approches thérapeutiques).

1 De la thérapie cognitive à la thérapie des schémas

Pour expliciter les raisons qui ont conduit Young à développer la thérapie des schémas, il est important d'examiner le champ de la thérapie cognitive et comportementale. Les chercheurs et les praticiens cognitivo-comportementalistes ont réalisé d'importants progrès dans le développement de traitements psychologiques efficaces pour les troubles de l'Axe I, notamment les troubles dépressifs, les troubles anxieux, les troubles sexuels, les troubles des conduites alimentaires, les troubles somatoformes et les troubles liés à l'abus de substances. Ces traitements sont généralement de courte durée (environ 20 séances) et sont centrés sur la modification des symptômes, le développement d'habiletés et la résolution des problèmes de la vie du patient.

Cependant, bien que de nombreux patients puissent être aidés par ces traitements, pour beaucoup d'autres, il n'en est rien. Les études de suivi thérapeutique montrent généralement des taux de succès élevés (Barlow, 2001) ; dans la dépression par exemple, le taux de succès après traitement initial est de 60 %. Mais le taux de rechute est d'environ 30 % après un an (Young, Weinberger et Beck, 2001), ce qui laisse un nombre significativement élevé de patients pour lesquels le traitement n'a pas été efficace. Les patients présentant des troubles de personnalité et des problèmes caractériels répondent généralement mal aux traitements cognitivo-comportementaux classiques (Beck, Freeman *et al.*, 1990). La thérapie comportementale et cognitive actuelle doit accepter le défi de développer des méthodes efficaces pour gérer ces patients chroniques, difficiles à traiter.

Les troubles de personnalité peuvent mettre en échec la thérapie cognitive et comportementale classique pour plusieurs raisons. Certains patients nécessitent un traitement pour des symptômes de l'Axe I, tels que l'anxiété ou la dépression, mais ils ne parviennent pas à progresser au cours de la thérapie ou alors ils rechutent une fois le traitement terminé. Prenons l'exemple d'une patiente qui consulte pour le traitement d'une agoraphobie. On lui propose un programme de contrôle respiratoire, de restructuration des idées catastrophiques, et d'exposition progressive aux situations phobogènes ; elle réduit alors de façon importante sa crainte des symptômes de panique et surmonte son évitement dans de nombreuses situations. Cependant, une fois le traitement terminé, la patiente rechute de son agoraphobie. Une vie entière de dépendance, avec des sentiments de vulnérabilité et d'incompétence — ce que nous appelons ses schémas de dépendance et de vulnérabilité — l'empêche de s'aventurer seule dans le monde. Elle manque de confiance en elle pour prendre des décisions, n'a pas réussi à acquérir des habiletés telles que la conduite automobile, la gestion de son entourage, la gestion de son argent et le choix de son avenir. Elle préfère laisser ses proches décider à sa place. Sans l'aide du thérapeute, la patiente est incapable de maintenir les bénéfices thérapeutiques obtenus.

D'autres patients viennent en thérapie comportementale et cognitive pour le traitement de symptômes de l'Axe I, mais après la cure de ces symptômes, il apparaît que le thérapeute doit se centrer sur des problèmes caractériels. Par exemple, un patient entreprend une thérapie classique pour un trouble obsessionnel compulsif. Après un programme comportemental d'exposition avec prévention de la réponse, il parvient rapidement à supprimer les pensées obsédantes et les rituels compulsifs qui envahissaient sa vie. Lorsque ces symptômes de l'Axe I ont disparu, et qu'il a disposé de suffisamment de temps pour reprendre d'autres activités, il doit faire face à l'absence quasi complète de vie sociale qui résulte de son mode de vie solitaire. Ce patient a un schéma d'imperfection, avec lequel il s'adapte en évitant les situations sociales. Il est tellement sensible au rejet et aux affronts qu'il perçoit que, depuis l'enfance, il évite la plupart des relations interpersonnelles. Il devra continuer à se battre avec son éternel évitement pour construire une vie sociale satisfaisante.

Enfin, d'autres patients viennent en thérapie comportementale et cognitive sans symptôme spécifique pouvant servir de cible à la thérapie. Leurs problèmes sont vagues, diffus, sans facteurs déclenchants nets. Ils ressentent que quelque chose d'important est absent de leur vie ou va de travers. Ces patients ont en fait des problèmes caractériels : ils sont à la recherche d'un traitement pour des difficultés chroniques dans leurs relations interpersonnelles ou professionnelles. Comme ils n'ont aucun symptôme significatif de l'Axe I, ou qu'ils en ont au contraire trop, la thérapie cognitive et comportementale est difficile à utiliser chez eux.

Les patients présentant des troubles de la personnalité ne répondent pas à certaines conditions de la thérapie cognitivo-comportementale classique.

La thérapie cognitivo-comportementale classique pose plusieurs conditions que les patients porteurs des troubles de la personnalité ne peuvent pas toujours remplir. Ces patients présentent des caractéristiques psychologiques qui les distinguent des cas plus simples de l'Axe I, faisant d'eux des sujets peu propices au traitement cognitif et comportemental.

a) En effet, le patient doit tout d'abord pouvoir adhérer aux procédures thérapeutiques : *la thérapie cognitive et comportementale classique suppose que les patients soient motivés pour soigner leurs symptômes, mettre en place des habiletés, résoudre leurs problèmes actuels. Stimulés par le renforcement positif, ils devront se conformer aux procédures thérapeutiques nécessaires.* Cependant, dans le cadre des troubles de personnalités, la motivation et l'approche de la thérapie sont complexes, les patients sont souvent récalcitrants ou incapables d'adhérer aux techniques de la thérapie comportementale et cognitive. Il arrive qu'ils n'accomplissent pas les tâches assignées. Ils font parfois preuve d'une grande réticence pour apprendre des stratégies d'autocontrôle (schémas de manque de limites, par exemple). Ils sont souvent davantage motivés pour obtenir le réconfort du thérapeute que pour apprendre des stratégies qui pourraient leur rendre service.

b) *Autre condition de la thérapie cognitive et comportementale classique : avec un peu d'entraînement, les patients doivent avoir accès à leurs cognitions et à leurs émotions, et être capables de les verbaliser dans la thérapie*. Cependant, les patients présentant des troubles de personnalité sont souvent incapables de le faire. Ils se montrent fréquemment détachés de leurs émotions, à cause d'un évitement cognitif et affectif. Ils bloquent les pensées et les images qui les perturbent. Ils évitent l'introspection. Ils évitent les souvenirs pénibles et les émotions négatives, ainsi que beaucoup de comportements et de situations qui leur permettraient de progresser. Des émotions négatives telles que l'anxiété ou la dépression sont activées par des stimulus liés à des souvenirs d'enfance, rendant impérieux l'évitement de ces stimulus dans le but d'éviter l'activation émotionnelle. L'évitement devient une stratégie habituelle d'adaptation aux émotions négatives, extrêmement difficile à modifier. De plus, les sujets ayant des schémas de dépendance aux autres peuvent se focaliser par excès sur la recherche de ce que veut le thérapeute et, de ce fait, éprouver des difficultés à parler de leurs propres pensées et émotions.

c) Autre condition : les patients parviennent à modifier leurs comportements et leurs cognitions dysfonctionnels grâce à des méthodes telles que l'analyse empirique, l'analyse logique, l'expérimentation, les étapes progressives et la répétition. Or, *dans notre expérience, les patients présentant des troubles de personnalité ont des pensées irrationnelles et des scénarios de vie autodéfaitistes extrêmement résistants aux techniques cognitivo-comportementales*. Après des mois de thérapie, il n'y a souvent aucune amélioration durable.

d) *Les patients présentant des troubles de personnalité sont particulièrement rigides sur le plan psychologique et répondent généralement peu rapidement aux techniques de la thérapie cognitivo-comportementale classique*. La rigidité est une caractéristique des troubles de personnalité (American Psychiatric Association, 1994, p. 633). Les problèmes de ces patients sont égo-syntoniques : leurs scénarios de vie autodéfaitistes font partie d'eux-mêmes et ils ne s'imaginent pas les modifier. Ces troubles font partie du cœur de leur personnalité et les changer serait pour eux voir mourir une partie de leur être. Lorsqu'on leur propose une remise en question, ces patients s'accrochent de façon rigide et parfois agressive à ce qu'ils ont toujours considéré comme des vérités absolues pour eux-mêmes et pour le monde qui les entoure.

e) La thérapie cognitive et comportementale présuppose également que les patients puissent établir une relation collaborative avec le thérapeute en quelques séances. Les traitements cognitivo-comportementaux ne s'intéressent guère aux difficultés rencontrées dans le cadre de la relation thérapeutique. De telles difficultés sont plutôt considérées comme des obstacles qui doivent être surmontés pour obtenir la compliance du patient vis-à-vis des procédures thérapeutiques. La relation thérapeutique n'est généralement pas considérée comme un « ingrédient actif » du traitement. Cependant, les patients porteurs de troubles de la personnalité ont souvent de la difficulté à former une alliance thérapeutique, ce qui reflète les difficultés relationnelles qu'ils rencontrent en dehors de la thérapie. Beaucoup de patients difficiles à traiter ont eu des relations interpersonnelles dysfonctionnelles qui ont commencé tôt dans leur vie. Les perturbations au long cours dans les relations avec les proches sont une autre caractéristique des troubles de personnalité (Million, 1981). *Ces patients éprouvent souvent des difficultés à former des relations thérapeutiques sûres*. Certains d'entre eux, notamment ceux à personnalités borderlines ou dépendantes, sont tellement occupés à essayer d'obtenir du thérapeute qu'il comble leurs besoins affectifs, qu'ils sont souvent incapables de se concentrer sur leur vie personnelle en dehors de la thérapie. D'autres, tels que ceux ayant des personnalités narcissiques, paranoïaques, schizoïdes, obsessionnelles-compulsives, sont souvent si hostiles ou détachés qu'ils sont incapables de collaborer avec le thérapeute. Les relations interpersonnelles étant souvent le problème central chez ce genre de patients, la relation thérapeutique est un des meilleurs champs d'intervention pour le diagnostic et le traitement — champ souvent très négligé dans la thérapie cognitive et comportementale traditionnelle.

f) Enfin, la thérapie comportementale et cognitive exige des patients des *buts précis* pour guider les orientations thérapeutiques. Souvent, les patients porteurs de troubles de personnalité ne peuvent pas remplir cette condition. Ils ont souvent des problèmes vagues, chroniques et envahissants. Ils sont malheureux dans de nombreux domaines de leur vie et ce, aussi loin qu'ils remontent dans leurs souvenirs. Ils estiment, par exemple, qu'ils ont été incapables d'établir une relation amoureuse à long terme, qu'ils ne sont pas parvenus à utiliser toutes leurs capacités professionnelles, ou bien ils trouvent leur vie trop vide. Ces thèmes de vie très larges sont difficiles à définir en tant que cibles pour la thérapie comportementale et cognitive classique.

Nous verrons plus loin comment certains schémas spécifiques compliquent parfois pour les patients l'accès aux bénéfices de la thérapie comportementale et cognitive classique.

2 Développement de la thérapie des schémas

Pour toutes les raisons que nous venons de décrire, Young (1990, 1999) a développé la thérapie des schémas. *Son but est de traiter les patients présentant des troubles de personnalité que la thérapie comportementale et cognitive classique n'avait pas suffisamment pu aider : « les échecs thérapeutiques »*. La schéma-thérapie est une approche systématique qui, à partir de la thérapie cognitive et comportementale, intègre des techniques tirées de différentes écoles de psychothérapie. Suivant le patient, la schéma-thérapie peut être d'une durée courte, intermédiaire ou longue. *C'est une expansion de la thérapie cognitive et comportementale qui insiste sur l'exploration de l'origine des problèmes dans l'enfance et l'adolescence, sur les techniques émotionnelles, sur la relation thérapeutique et sur les styles d'adaptation dysfonctionnels.*

Une fois que les troubles aigus de l'Axe I ont été réduits, il est licite de proposer la schéma-thérapie pour traiter des troubles de l'Axe I ou de l'Axe II fondés sur des thèmes caractériels qui persistent tout au long de la vie des patients. La thérapie est souvent entreprise en association avec d'autres méthodes telles que la thérapie cognitive comportementale et un traitement psychotrope. La schéma-thérapie a pour but de traiter les aspects caractériels chroniques des troubles et non pas des symptômes psychiatriques aigus (tels qu'un état dépressif majeur ou bien des attaques de panique récidivantes). Elle s'est avérée utile pour traiter la dépression chronique, l'anxiété chronique, les troubles du comportement alimentaire, les problèmes de couple et les difficultés à long terme dans les relations intimes. Elle est également utile pour traiter des criminels et pour prévenir la rechute chez les toxicomanes.

La schéma-thérapie aborde les thèmes psychologiques centraux qui sont précisément ceux des patients porteurs de troubles de personnalité. Comme nous le verrons en détail dans le paragraphe suivant, nous appelons ces thèmes centraux les *Schémas Précoces Inadaptés*. La schéma-thérapie aide les patients et les thérapeutes à clarifier les problèmes envahissants chroniques et à les organiser de façon compréhensible. À partir de ce modèle, les patients peuvent envisager leurs problèmes de personnalité sous un angle égo-dystonique et devenir capables de s'en débarrasser. Le thérapeute se fait l'allié du patient pour combattre les schémas, en utilisant des méthodes cognitives, émotionnelles, comportementales et interpersonnelles. Lorsque les patients répètent des scénarios de vie dysfonctionnels provoqués par leurs schémas, le thérapeute les confronte de façon empathique aux nécessités du changement. Grâce au re-parentage partiel des patients, le thérapeute comble partiellement des besoins affectifs laissés insatisfaits depuis leur enfance.

3 Les schémas précoces inadaptés

a. Histoire du concept de schéma

Nous allons maintenant passer à une étude détaillée des principes de base de la théorie du schéma, en commençant par l'histoire du mot « schéma ».

Le terme de « schéma » est utilisé dans de nombreuses disciplines. De façon générale, un schéma est une structure, un cadre, un contour. Dans la Grèce ancienne, les stoïciens, particulièrement Chrysippe (279-206 av. J.-C.) présentaient les principes de la logique sous la forme de schémas d'inférence (Nussbaum, 1994). Pour Kant, un schéma est un concept commun à tous les membres d'une catégorie. Ce mot est également utilisé dans la théorie des ensembles, la géométrie algébrique, l'enseignement, l'analyse littéraire et la programmation informatique, pour ne citer que quelques disciplines dans lesquelles le concept de schéma est utilisé.

Le mot « schéma » a une histoire particulièrement riche dans le cadre de la psychologie, et plus généralement dans le domaine des sciences cognitives. Le schéma y constitue un modèle imposé par la réalité ou par l'expérience qui permet aux individus d'expliquer des faits, d'en appréhender la perception et de guider leurs réponses. Un schéma est une représentation abstraite des caractéristiques spécifiques d'un événement, une sorte d'empreinte de ces éléments les plus remarquables. En psychologie, ce mot est le plus souvent associé à Piaget, qui a détaillé en termes de schémas les différentes étapes du développement cognitif de l'enfant. Pour la psychologie cognitive, le schéma est un programme cognitif abstrait qui intervient comme guide dans l'interprétation de l'information et la résolution de problèmes. Ainsi nous pouvons utiliser un schéma linguistique pour comprendre une phrase ou un schéma culturel pour interpréter un mythe.

Si l'on passe maintenant de la psychologie cognitive à la thérapie cognitive, Beck (1967) utilise les schémas dès ses premiers écrits. Cependant, en psychologie et en psychothérapie, on estime généralement qu'un schéma est *tout grand principe organisateur ayant pour but d'expliquer les expériences vécues par un individu.* La psychothérapie apporte une notion importante : les schémas, dont beaucoup se constituent précocement au cours de la vie, continuent à être enrichis tout au long des expériences ultérieures de la vie, auxquelles ils vont se superposer, même s'ils ne servent plus à rien. Certains auteurs parlent du besoin d'une « continuité cognitive », dont le but est le maintien d'une vision stable de soi-même et du monde, même si celle-ci est en fait imprécise ou erronée. Selon cette définition large, un schéma peut être positif ou négatif, adapté ou inadapté ; les schémas peuvent se constituer au cours de l'enfance ou dans la vie ultérieure.

b. Définition du Schéma selon Young

Young (1990, 1999) a émis l'hypothèse que certains de ces schémas — notamment ceux qui se développent au décours des expériences nocives de l'enfance — constituaient le noyau des troubles de personnalité, des problèmes caractérologiques et de nombreux troubles de l'Axe I chroniques.

Notre définition étendue et révisée du Schéma Inadapté Précoce est la suivante :

◊ Un modèle ou un thème important et envahissant

◊ constitué de souvenirs, d'émotions, de cognitions et de sensations corporelles

◊ concernant soi-même et ses relations avec les autres

◊ constitué au cours de l'enfance ou de l'adolescence

◊ enrichi tout au long de la vie de l'individu et

◊ dysfonctionnel de façon significative.

En résumé, les Schémas Inadaptés Précoces sont des modèles cognitifs et émotionnels autodéfaitistes qui apparaissent très tôt dans le développement et se répètent tout au long de la vie. Il faut remarquer que, d'après cette définition, le comportement d'un sujet n'appartient pas au schéma lui-même ; selon la théorie de Young, les comportements inadaptés se développent en réponse à un schéma. Ainsi donc, les comportements sont dictés par les schémas, mais n'en font pas partie. Nous explorerons davantage cette idée lorsque nous discuterons des styles d'adaptation, plus loin dans ce chapitre.

c. Caractéristiques des Schémas Précoces Inadaptés

Examinons maintenant quelques-unes des caractéristiques principales des schémas. (Nous utiliserons indifféremment les termes « schéma » et « Schéma Précoce Inadapté ».) Considérons les patients qui ont un des quatre schémas les plus puissants et les plus néfastes de notre liste de 18 schémas : Abandon/Instabilité, Méfiance/Abus, Manque Affectif et Imperfection/Honte. Lorsqu'ils étaient de jeunes enfants, ces patients ont été abandonnés, maltraités, négligés ou rejetés. Au cours de l'âge adulte, ces schémas sont activés par des événements de leur vie, qu'ils perçoivent inconsciemment comme identiques aux expériences traumatiques de leur enfance. Lorsque l'un de ces schémas est activé, ils ressentent une forte émotion négative telle que la tristesse, la honte, la peur ou la colère.

Les schémas ne sont pas tous basés sur des traumatismes ou des mauvais traitements durant l'enfance. En fait, un individu peut développer un schéma de Dépendance/Incompétence sans même avoir connu un seul événement traumatisant infantile. Il est possible qu'il ait plutôt été complètement surprotégé au cours de son enfance. *Cependant, si ces schémas n'ont pas tous une origine traumatique, ils sont tous destructifs et sont principalement causés par des expériences nocives qui se sont répétées régulièrement au travers de l'enfance et de l'adolescence.* Ces expériences nocives ont un effet cumulatif et leur effet global conduira à l'apparition d'un schéma caractérisé.

Les Schémas Précoces Inadaptés se battent pour survivre. Comme déjà signalé, ceci est l'effet de la recherche humaine de la continuité. Le schéma représente, pour l'individu, ce qu'il connaît. Bien qu'il le fasse souffrir, ce schéma lui est familier et il se sent à l'aise avec lui. Il « sonne juste ». Les gens se sentent attirés par les événements qui activent leurs schémas. C'est une des raisons qui rend les schémas si difficiles à modifier.

Les patients considèrent leurs schémas comme des vérités a priori, et de ce fait ces schémas influencent le cours des expériences ultérieures. Ils jouent un rôle majeur dans la façon qu'ont les patients de penser, de ressentir, d'agir et d'entrer en relation avec les autres ; ils les conduisent paradoxalement à recréer involontairement, dans leur vie adulte, les conditions de leur enfance qui leur ont été si néfastes.

Les schémas apparaissent au cours de l'enfance ou de l'adolescence en tant que représentations de l'environnement de l'enfant et sont basés sur la réalité. Dans notre expérience, les schémas des individus reproduisent très précisément l'ambiance de leur environnement précoce. Par exemple lorsqu'un patient nous dit que sa famille était froide et non affectueuse lorsqu'il était jeune, il a habituellement raison, même s'il ne peut pas comprendre pourquoi ses parents avaient des difficultés à montrer leur affection ou à exprimer leurs sentiments. Il peut se tromper en cherchant la cause de leur comportement, mais son impression de base sur le climat émotionnel et sur la façon dont il a été traité est généralement exacte.

La nature dysfonctionnelle des schémas se manifeste plus tard au cours de la vie, au moment où les patients commencent à perpétuer leurs schémas dans leurs interactions avec les autres, avec des perceptions qui ne sont plus exactes ni adaptées. Les Schémas Précoces Inadaptés, ainsi que les moyens dysfonctionnels permettant aux patients de s'adapter à ceux-ci, sous-tendent souvent des symptômes chroniques de l'Axe I tels que l'anxiété, la dépression, l'abus de substances et les troubles psychosomatiques.

Les schémas sont dimensionnels, ce qui signifie qu'ils peuvent avoir différents niveaux d'envahissement et de gravité. Plus sévère est le schéma, plus grand sera le nombre de situations qui pourront l'activer. Ainsi, par exemple, si un individu est l'objet de critiques extrêmes, précoces, fréquentes de la part de ses deux parents, alors son contact avec n'importe quelle autre personne est susceptible d'activer son schéma d'Imperfection. En revanche, si un individu fait l'objet de critiques qui surviennent plus tard, si elles sont occasionnelles, légères, exprimées par un seul de ses parents, alors cet individu est moins susceptible d'activer son schéma dans sa vie ultérieure ; ce schéma pourra être déclenché, par exemple, uniquement par les personnages du même sexe que le parent critique et à condition que ceux-ci représentent l'autorité. En général, plus sévère est le schéma, plus intense et plus durable sera l'émotion négative associée à l'activation du schéma.

Comme indiqué précédemment, il existe des schémas positifs et des schémas négatifs, de même qu'il existe des schémas précoces et des schémas tardifs. Comme notre centre d'intérêt est essentiellement représenté par les Schémas Précoces Inadaptés, nous ne définirons pas ces schémas positifs et tardifs dans notre théorie. Cependant, certains auteurs considèrent que pour chacun de nos Schémas Précoces Inadaptés il existe un schéma adapté correspondant (voir la théorie de la polarité d'Elliott ; Elliott et Lassen, 1997). Du point de vue des stades psychosociaux d'Erikson (1950), on pourrait expliquer que l'achèvement fructueux de chaque stade aboutit à un schéma adapté, et qu'au contraire son échec conduit à un schéma inadapté. Toutefois, nous nous intéressons dans ce livre à la population de patients de psychothérapie qui présentent des troubles chroniques et non pas à une population normale ; par conséquent, nous nous concentrerons sur les Schémas Précoces Inadaptés, car nous pensons qu'ils sous-tendent la pathologie de la personnalité.

d. Origines des Schémas

1° *Les besoins affectifs fondamentaux*

Notre idée de base est que ces schémas sont la conséquence de besoins affectifs fondamentaux qui n'ont pas été comblés au cours de l'enfance. Nous avons proposé cinq besoins affectifs fondamentaux chez l'être humain :

a) La sécurité liée à l'attachement aux autres (qui comprend : la stabilité, la sécurité, l'éducation attentive et l'acceptation)

b) L'autonomie, la compétence et le sens de l'identité

c) La liberté d'exprimer ses besoins et ses émotions

d) La spontanéité et le jeu

e) Les limites et l'autocontrôle.

Nous croyons que ces besoins sont universels. Ils existent chez tous les individus, bien que certains sujets aient des besoins plus importants que d'autres. Un individu sain sur le plan psychologique est une personne qui parvient à combler de façon adaptée ses besoins affectifs fondamentaux.

Par interaction entre le tempérament inné de l'enfant et son environnement précoce, il résultera de la frustration plutôt que de la satisfaction dans le domaine de ces besoins affectifs de base. Le but de la schéma-thérapie est d'aider les patients à trouver des moyens adaptés pour satisfaire leurs besoins affectifs fondamentaux. C'est la finalité de toutes nos interventions.

2° *Le rôle des expériences précoces de la vie*

Les expériences nocives de l'enfance sont l'origine des Schémas Précoces Inadaptés. Les schémas qui se développent le plus tôt et qui sont les plus forts trouvent leur origine dans la cellule familiale. Dans une certaine mesure, la dynamique de la famille d'un enfant correspond pour lui à celle du vaste monde. Lorsque les patients se trouvent en tant qu'adultes dans des situations qui activent leurs Schémas Inadaptés Précoces, ce qu'ils sont en train de vivre correspond à un drame de leur enfance, mettant habituellement en jeu un parent. D'autres influences, telles que leurs pairs, l'école, divers groupes d'appartenances ou la culture environnante, prennent une importance croissante au fur et à mesure que l'enfant grandit, et peuvent également conduire au développement de schémas. Cependant, les schémas développés plus tard sont généralement moins envahissants ou moins puissants. (L'Isolement Social est l'exemple d'un schéma qui se développe habituellement plus tard dans l'enfance ou dans l'adolescence et qui peut ne pas refléter la dynamique de la cellule familiale.)

Nous avons observé quatre types d'expériences de vie précoces qui concourent à la constitution des schémas inadaptés :

1. *La frustration des besoins*. Elle survient lorsque l'enfant vit une carence des besoins fondamentaux dans son environnement précoce : il lui manque des éléments importants tels que la stabilité, la compréhension ou l'amour. Il acquiert alors des schémas tels que le Manque Affectif ou l'Abandon.
2. *La traumatisation ou la victimisation*. Dans ce cas, l'enfant est victimisé ou maltraité et il développe des schémas de Méfiance/Abus, d'Imperfection/Honte ou de Peur du danger ou de la Maladie.
3. *L'excès de satisfaction des besoins*. L'enfant reçoit de ses parents un excès de bonnes choses qu'il serait sain pour lui de ne recevoir qu'en quantité plus modérée. Dans le cas des schémas de Dépendance/Incompétence et de Droits Personnels Exagérés/Grandeur, l'enfant est rarement maltraité ; au contraire, il est plutôt gâté, choyé. Les besoins affectifs centraux de l'enfant ne sont pas comblés pour ce qui est du domaine de l'autonomie ou des limites. Dans ce cas, on a affaire à des parents qui s'impliquent trop dans la vie de l'enfant, le surprotègent, ou bien au contraire, lui donnent un excès de liberté et d'autonomie, sans aucune limite.
4. *L'internalisation ou l'identification sélective avec des personnes importantes*. L'enfant s'identifie à un parent dont il internalise les

> pensées, les émotions, les expériences et les comportements. Prenons l'exemple de deux patients qui viennent en traitement, tous les deux en tant que rescapés d'abus infantiles. Le premier est une femme, Ruth, qui a pris le rôle de la victime. Lorsque son père la battait, elle ne ripostait pas. Elle était plutôt passive et soumise. Elle était la victime du comportement abusif de son père, mais elle ne l'a pas internalisé. Elle a vécu un sentiment de victime, mais elle n'a pas internalisé le sentiment d'être un abuseur. Le second patient, Kévin, se battait contre son père abuseur pour se défendre. Il s'est identifié à son père, il a internalisé ses pensées, ses émotions, ses comportements, et il est finalement devenu lui-même un abuseur. (Cet exemple est extrême. En réalité, la plupart des enfants vivent l'expérience de la victime et prennent pour leur compte des pensées, des émotions ou des comportements de l'adulte pathologique.) Dans un autre exemple, deux patients présentent un schéma de Manque Affectif. Enfants, ils ont eu tous les deux des parents froids. Tous les deux se sont sentis seuls et mal-aimés. Doit-on en déduire que, une fois adultes, ils sont l'un et l'autre devenus froids sur le plan affectif ? Pas nécessairement. Comme nous le verrons plus tard dans le chapitre consacré aux styles d'adaptation, plutôt que de s'identifier à leurs parents froids, les patients peuvent s'adapter avec leur sentiment de manque affectif, en devenant attentionnés envers les autres, ou bien s'adapter en s'arrogeant des droits excessifs et des prétentions. Notre modèle ne considère pas que les enfants réalisent une internalisation et une identification à propos de tout ce que font leurs parents. En fait, nous avons observé que leurs internalisations et leurs identifications se font de façon sélective sur certains aspects des personnes de leur entourage proche. Certaines de ces identifications et internalisations deviennent des schémas, et d'autres deviennent des styles d'adaptation ou des modes (voir le paragraphe consacré aux modes de schémas, plus loin dans ce chapitre).

Nous considérons que le tempérament détermine en partie la façon dont un individu va procéder à l'identification et l'internalisation des caractéristiques d'un personnage proche. Par exemple, un enfant au tempérament dysthymique ne va probablement pas internaliser le style optimiste d'un de ses parents. Le comportement du parent est tellement contraire à la prédisposition de l'enfant, que l'enfant ne pourra l'assimiler.

3° *Le rôle du tempérament émotionnel*

Des facteurs autres que l'environnement précoce de l'enfant jouent également des rôles majeurs dans le développement des schémas. Le tempérament émotionnel de l'enfant est particulièrement important. Comme la plupart des parents le réalisent assez vite, chaque enfant a, de façon innée, un tempérament unique et distinctif. Certains enfants sont plus irritables, d'autres sont plus timides, d'autres plus agressifs. L'importance de la biologie dans les fondements de la personnalité fait l'objet de nombreuses recherches. Par exemple, Kagan et ses collègues (Kagan, Reznick et Snidman, 1988), ont conduit des recherches sur les traits du tempérament présents au cours de l'enfance et ont trouvé qu'ils étaient remarquablement stables au cours du temps.

Nous proposons sept dimensions hypothétiques pour le tempérament émotionnel, qui nous paraissent innées et relativement non modifiables par la seule psychothérapie :

Émotif	↔	Aréactif
Dysthymique	↔	Optimiste
Anxieux	↔	Calme
Obsessionnel	↔	Distractif
Passif	↔	Agressif
Irritable	↔	Jovial
Timide	↔	Social

On peut concevoir le tempérament d'un individu comme un ensemble de points pris chacun sur une de ces dimensions (à n'en pas douter, d'autres aspects du tempérament seront identifiés dans le futur).

Le tempérament émotionnel interagit avec les situations difficiles de l'enfance pour former les schémas.

a) *Des tempéraments différents exposent différemment les enfants au cours de leur enfance* : un enfant agressif sera davantage exposé à un parent mal-traitant qu'un enfant calme et passif.

b) *Différents tempéraments rendent des enfants différemment sensibles à des circonstances de vie similaires* : deux enfants peuvent réagir très différemment. Considérons par exemple deux garçons qui ont tous les deux été rejetés par leur mère. L'enfant timide se mettra progressivement en retrait par rapport au monde, et deviendra de plus en plus dépendant de sa mère. L'enfant sociable s'aventurera dans le monde et se créera d'autres relations, plus positives. On a montré que la sociabilité était une caractéristique saillante chez les enfants débrouillards, qui s'adaptent et font leur vie malgré les abus ou les négligences.

c) Dans notre expérience, *un environnement particulièrement aversif ou extrêmement favorable peut prendre le dessus d'un tempérament émotionnel*, et ceci de façon significative. Par exemple, un environnement familial sécurisant et pourvoyeur d'affection peut faire qu'un enfant timide devienne très sociable dans un bon nombre de situations. D'autre part, si l'environnement précoce est suffisamment rejetant, même un enfant sociable aura tendance à s'isoler.

d) *Un tempérament émotionnel extrême peut prendre le dessus d'un environnement ordinaire* et produire une pathologie, sans justification apparente dans l'histoire du sujet.

e. Les domaines de Schémas et les Schémas Précoces inadaptés

Dans notre modèle, 18 schémas sont regroupés à l'intérieur de cinq grandes catégories de besoins affectifs non comblés que nous appelons les « domaines de schémas ». Nous verrons plus loin dans ce chapitre comment ces 18 schémas ont été validés. Dans ce paragraphe nous discutons des cinq domaines et des schémas qu'ils contiennent.

1° *Domaine I : séparation et rejet*

Les patients ayant des schémas dans ce domaine sont incapables de former des liens sûrs et satisfaisants avec les autres. Ils pensent que leurs besoins de stabilité, de sécurité, d'attention, d'amour et d'appartenance ne seront jamais comblés. Typiquement, les familles d'origine sont instables (Abandon/Instabilité), maltraitantes (Méfiance/Abus), froides (Manque Affectif), rejetantes (Imperfection/Honte), ou coupées du monde extérieur (Isolement Social). Les patients dont les schémas se situent dans ce domaine sont souvent les plus sérieusement touchés. Beaucoup d'entre eux ont vécu une enfance traumatisante ; en tant qu'adultes, ils errent d'une relation autodestructive à une autre et ils évitent les relations trop intimes. La relation thérapeutique est primordiale dans le traitement de ces patients.

Schéma d'Abandon/Instabilité

C'est la perception du manque de stabilité ou de fiabilité dans le lien relationnel qui existe entre le sujet et les personnes importantes de son entourage. Il s'accompagne du sentiment que ces personnes importantes ne continueront pas à donner appui, lien relationnel, force ou protection parce qu'elles sont émotionnellement instables et changeantes (par exemple, elles ont des accès de colère), peu fiables ou ne sont pas toujours présentes ; parce qu'elles mourront bientôt ou qu'elles abandonneront le patient pour quelqu'un de « mieux » que lui.

Schéma de Méfiance/Abus

Le patient s'attend à ce que les autres le fassent souffrir, le maltraitent, l'humilient, lui mentent, trichent et profitent de lui. En général la souffrance infligée est perçue comme intentionnelle ou résultant d'une négligence extrême et injustifiable. Ceci peut aussi inclure le sentiment d'être constamment défavorisé par rapport aux autres ou de toujours « tirer la courte paille ».

Schéma de Manque Affectif

Le patient a la certitude que les autres ne lui donneront pas le soutien affectif dont il a besoin. On distingue trois catégories principales :

- *manque d'apports affectifs* : absence d'attention, d'affection, de chaleur ou d'une présence amicale ;
- *manque d'empathie* : absence de quelqu'un de compréhensif qui écoute, avec qui on puisse parler de soi-même ou échanger des sentiments ;
- *manque de protection* : absence de quelqu'un de fort qui guide et conseille.

Schéma d'Imperfection/Honte

Le patient se juge imparfait, mauvais, inférieur ou incapable ; en faire la révélation entraînerait la perte de l'affection des autres. Ceci peut inclure : l'hypersensibilité aux critiques, au rejet et aux réprimandes. Il peut exister une gêne à se comparer aux autres et un manque de confiance en soi. Le patient peut ressentir la honte des imperfections perçues, qui peuvent être internes (par exemple : égoïsme, colère, désirs sexuels inacceptables) ou externes (par exemple : défaut physique, gêne sociale).

Schéma d'Isolement Social

C'est le sentiment d'être isolé, coupé du reste du monde, différent des autres et/ou de ne faire partie d'aucun groupe ou communauté en dehors de la famille.

2° *Domaine II : manque d'autonomie et de performance*

L'autonomie est la capacité qu'a un individu à se séparer de sa famille et à fonctionner de façon indépendante, comme le font les gens du même âge que lui. Les patients ayant des schémas dans ce domaine ont des attentes vis-à-vis d'eux-mêmes et du monde qui ne correspondent pas à leur capacité (perçue) à survivre, à agir indépendamment et à parvenir à une réussite suffisante. Lorsque ces patients étaient enfants, leurs parents faisaient tout à leur place et les surprotégeaient ; ou bien, à l'autre extrême (beaucoup plus rare), ils s'occupaient à peine d'eux (les deux extrêmes conduisent à des schémas dans le domaine de l'autonomie). Souvent, ces parents ont contribué à saper leur confiance en soi et n'ont pas su renforcer leurs compétences en dehors de la maison. Par conséquent, ces patients ne sont pas capables de se forger une identité propre et de créer leur propre vie. Ils ne sont pas capables de se fixer des objectifs personnels et de maîtriser les habiletés nécessaires. Pour ce qui est de la compétence, ils demeurent des enfants dans leur vie d'adultes.

Dépendance/Incompétence

Ces patients se croient incapables de faire face aux responsabilités journalières sans l'aide des autres (par exemple : gérer son argent, résoudre les problèmes de tous les jours, faire preuve de bon sens, aborder de nouvelles tâches, prendre des décisions). Ils disent souvent : « je suis incapable de... ». Ce schéma se manifeste souvent par une passivité ou un manque d'initiative envahissants.

Peur du Danger ou de la Maladie

C'est la peur exagérée d'une catastrophe qui peut survenir à tout moment et à laquelle on ne pourra pas faire face. Ces craintes se portent sur une des catastrophes suivantes :

◊ santé : crise cardiaque, sida ;

◊ émotions : par exemple perdre la raison, perdre le contrôle ;

◊ catastrophe naturelle ou phobie : ascenseurs, crimes, avions, tremblement de terre.

Fusionnement/Personnalité Atrophiée

Il s'agit d'un attachement émotionnel excessif à une ou plusieurs personnes, souvent les parents, au détriment d'une adaptation sociale normale et d'une individualisation accomplie. C'est très souvent la croyance qu'au moins l'un des individus liés ne peut pas survivre à l'autre ou ne peut être heureux sans l'autre. Le patient peut avoir le sentiment d'être étouffé par les autres, de faire fusion avec eux, ou bien il doute de lui-même et de sa propre identité. Il a le sentiment d'être vide, sans but ; ou, dans des cas extrêmes, il se questionne sur sa propre existence.

Échec

Ce schéma correspond à la croyance selon laquelle on a échoué, on échouera inévitablement, on est incapable de réussir aussi bien que les autres (études, carrière, sports, etc.), Souvent, le patient se juge stupide, inapte, sans talent, ignorant, inférieur aux autres, etc.

3° *Domaine III : manque de limites*

Les patients qui ont des schémas dans ce domaine n'ont pas développé des limites adéquates en matière de réciprocité et d'autocontrôle. Il peut s'agir du *manque de limites internes*, du *manque de responsabilité envers les autres* ou de *l'incapacité à soutenir des buts à long terme*. Ils peuvent avoir des difficultés à respecter les droits des autres ou à coopérer, à tenir leurs engagements ou à se fixer et atteindre des objectifs à long terme. Ces patients se présentent comme égoïstes, gâtés, irresponsables et narcissiques. Le milieu familial typique est représenté par des parents faibles, trop indulgents, qui ne peuvent imposer une discipline ou bien qui s'estiment supérieurs aux autres. Lorsqu'ils étaient enfants, ces patients n'ont pas été éduqués à obéir aux règles qui s'appliquent à tout le monde, à prendre les autres en considération, à coopérer de façon réciproque, à se fixer des objectifs, à prendre des responsabilités, ou à développer leur autocontrôle. En tant qu'adultes, ils leur manque la capacité à contenir leurs impulsions et à différer une satisfaction immédiate au profit d'un bénéfice à long terme. (Le schéma de Droits Personnels Exagérés peut être parfois une forme de compensation pour un autre schéma, tel que le Manque Affectif ; dans ce cas, l'excès d'indulgence n'est habituellement pas à l'origine du schéma, comme nous le verrons au chapitre 10.)

Droits Personnels Exagérés/Grandeur

Ce schéma correspond à l'affirmation que l'on est supérieur aux autres, et que l'on a, de ce fait, des droits spéciaux et des privilèges. Les patients qui ont ce schéma ne se sentent pas liés par les règles de réciprocité qui guident les relations sociales normales. Ils estiment qu'ils doivent pouvoir faire ou obtenir exactement ce qu'ils veulent, sans considérer ce qu'il en coûte aux autres ; ou bien ils ont une tendance excessive à affirmer leur force ou leur point de vue et à contrôler les autres à leur propre avantage. Ils sont préoccupés de façon excessive par leur supériorité (succès, célébrité, valeur) dans le but de parvenir au pouvoir (et non pas dans le but primordial de rechercher l'approbation ou l'attention). Ils sont particulièrement exigeants, dominateurs et ils manquent d'empathie.

Contrôle de Soi/Autodiscipline Insuffisants

Le problème central est l'incapacité ou le refus d'un autocontrôle suffisant, ainsi que l'incapacité ou le refus de la frustration dans l'accomplissement des objectifs personnels. Le patient ne peut supporter d'être frustré dans ses désirs et il est incapable de modérer l'expression de ses émotions et impulsions. Dans la forme atténuée de ce schéma, le patient essaie à tout prix d'éviter ce qui lui est pénible : il évite la souffrance, les conflits, les confrontations, les responsabilités, les efforts personnels trop importants en matière d'engagements, d'intégrité et d'accomplissement personnel.

4° *Domaine IV : orientation vers les autres*

Les patients ayant des schémas dans ce domaine accordent une importance excessive aux besoins des autres, au détriment de leurs propres besoins. Ils agissent ainsi dans le but d'obtenir leur approbation, de maintenir un lien affectif, ou d'éviter des représailles ou un abandon. Lorsqu'ils interagissent avec les autres, ils ont tendance à se concentrer presque exclusivement sur les réponses des autres personnes plutôt que sur leurs propres besoins. Ils n'ont souvent par la conscience de leurs propres émotions et de leurs envies personnelles. Lorsqu'ils étaient enfants, ils n'avaient pas la liberté de suivre leurs tendances naturelles. En tant qu'adultes, ils ne ressentent pas de commande interne, mais une commande d'origine externe et ils suivent les désirs des autres. L'origine familiale typique de ce schéma est *l'acceptation conditionnelle* : s'il veut se sentir aimé de ses parents, ou bien obtenir leur approbation, alors l'enfant doit réduire de façon importante ses besoins personnels. Dans de telles familles, les parents attachent davantage d'importance à leurs besoins et leurs désirs personnels — ou à leur statut social — qu'ils font passer avant les besoins de leur enfant.

Assujettissement

Le schéma d'assujettissement correspond à une soumission excessive au contrôle des autres, parce qu'on se sent forcé d'agir ainsi, en général pour éviter colère, représailles ou abandon. Il existe deux formes majeures :

- *l'assujettissement des besoins* : suppression de ses propres désirs et préférences ;
- *l'assujettissement des émotions* : suppression de ses propres réponses émotionnelles, particulièrement la colère.

Selon ce schéma, les émotions et les besoins du sujet sont perçues comme n'ayant aucune valeur ni aucune importance. Le schéma se manifeste souvent par une docilité excessive et par un empressement à faire plaisir ; mais le patient présente une hypersensibilité aux situations dans lesquelles il ressent qu'il se « fait avoir ». Il existe presque toujours une colère refoulée, provoquant des symptômes tels qu'un comportement passif/agressif, des explosions de colère non contrôlées, des symptômes psychosomatiques ou un retrait affectif.

Abnégation

Les patients qui ont un schéma d'abnégation ont le souci de combler les besoins des autres au détriment de leurs. Ils agissent ainsi dans le but d'épargner aux autres de la douleur, d'éviter de se sentir coupables d'égoïsme, d'augmenter leur estime de soi ou de maintenir un lien affectif avec une personne qu'ils perçoivent comme nécessiteuse. Ce schéma résulte souvent d'une hypersensibilité aux souffrances des autres. Le patient peut éprouver le sentiment que ses propres besoins ne sont jamais satisfaits et développer un ressentiment envers ceux dont il s'occupe. (Ce schéma recouvre le concept de co-dépendance.)

Recherche d'Approbation et de Reconnaissance

Le problème central est un besoin excessif de l'attention, de l'estime et de l'approbation des autres, au détriment du développement d'une personnalité forte et authentique. Chez ces patients, l'estime de soi est formée à partir des réactions des autres et non à partir d'opinions et de valeurs personnelles. Le patient accorde souvent une importance exagérée au style de vie, aux apparences, à l'argent, à la concurrence ou à la réussite — être le meilleur, le plus populaire — afin d'obtenir attention, admiration ou approbation (ceci sans l'intention initiale de prendre le pouvoir ou le contrôle). Fréquemment, le sujet finira par faire des choix de vie qui ne lui apporteront pas de satisfaction. Ces patients sont hypersensibles au rejet, ou envieux de ceux qui ont mieux réussi qu'eux.

5° *Domaine V : sur-vigilance et inhibition*

Dans ce domaine, les patients répriment l'expression spontanée de leurs sentiments et de leurs impulsions. Le problème principal est le contrôle exagéré des réactions, des sentiments et des choix, pour éviter les erreurs ou pour maintenir des règles personnelles rigides concernant la conduite et la performance, souvent aux dépens d'autres aspects de la vie : plaisirs, loisirs, amis, ou au détriment de la santé. L'origine typique est une enfance sans joie, retenue et stricte, dans laquelle le contrôle de soi et le déni de soi-même l'emportaient sur la spontanéité et le plaisir. Ces enfants n'étaient pas encouragés à jouer et à rechercher le bonheur. Ils ont plutôt appris à être hyper-vigilants pour ce qui concerne les événements négatifs de la vie et à considérer la vie comme morne. Dans la famille de l'enfant, le travail, le devoir, le perfectionnisme, l'obéissance, la dissimulation des sentiments et l'évitement des erreurs, sont des considérations beaucoup plus importantes que le bonheur, la joie et la détente. Ces patients sont souvent pessimistes et préoccupés, ils considèrent que tout dans leur vie pourrait se désagréger s'ils ne se montraient pas toujours vigilants et attentifs.

Négativité/Pessimisme

Ce schéma envahissant est centré sur les aspects négatifs de la vie (par exemple, la douleur, la mort, la perte, la déception, le conflit, la trahison, la culpabilité, le ressentiment, les problèmes non résolus, les erreurs possibles) et il en minimise les aspects positifs. Il implique généralement l'attente exagérée que, dans des contextes divers (travail, situation financière, relations interpersonnelles), tout pourrait tourner au pire. Ces patients ont une peur exagérée de commettre des erreurs et ils en craignent les conséquences : ruine, humiliation, perte, situation désagréable. Comme ils amplifient les événements potentiellement négatifs, ces patients sont fréquemment soucieux, anxieux, pessimistes, mécontents et indécis.

Surcontrôle Émotionnel

Ces patients exercent un contrôle excessif sur leurs réactions spontanées (actions, sentiments, paroles), leur but étant d'éviter la perte du contrôle de leurs impulsions ou la désapprobation d'autrui. Les secteurs les plus concernés par ce surcontrôle sont :

- *l'inhibition de la colère et de l'agressivité* ;
- *le contrôle des impulsions positives* (la joie, les sentiments affectifs, l'excitation sexuelle, l'amusement) ;
- *la difficulté à reconnaître ses propres faiblesses ou à exprimer facilement ses propres sentiments ou besoins* ;
- l'importance excessive accordée à la raison par rapport aux émotions.

Ces patients sont souvent ennuyeux, stricts, distants, froids.

Idéaux Exigeants/Critique Excessive

Ce schéma implique la conviction que l'on doit s'efforcer d'atteindre et de maintenir un niveau de perfection très élevé, habituellement dans le but d'éviter la désapprobation ou la honte. Cette exigence amène à une tension constante et à une critique permanente de soi-même et des autres. Le patient souffre d'altérations importantes dans les secteurs de la santé, de l'estime de soi, des relations interpersonnelles, du plaisir et de la détente.

Ce schéma se manifeste typiquement par :

- *du perfectionnisme* : le sujet a besoin de « bien » faire les choses, attache une importance excessive aux détails et sous-estime son niveau de performance personnel ;
- *des règles rigides* : il faut faire son devoir. Ces règles s'appliquent dans de nombreux domaines de la vie : la morale, la culture, la religion ;
- *une préoccupation constante du temps et de l'efficacité* : il faut toujours faire plus et mieux.

Punition

Le sujet a tendance à se montrer intolérant, très critique, impatient et à « punir » les autres et lui-même, s'ils n'atteignent pas le niveau de perfection qu'il exige. Il lui est difficile de pardonner les erreurs ou les imperfections — chez lui-même ou chez les autres, parce qu'il est incapable de prendre en compte les circonstances atténuantes, qu'il manque d'empathie et de flexibilité ou qu'il est incapable d'admettre un autre point de vue.

EXEMPLE DE CAS

Pour illustrer le concept de schéma, examinons le cas de Nathalie, jeune femme qui demande une thérapie. Nathalie a un schéma de Manque Affectif. Ses parents étaient froids ; bien qu'ils aient satisfait tous ses besoins physiques, ils n'ont pas su lui donner suffisamment d'attention ou d'affection. Ils n'ont pas essayé de la comprendre. Dans sa famille, Nathalie se sentait seule.

Nathalie consulte pour un problème de dépression chronique. Elle explique à sa thérapeute qu'elle est dépressive depuis toujours. Malgré des années de thérapie, sa dépression persiste. Nathalie est en général attirée par des hommes peu enclins à donner de l'affection. Son mari, Paul, correspond à ce modèle. Lorsque Nathalie s'approche de Paul pour obtenir de l'affection et de la tendresse, il s'irrite et la repousse. Ceci active le schéma de Manque Affectif de Nathalie, qui se met en colère. Cette colère est en partie justifiée, et représente par ailleurs une réaction au comportement de son mari qui l'aime mais ne sait pas le lui montrer.

La colère de Nathalie contribue encore davantage à l'isoler de son mari, perpétuant ainsi le schéma de Manque Affectif. Ils sont tous les deux pris dans un cercle vicieux dirigé par son schéma. Dans son mariage, Nathalie continue à vivre le manque affectif de son enfance. Avant de se marier, Nathalie avait rencontré un homme plus démonstratif sur le plan affectif, mais il ne l'attirait pas sexuellement et elle se sentait étouffée par la tendresse qu'il lui manifestait. Cette tendance à être surtout attiré par des partenaires qui activent un schéma central est un phénomène que nous observons couramment chez nos patients (« *chimie du schéma* »).

Cet exemple illustre la façon dont le manque affectif au cours de la petite enfance peut conduire au développement d'un schéma, lequel va inconsciemment se rejouer et se perpétuer dans la vie ultérieure, conduisant à des relations interpersonnelles dysfonctionnelles et à des symptômes chroniques de l'Axe I.

f. Schémas conditionnels et inconditionnels

Initialement, nous considérions que les Schémas Inadaptés Précoces étaient inconditionnels et que les postulats sous-jacents de Beck (Beck, Rush, Shaw et Emery, 1979) étaient conditionnels. Actuellement, nous estimons que certains schémas sont conditionnels et d'autres inconditionnels. Généralement, les schémas les plus précoces et les plus centraux sont des croyances inconditionnelles, alors que les schémas développés plus tard sont conditionnels.

Les schémas inconditionnels ne laissent aucun espoir au patient : quoi qu'il fasse, le résultat sera le même. Le sujet sera incompétent, fusionnel, incapable d'être aimé, inadapté, exposé au danger, mauvais — et rien ne pourra y changer. Le schéma représente ce que l'enfant a subi sans avoir aucune possibilité de choix. En revanche, les schémas conditionnels envisagent la possibilité d'un espoir. Le sujet a la possibilité de modifier le dénouement. Par l'assujettissement, l'abnégation, la recherche d'approbation, le surcontrôle émotionnel, des idéaux exigeants, le sujet pourra peut-être éviter une issue négative, au moins de façon temporaire.

1° *Schémas inconditionnels*

Abandon/Instabilité
Méfiance/Abus
Manque Affectif
Imperfection
Isolement Social
Dépendance/Incompétence
Peur du Danger ou de la Maladie
Fusionnement/Personnalité Atrophiée
Échec
Négativité/Pessimisme
Punition
Droits Personnels Exagérés/Grandeur
Contrôle de Soi/Autodiscipline Insuffisants

2° *Schémas conditionnels*

Assujettissement
Abnégation
Recherche d'Approbation et de Reconnaissance
Surcontrôle Émotionnel
Idéaux Exigeants/Critique Excessive

Les schémas conditionnels représentent souvent des tentatives d'adaptation développées à partir de schémas inconditionnels. Vus sous cet angle, les schémas conditionnels sont « secondaires ». En voici des exemples :

◊ *Idéaux Exigeants en réponse à Imperfection.* La croyance du sujet est : « si je parviens à être parfait, alors je vaudrai la peine d'être aimé. »

◊ *Assujettissement en réponse à Abandon.* La croyance du sujet est : « si je fais tout ce que l'autre désire sans jamais me mettre en colère, alors cette personne restera avec moi. »

◊ *Abnégation en réponse à Imperfection.* « Si je comble tous les besoins de l'autre et que j'ignore les miens, alors cette personne m'acceptera malgré mes défauts, et je ne me sentirai plus incapable d'être aimé. »

Il est habituellement impossible de satisfaire en permanence les exigences des schémas conditionnels. Il est difficile, par exemple, de s'assujettir complètement et de ne jamais se mettre en colère. Il est difficile de parvenir à un degré d'abnégation suffisant pour satisfaire tous les besoins des autres. Les schémas conditionnels peuvent tout au plus être l'antichambre des schémas centraux : le sujet est destiné à échouer bientôt et il devra donc à nouveau affronter la réalité du schéma central. (Les schémas conditionnels ne peuvent pas tous être reliés à des schémas plus précoces. Ces schémas sont conditionnels dans la mesure où, si l'enfant fait ce qu'on attend de lui, les conséquences qu'il redoute pourront souvent être évitées.)

g. Interférence des Schémas avec la thérapie cognitivo-comportementale classique

Un certain nombre de Schémas Précoces Inadaptés sont capables de saboter la thérapie cognitivo-comportementale classique. À cause de ces schémas, certains patients ont des difficultés à remplir les exigences de la thérapie cognitivo-comportementale, comme nous l'avons signalé précédemment.

Par exemple, si l'on considère l'exigence selon laquelle les patients doivent être capables de former très rapidement une alliance thérapeutique positive, les patients qui ont des schémas dans le domaine de Séparation et de Rejet peuvent se révéler incapables d'établir ce lien positif et simple sur une courte période de temps.

De la même façon, la thérapie comportementale et cognitive classique exige que les patients aient une notion forte de leur identité et qu'ils puissent définir des objectifs thérapeutiques précis : il arrive que les patients dont les schémas sont situés dans le domaine du Manque d'Autonomie et de Performance ne sachent ni qui ils sont, ni ce qu'ils veulent, si bien qu'ils seront incapables d'établir des objectifs thérapeutiques spécifiques.

La thérapie cognitive et comportementale suppose que les patients aient accès à leurs cognitions et leurs émotions et qu'ils puissent les verbaliser. Les patients dont les schémas sont dans le domaine de Dépendance aux Autres sont parfois trop axés sur les demandes du thérapeute pour se concentrer sur eux-mêmes et pour exprimer leurs propres pensées, leurs propres sentiments.

h. Arguments empiriques en faveur des Schémas Précoces Inadaptés

On dispose d'une somme importante d'études sur les Schémas Précoces Inadaptés de Young. La plupart des recherches ont utilisé la version longue du Questionnaire des Schémas de Young (Young et Brown, 1990), même si des études avec la version courte sont en cours. Le questionnaire des schémas de Young a été traduit en de nombreuses langues dont le français, l'espagnol, le néerlandais, le turc, le japonais, le finnois et le norvégien.

La première étude portant sur les propriétés psychométriques de ce questionnaire a été menée par Schmidt, Joiner, Young et Telch (1995). Cette étude a montré que la fidélité et la cohérence interne de ce questionnaire sont élevées. Elle a également révélé la qualité de la convergence et de la discrimination de cet instrument pour la mesure de la souffrance psychologique, de l'estime de soi, de la vulnérabilité cognitive à la dépression et de la symptomatologie des troubles de la personnalité.

Les auteurs ont réalisé une analyse factorielle sur des échantillons cliniques et non cliniques. Ces échantillons ont révélé une correspondance étroite avec les schémas de Young et leurs relations hiérarchiques. Dans un échantillon d'étudiants, 17 facteurs se sont révélés, parmi lesquels 15 des 16 schémas initialement proposés par Young (1990). Un des schémas initiaux, la Non-Désirabilité Sociale, est apparu comme non significatif et deux facteurs sont apparus alors qu'ils n'étaient jusqu'alors pas pris en compte. Pour améliorer la validation de cette structure factorielle, Schmidt *et al.* (1995) ont administré le questionnaire à un deuxième échantillon d'étudiants appartenant à la même population. Sur les 17 facteurs mis en évidence au cours de la première analyse, 13 ont nettement été reproduits dans le second échantillon. Les auteurs ont également découvert trois facteurs d'ordre supérieur. Dans un échantillon de patients, 15 facteurs sont apparus, qui correspondent à 15 des 16 facteurs originaux proposés par Young (1990).

Dans cette étude, le questionnaire a fait preuve de convergence avec le Personality Diagnostic Questionnaire (version révisée Hyler, Rieder, Spitzer et Williams, 1987). Il a également montré une validité en discrimination avec les mesures de la dépression (Beck Depression Inventory, Beck, Ward, Mendelson, Mock et Erbaugh, 1961) et de l'estime de soi (Rosenberg Self-Esteem Questionnaire, Rosenberg, 1965) dans une population d'étudiants non cliniques.

Cette étude a été reproduite par Lee, Taylor et Dunn (1999) sur une population clinique australienne. En accord avec les résultats antérieurs, il a été identifié 16 facteurs primaires parmi lesquels figurent 15 des 16 schémas de Young. Seule la Non-Désirabilité Sociale n'a pas été confirmée. (Nous avons, depuis, éliminé ce schéma pour le fusionner avec le schéma d'Imperfection). De plus l'analyse factorielle confirme certains des domaines de schémas proposés par Young. Enfin, cette étude montre que le Questionnaire des Schémas de Young possède une très bonne stabilité interne et que sa structure factorielle est stable sur plusieurs échantillons cliniques provenant de différents pays et utilisés pour des diagnostics différents.

Lee et ses collaborateurs (1999) ont étudié certaines des raisons pour lesquelles les études avaient montré des structures factorielles différentes selon qu'on s'adressait à une population clinique ou normale. Ils ont conclu que les échantillons d'étudiants avaient probablement présenté un effet de dispersion et qu'il était peu probable que la plupart de ces étudiants aient souffert de troubles psychopathologiques extrêmes. Les auteurs estiment que la réplication de la structure factorielle est liée à l'existence, dans un échantillon aléatoire d'étudiants d'université, des schémas qui sous-tendent les troubles psychologiques dans les populations cliniques. Young suggère que les Schémas Précoces Inadaptés sont également présents dans les populations normales, mais que ce n'est que dans les populations cliniques qu'ils apparaissent exagérés.

D'autres études ont porté sur la validité des schémas individuels. Freeman a exploré (1999) la théorie du schéma de Young comme modèle explicatif aux processus cognitifs non rationnels. Avec des participants non cliniques, il a trouvé que les Schémas Précoces Inadaptés cotés le plus bas correspondaient à des niveaux d'adaptation interpersonnelle très élevés. Ceci confirme les hypothèses de Young qui définissent ses schémas comme négatifs et dysfonctionnels.

Carine (1997) a cherché si la présence des schémas de Young pouvait discriminer les patients porteurs de troubles de l'Axe II parmi d'autres patients. Il a montré une prédictibilité de 83 %. Pour conforter la théorie de Young, Carine a également trouvé que l'affect apparaît être un élément intrinsèque aux schémas.

Bien que le Questionnaire des Schémas de Young n'ait pas été construit dans le but de mesurer des troubles de personnalité spécifiques du DSM-IV, il apparaît des associations significatives entre les Schémas Précoces Inadaptés et les symptômes des troubles de personnalité (Schmidt *et al.*, 1995). Le score total du questionnaire est fortement corrélé au score total du Personality Diagnostic Questionnaire — Revised (Hyler *et al.*, 1987), lequel a été construit pour la mesure des troubles de personnalité du DSM-III-R. Dans cette étude, les schémas Contrôle de Soi/Autodiscipline Insuffisants et Imperfection étaient ceux qui présentaient les plus fortes associations avec des symptômes de troubles de la personnalité. Certains schémas se sont avérés significativement associés avec les troubles de personnalité théoriquement prévus. Par exemple, Méfiance/Abus est étroitement associé au Trouble de personnalité paranoïaque. Dépendance est associé au Trouble de personnalité dépendante. Contrôle de Soi/Autodiscipline Insuffisants est associé au Trouble de personnalité borderline. Enfin, Idéaux Exigeants est associé au Trouble de personnalité obsessionnelle-compulsive (Schmidt *et al.*, 1995).

i. Biologie des Schémas Précoces Inadaptés

Dans ce paragraphe, nous proposons une vision biologique des schémas fondée sur les recherches récentes consacrées à l'émotion et à la biologie du cerveau (LeDoux, 1996). Il ne s'agit que d'hypothèses concernant les mécanismes possibles du développement et de la modification des schémas. On ne dispose pas actuellement de résultats de recherches pouvant établir la validité de ces hypothèses.

Les études récentes suggèrent qu'il y ait, non pas un seul, mais plusieurs systèmes émotionnels dans le cerveau. Les différentes fonctions de survie — la réponse au danger, la recherche de nourriture, la reproduction et la recherche de partenaires, l'élevage de la progéniture, le lien social — mettent en jeu des émotions différentes et chacune semble posséder son propre système neuronal. Nous allons nous intéresser au réseau cérébral associé au conditionnement de la peur et des traumatismes.

1° *Systèmes cérébraux mis en jeu dans le conditionnement de la peur et des traumatismes*

Les études sur la biologie du cerveau ont désigné des endroits du cerveau dans lesquels pourrait se produire l'activation de schémas à partir de situations traumatiques de l'enfance, telles que l'abandon ou la maltraitance. LeDoux (1996) résume de la façon suivante les recherches sur la biologie des souvenirs traumatiques :

> « Durant une situation d'apprentissage traumatique, les souvenirs conscients sont mis en place par un système mettant en jeu l'hippocampe et les aires corticales qui lui sont liées, et les souvenirs inconscients s'établissent par des mécanismes de conditionnement de la peur qui opèrent via un système basé sur l'amygdale. Ces deux systèmes fonctionnent en parallèle et stockent des types différents d'informations en relation avec l'expérience. Lorsque plus tard on rencontre des stimuli présents dans le traumatisme initial, chaque système peut retrouver ses propres souvenirs. Dans le cas du système amygdalien, le souvenir retrouvé consiste en l'expression de réponses physiques qui préparent la réponse au danger, et dans le cas du système hippocampique, des souvenirs conscients apparaissent » (p. 239).

Donc, selon LeDoux, les mécanismes cérébraux qui enregistrent, stockent, et récupèrent les souvenirs émotionnels d'un événement traumatique sont différents des mécanismes qui traitent les souvenirs conscients et les cognitions de ce même événement. L'amygdale stocke des souvenirs émotionnels, alors que l'hippocampe et le néocortex stockent les souvenirs cognitifs. La réponse émotionnelle peut survenir sans la participation des processus mis en jeu dans la pensée, le raisonnement et la conscience.

2° *Caractéristiques du système amygdalien*

Selon LeDoux, le système amygdalien présente des caractéristiques qui le distinguent du système hippocampique et des zones corticales supérieures.

1. Le système amygdalien est inconscient : les réactions émotionnelles peuvent se constituer dans l'amygdale sans aucun enregistrement conscient des stimuli. Comme a déjà pu le dire Zajonc (1984), *les émotions peuvent exister sans les cognitions*.
2. Le système amygdalien est plus rapide : un signal de danger va cheminer, depuis le thalamus, à la fois vers l'amygdale et le cortex, mais le signal atteindra l'amygdale plus rapidement que le cortex, si bien

que l'amygdale aura déjà eu le temps de déclencher sa réponse au danger. Comme l'a dit également Zajonc, *les émotions peuvent apparaître avant les cognitions*.

3. Le système amygdalien est automatique : lorsque l'amygdale estime qu'il y a un danger, les émotions et les réponses physiologiques se produisent automatiquement. En revanche, les structures mises en jeu dans les processus cognitifs ne répondent pas de façon automatique ; elles sont caractérisées par la souplesse de leur réponse : *lorsqu'on a les cognitions, on a le choix*.
4. Les souvenirs émotionnels de l'amygdale semblent être stockés de façon définitive. LeDoux écrit : « les souvenirs inconscients de peur établis via le système amygdalien semblent gravés dans le cerveau de façon indélébile. Ils nous accompagneront probablement notre vie durant » (p. 252). L'absence d'oubli des stimuli dangereux est une règle importante pour la survie. *Ces souvenirs résistent à l'extinction.* À l'occasion d'un stress, des peurs que l'on croyait éteintes réapparaissent souvent de façon spontanée. L'extinction empêche l'expression des réponses conditionnées de peur, mais elle n'efface pas les souvenirs sous-jacents à ces réponses. « L'extinction met en jeu le contrôle cortical sur les efférences amygdaliennes plutôt qu'un effacement complet des souvenirs de l'amygdale » (p. 250). (C'est pourquoi nous considérons qu'il n'est probablement pas possible de guérir complètement les schémas.)
5. Le système amygdalien est incapable de discrimination fine. Lors de stimuli traumatiques, il suscite des réponses conditionnées de peur. *Lorsqu'un souvenir émotionnel est stocké dans l'amygdale, une exposition ultérieure à des stimuli légèrement similaires à ceux présents au cours du traumatisme déclenchera la réaction de peur*. Le système amygdalien procure une représentation grossière du monde extérieur, alors que le cortex supérieur fournit des représentations plus détaillées et plus précises. C'est le cortex supérieur qui a la responsabilité, sur la base d'une évaluation cognitive, de réprimer les réponses. L'amygdale suscite des réponses, mais elle est incapable de les inhiber.
6. Le système amygdalien est antérieur, sur le plan évolutif, au cortex supérieur. Lorsqu'un individu est confronté à une menace, l'amygdale déclenche une réaction de peur qui a très peu varié au cours de l'évolution depuis les espèces animales inférieures. L'hippocampe est également une partie très ancienne du cerveau, mais il est connecté au néocortex, lequel contient les structures corticales les plus évoluées.

3° *Conséquences pour le modèle des schémas*

Voyons quelles peuvent être les conséquences de ces résultats scientifiques dans le domaine de la schéma-thérapie. Un Schéma Inadapté Précoce est un ensemble de souvenirs, d'émotions, de sensations physiques et de cognitions qui tournent autour d'un thème infantile tel que l'abandon, la maltraitance, la négligence ou le rejet. Il est possible de concevoir la neurobiologie du schéma de la façon suivante.

Les émotions et les sensations corporelles stockées dans le système amygdalien possèdent toutes les caractéristiques citées plus haut. Lorsqu'un individu rencontre des stimuli ressemblant à un événement infantile qui a conduit à l'élaboration du schéma, les émotions et les sensations physiques associées à cet événement sont activées automatiquement par l'amygdale ; si l'individu a une certaine conscience de ces stimuli, les émotions seront activées plus rapidement que les cognitions. Cette activation des émotions et des sensations corporelles est automatique : elle persistera vraisemblablement tout au long de la vie du sujet, même s'il est possible d'en réduire l'intensité grâce au traitement du schéma. Les souvenirs conscients et les cognitions associées au traumatisme sont stockées dans le système hippocampo-cortical.

Le fait que les cognitions et les émotions des expériences traumatiques soient stockés dans différents endroits du cerveau peut expliquer que l'on ne puisse changer les schémas par de simples méthodes cognitives. Les composants cognitifs d'un schéma se développent souvent plus tard, après le stockage des émotions et des sensations corporelles dans le système amygdalien. Beaucoup de schémas se développent à un stade préverbal : ils prennent naissance avant que l'enfant n'ait acquis le langage. Les schémas préverbaux prennent vie alors que l'enfant est si petit que seules sont stockées des émotions et des sensations corporelles. Les cognitions seront ajoutées plus tard, lorsque l'enfant commencera à penser et parler avec des mots. Donc, pour de nombreux schémas, les émotions ont la primauté sur les cognitions. *On voit ici un des rôles du thérapeute : aider le patient à mettre des mots sur l'expérience émotionnelle du schéma.*

Lorsqu'un Schéma Inadapté Précoce est activé, le sujet est envahi par des émotions et des sensations corporelles. Il peut ou non établir consciemment la relation entre cette expérience émotionnelle et le souvenir originel. *Le deuxième rôle du thérapeute est d'aider le patient à faire le lien entre ses émotions et ses souvenirs d'enfance.* Au cœur de chaque schéma, résident des souvenirs, mais ils ne sont habituellement pas clairement conscients, même en tant qu'images. Le thérapeute apporte son aide au patient par des méthodes émotionnelles qui lui permettent de reconstruire ces images.

4° *Conséquences pour la thérapie des schémas*

Le premier objectif de la thérapie des schémas est une prise de conscience psychologique. Le thérapeute aide le patient à identifier ses schémas, et à découvrir les souvenirs infantiles, les émotions, les sensations corporelles, les cognitions, et les styles d'adaptation qui leur sont associés. Alors le sujet, comprenant les relations entre ces éléments, pourra commencer à exercer un contrôle sur ses réponses émotionnelles : il va pouvoir accroître l'exercice de sa volonté dans les secteurs psychiques soumis aux schémas.

LeDoux écrit :

« La psychothérapie n'est qu'une façon de potentialiser des synapses dans les circuits neuronaux cérébraux qui contrôlent l'amygdale. Comme nous l'avons vu, les souvenirs émotionnels de l'amygdale sont gravés de façon indélébile dans ces circuits. Le mieux que nous puissions espérer faire, c'est de réguler leur expression. Le moyen d'y parvenir, c'est de permettre au cortex de contrôler l'amygdale » (p. 265).

Ainsi, la thérapie a donc pour but d'intensifier le contrôle des schémas par la conscience, d'affaiblir les souvenirs, les émotions, les sensations corporelles, les cognitions et les comportements associés aux schémas.

Les traumatismes de la petite enfance interviennent aussi sur d'autres parties du corps. On a démontré chez les primates séparés de leur mère une élévation des taux plasmatiques du cortisol. Si l'on répète les séparations, ces modifications deviennent permanentes (Coe, Mendoza, Smotherman et Levine, 1978 ; Coe, Glass, Wiener et Levine, 1983). Au cours des séparations maternelles précoces, on a aussi montré des modifications neurobiologiques à long terme portant sur les enzymes de la biosynthèse des catécholamines dans les surrénales (Coe *et al.*, 1978, 1983) et la sécrétion hypothalamique de sérotonine (Coe, Wiener, Rosenberg et Levine, 1985). Les recherches sur les primates suggèrent aussi que le système des morphiniques intervient dans la régulation de l'anxiété de séparation et que l'isolement social modifie la sensibilité et le nombre des récepteurs cérébraux aux morphiniques (van der Kolk, 1987).

j. Opérations sur les schémas

Les deux opérations de base sur les schémas sont le maintien et la guérison. Toute pensée, toute émotion, tout comportement, tout événement de vie, lorsqu'ils sont reliés à un schéma, peuvent participer soit à son maintien — en le perfectionnant ou en le renforçant — soit à sa guérison — donc en l'affaiblissant.

1° *Le maintien des schémas*

Le maintien des schémas correspond à tout ce qui, dans le fonctionnement interne du patient ou dans son comportement ouvert, contribue à faire fonctionner le schéma. Les processus de maintien comprennent toutes les pensées, les émotions et les comportements qui renforcent le schéma. Ils s'exercent par l'intermédiaire de *trois mécanismes principaux* : les distorsions cognitives, les scénarios de vie autodéfaitistes et les styles d'adaptation (dont il sera question de façon détaillée dans un paragraphe suivant).

Les distorsions cognitives accentuent les informations qui confirment le schéma et minimisent ou dénient celles qui le contredisent ; elles sont responsables de la mauvaise perception des situations par le sujet et elles renforcent le schéma.

Au niveau émotionnel, le sujet peut *bloquer les émotions* liées à un schéma. Lorsque l'émotion est bloquée, le sujet ne peut pas parvenir à un niveau suffisant de conscience du schéma qui lui permettrait d'agir dans le sens du changement ou de la guérison de celui-ci. (Évitement cognitif, qui entre dans le cadre des styles d'adaptation, voir plus bas.)

Sur le plan comportemental, le sujet s'engage dans des scénarios de vie autodéfaitistes : il sélectionne inconsciemment les situations et les relations qui activent et maintiennent le schéma, et parallèlement il évite les relations susceptibles de le changer ou le guérir. Dans leurs relations interpersonnelles, les patients se comportent de telle sorte que les autres sont invités à répondre négativement, ce qui contribue au maintien du schéma.

Exemple de cas

Martine a un schéma d'Imperfection, qui trouve essentiellement son origine dans ses relations infantiles avec sa mère. « Ma mère n'aimait rien en moi », dit-elle à sa thérapeute, et « Je ne pouvais rien y faire : je n'étais pas jolie, ni agréable ni appréciée ; je n'avais pas beaucoup de personnalité, je ne savais pas m'habiller de façon originale. La seule chose, c'est que j'étais intelligente, mais ça, elle n'en avait rien à faire. »

> Martine a maintenant 31 ans ; elle a peu d'amies féminines. Son petit ami, Johnny, vient de la présenter à des femmes que fréquentent ses amis. Martine les apprécie beaucoup, elle reconnaît qu'elle a été bien accueillie par celles-ci, mais elle se sent incapable d'établir des relations amicales avec ces personnes. « Je pense qu'elles ne m'aiment pas », dit-elle à son thérapeute. « Je suis très nerveuse avec elles, je ne tiens pas en place et je ne me comporte pas normalement. »

Sur tous les plans — cognitif, émotionnel, comportemental et interpersonnel — Martine agit avec ces femmes dans le sens du maintien de son schéma. Elle ignore leurs nombreux témoignages d'amitié (« Si elles sont gentilles, c'est à cause de Johnny. Mais elles ne m'aiment pas. ») et elle interprète de façon erronée leurs agissements et leurs propos en leur donnant un sens négatif. Par exemple, si l'une d'entre elles, Robin, ne demande pas à Martine d'être demoiselle d'honneur à son mariage prochain, Martine se dépêche d'en conclure qu'elle la déteste ; et ce même si elle ne connaît Robin que depuis trop peu de temps pour être une candidate potentielle. Martine présente de fortes réponses émotionnelles aux événements qui ressemblent tant soit peu aux situations de son enfance qui ont généré le schéma. Elle se sent profondément bouleversée dans toute situation qui lui évoque plus ou moins le rejet. Lorsque Robin ne lui a pas demandé d'être demoiselle d'honneur, par exemple, Martine s'est sentie honteuse et sans valeur. « Je me déteste », dit-elle à sa thérapeute.

Martine recherche malgré elle des relations qui sont susceptibles de reproduire celles de son enfance entre elle et sa mère. Dans ce groupe de femmes, elle a recherché de façon très active l'amitié de celle qui est la plus critique et à qui il est le moins facile de plaire ; comme elle le faisait avec sa mère, Martine est toute déférence et pardon envers elle.

La plupart des patients porteurs de troubles de personnalité reproduisent, de façon autodéfaitiste, les modes de vie négatifs de leur enfance. Ils s'engagent en permanence dans des pensées, des émotions, des comportements et des types de relation qui maintiennent leurs schémas. De cette manière, ils poursuivent involontairement dans leur vie adulte la répétition des conditions de leur enfance qui ont été pour eux les plus néfastes.

Les *styles d'adaptation* (voir plus loin) sont des comportements qui permettent au sujet de vivre en s'adaptant avec son schéma sans trop souffrir : ils maintiennent également les schémas en évitant leur remise en cause. (Renforcement du schéma dans le cadre du conditionnement opérant.)

2° *La guérison des schémas*

La guérison du schéma est le but ultime de la schéma-thérapie. Comme le schéma est un ensemble de souvenirs, d'émotions, de sensations corporelles et de cognitions, la guérison du schéma met en jeu la réduction d'intensité de tous ces éléments ; elle fait aussi intervenir la modification comportementale : les styles d'adaptation dysfonctionnels seront remplacés par des modèles comportementaux adaptés. Le traitement comprendra donc des interventions cognitives, émotionnelles et comportementales. Au fur et à mesure de la guérison du schéma, celui-ci deviendra de plus en plus difficile à activer. Lors d'une activation, l'émotion sera moins insupportable et le patient récupérera plus rapidement.

Le traitement est souvent long et pénible, les schémas étant difficiles à modifier : ce sont des croyances sur soi-même et sur le monde qui sont profondément enracinées et qui ont été apprises à un très jeune âge. Les schémas représentent souvent toute la connaissance du patient. Aussi destructeurs qu'ils soient, ils assurent au sujet un sentiment de sécurité et de prévisibilité. Les patients sont réticents à abandonner leurs schémas car ceux-ci représentent un noyau central dans leur identité. Renoncer à un schéma est une chose déstabilisante : le monde entier bascule. Vu sous cet angle, la résistance à la thérapie est une forme d'autoconservation, une tentative pour maintenir le contrôle sur la cohésion interne. L'abandon d'un schéma est un renoncement à la connaissance que l'on a de soi-même et du monde.

La guérison du schéma exige la volonté de faire face au schéma et de se battre contre lui. Elle demande de la discipline et un entraînement fréquent. Les patients doivent observer le schéma de façon systématique et travailler tous les jours à le changer. Jusqu'à ce qu'il soit corrigé, le schéma va œuvrer pour se maintenir. La thérapie consiste à faire la guerre au schéma : le thérapeute et le patient forment une alliance thérapeutique pour combattre le schéma dans le but de le vaincre ; mais la guérison complète est souvent impossible, car les souvenirs associés au schéma ne sont pas effaçables.

Un schéma ne disparaît jamais complètement. La guérison permet d'obtenir qu'il soit moins souvent activé et que l'affect associé soit moins intense et moins prolongé. Les patients répondent alors aux activations de leurs schémas d'une manière saine. Ils choisissent des amis et des partenaires qui leur donnent davantage d'affection, et ils se voient eux-mêmes d'une façon plus positive.

4 Les styles d'adaptation dysfonctionnels (ou stratégies dysfonctionnelles)

Les patients développent tôt dans leur vie des styles d'adaptation dysfonctionnels, qui leur permettent de s'adapter à leurs schémas, tout en évitant de ressentir les émotions intenses et insupportables que ceux-ci engendrent. Bien que les styles d'adaptation aident le patient à éviter un schéma, ils ne le guérissent pas : tous les styles d'adaptation dysfonctionnels sont des éléments du processus de maintien des schémas.

La schéma-thérapie fait une différence entre le schéma lui-même et les stratégies qu'un individu emploie pour s'adapter avec son schéma. Dans notre modèle, le schéma lui-même contient des souvenirs, des émotions, des sensations corporelles et des cognitions, mais il ne contient pas les réponses comportementales de l'individu. *Le comportement ne fait pas partie du schéma, il fait partie de la réponse d'adaptation.* Le schéma dirige le comportement. Bien que la majeure partie des réponses d'adaptation soit comportementale, les patients s'adaptent également grâce à des stratégies cognitives et émotionnelles. Que le style d'adaptation se manifeste au travers des cognitions, des émotions ou des comportements, il ne fait pas partie du schéma lui-même.

Si nous différencions les schémas des styles d'adaptation, c'est parce que *chaque patient utilise différents styles d'adaptation dans différentes situations à différentes périodes de sa vie pour s'adapter à un même schéma.* Donc, les styles d'adaptation, pour un schéma donné et un individu donné, ne sont pas nécessairement stables dans le temps, alors que le schéma lui-même ne va pas varier. Selon les individus, l'adaptation à un schéma donné se réalise de différentes manières comportementales, parfois opposées.

Considérons par exemple trois enfants qui s'adaptent à leur schéma d'Imperfection de plusieurs manières. Bien que tous les trois se sentent porteurs de défauts, l'un recherchera des partenaires et des amis critiques, l'autre évitera les relations trop proches, et le troisième adoptera une attitude de critique et de supériorité envers les autres. Donc, le comportement d'adaptation n'est pas intrinsèque au schéma.

a. Les trois styles d'adaptation dysfonctionnels

Tous les organismes disposent de trois modes de réponse devant une menace : la bataille, la fuite, la capitulation.

En matière de styles d'adaptation, on parle de *compensation* (la bataille), d'*évitement* (la fuite) et de *soumission* (la capitulation).

Dans le contexte de l'enfance, un Schéma Précoce Inadapté représente l'existence d'une menace : celle de la frustration de l'un des besoins affectifs fondamentaux de l'enfant (voir plus haut) ; ce peut être aussi la peur des émotions intenses provoquées par le schéma. Face à cette menace, l'enfant peut répondre par la combinaison des trois réponses d'adaptation : il peut se soumettre, éviter ou compenser. Chacun de ces trois styles d'adaptation opère généralement de façon non consciente. Dans une situation donnée, l'enfant n'utilisera probablement que l'un d'entre eux, mais il se peut que, dans différentes situations ou avec différents schémas, il fasse preuve de plusieurs styles d'adaptation différents.

L'activation d'un schéma est donc une menace — celle de la frustration d'un besoin affectif fondamental et celle de l'émotion concomitante — à laquelle le sujet répond par un style d'adaptation. Ces stratégies sont généralement adaptées au cours de l'enfance et on peut les considérer comme des mécanismes normaux de survie. Mais ils deviennent inadaptés lorsque l'enfant grandit parce que les styles d'adaptation continuent à maintenir le schéma, même lorsque les conditions ont changé et que d'autres possibilités lui sont offertes. Les stratégies dysfonctionnelles finissent par maintenir le patient prisonnier de son schéma.

b. La soumission au schéma

Lorsque les patients se soumettent à un schéma, ils lui succombent. Ils n'essaient pas de l'éviter ou de le combattre. Ils acceptent l'idée que celui-ci est vrai. Ils ressentent directement la douleur de l'émotion liée à ce schéma. Leurs façons d'agir confirment le schéma. Sans réaliser ce qu'ils font, ils répètent des scénarios de vie dictés par celui-ci, si bien qu'en tant qu'adultes ils revivent les expériences infantiles qui ont créé le schéma. Lorsqu'ils rencontrent des activateurs du schéma, leurs réponses émotionnelles sont disproportionnées et ils vivent pleinement et consciemment leurs émotions. Sur le plan comportemental, ils choisissent des partenaires qui sont susceptibles de les traiter comme leur parent offenseur l'a fait — comme Nathalie, la patiente dépressive décrite précédemment, avait choisi Paul, son mari si peu affectueux. Ils se comportent ensuite avec ces partenaires d'une façon très passive et accommodante qui va contribuer à maintenir le schéma. Dans la relation thérapeutique, ces patients peuvent également jouer la scène du schéma où ils tiendront le rôle de l'« enfant » et le thérapeute le rôle du « parent offenseur ».

c. L'évitement du schéma

Les patients qui utilisent l'évitement du schéma comme style d'adaptation tentent d'arranger leur vie de façon à ne jamais activer le schéma. Ils essaient de vivre sans avoir conscience du schéma, comme si celui-ci n'existait pas. Ils évitent d'y penser.

Ils bloquent les pensées et les images qui sont susceptibles de l'activer : lorsque de telles pensées ou images menacent, ils les chassent de leur esprit et cherchent à se distraire. Ils évitent de ressentir le schéma. Lorsque les émotions apparaissent à la surface, ils les repoussent de façon automatique. Ils sont capables de boire de façon excessive, de prendre des médicaments, d'avoir une vie sexuelle désordonnée, de manger de façon boulimique, de se laver de façon compulsive, de rechercher compulsivement l'excitation ou de devenir des bourreaux de travail. Habituellement, ils évitent les situations susceptibles d'activer le schéma, telles que les relations intimes ou les défis professionnels. Ils évitent des secteurs entiers de la vie dans lesquels ils se sentent vulnérables. Ils évitent souvent de s'engager dans une thérapie ; ils « oublient » de terminer les tâches assignées, se retiennent d'exprimer leurs émotions, ne soulèvent que des problèmes superficiels, arrivent en retard aux séances, ou bien mettent fin prématurément à leur thérapie.

d. La compensation du schéma

Lorsque les patients compensent, ils combattent leur schéma par des pensées, des émotions, des comportements et des styles relationnels qui correspondent à *l'opposé du schéma*. Ils s'efforcent d'être aussi différents que possible des enfants qu'ils étaient lors de la création du schéma. S'ils s'estimaient sans valeur lorsqu'ils étaient enfants, ils essaient en tant qu'adultes d'être parfaits. S'ils étaient soumis, ils deviennent des adultes rebelles. S'ils étaient des enfants contrôlés, ils se mettent à contrôler les autres ou à rejeter toute forme d'influence. S'ils étaient maltraités, ils maltraitent les autres. Face à leur schéma, ils contre-attaquent. En surface, ils paraissent avoir confiance en eux, mais au fond d'eux-mêmes ils ressentent le poids du schéma qui menace de surgir.

On peut voir la compensation comme une tentative relativement saine pour combattre le schéma, mais malheureusement elle dépasse le but, contribuant à maintenir le schéma plutôt qu'à le guérir. Beaucoup de compensateurs paraissent sains. En fait, parmi les gens les plus admirés de notre société — stars des médias, dirigeants politiques, magnats des affaires — beaucoup sont des compensateurs. Il est sain de combattre le schéma dans la mesure où le comportement est en rapport avec la situation, où il prend en compte les sentiments des autres, et où il peut conduire à une issue favorable. Mais généralement les compensateurs se font piéger par leur comportement excessif, dénué de sensibilité ou improductif.

Par exemple, il est bon pour des patients assujettis d'exercer davantage de contrôle dans leur vie ; mais, lorsqu'ils compensent, ils deviennent contrôleurs et dominants à l'excès et finissent par se couper des autres. Un assujetti compensateur ne parvient pas à laisser les autres prendre la tête, même si c'est une bonne chose. De la même façon, il est sain pour un patient qui a un schéma de Manque Affectif de demander aux autres leur soutien affectif ; mais un compensateur qui a ce schéma va trop loin, il devient exigeant et s'attribue des droits excessifs.

Le rôle de la compensation est d'offrir une alternative à la souffrance du schéma. Elle permet au patient d'échapper aux sentiments de désespoir et de vulnérabilité. Les compensations narcissiques ont, par exemple, pour rôle d'aider les patients à s'adapter avec des sentiments fondamentaux de manque affectif et d'imperfection. Au lieu de se sentir ignorés et inférieurs, ils se croient spéciaux et supérieurs. Cependant, bien qu'ils puissent réussir dans le monde extérieur, les narcissiques ne sont souvent pas en paix avec eux-mêmes. Leur compensation les isole et les rend finalement malheureux. Ils continuent à compenser, sans se préoccuper des gens qui s'éloignent d'eux. De la sorte, ils perdent la capacité à avoir des relations intimes avec les autres. Ils sont tellement occupés à donner l'apparence de la perfection qu'ils perdent l'usage d'une réelle intimité. Quel que soit le degré de perfection qu'ils visent, ils sont finalement condamnés à l'échec, et ils sont rarement capables d'envisager leur défaite d'un point de vue positif. Ils sont incapables d'assumer la responsabilité de leurs échecs et de reconnaître leurs limites : de ce fait, ils n'apprennent rien de leurs erreurs. Lorsqu'ils ressentent des déconvenues particulièrement fortes, leur capacité de compensation s'effondre et ils décompensent par un état dépressif. Lorsque la compensation échoue, les schémas sous-jacents réaffirment leur autorité avec une force émotionnelle colossale.

Facteurs déterminant les styles d'adaptation d'un individu

Selon notre hypothèse, le tempérament émotionnel est l'un des principaux facteurs qui déterminent le choix des styles d'adaptation d'un individu. Le tempérament joue un rôle probablement plus important dans la détermination des styles d'adaptation du patient que dans celle de ses schémas. Les sujets qui ont, par exemple, un tempérament passif seront plus volontiers soumis ou évitants, alors que ceux qui ont un tempérament agressif seront plus probablement compensateurs.

On peut également expliquer l'orientation d'un sujet vers un style d'adaptation donné par l'internalisation sélective ou le modeling : les enfants imitent souvent le comportement d'adaptation d'un parent avec lequel ils s'identifient.

e. Les réponses d'adaptation

Les réponses d'adaptation sont les comportements ou stratégies spécifiques exprimées au travers des trois styles d'adaptation. Elles comprennent toutes les réponses du répertoire comportemental de l'individu — toutes les façons uniques et idiosyncrasiques par lesquelles les patients manifestent la compensation, l'évitement, et la soumission. Lorsqu'un individu adopte de façon régulière certaines réponses d'adaptation, alors ces réponses deviennent des styles d'adaptation. *Un style d'adaptation est donc un trait, alors qu'une réponse d'adaptation est un état.*

Un style d'adaptation est une collection de réponses d'adaptation qu'un sujet utilise de façon caractéristique pour éviter, compenser ou se soumettre. Une réponse d'adaptation est le comportement (la stratégie) spécifique que le sujet utilise à un moment donné dans le temps. Considérons, par exemple, un patient qui utilise l'évitement dans toute situation où son schéma d'Abandon est activé. Lorsque sa petite amie le menace de rompre, il rentre chez lui et consomme de la bière jusqu'à en défaillir. Dans cet exemple, l'évitement est le style d'adaptation du patient à son schéma d'Abandon ; boire de la bière est sa réponse d'adaptation dans la situation présente avec son amie. (Nous discuterons de cette distinction plus loin dans le paragraphe se rapportant aux modes de schéma.)

Le tableau 1.1 donne des exemples de réponses d'adaptation dysfonctionnelles pour chaque schéma. La plupart des patients utilisent une combinaison de réponses d'adaptation et de styles. Parfois ils se soumettent, d'autres fois ils évitent et d'autres fois encore ils compensent.

TABLEAU 1.1

Exemples de réponses d'adaptation dysfonctionnelles

Schéma	*Exemples de soumission*	*Exemples d'évitement*	*Exemples de compensation*
Abandon/ Instabilité	Choisit des partenaires qui ne peuvent pas s'engager et persiste dans cette relation	Évite les relations intimes ; s'alcoolise beaucoup quand il est seul	Reste collé à son partenaire qu'il « étouffe » au point de le repousser ; fait des scènes violentes à son partenaire pour des séparations même de courte durée
Méfiance/ Abus	Choisit des partenaires qui le maltraitent et les autorise à le maltraiter	Évite d'être en position de faiblesse et de faire confiance aux autres ; garde des secrets	Utilise et maltraite les autres (« Je les aurai avant qu'ils ne m'aient »)
Manque Affectif	Choisit des partenaires qui donnent peu d'affection et ne leur demande pas de combler ses besoins	Évite toutes les relations intimes	Est affectivement exigeant avec ses amis proches et ses partenaires
Imperfection/ Honte	Choisit des amis qui le critiquent et le rejettent	Évite d'exprimer ses pensées et ses sentiments réels ; évite de laisser les autres devenir trop proches	Critique et rejette les autres tout en cherchant à être parfait
Isolement Social	En groupe, remarque exclusivement les différences d'avec les autres plutôt que les similitudes	Évite les situations sociales et les groupes	Se fait caméléon pour s'adapter aux groupes

Schéma	*Exemples de soumission*	*Exemples d'évitement*	*Exemples de compensation*
Dépendance/Incompétence	Demande à ses proches (parents, épouse) de prendre à sa place les décisions financières	Évite les nouveaux défis, tels qu'apprendre à conduire	Développe une telle confiance en soi qu'il ne demande rien à personne (« contre-dépendant »)
Peur du Danger ou de la Maladie	Lit les journaux de façon obsessionnelle à la recherche des catastrophes ; anticipe les catastrophes dans les situations quotidiennes	Évite les endroits qui ne paraissent pas complètement « sûrs »	Agit de façon insouciante, sans considérer le danger (« contre-phobique »)
Fusionnement/Personnalité Atrophiée	Raconte tout à sa mère, même étant adulte ; vit au travers de son partenaire	Évite l'intimité ; reste indépendant	Cherche à devenir le contraire de ses proches
Échec	Accomplit les tâches à contrecœur ou au hasard	Évite totalement les défis professionnels ; procrastination	Devient un « super-chef » en se contrôlant sans cesse
Droits Personnels Exagérés/Grandeur	Fait faire aux autres ce qu'il veut par la menace ; se vante de ses réussites	Évite les situations où il ne se sent pas supérieur	Porte une attention excessive aux besoins des autres
Contrôle de Soi/Autodiscipline Insuffisants	Abandonne facilement les tâches routinières	Évite d'exercer ou d'accepter des responsabilités	Devient excessivement auto-contrôlé ou auto-discipliné
Assujettissement	Laisse les autres contrôler la situation et décider	Évite les situations qui pourraient le mettre en conflit avec les autres	Se révolte contre l'autorité

Schéma	*Exemples de soumission*	*Exemples d'évitement*	*Exemples de compensation*
Abnégation	Donne beaucoup aux autres et ne demande rien en retour	Évite les situations qui impliquent de donner ou de recevoir	Donne aussi peu que possible aux autres
Recherche d'Approbation et de Reconnaissance	Agit pour faire impression sur les autres	Évite ceux dont l'approbation est recherchée	Agit différemment des autres pour provoquer la désapprobation ; reste en retrait
Négativité/ Pessimisme	Ne remarque que le négatif ; ignore le positif ; se fait constamment du soucis ; fait tous les efforts possibles pour éviter d'éventuelles conséquences négatives	Boit pour masquer ses sentiments pessimistes et son chagrin	Est optimiste à l'excès ; refuse d'accepter les événements désagréables
Surcontrôle Émotionnel	Se donne un air calme et émotionnellement terne	Évite les situations dans lesquelles les gens partagent ou expriment leurs sentiments	Essaie maladroitement de faire le bouffon, même si c'est de façon forcée et artificielle
Idéaux Exigeants/Critique Excessive	Passe beaucoup de temps à essayer d'être parfait	Évite et procrastine dans les situations et les tâches où l'on juge sa performance	Ne se préoccupe d'aucune norme ; accomplit les tâches à la hâte et négligemment
Punition	Se traite et traite les autres rudement et de façon punitive	Évite les autres par peur d'être puni	Pardonne de façon trop indulgente

f. Schémas, réponses d'adaptation et troubles de l'Axe II

Nous estimons que le système diagnostique de l'Axe II du DSM-IV présente de nombreux défauts. Dans un travail antérieur (Young et Gluhoski, 1996), nous avons indiqué ses nombreuses limites, notamment son manque de fiabilité et de validité pour plusieurs catégories, et son niveau de recouvrement entre les catégories que nous jugeons inacceptable. Dans ce chapitre cependant, nous insistons sur ce qui nous paraît être le défaut conceptuel le plus fondamental du système de l'Axe II. Nous estimons qu'en cherchant à établir des critères basés sur des comportements observables, les auteurs de ce système se sont privés de ce qui différencie les troubles de l'Axe I de ceux de l'Axe II, d'une part, et rend les troubles chroniques difficiles à traiter, d'autre part.

Selon notre modèle, les schémas internes constituent le noyau des troubles de personnalité et les modèles comportementaux du DSM-IV sont essentiellement des réponses à ces schémas centraux. Comme nous l'avons souligné, définir les schémas devrait être l'objectif principal du travail avec les patients présentant un trouble de personnalité. Il est impossible d'éliminer de façon définitive des réponses d'adaptation dysfonctionnelles sans changer les schémas qui les commandent. De plus, parce que les comportements d'adaptation ne sont pas aussi stables que les schémas — ils varient selon le schéma, la situation de vie, et la période de la vie du patient — les symptômes du patient (et donc le diagnostic) apparaîtront fluctuants.

Pour la plupart des catégories du DSM-IV, les comportements d'adaptation correspondent aux troubles de personnalité. Beaucoup de critères diagnostiques sont des listes de réponses d'adaptation. Par opposition, le modèle du schéma rend compte des scénarios de vie caractérologiques envahissants à la fois en termes de schémas et de réponses d'adaptation ; il relie les schémas et leurs réponses d'adaptation à leurs origines infantiles ; il fournit des conclusions thérapeutiques directes et précises. Enfin chaque patient est envisagé sous un profil unique fait de plusieurs éléments dimensionnels (des schémas et des réponses d'adaptation), plutôt que sous une catégorie unique de l'Axe II.

5 Les modes de schémas

Le concept de Mode de schéma est probablement la partie de la schémathérapie la plus difficile à expliquer, car il englobe beaucoup d'éléments.

Les modes de schémas sont les états émotionnels et les réponses d'adaptation instantanés — adaptés ou dysfonctionnels — dont nous faisons tous l'expérience. Nos modes de schémas sont souvent activés par des événements de la vie auxquels nous sommes particulièrement sensibles (nos « gâchettes émotionnelles »). À la différence des autres éléments conceptuels du schéma, il est très intéressant de travailler à la fois avec les modes adaptés et les modes dysfonctionnels. Dans le processus de guérison du schéma, nous aidons les patients à passer d'un mode dysfonctionnel à un mode sain.

À un moment donné, certains de nos schémas, de nos réponses d'adaptation et de nos états émotionnels sont inactifs ou dormants, pendant que d'autres ont été activés par des événements de vie et qu'ils dirigent notre état émotionnel et notre comportement à cet instant précis. L'état prépondérant dans lequel nous sommes à un moment donné est appelé « mode de schéma ». Cet état peut être adapté ou dysfonctionnel. Au cours du temps, chacun d'entre nous passe (« embraye ») d'un mode à un autre. Le mode répond donc à la question : « À ce moment donné, quel ensemble de schémas et de réponses d'adaptation le patient présente-t-il ? »

Voici notre définition actuelle du mode de schéma : *un mode de schéma représente ceux des schémas et des réponses d'adaptation — adaptés ou dysfonctionnels — qui sont actifs à un moment donné pour un individu.* Un mode de schéma dysfonctionnel est activé lorsque des schémas inadaptés donnés ou des réponses d'adaptation données ont déclenché l'éruption d'émotions fortes, de réponses d'évitement ou de comportements autodéfaitistes qui prennent le contrôle du fonctionnement de l'individu.

Un sujet peut embrayer d'un mode de schéma dysfonctionnel vers un autre ; lorsque cet *embrayage* survient, il se produit *l'activation de schémas différents ou de réponses d'adaptation différentes, qui étaient auparavant dormants.*

a. Les modes de schémas dysfonctionnels en tant qu'états dissociés

Vu sous un autre angle, un mode de schéma dysfonctionnel est une facette de la personnalité, mettant en jeu des schémas ou des réponses d'adaptation spécifiques, qui n'a pas été complètement intégrée avec les autres facettes. Selon ce modèle, on peut caractériser les modes de schémas par le niveau de dissociation qui fait qu'un mode de schéma donné se trouve séparé des autres modes d'un individu. Un mode de schéma dysfonctionnel est donc une partie de la personnalité qui a été séparée, à un certain niveau, des autres aspects de la personnalité.

Un mode de schéma dysfonctionnel correspond à un point sur un *spectre de dissociation*. Pour un individu capable de faire l'expérience simultanée de plusieurs modes, le niveau de dissociation est très bas. C'est la forme la plus modérée de dissociation : l'embrayage émotionnel normal, qui fait passer, par exemple, d'un sentiment de tristesse à une émotion de colère.

Le plus haut niveau de dissociation est représenté par le Trouble dissociatif de l'identité (ou Personnalité multiple). Dans ce cas, l'individu embraye d'un mode donné vers un autre, lequel se trouve situé à l'extrémité opposée dans le spectre dissociatif. Ces malades, lorsqu'ils se trouvent dans un mode donné, peuvent même complètement ignorer qu'il existe un autre mode ; dans les cas extrêmes, ils se servent de plusieurs noms différents pour chaque mode de schéma (tels que John, Susan, Danny).

Nous avons actuellement isolé 10 modes de schémas (il est vraisemblable qu'on en identifiera d'autres par le futur), regroupés en 4 catégories : les modes de l'Enfant, les modes des Stratégies Dysfonctionnelles, les modes du Parent Dysfonctionnel et le mode de l'Adulte Sain. Certains modes sont normaux pour un individu donné, alors que d'autres sont dysfonctionnels.

La thérapie des schémas a pour but principal d'apprendre aux patients à renforcer leur mode d'Adulte Sain, de façon à ce qu'ils soient capables de savoir naviguer parmi leurs autres modes, de négocier avec eux, de les aider à grandir, ou encore de neutraliser les modes dysfonctionnels.

b. Développement du concept de mode

Le concept de mode de schéma est né de notre travail avec les patients borderlines, et nous l'appliquons actuellement à de nombreuses autres catégories diagnostiques. Avec les borderlines, le problème que nous rencontrions dans le cadre du modèle du schéma était que le nombre de schémas et de réponses d'adaptation était trop important pour que le patient et le thérapeute les gèrent tous simultanément. Nous nous sommes aperçus, par exemple, que lorsqu'on donnait aux patients borderlines le Questionnaire des Schémas de Young, il était assez habituel pour eux de coter à un haut niveau la plupart des 16 schémas présents. Nous avions donc besoin d'une méthode d'analyse différente, qui puisse regrouper les schémas de façon à les rendre gérables.

Les borderlines sont également problématiques vis-à-vis du modèle originel du schéma parce qu'ils embrayent en permanence d'un état affectif (ou d'une réponse d'adaptation) extrême vers un autre : à un moment donné, ils sont en colère ; l'instant d'après ils sont tristes, distants, évitants, robotisés, effrayés, impulsifs ou auto-agressifs. Notre modèle de départ, parce qu'il était conceptualisé en termes de *traits* — schémas ou styles adaptation — ne semblait pas suffisant pour rendre compte du phénomène d'embrayage d'un *état* vers un autre.

Précisons davantage cette distinction entre l'état et le trait dans la théorie du schéma. Lorsque nous disons qu'un individu a un schéma, nous ne disons pas que ce schéma est activé à tout moment. Mais plutôt que le schéma est un trait qui peut être activé ou non à un moment donné. De la même façon, les individus ont des styles d'adaptation spécifiques, qu'ils peuvent utiliser ou non à un moment donné. *Notre modèle-trait de départ nous renseigne donc sur le fonctionnement du patient à long terme, mais il ne nous nous indique pas l'état actuel du patient. Parce que les borderlines sont très labiles, nous avons décidé, pour les traiter, de passer d'un modèle-trait à un modèle-état, avec pour concept de base le mode de schéma.*

En prêtant attention aux patients, on remarque que leurs schémas et leurs réponses d'adaptation tendent à se regrouper. Certains groupes de schémas ou de réponses d'adaptation sont activés ensemble. Par exemple, dans le mode Enfant Vulnérable, l'affect est celui d'un enfant sans ressource, fragile, effrayé et triste. Lorsqu'un patient se trouve dans ce mode, des schémas de Manque Affectif, d'Abandon, de Vulnérabilité peuvent se trouver simultanément activés. Le mode Enfant Coléreux se présente souvent avec l'émotion d'un enfant qui a un accès de colère. Le mode Protecteur Détaché est caractérisé par une absence d'émotion, associée à un haut niveau d'évitement. Certains de ces modes sont donc composés essentiellement de schémas, alors que d'autres sont surtout faits de réponses d'adaptation.

Pour chaque patient, on observe certains modes de schémas spécifiques, c'est-à-dire des groupements spécifiques de schémas ou de réponses d'adaptation. De la même façon, on peut décrire certains diagnostics de l'Axe II en termes de modes. Par exemple, chez les borderlines, on rencontre habituellement quatre modes de schémas avec des embrayages rapides de l'un à l'autre. À un moment, la patiente est dans le mode Enfant Abandonné, sous le coup de la douleur de ses schémas ; l'instant d'après, elle embraye vers le mode Enfant Coléreux, en exprimant sa rage ; elle peut passer ensuite en mode Parent Punitif, qui punit l'Enfant Abandonné ; et enfin elle peut se retrancher dans le Protecteur Détaché, bloquant ses émotions et se détachant des autres afin de se protéger.

c. Les modes en tant qu'états dissociés

Nous avons signalé que notre concept de mode de schéma était lié à un spectre de dissociation. Bien que le diagnostic en soit controversé, nous considérons que les différentes personnalités des patients porteurs d'un Trouble dissociatif de l'identité sont des formes extrêmes de modes dysfonctionnels. Différentes parties de la personnalité se sont clivées en des personnalités séparées, qui ne sont souvent pas conscientes les unes des autres et qui peuvent avoir des noms, des âges, des genres, des traits de personnalités, des souvenirs et des fonctions différents. Les identités dissociatives de ces patients peuvent être : un enfant qui a vécu un traumatisme sévère à un âge donné ; un parent tourmenteur, critique ou persécuteur pour l'enfant, et qui a été internalisé ; ou un mode d'adaptation de type adulte qui d'une certaine façon protège ou bloque les modes de l'enfant. Nous pensons que les différentes personnalités du Trouble dissociatif de l'identité diffèrent des modes des patients borderlines par le degré et par le nombre. Les personnalités multiples, tout comme les modes des borderlines, sont des parties de la personnalité qui se sont clivées, mais chez le borderline, le clivage n'est pas allé aussi loin. De plus, les patients porteurs d'un Trouble dissociatif de l'identité présentent habituellement davantage de modes que les borderlines parce qu'ils ont souvent plus d'un mode de chaque type (par exemple, trois Enfants Vulnérables, chacun d'un âge différent).

Un individu psychologiquement sain présente aussi des modes individualisés, mais son sens d'une identité unique reste intact. Un individu sain est capable d'embrayer vers une humeur détachée, coléreuse ou triste, en réponse à un changement de circonstances, mais ses modes diffèrent de ceux du borderline par plusieurs points importants. Tout d'abord, comme nous l'avons dit, les modes normaux sont moins dissociés que les modes borderlines. Les individus sains peuvent faire l'expérience de plusieurs modes simultanément. Par exemple, ils peuvent être à la fois tristes et heureux à cause d'un événement, et ressentir une impression « aigre-douce ». À l'opposé, lorsque nous parlons d'un mode borderline, il s'agit d'une partie de la personnalité qui s'est séparée des autres parties sous une forme pure et intense. Le sujet est envahi par la peur ou bien complètement enragé. Deuxièmement, les modes normaux sont moins rigides et plus souples, plus faciles à changer, que les modes des patients présentant des problèmes de personnalité sévères. Ils sont davantage ouverts à l'accommodation en réponse à la réalité, pour parler en termes piagétiens (Piaget, 1962).

Pour résumer, les modes varient d'un individu à l'autre selon plusieurs dimensions :

Dissocié	↔	Intégré
Non reconnu	↔	Reconnu
Dysfonctionnel	↔	Adapté
Extrême	↔	Léger
Rigide	↔	Souple
Pur	↔	Associé

Une autre différence entre les sujets sains et les malades tient dans la puissance et l'efficacité du mode Adulte Sain. Bien que nous ayons tous un mode Adulte Sain, celui-ci est plus fort et plus fréquemment activé dans la population psychologiquement saine. Le mode Adulte Sain est capable de modérer et de guérir les modes dysfonctionnels. Par exemple, lorsque des gens psychologiquement sains se mettent en colère, leur mode Adulte Sain est capable de maintenir les émotions et les comportements de colère sous leur contrôle. À l'opposé, les borderlines ont typiquement un mode Adulte Sain très faible, si bien que, lorsque le mode Enfant Coléreux est activé, il n'existe aucune force suffisamment puissante pour s'y opposer. La colère envahit presque complètement la personnalité du patient.

d. Les 10 modes de Schémas

Nous avons identifié 10 modes de schémas que l'on peut regrouper en quatre grandes catégories : les modes de l'Enfant, les modes des Styles d'Adaptation Dysfonctionnels, les modes du Parent Dysfonctionnel et le mode de l'Adulte Sain.

1° *Les modes de l'Enfant*

Nous considérons que les modes de l'Enfant sont universels et innés. Tous les enfants sont nés avec la possibilité de les manifester. Nous en avons identifié quatre. Les termes ci-dessous sont généraux : Actuellement, en thérapie, nous personnalisons le nom des modes en collaboration avec le patient. (Par exemple, nous parlerons de l'Enfant Vulnérable sous la forme de la Petite Anne ou de Carole Abandonnée.

L'Enfant Vulnérable : Ce mode fait l'expérience de la plupart des schémas centraux : c'est l'Enfant Abandonné, l'Enfant Abusé, l'Enfant Privé d'Affection ou l'Enfant Rejeté.

L'Enfant Coléreux : C'est la partie qui est furieuse parce que ses besoins émotionnels (ou physiques) de base ne sont pas satisfaits et qui agit de façon coléreuse sans se préoccuper des conséquences.

L'Enfant Impulsif/Indiscipliné : Il exprime ses émotions et agit selon ses désirs, en suivant sa tendance naturelle du moment, sans se soucier des conséquences pour lui-même ou pour les autres.

L'Enfant Heureux : C'est celui dont les besoins affectifs fondamentaux ont été comblés.

2° *Les modes des Styles Adaptatifs Dysfonctionnels*

Il en a été identifié trois, qui correspondent aux trois styles d'adaptation : soumission, évitement et compensation.

Le Soumis Obéissant : Il se soumet au schéma, tenant le rôle de l'enfant passif, impuissant, qui doit se soumettre aux autres.

Le Protecteur Détaché : Il se met psychologiquement en retrait par rapport à la douleur que provoque le schéma. Il se détache de ses émotions ; il s'adonne de façon excessive à des activités qui l'apaisent ou le stimulent (abus de drogues, auto-excitation) ; il évite les autres, et de façon générale il pratique diverses formes d'évitement.

Le Compensateur : Il se bat contre son schéma comme pour prouver le contraire, soit en maltraitant les autres, soit en se comportant d'une façon extrême, mais d'une façon qui s'avère en définitive très inadaptée (voir la discussion précédente sur la compensation pour des exemples).

3° *Les modes du Parent Dysfonctionnel*

Nous avons identifié deux modes de parent dysfonctionnel, dans lesquels le patient se comporte comme le parent qui a été internalisé.

Le Parent Punitif : Il punit un des modes d'Enfant qui a été « vilain ».

Le Parent Exigeant. : Ce mode pressure et punit en permanence l'Enfant pour que celui-ci se hausse à des normes excessivement élevées.

4° *Le mode de l'Adulte Sain*

C'est le mode que nous cherchons à renforcer au cours de la thérapie, en apprenant au patient à modérer, à soutenir ou à guérir les autres modes.

6 Diagnostic et changement des schémas

Ce bref aperçu thérapeutique présente les différentes étapes du diagnostic et du changement des schémas. Toutes les méthodes seront décrites en détail dans les chapitres suivants. Les deux phases du traitement sont la phase de diagnostic et d'information du patient, puis la phase de changement.

a. Phase de diagnostic des schémas et d'information du patient

Dans cette première phase, le thérapeute aide le patient à identifier ses schémas et à en comprendre les origines infantiles. Au cours du traitement, le thérapeute explique au patient le modèle du schéma. Le patient apprend à reconnaître ses schémas, ses styles d'adaptation (soumission, évitement et compensation) et à voir comment les réponses d'adaptation interviennent pour maintenir les schémas. Nous apprenons également aux patients plus sévèrement atteints quels sont leurs modes de schémas principaux et nous les aidons à observer comment ils embrayent d'un mode vers un autre. Il faut que les patients comprennent intellectuellement leurs opérations de schémas et que, d'autre part, ils fassent l'expérience émotionnelle de ces processus.

Le diagnostic présente plusieurs aspects ; il comporte un questionnaire d'historique de vie, plusieurs questionnaires de schémas, des tâches d'autosurveillance et des exercices d'imagerie qui activent émotionnellement les schémas et aident les patients à faire le lien émotionnel entre leurs problèmes actuels et les expériences infantiles qui sont liées à leurs schémas. À la fin de cette phase, le thérapeute et le patient ont établi une conceptualisation complète du cas et se sont mis d'accord sur un traitement centré sur le schéma qui fait intervenir des techniques cognitives, émotionnelles et comportementales, auxquelles la relation thérapeutique ajoutera son élément curatif.

b. Phase de changement

Tout au long de la phase de changement, le thérapeute associe des techniques cognitives, émotionnelles, comportementales et interpersonnelles de façon souple, en fonction des besoins du patient, séance après séance. Le schéma-thérapeute n'adhère pas à un protocole rigide.

1° *Les techniques cognitives*

Tant que les patients seront persuadés que leurs schémas sont valides, il n'y aura aucun changement possible. Ils continueront à créer des distorsions dans leur vision sur le monde et sur eux-mêmes. Les patients commencent par apprendre à faire le procès du schéma. Ils réfutent la réalité du schéma sur le plan rationnel. Ils font la liste des arguments qui confirment et infirment le schéma tout au long de leur vie et ils évaluent ces arguments avec leur thérapeute.

La plupart du temps, il s'avérera que le schéma est faux. Le patient n'est pas intrinsèquement imparfait, incompétent, il ne représente pas l'échec. Il réalise que le schéma lui a été enseigné dans son enfance, par un processus d'endoctrinement, tout comme on diffuse de la propagande à une population. Mais parfois l'argumentation n'est pas suffisante pour infirmer le schéma. Par exemple, il est possible que les patients soient en échec au travail ou à la maison. À cause de leur évitement ou de leur procrastination, ils n'ont pas développé les habiletés au travail correspondantes. S'il n'y a pas suffisamment d'arguments pour défier le schéma, alors les patients examinent ce qu'ils peuvent faire pour changer cet aspect de leur vie. Le thérapeute leur apprendra, par exemple, à combattre leur appréhension de l'échec, de façon à ce qu'ils puissent acquérir des habiletés au travail satisfaisantes.

Après cet exercice, le thérapeute et le patient résument le procès du schéma sur une fiche qu'ils composent ensemble. Les patients conservent ces fiches sur eux et les lisent souvent, en particulier lorsqu'ils doivent faire face à une situation qui peut activer le schéma.

2° *Les techniques émotionnelles*

Les patients combattent le schéma au niveau émotionnel. Grâce à des techniques telles que l'imagerie et les dialogues, ils expriment leur tristesse et leur colère au regard de ce qu'ils ont vécu dans leur enfance. Par l'imagerie, ils tiennent tête à leur parent et à d'autres personnages proches, et ils protègent et réconfortent l'Enfant Vulnérable. Les patients parlent des besoins qui n'ont pas été comblés par leurs parents quand ils étaient enfants. Ils relient les images infantiles aux images des situations bouleversantes de leur vie actuelle. Ils confrontent le schéma de façon directe, s'opposent à lui et le combattent. Ils s'adressent en imagerie et en jeux de rôle aux personnages importants de leur vie actuelle. Ceci dans le but de casser le processus de maintien du schéma au niveau émotionnel.

3° *Techniques comportementales*

Le thérapeute aide le patient à construire des tâches comportementales pour remplacer les réponses d'adaptation dysfonctionnelles par des modèles comportementaux plus adaptés. Le patient finit par réaliser que le choix de certains partenaires ou certaines décisions de vie contribuent à maintenir le schéma et il se met à faire des choix plus sains qui rompent les anciens scénarios de vie autodéfaitistes.

Le thérapeute aide le patient à planifier et à préparer les tâches assignées grâce à l'imagerie et aux jeux de rôle qui vont lui permettre de s'entraîner aux nouveaux comportements en séance. Le thérapeute utilise des fiches et des techniques d'imagerie pour aider le patient à surmonter les obstacles au changement comportemental. Après avoir exécuté ses tâches, le patient en discute avec le thérapeute, pour évaluer ce qu'il a appris. Progressivement, il se débarrasse de ses styles d'adaptation dysfonctionnels en faveur de stratégies plus adaptées.

La plupart de ses comportements dysfonctionnels sont en fait des réponses d'adaptation au schéma, ils représentent souvent les obstacles principaux à la guérison du schéma. Pour que le changement se mette en place, il faut que le patient accepte de se débarrasser volontairement de ses styles d'adaptation dysfonctionnels.

Par exemple, les patients qui continuent à se soumettre aux schémas — parce qu'ils persistent dans des relations destructives ou bien ne se fixent aucune limite dans leur vie professionnelle ou personnelle — maintiennent leurs schémas et ne sont pas capables de faire des progrès importants en thérapie.

Il arrive que les compensateurs ne progressent pas en thérapie parce qu'ils critiquent les autres plutôt que de reconnaître leurs schémas et d'accepter leurs responsabilités dans les problèmes qu'ils rencontrent. Ou alors ils sont trop occupés à compenser — en travaillant beaucoup, en s'améliorant, en cherchant à faire impression sur les autres — et ils ne parviennent pas à identifier leurs schémas clairement et à s'impliquer dans une phase de changement.

Les éviteurs, eux, peuvent ne pas progresser parce qu'ils continuent à éviter la douleur de leur schéma. Ils ne s'autorisent pas à se concentrer sur leurs problèmes, leur passé, leur famille ou leur mode de vie. Ils éliminent leurs émotions ou bien les amortissent. Il faut une forte motivation pour surmonter une stratégie d'évitement. Comme l'évitement représente une récompense à court terme, il faut au patient beaucoup de volonté pour endurer cet inconfort et pour se confronter perpétuellement aux conséquences à long terme, négatives.

4° *La relation thérapeutique*

Le thérapeute détermine et traite les schémas, les styles d'adaptation et les modes, au fur et à mesure qu'ils apparaissent dans la relation thérapeutique. Celle-ci joue le rôle d'antidote partiel contre les schémas du patient. Le patient internalise le thérapeute en tant qu'Adulte Sain qui se bat contre ses schémas, à la recherche d'une vie émotionnelle satisfaisante.

Deux caractéristiques de la relation thérapeutique sont particulièrement importantes dans la schéma-thérapie : la confrontation empathique et le re-parentage partiel. La confrontation empathique consiste à montrer de l'empathie pour le patient lorsque ses schémas apparaissent dans la relation, tout en lui expliquant que ses réactions contre le thérapeute sont souvent erronées ou dysfonctionnelles et qu'elles reflètent ses schémas et ses styles d'adaptation. Le re-parentage partiel consiste à fournir aux patients, dans les limites autorisées par la relation thérapeutique, ce que leurs parents auraient dû leur donner, mais qu'ils n'ont jamais reçu, au cours de leur enfance. Nous discuterons de ces concepts plus loin dans ce livre.

7 Comparaison de la thérapie des schémas aux autres modèles

Dans le cadre du développement d'une approche conceptuelle et thérapeutique, les schéma-thérapeutes adoptent une philosophie d'ouverture et d'inclusion. Ils recherchent des solutions en « ratissant large », sans bien se préoccuper de savoir si leur travail doit être qualifié de thérapie cognitivo-comportementale, de psychodynamique ou de Gestalt-thérapie. Ce qui compte surtout, c'est que les patients parviennent à changer de façon significative. Cette attitude a contribué à donner plus de liberté aux patients et aux thérapeutes dans leurs discussions, leurs interventions et dans la façon dont ils les mettent en œuvre.

Cependant, la schéma-thérapie n'est pas une thérapie éclectique qui procéderait d'une méthode par essai-erreur. Il s'agit d'une théorie unifiée. La théorie et ses méthodes thérapeutiques constituent un modèle très structuré et systématique.

Résultant d'une philosophie d'inclusion, le modèle du schéma recouvre plusieurs autres modèles psychologiques, notamment la thérapie cognitive et comportementale, le constructivisme, la psychodynamique, les relations d'objets et la Gestalt-thérapie.

Bien que la schéma-thérapie recouvre, par certains aspects, d'autres modèles, elle en diffère aussi par de nombreux points importants.

Dans ce paragraphe nous allons mettre en évidence les similitudes et les différences entre la schéma-thérapie et les récentes formulations de Beck concernant la thérapie cognitive. Nous parlerons aussi rapidement de quelques autres approches thérapeutiques qui recouvre de façon importante la schéma-thérapie.

a. Le modèle reformulé de Beck

Beck et ses associés (Beck *et al.*, 1990 ; Alford et Beck, 1997) ont réalisé une révision de la thérapie cognitive pour traiter les troubles de personnalité. Ils définissent la personnalité comme *des types spécifiques de processus sociaux, motivationnels et cognitivo-affectifs* (Alford et Beck, 1997, p. 25). La personnalité comprend donc des comportements, des processus de pensée, des réponses émotionnelles et des besoins motivationnels.

La personnalité est déterminée par des *structures idiosyncrasiques*, encore appelées schémas, qui constituent les éléments fondamentaux de la personnalité. Alford et Beck (1997) proposent que le concept de schéma puisse *fournir un langage commun qui faciliterait l'intégration de certaines approches thérapeutiques* (p. 25). Selon le modèle de Beck, une *croyance centrale* représente la signification, ou contenu cognitif, d'un schéma.

Beck a aussi mis au point son propre concept du *mode* (Beck, 1996). Un mode est un réseau intégré de composants cognitifs, affectifs, motivationnels et comportementaux. Un mode peut inclure plusieurs schémas cognitifs. Ces modes provoquent chez les sujets des réactions psychologiques intenses, et ils sont orientés vers des buts spécifiques. Tout comme les schémas, les modes sont essentiellement automatiques et ils ont aussi besoin d'être activés. Les individus présentant une vulnérabilité cognitive, s'ils sont exposés aux stresseurs appropriés, peuvent développer les symptômes liés à ce mode.

Selon Beck (Alford et Beck, 1997), les modes sont faits de schémas, lesquels contiennent des souvenirs, des stratégies de résolution de problèmes, des images, et du langage. Les modes activent des *stratégies programmées pour accomplir des habiletés à la survie, telles que la défense contre les prédateurs* (p. 27). L'activation d'un mode spécifique dépend de la constitution génétique d'un individu, d'une part, et de ses croyances culturelles et sociales, d'autre part.

Beck (1996, p. 9) explique plus loin que lorsqu'un schéma est activé, il n'y a pas nécessairement activation du mode correspondant : même si la composante cognitive d'un schéma a été activée, il est possible qu'aucun élément affectif, motivationnel ou comportemental, n'apparaisse.

Au cours du traitement, le patient apprend à utiliser son système de contrôle conscient pour désactiver les modes en réinterprétant les événements activateurs d'une façon incompatible avec le mode. Par la suite, les modes pourront être modifiés.

En réexaminant la littérature, nous concluons que Beck n'a pas précisé — sinon de façon très générale — en quoi les techniques pour changer les schémas et les modes sont différentes de celles de la thérapie cognitive standard. Alford et Beck (1997) reconnaissent que, d'une part, la relation thérapeutique est un mécanisme valable pour le changement et même que, d'autre part, le travail structuré d'imagerie permet de *modifier les structures cognitives en communiquant directement avec le système automatique émotionnel* (p. 7). Mais nous n'avons pas pu trouver de stratégie de changement détaillée et spécifique pour les schémas ou les modes.

Enfin, Beck *et al.* (1990) abordent les stratégies cognitives et comportementales des patients. *Ces stratégies sont équivalentes à la notion de style d'adaptation en schéma-thérapie*. Les individus psychologiquement sains s'adaptent aux situations de la vie grâce à des stratégies adaptées, cognitives et comportementales, alors que les sujets psychologiquement plus faibles utilisent des réponses inadaptées et rigides dans le cadre des secteurs fragiles de leur personnalité.

Sur le plan conceptuel, le modèle cognitif révisé de Beck et le modèle actuel du schéma de Young, présenté dans ce premier chapitre, se ressemblent sur plusieurs points. Tout d'abord, chacun insiste sur deux grandes structures centrales — les schémas et les modes — pour comprendre la personnalité. Ensuite, les deux théories font intervenir en tant qu'aspects importants de la personnalité des facteurs cognitifs, motivationnels, émotionnels, génétiques, des mécanismes d'adaptation et des facteurs culturels. Enfin, les deux modèles reconnaissent la nécessité de s'intéresser à la fois aux aspects conscients et inconscients de la personnalité.

Les différences entre ces deux modèles théoriques sont subtiles et elles ne sont souvent pas fondamentales. Le concept du Schéma Inadapté Précoce de Young fait intervenir des éléments appartenant à la fois aux schémas et aux modes tels qu'ils ont été définis par Beck (1996). Young considère que l'activation de schéma met en jeu des composants affectifs, motivationnels et comportementaux. La structure et le contenu des schémas dont parle Beck sont inclus à l'intérieur de la définition des schémas de Young.

L'activation de mode selon Beck est très semblable au concept d'activation de schéma selon Young. On ne comprend pas très clairement pourquoi Beck (1996) éprouve le besoin de différencier les schémas des modes, en tout cas si l'on tient compte de ses définitions pour ces deux termes. À notre avis, son concept de mode pourrait facilement être élargi pour englober les éléments du schéma ou vice versa. Peut-être Beck a-t-il voulu différencier les schémas des modes pour insister sur le fait que les modes sont des mécanismes de survie dans le cadre de l'évolution. Le concept de schéma, dans le modèle révisé de Beck, reste très proche du modèle cognitif d'origine (Beck, 1976) et donc des autres éléments cognitifs tels que les pensées automatiques et les croyances centrales.

Le concept de mode de schéma chez Young n'a que peu de rapport avec l'usage dont fait Beck du terme « mode ». Beck (1996) a développé sa notion de mode pour tenir compte de réactions psychologiques intenses qui sont liées à la survie et orientées vers des objectifs. Chez Young, le concept de mode permet de différencier les schémas et styles d'adaptation en tant que *traits* (modèles stables et durables) et les schémas et styles d'adaptation en tant qu'*états* (modèles changeants qui subissent activations et désactivations). En ce sens, le concept du mode de schéma de Young est plus en relation avec les idées de dissociation et d'« états du moi » que le concept de mode selon Beck.

Une autre différence conceptuelle importante est l'importance accordée aux styles d'adaptation. Bien que Beck *et al.* (1990) fassent référence aux stratégies d'adaptation dysfonctionnelles, Beck ne les a pas incluses en tant qu'élément important dans sa reformulation (Beck, 1996 ; Alford et

Beck, 1997). Le modèle de Young, en revanche, accorde une place centrale aux styles d'adaptation dans le maintien des schémas. *L'importance des styles d'adaptation et l'affinement apporté en distinguant la soumission, l'évitement et la compensation, constituent une différence importante* avec la vision plus limitée de Beck.

Une autre différence importante est la place consacrée aux *besoins fondamentaux et au développement* dans la schéma-thérapie. Bien que Beck et ses associées soient de manière générale d'accord pour reconnaître que les besoins motivationnels et les influences infantiles jouent un rôle important dans la personnalité, ils ne s'étendent pas sur la nature de ces besoins ni sur la manière dont les expériences infantiles conduisent au développement des schémas et des modes.

Sur le plan thérapeutique, il n'est pas surprenant de retrouver de nombreuses idées communes, dans la mesure où l'approche cognitive de Beck a représenté l'influence initiale de Young avant qu'il ne développe la schéma-thérapie. Dans les deux conceptions, on encourage une collaboration intense entre le patient et le thérapeute et on demande à ce dernier de jouer un rôle actif dans la structuration des séances et tout au long du traitement. Young et Beck sont d'accord pour reconnaître l'importance du rôle des expériences émotionnelles dans la modification cognitive ; c'est pourquoi, dans les deux thérapeutiques, on incite les patients à modifier leurs cognitions — et donc leurs schémas — pour être plus en phase avec les événements concrets de leur vie. Dans les deux méthodes, on utilise de nombreuses techniques cognitives et comportementales pour le changement, telles que l'enregistrement des cognitions et l'entraînement à de nouveaux comportements. Dans les deux approches, on conseille au patient des stratégies de modification des pensées automatiques, des postulats sous-jacents, des distorsions cognitives, et des croyances centrales.

La thérapie cognitive, comme la thérapie de schéma, considère qu'il faut informer le patient sur le modèle de la thérapie utilisée. Ainsi, le patient est inclus dans le processus thérapeutique en tant que partenaire travaillant d'égal à égal avec le thérapeute. Celui-ci partage avec le patient la conceptualisation du cas et il l'encourage à des lectures qui amélioreront sa compréhension du travail. Les tâches à domicile jouent un rôle central dans les deux thérapies : il s'agit d'aider les patients à généraliser dans leur vie courante ce qu'ils apprennent au cours des séances. De même, dans les deux conceptions, pour faciliter le transfert d'apprentissage, le thérapeute apprend au patient des stratégies pratiques qui lui permettront de prendre en charge les événements concrets de la vie de tous les jours d'une façon adaptée, plutôt que de le laisser se débrouiller tout seul pour appliquer des principes cognitifs et comportementaux.

En dépit de ces similitudes, il existe des différences importantes dans l'approche thérapeutique entre la thérapie des schémas et la thérapie cognitive. La plupart de ces différences découlent du fait que les techniques thérapeutiques de la thérapie cognitive ont été conçues au départ pour réduire des symptômes des troubles de l'Axe I, alors que les méthodes de la schéma-thérapie ont été conçues pour traiter des troubles de la personnalité et des problèmes chroniques très persistants. Dans notre expérience, il existe des différences fondamentales au niveau des techniques entre celles efficaces pour la réduction de symptômes et celles efficaces pour les modifications de la personnalité.

Tout d'abord, *la thérapie de schéma s'attaque en premier au noyau central — les schémas — et elle relie progressivement ces schémas à des cognitions plus accessibles, telles que les pensées automatiques et les distorsions cognitives*. Au contraire, les thérapeutes cognitivistes commencent par des cognitions superficielles telles que les pensées automatiques et s'occupent plus tard des croyances centrales, si le patient reste en traitement une fois les symptômes soulagés.

Dans la thérapie de schéma, cette approche première de la profondeur plutôt que de la surface conduit, très tôt dans le traitement, à s'intéresser à des scénarios de vie répétitifs plutôt qu'à des problèmes actuels seulement. Par ailleurs, *en schéma-thérapie, la majeure partie du temps est consacrée aux schémas, aux styles d'adaptation et aux modes, alors que ces structures sont abordées de façon secondaire dans la thérapie cognitive*.

De ce fait, les schéma-thérapeutes mènent leurs séances de thérapie d'une façon moins structurée et en utilisant un agenda moins formel. Le schéma-thérapeute a besoin d'une liberté lui permettant de se déplacer aisément entre le passé et le présent, d'un schéma à un autre, aussi bien au cours d'une séance que d'une séance à l'autre. En thérapie cognitive, au contraire, le thérapeute va persister à traiter des symptômes ou des problèmes actuels, après qu'ils auront été clairement définis et jusqu'à ce qu'ils s'apaisent.

De plus, parce que les schémas et les styles d'adaptation sont des notions centrales de son modèle, Young a défini 18 schémas précoces spécifiques et trois grands styles d'adaptation qui constituent le fondement de la majeure partie du traitement. Ces schémas et ces mécanismes d'adaptation sont déterminés, puis affinés en cours de thérapie, pour correspondre au mieux à chaque patient. Le schéma-thérapeute dispose d'outils adaptés qui lui permettent d'identifier les schémas et les comportements d'adaptation, alors que les méthodes diagnostiques de la thérapie cognitive habituelle laissent des lacunes dans ce domaine. Un excellent exemple en est le schéma de Manque Affectif, qui est relativement facile à découvrir par l'imagerie centrée sur le schéma, alors qu'il est très difficile à mettre en évidence par la recherche des pensées automatiques ou l'exploration des postulats sous-jacents.

Une autre différence importante est *l'importance accordée par la schéma-thérapie aux origines infantiles et au comportement des parents*. La thérapie cognitive fait spécifiquement l'impasse sur les origines des cognitions, notamment celles des croyances centrales. Les schéma-thérapeutes ont, au contraire, identifié les origines les plus fréquentes de chacun des 18 schémas, et ils disposent d'un instrument pour en faire le diagnostic. Le thérapeute explique ces origines aux patients, il leur enseigne les besoins normaux d'un enfant, il leur explique ce qu'il se passe lorsque ces besoins ne sont pas satisfaits et il relie les origines infantiles avec les schémas en cause. Lorsque le schéma-thérapeute a déterminé l'origine des schémas, qu'il les a expliquées au patient, il propose à celui-ci une série d'exercices émotionnels en relation avec les expériences bouleversantes de son enfance. Ces exercices pourront aider le patient à surmonter les émotions, cognitions et comportements d'adaptation dysfonctionnels. Les thérapeutes cognitivistes ne s'occupent, eux, des expériences infantiles que d'une manière très accessoire.

Il existe une différence cruciale entre les deux approches : *l'importance du travail émotionnel, représenté par l'imagerie et les dialogues*. Bien que certains thérapeutes cognitivistes aient commencé à utiliser le travail émotionnel (Smucker et Dancu, 1999), la majorité d'entre eux ne considère pas cette méthode comme fondamentale dans le traitement et ils utilisent plutôt l'imagerie dans le cadre de l'entraînement aux comportements nouveaux. Les schéma-thérapeutes voient, au contraire, les techniques émotionnelles comme *l'un des quatre composants équivalents du traitement* et ils accordent un temps considérable à ces techniques dans la thérapie. Il est difficile de comprendre l'hésitation des thérapeutes cognitivistes à introduire cette méthode de façon plus large, car comme on s'accorde généralement à le penser dans la littérature cognitiviste, les « cognitions chaudes » (celles au cours desquelles le patient vit une émotion forte) sont plus faciles à changer que les « cognitions froides » (lorsque le patient n'éprouve aucune émotion). Or les techniques émotionnelles sont souvent le seul moyen de stimuler les cognitions chaudes en séance.

Une autre différence fondamentale est *le rôle de la relation thérapeutique*. Dans les deux types de thérapie, on reconnaît l'importance de cette relation dans l'efficacité du traitement, bien qu'on l'utilise de façon différente. Les thérapeutes cognitivistes considèrent la relation thérapeutique comme un support pour motiver le patient et lui faire admettre le traitement (par exemple réaliser ses tâches assignées). Ils recommandent aux thérapeutes de s'intéresser aux cognitions liées à la relation thérapeutique lorsque celle-ci se révèle un obstacle aux progrès du patient. Cependant, la relation n'est généralement pas considéré comme un support essentiel du changement, mais plutôt comme un moyen permettant au changement de se mettre en place. Pour utiliser une analogie médicamenteuse, les techniques cognitives sont vues comme les « principes actifs » du changement et la relation thérapeutique est considérée comme l'« excipient » avec lequel l'agent du changement est administré.

En thérapie des schémas, la relation thérapeutique est l'un des quatre principaux éléments du changement. Comme nous l'avons déjà indiqué dans ce chapitre, les schéma-thérapeutes utilisent la relation de deux façons. La première manière consiste à observer les schémas lorsqu'ils se trouvent activés en séance et ensuite à utiliser des procédés pour diagnostiquer et modifier ces schémas dans le cadre de la relation thérapeutique. La deuxième fonction met en jeu le re-parentage partiel. Cette méthode utilise la relation thérapeutique comme une « expérience émotionnelle corrective » (Alexander et French, 1946). Dans les limites autorisées de la thérapie, le thérapeute agit envers le patient de façon à servir d'antidote à ses déficits parentaux précoces.

Pour ce qui est du style, les schéma-thérapeutes utilisent *la confrontation empathique* plutôt que l'empirisme collaboratif. Les thérapeutes cognitivistes utilisent la découverte guidée pour aider les patients à reconnaître les distorsions contenues dans leurs cognitions. Dans notre expérience, les patients présentant des troubles de la personnalité ne parviennent pas vraiment à voir une alternative réaliste et saine à leurs schémas sans les instructions directes du thérapeute. Les schémas sont si profondément enracinés et dignes de confiance que le questionnement et l'investigation empirique seuls ne sont pas suffisants pour permettre à ces patients de réaliser leurs distorsions cognitives. C'est pourquoi *le schéma-thérapeute se place en empathie avec le point de vue du schéma*, tout en *confrontant le patient à la réalité*, à savoir que le point de vue du schéma ne fonctionne pas et qu'il ne correspond pas à la réalité telle que les autres la voient. Le schéma-thérapeute doit en permanence confronter le patient de cette façon, sinon celui-ci régresse pour glisser à nouveau sous l'emprise inadaptée du schéma. Comme nous l'expliquons aux patients, « les schémas se battent pour survivre ». En thérapie cognitive, ce concept d'une *bataille contre le schéma* n'est pas une idée centrale.

Comme les schémas sont beaucoup plus résistants au changement que ne le sont les autres niveaux de cognitions, *la durée des traitements* utilisant la thérapie des schémas pour les troubles de l'accès II est significativement supérieure à celle des traitements courts qu'on utilise en thérapie cognitive pour les troubles de l'Axe I. Cependant, en matière de problèmes de l'Axe II, il ne semble pas exister de différence de durée entre la thérapie cognitive et la thérapie des schémas.

Lorsqu'ils conceptualisent le cas, de même que lorsqu'ils mettent en place des méthodes de changement, *les schéma-thérapeutes s'intéressent plus à modifier les scénarios de vie dysfonctionnels à long terme* qu'à changer des comportements dysfonctionnels mineurs dans les situations de la vie actuelle (bien que les deux soient nécessaires). Les thérapeutes cognitivistes, parce qu'ils concentrent leurs efforts sur la réduction symptomatique rapide, ont moins tendance à se préoccuper des problèmes à long terme tel que le choix d'un partenaire dysfonctionnel, les difficultés dans les relations intimes, l'évitement des changements importants dans la vie ou les besoins fondamentaux insatisfaits comme les besoins d'attention et de reconnaissance. De la même façon, les thérapeutes cognitivistes ne considèrent généralement pas qu'il soit d'une importance primordiale d'identifier et de modifier les styles d'adaptation qui perdurent tout au long de la vie du sujet, à savoir évitement, soumission et compensation de schémas. Pourtant, dans notre expérience, c'est exactement ces mécanismes d'adaptation — et pas simplement la rigidité des schémas et des croyances centrales — qui rendent si difficiles à traiter les patients porteurs de troubles de personnalité.

Nous avons fait allusion au début de ce paragraphe au concept de mode. Bien que la thérapie cognitive et la schéma thérapie prennent toutes deux en compte le concept de mode, les thérapeutes cognitivistes n'utilisent pas de méthode pour les modifier. Les schéma-thérapeutes ont à l'heure actuelle identifié dix états fréquents de modes de schémas (en suivant la définition de Young) et ils ont développé une batterie de stratégies thérapeutiques, telles que les *dialogues de modes*, pour traiter chaque mode spécifique. Le travail de modes constitue la base de la schéma thérapie chez les patients porteurs des troubles de personnalité borderline ou narcissique.

b. L'approche psychodynamique

La thérapie des schémas présentent plusieurs similitudes avec les modèles psychodynamiques. Les deux éléments principaux partagés sont, d'une part, *l'exploration des origines infantiles des problèmes actuels* et, d'autre part, *l'intérêt pour la relation thérapeutique*. Pour ce qui est de la relation thérapeutique, l'évolution de la psychodynamique moderne vers une empathie exprimée et l'établissement d'une relation authentique (Kohut, 1984 ; Shane, Shane et Gales, 1997) est compatible avec notre notion de re-parentage partiel et de confrontation empathique. La psychodynamique comme l'approche des schémas valorisent l'introspection intellectuelle. Ces deux méthodes mettent l'accent sur les processus émotionnels du matériel traumatique. Toutes les deux avertissent le thérapeute des problèmes liés au transfert et au contre-transfert. Elles affirment l'importance de la structure de personnalité, en affirmant que le type de structure de personnalité présenté par le patient détient la clé d'une thérapie efficace.

Il existe également des différences essentielles entre la schéma-thérapie et la psychodynamique. La différence principale porte sur *l'attitude* des psychanalystes qui consiste traditionnellement à rester neutre, alors que les thérapeutes du schéma s'efforcent d'être actifs et directifs. Contrairement à la plupart des psychanalystes, les schéma-thérapeutes apportent un re-parentage partiel, dans le but de combler de façon partielle les besoins affectifs inassouvis du patient, ce qui permettra de guérir les schémas.

L'autre différence importante est que, à la différence de *la théorie* analytique classique, la schéma-thérapie ne s'intéresse pas aux pulsions instinctuelles, sexuelles et agressives, mais qu'elle met l'accent sur des besoins affectifs de base. La théorie du schéma reste sur des principes cognitifs. Les individus sont motivés pour maintenir une vision stable d'eux-mêmes et du monde, et pour interpréter les situations dans le sens qui confirme leur schéma. Dans ce sens, l'approche du schéma est plus cognitive que psychodynamique. Là où les psychanalystes voient des mécanismes de défense contre les désirs instinctuels, les schéma-thérapeutes parlent de styles d'adaptation aux schémas et aux besoins insatisfaits.

Enfin, les psychanalystes ne prescrivent que rarement des *tâches assignées*, de même qu'ils n'utilisent pas les *techniques d'imagerie ou de jeu de rôle.*

c. La théorie de l'attachement de Bowlby

La théorie de l'attachement, basée sur le travail de Bowlby et Ainsworth (Ainsworth et Bowlby, 1991), a eu un impact important sur la schéma-thérapie, particulièrement dans le développement du schéma d'Abandon et de notre conception du trouble de personnalité borderline. Bowlby a formulé la théorie de l'attachement à partir des modèles de l'éthologie, des systèmes et de la psychanalyse. Le principe de base est que les êtres humains, ainsi que les animaux, possèdent un *instinct d'attachement* qui vise à établir une relation stable avec la mère (ou un autre personnage d'attachement). Bowlby (1969) a mené des études expérimentales chez des enfants séparés de leur mère et il a observé que les réponses étaient universelles. Ainsworth (1968) a émis l'hypothèse que la mère était une base sûre à partir de laquelle l'enfant explorait le monde et il a démontré l'importance de la sensibilité maternelle aux signaux des enfants.

Nous avons repris l'idée de la mère en tant que base sûre dans notre notion du re-parentage partiel. Chez les patients borderlines (ainsi que chez ceux porteurs de troubles plus sévères), le re-parentage partiel procure un antidote au schéma d'Abandon du patient : le thérapeute devient la base émotionnelle sûre que le patient n'a jamais eue, dans les limites autorisées par la relation thérapeutique. Pour la plupart des patients dont les schémas sont dans le domaine de Séparation et Rejet (à l'exception du schéma d'Isolement Social), le thérapeute devra représenter cette base sûre.

Dans le modèle du schéma, pour reprendre Bowlby, le développement émotionnel de l'enfant part de l'attachement pour aller vers l'autonomie et l'individuation. Bowlby (1969, 1973, 1980) défend l'idée qu'un attachement stable à la mère (ou un autre personnage) est un besoin émotionnel de base qui précède et favorise l'indépendance. Selon Bowlby, un enfant qui reçoit suffisamment d'amour va protester lorsqu'on le sépare de ses parents, mais ces séparations lui permettront ultérieurement de développer davantage de confiance en soi. L'anxiété de séparation excessive est une conséquence des expériences familiales aversives, telles que la perte d'un parent ou les menaces répétées d'abandon de la part d'un parent. Bowlby a également mis en évidence que l'anxiété de séparation peut être trop faible, dans certains cas, créant une fausse impression de maturité : lorsque les personnages d'attachement reprennent trop fréquemment leur place, il peut s'en suivre une difficulté à former des relations intimes avec les autres.

Selon Bowlby (1973), les êtres humains sont partagés entre le maintien des habitudes et la recherche de la nouveauté. Piaget (1962) aurait pu dire que l'individu cherche à maintenir un équilibre entre l'assimilation (intégration de nouvelles données à des structures cognitives existantes) et l'accommodation (modification des structures cognitives existantes pour correspondre aux nouvelles données). Les Schémas Inadaptés Précoces interfèrent avec cet équilibre. Les individus, sous l'emprise de leurs schémas, interprètent mal l'information nouvelle qui permettrait de corriger les distorsions liées à ces schémas. À la place, ils assimilent l'information nouvelle : les nouvelles données subissent une distorsion qui est responsable du maintien des schémas. L'assimilation est, par conséquent, une notion qui recouvre notre concept de maintien du schéma. La fonction de la psychothérapie est d'aider les patients à accommoder les expériences nouvelles qui infirment leurs schémas, ce qui leur permettra de guérir leurs schémas.

La notion développée par Bowlby (1973) de *modèle opérant interne* recouvre notre notion de Schéma Précoce. Comme le schéma, un modèle opérant interne est en grande partie fondé sur l'interaction entre l'enfant et la mère (ou un autre personnage principal d'attachement). Si la mère reconnaît le besoin de protection de l'enfant, tout en respectant aussi le besoin d'indépendance de celui-ci, l'enfant sera à même de développer un modèle opérant interne où il se reconnaîtra comme valable et compétent.

En utilisant leurs modèles de travail, les enfants peuvent prévoir les comportements des personnages d'attachement et préparer leurs propres réponses. Les types de modèles de travail qu'ils construisent sont donc d'une grande importance. Les Schémas Inadaptés Précoces sont des modèles opérants internes dysfonctionnels, et les réponses spécifiques des enfants aux personnages d'attachement sont leurs styles d'adaptation. Comme les schémas, les modèles de travail dirigent les processus d'attention et d'information. Lorsque le sujet bloque l'accès de la conscience à l'information, empêchant toute modification dans la réponse qui en aurait eu besoin, il s'agit d'une distorsion défensive déclenchée par les modèles de travail. Les modèles opérants internes ont tendance à devenir de plus en plus rigides avec le temps, d'une façon similaire au processus de maintien des schémas. Les modèles d'interaction deviennent routiniers et automatiques. Les modèles de travail deviendront de moins en moins accessibles à la conscience et de plus en plus difficile à modifier.

Bowlby (1988) destinait à la psychothérapie les applications de la théorie de l'attachement. Il a montré qu'un grand nombre de patients de psychothérapie présente des modèles d'attachement désorganisés et non sécurisés. Le but principal de la psychothérapie est d'apprécier ceux des modèles opérants internes qui sont obsolètes et inadéquats, en matière de relations avec les personnages d'attachement. Les patients sont susceptibles d'imposer des modèles de travail rigides, pour ce qui est des relations d'attachement, dans les relations avec le thérapeute. Le thérapeute et le patient chercheront d'abord à comprendre l'origine des modèles opérants internes dysfonctionnels du patient ; puis le thérapeute jouera le rôle d'une base sûre à partir de laquelle le patient pourra explorer le monde et modifier ses modèles opérants internes. Les schéma-thérapeutes incorporent un tel principe dans leur travail avec la plupart des patients.

d. La thérapie cognitivo-analytique de Ryle

Anthony Ryle (1991) a développé la *thérapie cognitivo-analytique*, une thérapie brève et intensive qui intègre les aspects actifs et éducatifs de la thérapie cognitivo-comportementale et l'approche psychanalytique, notamment les relations d'objet. Ryle propose un cadre conceptuel qui associe des théories et des méthodes dérivées de ces deux approches. La thérapie cognitivo-analytique recouvre de façon importante la schéma-thérapie.

Ryle (1991) a formulé un *modèle procédural de séquences*. Il utilise comme modèle conceptuel de base l'*activité orientée vers un but*, plutôt que les schémas. Ryle considère que la névrose consiste en l'utilisation répétitive de processus inoffensifs ou dangereux, et en l'incapacité à modifier ces processus. Trois catégories de processus rendent compte de la répétition névrotique : les pièges, les dilemmes et les obstacles. Un certain nombre des modèles décrits par Ryle recouvrent les notions de schémas et de styles d'adaptation.

En termes de stratégie thérapeutique, Ryle recommande une relation thérapeutique active et collaborative, qui met en jeu une conceptualisation approfondie des problèmes du patient, tout comme le fait la schéma-thérapie. Le thérapeute partage cette conceptualisation avec le patient, il cherche à comprendre comment les problèmes passés de celui-ci ont pu le conduire aux problèmes actuels, il fait la liste des procédés dysfonctionnels que le patient utilise pour s'adapter à ses problèmes. En thérapie cognitivo-analytique, les stratégies thérapeutiques principales sont le travail de transfert, qui permet de clarifier les thèmes, et la tenue d'un agenda pour noter les processus dysfonctionnels. La schéma-thérapie utilise ces deux éléments, mais elle ajoute d'autres stratégies thérapeutiques.

La thérapie cognitivo-analytique utilise une méthode de changement en trois parties : nouvelle compréhension, nouvelles expériences et nouveaux actes. Cependant, la nouvelle compréhension reste la préoccupation principale de Ryle, qui la considère comme le plus puissant agent de modification. En thérapie cognitivo-analytique, la phase de changement consiste tout d'abord à aider les patients à prendre conscience de leurs scénarios de vie négatifs. Ryle insiste sur l'introspection : « En thérapie cognitivo-analytique, on insiste fortement sur le renforcement des hauts niveau de cognition, en particulier grâce à la reformulation, qui modifie les processus d'appréciation et facilite l'auto-observation active » (Ryle, 1991, p. 200).

En thérapie des schémas, l'introspection est une condition nécessaire mais non suffisante pour le changement. Lorsque nous avons commencé à traiter des pathologies plus sévères, telles que les troubles de personnalités borderlines ou narcissiques, nous avons découvert que l'introspection est une chose relativement moins importante que la nouvelle expérience, fournie par des approches émotionnelles et comportementales. Ryle (1991) estime que la nouvelle compréhension est le support principal du changement chez les patients borderlines. Il s'intéresse surtout à ce qu'il appelle les *reformulations séquentielles de diagramme*. Il s'agit de diagrammes écrits qui résument la conceptualisation du cas. Le thérapeute dispose ces diagrammes sur le plancher devant le patient et il s'y réfère fréquemment. Les reformulations séquentielles de diagramme ont pour but d'aider les patients borderlines à développer *un œil observateur*.

La thérapie des schémas diffère de la thérapie cognitivo-analytique sur plusieurs points. La schéma-thérapie insiste davantage sur la découverte des émotions et sur le re-parentage partiel, particulièrement chez les patients ayant des troubles de personnalité sévères. La schéma-thérapie agit donc davantage pour faciliter le changement à un niveau émotionnel. Ryle (1991) reconnaît que les méthodes pour activer l'émotion, telles que la Gestalt-thérapie ou le psychodrame, peuvent être appropriées dans certains cas pour aider les patients à approfondir leur introspection intellectuelle. Young considère, au contraire, que les techniques émotionnelles telles que l'imagerie et les dialogues sont utiles pour la plupart des patients.

Dans l'approche de Ryle (1991), le thérapeute interagit tout d'abord avec le côté adulte du patient, le mode Adulte Sain, et seulement de façon indirecte avec le côté enfant du patient, le mode Enfant Vulnérable. Selon l'approche de la schéma-thérapie, les borderlines sont comparables à de très jeunes enfants et ont besoin de s'attacher de façon sûre au thérapeute avant de se séparer et de s'autonomiser.

e. La thérapie des schémas de personne de Horowitz

Horowitz a développé une méthode qui intègre les approches psychodynamique, cognitivo-comportementale, interpersonnelle et systémique. Son modèle insiste sur les rôles et les croyances, il est intégré dans une *théorie des schémas de personne* (Horowitz, 1991 ; Horowitz, Stinson et Milbrath, 1996). Un schéma de personne est un cadre, le plus souvent inconscient, contenant des idées sur soi-même et les autres, formé de souvenirs résiduels des expériences infantiles (Horowitz, 1997). Cette définition est pratiquement identique à notre notion de Schéma Inadapté Précoce. Horowitz s'intéresse à la structure générale de tous les schémas, alors que Young définit des schémas spécifiques sous-jacents à des scénarios de vie négatifs.

Horowitz (1997) a précisé ce qu'il appelle *les modèles relationnels de rôle*. Horowitz associe chaque relation de rôle à (1) un désir ou un besoin sous-jacent (le modèle relationnel de rôle désiré) ; (2) une crainte centrale (le modèle relationnel de rôle redouté) ; et (3) des modèles relationnels de rôle qui se défendent contre les modèles relationnels de rôle redoutés. En termes de théorie des schémas, tout ceci correspond grossièrement aux besoins émotionnels fondamentaux, aux Schémas Inadaptés Précoces et aux styles d'adaptation. Horowitz (1997) explique qu'une relation de rôle contient les procédures des transactions, des intentions, des expressions émotionnelles et des évaluations critiques des actions et des intentions. On peut dire qu'une relation de rôle contient à la fois les éléments des schémas et des styles d'adaptation. Le modèle du schéma conceptualise de façon séparée les schémas et les styles d'adaptation, dans la mesure où les schémas ne sont pas directement liés à des actions spécifiques. Différents sujets vont maîtriser un même schéma avec des styles d'adaptation différents, en fonction de leur tempérament inné et d'autres facteurs.

Horowitz (1997) définit également des *états de l'esprit*, qui sont identiques à notre concept de modes. Un état de l'esprit est un « modèle des expériences conscientes et des expressions interpersonnelles. Ce modèle reconnu en tant qu'état contient l'expression verbale et non verbale des idées et des émotions » (Horowitz, 1997, p. 31). Horowitz ne considère pas que ces états de l'esprit sont disposés tout au long d'un continuum dissociatif. Dans le modèle du schéma, les patients les plus sévèrement touchés, comme ceux porteurs de troubles de personnalité borderlines ou narcissiques, embrayent vers des états de l'esprit qui résument à eux seuls la perception que le patient a de sa personnalité. Plutôt que de vivre un état de l'esprit, les patients perçoivent un « moi », que nous appelons « mode », différent. Cette distinction est importante car le degré de dissociation lié à un mode donné exige des modifications majeures dans notre méthode.

Ce que Horowitz (1997) appelle *les processus de contrôle défensifs* ressemble aussi aux styles d'adaptation de Young. Horowitz en identifie trois catégories principales :

1. Les processus de contrôle défensifs qui impliquent l'évitement des pensées douloureuses par le contenu de l'expression (par exemple en en minimisant l'importance ou en portant son attention ailleurs).
2. Les processus de contrôle défensifs qui impliquent un évitement par la manière de l'expression (par exemple : intellectualisation verbale).
3. Les processus de contrôle défensifs qui mettent en jeu une adaptation par un changement de rôle (par exemple : le passage abrupt d'un rôle passif à un rôle grandiose).

Avec cette typologie, Horowitz (1997) recouvre la plupart des phénomènes représentés par la soumission, l'évitement et la compensation de schémas.

Au cours du traitement, le thérapeute soutient le patient, agit contre l'évitement en redirigeant l'attention du patient, interprète les attitudes dysfonctionnelles et la résistance et il aide le patient à organiser l'essai des nouveaux comportements. Comme chez Ryle (1991), l'introspection est la partie la plus importante du traitement. Le thérapeute éclaircit et interprète, il amène le patient à se concentrer, dans ses pensées et son discours, sur ses processus de contrôle défensifs et ses modèles relationnels de rôle. Le but est d'obtenir que de nouveaux schémas *supra-ordonnés* prennent le pas sur les schémas immatures et inadaptés.

Si on la compare avec la schéma-thérapie, la méthode de Horowitz (1997) ne fournit pas de stratégie thérapeutique systématique et détaillée et n'utilise pas de technique de re-parentage partiel. La schéma-thérapie insiste davantage sur l'activation des émotions que ne le fait Horowitz. Le schéma-thérapeute accède à ce que Horowitz nomme les *états régressés* — et que nous appelons le mode de l'Enfant Vulnérable.

f. La thérapie centrée sur l'émotion

La thérapie centrée sur l'émotion, développée par Leslie Greenberg et ses collègues (Greenberg, Rice et Elliott, 1993 ; Greenberg et Paivio, 1997) utilise les modèles émotionnel, constructiviste et cognitiviste. Tout comme la thérapie des schémas, la thérapie centrée sur l'émotion est fortement influencée par la théorie de l'attachement et par la recherche thérapeutique.

La thérapie centrée sur l'émotion vise à intégrer l'émotion à la cognition, à la motivation et au comportement. Le thérapeute active l'émotion dans le but de la soigner. Il accorde une grande importance à l'identification et la remise en état des *schèmes émotionnels*, que Greenberg (Greenberg et Paivio, 1997) définit comme des ensembles de principes organisateurs, à contenu idiosyncrasique, qui lient ensemble les émotions, les buts, les souvenirs, les pensées et les tendances comportementales. Les schèmes émotionnels prennent naissance de l'interaction entre les apprentissages précoces d'un individu et son tempérament inné. Lorsqu'ils sont activés, ils servent de forces organisatrices puissantes qui permettent d'interpréter et les événements de la vie du sujet et d'y répondre. Comme pour la schéma-thérapie, le but ultime de la thérapie centrée sur l'émotion est de changer ces schèmes émotionnels. La thérapie permet au patient d'être conscient de « l'expérience interne inaccessible… pour construire de nouveaux schèmes » (Greenberg et Paivio, 1997, p. 83).

Comme la schéma-thérapie, la thérapie centrée sur l'émotion s'appuie fortement sur l'alliance thérapeutique. Elle utilise cette alliance pour développer un *dialogue empathique* centré sur les problèmes émotionnels du patient. Afin de pouvoir s'engager dans ce dialogue, le thérapeute doit d'abord créer un climat de sécurité et de confiance. Une fois ce climat établi, le thérapeute s'engage dans un équilibre dialectique délicat entre « suivre » et « diriger », pour faciliter le changement. Ce procédé est semblable à la notion de confrontation empathique de la schéma-thérapie.

Comme en schéma-thérapie, la thérapie centrée sur l'émotion reconnaît qu'une simple petite activation émotionnelle n'est pas suffisante pour provoquer le changement. Dans la thérapie centrée sur l'émotion, le changement met en jeu un processus progressif d'activation émotionnelle qui utilise des techniques émotionnelles, qui demande de surmonter l'évitement, d'interrompre des comportements négatifs, et de faciliter la reconstruction émotionnelle. Le thérapeute aide le patient à reconnaître et exprimer ses sentiments, à les verbaliser et à accéder ensuite aux ressources internes (c'est-à-dire aux réponses d'adaptation saines). De plus, la thérapie centrée sur l'émotion utilise des interventions spécifiques pour des émotions différentes.

En dépit de similitudes importantes, la schéma-thérapie se distingue de la thérapie centrée sur l'émotion en plusieurs points, théoriques et pratiques. La première différence est la suprématie que la thérapie centrée sur l'émotion accorde à l'affect à l'intérieur des schèmes émotionnels, contrastant en cela avec l'idée plus égalitaire des rôles joués par l'affect, la cognition et le comportement dans la théorie du schéma. De plus, Greenberg soutient qu'il existe un nombre infini de schèmes émotionnels uniques (Greenberg et Paivio, 1997, p. 3), alors que le modèle du schéma définit un ensemble déterminé de schémas et de styles d'adaptation et propose des interventions appropriées pour chacun d'entre eux.

Le modèle de la thérapie centrée sur l'émotion organise les schèmes en une structure hiérarchisée complexe qui distingue des émotions primaires, secondaires et instrumentales, lesquelles se subdivisent ensuite en émotions adaptées, inadaptées, complexes et socialement construites. Chaque type de schèmes émotionnels requiert des interventions spécifiques prenant en compte la direction interne ou externe de l'émotion (par exemple la tristesse contre la colère) et sa nature contrôlée ou incontrôlée. En comparaison avec le modèle plus économe du schéma, la thérapie centrée sur l'émotion alourdit considérablement la tâche du thérapeute lorsqu'il analyse avec précision les émotions et lorsqu'il intervient par des techniques très spécifiques.

Le processus de diagnostic de la thérapie centrée sur l'émotion repose essentiellement sur les expériences instantanées qui se réalisent dans le cabinet du thérapeute. Greenberg et Paivio (1997) opposent ces techniques aux approches basées sur des formulations initiales du cas où à celles fondées sur des diagnostics comportementaux. Le modèle du schéma utilise l'information provenant des propos tenus en séance, mais il fait aussi intervenir l'imagerie structurée, des questionnaires de schémas et la relation thérapeutique.

Résumé

Young (1990) a développé initialement la thérapie des schémas pour traiter des patients qui n'avaient pas répondu correctement au traitement cognitif et comportemental classique, particulièrement les patients présentant des troubles de personnalité et des problèmes de caractère importants responsables de troubles de l'Axe I. Ces patients entrent en désaccord avec plusieurs des conditions de la thérapie cognitive et comportementale et, de ce fait, ils sont difficiles à traiter par cette méthode. Les révisions récentes de la thérapie cognitive des troubles de personnalité (Beck *et al.*, 1990 ; Alford et Beck, 1997) sont plus en accord avec les conceptions de la schéma-thérapie. Cependant, des différences significatives persistent entre ces deux approches, notamment au niveau conceptuel et dans le cadre des stratégies thérapeutiques.

La schéma-thérapie est un modèle large et intégratif. En tant que telle, elle présente des recoupements importants avec d'autres systèmes de psychothérapie, notamment le modèle psychodynamique. Cependant, la plupart de ces approches sont de conception plus étroite que la schéma-thérapie, soit en termes de modèle conceptuel, soit dans le domaine des stratégies thérapeutiques. Il existe aussi des différences significatives dans la relation thérapeutique, dans le style général du thérapeute et dans le degré d'activité et de directivité du thérapeute.

Les Schémas Précoces Inadaptés sont des thèmes ou des modèles larges et envahissants concernant soi-même et les relations avec les autres, et qui sont significativement dysfonctionnels. Les schémas sont faits de souvenirs, d'émotions, de cognitions et de sensations corporelles. Ils se développent au cours de l'enfance ou de l'adolescence et s'affinent tout au long de la vie. Au départ, ils sont des représentations adaptées et relativement précises de l'environnement de l'enfant, mais ils deviennent inadaptés et imprécis lorsque celui-ci est devenu grand. Du fait de la recherche humaine de la continuité, les schémas se battent pour leur survie. Ils tiennent un rôle majeur dans la façon de penser, de ressentir, d'agir des individus et dans leurs relations avec les autres. Les schémas sont activés lorsque l'individu rencontre un environnement ressemblant à celui de son enfance qui les a produits. Lorsqu'un schéma est activé, le sujet est envahi par une émotion négative intense. Les recherches de LeDoux (1996) sur les systèmes cérébraux mis en jeu dans le conditionnement de la peur et dans les traumatismes proposent un modèle pour le support biologique des schémas.

Les Schémas Inadaptés Précoces sont le résultat de l'insatisfaction des besoins affectifs fondamentaux. Les expériences aversives de l'enfance en sont l'origine principale. D'autres facteurs jouent un rôle dans leur développement, tels que le tempérament émotionnel et les influences culturelles. Nous avons défini 18 Schémas Inadaptés Précoces, classés en cinq domaines. Ces schémas ont reçu une confirmation empirique importante.

Nous définissons deux opérations fondamentales pour les schémas : le maintien et la guérison. La guérison de schémas est le but de la schéma-thérapie. Les styles d'adaptation dysfonctionnels sont les mécanismes que les patients développent précocement dans leur vie pour s'adapter aux schémas, et ils sont responsables du maintien des schémas. Nous avons identifié trois styles d'adaptation dysfonctionnels : la soumission, l'évitement et la compensation. Les réponses d'adaptation sont les comportements spécifiques par lesquels ces trois styles d'adaptation s'expriment. Il existe des réponses d'adaptation habituelles pour chacun des schémas. Les modes sont des états, ou des facettes de la personnalité, qui mettent en jeu des schémas spécifiques ou des opérations de schémas spécifiques. Nous avons défini quatre catégories principales de modes : les modes de l'Enfant, les modes des Styles d'Adaptation Dysfonctionnels, les modes du Parent Dysfonctionnel et le mode de l'Adulte Sain.

La thérapie de schéma se déroule en deux phases : la phase de diagnostic et d'information du patient et la phase de changement. Dans la première phase, le thérapeute aide les patients à identifier leurs schémas, à en comprendre les origines infantiles et à les relier à leurs problèmes actuels. Dans la phase de changement, le thérapeute associe des techniques cognitives, émotionnelles, comportementales et interpersonnelles pour guérir les schémas et remplacer les styles d'adaptation dysfonctionnels par des comportements plus sains.

Chapitre 2

Diagnostic des schémas et information du patient

Les buts de la phase de diagnostic et d'information de la schéma-thérapie sont au nombre de six :

1. Identification des scénarios de vie dysfonctionnels
2. Identification et activation des Schémas Précoces Inadaptés
3. Compréhension des origines des schémas dans l'enfance et l'adolescence
4. Identification des styles et des réponses d'adaptation
5. Diagnostic du tempérament émotionnel
6. Conceptualisation du cas

Pour le diagnostic, le thérapeute va construire des hypothèses basées sur les données recueillies et ajuster ces hypothèses au fur et à mesure qu'il accumule davantage d'informations. Lorsque le thérapeute détermine les scénarios de vie dysfonctionnels, les schémas, les styles d'adaptation et le tempérament émotionnel, il utilise les diverses méthodes diagnostiques que nous allons décrire, et le diagnostic va progressivement se fondre en une conceptualisation unifiée du cas centrée sur les schémas.

Voici maintenant un bref aperçu des étapes du processus de diagnostic et d'information. Le thérapeute commence par l'évaluation initiale. Il détermine les problèmes actuels du patient et les buts thérapeutiques ; il détermine également si la schéma-thérapie est bien adaptée au cas du patient. Ensuite il établit un historique de vie, il identifie les scénarios de vie dysfonctionnels qui empêchent le patient de combler ses besoins affectifs de base. Ces scénarios de vie mettent généralement en jeu des cycles qui s'autoperpétuent à long terme, ils concernent les relations interpersonnelles et professionnelles et ils sont responsables d'une insatisfaction et de symptômes cliniques. Le thérapeute explique le modèle du schéma ; il montre au patient qu'ils vont travailler ensemble pour identifier ses schémas et ses styles d'adaptation. Le patient complète des questionnaires au cours des tâches à domicile, et il discute des résultats avec son thérapeute au cours des séances. Ensuite, le thérapeute utilise des techniques émotionnelles, notamment l'imagerie, pour accéder aux schémas et les activer ; il relie les schémas à leurs origines infantiles et aux problèmes actuels. Le thérapeute observe les schémas et les styles d'adaptation du patient au fur et à mesure qu'ils apparaissent dans la relation thérapeutique. Enfin le thérapeute détermine le tempérament émotionnel du patient.

Au cours du diagnostic, les patients arrivent à reconnaître leurs schémas et à en comprendre les origines infantiles. Ils analysent la façon dont des scénarios de vie autodestructeurs sont apparus de façon récurrente tout au long de leur vie. Ils identifient les styles d'adaptation qu'ils ont développés pour gérer leurs schémas — soumission, évitement ou compensation — et ils éclaircissent la façon dont leur tempérament individuel et les expériences précoces de leur vie les ont conduits à développer ces styles d'adaptation. Ils relient leurs schémas à leurs problèmes actuels, de façon à ce qu'ils aient conscience d'une continuité depuis leur enfance jusqu'à l'époque actuelle. De cette manière, leurs schémas et leurs styles d'adaptation deviennent pour eux des concepts qui clarifient la vision qu'ils ont de leur vie.

Nous pensons que l'utilisation de plusieurs méthodes de diagnostic augmente la précision de l'identification des schémas. Certains patients vont, par exemple, déclarer un schéma sur le Questionnaire des Attitudes Parentales, mais pas sur le Questionnaire des Schémas de Young. Il est plus facile à ces patients de se rappeler les attitudes et les comportements de leurs parents que d'accéder à leurs propres émotions. Les patients donnent parfois des informations contradictoires ou discordantes sur les questionnaires à cause d'un évitement ou d'une compensation — processus qui seront moins gênants dans le travail d'imagerie.

La phase de diagnostic présente un aspect à la fois intellectuel et émotionnel. Les patients identifient leurs schémas de façon rationnelle en utilisant les questionnaires, la logique, les arguments empiriques, mais ils vivent également leurs schémas sur le plan émotionnel grâce aux techniques émotionnelles telles que l'imagerie. Pour décider si une hypothèse de schéma correspond au patient, on se fie essentiellement au sentiment du patient : un schéma correctement identifié doit avoir pour lui une résonance émotionnelle.

Au cours de la phase de diagnostic, le thérapeute utilise des méthodes cognitives, émotionnelles et comportementales, et il observe la relation thérapeutique. Le diagnostic est ainsi une tentative dans laquelle le thérapeute et le patient établissent et affinent des hypothèses au fur et à mesure qu'ils recueillent des compléments d'information. Des schémas centraux apparaissent, car ces méthodes multiples convergent vers des thèmes centraux de la vie du patient. Le diagnostic se cristallise progressivement en une conceptualisation du cas centrée sur les schémas.

La durée nécessaire à cette phase de diagnostic est variable. Dans les cas relativement simples, cinq séances de diagnostic pourront suffire, alors que chez des patients très compensateurs ou évitants, il faudra davantage de temps.

1 CONCEPTUALISATION DU CAS CENTRÉE SUR LES SCHÉMAS

La schéma-thérapie insiste sur la conceptualisation individualisée des cas. Plusieurs thérapeutes cognitivistes ont fourni d'excellents exemples de formulation de cas selon la perspective cognitive (notamment, Beck *et al.*, 1990 ; Persons, 1989). La conceptualisation du cas centrée sur les schémas est plus large : elle fournit un cadre intégratif qui inclut les scénarios de vie auto-défaitistes, les étapes précoces du développement, les styles d'adaptation et les schémas. Si bien que chaque patient aura une conceptualisation unique basée à la fois sur ses Schémas Inadaptés Précoces et sur ses styles d'adaptation.

À la fin de la phase de diagnostic, le thérapeute complète le Formulaire de Conceptualisation de Cas de Schéma-thérapie (voir figure 2.1). Ce formulaire comprend les schémas du patient, les liens avec les problèmes actuels, les situations activant les schémas, les facteurs de tempérament supposés, les origines infantiles, les souvenirs centraux, les distorsions cognitives centrales, les comportements d'adaptation, les scénarios de vie dysfonctionnels, les effets des schémas sur la relation thérapeutique, et les stratégies en vue du changement.

Importance de l'identification précise des schémas et des styles d'adaptation

Pour établir une bonne conceptualisation du cas, le thérapeute doit faire un diagnostic précis des Schémas Inadaptés Précoces et des styles d'adaptation du patient. La conceptualisation du cas aura un impact important sur le déroulement du traitement, car elle fournit des considérations tactiques et des recommandations pratiques pour déterminer les cibles du changement et mettre en place des procédures thérapeutiques. Une identification correcte des schémas guide les interventions, améliore l'alliance thérapeutique en permettant au patient de se sentir compris, et prévoit les difficultés possibles au cours de la phase de changement.

Il est important que le thérapeute ne se précipite pas dans ses conclusions concernant les schémas en se basant uniquement sur le diagnostic DSM-IV, sur l'historique de vie ou sur les réponses fournies par une méthode unique de diagnostic. Un même diagnostic de l'Axe I peut être la manifestation éloignée de schémas différents suivant les individus. Presque tous les schémas peuvent aboutir à la dépression, l'anxiété, l'abus de drogues, des symptômes psychosomatiques ou une dysfonction sexuelle. Même dans le cas d'un diagnostic spécifique de personnalité tel que le trouble de personnalité borderline, certains patients peuvent avoir des schémas en commun et d'autres non.

De plus, le thérapeute ne peut pas affirmer la présence d'un schéma sur la seule base de l'analyse simpliste des expériences infantiles du patient : les patients peuvent partager des circonstances infantiles douloureuses identiques, bien qu'ils se retrouvent finalement avec des schémas différents. Par exemple, deux patientes ont grandi avec des pères qui les rejetaient. La première a développé des schémas d'Abandon et d'Imperfection, tous deux assez sévères. Son père traitait sa sœur aînée avec affection, mais l'ignorait, elle. Elle en a conclu qu'il y avait chez elle quelque chose de mal qui la rendait incapable d'être aimée par son père. Depuis son plus jeune âge, elle ressentait que quiconque l'aimerait finirait par la quitter ; elle se mit à éviter les relations amoureuses, uniquement pour échapper à la douleur ultérieure d'un abandon.

La deuxième patiente, en revanche, avait un père qui rejetait tous les enfants de la famille. De plus, sa mère (à la différence de la mère de la pre-

FIGURE 2.1
Formulaire de conceptualisation du cas

Informations générales :
Nom : Prénom : Âge :
Statut marital : Enfants (âges) :
Niveau d'instruction : Emploi :
Origine ethnique :
Schémas concernés :
1.
2.
3.
4.
5.
6.
Problèmes actuels :
Problème 1 :
Liens avec les schémas :
Problème 2 :
Liens avec les schémas :
Problème 3 :
Liens avec les schémas :
Problème 4 :
Liens avec les schémas :
Situations activant les schémas :
1.
2.
3.
4.
5.

Sévérité des schémas, des styles d'adaptation, des modes ; risques de décompensation :
Facteurs biologiques et de tempérament possibles :
Origines développementales :
1.
2.
3.
4.

FIGURE 2.1 (suite)
Formulaire de conceptualisation du cas

Images et souvenirs infantiles centraux :
Distorsions cognitives centrales :
1.
2.
3.
4.
5.
Comportements de soumission :
1.
2.
3.
Comportements d'évitement :
1.
2.
3.
4.
Comportements de compensation :
1.
2.
3.
Modes de schéma concernés : (en plus de l'Adulte Sain)
1.
2.
3.
Relation thérapeutique :

mière patiente) était une femme chaleureuse et aimante qui compensait la froideur du père en prodiguant affection et acceptation. La seconde patiente attribuait le rejet paternel à une limitation des capacités de son père à aimer, dans la mesure où il se comportait d'une façon également froide avec elle et avec ses frères et sœurs. Elle finit par croire que certains hommes ne pourraient pas l'aimer, mais que d'autres le pourraient — à elle de découvrir les bons. Elle chercha plus tard à aimer des hommes qui étaient capables de guérir les blessures causées par son père. Cette patiente avait un schéma d'Abandon d'intensité faible à modérée, mais elle n'a pas développé de schéma d'Imperfection. Donc, deux patientes qui avaient des pères qui les rejetaient se sont retrouvées avec des schémas et des styles d'adaptation très différents du fait de l'intervention d'éléments plus complexes dans leurs expériences infantiles.

D'autres facteurs influencent également les schémas qu'un patient va développer et la force de ces schémas. Beaucoup de patients, tels que la deuxième femme que nous venons de décrire, ont dans leur vie une personne proche qui contrecarre le schéma en comblant leurs besoins, affaiblissant ainsi le schéma ou bien l'empêchant de se développer. Les patients peuvent aussi faire des expériences de vie qui modifient ou guérissent le schéma. Par exemple, les patients peuvent développer des relations amoureuses saines ou établir des relations amicales proches et parfois même guérir partiellement des schémas du domaine de Déconnexion et Rejet. Parfois, le tempérament émotionnel d'un patient travaille contre la formation d'un schéma. Certaines personnes se montrent psychologiquement fortes et ne développent pas de Schémas Précoces Inadaptés, même sous des conditions très hostiles, alors que d'autres personnes seront psychologiquement plus vulnérables et développeront des schémas inadaptés malgré un niveau de maltraitance relativement faible.

Il est important d'identifier les schémas de façon précise, car il existe des méthodes thérapeutiques spécifiques pour chaque schéma. Par exemple, une patiente demande très souvent à son thérapeute de lui donner son avis sur les problèmes qu'elle rencontre avec son petit ami. En partant de cet élément et d'autres, similaires, son thérapeute conclut par erreur que la patiente a un schéma de Dépendance. Comme la stratégie thérapeutique pour le schéma de Dépendance consiste à augmenter la confiance en soi de la patiente en lui faisant prendre elle-même ses décisions, le thérapeute refuse de donner son avis. En fait, la patiente a un schéma de Manque Affectif. Elle n'a jamais eu quelqu'un de fort à qui se confier pour la conseiller. La stratégie thérapeutique pour le Manque Affectif consiste à rematerner le patient en lui accordant de l'attention, de l'empathie et des conseils pour le guider — pour combler d'une façon partielle les besoins affectifs inassouvis du patient. En voyant la patiente sous cet angle, le thérapeute aurait directement donné son avis. Ainsi donc, l'identification correcte des schémas montre le chemin à suivre pour une intervention correcte.

Il est également important d'identifier de façon précise les styles d'adaptation du patient. Son comportement primaire est-il la soumission, l'évitement ou la compensation, pour ses schémas ? La plupart des patients utilisent un mélange de styles d'adaptation. Un patient ayant un schéma d'Imperfection peut compenser au travail en étant très performant et compétitif mais éviter les relations intimes dans sa vie personnelle et s'engager dans des activités solitaires. Les styles d'adaptation ne sont pas spécifiques d'un schéma : ils sont indépendants des schémas et peuvent servir de mécanismes d'adaptation aux émotions bouleversantes produites par de nombreux schémas différents. Par exemple, les individus qui s'adonnent au jeu compulsif dans le but d'échapper à de fortes émotions peuvent avoir pour craintes l'abandon, l'abus, le rejet ou l'assujettissement. Ils jouent pour éviter la douleur de tout schéma qui provoque chez eux une souffrance psychologique.

Il est important pour le thérapeute de confirmer la valeur adaptative antérieure du style d'adaptation du patient. Lorsque le patient a développé un style d'adaptation, il y avait une raison valable à cela : il s'agissait de s'adapter à une situation difficile de son enfance. Cependant, le style d'adaptation est devenu inadapté dans le monde des adultes, monde dans lequel de nouveaux choix s'offrent au patient, et dans lequel il n'est plus à la merci de la maltraitance ou de la négligence de ses parents. S'il s'agit d'un évitement ou d'une compensation, on peut prévoir que ce style d'adaptation deviendra problématique au cours de la thérapie car il constituera une barrière au travail sur le schéma. Ces styles d'adaptation rendent le schéma inaccessible à la conscience ; or il faut que le patient soit conscient de son schéma pour pouvoir le combattre. Le style d'adaptation est également problématique car il réduit la qualité de vie du patient, provoquant chez lui procrastination, isolement social, détachement émotionnel, dépenses excessives, abus de drogues.

Les patients peuvent répondre aux interventions thérapeutiques qui activent leur schéma avec les mêmes styles d'adaptation que ceux qu'ils utilisent dans la vie courante. *Il est important de reconnaître ces styles d'adaptation, parce qu'un comportement qui apparaît sain peut en fait représenter un style d'adaptation dysfonctionnel.* Le détachement calme d'un patient qui a un style d'adaptation d'évitement peut ressembler au maintien correct d'un adulte sain, mais il indique en fait une approche dysfonctionnelle des émotions.

En envisageant les comportements problématiques en tant que styles d'adaptation, nous pourrons comprendre pourquoi les patients persistent à se comporter de façon autodéfaitiste. La résistance aux changements de ces patients indique en fait qu'ils continuent à faire confiance à des réponses qui ont fonctionné, même un degré minime, dans le passé.

2 Le processus de diagnostic et d'information dans le détail

Nous allons maintenant détailler les étapes spécifiques du processus de diagnostic et d'information.

a. Évaluation initiale

Au cours de l'évaluation initiale, on cherche à identifier les problèmes actuels du patient et les buts thérapeutiques ; on détermine également si la schéma-thérapie est bien une méthode qui convient à ce patient.

1° *Identifier les problèmes actuels et les buts thérapeutiques*

Il est important pour le thérapeute d'identifier clairement les problèmes actuels et de rester concentré sur ceux-ci tout au long de la phase de diagnostic. Définir les problèmes en termes de schémas et construire un programme thérapeutique pour les corriger va aider le patient à se sentir compris et va lui donner de l'espoir.

Le thérapeute définit les problèmes présents et les buts thérapeutiques de façon spécifique. Par exemple, pour définir un problème, plutôt que de dire « le patient a des difficultés pour choisir un métier », le thérapeute peut dire « le patient nie ses possibilités de carrière actuelle et procrastine à rechercher un emploi » ; ou bien, plutôt que de dire « le patient a des difficultés relationnelles », il dira « le patient choisit de façon répétée des partenaires non consentants et distants ». En opérationnalisant de cette manière les problèmes présents, le thérapeute aura plus de facilité à formuler des buts thérapeutiques appropriés.

Exemple de cas

Marika a 45 ans. Elle demande une thérapie pour des problèmes conjugaux. Les extraits suivants sont tirés d'un entretien avec le Dr Young. Au moment de cet entretien, Marika a déjà fait une thérapie de 8 mois avec un autre thérapeute.

Dans la première partie, Marika décrit ses relations avec James, son mari.

« Je suis mariée avec James depuis 7 ans. Je me suis mariée à 38 ans. Nous n'avons pas d'enfant. Nous travaillons tous les deux. Je dirige une galerie d'art, il possède une entreprise de construction. Nous avons tous les deux des métiers passionnants, très prenants, et une personnalité du genre 'c'est jamais assez bien'... Je me sens comme quand je me suis mariée, je suis en pleine forme. Lui, il est cruel, verbalement et affectivement. J'aurais pu y arriver, mais maintenant, je n'ai plus le temps, ni la patience ; mais je l'aime et je veux sauver mon couple. »

Tout ce que Marika a tenté pour améliorer son couple ne fonctionne plus et elle ne trouve plus l'énergie pour continuer. Elle ressent que ses besoins affectifs ne sont pas satisfaits et que son mari est verbalement cruel. Son but thérapeutique est d'améliorer la qualité de ses relations conjugales, de sorte qu'on ne la traite plus d'une façon humiliante. Au cours du diagnostic, le thérapeute essaiera de comprendre son problème conjugal en termes de schémas et de styles d'adaptation, il fera de même pour son mari.

2° *Déterminer si la schéma-thérapie convient bien au patient*

La schéma-thérapie ne convient pas à tous les patients ; pour certains d'entre eux, elle ne deviendra appropriée que plus tardivement dans la thérapie, après que les crises et les symptômes aigus auront été améliorés. La liste suivante indique certains cas dans lesquels la schéma-thérapie peut ne pas être adaptée ou doit être différée.

1. *Le patient est en crise majeure* dans un aspect de sa vie : le thérapeute devra d'abord résoudre la crise avant de débuter la schéma-thérapie.
2. *Le patient est psychotique.*
3. *Le patient présente un trouble de l'Axe I aigu, sévère, non traité.* Si le patient présente, par exemple, des attaques de panique, un trouble dépressif majeur, une insomnie, une boulimie, le thérapeute devra gérer en premier le trouble aigu, par une thérapie cognitivo-comportementale ou une médication psychotrope.
4. *Le patient est actuellement buveur excessif ou consomme des drogues d'une façon modérée à sévère* : le thérapeute commencera par traiter le problème d'addiction ; puis il passera au travail de schéma. Il est rarement possible de faire un travail de schéma efficace chez les patients consommant des drogues, car celles-ci insensibilisent les patients aux fortes émotions nécessaires à leur progrès.
5. *Le problème présenté est situationnel* ou ne semble pas lié à un scénario de vie ou à un schéma.

La schéma-thérapie a été développée initialement pour traiter les troubles de personnalité, mais on l'utilise maintenant pour de nombreux troubles chroniques de l'Axe I, souvent en association avec d'autres méthodes. La résistance au traitement, l'anxiété récidivante et la dépression récidivante sont souvent de bonnes indications de la schéma-thérapie. Lorsqu'un patient ne paraît pas présenter clairement un trouble de l'Axe I, ou n'a pas répondu à une thérapie antérieure pour un trouble de l'Axe I, alors la schéma-thérapie est souvent indiquée. Par exemple, un homme de 31 ans est en thérapie cognitive et comportementale pour une dépression ; de façon répétitive, il ne parvient pas à exécuter ses tâches assignées. Le thérapeute modélise le problème sous l'angle du schéma d'Assujettissement du patient. Les tâches assignées lui rappellent les devoirs de sa période scolaire, quand il se sentait contrôlé par ses parents et ses professeurs et qu'il se rebellait contre l'autorité. Tout comme il le faisait alors, le patient compense pour son schéma en ne réalisant pas ses tâches assignées. Parce que le patient veut faire des progrès, le thérapeute peut s'allier avec lui pour combattre le schéma, de façon à ce que le travail cognitif et comportemental soit mené à sa fin.

D'autres difficultés rencontrées en thérapie peuvent bénéficier d'une approche par les schémas, tels que les problèmes d'assiduité et de relation thérapeutique. Lorsqu'il existe des blocages au changement, une approche des schémas peut aider le thérapeute et le patient à conceptualiser le blocage et à trouver des solutions. Il est souvent utile de présenter au patient le blocage comme un mode et de lui permettre de répondre sainement à ce mode.

b. Historique ciblé

Le thérapeute essaie de déterminer si les problèmes actuels du patient sont situationnels ou bien s'ils sont le reflet d'un *scénario de vie dysfonctionnel*. Un homme de 64 ans vient, par exemple, pour une thérapie à la suite du décès de son épouse. Il est profondément déprimé et il n'a répondu ni au traitement pharmacologique ni au traitement psychologique. Sa dépression est-elle l'œuvre d'un schéma ou bien est-elle simplement la conséquence de son chagrin ? Elle peut tout aussi bien découler de l'une ou l'autre cause.

Pour répondre à ce genre de questions, le thérapeute établit un historique ciblé, en partant du problème actuel et il en retracera l'histoire en remontant dans le temps aussi loin que possible. Le thérapeute recherchera des périodes d'activation du schéma dans le passé, et il les fouillera avec le patient. Le patient a-t-il vécu des situations traumatiques dans son enfance ? *Les scénarios de vie dysfonctionnels se révèlent lorsque les mêmes évènements activateurs, les mêmes cognitions, les mêmes émotions et les mêmes comportements se répètent dans le temps et au travers des diverses situations.* Les antécédents de difficultés relationnelles, scolaires ou professionnelles, ainsi que les périodes de forte activité émotionnelle sont autant d'indices qui orientent vers les schémas.

Le thérapeute cherche aussi à *identifier les styles d'adaptation dysfonctionnels du patient : soumission, compensation, évitement.*

Lorsqu'un sujet est *soumis* à un schéma, il le rejoue tel que cela s'est produit dans son enfance, et il se met dans le rôle qu'il avait à l'époque. Il ressent les mêmes pensées et émotions. L'*évitement* de schéma correspond à la fuite du schéma : les émotions, les pensées et les stratégies comportementales sont mises au service du déni, de l'évasion, de la minimisation ou du détachement par rapport au schéma. Dans la *compensation*, le sujet apparaît comme un combattant : il utilise ses émotions, ses cognitions ou ses tactiques comportementales pour contre-attaquer, compenser ou pour externaliser le schéma.

Le thérapeute introduit la notion de styles d'adaptation au patient en lui expliquant que ces stratégies se sont développées dans son enfance pour lui permettre de s'adapter à des événements stressants. Qu'elles sont le fruit, à la fois de son tempérament émotionnel et de ses modèles parentaux. Avec le temps, ces stratégies se sont généralisées comme des moyens de s'adapter dans le monde en général. Elles sont spécialement visibles lorsque le schéma est activé. Elles peuvent barrer l'accès aux schémas et bloquer le processus thérapeutique. De plus, certaines d'entre elles, telles que l'abus de drogues ou le détachement émotionnel, sont problématiques en elles-mêmes. Cette introduction aux styles d'adaptation fournit un support rationnel à la passation des questionnaires et incite le patient à fournir spontanément des renseignements sur la façon dont il s'est adapté aux évènements difficiles de son passé.

EXEMPLE DE CAS : MARIKA

Dans l'entrevue avec Marika (la patiente dont on a parlé précédemment), le Dr Young établit un historique ciblé pour déterminer si ses difficultés avec James sont uniquement la conséquence de leur relation, ou bien si elles correspondent à un scénario de vie répétitif. Dans l'exemple suivant, le Dr Young l'interroge sur ses relations antérieures. Il commence par le présent et remonte vers le passé, en ne se préoccupant que des informations ayant un rapport avec le problème actuel.

Thérapeute : Avant James, comment s'est passée votre précédente relation ?

Marika : C'est comme l'image en miroir de celle avec James. Tous deux sont alcooliques. L'un comme l'autre, ils m'ont brutalisée verbalement. Alors que James me laisse tomber affectivement, Chris m'abandonnait physiquement : il passait ses nuits dehors. Mais pour l'argent, tous les deux étaient généreux et ils disaient tous les deux qu'ils m'aimaient beaucoup.

À ce moment, un scénario de vie émerge dans les relations amoureuses de Marika. Ses deux partenaires étaient « verbalement abuseurs » et l'« abandonnaient. » Tous les deux étaient généreux sur le plan matériel. Le thérapeute fait l'hypothèse qu'elle peut avoir un schéma du domaine de Séparation et Rejet — peut-être Abus ou Abandon — et il l'interroge sur ses réactions avec les hommes qui l'ont bien traitée.

Thérapeute : Comment cela se passait-il avec les hommes qui étaient gentils avec vous ? Il doit bien y en avoir qui vous ont bien traitée.

Marika : Ça ne durait pas longtemps. Je coupais court. Ils étaient tout simplement affreux.

Thérapeute : Étaient-ils trop gentils ?

Marika : L'un d'entre eux était très gentil ; il était prévenant et me faisait des cadeaux.

Thérapeute : Vous critiquait-il ?

Marika : Non, il m'écoutait bien, nous avions de vraies conversations.

Thérapeute : Qu'est-ce qui n'allait pas dans cette relation ?

Marika : Il était européen, et trop « ancienne mode. »

Les réponses de Marika permettent de penser que ses problèmes avec James ne sont pas situationnels, mais dictés par un schéma. Il apparaît dans son histoire un scénario de vie selon lequel elle est attirée par les hommes qui la traitent mal et se désintéresse des hommes qui la traitent bien. Ce fonctionnement correspond bien à notre modèle : nous estimons que l'activation de schémas provoque une « *chimie sexuelle* » dans les relations amoureuses. L'explication que donne Marika à son absence d'attirance pour le garçon gentil sonne faux. En choisissant les hommes de ses relations sentimentales, son style d'adaptation apparaît être une soumission à un schéma. D'autres styles d'adaptation apparaissent dans sa relation avec James. Pour compenser son sentiment de manque affectif, elle se met en colère et devient exigeante. Cela provoque des disputes avec James, tout comme cela en provoquait avec son père quand elle était enfant. Pour finir, elle se sent encore plus isolée sur le plan affectif. Sa tentative de compensation finit par servir au maintien de son schéma. Ceci est presque toujours le cas : l'évitement et la compensation de schémas ont pour conséquence finale le maintien du schéma.

Tout en construisant des hypothèses sur les schémas et les styles d'adaptation, le thérapeute recherche si certains schémas sont liés entre eux : existe-t-il des schémas qui semblent être activés ensemble ? Nous les appelons des « schémas liés ». Marika, par exemple, présente un lien entre les schémas de Manque Affectif et d'Imperfection. Lorsqu'elle se sent isolée affectivement, elle s'en prend à elle. Elle attribue les négligences de James à ses propres défauts. Elle n'est pas « assez bien » pour être aimée de façon inconditionnelle. Son sentiment de manque affectif est lié de façon inextricable à son sentiment d'imperfection.

c. Les inventaires des schémas

1° *L'inventaire historique*

L'inventaire historique donne une vision globale des problèmes actuels du patient, de ses symptômes, de son histoire familiale, de ses images, ses cognitions, ses relations, des facteurs biologiques, de ses souvenirs et expériences significatifs. L'inventaire est long et sera prescrit en tâche la maison. Le formulaire demande par exemple au patient de faire la liste de ses souvenirs d'enfance : ces souvenirs donnent des indications au sujet des Schémas Inadaptés Précoces. (Parfois, les patients qui ne font pas état d'un abus au cours de l'entretien vont en parler dans le questionnaire. Ils ne parviennent pas à en parler au thérapeute en face-à-face, mais sont capables de lui en parler par écrit, lorsqu'ils sont chez eux.) Le thérapeute utilisera ces informations pour construire des hypothèses sur les scénarios de vie dysfonctionnels, les schémas et les styles d'adaptation.

2° *Le Questionnaire des Schémas de Young (YSQ)*

Le Questionnaire des Schémas de Young (YSQ-L2 ; Young et Brown, 1990, 2001) est un formulaire que le patient remplit pour déterminer les schémas [1]. Les patients cotent eux-mêmes sur une échelle de 1 à 6 chacun

1. Le questionnaire est disponible sous une forme longue et une forme courte. La forme longue du YSQ (YSQ-L2) contient 205 questions et détermine les 16 Schémas Inadaptés Précoces établis au moment de la construction du questionnaire. La forme longue est préférable pour un usage clinique, car elle révèle davantage de subtilités pour chaque schéma et elle fournit une information plus détaillée. Nous avons ajouté des items supplémentaires dans la dernière version (YSQ-L3), si bien que les 18 schémas actuels peuvent être mesurés (cette version sera disponible dans un prochain manuel). La version actuelle (YSQ-L3) peut être obtenue sur commande au Schema Therapy Institute (voir le site web *www.schematherapy.com*).
La forme courte du YSQ contient 75 items ; elle est constituée, pour chaque schéma, des cinq items les plus représentés selon l'analyse factorielle (Schmidt et coll., 1995). Nous ajouterons également des items à cette forme, de façon à ce que les 18 schémas puissent être mesurés. La forme courte est souvent utilisée pour les études car son administration est plus rapide.
N.d.T. : 1. Voir en **Annexe** la version française du YSQ-L2, avec autorisation des Éditions Masson, Paris.
2. L'inventaire historique : Young utilise le Multimodal Life History Inventory, de A.A. Lazarus et C.N. Lazarus, Research Press, 1991 (15 pages.)

des items, selon qu'il les décrit plus ou moins bien. Habituellement, il est proposé comme tâche à la maison après la 1re ou la 2e séance.

Les items du questionnaire sont regroupés par schéma. Un code à deux lettres apparaît après chaque série d'items pour indiquer au thérapeute le schéma qui est mesuré.

Pour interpréter les résultats, le thérapeute ne fait pas le total des scores du patient ni une moyenne. Il encercle pour chaque schéma les items fortement cotés (5 ou 6) et il prête attention aux scénarios de vie dysfonctionnels.

Le thérapeute passe en revue le questionnaire avec le patient, en portant une attention particulière aux items cotés 5 à 6 : lorsqu'un patient cote à ce niveau 3 items ou plus dans un schéma, ce schéma est habituellement en cause chez lui et méritera d'être étudié.

Le thérapeute utilise les items fortement cotés pour inciter le patient à parler de chaque schéma en cause en lui demandant : « Pouvez-vous me préciser en quoi cet énoncé se rapporte à votre vie ? » Une telle exploration de deux items fortement cotés pour chaque schéma en cause est habituellement suffisante pour connaître l'essentiel du schéma. Le thérapeute apprend au patient le nom de chaque schéma fortement coté ainsi que sa signification en termes de tous les jours et il l'incite à lire le chapitre correspondant à son schéma dans *Je réinvente ma vie* de Young et Klosko (Paris, Éditions de l'Homme, ré-édition 2003).

À ce moment du diagnostic, le thérapeute connaît les problèmes actuels du patient, il a exploré les scénarios de vie dysfonctionnels grâce à l'historique de vie ciblé. Il a formé des hypothèses de schémas pour le patient. Les réponses au Questionnaire des Schémas de Young peuvent infirmer ou confirmer ces hypothèses, et peuvent contredire des informations antérieures. Le thérapeute posera des questions pour toutes les incohérences. Parfois, les patients ont mal lu les items, les ont récrits ou interprétés d'une façon trop personnelle. Le thérapeute clarifiera ces divergences de façon à assurer une identification correcte des schémas.

Certains patients trouvent que la passation de ce questionnaire active leurs schémas. Des patients fragiles, tels que les borderlines, qui ont vécu des traumatismes précoces sévères, ressentent de fortes émotions en répondant aux questions et ont souvent besoin de beaucoup de temps pour remplir ce questionnaire. Le thérapeute peut demander à ces patients de ne remplir que quelques items chaque semaine, ou bien de ne travailler le questionnaire qu'en séance, avec lui. Certains patients évitent le questionnaire, parce que certains items les bouleversent. Ils laissent des items non remplis, ils persistent à « oublier » de remplir le questionnaire, ou bien ils cotent les items à la hâte, avec des valeurs basses. Ils évitent le questionnaire de façon à éviter d'affronter leurs schémas. Ces types de réponses mettent en évidence une stratégie d'évitement de schémas. Si le patient persiste à rencontrer des difficultés pour compléter le questionnaire, le thérapeute n'insiste pas. Il explique plutôt au patient les raisons de ses difficultés. S'il ne parvient pas à surmonter ces obstacles assez rapidement, il doit considérer que le patient a des problèmes d'évitement sérieux et il devra s'appuyer davantage sur d'autres aspects du processus diagnostique pour déterminer les schémas en cause.

On consacre généralement une ou deux séances à la discussion du questionnaire des schémas avec le patient, suivant le nombre des schémas fortement cotés. La discussion sur les items du questionnaire conduit habituellement les patients à explorer rapidement une quantité importante d'informations. Tout au long de la revue du questionnaire, le thérapeute continue à formuler et à réviser ses hypothèses sur les schémas du patient et à relier ces schémas aux problèmes actuels du patient et à son histoire de vie.

3° *L'Inventaire des Attitudes Parentales de Young (YPI)*

L'Inventaire des Attitudes Parentales de Young (YPI ; Young, 1994) est un des principaux moyens d'identification des origines infantiles des schémas. C'est un questionnaire à 72 items dans lequel le patient cote séparément son père et sa mère sur un ensemble de comportements dont nous supposons qu'ils ont contribué au développement des schémas. Comme le YSQ, le YPI utilise une cotation de 1 à 6 et les items sont groupés par schéma. Nous donnons généralement le YPI à remplir à la maison quelques semaines après le YSQ — typiquement vers la 5e ou 6e séance, au moment où nous discutons de l'origine des schémas avec le patient.

Si le sujet avait d'autres parents chez lui lorsqu'il était enfant (grand-parent ou autre), il peut rajouter une colonne par parent supplémentaire sur le questionnaire et coter également cette personne.

Cet inventaire mesure les origines les plus fréquentes que nous avons observées pour chacun des Schémas Inadaptés Précoces. Il reflète l'environnement de l'enfance qui, d'après notre observation, est susceptible de modeler le développement de certains schémas. Cependant, il est possible que le patient ait connu un environnement typiquement associé à un schéma donné, sans jamais développer le schéma attendu. Ceci peut se produire pour plusieurs raisons :

1. le tempérament émotionnel du patient a évité le développement du schéma ;
2. un parent ou un proche a eu un comportement qui compensait celui d'un autre parent, dans la vie de l'enfant ;
3. le patient, une personne proche, ou un événement ultérieur de la vie, a réussi à guérir le schéma.

Comme pour le YPI, le thérapeute s'intéressera aux items cotés 5 à 6 pour chaque parent. (Nous estimons que les items aux scores de 5 ou 6 ont une chance d'être cliniquement significatifs en tant qu'origine d'un schéma donné.) Mais les items de 1 à 5, concernant les origines du Manque Affectif, doivent être déchiffrés de façon inverse par rapport aux autres : les scores bas (1 ou 2) sont ceux à prendre en compte. À la différence du YSQ, tout schéma avec au moins un item fortement coté sera pris en considération. Si une patiente indique, par exemple, dans un item du YPI qu'un parent a sexuellement abusé d'elle, il est très probable que la patiente a un schéma de Méfiance/Abus, même si elle a côté très bas les autres origines de ce schéma.

Au cours de la séance suivante, le thérapeute et le patient discutent ensemble des items fortement cotés. Le thérapeute demandera au sujet de s'étendre sur chaque origine en donnant des exemples pris dans son enfance ou dans son adolescence qui illustrent le comportement parental. La discussion se poursuivra jusqu'à ce que le thérapeute ait une vision complète et précise de la contribution de chaque parent au développement des schémas du patient. Le thérapeute explique au patient la relation entre chaque origine et le schéma correspondant, il explique également la relation entre l'origine, le schéma et les problèmes actuels du patient.

Le YPI n'est pas prévu pour déterminer les schémas des patients mais plutôt pour identifier les origines des schémas fortement cotés sur le YSQ. Cependant, le YPI s'est avéré une mesure valable indirecte pour les schémas. Si un patient cote fortement sur le YPI des items reflétant les origines d'un schéma donné, nous observons fréquemment que le patient possède ce schéma, même s'il a été faiblement coté dans le YSQ. L'explication la plus vraisemblable à cela est l'évitement de schémas : si les patients sont souvent capables d'identifier avec précision le comportement de leurs parents, ils sont parfois incapables d'avoir accès à leurs propres émotions. Donc, pour les patients qui présentent un fort évitement de schémas, le

YPI peut s'avérer une meilleure méthode d'identification des schémas que le YSQ.

Le thérapeute compare les réponses du YPI à celles du YSQ. Si les schémas fortement cotés sur l'un des questionnaires correspondent aux schémas fortement cotés sur l'autre questionnaire, cela ajoute de la signification aux schémas. Les incohérences sont également riches en informations. Comme avec le YSQ, les scores sur le YPI peuvent s'avérer bas en raison d'une stratégie d'évitement ou de compensation. Lorsqu'une réponse apparaît anormalement basse, le thérapeute peut dire quelque chose comme : « sur votre questionnaire de schémas, vous dites que tout au long de votre vie des gens ont essayé de vous contrôler, mais sur l'inventaire parental, vous indiquez que votre mère et votre père n'ont pas essayé de contrôler votre vie. Pouvez-vous m'aider à comprendre comment ces deux affirmations sont compatibles pour vous ? » La résolution des contradictions apparentes telles que celle-ci s'avère très utile, à la fois pour clarifier les schémas d'un patient et leurs origines et, d'autre part, pour aider les patients à faire face aux émotions et aux événements qu'ils évitent ou qu'ils bloquent.

4° *Le Questionnaire des Attitudes d'Évitement de Young et Rygh (1994)*

Ce questionnaire comprend 41 items qui déterminent l'évitement de schéma. Il comprend des items tels que : « Je regarde beaucoup la télévision lorsque je suis seul », « J'essaie de ne pas penser à ce qui pourrait me déranger ou me bouleverser », « Lorsque les choses ne tournent pas bien pour moi, je tombe malade ». Les patients cotent les réponses de 1 à 6.

Le thérapeute s'intéressera aux items cotés 5 à 6 et les discutera avec le patient. Il faut remarquer qu'un score total élevé indique une tendance générale à l'évitement de schémas. L'inventaire n'est pas spécifique d'un schéma : un style d'adaptation évitant est souvent un trait de personnalité qui est utilisé pour éviter n'importe quels schémas.

5° *Le Questionnaire des Attitudes de Compensation de Young (1995)*

Il comprend 48 items pour déterminer la compensation de schémas. Les items comprennent des affirmations telles que : « Je rends souvent les autres responsables quand les choses tournent mal », « Je n'aime pas les règles et je prends plaisir à les enfreindre », « Je me donne un mal considérable pour être sûr(e) d'avoir une part équitable et de ne pas être trompé(e) ». Les patients répondent en cotant de 1 à 6.

Le thérapeute discute avec le patient des items cotés 5 à 6. Par exemple si le patient indique qu'il rend souvent les autres responsables, le thérapeute demandera un exemple. Le thérapeute va explorer si ce comportement donné est destiné à compenser des émotions douloureuses telles que le sentiment de honte. Il demandera : « lorsque vous rendez les autres responsables d'une situation, est-ce pour vous un moyen de gérer la honte que vous ressentez dans cette situation ? » Au fur et à mesure que la thérapie progresse, les patients vont surveiller l'usage qu'ils font des stratégies identifiées par ces deux questionnaires [2].

d. Déclencher les schémas par l'imagerie et comprendre leur origine dans l'enfance ou l'adolescence

À ce moment du processus de diagnostic, le thérapeute a établi un historique de vie ciblé et il a étudié les questionnaires remplis par le patient. Le patient et lui commencent à connaître les schémas et les styles d'adaptation du patient, en tout cas sur le plan intellectuel.

L'étape suivante consiste à activer les schémas du patient au cours de la séance de thérapie de façon à ce que le thérapeute et le patient puissent, tous deux, les ressentir sur le plan émotionnel. Pour ce faire, le thérapeute utilise habituellement l'imagerie. Pour beaucoup de patients, l'imagerie est un moyen de diagnostic puissant. Cette méthode révèle souvent de façon immédiate et dramatique des informations centrales ; ainsi, elle représente souvent le moyen le plus efficace d'identifier des schémas. Nous décrirons de façon détaillée le travail d'imagerie dans le chapitre 4. Voici un bref aperçu de l'utilisation de l'imagerie dans un but diagnostique.

Les buts de l'imagerie diagnostique sont les suivants :

1. Identifier et déclencher les schémas du patient.
2. Comprendre les origines infantiles des schémas.
3. Relier les schémas aux problèmes actuels.

2. N.d.T. : l'Inventaire des Attitudes Parentales de Young, le Questionnaire des Attitudes d'Évitement de Young et Rygh et le Questionnaire des Attitudes de Compensation de Young peuvent être consultés dans : M. Bouvard, « Questionnaires et échelles d'évaluation de la personnalité », Paris, Éditions Masson, 2002, pp. 255-276.

4. Aider le patient à ressentir l'émotion associée aux schémas.

Nous commençons par expliquer au patient les principes du travail d'imagerie : l'imagerie est destinée à les aider à ressentir leurs schémas, à en comprendre les origines infantiles, et à relier ces schémas à leurs problèmes actuels.

Après ces explications, nous leur demandons de fermer les yeux et de laisser venir une image dans leur esprit. Nous leur demandons de ne pas forcer cette image mais de la laisser venir toute seule. Une fois qu'ils sont parvenus à obtenir une image, nous leur demandons de nous la décrire, à voix haute, en parlant au présent. Nous les aidons à la rendre vive et à la ressentir émotionnellement.

L'exercice suivant est une introduction à l'imagerie, dont nous conseillons aux lecteurs d'en faire l'essai sur eux-mêmes. Il est basé sur un exercice d'entraînement de groupe que nous avons développé pour les thérapeutes fréquentant les ateliers de schéma-thérapie (Young, 1995).

a) Fermez les yeux, imaginez-vous dans un endroit où vous vous sentez en parfaite sécurité. Servez-vous d'images, et non pas de mots ni d'idées. Laissez cette image venir d'elle-même. Observez les détails, dites-moi ce que vous voyez, ce que vous ressentez, si vous êtes seul ou avec quelqu'un. Profitez de la sensation de détente et de sécurité de cet endroit.

b) Gardez les yeux fermés, effacez cette image. Créez maintenant l'image de vous-même, enfant, avec l'un de vos parents, dans une situation bouleversante. Que voyez-vous ? Où vous trouvez-vous ? Observez les détails. Quel âge avez-vous ? Que se passe-t-il dans l'image ?

c) Que ressentez-vous ? Que pensez-vous ? Que ressent votre parent ? Que pense votre parent ?

d) Engagez une discussion avec votre parent. Que lui dites-vous ? Que répond-il ? (Poursuivez le dialogue jusqu'à sa conclusion spontanée.)

e) Envisagez ce que vous voudriez de différent chez votre parent dans l'image, même si cela vous semble impossible. Par exemple souhaitez-vous que votre parent vous donne davantage de liberté ? D'affection ? De compréhension ? De reconnaissance ? Moins de critique ? Qu'il soit un meilleur modèle ? Maintenant, dites à votre parent, dans l'image, comment vous voudriez qu'il change, en utilisant vos mots d'enfant.

f) Quelle est la réaction de votre parent ? Que se passe-t-il ensuite dans la scène ? Gardez cette scène en tête jusqu'à sa conclusion. Que ressentez-vous à la fin ?

g) Gardez les yeux fermés. Concentrez-vous sur les émotions que vous avez en tant qu'enfant dans cette scène. Intensifiez-les. Maintenant, en conservant ces émotions, effacez cette image de l'enfant et remplacez-la par une image de vous-même dans votre vie actuelle, dans laquelle vous ressentez pratiquement la même émotion. N'essayez pas de la forcer laissez-la venir toute seule. Que se passe-t-il dans la scène ? À quoi pensez-vous ? Quelles sont vos émotions ? Dites-le à haute voix. S'il y a quelqu'un d'autre dans cette scène, dites à cette personne ce que vous voudriez qu'elle change dans son comportement. Comment réagit-elle ?

h) Effacez la scène et replacez-vous dans un endroit calme, où vous vous sentez en parfaite sécurité. Relaxez-vous de façon agréable. Ouvrez les yeux.

L'imagerie à but diagnostique que nous utilisons avec les patients est semblable à celle de cet exercice. Nous commençons et finissons par un endroit sûr. Nous demandons aux patients de créer des images séparées de situations bouleversantes de leur enfance avec chacun de leurs parents ou avec tout autre personnage proche de leur enfance ou de leur adolescence. Puis nous leur demandons de parler à ces gens dans leurs images, en exprimant leurs pensées et leurs émotions, ainsi que leurs désirs à propos du comportement de l'autre personne. Nous leur demandons ensuite de passer à une image de leur vie actuelle où ils ressentent la même chose que dans la situation de leur enfance. Là encore, les patients vont dialoguer avec la personne de l'image, ils diront à haute voix ce qu'il pense, ce qu'ils ressentent, et ce qu'ils veulent obtenir de l'autre personne. Nous répétons ce procédé jusqu'à ce que tous les personnages importants de leur enfance ayant contribué à la constitution des schémas soient passés en revue. (Le chapitre 4, concernant les techniques émotionnelles, décrit en détail la façon dont le docteur Young mène cet exercice avec un patient.)

Lorsque le thérapeute utilise le travail d'imagerie avec les patients, il est important qu'il commence tôt dans la séance, pour laisser assez de temps à la discussion qui va suivre. Dans cette discussion, il aide le patient à explorer les images de façon à identifier les schémas, en comprendre l'origine infantile et les relations avec les événements actuels. De plus, le thérapeute aide le patient à intégrer le travail d'imagerie aux informations recueillies lors des séances précédentes.

Il arrive que les patients soient inattentifs après une séance d'imagerie. En commençant le travail d'imagerie tôt dans la séance, on s'assure de disposer de suffisamment de temps pour que le patient récupère avant de partir. Lorsque le travail d'imagerie effraie le patient, le thérapeute s'efforce de le mettre à l'aise. Il explique que c'est le patient qui contrôle l'image, et que même si le thérapeute lui demande de fermer les yeux pour une plus grande concentration, il a le droit de les ouvrir si la difficulté devient trop grande. Certains patients participent aux exercices d'imagerie non pas les yeux fermés, mais les yeux baissés vers le sol, à cause de certaines histoires traumatiques, de sentiments de méfiance ou d'angoisse. D'autres demandent que le thérapeute ne les regarde pas au cours des exercices. Le thérapeute s'adapte. Après l'exercice il peut être nécessaire au thérapeute de ramener ses patients à la réalité du moment présent, grâce à un exercice d'attention.

Habituellement, nous commençons par une image bouleversante de l'enfance du patient, puis nous travaillons à relier cette image à une image bouleversante de la vie actuelle du patient. Il existe cependant une autre manière de procéder. Par exemple, si le patient arrive à la séance particulièrement bouleversé par un événement récent, on peut utiliser une image de cet événement comme image de départ : on demande alors au patient de créer une image de cette situation actuelle et on travaillera à remonter le temps, en lui demandant une image d'une situation de son enfance où il a ressenti la même chose. Il est également possible d'utiliser une image d'un symptôme du patient en tant qu'image de départ. On dira, par exemple : « Pouvez-vous créer une image de votre dos lorsque vous avez mal ? Décrivez-la. Que dit votre douleur ? »

Exemple 1 : Imagerie de l'enfance

Nadine a 25 ans. Elle a demandé une thérapie pour une dépression. Nadine travaille comme chef de service dans une grande entreprise. Elle a régulièrement des promotions professionnelles car elle est un excellent médiateur dans toutes les disputes du bureau et parce qu'elle est toujours prête à prendre en charge des tâches que les autres préfèrent éviter. Bien qu'elle exerce ses responsabilités à un haut niveau, le thérapeute a déterminé que sa dépression est un symptôme indiquant que son comportement professionnel est dicté par un schéma et qu'il lui est préjudiciable.

Dans son historique de vie, Nadine explique qu'elle a été élevée dans une famille religieuse où personne n'avait le droit d'exprimer de la colère, à l'exception de son père. Nadine est l'aînée de cinq enfants. Bien qu'elle ait une mère malade et qu'elle ait la charge de ses frères et sœurs plus jeunes, elle n'avait pas le droit de se plaindre. Elle avait l'obligation de se sacrifier pour le bien de ses parents et de sa fratrie, qui avaient davantage de besoins qu'elle.

Au cours du travail d'imagerie sur son enfance, Nadine rapporta un incident dans lequel elle était faussement accusée par son père d'avoir donné à sa mère un mauvais médicament. En fait, c'est la jeune sœur de Nadine qui avait donné ce médicament, mais Nadine a considéré qu'il était mal de mettre en cause sa sœur et elle a pris à sa charge la réprimande. Elle se tenait debout devant son père en furie, sacrifiant sa colère à son abnégation. Quand le thérapeute lui demande de créer une image d'une situation de sa vie actuelle où elle a ressenti la même chose, Nadine crée une image où elle reçoit un blâme au travail à la place d'un de ses subordonnés qui avait fait une erreur.

Le schéma d'Abnégation de Nadine la rend particulièrement vulnérable à une exploitation professionnelle. Dans sa famille d'origine, Nadine intervient dans les disputes en tant que médiateur : elle absorbe les reproches et se porte volontaire pour les tâches dont personne ne veut. Elle s'interdit la colère, mais sa dépression grandit. Guidée par son abnégation, elle développe son manque affectif. (Ceci est presque toujours vrai : les patients qui ont un schéma d'Abnégation ont aussi un schéma de Manque Affectif, parce qu'ils privilégient les besoins des autres au détriment des leurs.) À la maison comme au travail, Nadine s'occupe des autres, mais personne ne s'occupe d'elle. L'imagerie aide Nadine à reconnaître l'origine de son schéma d'Abnégation dans son enfance et à relier ce schéma à sa dépression.

Exemple 2 : Imagerie liée à une émotion

Diane a cinquante ans, elle est divorcée et elle dirige avec succès sa propre entreprise. Elle relate une histoire d'anxiété qui n'a pas répondu à une thérapie antérieure. Elle arrive à sa troisième séance de schéma-thérapie très anxieuse, en affirmant qu'elle ne sait pas trop pourquoi. Lorsqu'elle passe en revue les événements de la semaine, elle dit que sa fille de dix-sept ans a été en retard la veille pour venir la chercher au travail. Une fois que Diane a pu créer une image vive et se rappeler son sentiment de peur, le thérapeute lui demande de créer une image de son enfance où elle a ressenti la même chose. Diane se voit alors dans un camp de vacances d'été, le dernier jour, attendant ses parents qui devaient venir la chercher. Comme sa mère était maniaco-dépressive et incapable de s'occuper d'elle d'une façon régulière et que son père était un commerçant souvent absent de la maison, Diane était terrifiée à l'idée que personne ne vienne la chercher. Elle voyait les autres enfants partir avec leurs parents ; elle s'était mise à arpenter le sol frénétiquement. Finalement elle s'était retrouvée la seule enfant restant. L'image exprimait le schéma d'Abandon de Diane.

Le thérapeute demande alors à Diane de continuer l'exercice en retournant à l'image ou elle attendait sa fille qui devait la prendre à la sortie du travail. Maintenant Diane comprend pourquoi elle a eu peur : son schéma d'Abandon avait été activé par le retard de sa fille. L'imagerie l'a aidée à identifier le schéma sous-jacent à son anxiété. Lorsque les patients ont de fortes émotions qu'ils ne peuvent pas comprendre, l'imagerie peut souvent les aider à découvrir le schéma caché derrière.

EXEMPLE 3 : IMAGERIE LIÉE À DES SYMPTÔMES SOMATIQUES

Les symptômes somatiques sont souvent le signe d'un évitement de schéma. Lorsque les patients ont des symptômes somatiques, l'imagerie permet souvent de les aider à dépasser leur évitement cognitif et émotionnel dans le but d'identifier les schémas sous-jacents. Paul est un médecin de 46 ans. Il a passé plus de vingt ans en thérapie pour essayer de se débarrasser de la crainte d'avoir une « tumeur itinérante » dans son corps. Malgré son savoir médical qui lui dit que la chose n'est pas possible, et bien que, depuis des années, tous les tests médicaux n'aient rien détecté d'anormal, Paul persiste dans la crainte de finir sa vie malade et d'être tué par la tumeur à tout moment.

Dans l'imagerie, le thérapeute demande à Paul de localiser la tumeur dans son corps à l'instant présent. Il lui demande de créer une image de la tumeur, d'en décrire les dimensions, la forme, la texture et la couleur. Le thérapeute lui demande de parler à la tumeur et de lui demander pourquoi elle se trouve dans son corps ; il lui demande ensuite de prendre le rôle de la tumeur et de répondre. En parlant en tant que tumeur, Paul dit que, dans son travail, il ne fait pas du mieux qu'il peut, que c'est mal. La tumeur est dans son corps pour le punir. Paul devra travailler plus consciencieusement sinon la tumeur le terrassera.

Ensuite, le thérapeute demande à Paul de créer une image d'une personne de son enfance avec qui il a ressenti exactement la même chose. Paul se voit dans l'image avec son père exigeant. Son père lui dit que ses notes scolaires sont inacceptables qu'il doit travailler davantage. Tout comme la tumeur, le père incarne le schéma d'Idéaux Élevés de Paul. L'imagerie permet à Paul d'accéder au schéma sous-jacent à son symptôme somatique et de comprendre les origines du schéma dans sa relation d'enfant avec son père.

e. Surmonter l'évitement de schéma

L'évitement du schéma est l'obstacle le plus fréquemment rencontré au cours du travail d'imagerie à but diagnostique.

Il peut se manifester de différentes façons :

- Le patient peut refuser l'exercice, prétendant que cela ne servira à rien (réponse fréquente chez les patients narcissiques).
- Il peut faire traîner en posant des questions ou en parlant d'autre chose, de façon à distraire le thérapeute.
- Il peut garder les yeux ouverts ou dire qu'il ne voit qu'un « écran blanc ».
- Les images peuvent rester trop vagues pour être utilisables, ou bien le patient voit des personnages figés.

Il y a plusieurs causes possibles à l'évitement de schéma. Certaines sont faciles à surmonter : il peut arriver que, par soucis de la performance, le patient veuille trop « bien faire » l'exercice ; ou bien qu'il soit trop nerveux pour se concentrer. Le thérapeute parvient souvent à résoudre ces difficultés de façon simple, en réexpliquant les principes de l'imagerie et en assurant au patient que ces difficultés peuvent être surmontées. Le thérapeute peut également débuter l'imagerie avec un contenu moins menaçant : il commencera par des images agréables ou neutres et il pourra ensuite introduire des images plus pénibles.

Nous avons plusieurs méthodes pour surmonter l'évitement de schéma au cours du travail d'imagerie. Elles sont décrites avec davantage de détails dans le chapitre 4, mais en voici un résumé rapide :

1. Expliquer au patient les principes du travail d'imagerie.
2. Faire la liste des arguments pour et des arguments contre l'intérêt de cet exercice.
3. Démarrer l'imagerie de façon douce et introduire progressivement des images plus anxiogènes.
4. Mener un dialogue avec le côté évitant du patient (travail sur les modes de schémas.)
5. Utiliser des méthodes de régulation telles que la relaxation ou la technique de pleine conscience (« mindfulness »).
6. Utiliser des médicaments psychotropes.

Si le patient éprouve de la difficulté à se visualiser en tant qu'enfant, le thérapeute pourra alors lui demander de se visualiser dans l'époque actuelle, puis en tant que jeune adulte, puis adolescent, et finalement en tant qu'enfant. On peut aussi demander au patient de visualiser son entourage proche (fratrie, parents) tels qu'il était dans son enfance : certains patients ne parviennent pas à se visualiser eux-mêmes, mais ils arrivent avoir d'autres personnes et des lieux de l'enfance. Les patients peuvent aussi apporter des photographies d'eux-mêmes quand ils étaient enfants pour stimuler l'imagerie. Le thérapeute et le patient les regardent ensemble, et le thérapeute peut demander : « Que pense l'enfant ? Que ressent-il ? Que veut-il ? Que se passe-t-il ensuite dans l'image ? »

Il est aussi possible de conduire un dialogue avec le côté évitant du patient. Nous appelons ce côté le mode « Protecteur Détaché » (voir chapitre 8). Le Protecteur Détaché protège le patient en supprimant ses émotions. Le thérapeute négocie avec le Protecteur Détaché pour obtenir l'accès à la partie vulnérable du patient où se trouvent les schémas centraux — le mode Enfant Vulnérable.

Cependant, il n'est parfois pas facile pour le thérapeute de gérer l'évitement de schéma. Si l'évitement persiste, cela signifie que les schémas du patient sont sévères. Par exemple, les patients qui ont été maltraités peuvent être trop méfiants pour accepter de se rendre vulnérable aux émotions. Les patients très fragiles peuvent être trop effrayés pour accepter de vivre l'émotion liée à leurs schémas, à cause d'un risque de décompensation. Les éviteurs et les compensateurs les plus sévères ont des difficultés avec l'imagerie parce qu'ils sont incapables de supporter les émotions négatives. Tous les patients ont besoin de former une alliance plus stable et plus confiante avec le thérapeute avant de se lancer dans le travail d'imagerie.

Certains patients rencontrent de grandes difficultés à imaginer leur enfance en raison des souvenirs traumatiques intenses qui bloquent l'évocation. Ou bien, à l'autre extrême, le manque affectif et la négligence ont été tels que l'évocation reste vide. Ils ont très peu de souvenirs d'enfance. Dans ces cas, le thérapeute devra obtenir des informations sur les schémas par d'autres méthodes de diagnostic. Cependant, il est toujours possible pour les patients traumatisés ou négligés de décrire des émotions et des sensations qui seront autant d'indices pour les schémas. Les patients peuvent, par exemple, rapporter qu'ils se sentent pris au piège lorsqu'ils ferment les yeux ou bien qu'ils se sentent seuls. Les sensations et les émotions peuvent aider le thérapeute à établir des hypothèses de schémas.

f. Étude de la relation thérapeutique

Les schémas du patient apparaissent également dans la relation thérapeutique. (C'est aussi vrai pour les schémas du thérapeute : les schémas du thérapeute s'activent. Nous discutons du problème de contre-transfert dans le chapitre 6 sur la relation thérapeutique.) L'activation des schémas du patient dans la relation thérapeutique représente un moyen pour le thérapeute de recueillir des informations pour son diagnostic. Le thérapeute et le patient discuteront de ce qui apparaît au cours de la relation : ils chercheront à identifier les schémas, les circonstances d'activation, les cognitions et les émotions associées ; le thérapeute demandera au patient de se souvenir de la personne avec qui il a ressenti la même chose précédemment.

Les Schémas Inadaptés Précoces sont responsables de comportements caractéristiques en thérapie. Par exemple, un patient ayant un schéma de Dépendance demandera de façon répétitive à être aidé pour remplir les questionnaires et pour accomplir les tâches à domicile ; un patient qui a un schéma d'Abnégation sera plein de sollicitude envers le thérapeute et s'inquiètera de sa santé, de son moral. Un sujet au schéma de Droits Personnels Exagérés formulera des requêtes répétitives de traitement spécial, tels que des changements d'emploi du temps ou des durées de séances prolongées. En cas de schéma d'Abandon, le sujet projettera sur le thérapeute la crainte d'être délaissé. En cas de schéma de Méfiance/Abus, le sujet posera des questions méfiantes sur la confidentialité des entretiens. En cas de schéma d'Imperfection/Honte, le sujet évitera le contact visuel et aura des difficultés à recevoir un compliment. Le schéma de Surprotection fera copier au patient le style ou l'apparence du thérapeute. En observant le comportement du patient au cours de la relation thérapeutique, le thérapeute dégagera beaucoup d'informations sur les schémas. Il partagera ces informations avec le patient, en en parlant de façon empathique en termes de schémas.

g. Établir le tempérament émotionnel

Comme indiqué dans le chapitre 1, nous avons identifié 7 dimensions hypothétiques pour le tempérament émotionnel, dans la littérature et dans notre expérience :

Émotif	↔	Aréactif
Dysthymique	↔	Optimiste
Anxieux	↔	Calme
Obsessionnel	↔	Distractif
Passif	↔	Agressif
Irritable	↔	Jovial
Timide	↔	Social

Nous émettons l'hypothèse que le tempérament est un assemblage de points sur chacune de ces dimensions. Le tempérament influence les styles d'adaptation adoptés par les individus pour gérer leurs schémas.

Importance de la détermination du tempérament

1. Il est inné et il constitue une part incontournable des réponses du sujet à son environnement.
2. Chaque tempérament présente des avantages et des inconvénients. Les patients peuvent apprendre à accepter et à apprécier leur tempérament naturel, mais aussi à en surmonter les inconvénients. Connaître son tempérament peut être d'une grande richesse. On ne choisit pas son tempérament. On ne choisit pas d'être émotif, agressif ou timide. Le tempérament n'est ni bon ni mauvais ; il est simplement notre façon d'être. Pour les patients borderlines, par exemple, la reconnaissance de leur nature intensément émotionnelle aide souvent à la construction de l'estime de soi : ils réalisent qu'ils ne sont pas « mauvais » en eux-mêmes à cause de leurs émotions intenses, même si cette intensité posait des problèmes à leurs parents ; mais plutôt qu'il est dans leur nature de vivre les choses passionnément. Les patients pourront apprendre des stratégies pour moduler leur tempérament et se comporter de façon adaptée malgré leur construction émotionnelle.

Il faut signaler que nous n'avons pour l'instant aucune mesure adéquate pour déterminer avec certitude le tempérament inné d'un individu. Nous devons nous contenter de suppositions obtenues grâce à un historique détaillé. Dans un cadre clinique cependant, il n'est pas important de savoir si l'humeur qui a caractérisé un patient tout au long de sa vie est d'origine innée ou si elle est le résultat d'expériences de vie précoces. Le tempérament fait partie de leur vie, il est habituellement très résistant au changement psychothérapique et de ce fait, on peut le considérer comme s'il était inné.

Pour conceptualiser le tempérament du patient, le thérapeute commence par lui poser une série de questions relatives à ses états affectifs, telles que : « Que disent les membres de votre famille de ce que vous étiez (sur le plan émotionnel et interpersonnel) à l'époque de votre enfance ? » ; « Êtes-vous en général une personne énergique ? » ; « Êtes-vous en général optimiste ou pessimiste ? » ;« Que ressentez-vous lorsque vous êtes seul ? » ; « Pleurez-vous souvent ? » ; « Perdez-vous souvent le contrôle de vous-même ? » ; « Vous faites-vous beaucoup de soucis ? »

Les traits qui persistent tout au long de la vie du sujet ont de fortes chances de faire partie du tempérament. C'est pourquoi, pour chacune de ces questions, le thérapeute demande si cela a toujours été vrai pour le patient ou si cela n'a été vrai que pour certaines périodes de sa vie. Plus les états émotionnels seront d'origine ancienne et plus ils seront persistants dans le temps, plus il est vraisemblable qu'ils feront partie du tempérament inné et ne seront pas des réponses ponctuelles aux événements de la vie.

En plus du questionnement, le thérapeute observera le comportement émotionnel du sujet au cours des séances. Il considérera aussi ce qu'il ressent en présence du patient : la relation thérapeutique révèle beaucoup d'informations sur le tempérament du patient.

h. Autres méthodes

- **Événements actuels** : les schémas sont souvent activés spontanément au cours de la vie du patient. Les événements de la vie courante peuvent activer les schémas du patient. Le thérapeute demandera au patient de parler des évènements qui déclenchent en lui des émotions fortes et il lui demandera la signification de ces évènements.
- **Livres et films** : la prescription de films et de livres relevant des hypothèses de schémas peut provoquer l'activation des schémas, qui sera discutée en séance.
- **La thérapie de groupe** : elle est un excellent moyen pour déclencher ceux des schémas qui sont de type interpersonnel.
- **Les rêves** : les schémas apparaissent aussi dans les rêves. Le sujet notera ses rêves, surtout s'ils sont récurrents ou très générateurs d'émotion, de façon à en discuter en séance. Les rêves sont souvent le portrait des schémas du patient, et ils peuvent être le point de départ pour un travail d'imagerie.

i. Information du patient

Tout au long du processus de diagnostic, le thérapeute explique au patient le *modèle du schéma*. L'information des patients peut se faire essentiellement à travers la discussion, des lectures prescrites, et de l'auto-observation. Mieux ils comprendront le modèle, mieux les patients pourront participer à la conceptualisation de leur cas.

1° *Lecture du livre* **Je réinvente ma vie,** *de Young et Klosko*

Nous prescrivons la lecture de ce livre pour aider les patients à connaître leurs schémas. Ce livre présente des exemples de cas. Il permet au patient de se sentir proche des personnages présents dans ces exemples et de sentir émotionnellement concerner par ces lectures. Le livre commence par expliquer la nature des schémas et il décrit les trois styles d'adaptation de soumission, d'évitement et de compensation (que le livre appelle capitulation, fuite et contre-attaque). Les chapitres suivants présentent onze schémas, un par chapitre. Dans chaque chapitre se trouve un questionnaire où les patients peuvent vérifier s'ils sont concernés par le schéma. Ces chapitre décrivent aussi les origines infantiles du schéma, les signaux de danger chez les partenaires potentiels (qui perpétuent plutôt qu'ils ne guérissent les schémas), la manifestation habituelle du schéma dans les relations interpersonnelles, notamment amoureuses, ainsi que les stratégies spécifiques pour le changement des schémas.

Nous conseillons aux patients de lire les cinq premiers chapitres d'introduction, puis un ou deux chapitres consacrés à leurs schémas principaux. Même si les patients ont beaucoup d'autres schémas, ils ne commenceront à travailler que sur les deux principaux. Ils pourront aussi lire d'autres chapitres plus tard, lorsque les thèmes concernés seront abordés dans les séances ou surgiront dans leur vie.

2° *Auto-observation des schémas et des styles d'adaptation*

Lorsque les patients commencent à connaître leurs schémas, ils se mettent à en observer l'activité dans leur vie courante. Ils vont surveiller leurs schémas et leurs styles d'adaptation en utilisant le Journal de Schémas (voir chapitre 3). L'auto-observation aide les patients à réaliser que les schémas sont activés de façon automatique ; elle leur permet aussi de comprendre à quel point ils peuvent se répandre partout dans leur vie. Les patients observent les événements et parviennent souvent à reconnaître qu'ils se comportent de façon autodestructive, même s'ils ne sont pas encore capables de modifier leurs modèles comportementaux.

j. Formulation complète du cas selon la schéma-thérapie

La dernière étape avant de passer à la phase de changement consiste, pour le thérapeute, à résumer la conceptualisation du cas à l'aide du Formulaire de Conceptualisation du Cas en Schéma-Thérapie. Cette conceptualisation initiale est ouverte aux modifications tout au long du traitement (voir figure 2.1).

RÉSUMÉ

Ce chapitre traite de la phase de diagnostic et d'information de la schéma-thérapie. Cette phase comporte six buts principaux : (1) l'identification des scénarios de vie dysfonctionnels ; (2) l'identification et l'activation des Schémas Précoces Inadaptés ; (3) la compréhension des origines infantiles des schémas ; (4) l'identification des styles et des réponses d'adaptation ; (5) le diagnostic du tempérament ; et (6) la formulation de la conceptualisation du cas.

Le diagnostic utilise des autoquestionnaires, des méthodes émotionnelles, comportementales et interpersonnelles. Il commence par l'évaluation initiale, dans laquelle le thérapeute définit les problèmes actuels du patient et les buts thérapeutiques, et il évalue si le patient représente une indication pour la schéma-thérapie. Ensuite, le thérapeute établit un historique de vie, il identifie les scénarios de vie, les schémas, et les styles d'adaptation dysfonctionnels. Progressivement le patient remplit les questionnaires suivants en tant que tâches assignées : (1) le questionnaire d'historique de vie ; (2) le Questionnaire des Schémas de Young ; (3) l'Inventaire des Attitudes Parentales de Young ; (4) l'Inventaire des Attitudes d'Évitement de Young-Rygh ; et (5) l'Inventaire des Attitudes de Compensation de Young. Le thérapeute et le patient discutent des résultats de ces questionnaires en séance, et le thérapeute explique au patient le modèle du schéma. Ensuite, le thérapeute utilise des techniques émotionnelles, particulièrement l'imagerie, pour accéder aux schémas du patient, pour les activer, pour établir la relation entre ces schémas et leurs origines infantiles, ainsi que la relation avec les problèmes actuels du patient. Tout au long de ce processus, le thérapeute observe les schémas du patient ainsi que ses styles d'adaptation au cours de la relation thérapeutique. Enfin le thérapeute établit le tempérament émotionnel du patient. Le thérapeute et le patient formulent et affinent des hypothèses, si bien que le diagnostic aboutit progressivement à une conceptualisation du cas.

L'évitement de schéma est l'obstacle le plus habituel au travail de diagnostic par imagerie. Nous présentons des méthodes pour surmonter l'évitement de schéma dans l'imagerie, telles que l'explication des principes du travail d'imagerie au patient ; la revue des avantages et des inconvénients qu'il y a à pratiquer cet exercice ; le démarrage avec une imagerie douce et l'introduction progressive d'images plus chargées émotionnellement ; la conduite d'un dialogue avec le côté évitant du patient (travail sur les modes de schémas) ; l'utilisation de techniques régulatrices telles que la méthode de pleine conscience (« mindfulness ») ou la relaxation ; et la prescription de psychotropes.

Chapitre 3

Méthodes cognitives

À la fin de la phase de diagnostic et d'information décrite dans le chapitre précédent, le thérapeute et le patient sont prêts à aborder la phase de changement. Cette phase comporte des techniques cognitives, émotionnelles, comportementales et interpersonnelles pour modifier les schémas, les styles d'adaptations et les modes. On commence habituellement le processus du changement par des techniques cognitives, qui font l'objet de ce chapitre.

Dans la phase de diagnostic et d'information, le thérapeute a rempli le formulaire de conceptualisation du cas et expliqué au patient le modèle du schéma. Le thérapeute et son patient ont identifié les styles d'adaptations dysfonctionnels ainsi que les Schémas Précoces Inadaptés, ils ont exploré l'origine infantile de ces schémas et ont relié ces schémas aux problèmes actuels. Ils ont aussi identifié le tempérament émotionnel du patient et ses modes.

Les méthodes cognitives vont aider le patient à se mettre en position forte pour contester son schéma et à renforcer son mode Adulte Sain. Le thérapeute aide le patient à faire le procès du schéma, de façon logique et rationnelle. La plupart du temps les patients n'ont jamais remis leurs schémas en question : ils les acceptent en tant que vérités absolues établies pour la vie. Dans leur monde psychologique interne, leurs schémas règnent en maîtres. Il n'y a jamais eu de mode d'Adulte Sain pour contredire les schémas. *Les stratégies cognitives vont aider les patients à prendre du recul par rapport aux schémas et à en évaluer la véracité. Les patients s'aperçoivent qu'il existe une vérité en dehors du schéma et qu'ils peuvent combattre ce schéma avec une vérité qui est plus objective et qui paraît plus adaptée à la réalité.*

1 APERÇU GÉNÉRAL DES TECHNIQUES COGNITIVES

C'est à travers les stratégies cognitives que le patient va reconnaître en premier le caractère inadapté du schéma — soit parce qu'il est faux, soit parce qu'il est grandement exagéré. Le thérapeute et le patient commencent par se mettre d'accord sur l'idée que le schéma peut être remis en question. *Plutôt qu'une vérité absolue, il correspond à une hypothèse qui doit être testée.* Ils soumettent ensuite le schéma à des analyses logiques et empiriques. Ils examinent les arguments pour et contre le schéma dans la vie du patient ; ils étudient les arguments dont le patient s'est servi pour défendre son schéma, et trouvent des interprétations alternatives pour les mêmes événements ; ils mènent ensemble des débats entre le « côté du schéma » et le « côté sain » ; et ils font la liste des avantages et des inconvénients des styles d'adaptations actuels du patient. À partir de ce travail, le patient et le thérapeute créent des ripostes saines contre le schéma. Ils écrivent ces réponses sur des fiches et lisent ces fiches chaque fois que le schéma est activé. Enfin le patient s'entraîne à riposter par lui-même aux schémas en utilisant le Journal des Schémas.

Avec la pratique des techniques cognitives, les patients améliorent leur compréhension du caractère erroné du schéma. Ils prennent une certaine distance psychologique par rapport au schéma et ne le considèrent plus comme une vérité absolue. Ils développent une introspection sur la manière dont le schéma modifie leurs perceptions. Ils commencent à se demander s'il faut vraiment que ce schéma gouverne leur vie au risque de la ruiner.

Les patients traités avec succès ont internalisé le travail cognitif sous la forme d'un mode Adulte Sain qui s'oppose de façon active au schéma à l'aide d'arguments rationnels et empiriques. À la fin de la partie cognitive de la schéma-thérapie, les patients n'ont habituellement plus besoin de l'assistance du thérapeute pour s'opposer au schéma. Lorsqu'un schéma est déclenché dans leur vie en dehors des séances, ils sont capables de le combattre avec les méthodes cognitives. Et même si certains patients ressentent encore ce schéma comme vrai, ils savent déjà intellectuellement qu'il est faux.

2 STYLE THÉRAPEUTIQUE

La démarche de base du schéma-thérapeutique est la *confrontation empathique* ou mise à l'épreuve empathique de la réalité. À l'étape cognitive du traitement, la confrontation empathique consiste pour le thérapeute à mettre l'accent sur les raisons qui poussent les patients à avoir de telles croyances — c'est-à-dire que leurs croyances sont fondées sur leurs expériences infantiles précoces — tout en confrontant le fait que ces croyances sont inadaptées et aboutissent à des scénarios de vie dysfonctionnels que les patients devront changer pour aller mieux. Le thérapeute fait reconnaître au patient que si ses schémas lui paraissent justes, c'est parce que sa vie entière a paru en conformité avec ceux-ci et qu'il a adopté des styles d'adaptations donnés, seule façon pour lui de survivre au travers des circonstances difficiles de son enfance. Le thérapeute valide les schémas et les styles d'adaptation du patient en tant que conclusions compréhensibles à son histoire de vie. D'autre part, il rappelle les conséquences négatives de ces schémas et de ces styles d'adaptations dysfonctionnels. À l'époque de son enfance, ils étaient adaptés, mais ils sont maintenant inadaptés. *La confrontation empathique va reconnaître le passé en distinguant les réalités du passé de celles du présent. Elle aide le patient à voir les choses telles qu'elles sont et à les accepter.*

La confrontation empathique impose de passer régulièrement de l'empathie à la mise à l'épreuve de la réalité. Les thérapeutes errent souvent dans l'une ou l'autre de ces deux directions. Ou bien ils sont tellement empathiques qu'ils forcent le patient à faire face à la réalité, ou bien ils sont trop confrontatifs et induisent chez le patient des sentiments de défense et d'incompréhension. D'autre part les patients sont peu enclins au changement. *Par la confrontation empathique, le thérapeute va chercher le meilleur équilibre entre l'empathie et la mise à l'épreuve de la réalité qui permettra au patient de progresser.* Lorsque le thérapeute a réussi dans cette tentative, les patients se sentent véritablement compris et reconnus, peut-être pour la première fois de leur vie. Se sentant compris, ils acceptent mieux la nécessité du changement, ils sont plus réceptifs aux alternatives saines proposées par le thérapeute. Enfin, les patients voient leur thérapeute comme un allié dans leur bataille contre le schéma. Plutôt que de concevoir le schéma comme une partie centrale de leur être, ils commencent à l'envisager comme étant un étranger.

Le thérapeute explique aux patients que, d'après leur historique de vie, on peut comprendre leurs pensées et leurs actions. Cependant, ces pensées et actions ne servent qu'à maintenir leurs schémas. Le thérapeute plaide la cause d'une bataille contre leurs schémas qui conduira à la mise en jeu des nouveaux modes de comportement plutôt qu'au maintien des scénarios auto-défaitistes actuels. Les renseignements rassemblés durant la phase de diagnostic permettent au thérapeute d'apprécier le côté destructeur des schémas et des styles d'adaptations du patient. Le thérapeute encourage le patient à répondre à l'activation du schéma par des manières plus saines. Il finira de la sorte par guérir ses schémas et combler ses besoins émotionnels de base.

Voici un exemple de confrontation empathique, tiré d'un entretien entre le Dr Young et Marika, la patiente présentée au chapitre 2. Marika est en thérapie pour des problèmes conjugaux. James, son mari, et elle, sont pris dans un cercle vicieux répétitif où elle devient de plus en plus agressive, cherchant l'attention et l'affection, et lui de plus en plus distant, indifférent et froid. Après avoir exploré ses relations infantiles avec son père, le Dr Young lui parle de son comportement avec James.

> « Marika, je sais qu'il vous paraît naturel de tenter d'excéder James pour obtenir son attention. Mais, même si vous croyez que c'est la seule façon d'y parvenir, il est néanmoins nécessaire que vous vous comportiez avec lui d'une façon plus vulnérable. Faites-lui comprendre que vous avez besoin de son amour et voyez comment il répond, plutôt que de vous lancer dans ce comportement agressif qui l'agace tellement. Je comprends que c'était pour vous la seule façon d'obtenir l'attention de votre père, mais peut-être qu'avec James ce n'est pas la façon la plus appropriée : il en existe d'autres. »

Le thérapeute se place donc en empathie avec la raison qui fait que Marika se comporte d'une façon si agressive avec James — c'était pour elle la seule façon d'obtenir quelque chose de son père — tout en lui présentant les conséquences négatives de ce comportement et l'intérêt de se montrer plus vulnérable avec James.

3 TECHNIQUES COGNITIVES

Il est important pour le thérapeute d'utiliser les techniques cognitives dans un certain ordre, lequel assurera la bonne construction de l'ensemble stratégique cognitif.

a. Tester la validité des schémas

Le thérapeute et le patient testent la validité d'un schéma en examinant *les arguments pour et contre ce schéma. Le procédé est identique à celui utilisé pour les pensées automatiques dans la thérapie cognitive pour l'axe I, à la différence près que le thérapeute utilise des informations extraites de la vie entière du patient et pas seulement des circonstances actuelles*. Le schéma est une hypothèse à tester.

Le thérapeute et le patient font la liste des arguments en faveur du schéma à partir du passé et du présent. Ils font ensuite la liste des arguments contre. Les patients trouvent habituellement très simple de construire la première liste car ils sont déjà persuadés de la validité du schéma. Ils ont répété ces arguments durant leur vie entière. Les arguments en faveur du schéma leur sont familiers et leur paraissent naturels. En revanche, il leur est souvent très difficile de composer la seconde liste, qui nécessite l'intervention fréquente du thérapeute, car ils ne croient pas en les arguments contredisant le schéma. Ils ont passé leur vie à les ignorer ou à les minimiser. Du fait du processus de maintien du schéma, qui induit en permanence chez eux la maximalisation des informations confirmant le schéma et la minimalisation des informations contradictoires, l'accès aux arguments contradictoires leur est difficile. *La contradiction entre la facilité qu'a le patient à jouer le rôle du schéma et la difficulté qu'il rencontre pour jouer le côté sain est souvent très instructive pour le patient, qui observe le travail du schéma pour se préserver lui-même.*

Exemple : Shari est une femme de 28 ans, mariée, 2 enfants ; elle travaille comme infirmière psychiatrique. Elle a un schéma d'Imperfection qui s'est créé dans son enfance au contact de sa mère alcoolique.(Son père a divorcé et il a quitté la famille lorsque Shari avait 4 ans. Depuis, il envoie de l'argent, mais Shari ne le voit pratiquement plus.) Pendant toute son enfance, elle a souvent été humiliée par sa mère qui apparaissait ivre dans des lieux publics. Shari évitait de ramener des amis à la maison par crainte du comportement de sa mère.

Voici la liste des arguments en faveur de son imperfection.

1. Je ne suis pas comme les autres. Je suis différente et je l'ai toujours été.

2. Ma famille était différente des autres.

3. Ma famille était honteuse.

4. Personne ne m'a jamais aimée ni n'a jamais fait attention à moi lorsque j'étais enfant. Je n'ai jamais appartenu à quiconque. Même mon père ne s'occupait pas de moi, il ne me voyait pas.

5. Avec les autres, je suis égoïste, j'ai peur, je suis horrible, obsédée, artificielle, maladroite.
6. Je ne sais pas me comporter avec les autres. Je ne connais pas les règles.
7. Avec les autres, je suis servile et complaisante. J'ai tellement besoin d'être acceptée et approuvée.
8. J'ai trop de colère en moi.

Il faut signaler que malgré la critique qu'elle fait de ses capacités sociales, elle est en fait hautement capable, socialement parlant. Elle a un problème d'anxiété sociale, mais pas d'habileté sociale.

Naturellement, Shari a trouvé très difficile de composer la seconde liste, celle des arguments contre le schéma. Parvenue à cet exercice, elle ne trouve rien à écrire du tout. Bien qu'elle ait réussi, aussi bien sur le plan personnel qu'au niveau professionnel, et qu'elle ait de nombreuses qualités, elle ne parvient pas à se décrire positivement. Le thérapeute doit intervenir et lui suggérer chacun des arguments.

Le thérapeute pose des questions dirigées pour tirer du patient des arguments contre le schéma. Par exemple, lorsqu'un patient à un schéma d'Imperfection, comme Shari, il peut lui demander : « est-ce que quelqu'un vous a déjà aimée ? Est-ce que vous essayez d'être quelqu'un de bien ? Qu'y a-t-il de bon chez vous ? Y a-t-il quelqu'un qui vous est cher ? Quels compliments vous a-t-on déjà faits ? » De telles questions, souvent formulées d'une manière extrême, forcent le patient à créer des informations positives. Le thérapeute et le patient vont développer progressivement une liste des qualités du patient. Plus tard le patient pourra utiliser cette liste pour contrer son schéma.

Voici la liste que Shari a établie avec l'aide de son thérapeute.

1. Mon mari et mes enfants m'aiment.
2. La famille de mon mari m'aime. (Ma belle-sœur m'a demandé de prendre en charge leur enfant si elle et mon beau-frère devaient mourir.)
3. Mes amies Janette et Anne-Marie m'aiment.
4. Mes malades m'apprécient et me respectent. Ils me renvoient la plupart du temps une très bonne image.
5. La plupart du personnel de l'hôpital m'apprécie et me respecte. Je suis bien notée.

6. Je suis sensible aux sentiments des autres.
7. J'aimais ma mère, même si elle passait davantage de temps à boire qu'à prendre soin de moi. J'ai été là pour elle jusqu'à la fin.
8. J'essaye d'être bonne et de me comporter de façon raisonnable. Lorsque je suis en colère, il y a toujours une bonne raison.

Il est important que le thérapeute écrive les arguments contre le schéma parce que les patients ont tendance à les oublier rapidement.

Shari a de la chance, car il existe une quantité d'arguments contre son schéma d'Imperfection. Les patients n'ont pas tous autant de chance. Lorsqu'il n'y a pas beaucoup d'arguments pour contredire le schéma, le thérapeute le reconnaît, mais il dit : « il ne faut pas que ça se passe comme ça. » Par exemple un homme ayant un schéma d'Imperfection peut n'être aimé que par très peu de gens dans sa vie. En se soumettant à son schéma (en choisissant des personnes proches qui sont critiques et qui le rejettent facilement), en évitant le schéma (en soutenant l'écart des relations intimes) ou en compensant le schéma (en traitant les autres de façon arrogante et en les repoussant), ce patient peut passer une vie entière sans amour. Le thérapeute lui dit :

> « Je reconnais que vous n'avez pas développé de relations d'amour au cours de votre vie, mais il y a à cela une bonne raison. Si cela vous est si difficile, c'est à cause de ce qui vous est arrivé lorsque vous étiez enfant. Vous avez appris très tôt à vous attendre à la critique et au rejet, vous avez cessé d'aller vers les gens. Mais nous pouvons changer ce mode de vie. Nous pouvons travailler ensemble pour vous aider à choisir des gens qui sont chaleureux, qui vous acceptent et que vous parviendrez à laisser entrer dans votre vie. Vous pouvez travailler à devenir progressivement proche de ces gens et à les laisser progressivement entrer dans votre intimité. Vous pourriez essayer de cesser de vous dénigrer vous-même ainsi que les autres. Si vous passez par ces étapes, les choses pourront devenir différentes pour vous. Nous allons travailler à ça dans la thérapie. »

Au fur et à mesure que la thérapie progresse et que le patient développe ses capacités à former des relations intimes, le thérapeute et le patient peuvent ajouter des informations à la liste des arguments qui contrent le schéma.

Dans une autre étape du processus d'étude des arguments, les patients étudieront la façon dont ils réduisent l'importance des arguments contraires au schéma. Ils mettent par écrit la façon dont ils nient ces arguments. Par exemple, Shari fait la liste des moyens qu'elle utilise pour nier les arguments contre son schéma d'Imperfection.

1. Je me dis que je berne mon mari et mes enfants ; ils m'aiment mais ils ne me connaissent pas réellement. S'ils me connaissaient mieux, ils ne m'aimeraient pas.
2. J'en fais plus pour ma famille et mes amis que je n'en fait pour moi-même, ensuite je me dis que c'est la seule raison qui fait qu'ils s'intéressent à moi.
3. Lorsque les gens me font des compliments, je ne les crois pas. Je pense qu'ils disent ça pour une autre raison.
4. Je me dis que je ne suis sensible aux sentiments des autres que par faiblesse. J'ai trop peur de m'affirmer moi-même.
5. Je me reproche de m'être mise en colère lorsque je m'occupais de ma mère.

Après avoir écrit comment ils pouvaient nier ces arguments, les patients reconsidèrent les arguments contradictoires au schéma. *Le thérapeute montre que le fait de nier les arguments allant à l'encontre du schéma est simplement une autre forme de maintien du schéma.*

b. Reconsidérer les arguments en faveur du schéma

L'étape suivante consiste à reprendre la liste des arguments en faveur du schéma et à *créer des explications alternatives pour chacun des points*. Le thérapeute reprend les idées qui sont pour le patient des preuves du schéma et il les ré-attribue à d'autres causes. Le but est de discréditer les arguments en faveur du schéma.

1° *Arguments tirés de l'enfance du patient*

Le thérapeute montre que les expériences infantiles précoces sont en fait le reflet d'une dynamique familiale pathologique, notamment d'une carence au niveau des parents, plutôt que le reflet du schéma. Le thérapeute met en évidence les actions qui ont eu lieu dans la famille et qui n'auraient pas été acceptées dans une famille saine. De plus, le thérapeute et le patient examinent la santé psychologique et le caractère des parents (et des autres membres de la famille), un par un. Est-ce que le parent avait vraiment à cœur les intérêts du patient ? Quel rôle le parent attribuait-il au patient ?

Le thérapeute met en évidence le fait que les parents assignent souvent des rôles aux enfants qui ne desservent pas les besoins de l'enfant mais les besoins des parents. Ces rôles ne reflètent pas des faiblesses intrinsèques à l'enfant, mais plutôt des faiblesses intrinsèques aux parents. Le parent a-t-il utilisé le patient d'une façon égoïste ? Le thérapeute continue son exploration selon ce principe jusqu'à ce que les patients en viennent à une conception plus réaliste de leur histoire familiale. Ils cessent alors de voir leurs expériences infantiles précoces en tant que preuves de leurs schémas.

Par exemple, un des items de la liste des arguments en faveur du schéma d'Imperfection de Marika était : « mon père ne m'a jamais aimée et il n'a jamais fait attention à moi ». Marica attribue le manque d'amour de son père au fait qu'elle est incapable d'être aimée : il ne l'a pas aimée parce qu'elle ne valait pas la peine qu'on l'aime. De son point de vue, elle avait des besoins trop importants. Le thérapeute a passé du temps à explorer les modes de vie de la famille de Marika. Puis il a suggéré une autre explication : son père était incapable d'aimer ses enfants. Il n'aimait pas son frère non plus. Son père ne lui montrait pas son affection parce qu'il était lui-même limité psychologiquement, et non pas parce qu'elle n'était pas digne d'être aimée. Le père de Marika était narcissique et incapable d'un amour authentique. Il n'avait pas la capacité d'être un bon père. Un bon père aurait dû l'aimer. Elle était affectueuse et recherchait une relation intime avec son père, mais celui-ci n'était pas capable d'avoir ce type de relations.

2° *Arguments tirés des périodes postérieures à l'enfance du patient*

Le thérapeute montre que les expériences faites depuis l'enfance, et considérées comme confirmatives du schéma, sont en fait liées au processus de maintien du schéma. Les styles d'adaptation appris au cours de l'enfance ont maintenu les schémas, qui ont persisté jusqu'à l'age adulte. Le thérapeute note que les patients n'ont jamais pu mettre leurs schémas à l'épreuve, car leurs comportements étaient dirigés par les schémas. Par exemple un autre item de la liste de Marika en faveur de son schéma d'Imperfection était : « dans la vie, tous les hommes m'ont traitée d'une façon désagréable ». Elle explique qu'elle a eu trois petits amis. L'un d'entre eux a abusé d'elle, le deuxième l'a quittée, et le troisième couchait fréquemment avec d'autres femmes.

Marika est persuadée que ses trois copains l'ont traitée ainsi parce qu'elle ne méritait pas le respect et l'amour, et qu'ils le savaient. Le thérapeute suggère une autre explication. Depuis son adolescence et jusqu'à l'époque actuelle dans ces rencontres, son schéma d'Imperfection lui a fait choisir des partenaires susceptibles de la traiter aussi désagréablement, d'être critique envers elle et de la rejeter. (La sélection du partenaire est souvent un aspect important du processus de maintien du schéma.)

Thérapeute : Voyons les gens que vous choisissiez. Est-que vous choisissiez des hommes dont vous aviez dès le départ des raisons de penser qu'il seraient très attentifs envers vous — loyaux, honnêtes, attentionnés, dignes de confiance ?

Marika : Euh, non. Dès le début Joël n'était pas net. Il couchait un peu de partout.

Thérapeute : Et Mark ?

Marika : Non, il battait son ex-petite amie.

Finalement le thérapeute reprend les arguments en faveur du schéma et les réorganise. S'il s'agit d'un argument tiré de l'enfance, le thérapeute va le reformuler en tant que problème lié aux parents ou au système familial. Si c'est un argument tiré de la vie ultérieure, le thérapeute montre qu'il s'agit d'un processus de perpétuation du schéma, qui a permis de transformer le schéma en une prophétie qui s'auto-accomplit au cours de la vie du patient.

c. Évaluer les avantages et les inconvénients des réponses d'adaptation du patient

Pour chaque schéma et chaque réponse d'adaptation, le thérapeute et le patient font la liste des avantages et des inconvénients. (Les styles d'adaptation du patient ont déjà été identifiés au cours de la phase de diagnostic et d'information.) Pour le patient, le but est de reconnaître la nature autodéfaitiste de ses styles d'adaptation et de réaliser que, s'il parvenait à remplacer ses styles d'adaptation par des comportements plus sains, il pourrait améliorer ses chances d'avoir une vie heureuse. Le thérapeute lui montre également que ses styles d'adaptation étaient fonctionnels lorsqu'il était enfant mais qu'ils se révèlent actuellement dysfonctionnels pour un adulte qui évolue dans un monde extérieur à sa famille ou son groupe d'adolescents.

Par exemple, une jeune patiente nommée Kim a un schéma d'Abandon. Elle s'adapte avec son schéma en utilisant un style d'adaptation qui est l'évitement. Elle se tient à l'écart des hommes en refusant leurs propositions et passe son temps libre seule ou avec ses amies féminines. Les rares fois où elle sort avec des hommes qu'elle aime, elle met brutalement fin à la relation après quelques rendez-vous :

Thérapeute : Voulez-vous que nous listions ensemble les avantages et les inconvénients de votre style d'adaptation — c'est-à-dire les façons par lesquelles vous évitez d'être proche des hommes et les façons dont vous mettez fin à des relations prometteuses ?

Kim : D'accord.

Thérapeute : Bien ; quels en sont les avantages, selon vous ? Que gagnez-vous à éviter les hommes et à mettre fin prématurément à vos relations ?

Kim : C'est très simple. Je les quitte avant qu'ils ne me quittent. Ainsi je ne risque pas de subir la douleur d'être abandonnée.

L'avantage du style adaptation d'évitement de Kim est de lui donner une impression immédiate de contrôle sur le devenir de ses relations avec les hommes. À court terme elle se sent moins angoissée. L'inconvénient cependant est significatif : à long terme, elle reste seule. (Comme d'habitude, l'évitement de schémas conduit au maintien du schéma.)

Thérapeute : Quels sont les inconvénients d'éviter les hommes et de casser brutalement avec eux lorsque tout va bien ? Quels sont les inconvénients de votre style d'adaptation ?

Kim : Eh bien, l'inconvénient c'est que je perds beaucoup de relations intéressantes.

Thérapeute : Que ressentez-vous à la suite de la perte de votre dernier ami, Jonathan ?

Kim : (pause) Apaisée, je me sens apaisée. Je ne passe plus mon temps à m'inquiéter.

Thérapeute : Que ressentez-vous d'autres ?

Kim : Oh, bien sûr, je suis triste, il me manque. Je suis triste qu'il soit parti. Nous avons vraiment été très proches pendant un certain temps.

Cet exercice aide Kim à faire face à la réalité de la situation. Si elle continue sur le style d'adaptation actuel dans le cadre de son schéma d'Abandon, elle est certaine de finir sa vie seule. Cependant, si elle accepte de tolérer son anxiété et de s'engager dans une relation prometteuse, il deviendra possible qu'elle obtienne ce qu'elle désire le plus : une relation stable avec un homme qui va guérir son schéma d'Abandon, plutôt que de le renforcer.

d. Mener des dialogues entre le « côté du schéma » et le « côté sain »

Dans la technique cognitive suivante, les patients apprennent à mener des dialogues entre le côté du schéma et le côté sain. En se servant de la *technique de la « chaise vide »*, adaptée de la gestalt-thérapie, le thérapeute apprend au patient à jouer les deux rôles en changeant de chaise : sur une chaise, il jouera le côté du schéma, et sur l'autre, le côté sain.

Comme le patient n'a pas l'habitude de faire s'exprimer le côté sain, c'est le thérapeute qui le joue en premier, le patient tenant le rôle du schéma. Le thérapeute introduit cette technique en disant : « Nous allons mener un débat entre le côté du schéma et le côté sain. Je vais jouer le côté sain, et vous jouerez le côté du schéma. Faites tous les efforts possibles pour prouver que le schéma est vrai et je vais faire tout ce que je peux pour prouver qu'il est faux. » Cette introduction permet au thérapeute de représenter pour le patient un modèle du côté sain et de répondre à tous les arguments que le patient pourra développer en jouant le rôle du schéma.

À la fin, le patient tiendra le rôle du côté sain et le thérapeute servira de guide. Le thérapeute peut, tout comme le patient, jouer le côté du schéma ; lorsque le patient joue les deux côtés, celui du schéma et celui du côté sain, il se déplace en utilisant deux chaises, chaque chaise représentant un côté du débat. Au début, le patient a besoin que le thérapeute intervienne souvent pour parvenir à avoir des réponses saines. Progressivement, le thérapeute va cependant se retirer du débat au fur et à mesure que le patient devient capable de produire des réponses saines. Le but est que le patient apprenne à jouer seul le côté sain, naturellement et automatiquement.

Dans l'exemple suivant, le docteur Young aide un patient à mener un dialogue entre ses schémas de Méfiance/Abus et d'Imperfection, d'une part et son « côté sain » d'autre part. Daniel a 35 ans, il a eu une enfance traumatisante : son père était alcoolique et sa mère était sexuellement, physiquement et émotionnellement abusive. Au moment de l'entretien avec le Dr Young, Daniel a suivi une thérapie cognitive traditionnelle avec un autre thérapeute pendant neuf mois. Il demande une thérapie pour une phobie sociale et des problèmes de gestion de la colère. Son but essentiel est de rencontrer une femme et de se marier, mais il n'a pas confiance en les femmes et s'attend, d'autre part, à ce qu'elles le rejettent. De ce fait, il évite les situations sociales dans lesquelles il pourrait rencontrer des femmes.

Pour préparer le patient au dialogue, le docteur Young commence la séance en l'aidant à instruire un procès contre le schéma. Il lui fournit quelques éléments à utiliser contre le côté du schéma. Dans l'extrait suivant, Daniel joue à la fois le côté du schéma et le côté sain.

Thérapeute : Maintenant, j'aimerais faire ce que j'appelle un dialogue entre le côté du schéma, qui estime que les femmes ne sont pas dignes de confiance et qu'elles ne peuvent pas vous trouver à leur goût, et le côté sain que vous allez essayer de construire et qui n'est pas encore assez fort. Voyez-vous ce que je veux dire ?

Daniel : Oui.

Thérapeute : Bien. Vous pourriez peut-être commencer en vous imaginant dans un salon de danse ; vous voulez vous approcher d'une femme, mais vous vous sentez évitant, vous avez envie de fuir. Jouez d'abord le côté du schéma qui veut fuire et dites de quoi vous avez peur.

Daniel : (En tant que côté du schéma) « Je suis très nerveux et en quelque sorte j'espère que cette danse ne sera pas une réussite et que contrairement à ce que j'ai entendu, il y a toujours plus d'hommes que de femmes pour danser, ce qui me donnera une bonne raison pour partir. »

Le docteur Young encourage le patient à surmonter son désir de fuir et à rester dans le salon de danse malgré son anxiété :

Thérapeute : Maintenant, imaginez que vous voyez dans ce salon une femme qui vous plaît. Jouez le côté du schéma.

Daniel : (En tant que côté du schéma) « Elle a l'air vraiment sympa, mais je ne crois pas que ça marchera avec moi. Je ne suis sûrement pas assez bien pour elle, soit sur le plan intellectuel, soit sur le plan émotionnel. Elle est probablement beaucoup plus mature que moi. Elle va probablement désirer un de ces autres garçons et ils vont sûrement la demander avant moi de toute façon. »

Thérapeute : Bon ; maintenant, jouez le côté sain que nous essayons de construire et répondez. Répondez au « côté du schéma ».

Daniel : (En tant que côté sain) « Ne juge pas aussi vite. Tu as des tas de qualités qui pourraient plaire à cette femme. Tu as le sens des valeurs, tu connais tes limites, tu saurais respecter sa personnalité, tu es très sensible aux problèmes féminins, et elle t'apprécierait sûrement beaucoup. »

Ici, Daniel utilise son travail cognitif antérieur contre le schéma.

Thérapeute : Maintenant, reprenez le côté du schéma.

Daniel : (En tant que côté du schéma) « De toute façon, même si la conversation en arrive au point de se fixer un rendez-vous, je ne crois pas que ce soit une bonne chose, parce que tu vas avoir à rencontrer d'autres problèmes : tu vas devenir plus intime, tu vas te demander quoi faire après le rendez-vous, si vous allez coucher ensemble ou non. Il vaut mieux ne pas entrer là-dedans. »

Thérapeute : Maintenant faites le côté sain, de nouveau.

Daniel : (En tant que côté sain) « Je ne crois pas que ce soit le problème pour l'instant ; tu n'auras pas à te préoccuper de ça avant longtemps. »

Thérapeute : Essayez de répondre quand même. Essayez de répondre même si vous avez raison de dire que vous n'avez pas besoin de vous soucier de ce problème avant longtemps, essayez de montrer qu'il y a une réponse à ça.

Le thérapeute encourage Daniel à répondre à chaque argument que le schéma oppose.

Daniel : (En tant que côté sain) « Je pense que, lorsque que nous en serons là, je serai tout à fait capable de lui donner beaucoup d'affection, de l'aider affectivement et d'être suffisamment sensible, le moment venu, pour qu'une intimité sexuelle soit possible. (Il parle de façon hésitante.) Je pense que ça ne posera pas de problème.

Thérapeute : (Guidant le patient en tant que côté sain) « Je dois être sûr d'avoir confiance en elle avant toute relation sexuelle. »

Le thérapeute aide Daniel lorsqu'il hésite. L'intimité sexuelle est un problème qu'il commence seulement à explorer dans ses relations avec les femmes.

Daniel : (En tant que côté sain) « J'ai besoin de faire confiance. J'ai besoin d'apprendre comment faire confiance à une femme et se sentir en sécurité avec elle. »

Thérapeute : Maintenant, faites le côté du schéma qui dit : « Tu ne feras jamais ça, on ne peut pas faire confiance aux femmes. »

Le thérapeute favorise la mise en jeu de tous les contre-arguments que le schéma utilise pour sa perpétuation.

Daniel : (En tant que côté du schéma) « On ne peut pas faire confiance aux femmes, elles sont complètement déraisonnables et imprévisibles ; ce sera très difficile de s'y prendre. Je ne crois pas que tu puisses le faire. »

Thérapeute : Bon, maintenant l'autre côté.

Daniel : (En tant que côté sain) « Les femmes sont tout comme les hommes : elles peuvent être très raisonnables, mais ça peut aussi être très agréable d'être avec elles. »

Le thérapeute aide le patient à faire la différence entre sa mère, qui est la cause primitive de ses schémas, et les autres femmes.

Thérapeute : Essayez de faire la différence entre votre mère et les autres femmes dans votre réponse.

Daniel : (En tant que côté sain) « Toutes les femmes ne ressemblent pas forcément à ma mère. Chaque femme est une personne unique, comme moi, qui doit être traitée en tant qu'individu. Il existe beaucoup de femmes qui ont au moins autant que moi le sens des valeurs. »

Thérapeute : Maintenant le côté du schéma.

Daniel : (En tant que côté du schéma) « C'est plus facile à dire qu'à faire dans la mesure où ta mère t'a vraiment marqué de façon à ce qu'aucune femme ne puisse être bonne pour toi. Les femmes qui sont ici sont comme toutes les femmes. Les femmes en général sont comme ta mère, elles ne s'intéressent qu'à une chose : T'utiliser et abuser de toi. C'est tout ce que tu vas y gagner : à la fin tu seras utilisé ou abusé. »

Thérapeute : Maintenant le côté sain.

Daniel : (En tant que côté sain) « Encore une fois, les femmes ne sont pas toutes comme ma mère et elles ne sont pas toutes abusives. Les femmes ne sont jamais ni totalement mauvaises ni complètement bonnes. Elles sont comme tout le monde ; elles ont des parties bonnes et des parties mauvaises. »

Le patient change de chaises en changeant de côté dans son rôle. Le thérapeute continue l'exercice jusqu'à ce que le côté sain ait le dernier mot.

Pour la plupart des patients il faut beaucoup de temps et d'entraînement avant de pouvoir jouer le côté sain avec assurance. Il faut répéter cet exercice pendant plusieurs mois pour mettre en pièces le schéma et renforcer le côté sain. Le thérapeute demande au patient de répéter les dialogues jusqu'à ce qu'il puisse jouer le côté sain de façon autonome. Cependant, même lorsqu'ils arrivent à tenir le rôle du côté sain, les patients disent encore, « Je ne crois pas vraiment au côté sain. » Le thérapeute peut répondre : « la plupart des patients ressentent la même chose que vous à ce point de la thérapie : ils comprennent intellectuellement le côté sain, mais sur le plan affectif, ils ne l'admettent pas encore. Tout ce que je vous demande de faire pour l'instant, c'est de tenir un langage qui vous semble vrai au niveau logique. Plus tard, nous travaillerons à placer sur un niveau émotionnel ce que vous dites actuellement. »

e. Les fiches « mémo-flash »

Après avoir terminé le processus de restructuration cognitive, le thérapeute et le patient commencent à écrire des fiches de schémas ou fiches « mémo-flash ». Les fiches de schémas résument quels sont les comportements sains qui répondent à l'activation de chaque schéma. Les patients emportent ces fiches avec eux dans leurs déplacements et ils les consultent lorsqu'un schéma est activé. Ces fiches de schémas représentent l'argument le plus puissant contre le schéma et fournissent aux patients un entraînement permanent pour répondre de façon rationnelle.

Nous donnons un modèle de Fiche de Schémas (figure 3.1). À l'aide de ce modèle, le thérapeute collabore avec le patient pour rédiger les fiches. Le thérapeute joue un rôle actif dans cette rédaction parce qu'à ce point de la thérapie, le côté sain du patient n'est pas assez fort pour lui permettre d'écrire seul une réponse convaincante et authentique au schéma.

Dans l'exemple suivant, le docteur Young aide Daniel à créer une fiche qu'il devra lire dans les situations sociales où la rencontre de femmes le rend anxieux.

Thérapeute : Il existe plusieurs techniques pour vous aider à surmonter les situations que vous évitez. L'une d'entre elles est la fiche de schémas. C'est une fiche que vous transportez avec vous et qui répond de façon simple aux craintes que vous pouvez avoir et au schéma qui s'active. Si vous le voulez, je peux vous en dicter une : qu'en pensez-vous ?

Daniel : Ça me va bien.

Thérapeute : On pourrait peut-être en faire une sur le sujet du jour : vous seriez dans un salon de danse et vous essayeriez de rencontrer une femme ; êtes-vous d'accord ?

Daniel : O.K.

Thérapeute : Je dicte et vous pourrez inscrire. Vous pourrez corriger si ça ne vous convient pas. « Je me sens en ce moment nerveux à l'idée d'approcher une femme parce que je crains qu'elle ne me trouve pas désirable. » Désirable est-il le bon mot ? Existe-t-il un meilleur mot ?

Daniel : Séduisant.

Thérapeute : Séduisant ? O.K. Quelle serait la meilleure expression : « Je ne serai pas capable de l'aimer suffisamment », ou bien « Je ne serai pas capable de lui montrer mon amour ? »

Daniel : « Capable d'être aimé. »

Thérapeute :« Capable d'être aimé », c'est bon. « Je suis aussi inquiet car je ne la crois pas capable d'être… »

Daniel : « Honnête et digne de confiance. »

Le docteur Young essaie d'utiliser les propres mots du patient pour établir la fiche.

Thérapeute : O.K. « Cependant, je sais que ce sont mes schémas d'Imperfection et de Méfiance/Abus qui sont déclenchés. Ils sont basés sur mes sentiments avec ma mère et n'ont rien à voir avec ma valeur personnelle, ni avec la confiance que je puis avoir en cette femme. La réalité est... » Ici nous allons inscrire un argument du contraire, indiquant que vous êtes digne d'être aimé, désirable et séduisant pour les femmes.

Daniel : « La réalité est que je suis une personne très affectueuse capable d'être chaleureuse et aimante. »

Thérapeute : Vous pourriez peut-être indiquer une personne avec qui vous vous en êtes rendu compte.

Daniel : « Je suis très affectueux avec mon fils. »

Thérapeute : Maintenant, indiquons quelque chose à propos de la femme avec qui vous êtes. Précisons qu'en toute objectivité, les femmes ne sont pas moins dignes de confiance que les hommes.

Daniel : « Les femmes peuvent être très raisonnables et dignes de confiance, autant que les hommes. »

Thérapeute : Bien, maintenant la fin de la fiche pourrait indiquer quelque chose du style, « Pour cette raison, il faut que j'approche cette femme, même si je me sens nerveux, parce que c'est la seule façon pour moi de combler mes besoins affectifs. »

Daniel : ça me paraît bien.

La fiche complète est rédigée de la façon suivante :

À l'instant présent, je me sens nerveux à l'idée d'approcher une femme, parce que j'ai peur qu'elle ne me trouve pas séduisant. Je suis aussi inquiet car je ne la crois pas capable d'être honnête et digne de confiance.

Cependant, je sais que ce sont mes schémas d'Imperfection et de Méfiance/abus qui sont déclenchés. Ils sont basés sur mes sentiments avec ma mère et n'ont rien à voir avec ma valeur personnelle ni avec la confiance que je puis avoir en cette femme. La réalité est que je suis une personne très affectueuse capable d'être chaleureuse et aimante.(Je suis très affectueux avec mon fils.) De plus, les femmes peuvent être très raisonnables et dignes de confiance, autant que les hommes.

Pour cette raison, il faut que j'approche cette femme, même si je me sens nerveux, parce que c'est la seule façon pour moi de combler mes besoins affectifs.

Daniel peut emporter la fiche avec lui lorsqu'il se rend à des rencontres et la lire lorsqu'il se sent anxieux. La lecture de cette fiche avant d'entrer dans la situation anxiogène lui permettra d'avoir un point de vue plus

Description de la situation actuelle :
À l'instant même je me sens__________________ parce que________________
_____________ (émotions) (situation déclenchante)

Identification de schéma(s)
Cependant je sais que cela est produit par mon schéma____________________
(schéma en cause)
Je sais que l'origine en est____
(origine)
Ce schéma me conduit à exagérer____
(distorsions du schéma)

Mise à l'épreuve de la réalité
Même si je pense que____
(pensée négative)
la réalité en fait est que____
(pensée saine)
les arguments en faveur du côté sain dans ma vie sont_____________________
(exemples)

Instruction comportementale
C'est pourquoi même si j'ai envie de____________________________________
(comportements négatifs)
je pourrais à la place____
(comportement sain alternatif)

FIGURE 3.1
Fiche de schéma (« MÉMO-FLASH »)

positif, et la lecture de cette fiche au cours de la situation lorsqu'il se sent découragé l'aidera à interagir avec les femmes de façon positive. La lecture répétée de la fiche permettra à Daniel d'affaiblir ses schémas d'Imperfection et de Méfiance/Abus et de renforcer son côté sain.

Certains patients borderlines ont sur eux une grande quantité de fiches, une pour chaque activateur de schéma. En plus de l'aide qu'elles apportent à ces patients pour gérer leurs émotions et se comporter de façon plus saine, les fiches servent d'objets de transition. Les borderlines expliquent souvent que la présence de ces fiches sur eux tient le rôle du thérapeute, qui est comme présent avec eux. La présence de la fiche est réconfortante.

f. Journal de Schémas

Le Journal de Schémas (Young, 1993) est une technique plus avancée que la fiche de schéma. Avec la fiche, le thérapeute et le patient construisent une réponse saine pour l'activation spécifique d'un schéma, et le patient lit sa fiche lorsqu'il en a besoin, avant ou pendant l'événement. Avec le Journal de Schémas, les patients construisent leurs propres réponses aux activations de leurs schémas dans leur vie quotidienne. C'est pourquoi le thérapeute introduit le Journal de Schémas plus tard dans le traitement, une fois que le patient est devenu efficace dans l'utilisation des fiches.

Le thérapeute demande aux patients de transporter avec eux des copies du Journal de Schémas au cours de leurs activités quotidiennes. Lorsqu'un schéma s'active, le patient remplit le journal de façon à pouvoir travailler le problème et parvenir à une solution saine. Le Journal de Schémas demande aux patients d'identifier les événements activateurs, les émotions, les pensées thématiques, les comportements, les schémas, les pensées saines alternatives, les idées réalistes, les réactions excessives, les comportements sains.

Exemple : Émilie a 26 ans. Elle vient de commencer à travailler en tant que directeur de projets dans une fondation artistique. Son schéma d'Assujettissement fait qu'il lui est difficile de gérer son personnel. Elle rencontre les plus grandes difficultés avec une subordonnée nommée Jane, qui est dominante et condescendante. Au moment où Émilie commence sa thérapie, elle laisse son personnel prendre la plupart des décisions administratives qui lui sont propres. Lorsque Jane se comporte avec elle de façon coléreuse, Émilie s'excuse. « C'est comme si elle était mon patron, alors que c'est moi le patron. »

Au cours de la thérapie, Émilie identifie son schéma d'Assujettissement et en explore l'origine dans son enfance. Elle observe quand son schéma l'empêche de s'affirmer, particulièrement avec Jane. Émilie a rempli le Journal de Schémas (voir figure 3.2) à son travail, après que Jane ait demandé un entretien avec elle en fin de journée.

Résumé

Les stratégies cognitives permettent au patient une prise de conscience intellectuelle du caractère inexact ou excessif du schéma. Le thérapeute et le patient commencent par envisager le schéma comme une hypothèse qui doit être testée. Ils passent en revue, dans le passé du patient et dans sa vie actuelle, les arguments qui confirment le schéma et ceux qui le réfutent. Ensuite, le thérapeute et le patient créent des explications alternatives aux arguments en faveur du schéma. Le thérapeute attribue

Événements activateurs : Jane a dit qu'elle voulait me rencontrer à trois heures cet après-midi.

Émotions : Je suis terrorisée, je veux disparaître.

Pensées automatiques : Elle va m'engueuler et je ne saurai pas quoi faire, je ne sais pas lui faire face.

Comportements actuels : Je suis d'accord pour la rencontrer. Je remplis ce journal afin de décider ce que je dois faire.

Schémas : Je me souviens que je devais être disponible pour mon père et pour mon premier mari et que je devais faire très attention de ne pas les agacer. Lorsqu'ils s'énervaient, attention ! Même actuellement, je laisse mon second mari me dire ce qu'il faut faire, mais il est gentil. C'est mon schéma d'Assujettissement qui me fait accepter de Jane tout ce qu'elle désire, de façon à éviter qu'elle s'excite contre moi.

Pensées saines : Je ne sais pas pourquoi Jane veut me rencontrer. De toute façon, je n'ai pas à lui donner tout ce qu'elle désire. J'ai droit à du respect et je peux interrompre l'entretien si elle en abuse.

Idées réalistes : Jane est très intimidante avec les gens. Elle est capable de me hurler après. Je ne suis pas très douée dans ce domaine, mais je suis capable de m'améliorer. Je sais que si elle le veut réellement, elle est capable de trouver que j'ai fait quelque chose de travers.

Réactions excessives : Je me suis précipitée sur deux conclusions. La première, c'est que Jane veut me réprimander, et la seconde, c'est que je ne peux rien y faire. Cela me déclenche ce sentiment de passivité et d'impuissance, comme si le mieux que je puisse faire était simplement de survivre à l'entretien. Cette attitude me paralyse.

Comportement sain : Je peux rencontrer Jane et chercher à savoir ce qu'elle veut plutôt que de ruminer tout ça. Si elle est désagréable, je peux interrompre l'entretien. D'un autre côté il est possible qu'elle ne m'attaque pas, je ne vais donc pas me préparer à riposter. Enfin, j'ai le temps de me préparer et de trouver une solution qui me convienne.

FIGURE 3.2
Le journal de schémas d'Émilie

les arguments provenant de l'enfance à une dynamique familiale perturbée, et les arguments postérieurs l'enfance au maintien de schémas. Le thérapeute aide le patient à mener des dialogues entre le « côté du schéma » et le « côté sain ».

Ensuite, le thérapeute et le patient font la liste des avantages et des inconvénients des styles d'adaptation actuels du patient, et le patient s'engage à chercher des comportements plus adaptés. Il met en pratique ces comportements sains, tout d'abord en utilisant des fiches mémo-flash et ensuite en remplissant le Journal de Schémas. Les étapes du travail cognitif s'imbriquent de façon séquentielle et se construisent l'une l'autre. Le travail cognitif prépare le patient au travail émotionnel, comportemental et interpersonnel qui lui fait suite.

Le thérapeute et le patient vont continuer le travail cognitif tout au long du processus thérapeutique. Au fur et à mesure que la thérapie progresse, les patients complètent la liste des arguments qui contredisent leurs schémas. Par exemple, lorsque Émilie est devenue plus indépendante dans ses décisions et s'est mise à se comporter de façon plus active dans son travail, elle a commencé à avoir beaucoup de succès. Si bien qu'un des dirigeants a souhaité lui parler du budget. Plutôt que de se sentir faible et de procrastiner, Emilie a préparé la rencontre. Elle a joué en rôle la rencontre au cours d'une séance de thérapie, en étudiant tous les aspects pratiques. Au moment de la rencontre, Emilie a pu répondre à toutes les questions du conseil d'administration et suggérer de nouvelles idées. En continuant ses progrès, elle a accumulé de plus en plus d'arguments contre son schéma d'Assujettissement. En se battant contre son schéma et en améliorant ses réponses d'adaptation, sa vie s'est mise à lui prouver de plus en plus que son schéma était faux.

Chapitre 4

Méthodes émotionnelles

Les méthodes émotionnelles ont deux buts :

(1) déclencher les émotions liées aux Schémas Inadaptés Précoces ;

(2) re-materner le patient de façon à guérir ses émotions et à combler partiellement ses besoins infantiles insatisfaits.

Chez la plupart de nos patients, les techniques émotionnelles apparaissent comme étant celles qui produisent le changement le plus profond. Grâce au travail émotionnel, les patients parviennent à faire le passage depuis la connaissance intellectuelle qu'ils ont acquise de l'inexactitude de leurs schémas vers la conviction émotionnelle de cette fausseté. Alors que les techniques cognitives et comportementales tirent leur puissance de l'accumulation de petits changements réalisés grâce à la répétition, les techniques émotionnelles sont beaucoup plus radicales. Elles tirent leur puissance de quelques expériences émotionnelles correctives profondément convaincantes. Chez l'être humain, la capacité à traiter les informations devient beaucoup plus efficace lorsqu'une émotion est présente : cette constatation est à la base de ces techniques.

Ce chapitre décrit les techniques émotionnelles que nous utilisons le plus souvent au cours de la schéma-thérapie.

1 IMAGERIE ET DIALOGUES DURANT LA PHASE DIAGNOSTIQUE

a. Présentation du travail d'imagerie aux patients

Pour la première séance de travail en imagination avec un patient, il vaut mieux prévoir une heure entière de thérapie. Nous consacrons généralement cinq minutes à présenter le principe de la technique et à répondre aux questions ; puis le travail d'imagerie prend environ vingt-cinq minutes ; nous consacrons ensuite vingt minutes environ à discuter avec le patient de ce qui s'est produit au cours de la séance d'imagerie. Par la suite, les séances d'imagerie n'occuperont que la première moitié d'une séance de thérapie.

1° *Présentation des principes*

À ce moment du traitement, les patients ont complété un historique de vie, ils ont également complété le questionnaire des schémas de Young et le questionnaire des attitudes parentales de Young, et ils en ont discuté avec le thérapeute. Les patients commencent à disposer d'un modèle intellectuellement compréhensible de leurs schémas. Le thérapeute et le patient ont discuté les hypothèses concernant les schémas centraux du patient et la façon dont ils se sont développés au cours de leur enfance.

Le travail d'imagerie est une technique puissante grâce à laquelle ils vont continuer à tester leurs hypothèses, car il va déclencher les schémas dans le cabinet du thérapeute — permettant ainsi à la fois au patient et à son thérapeute de les ressentir. En effet, s'il est important pour les patients de concevoir l'origine infantile de leurs schémas sur le plan rationnel, il est aussi essentiel pour eux de les ressentir, de se souvenir comment était leur enfance, et de relier ces sentiments avec leurs problèmes actuels. *Le travail d'imagerie fait passer la compréhension du schéma depuis le monde intellectuel jusque dans celui de l'émotion.* La notion de schéma qui était une « cognition froide » va devenir une « cognition chaude ». La discussion des événements survenus lors d'une séance d'imagerie aide les patients à améliorer la connaissance de leurs schémas et de leurs besoins émotionnels infantiles insatisfaits.

Le principe de la séance d'imagerie comporte trois aspects :

a) identifier les schémas centraux du patient ;

b) apprendre au patient à ressentir ses schémas à un niveau affectif ;

c) aider le patient à relier émotionnellement l'origine infantile de ces schémas aux problèmes de sa vie actuelle.

Le plus souvent nous expliquons brièvement le travail d'imagination. Nous expliquons que le but de ce travail est de leur faire ressentir leurs schémas et de leur faire comprendre comment ceux-ci ont débuté au cours de leur enfance. L'imagerie va donc approfondir la compréhension intellectuelle qui découle du travail cognitif par une compréhension émotionnelle.

2° *Début de l'imagerie*

Au cours du travail d'imagerie, le principe est de fournir au patient le minimum d'information nécessaire pour qu'il produise une image utilisable. Nous voulons que les images produites par les patients soient complètement leur œuvre. Le thérapeute évitera de faire des suggestions et il interviendra aussi peu que possible. Le but est de saisir de la façon la plus précise possible l'expérience du patient, plutôt que d'insérer dans l'image les propres idées ou hypothèses du thérapeute. On cherche à obtenir des images centrales — celles qui sont reliées à des émotions primaires telles que la peur, la colère, la honte ou la tristesse — celles qui sont liées aux Schémas Précoces Inadaptés du patient.

Généralement, le thérapeute donne au patient les instructions suivantes : « fermez les yeux et laissez une image flotter dans votre esprit. Ne forcez par cette image ; laissez simplement une image venir dans votre tête et dites-moi ce que vous voyez. » Le thérapeute demande au patient de décrire l'image à voix haute, à la première personne et au présent de l'indicatif, comme si les choses se produisaient à l'instant même. Le thérapeute demande au patient d'utiliser des images et non pas des mots ou des pensées : « L'imagerie n'a rien à voir avec la libre association des idées, dans laquelle une pensée conduit à une autre ; plus précisément, il s'agit de regarder un film à l'intérieur de votre esprit. Mais plutôt que de regarder simplement ce film, je vous demande d'être dans le film et de vivre tous les événements qui s'ensuivent. » Ayant ce but en tête, le thérapeute aide le patient à préciser l'image, à la rendre vivante, et à être très concentré sur cette image.

Le thérapeute peut aider le patient en posant des questions telles que : « Que voyez-vous ? » ; « Qu'entendez-vous ? » ; « Est-ce que vous vous voyez dans l'image ? À quoi ressemble votre visage ? » Une fois l'image bien distincte, le thérapeute explore les pensées et les émotions de tous les personnages de l'image. Est-ce que le patient est dans cette image ? Que pense-t-il ? Que ressent-il ? Dans quelles parties du corps ressent-il ces émotions ? Qu'a-t-il envie de faire ? Y a-t-il quelqu'un d'autre dans l'image ? Quels sont les pensées et le sentiment de cette personne ? Qu'est-ce que cette personne a envie de faire ? Le thérapeute demande au patient de parler à voix haute et de faire dire à chacun des personnages à son tour ce qu'il ressent. Comment les personnages se voient-ils les uns les autres ? Quelles sont leurs envies vis-à-vis des autres ? Peuvent-ils les exprimer à voix haute ?

Le thérapeute met fin à la séance d'imagerie en demandant au patient d'ouvrir les yeux et il lui pose alors des questions telles que : « Que pensez-vous de cette expérience ? » ; « Que signifiaient pour vous ces images ? » ; « Quels en étaient les thèmes ? » ; « Quels sont les schémas liés à ces thèmes ? »

Le thérapeute cherche non seulement à aider les patients à ressentir leurs schémas très intensément, mais il essaye aussi de vivre l'image avec le patient de façon à la comprendre à un niveau émotionnel. Cette sorte d'empathie empirique avec l'imagerie du patient est une méthode puissante pour diagnostiquer les schémas.

3° *Imagerie d'un endroit sécurisant*

On commence et on termine les séances d'imagerie avec l'image d'un endroit sécurisant. Ceci est particulièrement important pour des patients fragiles et/ou traumatisés. Démarrer avec l'image d'un endroit sécurisant représente une façon simple et non menaçante d'introduire le travail en imagination. Le fait de démarrer de cette façon donne au patient la possibilité de pratiquer l'imagerie avant de manipuler du matériel plus significativement émotionnel. À la fin de la séance d'imagerie, on retourne à l'endroit sécurisant, pour fournir au patient un refuge lorsque le matériel de l'imagerie l'aura particulièrement bousculé sur le plan émotionnel.

Dans cet exemple le thérapeute et le patient génèrent l'image d'un endroit sécurisant. Hector a 42 ans, il entame une thérapie sur l'insistance de son épouse, Ashley, qui le menace de divorcer. Elle se plaint principalement de son détachement, de sa froideur et de ses explosions de colère. Au début de cet extrait, le thérapeute a déjà expliqué à Hector les principes de l'imagerie et il l'invite maintenant à construire l'image d'un endroit sécurisant.

Thérapeute : Êtes-vous d'accord pour faire un exercice d'imagination maintenant ?

Hector : *Oui.*

Thérapeute : Fermez les yeux et imaginez-vous dans un endroit où vous êtes en parfaite sécurité. Laissez venir cette image dans votre esprit et décrivez-la-moi.

Hector : *Je vois une photographie (pose prolongée).*

Thérapeute : Que représente-t-elle ?

Hector : *C'est une photographie de mon frère et moi-même, nous regardons par la fenêtre d'une cabane située dans un arbre. C'est mon oncle qui l'a construite.*

Thérapeute : Dites-moi ce que vous voyez lorsque vous regardez cette photographie.

Hector : *je nous vois tous les deux... (Il ouvre les yeux.) Cette photographie est réelle, je m'en souviens très bien. (Il ferme les yeux.) Je nous vois tous les deux et nous sourions.*

Thérapeute : O.K., *Gardez les yeux fermés, est-ce que vous vous voyez, vous-même ?*

Le thérapeute aide le patient à rester concentré sur cette image. Lorsqu'il s'écarte, le thérapeute le reconduit à l'intérieur de l'image.

Hector : *Oui.*

Thérapeute : Quel âge avez-vous ?

Hector : *J'ai à peu près 7 ans.*

Thérapeute : *En quelle saison est-ce ?*

Hector : *C'est l'automne. Les feuilles changent de couleur, elles tombent et le vent les éparpille.*

Thérapeute : *Bien. Maintenant, gardez les yeux fermés. Je voudrais que vous deveniez le petit garçon de la photographie, que vous regardiez autour de vous, d'un point de vue d'enfant, et que vous me disiez ce que vous voyez.*

Hector : O.K. *Je suis près de mon frère, je regarde par la fenêtre de ma cabane.*

Thérapeute : *Que voyez-vous d'autre ?*

Hector : *Je vois mon grand-père debout sur le côté de la maison, il nous photographie. Je vois la rue, les arbres et notre voisinage. Les maisons sont toutes identiques, elles sont très proches les unes des autres, chacune avec son petit morceau de pelouse.*

Thérapeute : *Entendez-vous quelque chose ?*

Hector : (pose) J'entends la circulation automobile, les voix des gens. Et les oiseaux qui chantent.

Thérapeute : Maintenant, je voudrais que vous vous retourniez et regardiez à l'intérieur de la cabane. Que voyez-vous ?

Hector : Eh bien je vois cette petite cabane en bois. Elle est faite de planches non jointives, et il y a des espaces entre les planches qui me permettent de voir dehors. La cabane est au milieu d'un gros arbre, et les branches partent dans tous les sens pour aller vers le sol. Il fait un peu sombre à l'intérieur. Dehors, il fait jour, mais personne ne peut voir l'intérieur. Et si nous ne faisons pas de bruit, personne ne peut savoir où nous sommes.

Thérapeute : Qu'est-ce que vous entendez actuellement ?

Hector : C'est très, très calme. Je n'entends que le bruit des feuilles et le murmure du vent.

Thérapeute : Est-ce que vous sentez quelque chose ?

Hector : Ouais. Ça sent le pin. Et un peu la terre.

Thérapeute : Comment vous sentez-vous ?

Hector : Détendu. Mon corps se sent relaxé.

Le thérapeute aide Hector à produire une image et à la vivre comme s'il s'agissait du moment présent.

Certains points sont importants pour faire imaginer un endroit sûr. Contrairement à l'imagerie habituelle, dont le but est de déclencher des émotions négatives, le but de l'imagerie d'un endroit sûr est d'apaiser le patient. Le thérapeute essaie d'apaiser et de relaxer le patient, en évitant des éléments négatifs. Le thérapeute exprime ses idées en termes positifs : par exemple, plutôt que de dire, « il n'y a aucun danger », le thérapeute dira « vous êtes dans un endroit sûr », plutôt que de dire, « vous n'êtes pas anxieux », il dira « vous vous sentez détendu. » Le thérapeute éloigne le patient des thèmes à forte charge psychologique, et s'efforce de provoquer des images chaleureuses, réconfortantes et encourageantes.

Certains patients — particulièrement ceux qui ont eu des expériences infantiles traumatiques d'abus ou de négligence — sont incapables de produire seuls des images d'un endroit sécurisant. Ils n'ont peut-être jamais connu un endroit calme et sécurisant. Le thérapeute aide ces patients à construire des images d'endroit sûr. On peut choisir des scènes naturellement belles, telles que des plages, des montagnes, des prés ou des forêts. Cependant, même avec de l'aide, certains patients sont incapables d'imaginer un endroit quelconque où ils se sentent en sécurité. Lorsque que cela se produit, le thérapeute peut se servir de son bureau en tant qu'endroit sécurisant : le thérapeute demande au patient de regarder autour de lui et de décrire tout ce qu'il voit, entend, ressent, jusqu'à ce qu'il déclare se trouver détendu. Il est quelquefois indispensable de repousser le travail d'imagination à plus tard dans la thérapie, lorsque les patients se sentiront en confiance avec le thérapeute et qu'ils pourront imaginer son bureau en tant qu'endroit sécurisant.

4° *Retour à l'endroit sécurisant*

Le thérapeute termine la première séance d'imagerie en ramenant le patient à l'endroit calme et sécurisant et lui demande alors d'ouvrir les yeux. Dans la plupart des cas, ceci est suffisant pour apaiser le patient et le thérapeute peut entamer une discussion à propos de l'imagerie.

Dans les cas où le patient est fragile ou que l'imagerie est traumatisante, le thérapeute doit envisager un apaisement plus puissant. Lorsque que le patient apparaît très agité à la suite d'une séance d'imagerie, le thérapeute travaille à le replacer dans le moment présent. Il lui demande d'ouvrir les yeux et de regarder autour de lui dans le bureau, de décrire ce qu'il voit et ce qu'il entend, il parle avec lui de choses banales — où il va aller et ce qu'il va faire après sa séance. Le thérapeute se donne du temps pour effacer l'émotion déclenchée par les images. Ces mesures aident les patients à faire une transition entre une imagerie pénible et le retour à la vie ordinaire.

Il est important de laisser suffisamment de temps au patient pour se calmer, puis de discuter à fond des séances d'imagerie. Lorsque c'est possible le thérapeute ne laissera pas partir le patient s'il est extrêmement déprimé, effrayé, ou en colère à la suite d'une imagerie, car ces sentiment peuvent parfois dégénérer. Si nécessaire, le thérapeute suggèrera au patient de s'asseoir en salle d'attente jusqu'à ce qu'il se sente prêt pour partir. Le thérapeute peut avoir voir un entretien court avec le patient entre les séances. Il peut aussi assurer un suivi téléphonique le soir de la séance.

b. Imagerie tirée de l'enfance

1° *Aperçu général*

Maintenant que nous avons expliqué les principes et permis au patient d'être à l'aise avec l'image d'un endroit sécurisant, nous pouvons passer à l'imagerie de l'enfance. Notre intention est d'observer les émotions du patient et les thèmes qui en émergent, de façon à identifier les schémas et à en comprendre les origines.

Nous incitons les patients à former des images dans l'ordre suivant (on ne travaille que sur une seule image au cours d'une séance donnée) :

a) une image bouleversante de leur enfance ;
b) une image bouleversante avec chacun des parents (une image avec la mère et une image avec le père) ;
c) des images bouleversantes de toute autre personne proche, y compris des pairs, qui peut avoir contribué à la formation du schéma.

Le thérapeute commence par une image non structurée, en demandant simplement aux patients de créer une image bouleversante tirée de leur enfance. Ceci donne aux patients la possibilité de s'exprimer sur tout ce qui leur a paru difficile dans leur enfance. On passe ensuite à des images structurées, faisant intervenir tous les proches, de façon à s'assurer que l'on passe en revue tout ce qui a pu contribuer aux schémas.

2° *Exemple de cas*

L'exemple suivant est tiré d'une séance d'imagerie où le docteur Young traite Marika, la patiente présentée dans le chapitre précédent, qui a demandé une thérapie pour l'aider dans ses problèmes conjugaux. Elle explique qu'elle souffre d'une carence d'intimité dans son mariage et que son mari, James, est distant, critique, désagréable.

Dans ses questionnaires, Marika a indiqué que son père était « distant », « sarcastique » et qu'avec lui, « il fallait se contenter des miettes ». Elle a déjà pratiqué l'imagerie d'un endroit sécurisant avec son thérapeute. Dans cet extrait, le thérapeute demande à Marika de se concentrer sur une image bouleversante de son père alors qu'elle était enfant.

Thérapeute : Êtes d'accord pour faire un exercice maintenant ?

Marika : Oui.

Thérapeute : Bien, maintenant fermez les yeux un moment.

Marika : O.K.

Thérapeute : Vous allez garder les yeux fermés, et je vais vous demander de vous imaginer avec votre père lorsque vous étiez enfant. N'essayez pas de forcer l'image, laissez-la venir toute seule.

Marika : O.K.

Thérapeute : Que voyez-vous ?

Marika : (Elle se met brusquement à pleurer.) Je suis là, il est assis, il lit son journal, il a une chemise blanche, il a des crayons dans la poche de sa chemise. Je vais vers lui, je tapote un peu son journal ; il me regarde et il me dit :

« Tu m'ennuies ». Mais je sais qu'il va me laisser grimper sur ses genoux. (Elle pleure doucement.)

Thérapeute : C'est un peu comme s'il ne voulait pas vous soyez là.

Marika : Je sais qu'il va me laisser monter sur ses genoux et alors je m'assieds sur ses genoux ; il pourrait me lire une histoire, mais il lit toujours les histoires qu'il a décidées de lire lui, et pas celles que je voudrais. Alors je commence à prendre ses crayons dans sa poche, il me les fait toujours remettre en place, il veut que je les remette en place. Et après si je continue, il me prend les doigts et les retourne en arrière. Et ça fait mal et j'appelle « mon oncle » et je me sauve. Ou bien je reste là et je me fais toute gentille, pour qu'il... (Longue pause.).

Thérapeute : Pour qu'il vous aime encore ?

Marika : Pour qu'il m'aime encore.

Thérapeute : Donc, il semble que vous deviez faire tout ce qu'il veut ; est-ce que ça se passe toujours comme ça ?

Marika : Oui.

Thérapeute : Et vous n'avez toujours que les miettes, quand il vous donne quelque chose, même si ce n'est pas ce que vous voulez.

Marika : Oui.

Thérapeute : Dans l'image maintenant, pouvez-vous dire à votre père comment vous auriez voulu qu'il soit ?

Marika : D'accord.

Thérapeute : Pensez bien à lui dire ce que vous voulez, ce dont vous avez besoin.

Marika : Eh bien, j'aurais voulu qu'on sorte et qu'on aille se promener dans la rue. J'aurais voulu que tu souries un peu plus. Et j'aurais voulu que tu nous emmènes, mon frère et moi, quelque part pour jouer avec nous. Mais tu ne voulais jamais jouer avec nous.

La première chose que l'on remarque dans cette séance d'imagerie avec Marika, c'est la rapidité avec laquelle ses sentiments changent. Dès qu'elle ferme les yeux et qu'elle s'imagine son père, elle se met à pleurer. Cette modification rapide des émotions du patient est très habituelle au cours du travail d'imagerie.

L'émotion principale qu'exprime Marika dans cette séance est la peine : ses pleurs expriment de la peine car ses besoins affectifs ne sont pas comblés par son père. Le thème central est le Manque Affectif — son père rechigne à prêter attention à elle et à lui donner une affection physique et il manque d'empathie pour ses sentiments. Il semble ne pas s'intéresser à elle. Ceci est la base du Manque Affectif : le parent est séparé émotionnellement de l'enfant. L'enfant persiste à essayer d'obtenir une relation avec son parent, mais le parent donne rarement suite à cette demande.

Marika a deux autres schémas liés : Assujettissement et Méfiance/ Abus. Tout se trouve dans le comportement du père : il condescend à laisser Marika grimper sur ses genoux ; ils lisent ensemble les histoires qu'il a décidées de lui lire. Quand elle est avec lui, elle doit faire ce qu'il veut. Il la contrôle ; elle n'a aucun pouvoir lui permettant d'obtenir son attention et son affection. Elle doit « être gentille » pour être acceptée, même si son père lui tord les doigts — elle doit accepter les mauvais traitements si elle veut obtenir l'attention de son père.

Un thème plus subtil mais très important est l'Imperfection. La plupart des enfants négligés ont le sentiment que si leurs parents ne s'occupent pas d'eux, c'est parce qu'ils n'en valent pas la peine. L'indifférence du père de Marika à son égard représente un rejet, thème qui fait partie du schéma d'Imperfection. Marika veut être digne de l'amour de son père, et lorsqu'elle fait face à l'incapacité de son père à lui donner de l'amour, elle ressent qu'elle est la seule fautive. Elle se sent incapable d'être aimée. (Ce thème émerge plus clairement au cours de l'avancement de la séance.)

c. Imagerie reliant le passé au présent

Après avoir exploré une image significative de l'enfance — une image qui favorise des émotions négatives en relation avec un Schéma Inadapté Précoce — le thérapeute demande au patient de passer à une image d'une situation de sa vie actuelle d'adulte dans laquelle il ressent la même chose. De cette façon, le thérapeute établit un lien direct entre le souvenir d'enfance et la vie d'adulte du patient.

L'exemple suivant est la suite de la séance d'imagerie avec Marika. Le docteur Young demande à Marika de s'imaginer en présence de son mari, James, dans un moment où elle ressent la même chose que dans l'image avec son père. Le thérapeute lui demande ensuite de parler à James dans l'image, de dire à James ce qu'elle voudrait de lui.

Thérapeute : Pouvez-vous dire à James ce que vous voulez de lui, maintenant, dans cette image ? Dites-le à voix haute.

Marika : (À James) James, je veux que tu cesses de me crier après. Et je veux que tu me demandes chaque jour comment ma journée s'est passée. Et que tu m'écoutes quand je te raconte mes histoires stupides. Et que tu me regardes quand je te parle, sans me faire comprendre que je dois me dépêcher ou me taire. Et je voudrais qu'on sorte ensemble et qu'on s'amuse un peu plus ensemble. Juste pour rire, ou bien si tu n'as pas envie de rire, tu pourrais rire de mes bêtises, simplement pour me faire savoir que tu es content d'être avec moi, juste un petit peu. (Elle pleure.)

Le thérapeute : Qu'est-ce qu'il répond quand vous lui dites ça ? Tenez son rôle maintenant. Faites-le répondre à ce que vous venez de lui dire.

Marika : Eh bien, il commence par me dire toutes les raisons habituelles : on fait beaucoup de choses, et il a beaucoup de travail. Et tu sais combien d'heures j'y passe. Qu'il est très fatigué et que « il en fait déjà tellement ». Et des choses du genre, « comment oses-tu me demander tout ça ? » Parce qu'il fait tout ce qu'il peut, bien sûr.

Thérapeute : Un peu comme votre père, qui estime qu'il travaille beaucoup et qu'il vous donne tout ce dont vous avez besoin, que vous devriez donc être heureuse ?

Marika : Oui.

Thérapeute : C'est la même chose. Puisqu'ils travaillent pour que vous ayez suffisamment d'argent, vous devriez être satisfaite ?

Marika : Oui.

Presque tout ce que Marika dit à James dans cette image, elle aurait pu le dire à son père. Les thèmes sont les mêmes. C'est le Manque Affectif : Marika veut que James prête attention à elle, l'écoute, s'amuse avec elle. Il y a l'Assujettissement : James pose les conditions de leurs relations. Comme il travaille beaucoup, c'est à lui de décider quand il dispense son affection. Marika n'a aucun droit pour faire une demande quelconque. Et il y a l'Imperfection : Marika veut que James la trouve séduisante et qu'il soit content auprès d'elle, plutôt qu'il ne se comporte en la rejetant.

d. Conceptualiser l'imagerie en termes de schémas

Le thérapeute aide le patient à conceptualiser en termes de schémas ce qu'il s'est passé dans la séance d'imagerie. Il fournit un contexte intellectuel au déroulement de la séance et il aide le patient à améliorer son introspection sur la signification de l'imagerie. Dans l'exemple suivant, le thérapeute et Marika discutent des implications de cette séance d'imagerie dans la compréhension de ses schémas. En conceptualisant la séance d'imagerie en termes de schémas, le patient parvient à intégrer les évènements de la séance d'imagerie aux données portées à sa connaissance précédemment.

Le thérapeute se concentre sur les schémas centraux de Manque Affectif, Imperfection, et Assujettissement. Il commence par décrire à

Marika le schéma de Manque Affectif. Comme c'est souvent le cas avec ce schéma, Marika n'est que très peu consciente de son Manque Affectif.

Thérapeute : Il est intéressant de voir que sur le questionnaire que vous avez rempli, le questionnaire des schémas, les schémas que vous avez cotés au plus haut niveau étaient, je crois, Idéaux Élevés — voyons, je les ai notés par là... Abnégation...

Marika : Oui, tous ceux qui ne me concernent pas, je pense. (Elle rit)

Thérapeute : Oui, j'ai l'impression que les schémas les plus douloureux pour vous ne sont pas ceux que vous avez côtés au niveau le plus élevé. Mais peut-être n'êtes-vous pas toujours consciente de ce qui vous est le plus intime.

Marika : Oui.

Thérapeute : Laissez-moi vous dire les schémas qui me semblent être les vôtres, si je m'en réfère à tout ce que vous avez pu dire aujourd'hui. L'un d'entre eux est le Manque Affectif, c'est-à-dire le sentiment que vous ne parviendrez pas à satisfaire vos besoins normaux d'affection — qu'il n'y aura personne pour vous aimer, personne de fort qui vous comprenne, vous écoute et prenne vos besoins en compte, qu'il n'y aura personne pour s'occuper de vous, pour être attentionné envers vous. Est-ce que ça vous paraît correct, est-ce bien un de vos problèmes ?

Marika : Oui, vous devez avoir raison pour ce qui est des hommes, parce qu'avec mes amies féminines...

Thérapeute : Oui, c'est vrai, votre mère était différente. Votre mère était très affectueuse. Mais il est clair que ça s'applique tout de même aux hommes, le manque affectif semble être un très gros problème. Sur le plan affectif, votre père n'était pas très attentionné et il ne vous donnait pas grand-chose.

Marika : C'est vrai.

Thérapeute : Et James non plus, n'est-ce pas ?

Marika : Oui.

Thérapeute : Et pourtant c'est ce qu'il vous faut. C'est ce que vous leur demandez à tous les deux. Vous leur demandez simplement de prêter attention à vous, de s'occuper de vous sur le plan affectif.

Le thérapeute fait ressortir le thème central dans les relations de Marika avec son père et son mari. Les deux hommes renforcent son sentiment de manque affectif. Le thérapeute continue par la description du schéma d'Imperfection de Marika.

Thérapeute : Voyons un autre schéma qui me paraît problématique, celui d'Imperfection, c'est-à-dire du sentiment que vous avez d'être intérieurement défectueuse ou d'être incapable d'être aimée. Il me semble qu'une bonne par-

tie de ce que vous avez décrit avec votre père pourrait relever de ce sentiment. Il a pu vous faire ressentir qu'il y avait chez vous quelque chose de mauvais qui faisait que vous ne pouviez jamais obtenir son attention, quelque chose qui faisait qu'il ne voulait pas être avec vous, qu'il vous regardait d'une façon aussi dédaigneuse. Cela a pu créer chez vous, je pense, le sentiment profond d'être d'une certaine façon inadéquate ou de ne pas correspondre à ses besoins ou ses attentes. Est-ce que cela vous paraît correct ?

Marika : (elle pleure.) Oui. Et aussi un problème de féminité, parce qu'il ne se passe pas une journée de ma vie où je ne critique mon aspect. Mes cheveux sont trop raides, je suis trop grosse, je ne suis pas assez belle, etc., aussi loin que remontent mes souvenirs, parce que c'est ce que disait ma mère.

Thérapeute : Et, implicitement, c'est ce que faisait votre père, aussi ; en ne vous prêtant aucune attention, en vous ignorant, il vous faisait ressentir que vous n'étiez pas suffisamment bien — qu'il y avait chez vous des défauts qui faisaient qu'il ne voulait pas faire attention à vous. Si bien que, entre les critiques de votre mère et l'indifférence de votre père, vous pouviez avoir le sentiment qu'il était normal qu'on vous critique, voyez-vous ce que je veux dire ?

Marika : (elle soupire profondément.) Oui.

Le thérapeute fait ressortir le fait que Marika agit en renforçant son schéma d'Imperfection.

Thérapeute : Et je me demande si ce sentiment, le sentiment d'imperfection, vous en avez bien conscience. Vous continuez à le faire fonctionner, vous continuez à vous trouver des défauts, vous continuez à trouver de nouveaux arguments, votre poids ou votre aspect physique, que vous utilisez pour vous diminuer, pour garder votre sentiment de défaut. Vous voyez ce que je veux dire ?

Marika : Oui. C'est automatique. Même si je pesais 60 kilos, il y aurait encore quelque chose qui n'irait pas.

Thérapeute : Et ça, c'est le schéma qui parle.

Marika : Oui, après avoir réussi à perdre beaucoup de poids, j'ai réalisé que mes problèmes n'étaient pas terminés.

Thérapeute : Le sentiment d'imperfection était toujours présent, même lorsque votre poids était normal. Et bien sûr, il a fallu vous choisissiez un mari qui renforce ce schéma, qui vous critique.

Marika : Oui.

Thérapeute : Qui contribue à renforcer votre sentiment d'Imperfection. Vous essayez de vous battre et de vous défendre, mais au profond de vous-même il y a une partie de vous qui croit votre mari, et c'est le schéma.

Tout en décrivant les thèmes qui apparaissent au cours de la séance d'imagerie, le thérapeute met en relation ces thèmes avec des exemples de la vie courante de Marika. En faisant cela, il aide Marika à voir le travail de son schéma dans sa vie de tous les jours.

e. Imagerie de personnages proches du patient dans son enfance

Comme Marika, beaucoup de patients ont des schémas reliés aux expériences infantiles avec leurs parents, et les images de parents sont celles qui ont généralement le plus de signification. Cependant, nous explorons d'autres images de l'enfance : nous explorons toutes les images qui nous paraissent les plus centrales dans le développement des schémas du patient. La plupart d'entre elles mettent en jeu les parents, mais parfois il s'agit des frères et sœurs, d'autres membres de la famille, de pairs, de professeurs ou même d'étrangers. Si nous avons la conviction, d'après l'historique de vie, que tel autre individu de l'enfance ou de l'adolescence du patient a pu jouer un rôle significatif dans le développement d'un schéma, alors nous l'incluons dans l'imagerie du patient. Si nous savons, par exemple, qu'un patient a été maltraité par son frère lorsqu'il était enfant, alors nous lui disons : « fermez les yeux et imaginez-vous en tant qu'enfant avec votre frère » ; ou bien, si nous savons qu'un patient était persécuté par ses pairs à l'école, nous disons : « fermez les yeux et imaginez-vous en tant qu'enfant dans la cour de l'école ».

f. Sommaire de l'imagerie à but diagnostic

Le travail d'imagerie durant la phase diagnostique aide le thérapeute et le patient à identifier et à ressentir les schémas centraux, à en comprendre les origines infantiles, et à mettre ces origines en relation avec les problèmes actuels du patient. De plus, le travail d'imagerie enrichit la compréhension de ces schémas, à la fois du thérapeute et de son patient, il les aide à passer de la reconnaissance intellectuelle des schémas du patient à l'expérience émotionnelle de ces schémas.

2 Techniques émotionnelles pour la phase de changement

Plusieurs séances ont passé entre la mise en œuvre des méthodes émotionnelles à l'étape du diagnostic et leur utilisation dans la phase de changement. Après le diagnostic d'imagerie, nous passons à la conceptualisation des schémas du patient et ensuite aux techniques cognitives pour combattre les schémas décrits dans le chapitre précédent, techniques telles que l'étude des arguments pour et contre le schéma et l'utilisation des fiches. C'est à ce moment que nous introduisons les techniques émotionnelles dans le but de changement.

a. Principe

Le principe du travail émotionnel est de combattre les schémas sur le plan affectif. À ce moment du traitement, le thérapeute et le patient ont déjà étudié les arguments pour et contre le schéma et ils ont fait le procès rationnel du schéma. À la fin de l'étape cognitive, le patient dit souvent quelque chose comme, « sur un plan rationnel je comprends que mon schéma n'est pas vrai, mais je ressens toujours la même chose ; sur le plan émotionnel je ressens qu'il est vrai. » C'est essentiellement le travail émotionnel (combiné avec le re-parentage partiel) qui l'aidera à combattre son schéma à un niveau émotionnel.

b. Dialogues en imagerie

Les dialogues d'imagerie sont une de nos principales techniques émotionnelles de changement. Nous apprenons aux patients à mener des dialogues en imagination, à la fois avec les gens qui sont responsables de leurs schémas infantiles et avec ceux qui renforcent leur schéma dans leur vie actuelle. *Les dialogues d'imagerie que nous décrivons dans ce paragraphe sont une forme simplifiée du travail de modes de schémas, que nous approfondirons dans un chapitre ultérieur. Nous utiliserons trois modes dans cette version simplifiée : l'Enfant Vulnérable, l'Adulte Sain, et le Parent Dysfonctionnel.*

Comme nous l'avons dit, les personnages significatifs de l'enfance sont le plus souvent les parents : les parents sont donc les premiers personnages que nous utilisons dans les dialogues d'imagerie. Nous demandons aux patients de fermer les yeux et de s'imaginer avec un parent dans une situation bouleversante. Ces images sont souvent les mêmes ou très similaires aux souvenirs qui sont apparus au cours de l'imagerie à but diagnostique.

Puis nous cherchons à aider les patients à exprimer une émotion forte envers le parent, en particulier la colère. Nous aidons les patients à identifier les besoins que leurs parents n'ont pas pu combler et nous les aidons à se mettre en colère contre le parent à l'intérieur de l'image, la raison étant la non satisfaction de ces besoins.

Pourquoi vouloir que le patient, l'enfant dans l'image, se mette en colère contre le parent dont le comportement est responsable du schéma ? Le principe n'est pas simplement que le patient doit passer sa colère sur quelqu'un, bien que le fait de soulager sa colère ait une valeur cathartique en soi. Notre but principal est de donner au patient le pouvoir de se battre contre le schéma et de prendre de la distance vis-à-vis du schéma. Exprimer sa colère et chercher à faire valoir ses droits vis-à-vis du parent offenseur donne un grand pouvoir au patient. *La colère donne une puissance émotionnelle pour combattre le schéma.* Le schéma représente un monde qui tournait de travers, et la colère va le refaire tourner dans le bon sens. Lorsque les patients disent, « je ne te laisserai plus jamais abuser de moi, » « je ne te laisserai plus me critiquer, » « je ne te laisserai pas me contrôler, » « j'avais besoin d'affection et tu ne m'en as pas donné, » « j'ai le droit de me sentir en colère, » « j'ai droit à une identité propre, » ils se sentent revivre, ils sentent qu'ils valent quelque chose. Ils confirment leurs propres droits en tant qu'êtres humains. Ils affirment qu'ils ont droit à davantage qu'à ce qu'ils ont reçu quand ils étaient enfants.

Ce que nous essayons de faire passer aux patients, c'est le sentiment qu'ils peuvent s'autoriser à avoir des droits humains de base. Le thérapeute enseigne aux patients ce qui nous semble être les besoins universels fondamentaux des enfants. Par exemple, aux patients qui ont un schéma d'Imperfection, nous apprenons que tous les enfants ont le droit d'être traités avec respect. Nous apprenons aux patients qui souffrent de Manque Affectif que tous les enfants ont droit à de l'affection, de la compréhension et de la protection. Nous apprenons aux patients qui ont un schéma d'Assujettissement que tous les enfants ont le droit d'exprimer leurs sentiments et leurs besoins (dans des limites raisonnables). Nous espérons ainsi que, lorsque les patients quittent la séance et qu'ils sortent dans le monde, ils sauront faire valoir sainement leurs droits, alors que personne ne le leur avait appris lorsqu'ils étaient enfants.

Exprimer sa colère à l'encontre d'un parent au cours d'une séance est d'une importance capitale à cette étape du travail émotionnel. Parfois, les patients essaient de dissuader le thérapeute de leur faire faire ce travail. Ils disent qu'ils ont déjà résolu leur colère dans une thérapie antérieure. Ils disent, « j'ai déjà passé cette étape. J'ai traité mon problème de colère. Je comprends mes parents. Je leur pardonne. » Cependant, nous nous sommes aperçus que la prise en compte de ces demandes était souvent une erreur. Nous réalisons plus tard que le patient n'a jamais réellement expérimenté une colère authentique à l'encontre du parent. Si les patients n'ont pas accompli cette partie du travail émotionnel — s'ils ne se sont pas mis en colère contre le parent de façon significative, soit dans leur thérapie soit dans leur vie actuelle — alors ils n'ont pas franchi cette étape. (Nous décourageons généralement le patient d'exprimer sa colère à l'encontre de ses parents « en réel » sans avoir pesé le pour et le contre avec le patient de façon très attentive.) Plus tard dans le traitement, le thérapeute et le patient discuteront du pardon que le patient peut ou non accorder à son parent. Plus tard aussi, le thérapeute aidera le patient à voir les bons aspects du parent et à accepter ses faiblesses. Cependant, pour passer du stade de l'injustice à celui du pardon et faire des progrès contre le schéma, la plupart des patients doivent tout d'abord passer par le stade de la colère. Pour la plupart des patients, il est crucial d'exprimer sa colère en thérapie. Sans cela, les patients croient encore émotionnellement que le schéma est vrai, même s'ils ont la connaissance intellectuelle du contraire.

Certains patients disent qu'ils se sentent trop coupables pour faire cet exercice. Ils considèrent comme une mauvaise chose le fait de se mettre en colère contre leurs parents. Ils pensent, en quelque sorte, que leur colère va blesser leurs parents, qu'ils vont trahir leurs parents dans cet exercice ou bien que leurs parents ne méritent pas cette colère parce que « ils ont fait du mieux qu'ils ont pu. » Lorsque cela se produit, nous disons au patient que ça n'est qu'un exercice. Qui plus est, nous ne condamnons pas les parents comme étant de mauvaises gens si nous nous mettons en colère contre eux en imagination ; nous nous mettons en colère contre des erreurs spécifiques dans leur rôle de parents.

Il est également important que les patients expriment de la souffrance à propos de ce qu'ils ont vécu au cours de leur enfance. La souffrance est presque toujours associée à la colère. Exprimer leur souffrance aide les patients à faire la différence entre le passé, époque où le schéma était vrai, et le présent, où il ne correspond plus à rien. La souffrance exprimée aide les patients à sortir de l'attente irrationnelle selon laquelle le parent va changer son comportement ; elle les aide également à reconnaître les qualités du parent. Elle les aide aussi à accepter le fait que leur enfance était difficile et qu'ils ne peuvent pas revenir en arrière, mais qu'il leur est possible de se concentrer sur le futur pour le rendre aussi agréable que possible.

Les patients réalisent souvent que, malgré tout, ils aiment encore le parent. Ils deviennent capables de négocier une relation valable avec le parent. Lorsque tous les efforts raisonnables dans ce sens ont échoué, la souffrance exprimée aide les patients à s'éloigner du parent, en leur donnant l'ouverture pour former d'autres attachements plus sains. Enfin, exprimer leur peine aide les patients à acquérir de la compassion pour leur enfance ; cette compassion prendra la place de leur attitude habituelle de mépris ou d'indifférence envers eux-mêmes. La peine aide les patients à se pardonner eux-mêmes.

La deuxième raison pour passer sa colère contre le parent est d'aider le patient à acquérir une distance émotionnelle vis-à-vis du schéma. L'une des raisons qui rendent si difficile pour les patients la bataille contre leurs schémas est que leurs schémas leur apparaissent égo-syntoniques. Les patients ont internalisé les messages transmis par leurs parents, et ils sont maintenant habitués à se dire à eux-mêmes ce que leurs parents avaient l'habitude de leur dire (ou de montrer à travers leur comportement) : « tes sentiments n'ont aucune importance, » « tu mérites d'être maltraité, » « tu ne mérites pas d'être aimé, » « tu seras toujours tout seul, » « personne ne comblera jamais tes besoins, » « tu dois toujours faire ce que l'autre personne veut. » La voix du parent est devenue la voix propre du patient, et elle paraît normale. Lorsque que les patients passent leur colère sur le parent dans l'imagerie, ils aident à l'inversion de ce processus. Ils externalisent le schéma en tant que « voix du parent. » De la sorte, les patients finissent par acquérir une sorte de distance par rapport à ce qui paraît être leur voix propre. Maintenant, c'est le parent qui les critique, les contrôle, les prive ou les déteste — et non plus une partie centrale d'eux-mêmes. Le schéma devient égo-dystonique. Le thérapeute est l'allié du patient dans le combat contre le schéma, représenté par le parent.

Exemple de cas

Les extraits suivants sont tirés d'un entretien entre le docteur Young et Daniel, un patient que nous avons présenté dans le chapitre 3. Daniel a suivi durant neuf mois une thérapie cognitive traditionnelle pour une anxiété sociale et des problèmes de gestion de la colère. Il a trente-six ans et il vit seul avec son jeune fils. Il y a cinq ans, il a divorcé parce qu'il avait découvert que sa femme lui cachait des relations avec d'autres hommes. Depuis, il est resté seul avec son enfant. Le but à long terme de Daniel dans la thérapie est d'établir avec succès une relation intime avec une femme.

L'enfance de Daniel était traumatique. Son père était un alcoolique qui buvait dans les bars du voisinage chaque nuit. Daniel se voit encore, jeune enfant, marchant dans la ville, la nuit, pour chercher son père et le ramener à la maison. Pendant que son père était dehors et buvait, la mère de Daniel restait à la maison et s'amusait avec ses amants ; ils buvaient et avaient des relations sexuelles pendant que Daniel était là. Quand elle n'avait pas d'amant disponible, la mère de Daniel s'exhibait nue devant lui d'une façon sexuellement provocatrice, sous le prétexte de lui apprendre ce qu'était le sexe. La mère de Daniel était physiquement et verbalement abusive avec lui.

Comme on peut l'attendre d'après son histoire, le schéma central de Daniel — particulièrement en ce qui concerne les relations intimes avec les femmes — est Méfiance/Abus. La mère de Daniel a sexuellement, physiquement et verbalement abusé de lui, et ses deux parents l'ont utilisé pour leurs propres besoins. Comme Daniel l'a dit lui-même, « les autres sont là pour m'utiliser et pour abuser de moi ». Voilà sa croyance fondamentale. D'autres schémas se sont agrégés autour de ce noyau. Comme beaucoup de victimes d'abus, Daniel se sens imparfait. Les abus de sa mère et la négligence de son père l'ont conduit à se sentir insuffisant, honteux, sans valeur, incapable d'être aimé. En plus de l'Imperfection, Daniel a aussi de forts schémas d'Assujettissement et de Surcontrôle Émotionnel.

Dans cet extrait, le docteur Young apprend à Daniel à conduire un dialogue d'imagerie avec sa mère puis avec son ex-femme. L'idée est d'aider Daniel à exprimer sa colère envers les gens qui, dans le passé, lui ont fait du mal et de lui faire affirmer ses droits. Au début de ce passage, Daniel décrit l'image d'une situation infantile pénible avec sa mère.

Daniel : Je suis en haut des escaliers, dans la maison, et ma mère est en train de se teindre les cheveux. Elle passe beaucoup de temps à faire ce genre de trucs. Elle est nue, et elle a laissé grande ouverte la porte de la salle de bains ; elle me voit, elle se redresse et elle fait la remarque qu'elle peut prouver qu'elle est blonde, du fait de la couleur de ses poils pubiens.

Thérapeute : Que ressentez-vous quand elle dit de telles choses ?

Daniel : Du dégoût et du mépris. Je ne ressens rien de sexuel du tout...

Thérapeute : Et que fait-elle ensuite ?

Daniel : Elle désigne ses parties intimes, ses seins par exemple, et elle se vante de tas de trucs.

Thérapeute : Pouvez-vous jouer son rôle, imiter sa voix et lui faire dire tout ça ?

Daniel : (Dans le rôle de sa mère) « C'est bien que tu me regardes comme ça, ça peut être bon, tu vas en apprendre un peu. Tu as besoin d'en savoir un peu sur le sexe : voilà à quoi ça ressemble. »

Thérapeute : Que ressentez-vous quand elle dit ça ?

Daniel : De la perplexité et du dégoût. J'ai le sentiment qu'elle viole mes limites. J'ai le sentiment de ne pas avoir une mère à qui parler. Je n'ai que cette cinglée à la maison.

Ayant déterminé la responsabilité de la mère dans la souffrance de Daniel, et la façon dont celui-ci la ressentait, le thérapeute passe alors à l'exploration des besoins insatisfaits du patient. Il demanda Daniel ce qu'il aurait voulu obtenir de sa mère.

Thérapeute : Pouvez-vous lui dire ce que vous voulez d'elle à l'instant présent ? Et puis, ce dont vous avez besoin de sa part en tant que mère, même si, bien sûr, vous ne pouviez pas le lui dire quand vous étiez enfant. Essayez d'imaginer, en tant qu'enfant dans cette image, que vous lui dites ce dont vous avez besoin de sa part.

Daniel : (Dans le rôle de l'enfant parlant à sa mère) « C'est pas bien de ta part de m'utiliser de cette façon. Je m'en vois déjà assez avec les problèmes de papa. Je suis plein de problèmes, uniquement parce que vous n'avez que des problèmes. Et j'ai vraiment besoin que tu sois là pour m'aider à régler mes problèmes, juste un moment. Je n'ai pas besoin que tu fasses ça. J'ai besoin que tu sois ma mère, un parent qui me comprenne et qui sache s'occuper de moi, et sur qui je puisse compter quand j'en ai besoin. Et à la place, je n'ai qu'une petite fille qui n'a pas grandi. Je sens que je ne peux pas avoir une enfance heureuse. »

Thérapeute : Que répond-elle ?

Daniel : (Dans le rôle de sa mère) « Nous avons tous des problèmes, j'ai bien plus de problèmes que toi. Tu devrais être heureux d'avoir une maison où loger. » (Pause.)

Jusqu'alors, les émotions du patient ont été peu intenses. Le thérapeute l'aide alors à exprimer sa colère d'une façon très intense en exagérant le comportement de la mère. (Comme nous le verrons dans les chapitres ultérieurs, le thérapeute se sert alors de la méthode des modes de schémas : il fait entrer dans l'imagerie un personnage qui est l'« **Enfant en Colère.** »)

Thérapeute : Gardez cette image, et maintenant vous allez laisser entrer dans l'image un Daniel différent, le Daniel en Colère, le Daniel qui est furieux envers sa mère pour avoir été traité de la sorte. Pouvez-vous faire venir l'image de Daniel en Colère — qui ne se contrôle pas et déchaîne sa colère contre elle ?

Daniel : Oui.

Thérapeute : Que voyez-vous ?

Daniel : Je me vois en train de lui hurler après.

Thérapeute : Est-ce que je peux entendre ça ?

Daniel : (Parlant fort.) Tu n'es qu'une foutue salope et une pute ! Je te déteste ! Je voudrais avoir une autre femme pour mère. J'ai un père qui ne me sert à rien, et toi tu ne me sers à rien non plus.

Thérapeute : Je vais tenir le rôle de votre mère, et je veux que vous continuiez à être en colère. (Dans le rôle de la mère) « mais regarde, on a plein de problèmes. Mes problèmes sont bien pires que les tiens. Tu as bien de la chance d'avoir une maison où loger. »

Daniel : C'est des foutaises ! Dans cette maison, je suis un enfant. C'est ta responsabilité de me protéger et de veiller à ce dont j'ai besoin.

Thérapeute : « Il faut bien que je pense à moi, c'est pas ton père qui va le faire. »

Daniel : Tu ne sais rien faire d'autre que de penser à toi. Tu es toujours en train de mettre ton foutu maquillage, de faire ta teinture qui pue, et de penser aux hommes. Et tu me laisses tout seul. Tu m'imposes de voir toute ta merde. J'en suis malade et j'en ai marre ! Vous me dégoûtez et vous me fatiguez, lui et toi, si je pouvais choisir je m'en irais.

Thérapeute : « Je n'aime pas quand tu cries comme ça. Je vais te tirer les cheveux et te mettre dehors... »

Daniel : Tu ne me tireras plus jamais les cheveux. J'en ai marre ! Va te battre avec quelqu'un d'autre.

Thérapeute : « J'essaie de faire des choses sympas pour toi, comme te montrer mon corps. Ça te fait pas du bien, quand je t'apprends ce qu'est le sexe ? »

Daniel : Ouais, tu parles. C'est quoi ton problème ? Tu n'as pas assez d'hommes pour toi ? Les hommes n'arrêtent pas d'entrer et de sortir, ici ; tu n'en as pas assez ? Il faut aussi que je sois à toi ? Je suis écœuré, ton corps dégoûtant me répugne. Tu peux te le garder, je ne veux plus le voir !

Le thérapeute, jouant le rôle de la mère dans le dialogue d'imagerie, se veut délibérément provocateur et il aggrave la situation. Nous adoptons souvent cette tactique pour jouer le rôle du parent avec des patients qui se contrôlent trop émotionnellement. Dans l'optique d'augmenter le niveau d'émotions du patient, nous disons tout ce qui peut mettre le patient en furie, dans la mesure où tout ce que nous disons fait partie du personnage, en tenant compte de ce que nous avons déjà appris du parent. Notez que le thérapeute, lorsqu'il joue le rôle de la mère du patient, fait des citations précises des paroles du patient lorsqu'il jouait le rôle de sa mère, précédemment dans le dialogue ; il utilise des informations dont le patient a déjà fait état, tels que le fait que sa mère lui tirait les cheveux pour le punir lorsqu'il était enfant.

Le thérapeute passe à la première épouse de Daniel, qui le trompait, et continue à aider le patient à passer sa colère sur les gens qui l'ont blessé et trahi dans le passé.

Thérapeute : Maintenant, vous allez faire entrer votre ex-épouse dans l'image, après la découverte de ses infidélités, OK ? Je veux maintenant que vous lui disiez ce que vous ressentez.

Daniel : (Il parle tristement.) Je suis extrêmement peiné que tu m'aies trompé. On est bien mariés, on est mari et femme ? Je ne suis sûrement pas le meilleur mari du monde, je ne suis pas parfait, mais ça, c'est vraiment moche. J'ai l'impression d'être un déchet. La seule chose qui compte vraiment pour toi, c'est de détruire notre mariage ?

Thérapeute : Que répond-elle dans l'image ? Jouez son rôle et parlez pour elle.

Daniel : « Allez, c'est pas tellement un problème. C'est comme ça chez tout le monde aujourd'hui. Tu n'as pas le droit de me contrôler. Je fais ce que je veux, je vais où je veux ! Tu te prends pour qui pour me dicter ma conduite ? »

Thérapeute : Répondez-lui.

Daniel : Je suis ton mari. Et nous sommes mariés pour le meilleur et pour le pire, dans le but de vivre ensemble. Et je suis vraiment déçu par ton comportement, car tu as été déloyale. Je pense que je ne vais pas voir supporter ça. Je ne peux pas supporter ça.

Thérapeute : Qu'est-ce que vous ressentez maintenant, en lui parlant de cette façon ?

Daniel : Je pense que ma colère est parfaitement justifiée. Ça m'a fait un peu de bien d'agir comme ça.

En encourageant Daniel à passer sa colère sur sa mère et sur son ex-épouse, le thérapeute l'aide à se sentir plus fort face aux gens qui ont abusé de lui ; et aussi à prendre de la distance par rapport à la faiblesse et à l'abandon qu'il a connus dans son enfance.

c. Travail d'imagerie pour le re-parentage

Le travail d'imagerie pour le re-parentage est particulièrement utile pour les patients dont la plupart des schémas sont situés dans le domaine de la Séparation et du Rejet (Abandon, Méfiance/Abus, Manque Affectif, Imperfection). Lorsque ces patients étaient enfants, leurs capacités à se sentir liés aux autres, à se sentir en sécurité et aimés, à se percevoir comme objets d'attention, ou à valoir quelque chose, ont été en grande partie détruites. *Grâce au re-parentage au cours du travail d'imagerie, le thérapeute va aider ces patients à retourner dans le Mode d'Enfant, pour apprendre à obtenir du thérapeute, et par la suite d'eux-mêmes, une partie de ce qui leur a manqué. Cette approche est une forme de « re-parentage partiel ».*

Tout comme dans les dialogues d'imagerie que nous avons décrits jusqu'ici, le travail de re-parentage en imagination que nous allons décrire est une forme simplifiée du travail de modes de schémas. Nous utilisons toujours les trois modes de l'Enfant Vulnérable, du Parent Dysfonctionnel et de l'Adulte Sain, mais maintenant, nous introduisons dans l'image l'Adulte Sain pour défendre l'enfant contre le Parent Dysfonctionnel et pour aider à grandir l'Enfant Vulnérable.

Ce processus comprend les trois étapes suivantes : (1) le thérapeute demande la permission d'entrer dans l'image est de parler directement à l'Enfant Vulnérable ; (2) le thérapeute re-materne l'Enfant Vulnérable ; et (3) plus tard, l'Adulte Sain du patient, construit sur le modèle du thérapeute, va re-materner l'Enfant Vulnérable.

1° *Étape 1 : le thérapeute demande l'autorisation d'entrer dans l'image et de parler directement à l'Enfant Vulnérable*

Tout d'abord, le thérapeute doit obtenir l'accès au mode Enfant Vulnérable du patient. Pour ce faire, il demande au patient de fermer les yeux, de former l'image de lui-même petit enfant, dans une situation quelconque. Le thérapeute va alors entamer un dialogue avec l'Enfant Vulnérable du patient, en se servant du patient comme d'un intermédiaire. Plutôt que de parler directement à l'enfant, le thérapeute demande au patient de transmettre des messages.

Voici un exemple avec Hector, le patient décrit plus tôt, qui a commencé une thérapie sur l'insistance de sa femme, laquelle le menaçait de le quitter. Hector se présente le plus souvent de façon détachée et il lui est difficile de se concentrer sur le travail d'imagination. Même après plusieurs exercices d'imagerie, il parvient mal à rester concentré sur les images négatives de son enfance.

La mère d'Hector est schizophrène, et elle a passé son temps à entrer et sortir d'hôpitaux psychiatriques tout au long de son enfance. Son jeune frère et lui ont passé leur temps dans des familles d'accueil. L'image qu'il a créée exprime ses schémas d'Abandon et de Méfiance/Abus.

Thérapeute : Pouvez-vous créer une image de vous-même lorsque vous étiez enfant, dans une de ces familles d'accueil ?

Hector : Oui.

Thérapeute : Que voyez-vous ?

Hector : Je me vois avec mon frère dans une chambre étrangère, assis sur le lit.

Thérapeute : Que voyez-vous si vous regardez le Petit Hector dans l'image ?

Hector : Il paraît terrifié.

Thérapeute : Puis-je parler au Petit Hector dans cette image ?

Hector : Non. Vous lui faites beaucoup trop peur pour lui parler. Il n'a pas encore confiance en vous.

Thérapeute : Que fait-il ?

Hector : Il rentre sous les couvertures. Il a beaucoup trop peur pour vous parler.

Le patient protège l'Enfant Vulnérable pour éviter qu'il souffre. Ceci est compréhensible pour des patients qui ont des schémas centraux dans le domaine de Séparation et Rejet. Ils sont détachés de l'émotion liée à leurs schémas, et il leur est difficile de rouvrir la plaie douloureuse que met en jeu ce travail d'imagerie. Les patients qui ont été abusés lorsqu'ils étaient enfants sont complètement terrorisés par leur thérapeute.

À ce moment, le thérapeute commence un dialogue avec la partie du patient qui a un comportement d'évitement (le mode « Protecteur détaché »). Le thérapeute essaie de persuader le patient qu'il peut en toute sécurité autoriser le thérapeute à parler à l'Enfant Vulnérable.

Thérapeute : Pourquoi le Petit Hector ne me fait-il pas confiance ? Qu'a-t-il peur que je fasse ?

Hector : Il pense que vous allez lui faire de la peine.

Thérapeute : De quelle façon pense-t-il que je pourrais lui faire de la peine ?

Hector : Il pense que vous allez être désagréable et vous moquer de lui.

Thérapeute : Êtes-vous d'accord avec lui ? Est-ce que vous pensez que je pourrais vraiment le traiter de cette façon ? Que je pourrais être désagréable et me moquer de lui ?

Hector : (Pause) Non.

Thérapeute : Bien, alors pourriez-vous le lui expliquer ? Pourriez vous lui dire que je suis quelqu'un de bien, que j'ai été bon pour vous et que je ne veux pas lui faire de la peine ?

Le thérapeute continue de cette façon jusqu'à ce que le patient lui donne la permission de parler directement à l'Enfant Vulnérable. Avec un patient qui a beaucoup souffert, cela peut prendre plusieurs séances.

2° *Étape 2 : le thérapeute re-materne l'Enfant Vulnérable*

Une fois que le thérapeute a la permission de parler directement à l'Enfant Vulnérable du patient, il entre dans l'image et re-materne l'enfant.

Thérapeute : Est-ce que vous me voyez maintenant dans l'image ? Pouvez-vous me voir à genoux près du lit, prêt à parler au Petit Hector ?

Hector : Oui.

Thérapeute : Pouvez vous me parlez dans l'image en tant que Petit Hector et me dire ce que vous ressentez ?

Hector : Je me sens terrifié. Je n'aime pas cet endroit. Je veux ma mère. Je veux rentrer chez moi.

Thérapeute : Que voulez-vous que je fasse pour vous ?

Hector : Je veux que vous restiez avec moi. Que vous me preniez dans vos bras.

Thérapeute : Que penseriez-vous si, dans l'image, je m'asseyais près de vous et si je passais un bras autour de vos épaules ?

Hector : Oh ! Oui, c'est bien.

Thérapeute : (Dans l'image) je vais rester là avec toi. Je vais prendre soin de toi. Je ne vais pas te quitter.

Le thérapeute dit à l'enfant : « qu'attendez-vous de moi ? Que puis-je faire pour vous aider ? » Certains patients disent : « je veux juste que vous jouiez avec moi. Voulez-vous jouer avec moi ? Ou bien ils disent : « je veux que vous me preniez dans vos bras » ou bien « dites-moi que je suis un bon enfant. » Quel que soit le désir du patient (s'il s'agit d'un comportement approprié de la part d'un parent avec un enfant, bien sûr), nous essayons de répondre à la demande dans l'image. Pour des patients qui veulent qu'on joue avec eux, nous demandons : « à quel jeu voulez-vous jouer ? » À des patients qui veulent être pris dans les bras, nous répondons : « et si je mettais mon bras autour de vos épaules dans l'image ? » En tant qu'Adulte Sain dans l'image, le thérapeute apporte l'antidote aux schémas centraux du patient.

3° *Étape 3 : l'Adulte Sain du patient, construit sur le modèle du thérapeute, re-materne l'Enfant Vulnérable*

Après avoir re-materné l'Enfant Vulnérable, nous demandons aux patients d'accéder à une partie bienveillante d'eux-mêmes, construite sur le modèle du thérapeute, qui puisse faire la même chose. C'est souvent au cours d'une séance ultérieure qu'on pourra le faire, lorsque le côté sain du patient aura été renforcé.

Thérapeute : Je voudrais que vous entriez dans l'image en tant qu'adulte. Imaginez-vous en tant qu'adulte dans cette image, vous voyez le Petit Hector, la chambre, et votre petit frère est là avec vous. Vous pouvez voir ça ?

Hector : Oui-oui.

Thérapeute : Pourriez-vous parler au Petit Hector ? Pourriez-vous l'aider et le réconforter ?

Hector : (au Petit Hector) Je vois que ça va vraiment pas bien. Tu as vraiment très peur. Est-ce que tu veux en parler avec moi ? Si tu venais ici, près de moi, on pourrait rester ensemble moment.

Thérapeute : Et comment se sent le Petit Hector quand il entend ça ?

Hector : Il se sent mieux, il sent que quelqu'un est là pour lui.

Le but est que l'Adulte Sain du patient comble les besoins affectifs de l'Enfant Vulnérable dans l'image. Cet exercice aide les patients à construire une partie d'eux-mêmes qui puissent être capable de satisfaire leurs besoins affectifs inassouvis et donc combattre leurs schémas.

Le re-parentage par l'imagerie est également d'un grand intérêt pour les séances à venir. Une fois que le thérapeute aura pu parler directement à l'Enfant Vulnérable du patient, il pourra faire appel à ce mode dans les séances ultérieures, chaque fois que le patient se retranchera dans un mode d'évitement ou de compensation. Le thérapeute pourra atteindre la partie vulnérable du patient qui se cache derrière l'évitement ou la compensation. Voici un exemple avec Hector, qui commençait généralement ses séances avec un mode détaché.

Thérapeute : Vous me paraissez distant et un peu triste aujourd'hui.

Hector : Oui.

Thérapeute : Que se passe-t-il ? Est-ce que vous le savez ?

Hector : Non. Je ne sais pas pourquoi.

Thérapeute : Si on faisait un exercice pour trouver ? Fermer les yeux et imaginez le Petit Hector. Pouvez-vous vous l'imaginer maintenant et me dire ce que vous voyez ?

Hector : Il est tout recroquevillé sur lui-même. Il a peur.

Thérapeute : Qu'est-ce qui lui fait peur ?

Hector : Il a peur qu'Ashley ne le quitte.

Souvent lorsque les patients disent qu'ils ne savent pas quels sont leurs sentiments, ils ont perdu le lien avec leur Enfant Vulnérable. Lorsque le thérapeute leur demande de fermer les yeux et d'imaginer leur Enfant Vulnérable, ils peuvent soudain identifier ce qu'ils ressentent. Le thérapeute a alors accès à des informations qui étaient inaccessibles un peu plus tôt dans la séance.

Une fois que le thérapeute a établi un lien avec l'Enfant Vulnérable du patient, il dispose pour tout le reste de la thérapie d'une stratégie qui lui permet d'avoir accès à ce que le patient ressent au plus profond de lui-même, même lorsque le côté adulte du patient l'ignore. Chaque fois que le patient dit « je ne peux pas dire ce que je ressens actuellement », ou bien « j'ai peur mais je ne sais pas pourquoi », ou « je suis en colère mais je ne sais pas pourquoi », le thérapeute peut dire « fermez les yeux et imaginez-vous en tant que petit enfant ». L'accès au mode de l'Enfant Vulnérable permet presque toujours d'obtenir des informations sur les sentiments des patients et leur cause.

d. Les souvenirs traumatiques

Ce paragraphe est consacré aux dialogues d'imagerie pour les patients ayant des difficultés avec leurs souvenirs traumatiques, des souvenirs d'abandon ou d'abus en particulier. L'imagerie des souvenirs traumatiques diffère d'une autre imagerie pour les raisons suivantes : elle est plus difficile à supporter pour les patients ; elle crée une émotion très intense ; l'atteinte psychologique est plus sévère ; et les souvenirs sont le plus souvent bloqués.

En dirigeant l'imagerie des souvenirs traumatiques, notre but est double. *Le premier but consiste à obtenir du patient qu'il libère l'émotion bloquée — la « souffrance étouffée » associée à l'expérience du traumatisme*. Le thérapeute aide le patient à revivre le traumatisme, à ressentir et à exprimer toutes les émotions associées. *Le deuxième but est d'assurer aux patients une protection et un réconfort dans l'image en faisant intervenir l'Adulte Sain.* Comme avec les autres dialogues d'imagerie précédemment décrits, les dialogues dont il est question dans ce paragraphe correspondent à une forme de travail en modes de schémas ; on utilisera les trois personnages principaux : l'Enfant Vulnérable, le Parent Abusif ou Abandonnateur et l'Adulte Sain.

En pratiquant le travail d'imagerie non traumatique, nous parvenons habituellement à convaincre les patients évitants qu'ils doivent persister. Nous les incitons à travailler au-delà des limites de la tranquillité. Nous les encourageons à exprimer pleinement les émotions liées à l'image. Cependant, lorsque nous nous occupons des souvenirs traumatiques — qui sont souvent des souvenirs bloqués — nous ne forçons pas le patient. Nous allons lentement, au contraire, en laissant le patient aller à son rythme. Le principe d'aider le patient à se sentir en sécurité prend le pas sur toute autre considération. Le plus souvent, le travail d'imagerie des souvenirs traumatiques est terrifiant pour les patients. Le thérapeute essaie d'amplifier au maximum la sensation de contrôle que le patient exerce sur son travail. Si des souvenirs bloqués de circonstances d'abus font surface, alors le thérapeute prend la décision d'aller encore beaucoup plus lentement et de gérer les souvenirs du patient par petites étapes. Le thérapeute donne tout son temps au patient pour absorber les informations nouvelles et pour en comprendre toutes les conséquences, avant de poursuivre.

Le thérapeute peut passer par plusieurs étapes pour aider le patient à conserver le sentiment de contrôle au cours et à la suite des séances d'imagerie traumatique. Il peut convenir d'un signal dont le patient se servira en cours de séance — par exemple, lever la main — lorsqu'il voudra interrompre l'imagerie. Le thérapeute peut commencer et terminer par l'image d'un endroit sécurisant. Un tel cadrage de l'imagerie permet au patient de contenir l'émotion suscitée par ce travail.

Le thérapeute aide également le patient à contenir son émotion en engageant une discussion à la suite de la séance d'imagerie. Dans cette discussion, le thérapeute propose au patient de parler de tout ce qui s'est produit — ce qu'il a pensé, ressenti, eu envie de faire, appris. Le thérapeute peut, par exemple, passer quinze minutes à faire de l'imagerie traumatique avec un patient, et attendre ensuite plusieurs semaines avant de recommencer un tel exercice d'imagerie. Durant ces semaines, le patient passera beaucoup de temps à étudier avec le thérapeute tous les éléments qui sont intervenus durant la première séance d'imagerie.

Au cours de l'imagerie elle-même, nous pensons qu'il est préférable que le thérapeute se taise et se contente d'écouter, sans confrontation ni mise à l'épreuve de la réalité, en posant gentiment des questions ouvertes — « que se passe-t-il maintenant dans l'image ? » Ou « que se passe-t-il ensuite ? » — lorsque le patient semble bloqué. Plus tard, une fois que le patient aura compris toute l'importance du traumatisme et qu'il l'aura revécu complètement, le thérapeute pourra intervenir de façon plus active. Lorsque le patient semble trop effrayé pour travailler sur une image, le thérapeute peut proposer à l'enfant dans l'image une barrière ou un moyen de défense contre l'auteur du traumatisme, pour que le patient se sente suffisamment en sécurité avant de poursuivre le travail sur cette image. Nous reviendrons sur ce sujet dans le chapitre neuf, à propos du trouble de personnalité borderline. (Nous expliquons dans ce chapitre que nous ne suggérons aucune arme dans les images chez les patients qui ont une histoire violente.)

Il est important pour le thérapeute de s'interdire toute suggestion à propos des événements qui sont advenus. Il n'appartient pas au thérapeute de faire de déclaration au sujet de ce qui est « réellement arrivé », pas plus que d'interférer avec les événements. Il faut laisser le patient libre de découvrir sa propre histoire. Si le thérapeute soupçonne que le patient a été abusé sexuellement mais que le patient n'en parle pas, et ne le fait pas apparaître dans le travail d'imagination, le thérapeute n'aborde pas la question. Il thérapeute attend silencieusement le moment où le patient pourra en faire la révélation. Nous nous sommes généralement aperçus qu'en travaillant suffisamment longtemps avec les patients, ceux-ci finissent par se sentir suffisamment en sécurité et suffisamment en confiance pour parler de cet abus s'il a eu lieu. Pour éviter les faux souvenirs, les thérapeutes se doivent d'être prudents c'est pourquoi nous ne disons rien ; nous nous contentons de programmer des séances d'imagerie régulières et nous attendons.

Lorsqu'ils ont terminé les séances d'imagerie traumatique de leur enfance, certains patients en arrivent à récuser l'image décrite. Ils vont dire, « ceci n'a jamais vraiment eu lieu. Ce n'était pas un vrai souvenir. Je l'ai fabriqué. » Nous pensons que la réponse appropriée à ce genre d'affirmation est que, pour la thérapie, la réelle précision de l'image n'a pas d'importance. Ce qui nous intéresse dans la thérapie, c'est le thème de l'image, et non son exactitude. L'image représente une vérité émotionnelle, et le thérapeute et le patient travaillent ensemble pour découvrir cette vérité et pour aider le patient à guérir à partir d'elle. Nous pouvons travailler avec l'image sans statuer sur son exactitude ou sa validité. Même si un souvenir peut être faux en ce sens que certains détails seront inexacts, le thème de l'image — le thème du manque affectif, du contrôle, de l'abandon, de la critique, de l'abus — est ce qui nous intéresse. Nous essayons de ne pas nous préoccuper de savoir si une image est exacte ou non, et nous ne nous comportons pas avec les patients comme si l'image était nécessairement exacte. Nous nous concentrons sur le thème de l'image — le schéma — et c'est avec ça que nous travaillons.

Avec les patients extrêmement fragiles, particulièrement avec les borderlines, il existe un risque de dissociation ou de décompensation au cours et à la suite du travail émotionnel. Nous en parlerons dans le chapitre 9.

e. Lettres aux parents

Nous prescrivons souvent aux patients, en tant que tâche assignée, la rédaction de lettres pour leurs parents ou pour d'autres proches qui les ont blessés lorsqu'ils étaient enfants ou adolescents. Les patients apportent ces lettres aux séances suivantes et les lisent à voix haute au thérapeute. (Les patients n'envoient pas réellement ces lettres à leurs parents, sauf dans des cas rares, dont nous parlerons brièvement.)

Le principe de ces lettres aux parents est de résumer les connaissances du parent que le patient a acquises grâce au travail cognitif et émotionnel. Les patients peuvent utiliser ces lettres comme *moyen d'exposer leurs sentiments et d'affirmer leurs droits*. Le thérapeute peut suggérer de s'intéresser à certains points : ce que le parent a fait (ou n'a pas fait) et qui a été préjudiciable dans l'enfance du patient ; comment le patient l'a ressenti ; ce que le patient aurait voulu obtenir du parent à cette époque ; ce que le patient veut du parent actuellement.

Dans la plupart des cas, nous recommandons aux patients de ne pas envoyer réellement ces lettres à leurs destinataires. De façon occasionnelle, certains patients décident de les envoyer quand même, mais uniquement après avoir passé suffisamment de temps avec le thérapeute pour en envisager toutes les conséquences possibles. Des patients pourraient, par exemple, rendre leurs parents furieux ; certains parents pourraient devenir dépressifs ; certains patients pourraient plus tard se sentir fautifs ; ou certains pourraient se brouiller avec leurs frères et sœurs et, pour finir, être exclus de leur famille. Le thérapeute prend la précaution d'étudier dans le détail tous les scénarios possibles avant qu'un patient n'envoie réellement une lettre.

Voici un exemple de lettre écrite par une patiente nommée Kate, 26 ans, qui travaille dans une agence de publicité. Kate consulte pour une dépression et une anorexie. Son schéma central est l'Imperfection. Kate a écrit cette lettre à sa mère, qui la critiquait et la rejetait lorsqu'elle était enfant.

> Chère maman,
>
> Lorsque j'étais enfant, tu ne m'aimais pas. J'ai toujours su que je ne correspondais pas à ce que tu voulais. Je n'étais ni belle ni agréable. Je pense que tu me détestais. Et tu étais toujours en colère contre moi parce que je n'étais pas de ton avis, parce que je ne faisais pas ce que tu voulais. Tu m'as toujours critiquée. J'avais l'impression que, quoi que je fasse, je ne pourrais jamais te faire plaisir. Je ne me souviens pas d'avoir réussi une seule fois à te plaire.
>
> Je suis en colère, je me sens trahie et je souffre. Je me déteste et il faut que je vive comme ça, en tout cas pour l'instant. J'espère qu'un jour je

pourrai vivre autrement. Je me déteste pour tout ce que tu détestais chez moi, pour mon allure et parce que je ne suis pas agréable. Je me sens tellement triste. Je me sens comme une source intarissable de tristesse.

J'aurais tellement aimé que tu apprécies ce qu'il y a de bon chez moi. Tu me faisais comprendre que tout était mauvais en moi, mais ce n'est pas vrai. J'étais une fille gentille. J'étais sensible aux émotions des autres. Je voulais que tu aies de l'amour pour moi et que tu me le prouves, mais tu ne l'as jamais fait.

J'ai le droit d'être reconnue et acceptée de toi. J'ai le droit que tu me respectes pour ce que je suis. J'ai le droit de me libérer de tes critiques incessantes. J'ai droit à tout ça, et si tu ne peux pas me donner tout ça, je n'aurai plus envie de parler avec toi de tout ce qui m'est personnel.

Tu ne peux pas savoir combien de fois j'ai décroché le téléphone pour t'appeler, avec l'envie de te parler, et puis j'ai raccroché après t'avoir parlé, démoralisée. Je veux que tu cesses de me détester et de te mettre en colère contre moi. Je veux que tu cesses de me démoraliser. À cause de toi, j'ai l'impression de ne pas exister et de ne rien avoir.

Je pense que tu n'es pas capable de faire ce que je veux. Pour commencer, tu ne te rends même pas compte que tu me démoralises. Tu crois m'aider. Tu penses que tu fais tout ce qu'il faut pour moi. Si j'expédie cette lettre, je suis sûre que tu ne comprendras pas de quoi je parle. Tu vas seulement te mettre en colère contre moi. J'aimerais que tu comprennes, mais si tu le pouvais, je n'aurais pas eu besoin d'écrire cette lettre.

Ta fille, Kate.

Cette lettre résume les éléments essentiels du travail cognitif et émotionnel de Kate. Elle exprime ce que Kate a souffert de la part de sa mère lorsqu'elle était enfant. Elle permet à Kate d'affirmer son droit à ressentir et à exprimer sa colère, et à demander à sa mère d'avoir un comportement approprié à partir de maintenant. Bien que la patiente n'ait jamais envoyé cette lettre à sa mère, elle lui a permis de combattre ses schémas et d'éclaircir ses problèmes relationnels.

f. Imagerie pour la modification comportementale

Nous utilisons également les techniques d'imagerie pour aider les patients à modifier leurs styles d'adaptation d'évitement et de compensation, de façon à ce qu'ils découvrent de nouveaux modes relationnels. Les patients s'imaginent en train de se comporter sainement, plutôt que de se retrancher derrière leurs styles d'adaptation habituels. Par exemple, un patient ayant un schéma d'Échec imagine quelque chose qu'il a l'habitude de d'éviter, par exemple demander à son patron une importante augmentation ; ou un patient au schéma d'Imperfection s'imagine avec son épouse dans une position plutôt vulnérable, alors que sa méthode habituelle consiste à adopter une position supérieure (compensation). L'imagerie aide ces patients à faire face à leurs schémas et à les combattre directement.

L'exemple suivant concerne Daniel, le patient décrit plus haut dont le père était alcoolique et dont la mère était sexuellement et physiquement abusive. Dans cet extrait, il pratique l'imagerie pour la modification comportementale. Le but à long terme de Daniel dans la thérapie est d'établir une relation intime avec une femme. Le thérapeute lui demande de fermer les yeux et de s'imaginer dans une salle de danse avec des femmes seules. Il apprend ensuite à Daniel à mener un dialogue entre ses schémas de Méfiance/Abus, d'Imperfection, qui lui enjoignent de quitter la situation, et son mode d'Adulte Sain, qui l'encourage à rester pour maîtriser la situation. Le docteur Young apprend ensuite à Daniel à s'imaginer restant pour danser, luttant ainsi contre son évitement.

Thérapeute : Gardez les yeux fermés, je veux que vous passiez à une image de vous-même dans une salle de danse, où se trouvent des femmes seules que vous pouvez rencontrer. Vous venez d'entrer dans la pièce. Pouvez-vous vous imaginer dans une situation comme celle-ci ?

Daniel : Oui. Je suis dans la pièce, et je me sens très mal à l'aise. Je crois que je serais capable de filer vers la porte à tout instant. Mais je me force à rester parce que je sais que c'est important.

Thérapeute : Je veux que vous teniez le rôle de la partie de vous-même qui a envie de partir, parlez-moi. Pourquoi voulez-vous partir, à cet instant présent ?

Daniel : Je ne me sens pas capable de démarrer une conversation, et de me faire apprécier suffisamment pour qu'on ait envie de sortir avec moi.

Thérapeute : Pourquoi ça ?

Daniel : Parce que je suis quelqu'un qu'on ne peut pas aimer. On ne peut pas m'aimer, et je ne suis pas sûr de pouvoir donner de l'amour (pause).

Daniel a embrayé sur un mode d'évitement dans la salle de danse. S'il s'agissait de la vie réelle plutôt que d'un exercice d'imagination, il serait probablement demeuré figé dans ce mode ou bien il serait parti. Le thérapeute pousse

Daniel à s'imaginer surmontant son évitement et entrant en relation avec une femme.

Thérapeute : Essayez quand même d'aller vers ces femmes dans l'image, même si vous avez envie de fuir parce que vous croyez que c'est une perte de temps et qu'elles vont vous rejeter.

Daniel : (Longue pause) Je m'approche d'une table, je demande à une femme si je peux m'asseoir pour discuter, elle répond « OK. » Nous commençons à discuter, de la danse et de la musique.

Thérapeute : Comment se passe la conversation ?

Daniel : Pour l'instant tout va bien.

Thérapeute : Vous sentez-vous à l'aise, ou êtes-vous toujours nerveux ?

Daniel : Je me sens nerveux. Je ne me sens pas naturel, je suis obligé de faire un effort pour discuter, pour qu'il n'y ait pas de blancs dans la conversation.

Thérapeute : Pouvez-vous le lui dire à voix haute, même si bien sûr vous ne le feriez pas normalement ?

Daniel : (Parlant à la femme dans l'image) Je ne me sens pas très à l'aise ici. Il y a longtemps que je n'ai pas dansé, je ne sais pas vraiment quoi dire ni quoi faire. Mais ça me fait plaisir d'être là, assis à discuter avec vous.

Thérapeute : Dites-lui ce que vous ressentez, dites-lui que vous n'êtes pas naturel en ce moment.

Daniel : Je me sens mal à l'aise parce que je ne peux pas être naturel. Je pense que si je suis naturel, je ne vous plairai pas.

Thérapeute : Que vous dit-elle ?

Daniel : (pause) Elle me dit qu'elle ressent exactement la même chose, elle aussi.

Thérapeute : À son sujet ?

Daniel : Oui.

Thérapeute : Et que ressentez-vous lorsqu'elle vous dit ça ?

Daniel : Je me sens un peu plus détendu.

Thérapeute : Parlez-lui de ce que vous avez peur qu'elle découvre, de ce dont vous avez honte ; expliquez-lui ce que vous ne pouvez pas lui montrer.

Daniel : (Parlant à la femme.) Il m'est difficile de vous dire ça : j'ai le désir de donner mon affection, mon soutien et mon amour à une femme, mais je ne suis pas sûr d'en être capable, et j'ai peur que vous ne le ressentiez.

Thérapeute : Parlez-lui de votre colère envers les femmes.

Daniel : Et à cause de certaines choses qui se sont produites dans mon enfance avec ma mère, je ressens beaucoup de colère vis-à-vis des femmes.

Thérapeute : Comment réagit-elle ?

Daniel : Pause) Elle me dit qu'elle ressent de la colère vis-à-vis des hommes à cause de certaines choses qui lui sont arrivées.

Thérapeute : Que ressentez-vous lorsqu'elle vous dit ça ?

Daniel : Un peu plus détendu. Un peu plus à l'aise parce qu'elle est honnête avec moi.

Noter que le thérapeute ne demande pas à Daniel de s'entraîner à parler à une femme dans une salle de danse. En fait, le thérapeute demande à Daniel de combattre ses schémas et son style d'adaptation d'évitement. Plutôt que d'intérioriser ses émotions et de se renfermer sur lui-même comme il le ferait normalement — permettant ainsi le maintien de ses schémas de Méfiance/Abus et d'Imperfection — Daniel s'imagine approchant des femmes et leur parlant selon un mode authentique et vulnérable. Une attitude plus ouverte envers les femmes contrecarre ses schémas et le conduit à un meilleur résultat. Cet exercice aide Daniel à se construire une partie de lui capable de se comporter de façon positive dans les situations sociales avec des femmes. L'imagerie aide également Daniel à réaliser que ses craintes à propos des femmes ne sont pas réalistes, mais qu'elles sont dictées par ses schémas. Tout ceci contribue à réduire sa honte et, de ce fait, son évitement.

Après avoir donné la parole au schéma d'Imperfection de Daniel, le thérapeute passe au schéma de Méfiance/Abus.

Thérapeute : La notion de confiance est-elle pour vous un problème ? Êtes-vous en train de vous demander si vous pouvez lui faire confiance ?

Daniel : Eh bien, comme nous essayons d'êtres authentiques l'un envers l'autre, je pense que ce sentiment est en train de diminuer, mais il est toujours là quand même.

Thérapeute : Tenez le rôle de la partie de vous-même qui se méfie d'elle, je veux entendre ce que cette partie est en train de dire.

Daniel : (Pause) J'ai peur que vous ne me manipuliez. Si nous nous décidons pour un rendez-vous, ce sera pour que je vous invite au restaurant, et puis, je n'entendrai plus parler de vous ou bien vous allez me rejeter. Je me méfie : je vais peut-être vous servir à remplir votre emploi du temps jusqu'à ce que vous trouviez mieux. J'ai peur que vous ne me manipuliez.

Thérapeute : Que répond-elle ?

Daniel : Elle dit « Ne soyez pas idiot, je vous aime bien. »

Thérapeute : Quand elle dit ceci, vous sentez-vous complètement rassuré, ou restez-vous encore méfiant ?

Daniel : Je me sens un peu rassuré.

Le thérapeute discute de l'exercice d'imagerie avec le patient.

Thérapeute : Maintenant, vous pouvez ouvrir les yeux.

Daniel : (Il ouvre les yeux.)

Thérapeute : Alors c'était comment, cet exercice ?

Daniel : J'ai trouvé que c'était un bon exercice, il m'a forcé à me mettre dans une situation sociale.

Thérapeute : Est-ce que ce sont bien là les sentiments que vous vivez dans de telles situations, ceux qui vous empêchent d'aller vers plus d'intimité ?

Daniel : Oui, je crois. Je commence aussi à réaliser qu'une des choses les plus importantes sur laquelle il faut que je travaille, c'est l'idée d'accepter d'être plus sincère et aussi plus vulnérable.

Thérapeute : Il y a chez vous tellement de colère et de peur, que vous ne vous comportez pas de la sorte, parce que vous avez peur d'être rejeté ou manipulé.

Daniel : Oui.

Thérapeute : Donc, plutôt que de vous cacher, protégez-vous.

Daniel : Oui.

Une fois de plus, le but du thérapeute n'est pas d'entraîner Daniel à une compétence sociale avec les femmes. Il lui demande plutôt de combattre ses schémas en lui faisant réaliser que ses craintes lui sont dictées par ses schémas, et qu'elles sont irréalistes.

3 Surmonter les obstacles dans le travail émotionnel : l'évitement de schémas

La plupart des patients se débrouillent bien avec l'imagerie, et ceci rapidement. Ils produisent facilement des images nettes et mènent des dialogues, ils se sentent concernés émotionnellement par l'imagerie et ils ont besoin d'assez peu d'assistance et d'interventions de la part du thérapeute. Cependant, une minorité significative de patients a besoin de beaucoup d'assistance : leurs images sont floues, éparpillées, inexistantes ou bien ils se sentent détachés émotionnellement de ces images.

L'évitement de schéma est l'obstacle principal dans la pratique du travail émotionnel.

Le travail d'imagerie est douloureux et beaucoup de patients agissent automatiquement et inconsciemment pour éviter cette douleur. Ils ferment les yeux et disent « je ne vois rien », « je ne vois qu'un écran blanc », « je vois une image mais elle est floue et je ne peux rien en faire ». Le thérapeute dispose de plusieurs stratégies pour surmonter l'évitement de schéma.

a. Expliquer le principe au patient

Le travail d'imagerie suscite des émotions douloureuses et les patients ont besoin d'une forte motivation pour le supporter. Lorsque les patients évitent la pratique du travail émotionnel, nous vérifions d'abord qu'ils en ont compris le principe. Nous en présentons tous les avantages. Nous expliquons le contraste entre la compréhension intellectuelle d'une part et la compréhension émotionnelle d'autre part, en expliquant au patient que le travail d'imagerie est plus puissant pour combattre le schéma parce qu'il agit à un niveau émotionnel. Nous expliquons que les schémas changent plus rapidement lorsque les patients revivent les expériences de leur enfance dans l'imagerie. Nous leur disons que, jusqu'à ce qu'ils aient pratiqué le travail émotionnel, ils croiront encore que le schéma est vrai. Nous reconnaissons avec eux que le travail émotionnel leur demande beaucoup d'énergie, mais que les bénéfices seront proportionnels.

b. Attendre la permission

Le thérapeute a aussi l'option d'attendre.

> *Thérapeute : Fermez les yeux et laissez une image de notre enfance flotter dans votre esprit.*
>
> *Patient : J'essaie, mais je ne vois rien.*
>
> *Thérapeute : Ça ne fait rien, gardez les yeux fermés. Quelque chose va arriver (longue pause).*
>
> *Patient : Je ne vois toujours rien.*
>
> *Thérapeute : Prenez votre temps. Prenez cinq minutes s'il le faut, et voyez ce qui se passe. Même si rien ne vient, c'est bien quand même.*
>
> *Le thérapeute peut aussi donner au patient la permission de ne produire aucune image.*
>
> *Thérapeute : Peu importe le type d'image. Elle n'a pas besoin d'être réelle. Elle peut être imaginaire. Ça peut être des couleurs, des formes, des lumières.*

Il suffit parfois de combiner la permission du thérapeute et quelques minutes de temps, pour que le patient produise finalement une image. Cependant, si cela ne suffit pas, il y a d'autres options.

c. Imagerie de relaxation avec force émotionnelle progressivement croissante

On peut aussi contrer l'évitement de schéma en commençant par l'image d'un endroit sûr ou par une autre image relaxante et on passera progressivement à des éléments un peu plus menaçants. Il s'agit d'une sorte d'exposition graduée contenant une hiérarchie de personnages et de situations, et le thérapeute introduira des personnages et des situations au caractère progressivement plus menaçant au fur et à mesure que l'imagerie progresse.

Le thérapeute peut, par exemple, commencer avec une image d'un endroit sécurisant, puis amener dans l'image un des amis intimes du patient, puis amener la personne aimée (un peu plus problématique), et finalement faire entrer le père (beaucoup plus problématique). Le thérapeute pourra étaler cette hiérarchie sur plusieurs séances, en explorant à fond chaque étape avec le patient avant de passer à la suivante.

d. Médicaments

Parfois, le patient est trop déprimé ou trop instable pour réaliser le travail d'imagerie : ce travail active des émotions puissantes, et il est difficile pour le patient de se libérer de ces émotions lorsqu'il quitte la séance. Il les ressent comme étant effrayantes et impossibles à gérer. Ceci se produit souvent avec des patients qui ont été traumatisés. Parfois, un médicament peut aider le patient à contenir l'émotion et lui permettre de poursuivre le travail.

Le risque est que la médication soit tellement efficace sur la réduction de l'émotion que le patient n'ait plus aucune émotion et ne puisse pas pratiquer les exercices. Le but avec un médicament est de parvenir à un niveau optimum de stimulation émotionnelle pour lequel le patient saura encore ressentir suffisamment d'émotion, sans toutefois qu'elle soit trop forte au point de l'empêcher de travailler. Si le travail d'imagerie stimule les patients de façon trop intense, ils se sentent trop bouleversés pour pouvoir l'accomplir ; s'ils ne sont pas suffisamment stimulés, ils sont incapables de générer suffisamment d'émotions pour bénéficier de cette méthode.

e. L'expression corporelle

Lorsque les patients ont des difficultés à ressentir ou à exprimer des émotions, le thérapeute peut les aider en les amenant à se concentrer sur leur corps. Le thérapeute peut ajouter des sons ou des mouvements pour créer l'émotion. Il peut, par exemple, demander au patient de parler plus fort ou de frapper dans un oreiller lorsqu'il essaie d'exprimer sa colère ; ou bien le thérapeute peut demander au patient de prendre certaines positions, telles que la position fœtale, une position ouverte ou une position fermée.

Dans l'exemple précédent, lorsque le thérapeute encourage Daniel à exprimer sa colère envers sa mère sexuellement abusive, le thérapeute aurait pu l'inciter à donner des coups de poings dans un oreiller ou un canapé tout en lui parlant.

f. Dialogue avec le Protecteur Détaché

Le thérapeute peut également entamer un dialogue avec la partie évitante du patient, que nous appelons le *mode Protecteur Détaché*. Nous examinons ce mode en détail dans le chapitre 8. Voici une courte illustration de cette technique en tant que moyen pour surmonter l'évitement de schéma. Le thérapeute parle directement à la partie du patient qui évite de ressentir ou d'exprimer les émotions liées à l'imagerie : le Protecteur Détaché. Jusqu'à ce que nous parlions directement au Protecteur Détaché, nous ne savons habituellement pas pourquoi le patient évite, et de ce fait, nous avons des difficultés à découvrir un moyen pour surmonter cet évitement. À partir du moment où nous parlons au Protecteur Détaché, nous avons accès aux raisons de l'évitement du patient, et nous pouvons mettre au point un plan pour le surmonter.

Voici un exemple avec Hector, le patient de 42 ans décrit précédemment, dont la mère était schizophrène. Hector fait un travail d'imagerie dans lequel il se visualise enfant en présence de sa mère. Dans l'image, sa mère est assise près de lui dans un autobus, elle parle à voix haute de « traîtres ». Le thérapeute demande à l'enfant de lâcher sa colère contre sa mère qui le met dans l'embarras, mais Hector résiste. Le thérapeute entame un dialogue avec le Protecteur Détaché.

Thérapeute : Le Petit Hector est très en colère et il veut exprimer cette colère. Pourquoi ne pas lui laisser exprimer sa colère ? Jouez le rôle de cette partie de vous qui veut l'empêcher de montrer sa colère.

Hector : (dans le rôle du Protecteur Détaché). « Quels que soient les sentiments du Petit Hector, que peut-il bien faire de toute façon ? S'il ne peut rien faire, à quoi cela lui sert-il de se mettre en colère ?

Thérapeute : Ce qui est important, c'est que maintenant nous sommes là pour l'aider, et pour le protéger, et que ça ne présente aucun danger pour lui d'exprimer sa colère. Il a le droit de se sentir en colère. Il a le droit d'exprimer sa colère.

Hector : Et s'il perd le contrôle ? S'il perd le contrôle et s'il blesse quelqu'un ?

Thérapeute : Est-ce qu'il l'a déjà fait ? Est-ce qu'il a déjà perdu le contrôle et blessé quelqu'un ?

Hector : Non. Jamais. Enfin, il n'a jamais fait davantage que crier après quelqu'un.

Thérapeute : Et si on le laissait essayer ? Si vous le laissiez exprimer un peu de sa colère pour voir comment il se sent ? Voyons s'il se sent mieux.

Hector : (pause) O.K.

Jusqu'à ce que nous ayons compris pourquoi le Protecteur Détaché du patient entre en interférence, nous ne savons pas comment lui répondre. Après avoir donné la parole au Protecteur Détaché, nous pouvons comprendre pourquoi le patient ne peut pas à ressentir ou exprimer une émotion. Nous pouvons alors raisonner le Protecteur Détaché et négocier avec lui.

Nous discutons du travail de mode plus loin dans ce livre. Cependant, cet exemple montre comment le travail de mode peut être utile. À partir d'un style d'adaptation évitant, nous fabriquons un mode, nous lui donnons une voix à laquelle nous pouvons parler et avec qui nous pouvons négocier.

Si, après tout ce travail, le patient persiste à ne pas pouvoir réaliser le travail d'imagerie, nous essayons une dernière technique. Nous expliquons au patient qu'un pourcentage extrêmement élevé de patients disant qu'ils ne peuvent réaliser le travail d'imagerie sont en fait capables de le faire. Nous leur demandons ensuite d'essayer une expérience : ils regardent le thérapeute pendant une minute entière, puis ils ferment les yeux et ils essaient de se représenter le thérapeute dans une image. Presque tous les patients disent qu'ils peuvent voir le thérapeute. Cette expérience montre que la plupart des patients sont capables de créer des images. C'est le Protecteur Détaché qui les empêche de les voir.

RÉSUMÉ

Les techniques émotionnelles permettent au thérapeute et au patient d'identifier puis de combattre les schémas du patient au niveau émotionnel.

Les méthodes émotionnelles ont pour but d'identifier les schémas centraux du patient, d'en comprendre les origines infantiles et de les relier aux problèmes actuels du patient. Nous décrivons la façon de conduire une séance de diagnostic par l'imagerie, en partant de l'image d'un endroit sécurisant pour évoluer vers des images pénibles de l'enfance du patient et enfin parvenir à des images liées aux problèmes actuels du patient.

Le thérapeute introduit les techniques émotionnelles de changement à la suite des techniques cognitives de changement. Le but est d'aider les patients à renforcer la compréhension intellectuelle de leurs schémas par une compréhension émotionnelle. De nombreuses techniques émotionnelles de changement sont des formes simplifiées du travail de modes de schémas ; elles utilisent l'imagerie et les dialogues avec trois personnages principaux : l'Enfant Vulnérable, le Parent Dysfonctionnel et l'Adulte Sain. Le thérapeute introduit l'Adulte Sain dans les images d'enfance du patient pour re-materner l'Enfant Vulnérable. Le but est de développer le mode Adulte Sain du patient, qui sera imité d'après le thérapeute. Nous proposons également d'autres méthodes émotionnelles pour le changement, telles que les lettres aux parents et l'imagerie pour la modification comportementale.

Enfin, nous abordons le problème des obstacles au travail émotionnel, essentiellement représentés par l'évitement. Nous proposons des solutions parmi lesquelles figurent l'information du patient, l'autorisation de prendre son temps pour générer des images, l'imagerie de relaxation avec force émotionnelle progressivement croissante, les médicaments, l'expression corporelle et les dialogues avec le mode Protecteur Détaché.

Dans le chapitre suivant, nous décrirons l'étape suivante de la phase de changement de la schéma-thérapie : la modification comportementale.

Chapitre 5

La modification comportementale

À l'étape de modification comportementale, les patients doivent chercher à remplacer les styles de comportements que dirigent leurs schémas par des styles d'adaptation plus sains. La modification comportementale est la partie la plus longue, et d'une certaine façon, la plus cruciale, de la schémathérapie. Sans elle, la rechute est probable. Même si les patients sont éclairés sur leurs Schémas Précoces Inadaptés, même s'ils sont passés par le travail cognitif et émotionnel, leurs schémas vont se réaffirmer eux-mêmes si les patients ne modifient pas leurs comportements. Les progrès qu'ils ont accomplis vont s'amenuiser et finalement ils retomberont sous la coupe de leurs schémas. Pour que les patients achèvent leur travail, et jouissent pleinement de leurs gains, il est essentiel qu'ils changent leurs comportements.

Parmi les quatre agents modificateurs principaux de la schémathérapie, la modification comportementale est habituellement l'étape sur laquelle les thérapeutes se concentrent en dernier.

Si les patients n'ont pas progressé de façon adéquate au travers des étapes cognitive et émotionnelle, il est peu probable qu'ils parviennent à réaliser les modifications de l'étape comportementale. Les autres parties du traitement préparent le patient à la tâche de modification comportementale. Elles lui permettent de prendre de la distance par rapport au schéma, elles l'aident à voir son schéma comme un intrus plutôt que comme une vérité fondamentale appartenant à sa personnalité. Les étapes cognitive et émotionnelle renforcent le côté sain du patient, particulièrement la capacité que possède cette partie saine à combattre les schémas du patient. Une fois le traitement comportemental mis en route, elles aident le patient à surmonter les blocages dans la modification comportementale.

Ainsi, l'étape comportementale du traitement se situe dans le cadre du modèle du schéma et elle utilise les autres techniques pour schémas, tels que les fiches, l'imagination et les dialogues. Au besoin, le thérapeute utilise également les techniques comportementales classiques, telles que la relaxation, l'affirmation de soi, la gestion émotionnelle, les stratégies de contrôle de soi (auto-surveillance, détermination des buts, auto renforcement) et l'exposition graduée aux situations redoutées. (On suppose que le lecteur est habitué à ces méthodes classiques de thérapie comportementale qui ne seront donc pas détaillées dans ce livre.)

1 Les styles d'adaptation

La modification comportementale a pour cible les styles d'adaptation : les comportements qu'il va falloir changer sont ceux que le patient utilise pour se soumettre, éviter et compenser vis-à-vis de ses Schémas Inadaptés Précoces. Ce sont des comportements auto-défaitistes qu'il utilise pour s'adapter lorsque ses schémas sont déclenchés : les accusations jalouses non fondées du patient ayant un schéma d'Abandon, les réflexions auto-dévalorisantes du patient ayant un schéma d'Imperfection, les avis sollicités par le patient qui a un schéma de Dépendance, l'obéissance du patient à schéma d'Assujettissement, l'évitement phobique du patient qui un schéma de Peur du Danger ou de la Maladie. Ces comportements de soumission, d'évitement et de compensation servent finalement à perpétuer les schémas. Il faut que les patients changent leurs styles d'adaptation pour pouvoir soigner leurs schémas et par là même, combler les besoins non assouvis qui les ont conduits en thérapie.

Exemple de cas

Une jeune femme nommée Ivy demande une thérapie parce qu'elle est frustrée et malheureuse dans de nombreux domaines de sa vie. Le modèle est toujours le même : en famille, dans sa vie amoureuse, au travail, avec ses amis, elle est celle qui s'occupe de tout le monde sans rien demander pour elle-même. « Je m'occupe de tout le monde, mais personne ne s'occupe de moi ». Elle est dépressive, débordée, fatiguée et pleine de ressentiment. Dans la phase de diagnostic, Ivy et son thérapeute ont mis en évidence un schéma d'Abnégation. Son principal style d'adaptation est la soumission à son schéma. Elle prend soin des autres, mais elle ne les laisse pas s'occuper d'elle.

Depuis quelques semaines, Ivy dîne le soir avec Adam, son meilleur ami. Le repas se déroule toujours de la même manière : Adam demande à Ivy comment s'est passée sa journée et Ivy répond de façon succincte, banale et positive : « tout va bien » ; elle demande ensuite à Adam comment il va. Adam répond en parlant d'un de ses problèmes, et ils passent tous les deux le reste du repas à en discuter. Pourquoi Ivy ne partage-t-elle avec son ami aucune information personnelle qui soit importante ? Parce que les questions de son ami activent son schéma d'Abnégation : Ivy se sent coupable et égoïste si elle parle d'elle. Elle s'adapte avec l'activation de son schéma en répondant de façon rapide et non significative et en renvoyant le dialogue sur Adam. Ivy finit par se sentir en manque d'affection (le schéma d'Abnégation est très souvent lié à un schéma de Manque Affectif).

Dans la partie comportementale du traitement, Ivy décide d'améliorer l'équilibre de ses relations intimes avec Adam. Pour la préparer, son thérapeute lui demande de fermer les yeux, de s'imaginer en train de dîner avec Adam, lui parlant des évènements de sa journée. En imagination, Ivy mène un dialogue entre le côté du schéma d'Abnégation, qui lui commande de renvoyer la parole à Adam, et le côté sain, qui lui conseille de partager un problème avec son ami. Ensuite, elle change de chaise, passant du « côté du schéma » au « côté sain. » Elle se met en colère contre son schéma, affirmant son droit à être le sujet de l'attention des autres. Au travers de l'imagerie, elle relie la situation actuelle à celle de son enfance avec sa mère fragile dont elle devait s'occuper. Elle dit à sa mère : « Ça me coûte beaucoup de m'occuper de toi : c'est comme si je n'existais pas ».

Elle se visualise ensuite, en imagination, faisant part à Adam d'un problème personnel ; elle gère les obstacles qui apparaissent.

Thérapeute : Que voulez-vous dire à Adam ?

Ivy : Je veux lui parler de ma mère malade qui a tant besoin de moi.

Thérapeute : D'accord ; pouvez-vous vous imaginer en train de lui dire ça ?

Ivy : Je veux lui en parler, mais ça me fait peur.

Thérapeute : Que dit le côté qui a peur ?

Ivy : Il dit : « Ça ne doit pas se passer comme ça. Adam n'est pas là pour s'occuper de moi ; c'est à moi d'être attentif à ses besoins ».

Thérapeute : Qu'avez-vous peur qu'il se produise si vous laissez Adam prendre soin de vous ?

Ivy : J'ai peur qu'il ne m'aime plus.

Thérapeute : Avez-vous peur d'autre chose ?

Ivy : J'ai peur de me mettre à pleurer, ou quelque chose comme ça.

Thérapeute : Et qu'y aurait-il de mal à ça ?

Ivy : Je me sentirais gênée.

Thérapeute : Eh bien, c'est votre schéma d'Abnégation qui parle, chaque fois que vous dites « Il ne faut pas laisser les autres s'occuper de toi. Les gens ne vont plus t'aimer s'ils s'aperçoivent de ta fragilité. Tu ne dois pas pleurer. » Que répond à ça le côté sain ? Pourriez-vous parler en tant que côté sain, dans l'image ?

Ivy : Eh bien, le côté sain dit : « Je peux parfaitement laisser mes amis prendre soin de moi. Ils m'aimeront toujours. Ce n'est pas un problème de pleurer avec un ami proche. »

Comme tâche comportementale assignée, Ivy s'entraînera à répondre de façon plus authentique à son ami lorsqu'il lui posera des questions sur sa vie. Au dîner suivant, elle échange avec Adam des idées sur un problème lié à leur relation. Adam répond de façon chaleureuse en la soutenant, ce qui contrecarre les schémas d'Abnégation et de Manque Affectif d'Ivy.

Styles d'adaptation spécifiquement liés à un schéma

Chaque schéma est associé à certains modèles comportementaux dysfonctionnels qui ont tendance à caractériser la façon d'agir du patient vis-à-vis de ses partenaires et de ses proches (y compris le thérapeute). Le tableau 5.1 donne, pour chaque schéma, un exemple de style d'adaptation.

Comme on peut le voir sur ce tableau, la modification comportementale ne concerne pas seulement le comportement d'un individu dans des situations spécifiques, mais aussi le type de situations qu'il sélectionne généralement : avec qui il se marie, quel métier il choisit, quels sont ses amis. La modification comportementale concerne les décisions importantes de la vie, mais aussi les comportements de tous les jours. En prenant certaines décisions importantes dans leur vie, les patients contribuent à maintenir leurs Schémas Précoces Inadaptés.

Grâce aux techniques cognitivo-comportementales classiques, Les patients peuvent souvent modifier des comportements discrets, liés à une situation, mais les modes de vie comportementaux répétitifs, commandés par leurs Schémas Précoces Inadaptés, nécessitent une approche intégrant d'autres moyens. L'affirmation de soi peut aider un patient qui aurait des difficultés à fixer des limites à sa petite amie, mais cette méthode seule ne suffira probablement pas à modifier un mode de vie plus large d'assujettissement aux autres. Les patients sont assujettis parce qu'ils ont peur de la punition, de l'abandon ou de la critique ; ils doivent travailler sur ces problèmes sous-jacents pour surmonter le mode de vie. Les schémas liés à ces

TABLEAU 5.1

Exemples de styles d'adaptation associés aux schémas

Schéma	*Exemples de soumission*	*Exemples d'évitement*	*Exemples de compensation*
Abandon/ Instabilité	Choisit des partenaires et des proches qui sont non disponibles ou qui sont imprévisibles	Évite toutes les relations intimes par peur de de l'abandon	Repousse les partenaires et les proches par des comportements de possession ou de contrôle
Méfiance/ Abus	Choisit des partenaires et des proches non dignes de confiance ; est hypervigilant et méfiant vis-à-vis des autres	Évite de s'impliquer de façon trop proche avec les autres dans sa vie personnelle et professionnelle ; ne se confie pas ; ne se révèle pas	Maltraite ou exploite les autres ; agit de façon trop confiante
Manque Affectif	Choisit des partenaires et proches froids et détachés ; décourage les autres de lui donner de l'affection	Se tient en retrait et s'isole ; évite toutes les relations intimes	Demande de façon non réaliste aux autres de combler ses besoins affectifs
Imperfection/ Honte	Choisit des partenaires et des proches qui le critiquent ; s'autodévalue	Évite de partager des pensées et des sentiments « honteux » avec ses partenaires et ses proches de peur d'être rejeté	Se comporte de façon critique et supérieure envers les autres ; essaie de passer pour « parfait »
Isolement Social	Dans un groupe, se tient en périphérie ; ne participe pas pleinement	Évite de se socialiser ; passe le plus clair de son temps tout seul	Se déguise derrière un masque pour participer à un groupe, en continuant à se sentir différent et isolé
Dépendance/ Incompétence	Demande beaucoup trop d'aide ; fait vérifier ses décisions par les autres ; choisit des partenaires qui font tout à sa place	Procrastine devant les décisions ; évite d'agir de façon indépendante ou de prendre les responsabilités normales d'un adulte	Se montre excessivement confiant en soi, même s'il serait normal et sain de demander de l'aide aux autres

Schéma	*Exemples de soumission*	*Exemples d'évitement*	*Exemples de compensation*
Peur du Danger ou de la Maladie	Se fait continuellement du soucis à propos de catastrophes qui vont lui tomber dessus ; demande répétitivement aux autres de le rassurer	Évite de façon phobique les situations dangereuses	Utilise la pensée magique et les rituels compulsifs ; se comporte de façon dangereuse et insouciante
Fusionnement/ Personnalité Atrophiée	Imite le comportement de ses proches, se tient étroitement au contact de la personne avec qui il fusionne ; ne développe pas une identité et des préférences personnelles	Évite les relations avec les gens qui favorisent l'individualité plutôt que la fusion	Se comporte de façon autonome à l'excès
Échec	Travaille en dessous de son niveau de capacité ; à tendance à sous-estimer ses réussites par rapport à celles des autres	Évite totalement les tâches nouvelles et difficiles ; procrastine au travail ; évite de se fixer des objectifs professionnels en rapport avec son niveau de capacité	Dévalorise les réussites des autres ; se veut perfectionniste pour compenser son sentiment d'échec
Droits Personnels Exagérés/ Dominance	A des relations interpersonnelles non réciproques ; se comporte de façon égoïste et supérieure ; ne tient pas compte des sentiments et des besoins des autres	Évite les situations où il ne peut pas exceller ou se mettre en avant	Fait des cadeaux disproportionnés ou des contributions charitables pour pallier à son égoïsme
Contrôle de Soi/Autodiscipline Insuffisants	Accomplit de façon négligée les tâches ennuyeuses ou pénibles ; perd le contrôle de ses émotions ; mange, boit et joue de façon excessive ; consomme des drogues pour son plaisir	Ne travaille pas ou ne va pas à l'école ; ne se fixe pas d'objectifs professionnels à long terme	Fait des efforts à court terme très importants pour terminer un projet ou s'autocontrôler

Schéma	*Exemples de soumission*	*Exemples d'évitement*	*Exemples de compensation*
Assujettissement	Choisit des partenaires et des proches qui le dominent et le contrôlent	Évite toutes les relations ; évite les situations dans lesquelles ses désirs sont différents de ceux des autres	Se comporte de façon passive-agressive ou se rebelle
Abnégation	Se comporte de façon critique envers soi-même ; en fait trop pour les autres et pas assez pour lui	Évite les relations intimes	Se met en colère si ses proches ne l'apprécient pas ou n'agissent pas de façon réciproque ; décide de ne plus rien faire pour les autres
Recherche d'Approbation et de Reconnaissance	Attire l'attention des autres sur les réussites liées à sa situation	Évite les relations avec les gens que l'on admire de peur de ne pas obtenir leur approbation	Agit manifestement pour être désapprouvé par les gens que l'on admire
Peur d'événements Évitables/Pessimisme	Minimise les événements positifs, exagère ceux qui sont négatifs ; s'attend et se prépare au pire	N'espère pas trop ; ne s'attend à rien de bon	Se comporte d'une façon excessivement optimiste et positive (rare)
Surcontrôle Émotionnel	Donne la prépondérance à la raison et à l'ordre sur l'émotion ; agit de façon contrôlée et terne ; ne montre pas d'émotion ou de comportement spontané	Évite les activités impliquant l'expression des émotions telles que l'amour ou la peur, ou qui demandent un comportement désinhibé (danser, par ex.)	Se comporte de façon impulsive et désinhibée (parfois sous l'influence d'une substance telle que l'alcool)
Idéaux Exigeants/Critique Excesive	Cherche à agir avec perfection ; impose des normes élevées, pour lui-même et pour les autres	Évite de prendre en charge des tâches au travail ; procrastine	Ne se préoccupe d'aucune norme ; agit avec un bas niveau de performance
Punition	Traite les autres rudement et de façon punitive	Évite les situations où on l'évalue, pour échapper à une punition	Pardonne de façon trop indulgente, tout en étant intérieurement sévère et en colère

problèmes sous-jacents — Punition, Abandon, Imperfection — bloquent tout progrès. Si le patient a un schéma de Méfiance/Abus, il aura peur que l'affirmation de soi n'incite sa petite amie à le traiter de façon agressive. S'il a un schéma d'Abandon, il aura peur qu'elle ne le quitte s'il s'affirme. S'il s'agit d'un schéma d'Imperfection, il ne se donnera pas le droit de s'affirmer, même s'il connaît les étapes du processus d'affirmation de soi. L'entraînement aux habiletés n'est pas l'intervention de base, le plus souvent. Le schéma a des aspects cognitifs et émotionnels que le traitement doit prendre en compte au préalable.

Il est souvent plus facile pour les patients de modifier leurs cognitions, leurs émotions, que de casser des scénarios comportementaux qui se sont répétés tout au long de leur vie. Pour cette raison, le thérapeute doit être patient et insistant tout au long de l'étape comportementale, en utilisant la règle de la confrontation empathique. Le thérapeute reconnaît qu'il est difficile de changer des scénarios comportementaux profondément enracinés, et parallèlement il confronte continuellement le patient à la nécessité de ce changement.

2 Quand débuter la modification comportementale

Comment déterminer s'il est temps de passer à la modification comportementale ? On commence quand le patient a maîtrisé avec succès les étapes cognitive et émotionnelle du traitement. S'il est capable de nommer ses Schémas Précoces Inadaptés lorsqu'ils s'activent, d'en comprendre l'origine infantile et de participer à des dialogues dans lesquelles il inflige régulièrement la défaite à ses schémas en utilisant le côté sain — à la fois sur les plans cognitif et émotionnel — alors il est prêt à débuter la modification comportementale.

3 Définir pour cibles des comportements spécifiques

La première étape pour le thérapeute et le patient consiste à établir une liste détaillée des comportements spécifiques susceptibles de servir de cibles pour le changement. Ils établiront cette liste à partir de la conceptualisation du cas établi à la phase de diagnostic, des descriptions détaillées des comportements problématiques, de l'imagerie des situations problématiques, de la relation thérapeutique, des relations interpersonnelles avec les proches et des questionnaires de schémas.

a. Affiner la conceptualisation du cas

Le thérapeute et le patient revoient la conceptualisation du cas en termes de processus de soumission, d'évitement et de compensation des schémas. À partir de ces styles d'adaptation, ils établissent une liste de comportements spécifiques ou d'événements de vie qui nécessitent du changement. Le thérapeute isolera chaque domaine de la vie du patient, tels que les relations intimes, le travail, les activités sociales, car le patient peut avoir différents schémas et différents styles d'adaptation dans chaque secteur. Le patient dont le schéma est le Manque Affectif, par exemple, peut être chaleureux et attentif avec des amis proches, mais froid et distant avec des partenaires amoureux ; un patient qui un schéma d'Assujettissement peut être passif avec des personnages représentant l'autorité mais dominant et contrôleur avec ses frères et sœurs plus jeunes ou avec des enfants ; un patient qui a un schéma d'Imperfection le verra s'activer dans des situations sociales avec des étrangers, mais pas lorsqu'il rencontrera individuellement des personnes de son entourage proche.

b. Description détaillée des comportements problématiques

C'est peut-être l'étape la plus importante. Lorsque le patient décrit une situation qui déclenche régulièrement l'activation d'un schéma, le thérapeute l'aide à clarifier les comportements spécifiques en lui posant des questions. Le but est d'obtenir une description détaillée de tous les éléments dans leur ordre d'apparition. Du fait des processus de maintien des schémas, le patient crée des distorsions dans son récit pour mettre les faits en accord avec le schéma et il ignore les données qui sont contradictoires au schéma. Le thérapeute devra passer outre la réticence du patient pour faire évoquer les faits réels d'une manière objective et non émotionnellement contrôlée par le schéma.

Exemple de cas

Une jeune femme nommée Daphné arrive en séance et raconte qu'elle s'est disputée avec son mari la veille. Daphné a un schéma d'Abandon/Instabilité parce qu'elle a grandi dans une maison perpétuellement en conflit. Ses parents se battaient tous les soirs, en se menaçant du divorce. Daphné raconte qu'elle les regardait se battre, impuissante à les arrêter, puis qu'elle allait se réfugier dans les toilettes en se bouchant les oreilles avec les mains. Elle est maintenant mariée à Mark, qui est médecin hospitalier. Il travaille beaucoup et rendre le soir épuisé, le visage fatigué.

Son retour à la maison déclenche un conflit presque tous les soirs. Daphné raconte l'histoire de leur dernière dispute.

Daphné : Mark et moi nous sommes disputés la nuit dernière.

Thérapeute : Qu'est-ce qui a provoqué cette dispute ?

Daphné : C'est toujours la même chose. Il rentre tard. Je ne sais pas vraiment.

Thérapeute : Comment ça a débuté ?

Daphné : Comme toujours. Peu importe. On n'est pas d'accord et puis c'est tout. Il va falloir qu'on divorce.

Thérapeute : Daphné, je sens que vous êtes désespérée, mais il est très important que nous comprenions ce qu'il s'est passé. Concentrez-vous bien sur le début de la dispute. Comment a-t-elle commencé ?

Daphné : J'avais passé une journée très difficile. Je n'avais rien pu faire de mon travail personnel. Le bébé avait pleuré toute la journée. Mark est encore rentré tard. Et là, je lui ai tout sorti.

Thérapeute : Que lui avez-dit ?

Daphné : Qu'il m'était impossible de gagner de l'argent pour le ménage quand je dois m'occuper toute la journée d'un bébé hurlant. Comment faut-il que je fasse ? Quand le bébé est réveillé, il faut que je m'occupe de lui et lorsqu'il s'endort, je suis si fatiguée que je m'endors aussi. Mark part pour la journée entière, et moi je suis clouée ici.

Thérapeute : Qu'a répondu Mark ?

Daphné : Il a dit que ce n'était pas sa faute si le bébé pleurait et qu'il travaillait beaucoup, lui aussi.

Thérapeute : Que s'est-il produit ensuite ?

Daphné : Je lui ai dit : « Tu nous laisse seuls jour et nuit. Tu fais un mari et un père lamentable. »

Thérapeute : Qu'avez-vous ressenti à ce moment ?

Daphné : De la colère ; de la colère et de la peur : j'avais peur qu'il ne veuille plus jamais s'occuper de moi et du bébé.

Thérapeute : Et Mark ? Que pensez-vous qu'il ressentait ?

Daphné : Sur le moment, j'ai pensé qu'il s'en fichait, car il a quitté la pièce. Mais plus tard, il m'a dit que mes paroles l'avaient complètement démoli.

En reprenant cette dispute de façon détaillée, Daphné et son thérapeute ont pu identifier les comportements problématiques. Le retard de Mark a activé le schéma d'Abandon/Instabilité de Daphné, qui s'est mise en colère en paniquant. Lorsqu'il rentre tard, plutôt que de lui montrer sa faiblesse et sa peur, elle se déchaîne sur lui et lui fait le plus de mal qu'elle peut. En s'adaptant à son schéma par la compensation, Daphné maintient son schéma. Finalement, elle a de plus en plus peur que Mark ne la laisse, recréant ainsi l'atmosphère d'instabilité qui l'effrayait tant lorsqu'elle était enfant.

c. Imagerie des événements activateurs

Lorsque le patient a de la difficulté à retrouver des détails, le thérapeute peut lui demander de fermer les yeux et de créer une image de la situation. Il lui posera des questions pour le guider dans la recherche des détails : « À quoi pensez-vous ? Que ressentez-vous ? Que voudriez-vous faire ? Que faites-vous ensuite ? » Grâce à l'imagerie, les patients parviennent souvent à retrouver des pensées, des émotions, des comportements auxquels ils n'avaient pas accès précédemment.

Exemple de cas

Henri est étudiant dans une grande école. Son problème actuel est de procrastiner dans son travail scolaire, attitude qui réduit son efficacité.

Henri est l'enfant unique de parents qui mettent en valeur la réussite pardessus tout. Il est le major de sa classe — ceci sans réaliser de très gros efforts. Il était au lycée un athlète de haut niveau, mais en entrant à l'université, il a réalisé qu'il n'était pas suffisamment performant pour se lancer dans une carrière de sportif professionnel. « Je me suis senti en échec, dit-il, mais je m'imaginais que ma réussite scolaire était assurée. » Henri s'attendait à ce que son travail scolaire prenne la place du sport pour lui donner une haute estime de soi. Mais actuellement, il ne travaille pas et ses notes sont très médiocres.

Dans la phase de diagnostic, Henri a identifié deux schémas principaux qui gênent ses études : Idéaux Exigeants et Contrôle de Soi/Autodiscipline Insuffisants. Après une bataille contre ces schémas en utilisant des techniques cognitives et émotionnelles, le thérapeute et Henri sont passés à la modification comportementale. Dans l'extrait suivant, le thérapeute se sert de l'imagerie pour aider Henri à identifier les comportements qui ont pu contribuer à l'empêcher de travailler.

Thérapeute : Acceptez-vous de faire un exercice d'imagerie qui vous aiderait à cerner ce problème ?

Henri : O.K.

thérapeute : Fermez les yeux et créez une image de vous-même hier soir, assis à votre table de travail.

Henri : O.K. *(les yeux fermés)*

thérapeute : Que voyez-vous ?

Henri : Je suis dans ma chambre. C'est un peu le bazar, il y a des papiers partout. J'ai des livres devant moi et mon ordinateur sur le côté. (Pause.)

Thérapeute : Que se passe-t-il lorsque vous commencez à penser à votre travail ?

Henri : Il commence à être tard. Je me suis dit toute la journée que j'aurais du temps plus tard pour travailler. Maintenant j'ai un devoir à rendre le lendemain et je ne l'ai pas encore commencé.

Thérapeute : À quoi pensez-vous ?

Henri : Je ne veux pas faire mon devoir. Je suis trop fatigué pour me concentrer. Je ne sais pas par où commencer. Le fait d'y penser me donne mal à l'estomac. J'ai plutôt envie de faire un jeu sur l'ordinateur, et c'est ce que je fais.

Thérapeute : Que se passe-t-il ensuite ?

Henri : Je fais un jeu sur l'ordinateur ; ensuite j'écoute un peu de musique. Maintenant il est vraiment très tard, je sais qu'il faut que je travaille.

Thérapeute : Que ressentez-vous ?

Henri : Je suis anxieux et déprimé. Plus je deviens anxieux, plus il m'est difficile de me concentrer.

Thérapeute : Que vous passe-t-il par l'esprit ?

Henri : Il est trop tard.

Thérapeute : Il est trop tard pour rédiger votre devoir ?

Henri : Non, il est trop tard pour avoir une très bonne note. J'aurais pu avoir une bonne note si j'avais fait le travail. Mais à quoi ça sert de toute façon, je suis en échec.

Thérapeute : Que faites-vous alors ?

Henri : Je règle mon réveil pour quatre heures du matin, me disant que je me lèverai tôt pour rédiger mon travail. Je ne me suis pas réveillé à temps et j'ai dormi toute la journée du lendemain, sans aller en cours.

Henri utilise des stratégies comportementales d'évitement telles que la distraction pour s'adapter à son anxiété grandissante. Tout en posant des questions sur le comportement d'Henri, le thérapeute lui demande également des informations sur ses cognitions et ses émotions. Plus l'évocation de l'image sera vive, plus il sera facile pour le patient de se souvenir de ses comportements.

d. La relation thérapeutique

Le comportement du patient au cours de la relation thérapeutique représente une source supplémentaire d'information sur les comportements qui nécessitent du changement, notamment ceux qui mettent en jeu des relations avec les proches. Cette source d'information est particulièrement intéressante parce que le thérapeute peut observer les comportements de façon directe, en percevoir des subtilités que le patient lui-même n'aurait pas rapportées.

Le thérapeute peut observer les schémas du patient, ainsi que ses styles d'adaptation. Chaque ensemble de schémas et de styles d'adaptation possède sa présentation propre. Une patiente jeune va, par exemple, démontrer son schéma de Manque Affectif et son style d'adaptation évitant en finissant les séances plus tôt que prévu. Ne voulant pas affronter le fait qu'elle partage le thérapeute avec d'autres patients, elle quitte la séance avant que le patient suivant n'arrive en salle d'attente.

Un jeune patient fait état de son schéma d'Imperfection et de sa stratégie de compensation en corrigeant de façon répétitive la manière de parler du thérapeute. Une jeune femme qui a un schéma de Fusionnement et un style d'adaptation qui est la soumission va imiter le style vestimentaire de sa thérapeute. (Dans le chapitre 6, nous préciserons la présentation des schémas et des styles adaptation dans le cadre de la relation thérapeutique.)

Exemple de cas

Le cas d'Alicia illustre la façon dont les schémas et les styles d'adaptation se manifestent dans la relation thérapeutique et comment ils peuvent renverser la thérapie. Alicia a grandi dans une famille stricte et moralisatrice. Sa mère lui a appris que les gens étaient par naissance mauvais et faibles et que, pour être quelqu'un de bien, il fallait se surveiller de façon constante. La pire des transgressions était d'oublier les membres de sa famille lorsqu'ils sont dans le besoin. Alicia était une fille responsable et vertueuse qui essayait de répondre aux attentes de sa mère. « Je voulais lui faire plaisir, mais je n'y parvenais pas » dit-elle. Son père était alcoolique et sa mère expliquait à Alicia qu'il était de son devoir de l'aider à se contrôler. Alicia essayait d'être très gentille, de ne pas agacer son père, « pour qu'il ne se mette pas à boire ». Elle vidait les bouteilles de whisky, le suppliait et le cajolait pour qu'il ne sorte par le soir, et le mettait au lit lorsqu'il était saoul.

Les schémas principaux d'Alicia sont l'Imperfection et la Punition. Elle ne peut pas se pardonner d'avoir eu de mauvaises pensées et de mauvaises impulsions. Elle a également des schémas de Manque Affectif (lié à l'atmosphère émotionnelle froide de la famille), d'Abnégation (lié aux demandes de sa mère de servir les besoins de la famille, notamment de son père), et d'Idéaux Exigeants (lié à l'impossibilité d'être « suffisamment bien » pour faire plaisir à sa mère). En grandissant, Alicia adopta des modes de vie qui perpétuaient ses schémas. Elle se mit à choisir des partenaires et des amis qui étaient des gens à problème. Ses petits amis ont tous été des consommateurs de drogue. Elle persistait dans ces relations parce qu'elle sentait qu'il était de son devoir qu'il en soit ainsi. Comme sa mère le lui avait dit, on ne doit pas délaisser les gens que l'on aime lorsqu'ils se sont dans le besoin. De plus, comme avec son père, Alicia croyait que c'était de sa faute si ces garçons consommaient de la drogue. D'une certaine manière, elle avait échoué à les empêcher.

L'un des buts thérapeutiques d'Alicia était de perdre du poids. Elle commença par expliquer au thérapeute au cours des séances tout ce qu'elle avait mangé pendant la semaine précédente. Au début, il semblait bien qu'Alicia veuille attirer l'attention du thérapeute sur ses efforts pour perdre du poids, et le thérapeute donna dans ce sens (en espérant contrecarrer le schémas de Manque Affectif de la patiente). Cependant, il devint bientôt clair qu'Alicia considérait que le thérapeute la condamnait pour son excès pondéral. Ses schémas d'Imperfections et de Punition s'activaient. Alicia se confessait au thérapeute, comme elle confessait son mauvais comportement à sa mère lorsqu'elle était enfant. Lorsqu'elle en prit conscience, Alicia éclata en sanglots, disant qu'elle avait l'intention de cesser la thérapie. Perdre du poids n'était pas son objectif, mais celui de sa mère. Alicia croyait que si elle ne faisait pas ce que sa mère exigeait d'elle, elle serait quelqu'un de mauvais. Perdre du poids était une promesse faite à sa mère, qu'elle se devait de tenir. Cependant, une autre partie d'elle — son Enfant Vulnérable — sentait que manger était pour elle son seul plaisir et qu'elle ne parvenait pas à se limiter toute seule. (Manger était une forme de compensation pour ses schémas de Manque Affectif et d'Abnégation). En racontant au thérapeute sa façon de manger, Alicia transformait le thérapeute, dans son esprit, en une personne punitive et elle se devait de travailler sans relâche pour lui plaire.

Le thérapeute aida Alicia à découvrir d'autres domaines de sa vie dans lesquels elle confessait son mauvais comportement, avec la croyance que l'autre personne devait la juger négativement. C'est ce scénario de vie qui devint alors son but principal en matière de modification comportementale.

e. Relation avec les proches

Le thérapeute ne devra parfois pas se contenter des seuls récits du patient pour identifier les comportements problématiques, notamment avec les compensateurs. Il existe des lacunes et des erreurs dans l'auto-observation des patients. Notamment lorsqu'ils compensent leurs schémas. Les narcissiques, par exemple, sont de très mauvais observateurs de leurs comportements et des conséquences de ceux-ci sur les autres personnes. Des consultations avec le partenaire, des membres de la famille ou des amis, peuvent apporter des informations nouvelles. Le thérapeute explore le point de vue de ces personnes et les questionne sur des exemples précis qui illustrent les comportements inadaptés du patient. S'il n'est pas possible de les rencontrer, le patient peut leur demander leur feedback et discuter de leurs réponses en séance.

La prise en compte attentive des relations avec les proches peut également apporter des informations. Le thérapeute se concentre sur les comportements problématiques : quels sont les schémas activés ? Comment le patient s'adapte-t-il ? Que fait-il exactement ? Quels sont les comportements auto-défaitistes qui maintiennent les schémas ?

EXEMPLE DE CAS

Monique vient en thérapie parce que Lawrence, son mari, n'a pas de relations sexuelles avec elle.

Thérapeute : Pourquoi croyez-vous qu'il ne veut pas de relations sexuelles avec vous ?

Monique : Je ne sais pas.

Thérapeute : Aucune idée ?

Monique : Je ne sais pas. Je crois qu'il n'est pas attiré par le sexe.

Monique dit qu'elle implore son mari : « Je lui dit que je me sens seule, qu'il me manque. » L'enquête révèlera que les deux partenaires avaient une vie sexuelle normale avec leur mariage. Elle est certaine de la fidélité de son mari ; ni lui ni elle n'ont jamais eu de relation extra-conjugale. Pour elle, son mari n'est pas en colère contre elle. C'est elle qui est en colère contre lui parce qu'il l'abandonne sur le plan sexuel. Monique lutte contre la tentation de tromper Lawrence. Au travers de Monique, le thérapeute ne parvient pas à savoir pourquoi Lawrence est si peu intéressé par des relations sexuelles avec elle.

Il demande si Lawrence pourrait venir à une séance, seul. Monique accepte et son mari vient. Lawrence explique que Monique critique ses performances sexuelles, qu'elle trouve inférieures à celles des amants qu'elle a eus avant son mariage. Les années passant, il se sent de plus en plus anxieux et incapable sur le plan sexuel. De ce fait, il a pris le parti d'éviter les relations sexuelles avec Monique. C'est ainsi que le thérapeute parvient à connaître le comportement problématique qui, chez Monique, est responsable de l'interruption de leurs relations sexuelles.

f. Inventaires des schémas

Le Questionnaire des Schémas de Young est une excellente source de comportements problématiques de type « soumission ».

Le Questionnaire des Attitudes d'Évitement de Young liste les comportements d'évitement.

Le Questionnaire des Attitudes de Compensation de Young liste les comportements de compensation.

4 ÉTABLIR UNE PRIORITÉ DANS LES COMPORTEMENTS À CHANGER

Une fois établie la liste des comportements et des modes de vie problématiques, le thérapeute et son patient déterminent ensemble quels sont les comportements les plus importants à modifier et quel serait, pour chacun d'eux, le comportement sain à développer. Souvent, les patients ne sont pas conscients de leurs comportements problématiques et ils ignorent quels seraient les comportements sains alternatifs. Avec le thérapeute, ils déterminent les comportements sains et ils discutent ensemble des avantages et des inconvénients de chacun d'eux. Ils déterminent donc quelles réponses saines devront remplacer les réponses inadaptées et ces réponses saines deviendront les buts comportementaux.

Le thérapeute aide le patient à déterminer quel comportement sera changé en premier. Le patient ne travaillera que sur un comportement à la fois, et non pas sur l'ensemble du modèle. Le comportement à modifier en premier sera déterminé à l'aide des règles suivantes.

a. Changer des comportements plutôt que faire changer la vie

On cherche à changer en premier un comportement dans une situation de la vie courante, plutôt qu'un changement majeur tel qu'un divorce ou un changement de travail (bien sûr, ce principe ne s'applique pas à des situations dangereuses ou insupportables, telles qu'un mari violent). Changer un comportement consiste à rester dans une situation donnée et apprendre à répondre de façon plus appropriée. Nous pensons que les patients ont tout à gagner en apprenant à maîtriser une situation difficile avant de décider s'ils doivent la quitter. Avant de conclure que le changement est impossible, les patients doivent d'abord être certains qu'ils ne pourront pas obtenir satisfaction en laissant la situation en l'état et en améliorant leur comportement. De plus, ils acquièrent des habiletés pour de futures situations difficiles. Si, après avoir amélioré leur comportement, les patients décident de quitter la situation présente, ils auront acquis la certitude d'avoir fait tout leur possible pour arranger les choses.

b. Commencer par le comportement le plus problématique

Le thérapeute doit commencer par le comportement le plus problématique, c'est-à-dire celui qui cause le plus de souffrance au patient et qui interfère le plus avec ses activités et ses relations interpersonnelles. L'exception est représentée par le cas où le patient se sent trop dépassé pour décider. Dans ce cas, le thérapeute choisit lui-même le comportement problématique que le patient semble être capable de changer.

La thérapie comportementale et cognitive classique commence, elle, par le plus facile pour aller vers le plus compliqué, selon une hiérarchie. Par exemple, si le patient vient parce qu'il ne peut pas dire « non » à son chef, un thérapeute cognitivo-comportemental commencera par de l'affirmation de soi avec des étrangers et des subalternes, puis il le fera progressivement travailler avec les amis et la famille, et finalement avec le chef.

En schéma-thérapie, le thérapeute commence par les schémas et les styles d'adaptations centraux, de façon à ce que le patient se sente rapidement amélioré. Si le patient se dit incapable d'aborder le problème principal, on passe alors un problème secondaire.

5 Motiver pour le changement comportemental

Une fois la cible comportementale fixée, le thérapeute cherche à motiver le patient pour le changement comportemental.

a. Relier le comportement ciblé à ses origines infantiles

Le but est d'aider le patient à se sentir plus empathique vis-à-vis de lui-même et à s'auto-encourager ; il deviendra ainsi capable d'effectuer des changements positifs. Il comprend pourquoi le comportement s'est développé initialement et il apprend à se pardonner lui-même, alors qu'il se reprochait son attitude. Un patient qui cherche à se débarrasser de l'alcool, par exemple, reliera son besoin de boire à un schéma d'Imperfection, lequel a pris naissance dans son enfance au contact d'un père alcoolique qui le rejetait. C'est pour échapper à son sentiment d'absence de valeur et d'incapacité à être aimé qu'il boit. Plutôt que de penser à la faiblesse qui l'a fait devenir alcoolique, il parvient à comprendre ce qui s'est passé. La boisson était pour lui le moyen d'échapper aux émotions douloureuses de son Schéma Précoce Inadapté.

De plus, ce lien entre un comportement et l'enfance aide le patient à associer le travail comportemental à ce qui a été fait auparavant dans les étapes cognitive et émotionnelle du traitement.

b. Lister les avantages et inconvénients à conserver le comportement ciblé

Pour renforcer la motivation, le thérapeute et le patient font la liste des avantages et des inconvénients à conserver le comportement inadapté. La modification comportementale ne sera entamée que lorsque le patient sera convaincu que cet effort en vaut la peine.

EXEMPLE DE CAS

Alain vient sur l'insistance de sa fiancée, Nora, qui exprime des doutes sur leur futur mariage. Alain ne comprend pas ce qui va mal dans leur relation. Selon lui, tout va bien. « Le seul problème, c'est que Nora n'est pas heureuse », dit-il. À la demande du thérapeute, Nora vient à une séance. Elle explique qu'il « manque quelque chose » dans sa relation avec Alain. « Nous n'avons pas d'intimité réelle », dit-elle.

À la phase de diagnostic, Alain et son thérapeute ont mis en évidence un schéma de Manque Affectif qui l'empêche d'entrer en relation très forte avec Nora. Alain est passé par les étapes cognitive et émotionnelle du traitement et il entame la modification comportementale. Son but est d'exprimer davantage d'émotion — aussi bien positive que négative — dans sa relation avec Nora.

Alain est très ambivalent dans son objectif. Selon lui, son inhibition affective est une partie intrinsèque de sa personnalité. Pour l'aider à se motiver au changement, le thérapeute lui demande d'établir la liste des avantages et des inconvénients qu'il y a à rester froid avec Nora. La liste des avantages indique (1) éviter d'être gêné ; (2) être authentique avec moi-même ; (3) j'aime me contrôler ; et (4) je n'aime pas la confrontation. La liste des inconvénients indique un seul point : (1) Nora sera malheureuse et va peut-être me quitter. C'est malgré tout en considérant ce seul inconvénient qu'Alain s'est forgé une motivation au changement. Le fait de savoir que, s'il ne changeait pas, Nora pourrait le quitter, a suffi à le faire changer.

6 FAIRE UNE FICHE

Le thérapeute et le patient composent souvent une fiche concernant le comportement ciblé. On peut se servir de la Fiche de Schémas « Mémo-

Flash » (voir chapitre 3, p. 149) comme modèle, en l'adaptant au comportement. La fiche décrit la situation, identifie les schémas activés, le comportement problème et le comportement sain.

Exemple de cas

Justine a un schéma d'Assujettissement qui s'est constitué au cours de son enfance, au contact de son père tyrannique. Elle s'est mariée à Richard, qui l'aime mais la domine, comme son père. Richard se comporte comme le chef et Justine travaille à remplacer sa réponse trop agressive par un comportement plus adapté, moins confrontatif. Voici la fiche que Justine a mise au point avec son thérapeute pour l'aider à changer son style hyper-compensateur en un style assertif plus approprié.

« Actuellement, je ressens que Richard me contrôle, me dit ce que je dois faire, et qu'il ne m'écoute pas. J'ai envie de lui crier de me laisser seule ; de lui jeter les objets qui m'entourent ; de m'enfuir dans la chambre et de claquer la porte ; de le frapper. Mais je sais que je réagis violemment à cause d'un schéma d'Assujettissement que j'ai construit au contact de mon père dominateur lorsque j'étais une petite fille. Même si je crois que Richard néglige mes sentiments de façon délibérée, c'est sa façon d'être et il n'a pas l'intention de me faire du mal. Même si j'ai envie de hurler et de le frapper, je vais me calmer, lui dire ce que je ressens et ce que j'ai envie de faire. Je vais le lui dire d'une façon adulte, de sorte que je n'aurais pas à le regretter plus tard. »

Les patients peuvent lire la fiche soit avant de se préparer aux situations, pour se rappeler l'importance du changement de comportement ; soit en situation, lorsqu'ils ressentent le besoin de revenir à l'ancien comportement, inadapté.

7 Répéter le comportement sain en imagination et en jeux de rôle

Le patient s'entraîne à la pratique du comportement sain en séance. Il s'entraîne à recréer en imagination la situation problématique et joue en rôle la situation avec le thérapeute. Il s'imagine gérant la situation en imagination, naviguant avec succès entre les écueils. Voici une scène d'imagerie avec Justine.

Thérapeute : Fermez les yeux et créez une image de Richard qui rentre à la maison. Il est tard, le bébé pleure et vous êtes au bout du rouleau. Vous voyez cette scène ?

Justine : (les yeux fermés) Oui.

Thérapeute : Que se passe-t-il ?

Justine : Je l'attends, je piétine, je regarde l'heure.

Thérapeute : Que ressentez-vous ?

Justine : Par moment, j'ai très peut qu'il ne rentre pas du tout. L'instant d'après, j'ai envie de le tuer quand il me fait ça.

Thérapeute : Que se passe-t-il quand il franchit la porte ?

Justine : Il me regarde, m'interroge, pour savoir de quelle humeur je suis.

Thérapeute : Qu'avez-vous envie de faire ?

Justine : Je ne sais pas si j'ai envie de lui hurler après en lui frappant la poitrine à coups de poings ou si je veux lui sauter au cou pour l'embrasser.

Thérapeute : Et comment faite-vous pour gérer ces deux parties ?

Justine : Je parle à la partie en colère. Je lui dis : « Écoute, tu aimes Richard et tu ne veux pas lui faire du mal. Tu es bouleversée parce que tu pensais qu'il ne reviendrait plus à la maison, mais le voilà ! Tu peux être contente. »

Thérapeute : Et que répond la partie en colère ?

Justine : Elle dit « d'accord, », elle se sent bien.

En parlant à son côté en colère, Justine travaille en modes de schémas. Elle mène un dialogue entre les modes de l'Enfant en Colère et de l'Adulte Sain.

En jeux de rôle, le thérapeute commence par servir de modèle pour le comportement sain, pendant que le patient joue le rôle de l'autre personne dans la situation problématique. Puis ils inversent les rôles, le patient joue le comportement sain et le thérapeute tient l'autre rôle. Le thérapeute et le patient travaillent ensemble à gérer les obstacles probables, de façon à ce que le patient soit préparé du mieux possible.

8 Se mettre d'accord sur une tâche à domicile

L'étape suivante consiste à déterminer une tâche concernant le nouveau modèle comportemental. Le patient accepte de transposer le comportement sain dans la vie réelle et de noter ce qui se produit.

Le patient écrit la tâche assignée, le thérapeute en garde une copie. La tâche est spécifique et concrète. Exemple : « cette semaine, je vais demander à mon patron des vacances fin mai. Avant de le lui demander, je consulterai la fiche, je m'imaginerai lui demandant mes congés, ainsi que je l'ai prévu. Ensuite, j'écrirai ce qu'il s'est produit, ce que j'ai ressenti, ce que j'ai pensé, ce que j'ai fait, et ce que mon patron a dit. »

9 REVOIR LA TÂCHE EN SÉANCE

Au début de la séance suivante, le thérapeute et le patient, se référant à la copie écrite, font la revue de cette tâche. Cette revue des tâches est très importante : si le thérapeute oublie une tâche assignée, le patient en conclura que le travail en séance n'est pas important et que le thérapeute n'accorde pas d'importance à ses efforts. Cela rendra alors peu probable l'investissement du patient dans les tâches futures. L'attention et les félicitations du thérapeute sont probablement les renforçateurs les plus importants de l'accomplissement des tâches, particulièrement dans les premières étapes de la modification comportementale.

10 EXEMPLE D'UN CAS DE MODIFICATION COMPORTEMENTALE

Alec a 35 ans, il est avocat. Il vient de divorcer de Kay après 7 ans de mariage. Malgré un mariage sans bonheur et une liaison avec une collaboratrice, Alec a été très surpris de la demande de divorce de Kay. Comme motif de divorce, elle lui a dit qu'elle était malheureuse. Elle a refusé sa proposition de thérapie de couple et a quitté la maison le jour même. Le couple n'a pas d'enfant. Après un an de séparation, le divorce est prononcé et Kay peut disposer librement de sa vie. Quelques mois plus tard, Alec demande une thérapie.

Le problème actuel d'Alec est sa difficulté à entamer une relation avec une femme, notamment une relation qui conduirait à se marier et à fonder une famille. Il lui est difficile d'envisager la scène de la rencontre. De plus, il ne comprend pas pourquoi Kay a mis fin à leur mariage, ni pourquoi la femme qui lui plait, au travail, refuse de sortir avec lui. Il est obsédé par cette femme et il passe une grande partie de sa journée à penser à elle, à essayer de la voir, si bien que son efficacité professionnelle diminue de façon importante.

Alec a deux frères plus âgés. Sa mère est morte lorsqu'il avait 8 ans et c'est son père, accablé par la peine, qui l'a élevé. Ses frères ont grandi et sont partis pour l'université, laissant Alec seul pour s'occuper de son père. (Depuis lors, il considère ses frères comme des étrangers.) En dehors de la maison, Alec se considérait comme « inadapté social ». Il était très bon élève, mais il avait du mal à se faire des amis. Sa vie rébarbative lui paraissait très différente de celle, insouciante, de ses camarades. Pour eux, la vie à la maison était joyeuse, alors que la sienne était vide et triste. Son père était dépressif de façon chronique. Alec dit : « Mon père passait son temps à dormir ou à regarder la télévision. Il vivait entre le lit et le canapé. Il ne sortait jamais et ne voyait jamais personne. Tout ce qu'il savait me dire, c'est « passe-moi le sel » ou des choses comme ça.

Au cours de la phase de diagnostic, Alec et son thérapeute ont identifié des schémas d'Abandon/Instabilité (lié à la mort de la mère et au départ des deux frères) ; de Manque Affectif (lié à son père apathique et distant, et à ses frères qui ne se sentaient pas concernés) ; d'Isolement Social (lié à sa vie familiale qui le faisait se considérer comme différent de ses pairs) ; et d'Abnégation (lié à la charge de s'occuper de son père).

Son style d'adaptation principal est l'évitement : très tôt, il est devenu un bourreau de travail. Il s'est jeté à corps perdu dans son travail scolaire, puis plus tard dans sa carrière juridique. Il a rencontré Kay à la faculté de droit et ils se sont mariés quelques années plus tard. Il n'était pas amoureux d'elle, mais il la trouvait stable et sensible et il avait peur d'affronter le monde en restant seul. Comme son père, Alec était déprimé de façon chronique. Il voulait des enfants, mais Kate refusait. Leur vie commune était stable, mais monotone et sans passion. (Le mariage d'Alec avec Kate représente sa soumission au schéma de Manque Affectif. Il a reproduit dans son mariage la vie familiale de son enfance, qui était vide sur le plan affectif.)

Ces dernières années, Alec s'est mis à être très attiré par Joan, sa collaboratrice. Elle flirtait avec lui du temps de son mariage, mais elle a refusé de sortir avec lui après son divorce, malgré les invitations répétées d'Alec. Elle acceptait de lui des cadeaux et des faveurs, mais elle n'éprouvait pas de sentiment amoureux envers lui, chose qu'Alec avait beaucoup de mal à accepter. Lorsqu'on lui demandait ce qui l'attirait tant chez Joan, Alec répondait : « Lorsque nous sommes seuls, j'ai l'impression que je suis le seul au monde pour elle. Elle est très attentionnée et à l'écoute. Mais lorsqu'il y a du monde, elle est distante. » Alec trouve très excitante l'inconstance de Joan à son égard. Le thérapeute émet l'hypothèse que l'attrait d'Alec pour Joan est guidé par son schéma d'Abandon/Instabilité. De plus, il est probable que le schéma d'Abnégation intervienne aussi dans cette attirance, car Alec donne beaucoup à Joan et reçoit peu en retour.

Alec et son thérapeute sont d'accord pour décider que la première cible du changement comportemental devra être les activités centrées sur Joan au travail : passer ses journées à rêver à elle, à l'appeler au téléphone, à lui envoyer des e-mails, à questionner les gens à son sujet, à chercher des articles de journaux qui l'intéressent, à les lui apporter, à s'arranger pour tomber sur elle « par hasard ». Alec passait toutes ses journées à ces activités, même si cela le torturait et s'il devait le regretter après coup. De plus, comme déjà signalé, son efficacité professionnelle avait sérieusement diminué.

Le thérapeute commence par aider Alec à relier le comportement cible à ses origines infantiles. Il lui demande de fermer les yeux et de s'imaginer au travail, en train de penser à Joan qui lui manque.

Thérapeute : Que voyez-vous ?

Alec : Je suis assis à mon bureau. J'essaie de travailler, mais je ne peux pas cesser de penser à elle. Je sais qu'il faudrait que je me concentre sur mon travail, mais je veux la voir. Je veux lui donner un article que j'ai trouvé, je sais qu'il va l'intéresser, il parle de...

Thérapeute : (L'interrompant) La partie de vous qui veut la voir, que dit-elle ?

Alec : Elle dit que je ne peux pas continuer à supporter ça.

Thérapeute : Pouvez-vous créer une image où vous êtes enfant et ressentez la même chose ?

Alec : Oui.

Thérapeute : Que voyez-vous ?

Alec : Je suis seul, dans mon lit, je pleure et je veux ma mère. C'est après son décès. Je voulais très fort qu'elle vienne, mais elle ne venait pas.

Lorsque Joan lui manque, quand il est au travail, c'est le schéma d'Abandon qui s'active chez Alec, évoquant une émotion liée au décès de sa mère. Pour échapper à cette émotion, Alec va à la recherche de Joan. Le thérapeute et Alec composent une fiche mémo-flash qu'Alec lira lorsque son schéma s'activera au travail. La fiche lui conseille, plutôt que de chercher Joan, de donner la parole à la voix de l'enfant en écrivant un dialogue entre les modes de l'Enfant Abandonné et de l'Adulte Sain (Alec appelle son mode Adulte Sain la « Bonne Mère »). Si l'Adulte Sain parvient à combler les besoins affectifs inassouvis de l'Enfant Abandonné, alors cet Enfant Abandonné ne partira pas à la recherche de Joan dans le but de combler ses besoins.

Pour continuer à préparer Alec à la modification comportementale, le thérapeute lui demande de mener un dialogue entre le côté du schéma, qui voudrait qu'il reste concentré sur Joan, et le côté sain, qui veut lui faire oublier Joan pour se concentrer sur son travail et lui permettre de rencontrer d'autres femmes, plus disponibles. Alec joue les deux côtés, en changeant de chaises pour représenter le changement de côté. Au début de cet extrait, le thérapeute demande à Alec de s'imaginer au travail, en train de combattre le désir de retrouver Joan.

Alec : (en tant que coté du schéma) « Va la retrouver. C'est tellement bien quand tu es avec elle. Il y a tellement longtemps que rien n'a été aussi bon.... Etre avec elle une fois de plus vaut bien la peine que tu perdes un peu de ton temps de travail ; ça vaudrait même la peine de tout laisser pour elle. »

Thérapeute : Maintenant, jouez le côté sain.

Alec : (changeant de chaise ; en tant que côté sain) « Tu as tort ; tu te sentiras encore bien plus mal ; tu n'y trouveras rien de bon : seulement davantage de solitude. »

Thérapeute : Maintenant, le côté du schéma.

Alec : (changeant de chaise, en tant que côté du schéma) « Je vais te dire ce qu'est ta vie sans elle : une vie d'ennui, voilà. Tu n'as rien à espérer. Tu es plus mort que vivant. »

Thérapeute : Le côté sain, maintenant.

Alec : (changeant de chaise, en tant que côté sain) « Non, tu as tort, ne fais pas comme ça. Tu pourras rencontrer une autre femme, quelqu'un qui aura des sentiments pour toi. »

Le dialogue se poursuit jusqu'à ce qu'Alec ressente que le côté sain à vaincu le côté du schéma.

La première tâche assignée d'Alec est de cesser ses activités centrées sur Joan en les remplaçant par la lecture de la fiche et en écrivant des dialogues. Il ne parvient que de façon partielle à accomplir cette tâche. À la séance suivante, il explique qu'il est parvenu à cesser la plupart des activités dans son bureau : les coups de téléphone et les envois d'e-mails. Tous les matins, il se promet de ne pas chercher à voir Joan, mais, à la fin de la journée, il a quasiment toujours trouvé un prétexte pour la rencontrer. Le thérapeute aide Alec à travailler sur ce blocage dans le changement de comportement. Alec établit la liste des avantages et des inconvénients à continuer à voir Joan. L'avantage principal est que, aussi longtemps qu'il continuera à la voir, il aura une chance de la séduire. L'inconvénient principal est que ce comportement le maintient dans une position de manque et de douleur.

L'autre comportement qu'Alec et son thérapeute veulent modifier est son excès à travailler. Ils s'accordent à dire qu'Alec devrait passer ses week-ends à des activités qui lui permettent de rencontrer d'autres femmes, plutôt qu'à travailler au bureau comme à l'accoutumée. Dans l'extrait suivant, Alec et son thérapeute étudient une tâche comportementale dans cette intention.

Thérapeute : De quel type d'activité pourrait-il s'agir ? Où pourriez-vous rencontrer des femmes qui vous plairaient ?

Alec : Je ne sais pas, il y a si longtemps que je ne suis allé nulle part ailleurs qu'au bureau.

Thérapeute : Que voudriez-vous faire le week-end ?

Alec : À part travailler ? (Rires.)

Thérapeute : Oui. (Il rit aussi.)

Alec : Voyons, aller dans un bar pour regarder des jeux, peut-être. Mais ce n'est pas là que je ferai des rencontres.

Thérapeute : Aimeriez-vous faire autre chose ?

Alec : Peut-être faire du vélo, s'il fait beau...

Thérapeute : Où irez-vous pour ça ?

Alec : Au parc.

Thérapeute : Ça vous plairait ?

Alec : Oui, j'aimerais ça. Il y a des gens, au bureau, qui se retrouvent le samedi matin pour aller faire du vélo. Je n'y suis jamais allé.

Thérapeute : Pourquoi ?

Alec : Je ne sais pas, je me trouverais ridicule.

Thérapeute : Ça vous rappelle quelque chose ? Pouvez-vous rapporter ce sentiment à votre enfance ?

Alec : Oui, j'avais l'habitude de rester dans la salle de classe durant les récréations, pour travailler, plutôt que d'aller jouer à l'extérieur. Je ressens la même chose.

Thérapeute : Bien ; dites-moi, si vous entriez maintenant, en tant qu'adulte, dans la salle de classe, et que voyiez votre « moi enfant » assis durant la récréation, alors que tous les autres enfants s'amusent dehors, que diriez-vous à l'enfant ?

Alec : Je lui dirais : « Tu ne veux pas aller jouer dehors ? Tu ne veux pas aller dehors avec les autres ? »

Thérapeute : Et que répond l'enfant ?

Alec : (en tant qu'enfant) « Oh, si ! Mais j'ai l'impression de ne pas faire partie de leur groupe. »

Thérapeute : Et que lui répondez-vous ?

Alec : (en tant qu'adulte) « Je lui dis « Et si je venais avec toi ? Si les autres enfants apprenaient à te connaître, je suis sûr qu'ils t'aimeraient. Je vais venir avec toi et je t'aiderai. »

Thérapeute : Et que dit l'enfant ?

Alec : Il dit « D'accord ».

Thérapeute : Bien. Maintenant, imaginez-vous au travail, en train de vous renseigner, auprès d'un collègue, sur le vélo du samedi. Que voyez-vous ?

Alec : Je vais voir Larry, au déjeuner, et je lui dis « Larry, j'aimerais me joindre à vous ce samedi pour la ballade à vélo. Pourrais-tu me dire comment ça se passe ? » C'est tout ce que j'aurais à faire.

Thérapeute : Êtes-vous d'accord pour cette tâche ?

Alec : O.K.

Le patient écrit la tâche assignée, avec l'instruction d'enregistrer les pensées, les émotions et les comportements. À la séance suivante, Alec amène les résultats. Le thérapeute le félicite pour sa réussite et montre l'intérêt qu'il porte à la conclusion. De plus, il rappelle les bénéfices à achever la tâche.

11 Surmonter les obstacles au changement comportemental

Il est difficile de changer des comportements commandés par les schémas et, malgré le désir des patients, ce processus rencontre de nombreux écueils. Les Schémas Précoces Inadaptés sont profondément enracinés, ils se battent pour survivre, parfois de façon subtile. Nous avons développé plusieurs approches pour surmonter les blocages au changement comportemental.

a. Compréhension du blocage

Lorsque les patients se sont engagés dans le changement comportemental, ils peuvent rencontrer des difficultés à initier les nouveaux comportements. Lorsque les patients ne suivent pas le programme des tâches assignées, il faut commencer par comprendre pourquoi.

Le patient a-t-il conscience de la nature du blocage ? Certains patients savent ce qui les empêche d'accomplir leurs tâches assignées et sont capables d'en parler de façon directe.

Sinon, le thérapeute peut questionner le patient : A-t-il peur des conséquences du changement ? Est-il en colère à cause de la nécessité ou de la difficulté du changement ? A-t-il de la difficulté à supporter l'inconfort ou le combat qu'implique le changement ? A-t-il mis en évidence des pensées ou des émotions difficiles à surmonter ? Pense-t-il qu'une issue positive est impossible ? Malgré l'étude des avantages et les inconvénients dans l'optique du changement comportemental, réalisée au préalable par le patient et le thérapeute, le patient a pu découvrir un nouvel inconvénient ou bien reconsidérer la valeur d'un inconvénient qu'il avait auparavant sous-estimé.

Si le patient est incapable de définir la nature du blocage ou si ses réponses ne sont pas satisfaisantes, alors le thérapeute utilise d'autres méthodes pour explorer le blocage.

b. Imagerie

Dans le chapitre précédent, nous avons parlé de façon très détaillée de l'imagerie utilisée dans le cadre du changement comportemental. Nous passerons ici en revue certaines de ces méthodes pour insister sur leur importance dans le changement comportemental.

L'imagerie peut servir à comprendre les blocages : le thérapeute demande au patient de visualiser la situation problématique et de décrire ce qui se passe lorsqu'il essaie le nouveau comportement. Le thérapeute et le patient explorent ensemble le moment où le patient se trouve bloqué. Quelles sont les pensées et les émotions du patient à cet instant ? Quelles sont les pensées et les émotions des autres personnages ? Que veut-il faire ? De cette façon, le thérapeute et le patient parviennent souvent à définir la nature du blocage.

Le thérapeute peut également demander au patient de s'imaginer dans son nouveau comportement et étudier le détail de ce qui survient ensuite. Se sent-il coupable ? Est-il l'objet de la colère d'un membre de la famille ? Anticipe-t-il une issue terrible ?

Le thérapeute peut aussi demander au patient de se concentrer sur une représentation imagée du blocage et de s'imaginer en train de le forcer. Le blocage peut, par exemple, être décrit comme une masse noire qui appuie sur le patient du haut vers le bas : le questionnement révèle que ce blocage est porteur du même message qu'un de ses parents pessimistes. Le patient repousse ce message en repoussant physiquement le blocage.

Le thérapeute peut relier l'instant du blocage à un blocage qui s'est produit au cours de l'enfance en demandant au patient de se concentrer sur une l'image où il se voit enfant ressentant la même émotion. Il en profitera pour re-materner l'Enfant Vulnérable du patient.

Ainsi l'imagerie peut servir à la fois à la découverte et au franchissement des obstacles.

c. Dialogues entre le blocage et le côté sain

Le thérapeute peut aider le patient à conduire des dialogues entre le côté du patient qui veut éviter le nouveau comportement et celui qui est d'accord pour l'essayer. Le patient conduit le dialogue en imagination ou bien le joue en jeu de rôle en utilisant deux chaises, une pour chacun des deux côtés. Le thérapeute assiste le côté sain si nécessaire.

Le thérapeute cherche à identifier le mode qui bloque le changement. Ce peut être un mode d'Enfant, trop timide ou coléreux pour tenter le changement. Ce peut être un mode de Style d'Adaptation Dysfonctionnel, qui essaie de maintenir ce patient dans l'ancienne réponse comportementale inadaptée. Ou bien un mode de Parent Dysfonctionnel, qui casse la bonne disposition du patient par son exigence ou sa sévérité. Une fois qu'il a identifié le mode qui interfère avec le comportement sain, le thérapeute peut entamer un dialogue avec ce mode pour résoudre le problème spécifique. Nous aborderons le travail des modes de schémas dans le chapitre 8.

d. Fiches « mémo-flash »

La rédaction d'une fiche peut aider à corriger le blocage. Le thérapeute et son patient y combattront les schémas et les styles d'adaptation en cause. Par exemple, si c'est la colère qui bloque le patient, on écrira : « à l'instant présent, je suis trop en colère pour être moins agressif dans mes relations avec mes proches, alors que j'avais prévu de le faire dans le cadre de ma thérapie. » On listera les avantages et les inconvénients à conserver l'ancien comportement, on décrira le comportement sain, et on fournira des solutions aux problèmes pratiques : « je respirerai lentement et profondément jusqu'à ce que je sois calme et ensuite j'envisagerai la réalisation du comportement sain. » La lecture de la fiche donnera au patient la possibilité de gérer sa colère avant de mettre en place le comportement recherché.

e. Ré-assignation de la tâche

Une fois le blocage identifié et dépassé, le patient va refaire des essais comportementaux au travers des tâches assignées hors séance. Le thérapeute pourra réduire la difficulté de la tâche, ou la fragmenter en étapes plus petites et graduées. Si, malgré tout, le patient ne parvient pas à bout de sa tâche, le thérapeute devra changer d'objectif comportemental et revenir plus tard au premier objectif inachevé. Le thérapeute ne doit cependant pas se laisser distraire dans sa poursuite du changement comportemental. Quoi qu'il arrive, il continuera à employer la confrontation empathique pour inciter au changement.

f. Renforçateurs

Si ces méthodes s'avèrent inefficaces, le thérapeute peut envisager d'instaurer un renforcement pour récompenser le nouveau comportement. La récompense pourra être l'achat d'un cadeau, une activité de loisir ; le patient se récompensera lui-même pour avoir accompli le nouveau comportement dans le cadre d'une tâche assignée. Un renforçateur particulièrement efficace est l'autorisation de téléphoner au thérapeute ou de laisser un message sur son répondeur, pour expliquer que la tâche a été accomplie.

Si le patient s'avère récalcitrant à tout changement thérapeutique sur une longue période, le dernier renforçateur consiste à suggérer un arrêt dans la thérapie. Le thérapeute pourra, par exemple, émettre l'idée d'un effort sur un temps limité : il détermine avec le patient de la durée à consacrer à un changement comportemental et, si aucun changement n'est survenu au cours de cette période, ils décident de cesser temporairement la thérapie. Le thérapeute fait comprendre au patient que la thérapie pourra reprendre dès que le patient sera prêt pour le changement comportemental. Le thérapeute peut présenter les choses comme un problème de disponibilité du patient : il attendra que le patient lui fasse savoir qu'il se sent prêt. Il s'agit là d'une mesure extrême réservée aux cas les plus résistants. Parfois des patients ne sont tout simplement pas prêts pour le changement. Ils ont besoin que du temps passe ou que les circonstances de leur vie changent avant qu'ils ne se risquent à de nouveaux comportements. Ils ont parfois besoin d'éprouver un fort niveau d'angoisse. Pour certains patients, rester figé dans son comportement doit déclencher un état émotionnel pire que celui provoqué par l'idée du changement, avant qu'ils n'éprouvent une motivation pour changer.

Il faut absolument évaluer s'il existe pour le patient des bénéfices à rester en thérapie — par exemple le re-parentage, pour une personnalité borderline — qui pourraient influencer sur l'absence de changement comportemental. Ainsi, il nous arrive parfois de poursuivre le traitement sur une période de temps très longue sans changement comportemental, s'il existe une raison impérieuse à cela, pour un patient particulier.

Le thérapeute peut introduire l'idée d'un effort en temps limité suivi d'une interruption de la façon suivante :

> « Je pense que vous faites beaucoup d'efforts, mais que vos schémas sont très puissants. Selon ce point de vue, nous sommes peut-être allés aussi loin que possible dans le domaine du changement. Parfois, des événements de vie surviennent, qui rendent les gens capables de modifier leur comportement. Que pensez-vous de l'idée suivante : nous pourrions continuer à nous rencontrer un mois de plus pour voir si vous parvenez à faire des changements. Sinon, nous pourrions interrompre la thérapie un moment et vous me rappellerez lorsque vous vous sentirez prêt à reprendre le traitement et à travailler sur les modifications comportementales. Que pensez-vous de ce programme ? »

Exemples de cas

Spencer : Un conflit de modes

Spencer a 31 ans. Il vient en thérapie parce qu'il est mécontent de son travail. Bien qu'il soit titulaire d'une maîtrise en arts décoratifs, il n'a jamais eu depuis la sortie de l'école un poste correspondant à son niveau de compétence. Il s'ennuie à son travail et estime qu'il n'y est pas apprécié, mais il se déclare malgré cela incapable de chercher un autre emploi. Aucun emploi ne lui convient parfaitement : soit le poste n'est pas assez bien, soit il ne se sent pas suffisamment qualifié. Au cours de la phase de diagnostic, Spencer identifie des schémas d'Imperfection et d'Échec. Après les phases cognitive et émotionnelle du traitement, il entreprend le changement comportemental. Semaine après semaine, il s'avère qu'il est incapable de mener à bien ses tâches assignées comportementales. Le temps passe et il persiste à ne pas avancer. Cependant, il se produit une chose inattendue : Spencer perd son travail. Ses réserves financières s'amenuisent, mais il est toujours incapable de rechercher activement un travail. Sa survie est menacée.

Le thérapeute conceptualise le blocage de Spencer comme un conflit de modes. Lorsque les patients doivent franchir une étape véritablement indispensable à leur survie, mais qu'ils persistent à s'estimer incapable d'agir, l'hypothèse de conflit de modes est très vraisemblable. Le thérapeute aide Spencer à identifier les deux modes bloqués dans le conflit : l'Enfant Déficient, qui se sent trop impuissant et désespéré pour progresser, et l'Adulte Sain qui veut trouver un travail plus satisfaisant. Spencer conduit des dialogues entre ces deux modes qui l'aident à résoudre le conflit. L'Adulte Sain apaise les craintes de l'Enfant Vulnérable et lui promet de prendre en charge toutes les difficultés qui surviendront.

Rina : Quand le patient manque de motivation pour changer

Les patients se sentent bien avec leurs Schémas Précoces Inadaptés : les schémas représentent une partie d'eux-mêmes. Ils sont tellement persuadés de la véracité de leurs schémas qu'ils sont souvent incapables de saisir la possibilité du changement. Dans certains cas, les patients ne se sont pas suffisamment mis en colère contre le schéma. Dans d'autres cas, comme cela arrive fréquemment avec le trouble de personnalité narcissique, les inconvénients des comportements dysfonctionnels ne sont pas suffisamment motivants. Beaucoup de comportements narcissiques exaspèrent les proches bien plus qu'ils ne gênent les patients eux-mêmes, et ces patients ne sont pas motivés pour changer, à moins qu'un de leurs proches ne prenne une décision énergique, comme par exemple de menacer d'interrompre leur relation. Le thérapeute corrige ce problème en insistant sur les conséquences négatives qu'entraînerait à long terme le maintien du comportement narcissique.

Rina a un schéma de Droits Personnels Exagérés. Elle a été un enfant gâté, elle estime qu'elle a droit à un traitement spécial. Parmi les privilèges qu'elle s'accorde à elle-même (et pas aux autres), il y a celui d'exploser de colère toutes les fois qu'elle n'obtient pas ce qu'elle veut. Elle vient en thérapie parce que son fiancé, Mitch, la menace de rompre ses engagements si elle n'apprend pas à contrôler son tempérament. Rina rencontre des difficultés dans la réalisation de ses tâches assignées comportementales. Elle a, par exemple, convenu avec son thérapeute de faire une pause lorsqu'elle sent qu'elle est sur le point de perdre sa bonne humeur avec Mitch ; mais le moment venu, elle décide toujours que ce qu'elle veut à ce moment précis est la chose la plus importante. « Je veux ce que je veux, dit-elle, et céder n'est pas du tout mon style ». Rina n'a pas de schéma de Contrôle de Soi/Autodiscipline Insuffisants, car ce problème de contrôle de soi n'apparaît que lorsqu'elle ne parvient pas à obtenir ce qu'elle veut.

Le thérapeute l'aide à surmonter son blocage. Rina fait la liste des avantages et inconvénients qu'il y aurait à continuer de perdre sa bonne humeur. Elle mène des dialogues entre son côté sain et son côté grandiose. Avec son thérapeute, elle compose une fiche mémo-flash qui lui rappelle l'importance d'apprendre à contrôler sa bonne humeur : elle met en danger sa relation avec Mitch chaque fois qu'elle perd son calme, et il est plus important pour elle de garder Mitch que d'obtenir ce qu'elle veut de façon momentanée. Rina s'entraîne à contrôler sa colère en imagination et en jeux de rôle. Progressivement, elle apprend à maîtriser sa colère et à s'exprimer de façon plus adaptée dans sa relation avec Mitch.

12 Comment faire des changements majeurs

Même lorsque les patients réalisent avec succès des changements dans leur vie, une situation douloureuse et destructive peut persister. Dans de tels cas, les patients peuvent décider d'un changement majeur dans leur vie, tel qu'un changement d'école, de travail, de métier, un déménagement, une rupture avec des amis ou des membres de la famille, la fin d'une relation amoureuse. Le thérapeute les soutient dans la recherche de la voie qui leur convient.

Lorsque les patients envisagent de quitter une situation problématique, il est important pour le thérapeute de déterminer si les raisons qui ont motivé leur décision sont saines ou bien commandées par un schéma mal adapté. Lorsque le Schéma commande, les raisons de la décision prennent en principe la forme d'un évitement ou d'une compensation. Un jeune patient, Jim, décide, par exemple, de quitter son travail dans le domaine financier et de déménager pour la côte. Ce changement est financièrement possible pour lui, mais à la réflexion, il réalise qu'il est commandé par son schéma d'Assujettissement. Ce déménagement représente à la fois un évitement de schéma et une compensation : en déménageant, Jim pourrait éviter de faire face aux conflits avec ses clients et ses collègues, et il pourrait compenser son schéma en faisant ce qu'il a envie de faire. Jim reconnaît que s'il n'avait pas de conflit avec les clients et ses collègues, il resterait dans ce même emploi.

Chaque fois que les patients décident des changements brutaux ou soudains, le thérapeute doit analyser la situation avec prudence. Même si leur comportement apparaît sain, les patients peuvent manquer de préparation. Dans de tels cas, la confrontation empathique fera découvrir au thérapeute un évitement ou une compensation.

Si le changement que propose le patient n'est pas du domaine de l'évitement ou de la compensation, l'étape suivante consiste à explorer les solutions alternatives ; le thérapeute et son patient font la liste des solutions, ils cherchent pour chacune les avantages et les inconvénients et déterminent la meilleure. Le thérapeute questionne : « si votre schéma n'existait pas, que feriez-vous ? » Cette question aide les patients à identifier la bonne voie. De plus, le thérapeute et son patient cherchent les avantages et les inconvénients à changer ou à ne pas changer. Parfois, la décision réside dans des considérations pratiques : le patient peut-il financièrement supporter le changement ? Est-il certain de trouver un autre travail, qui soit meilleur ? Trouvera-t-il une relation plus satisfaisante ?

Le thérapeute aide le patient à se préparer au défi que représente un changement important dans leur vie. Lors d'un changement majeur, il faut aussi pouvoir tolérer la frustration et la déception, la désapprobation de son entourage et la gestion des problèmes inattendus.

Résumé

Dans la partie comportementale du traitement, les patients essaient de remplacer des modèles comportementaux dirigés par les schémas par des modes de vie plus adaptés. Les comportements visés par le changement sont les styles d'adaptation dysfonctionnels qu'utilisent les patients lorsque leurs schémas sont activés. Ces styles d'adaptation dysfonctionnels sont généralement la soumission, l'évitement ou la compensation, bien que chaque Schéma Précoce Inadapté possède ses propres réponses adaptatives.

La modification comportementale commence par la définition de comportements spécifiques en tant que cibles pour le changement. Le thérapeute et le patient disposent pour cela de plusieurs moyens : (1) ils affinent la conceptualisation de cas établie au cours de la phase de diagnostic ; (2) ils décrivent de façon détaillée les comportements problématiques ; (3) ils étudient les événements activateurs grâce à l'imagerie ; (4) ils explorent la relation thérapeutique ; (5) ils demandent leur avis aux proches ; (6) ils étudient les inventaires de schémas.

Ensuite, le thérapeute et le patient déterminent les comportements à modifier prioritairement. Nous estimons qu'il est important d'essayer de changer des comportements dans le cadre d'une situation donnée de la vie actuelle avant de faire des changements de vie importants. À la différence de la thérapie cognitive comportementale traditionnelle, les patients commencent par le comportement le plus problématique qu'ils sont capables de prendre en charge.

Pour motiver le patient au changement, le thérapeute établit la liaison entre le comportement cible et ses origines infantiles. Le thérapeute et le patient font la liste des avantages et des inconvénients à garder ce comportement. Ils rédigent une fiche de schéma qui résume les principaux points. Au cours des séances, le patient s'entraîne au comportement sain en imagination et en jeux de rôle. Le thérapeute et le patient décident de tâches assignées comportementales. Le patient exécute ces tâches, dont les résultats seront commentés à la séance suivante.

Nous faisons plusieurs propositions pour surmonter les blocages au changement comportemental. D'abord, le thérapeute et le patient établissent un concept du blocage. Le blocage est habituellement un mode ; le thérapeute et le patient formeront une alliance pour lui faire face. Le patient mène des dialogues entre le blocage et le côté sain. Le thérapeute et le patient composent une fiche que le patient pourra lire. Si, après un nouvel assignement de la tâche, le patient est toujours incapable de l'accomplir, le thérapeute pourra mettre en place des renforçateurs.

Chapitre 6

La relation thérapeutique

Pour le schéma-thérapeute, la relation thérapeutique est un élément indispensable du diagnostic et du changement des schémas. En thérapie des schémas, la relation thérapeutique présente deux particularités spécifiques :

◊ *la confrontation empathique — ou mise à l'épreuve empathique de la réalité* — au cours de laquelle le thérapeute exprime au patient qu'il comprend les raisons du maintien de ses schémas, tout en le confrontant à la nécessité du changement ;

◊ *le re-parentage partiel*, qui consiste à apporter au patient, dans les limites autorisées de la relation thérapeutique, ce qu'il n'a pas pu obtenir de ses parents quand il était enfant.

Ce chapitre décrit la relation thérapeutique dans le cadre de la thérapie des schémas. Nous nous intéresserons d'abord à l'utilité de la relation thérapeutique pour le diagnostic des schémas et des styles d'adaptation, puis à son rôle en tant qu'agent du changement.

1 La relation thérapeutique à la phase de diagnostic

Au cours de la phase de diagnostic et d'information, la relation thérapeutique est une méthode très utile pour déterminer les schémas et informer le patient. Le thérapeute établit le rapport collaboratif, formule la conceptualisation du cas, décide du style de re-parentage partiel le plus adapté au patient, et il détermine si ses propres schémas sont susceptibles d'interférer avec la thérapie.

a. Le thérapeute établit le rapport collaboratif

Comme dans les autres formes de psychothérapie, la relation thérapeutique commence par l'établissement d'un rapport collaboratif. Le thérapeute s'efforce d'incarner l'empathie, la chaleur et l'authenticité identifiées par Rogers (1951) comme étant les facteurs non spécifiques nécessaires à une thérapie efficace. Le but est d'établir un contexte accueillant et sécurisant dans lequel le patient pourra former un lien affectif avec le thérapeute.

Les schéma-thérapeutes sont naturels, plutôt que détachés et distants, dans leur style relationnel avec les patients. Ils s'efforcent de n'apparaître ni parfaits, ni détenteurs d'un savoir qu'ils cacheraient au patient. Ils laissent transparaître leur personnalité naturelle. Ils partagent leurs émotions lorsqu'ils estiment que cela aura un effet positif pour le sujet. Ils révèlent leurs pensées lorsque cela peut aider le patient. Ils visent à être objectifs et compatissants.

Les schéma-thérapeutes demandent à leurs patients un feedback sur le thérapeute et le traitement. Ils les encouragent à exprimer leurs sentiments négatifs à propos de la thérapie, de sorte que ces sentiments ne s'organisent pas en prise de distances et en résistance. Lorsqu'on répond à des commentaires négatifs, le but est d'écouter sans chercher à se défendre, et de comprendre le point de vue du patient. (Bien sûr, le thérapeute ne laissera pas le patient se comporter de façon abusive — en criant ou en proférant des attaques personnelles — sans établir de limites.) Lorsque le feedback négatif du patient représente une distorsion dirigée par le schéma, le thérapeute cherchera à reconnaître le noyau de vérité et il aidera le patient à identifier et combattre le schéma au travers de la confrontation empathique. Si le patient rapporte un feedback négatif qui s'avère justifié, le thérapeute reconnaîtra ses erreurs et s'en excusera.

La thérapie de schéma est une approche visant à découvrir ce qui est sain et à y apporter son soutien. Le modèle de base est destiné à augmenter le pouvoir du patient. Le thérapeute forme une alliance avec le côté sain du patient contre les schémas du patient. Le but final du traitement est de renforcer le mode Adulte Sain du patient.

b. Le thérapeute conceptualise le cas

La relation thérapeutique met au jour les schémas et les styles d'adaptation du patient (et du thérapeute). Quand un des schémas du patient est activé au cours de la relation thérapeutique, le thérapeute aide le patient à l'identifier. Le thérapeute et le patient explorent ce qui s'est produit — quelles actions du thérapeute ont activé le schéma et quels ont été les pensées, les émotions et les actes du patient. Quelle était la réponse d'adaptation du patient ? Était-elle du type soumis, évitant ou compensatoire ? Le thérapeute utilise l'imagination pour aider le patient à relier cet incident à son enfance — de sorte que le patient réalise qui, dans son enfance, instaura le schéma — et aux problèmes de la vie courante.

Lorsque la relation thérapeutique active un des Schémas Inadaptés Précoces du patient, la situation correspond au concept de transfert selon Freud : Le patient répond au thérapeute comme si celui-ci était un personnage important de son passé, habituellement un parent. Cependant, dans la schéma-thérapie, le thérapeute discute ouvertement et directement avec le patient de ses schémas et de ses styles d'adaptation, plutôt que de laisser tacitement le patient travailler, dans le cadre de sa « névrose de transfert » (Freud, 1917/1963).

EXEMPLE DE CAS

Voici l'extrait d'un entretien entre le Dr Young et Daniel, patient dont nous avons déjà parlé. Au moment de l'entretien, Daniel a suivi durant 9 mois une thérapie avec un autre praticien, Léon. Daniel présente des schémas de Méfiance/Abus, d'Imperfection et d'Assujettissement ; son style d'adaptation est l'évitement.

Au cours de la séance, le thérapeute amène Daniel à pratiquer quelques exercices d'imagerie. Durant les 20 dernières minutes de l'entretien, le Dr Young demande à Daniel de lui parler de sa relation thérapeutique avec Léon. Ensuite, le Dr Young examine les schémas qui se sont activés au cours de la séance actuelle. Le thérapeute commence par interroger Daniel sur son schéma de Méfiance/Abus.

Dr Young : Lorsque vous avez commencé avec Léon, ressentiez-vous de la méfiance vis-à-vis de lui ?

Daniel : Avec Léon, je me suis toujours senti en confiance et accepté. J'étais irrité lorsqu'il cherchait à me débarrasser de mon évitement, parce qu'en thérapie, il y a des choses dont j'évite de parler. Donc, il essayait de me remettre sur la bonne voie et souvent, ça m'ennuyait. Cependant, je sais bien que je perdais mon temps à parler d'autre chose. Il essayait de me faire faire du bon travail.

Ensuite, le thérapeute le fait parler de son schéma d'Assujettissement.

Dr Young : Avez-vous ressenti que Léon vous contrôlait, qu'il essayait de vous forcer et de vous contrôler ?

Daniel : Oui.

Dr Young : (il montre le questionnaire de schéma de Young) C'est parce qu'un de vos schémas est l'Assujettissement...

Daniel : Oui.

Le Dr Young passe à sa propre relation avec Daniel. Il veut savoir si les schémas de Daniel se sont activés au cours de l'entretien. Il commence par le questionner sur l'Assujettissement.

Dr Young : Avec moi, avez-vous ressenti la même chose ? Est-ce que j'essayais de vous contrôler ?

Daniel : Non.

Dr Young : Rien ne vous a irrité ou agacé ?

Daniel : J'ai senti que vous me forciez au moment de l'imagerie, même si ça c'est passé en douceur, j'ai résisté parce que je me suis senti un peu contrôlé, comme si vous me disiez ce que je devais faire.

Dr Young : D'accord. Avez-vous ressenti de la colère ou de l'irritation ?

Daniel : J'étais irrité.

Dr Young : Comment avez-vous surmonté cette émotion ? Comment avez-vous pu continuer ?

Daniel : Le travail d'imagerie m'a paru s'écouler de façon naturelle, même s'il y a eu un moment d'irritation, j'ai eu la sensation d'un processus naturel.

Dr Young : Donc, vous avez réalisé que vous pouviez le faire, et à ce moment-là votre résistance a disparu.

Daniel : Oui.

Dr Young : Mais au début vous avez résisté...

Daniel : J'ai même cru que je ne serais pas capable de produire des images.

Dr Young : Il y a donc deux choses. La première, c'est le doute en vos capacités, et l'autre c'est l'impression que je vous contrôlais.

Daniel : Oui.

Le thérapeute demande à Daniel si ces schémas d'Assujettissement et d'Imperfection se sont activés à d'autres moments au cours de la séance.

Dr Young : Y a-t-il eu d'autres moments au cours de la séance où vous avez pensé que je vous contrôlais, et où vous vous êtes demandé si vous parviendriez à faire l'exercice correctement ?

Daniel : Oui, au moment où vous essayiez de me faire évoquer une rencontre et de me faire exprimer les émotions associées. C'était pour moi difficile à soutenir, et difficile à exprimer.

Dr Young : Et vous ressentiez cette incertitude sur vos capacités, ou bien vous vous sentiez contrôlé, ou bien les deux à la fois ?

Daniel : Heu, un peu les deux.

Dr Young : Si votre côté irrité avait pu s'exprimer à ce moment, qu'aurait-il pu dire ? Pourriez-vous faire maintenant le côté irrité, pour que je puisse entendre ce qu'il veut dire ?

Daniel : (En tant que côté irrité, avec dédain) « Je n'aime pas qu'on me force à ce petit jeu stupide. »

Dr Young : Et que répondrait l'autre côté, le côté sain ?

Daniel : (En tant que côté sain) Heu, il dirait « Cet exercice est important ; il est important pour tu affrontes tes craintes et tout ce qui te déplait, de façon à pouvoir les surmonter et devenir quelqu'un de solide. »

Dr Young : Et que dit à son tour le côté du schéma ?

Daniel : (En tant que côté du schéma, en parlant froidement) « Tout ça, c'est de la foutaise, ça ne marchera jamais. Tu n'as jamais eu beaucoup de succès jusqu'à présent ; qui est capable de dire que tu en auras davantage après cet exercice ? Et d'abord qui est-il pour décréter ce dont tu as besoin ou non ?

Le thérapeute explique que le schéma de Méfiance/Abus de Daniel a également agi sur leur relation au cours de la séance, ainsi que ses schémas d'Imperfection et d'Assujettissement.

Dr Young : Quand vous avez dit « ce petit jeu stupide », cela pouvait signifier que je cherchais à vous manipuler, si j'ai bien compris. Vous sentiez-vous un peu manipulé à ce moment ?

Daniel : Oui.

Dr Young : De quel jeu pouvait-il s'agir ? Soyez pendant un instant la partie méfiante de vous-même…

Daniel : Le jeu aurait pu consister à créer artificiellement une scène de rencontre, qui n'aurait pas été réelle.

Dr Young : Était-ce dans le but d'y trouver mon bénéfice plutôt que le vôtre, ou bien était-ce destiné à vous blesser ?

Daniel : Pour me dévoiler.

Dr Young : Pour vous mettre à nu ?

Daniel : Oui.

Dr Young : D'une façon qui ne vous aiderait pas ?

Daniel : Oui, d'une façon qui me blesserait en me dévoilant.

Dr Young : Comme si je voulais vous humilier.

Daniel : Oui.

Le thérapeute relie les émotions de Daniel au cours de la séance aux autres rencontres qu'il a faites dans sa vie.

Dr Young : Donc, lorsque j'ai commencé à vous faire faire le travail d'imagerie, vous avez eu, durant un instant, le sentiment que je pourrais essayer de vous mettre à nu pour vous humilier, même si cette idée a été fugace.

Daniel : Oui.

Dr Young : Et ensuite, vous avez été capable de surmonter ce sentiment et de vous dire que c'était pour votre bien ; mais il y a toujours cette partie de vous qui...

Daniel : Oui.

Dr Young : Voilà de quoi est fait votre combat quotidien, lorsque vous rencontrez des femmes ou des gens : ce côté de vous qui est le schéma et qui peut, l'espace d'un instant, se méfier, se sentir contrôlé ou manquer de confiance en lui ; et vous ne savez pas toujours comment lui répondre.

Daniel : Oui.

Cet extrait est un bon exemple de la façon dont le thérapeute peut utiliser la relation thérapeutique pour informer les patients de leurs schémas. De plus, il est intéressant de noter que le Dr Young a demandé de façon précise au patient si ses schémas étaient activés au cours de la relation thérapeutique. Sans cette question directe de la part du thérapeute, le patient n'aurait jamais soulevé le sujet.

Il y a des comportements de séance typiques pour chaque schéma. Les patients qui ont, par exemple, des schémas de Droits Personnels Exagérés demandent du temps supplémentaire ou des faveurs spéciales dans le programme de leurs rendez-vous ; les patients qui ont des schémas d'Abnégation vont chercher à prendre soin du thérapeute ; les patients qui ont des schémas d'Idéaux Exigeants peuvent critiquer les petites erreurs du thérapeute. Le comportement du patient avec le thérapeute suggère des hypothèses sur le comportement du patient avec ses proches. Les schémas et les styles d'adaptation qui se manifesteront avec des personnages proches seront les mêmes que ceux que le patient fait apparaître avec le thérapeute.

c. Le thérapeute détermine les besoins de re-parentage du patient

Au cours de la phase de diagnostic et d'information, le thérapeute déterminera les besoins de re-parentage du patient. Il se servira de la relation thérapeutique dans le traitement en tant qu'antidote contre les schémas du patient. Ce « re-parentage partiel » fournit une « expérience émotionnelle corrective » (Alexander et French, 1946) spécifiquement destinée à contre-carrer les schémas inadaptés du patient.

Pour déterminer les besoins émotionnels du patient, le thérapeute exploite différentes sources : l'histoire infantile, les difficultés interpersonnelles, les questionnaires, le travail en imagination, mais aussi le comportement du patient dans la relation thérapeutique. Tout ce qui éclaire sur les schémas et les styles d'adaptation du patient donne des indices sur les besoins de re-parentage du sujet.

EXEMPLE DE CAS

Jasmine est une jeune femme qui commence une thérapie en se méfiant de devenir dépendante du thérapeute. Elle explique à sa thérapeute qu'elle vient de s'inscrire à l'université et qu'elle a l'habitude de prendre ses propres décisions sans compter sur ses parents ni sur n'importe qui d'autre pour la guider. Elle ne veux rien changer à ça. Au cours des premières semaines de thérapie, il apparaît que le schéma central de Jasmine est le Manque Affectif ; son enfance s'est passée au contact de parents froids sur le plan émotionnel, qui l'humiliaient lorsqu'elle demandait de l'aide. « Ils s'attendaient à ce que je gère mes problèmes toute seule », dit-elle. En fait, Jasmine a précisément besoin que le thérapeute la guide — c'est l'un de ses besoins affectifs non comblés. Pour Jasmine, le re-parentage partiel consiste à lui fournir l'aide et les conseils qu'elle n'a jamais eus de ses parents lorsqu'elle était enfant. (Pour re-materner Jasmine, il faudra tout d'abord l'aider à accepter de l'aide et de l'attention, sans ressentir de la honte.)

Si le thérapeute avait pris Jasmine au mot, et qu'il avait cherché à préserver son indépendance, il n'aurait pas pu la guider autant qu'elle en avait besoin. Jasmine n'était pas trop dépendante. En fait, on ne l'avait jamais autorisée à accepter de dépendre de quelqu'un. Sur le plan affectif, elle a toujours été seule. En la re-maternant en accord avec son schéma central, le thérapeute pourra l'aider à reconnaître que ses besoins de dépendance sont normaux et que l'on parvient à l'autonomie de façon progressive.

d. Les qualités du schéma-thérapeute idéal

La souplesse est une qualité importante du schéma-thérapeute idéal. Comme le type de re-parentage nécessaire dépend de l'histoire infantile de chaque patient, le thérapeute doit adapter son style pour correspondre aux besoins émotionnels du patient. Selon les cas, le thérapeute devra donc générer de la confiance, fournir de la stabilité, aider à grandir émotionnellement, encourager l'indépendance, faire preuve de pardon. Il doit être capable de fournir par la relation thérapeutique tout ce qui peut servir d'antidote partiel aux Schémas Inadaptés Précoces du patient.

Comme un bon parent, le thérapeute est capable de répondre — dans la limite de la relation thérapeutique — aux besoins émotionnels de base du patient (voir chapitre 1) :

a) La sécurité liée à l'attachement aux autres (qui comprend : la stabilité, la sécurité, l'éducation attentive et l'acceptation)
b) L'autonomie, la compétence et le sens de l'identité
c) La liberté d'exprimer ses besoins et ses émotions
d) La spontanéité et le jeu
e) Les limites et l'autocontrôle

Le but est que le patient internalise un mode d'Adulte Sain, calqué sur le thérapeute, qui puisse combattre les schémas et inspirer un comportement sain.

Exemple de cas

Lily a 52 ans, ses enfants ont grandi et ont quitté la maison. Elle a un schéma de Manque Affectif. Lorsqu'elle était enfant, personne ne communiquait avec elle sur le plan affectif. Elle s'est progressivement mise à l'écart, préférant étudier ou jouer du violon plutôt que d'interagir avec les autres. Elle avait peu d'ami, et aucun n'était vraiment intime. Lily est mariée à Joseph depuis trente ans. Son mariage ne l'intéresse plus et elle passe son temps seule à la maison avec ses livres et sa musique. À la phase de diagnostic, Lily et le thérapeute ont estimé que son schéma central était le Manque Affectif et que son style d'adaptation principal était l'évitement.

Les semaines passant, Lily se met à avoir une attirance sexuelle pour son thérapeute masculin. Elle réalise à quel point sa vie est vide sur le plan affectif. Ne se satisfaisant plus de lire et de jouer de la musique toute seule, elle commence à vouloir davantage. Inquiète et honteuse de ses besoins, elle s'adapte en se retirant psychologiquement vis-à-vis du thérapeute. Le thérapeute observe ce retrait. Il émet l'hypothèse que son schéma de Manque Affectif a été activé au cours de la relation thérapeutique et qu'elle est en train de répondre par un évitement de schéma. La connaissance de son schéma central et de son style d'adaptation principale guide le thérapeute dans sa compréhension.

Le thérapeute remarque le retrait de Lily et il l'aide à l'explorer. Bien qu'elle soit pas capable de parler de son attirance sexuelle, elle est capable de dire qu'elle ressent des sentiments d'attention chaleureuse à l'égard du thérapeute et que cela la gêne considérablement. Il y a longtemps qu'elle ne s'est pas vraiment préoccupée de quelqu'un. Le thérapeute demande à Lily de fermer les yeux et de relier ce sentiment de gêne à la personne pour laquelle elle a eu dans le passé un sentiment identique. Elle commence par relier ce sentiment à son mari au début de leur mariage puis à son père lorsqu'elle était enfant. Elle se souvient d'avoir vu, en rentrant de l'école, un petit garçon sauter dans les bras de son père ; elle s'est alors sentie envahie par une grande envie d'en faire autant avec son père à elle qui était si distant. Car Lily, quand elle rentrait de l'école, montait dans sa chambre et passait le reste de la journée à jouer du violon.

Le thérapeute aide Lily à reconnaître la distorsion cognitive dans sa vision de la relation thérapeutique. À la différence de son père, son thérapeute fait bon accueil à son besoin d'attention (lorsqu'il s'exprime dans les limites appropriées de la relation thérapeutique). Dans la relation thérapeutique, on l'autorise à être attentionnée et à demander de l'attention ; le thérapeute ne la rejettera pas. On l'autorise à parler de ses sentiments de façon directe, elle n'est pas obligée de se mettre en retrait. Ce type de communication était impossible avec son père, mais il est possible avec le thérapeute et, par conséquent, avec d'autres personnes dans le monde. (Nous encourageons les patients à verbaliser leur attirance sexuelle pour le thérapeute, tout en précisant gentiment et sans rejeter le patient, que de tels sentiments envers le thérapeute ne peuvent conduire à aucune suite dans les faits. Nous expliquons au patient qu'ils finiront par partager de tels sentiments avec quelqu'un d'autre dans leur vie qui sera en position de répondre de façon réciproque à leurs sentiments.)

Lorsqu'un patient en séance adopte un comportement qui reflète la compensation, le schéma-thérapeute répond de façon objective et appropriée, à l'aide de la confrontation empathique. Il exprime qu'il comprend les raisons du comportement du patient, mais il en montre les conséquences dans la relation thérapeutique et dans la vie extérieure du patient. L'exemple suivant illustre ce cas de figure.

Exemple de cas

Jeffrey a 41 ans. Il demande une thérapie parce que Josie, sa petite amie depuis 10 ans, a rompu avec lui. Il réalise que, cette fois-ci, il ne pourra pas la faire revenir. Tout au long de leur relation, Jeffrey a trompé Josie ; elle a rompu, il s'est excusé, a promis de changer son comportement et elle est revenue. Mais cette fois, rien à faire. De ce fait, Jeffrey tombe dans un état dépressif majeur.

Jeffrey a un trouble de personnalité narcissique (nous parlerons davantage de ce type de personnalité au chapitre 10)). Son schéma central est l'Imperfection et son style d'adaptation la compensation. Dans ses relations avec les femmes, Jeffrey compense son sentiment d'imperfection par les performances sexuelles. Même s'il aimait Josie autant qu'il en était capable, il était incapable de cesser de la tromper (= source importante de satisfaction narcissique).

Jeffrey compense dans la relation thérapeutique en se mettant en colère chaque fois que le thérapeute évoque son sentiment de fragilité. À cause de son schéma d'Imperfection, il est gêné lorsqu'il est vulnérable avec le thérapeute : quand il est vulnérable, il sent mis à nu et honteux. Au cours d'une séance, Jeffrey rapporte un événement de son enfance, où il se trouve avec sa mère ; sa mère le rejetait affectivement et il lui est actuellement complètement étranger. Le thérapeute commente en disant que selon les faits présentés, il est évident que Jeffrey aimait sa mère, même s'il était en colère contre elle. Jeffrey se met alors en colère contre le thérapeute, qu'il traite de « garçon à sa maman ». Sur un ton sérieux, le thérapeute recule et il demande à Jeffrey la raison de ce comportement de colère. Que ressent-il, plus profondément ? Lorsque Jeffrey nie ressentir quoi que ce soit de plus profond, le thérapeute suggère que Jeffrey pourrait bien ressentir de la faiblesse. « Je comprends, dit-il, que vous aimiez votre mère lorsque vous étiez enfant. J'aimais ma mère aussi. Il est naturel, pour les enfants, d'aimer leur mère. Ce n'est pas un signe de faiblesse ou d'inadaptation ». Le thérapeute fait comprendre à Jeffrey qu'en aimant sa mère, il ne doit se sentir inférieur ni au thérapeute ni à personne. Ensuite, le thérapeute lui fait comprendre que sa compensation — quand il se met en colère contre le thérapeute — a pour effet de repousser le thérapeute, qui aurait tendance à refuser de lui apporter toute la compréhension dont il a besoin.

Les schéma-thérapeutes peuvent tolérer et contenir une émotion forte chez le patient — peur, colère, tristesse — pour la reconnaître et l'expliquer. Ils ont pour le patient des attentes réalistes. Ils fixent des limites à leur comportement et à celui du patient. Ils sont capables de gérer de façon appropriée les crises en séance. Ils maintiennent entre eux et le patient une distance appropriée, ni trop courte ni trop grande.

Le thérapeute devra également déterminer, au moment du diagnostic, si ses propres schémas et styles d'adaptation ne sont pas potentiellement néfastes pour la relation thérapeutique.

e. Les schémas et les styles d'adaptation du thérapeute

Ted vient à sa première séance de thérapie en demandant de l'aide pour son travail. Il est courtier dans le secteur financier. Il cherche à développer sa concentration et son autodiscipline car il pense que c'est nécessaire pour sa réussite professionnelle. Ted est familier et bavard. Il raconte des anecdotes de sa vie qui sont amusantes. Il félicite le thérapeute et ne se plaint jamais, même si le thérapeute prononce par deux fois son nom de travers. C'est trop : Ted est trop familier, trop bavard, trop élogieux. (Ce genre d'excès est souvent signe de compensation). Au lieu d'éprouver de la chaleur et de l'intimité avec Ted, comme avec toute personne sympathique, le thérapeute se sent mal à l'aise. Il émet l'hypothèse que sous l'amabilité excessive de Ted, il y a un Schéma Précoce Inadapté. Au fur et à mesure que les semaines passent, il apparaît que cette hypothèse est exacte. Sous la convivialité de Ted, se cache un schéma d'Isolement Social, pour lequel il compense par une « hyperconvivialité. »

Les réactions du thérapeute devant un patient représentent un moyen intéressant pour déterminer les schémas du patient. Cependant, il faut pouvoir distinguer ce qui est une intuition valide à propos du patient de ce qui ressort de l'activation d'un schéma du thérapeute. Il est donc important que, tôt dans la thérapie, le thérapeute soit conscient de ses propres schémas et ses propres styles d'adaptation, par rapport à un patient donné. Il peut se poser à lui-même des questions comme celles-ci :

- Le thérapeute se sent-il attentionné de manière authentique vis-à-vis du patient ? Sinon, pourquoi ?
- Le travail avec le patient active-t-il des schémas chez le thérapeute ? Lesquels ?
- Quelles sont les réponses d'adaptation du thérapeute ?
- Le thérapeute est-il en train de faire quelque chose de néfaste pour le patient ?
- Comment le thérapeute ressent-il l'idée d'un travail en imagination avec le patient ?
- Comment le thérapeute ressent-il l'idée d'avoir à gérer des émotions spontanées du patient, telles que la peur, la colère intense, une grande souffrance ?
- Le thérapeute est-il capable de faire face de façon empathique aux schémas du patient lorsqu'ils apparaissent ?
- Le thérapeute se sent-il capable de fournir au patient le type de re-parentage partiel dont il a besoin ?

Dans les pages suivantes, nous donnons des exemples de scénarios dans lesquels les schémas du thérapeute ont un impact négatif sur la relation thérapeutique. Chaque exemple est illustré par des cas cliniques.

Exemples dans lesquels les schémas du thérapeute ont un impact négatif sur la relation thérapeutique

1° *Les schémas du patient entrent en opposition avec ceux du thérapeute*

Le risque est alors que les schémas du patient activent ceux du thérapeute, lesquels activent eux-mêmes ceux du patient et ceci de façon auto-entretenue, en faisant une boucle.

Exemple 1

Maddie a un schéma de Manque Affectif, elle s'adapte à son schéma par une exigence excessive. C'est-à-dire qu'elle compense par son schéma de Droits Personnels Exagérés.

Maddie entame une thérapie avec un thérapeute masculin ayant un schéma d'Assujettissement. Maddie est une patiente très exigeante : elle appelle souvent entre les séances, change sans cesse ses rendez-vous, et formule d'autres demandes de traitements particuliers. Le thérapeute accède à ses demandes, son schéma d'Assujettissement ne lui permettant pas de mettre les limites nécessaires. Il sent se développer en lui du ressentiment. Dans les séances avec Maddie, il devient froid et distant (il utilise un style d'adaptation qui est l'évitement). Ceci contribue à activer davantage le schéma de Manque Affectif de Maddie, qui devient de plus en plus exigeante. Le schéma d'Assujettissement du thérapeute se réactive, etc. et on assiste à l'activation réciproque des schémas et le risque potentiel de voir l'alliance thérapeutique détruite.

Si le thérapeute est conscient que son schéma d'Assujettissement s'active au cours des séances avec Maddie, et qu'il l'empêche de lui répondre de façon thérapeutique, alors il pourra régler le problème. Il pourra fixer les limites appropriées et transformer son évitement en confrontation empathique. Il pourra dire à Maddie qu'il comprend que, intérieurement, elle ressent un manque affectif dans sa relation avec lui, comme lorsqu'elle était enfant. Cependant, la façon dont elle exprime ses sentiments produit l'effet opposé à celui qu'elle recherche : le thérapeute éprouve davantage de difficultés à lui apporter l'attention et l'aide dont elle a besoin.

Exemple 2

Kenneth est un patient âgé ayant un schéma d'Idéaux Exigeants ; sa jeune thérapeute a un schéma d'Imperfection (lié à son père qui était très critique envers elle). À la moindre erreur mineure, le patient critique le thérapeute : « vous me décevez vraiment beaucoup », ce qui active le schéma d'Imperfection et fait rougir le praticien. Suivant le style d'adaptation du moment, la thérapeute répond soit en se dévalorisant (soumission au schéma), soit en se retirant du problème en changeant de sujet (évitement), soit en se défendant de façon accusatrice (compensation). Tous ces comportements inadaptés, imparfaits, déclenchent l'activation du schéma d'Idéaux Exigeants de Kenneth qui va être encore plus désobligeant, etc. Finalement, convaincu de l'incapacité de sa thérapeute, il quittera la thérapie.

Exemple 3

Alana, une jeune patiente, a un schéma de Méfiance/Abus, résultat de ses relations infantiles avec un oncle qui a abusé d'elle sexuellement. Son style d'adaptation est la soumission : avec les autres, elle tient toujours le rôle de la victime. Sa thérapeute est une femme âgée, elle a un schéma d'Assujettissement, son style d'adaptation est la compensation : elle domine les patients pour s'adapter à son sentiment d'être sous contrôle dans plusieurs domaines de sa vie, notamment sa vie de couple et sa famille.

Au cours de la thérapie, la patiente devient de plus en plus passive, la thérapeute la domine de plus en plus et y prend du plaisir ; Alana, qui n'a jamais appris à résister, se soumet à toutes les demandes de sa thérapeute. Inconsciemment, la thérapeute utilise la patiente pour réduire son propre sentiment d'assujettissement, renforçant ainsi le schéma de Méfiance/Abus de la patiente.

Exemple 4

Un patient a un schéma de Dépendance, son thérapeute un schéma d'Abnégation. Le thérapeute en fait trop pour le patient, le maintenant dans sa dépendance.

Exemple 5

Un patient a un schéma d'Échec et le thérapeute un schéma d'Idéaux Exigeants. Le thérapeute a des attentes irréalistes à l'égard du patient, il lui communique son impatience et renforce ainsi son schéma d'Échec.

Exemple 6

Un patient a un schéma de Négativité/Pessimisme, son style d'adaptation est la compensation obsessionnelle-compulsive, son thérapeute a un schéma de Contrôle de Soi/Autodiscipline Insuffisants. Il apparaît désorganisé et impulsif. Le patient, inquiet, quitte la thérapie, son schéma de Pessimisme étant aggravé.

2° *Un désaccord existe entre les besoins du patient et les schémas ou les styles d'adaptation du thérapeute*

Le patient peut avoir des besoins que le thérapeute est incapable de combler. À cause de ses propres schémas ou styles d'adaptation, le thérapeute ne peut pas donner au patient le type de re-parentage qui lui convient. (Le thérapeute ressemble souvent au parent qui, au départ, provoqua le schéma chez le patient.) En voici quelques exemples.

EXEMPLE 1

Neil démarre une thérapie pour une dépression et des problèmes conjugaux. Il a un schéma de Manque Affectif, lié à son enfance près de parents négligents et égoïstes, et lié aussi à son mariage avec une femme égoïste. C'est le Manque Affectif de Neil qui le rend dépressif. En termes de re-parentage partiel, il a besoin que le thérapeute soit empathique et attentionné.

Malheureusement, son thérapeute a un schéma de Sur-contrôle Émotionnel : il ne pourra pas lui apporter la chaleur empathique nécessaire. La thérapie progressant, Neil ressent du manque affectif de la part de son thérapeute aussi, et devient de plus en plus dépressif.

EXEMPLE 2

Edouard a un schéma de Dépendance/Incompétence. Plutôt que d'entrer à l'université après le lycée, il y a 6 ans, il s'est mis à travailler pour son père dominateur, qui tient une usine de textile florissante. Son père prend toutes les décisions professionnelles et, comme avant qu'Édouard ne vienne travailler pour lui, il exerce une grande influence sur la vie personnelle de son fils.

Édouard demande une thérapie pour une anxiété chronique importante. Toute décision qu'il a à prendre le tourmente, si minime soit-elle. Face à une décision, il se sent paralysé par l'anxiété et son moyen pour réduire l'angoisse consiste à consulter son père.

En termes de re-parentage, il a besoin d'un thérapeute qui favorise chez lui une prise graduelle d'autonomie. Hélas, le sien a un schéma de Fusionnement. Édouard finit par se soustraire à l'influence de son père, pour devenir dépendant de son thérapeute.

EXEMPLE 3

Max a un schéma de Contrôle De Soi/Autodiscipline Insuffisants. Il entre en thérapie parce que son schéma l'empêche de progresser dans sa carrière de journaliste. Comme il ne parvient pas à gérer son temps, il a de la difficulté à terminer ses articles. Il a besoin d'un thérapeute qui le confronte de façon empathique et le structure.

Sa thérapeute a un schéma d'Assujettissement vis-à-vis des hommes, lié à son enfance au contact d'un père strict. Quand elle faisait quelque chose de mal, son père entrait souvent dans une colère incontrôlée. Comme avec son père, elle adopte avec Max un style d'adaptation évitant : lorsque Max n'accomplit pas ses tâches assignées ou qu'il se laisse aller à éviter des points difficiles au cours des séances, elle reste muette. Pour éviter les conflits, elle ne fait pas de confrontation et ne fixe aucune limite. Elle est incapable de donner à son patient la structure dont il a besoin et renforce son schéma au lieu de le guérir.

3° *Une identification forte se met en place lorsque les schémas du patient et du thérapeute se rencontrent*

Si le patient et son thérapeute ont le même schéma, le thérapeute s'identifie fortement dans son patient et perd son objectivité. Il agit en complicité avec le patient, dont il renforce le schéma.

Exemple

Richie et sa thérapeute ont tous les deux un schéma d'Abandon. Les parents de Richie ont divorcé lorsqu'il avait 5 ans. Il est resté avec son père, et sa mère est devenue un personnage lointain dans sa vie. Il vient en thérapie après que sa petite amie l'ait quitté. Il est dépressif et présente des attaques de panique.

Sa thérapeute a perdu sa mère dans un accident d'automobile alors qu'elle avait 12 ans. Lorsque Richie parle de la perte de sa mère, la thérapeute ressent une peine intense. Lorsqu'il se lamente sur la fin de sa relation avec sa petite amie, elle se sent envahie par sa peine à lui. Elle se sent tellement concernée par la vie de Richie qu'elle est incapable de se fixer des limites. Elle lui demande de lui téléphoner à toute heure du jour ou de la nuit s'il se sent bouleversé et elle passe plusieurs heures par semaine avec lui au téléphone. Elle met beaucoup de temps à discerner ses distorsions cognitives ; elle est souvent d'accord avec lui au lieu de le confronter empathiquement à la réalité, lorsqu'il interprète de petites séparations d'avec ses amis comme des exemples d'abandon caractérisé. Elle soutient ses réponses dysfonctionnelles plutôt qu'elle ne l'aide à les changer.

Le schéma d'Abnégation est peut-être le plus fréquent chez les thérapeutes. Lorsqu'ils travaillent avec un patient qui partage ce schéma, ils doivent veiller à ne pas agir en complicité avec le schéma du patient. Ces thérapeutes doivent, par un effort conscient, doser avec finesse l'équilibre entre « donner » et « recevoir », en évitant de trop donner comme de trop recevoir de la part de leur patient si désintéressé.

Le schéma d'Idéaux Exigeants est également très fréquent chez les psychothérapeutes. En traitant des patients dont ils partagent le schéma, les thérapeutes doivent se fixer des attentes raisonnables, à la fois pour eux-mêmes et aussi pour leurs patients perfectionnistes.

4° *Les émotions du patient déclenchent un comportement d'évitement chez le thérapeute*

Parfois, le thérapeute est bouleversé par l'intensité des émotions du patient au point de les éviter. Le thérapeute se place en retrait psychologique, change de sujet ou fait comprendre au patient que des émotions d'une telle intensité ne sont pas acceptables.

EXEMPLE 1

Leigh demande une thérapie à la suite du décès de son père. Elle explique qu'elle était « l'orgueil et la joie » de son père et qu'il était la seule personne qui l'ait jamais aimée. À son décès, Leigh s'est sentie démolie et elle a cessé de fonctionner correctement. Depuis, elle a pris une disponibilité professionnelle, elle passe ses nuits à boire dans des bars et ses journées à dormir ou regarder la télévision. Depuis le décès de son père, elle a eu des relations sexuelles avec plusieurs hommes, toujours quand elle était ivre. Elle a effacé certaines de ces rencontres, dont elle ne se souvient plus.

Son thérapeute a un schéma d'Abnégation. Il a ajouté Leigh a une liste de patients déjà surchargée. De plus, sa femme est enceinte et il fait presque tout à la maison : les courses, la cuisine, le ménage. Confronté à l'immensité de la peine de Leigh et à l'importance de ses besoins affectifs, il se sent dépassé. Il est trop épuisé pour être présent pour elle. Il ne supporte plus rien sur le plan émotionnel. Comme il ne peux pas supporter les besoins affectifs de Leigh, il les ignore. Il lui refuse le lieu dont elle a besoin pour exprimer sa douleur. Sentant qu'il ne s'intéresse pas à elle, Leigh quitte la thérapie au bout de quelques mois.

EXEMPLE 2

Hans a 55 ans. Il vient de perdre son emploi de directeur dans une petite société. Bien qu'il ait gagné des centaines de milliers de dollars par an au cours des trois années durant lesquelles il a tenu ce poste, il n'a pas d'argent d'avance. Il est même endetté. Il s'est fait renvoyer de plusieurs emplois car il ne sait pas gérer sa colère. Hans a un schéma d'Imperfection et, chaque fois qu'il se sent critiqué, il compense en par des remarques faites en criant et d'un ton coupant. Comme il perçoit souvent des affronts là où il n'y en a pas, la plupart des gens qu'il rencontre sont la proie de ses commentaires sarcastiques et insultants.

Il demande une thérapie pour l'aider à gérer sa colère et lui permettre de trouver un nouvel emploi. Au cours des séances, il part dans de longues tirades sur la succession des évènements qui lui ont fait perdre son travail et sur les gens de l'entreprise qui l'ont trahi et ont conspiré contre lui. Sa colère apparaît sans limite.

Le temps passe et il n'est toujours pas capable de se mettre sérieusement à la recherche d'un emploi ; il commence même à se mettre en colère contre le thérapeute et il passe ses séances à pester contre ce thérapeute qui ne l'aide pas.

Le thérapeute a un schéma d'Assujettissement ; il ne parvient pas à supporter les accès de colère de son patient et adopte un comportement défensif. Plus le thérapeute se défend, plus le patient se met en colère.

Les patients qui se présentent comme très fragiles ou très coléreux de façon prolongée dans le temps risquent de provoquer un évitement comportemental chez le thérapeute. Les patients porteurs d'un trouble de personnalité borderline, en particulier, ont des émotions intenses et des intentions suicidaires très fréquentes, que le thérapeute peut avoir du mal à supporter. Il se met alors en retrait, ce qui active le schéma d'Abandon du patient ; par voie de conséquence, l'intensité des affects du patient est renforcée, ainsi que son désir suicidaire, selon un cercle vicieux qui peut rapidement s'accélérer jusqu'à la crise. Nous discuterons de ce problème dans le chapitre 9.

5° *Le patient active les schémas du thérapeute qui répond par de la compensation*

Lorsque les émotions du patient effraient les thérapeutes, certains d'entre eux compensent. En réponse aux affects et aux intentions suicidaires des borderlines, certains thérapeutes compensent en répliquant par de la colère ou des attaques accusatrices. Ces patients ont besoin d'un signe montrant que le thérapeute prend soin d'eux, un tel signe ayant la capacité quasi constante de les apaiser. Ni le thérapeute qui évite, ni celui qui compense, ne donne aux personnalités borderlines ce dont elles ont besoin en période de crise, et tous les deux vont contribuer à aggraver les choses.

EXEMPLE 1

Victor a un schéma d'Imperfection, son thérapeute aussi. Tous les deux ont tendance à compenser lorsqu'ils se sentent attaqués. Victor commence son traitement en expliquant que son enfance a été parfaitement heureuse et que ses parents l'aidaient beaucoup. Cependant, en imagerie,

Victor se souvient que le soutien de son père était contrefait et qu'il ne lui convenait pas vraiment. Le père de Victor aurait voulu qu'il soit sportif, comme lui. « Mais le sport était mon point faible. Je réussissais bien à l'école, j'ai eu brillamment mon bac ; à la faculté, j'étais brillant aussi, mais mon père ne s'y intéressait pas. »

Victor demande au thérapeute s'il était un bon athlète au lycée. Le thérapeute, envieux des excellents résultats scolaires de Victor, ne peut s'empêcher de se vanter de façon disproportionnée quant à ses résultats sportifs ; il lui dit qu'il a été champion de lutte. Se sentant rabaissé, Victor fait une remarque désobligeante où il est question de slip... et le thérapeute rétorque par un commentaire agressif sur la « jalousie » de Victor, ce qui contribue à maintenir son schéma.

EXEMPLE 2

Un patient a un schéma de Droits Personnels Exagérés et son thérapeute un schéma d'Abnégation : le thérapeute tendra continuellement à l'encourager de façon excessive et, lorsque le patient formulera une requête personnelle exigeante, le thérapeute compensera en se mettant en colère contre lui.

6° *Le patient active le mode de Parent Dysfonctionnel du thérapeute*

Si le patient se comporte comme un « enfant vilain », il déclenchera un mode de Parent Désapprobateur chez le thérapeute qui le réprimandera, à la façon d'un parent qui gronde son enfant.

EXEMPLE 1

Daniel et sa thérapeute ont tous les deux un schéma de Contrôle De Soi/Autodiscipline Insuffisants. Daniel est en échec scolaire à l'université. La thérapeute donne à Daniel des tâches d'autocontrôle qu'il ne réalise pas. La thérapeute multiplie les prescriptions de tâches, sans plus de résultat. Comme elle a aussi un schéma d'Imperfection, elle commence à se sentir incapable de gérer la situation. Elle compense dans le rôle du Parent Punitif, perdant son empathie, réprimandant sévèrement Daniel, tout comme le faisaient ses parents lorsqu'il était enfant (et probablement, comme le faisaient aussi ses parents à elle). Daniel se sent mal à l'aise avec lui-même, mais il se sent toujours incapable d'accomplir ses tâches ou d'adhérer aux propositions. Se sentant puni, sans aller mieux, il quitte la thérapie.

EXEMPLE 2

Lana a un schéma d'Imperfection. Elle demande une thérapie car, actrice à succès, elle estime qu'elle est sans valeur et incapable d'être aimée. Malheureusement, son thérapeute masculin a un schéma d'Idéaux Exigeants. Il se comporte comme le père de sa patiente, comme un parent exigeant, et il lui fixe des objectifs trop élevés pour elle. La patiente reste en thérapie durant des années en se battant pour devenir « suffisamment bonne » aux yeux de son thérapeute et obtenir son approbation…

7° *Le patient satisfait les besoins liés aux schémas du thérapeute*

Les thérapeutes qui ne sont pas à l'écoute de leurs propres schémas risquent, malgré eux, d'exploiter leurs patients pour leur compte personnel. Au lieu de se préoccuper de l'intérêt du patient, ils vont l'utiliser, involontairement, pour combler leurs propres besoins affectifs insatisfaits.

EXEMPLE 1

Une thérapeute a un schéma de Manque Affectif (autre schéma très fréquent chez les psychothérapeutes). Tout au long de sa vie, elle n'a reçu que très peu d'aide et d'attention. Elle compense en donnant son attention aux autres dans son travail ; de cette façon, elle se comporte comme un parent attentif vis-à-vis de son propre enfant intérieur, sur le plan symbolique. Sa patiente, Marcie, a un schéma d'Abnégation ; elle est dépressive sans en connaître la raison. En fait, elle passe tellement de temps à s'occuper de sa famille, notamment de sa mère, qu'elle ne dispose que de très peu de temps pour elle-même.

Comme la plupart des gens qui ont un schéma d'Abnégation, Marcie est empathique, attentionnée et elle s'autodévalorise. Elle est très sensible à la fatigue et aux déceptions de sa thérapeute. Alors qu'elle a une foule de choses à dire, elle met au second plan ses besoins personnels et demande à son thérapeute ce qui ne va pas. Plutôt que de prendre du recul et d'expliquer à Marcie ce qui est en train de se passer sur le plan de la relation, la thérapeute répond en lui parlant de ses problèmes. Le temps passant, la thérapeute laisse de plus en plus Marcie prendre soin d'elle, si bien qu'elle finit par rajouter sa thérapeute à la liste des personnes sur qui elle a la charge de veiller, et devient ainsi de plus en plus épuisée et déprimée.

EXEMPLE 2

Un patient a un schéma de Fusionnement, il rencontre un thérapeute au schéma d'Isolement Social avec lequel il a une relation fusionnelle :

le besoin de relations proches du thérapeute ne lui permettra pas d'aider ce patient.

EXEMPLE 3

Un patient a un schéma de Recherche d'Approbation et fait fréquemment des compliments à son thérapeute (dans le but de lui plaire) ; si son thérapeute a un schéma d'Imperfection et de Dépendance, il répondra à ces louanges par du plaisir. Malheureusement, la réponse positive du thérapeute renforce le comportement du patient, et donc son schéma.

8° *Les schémas du thérapeute sont activés par « l'insuffisance des progrès » du patient*

Les thérapeutes dont les schémas sont faits d'Imperfection, d'Échec, de Dépendance/Incompétence répondent de façon inappropriée aux patients qui ne s'améliorent pas en thérapie. Ils expriment de la colère ou de l'impatience, perpétuant ainsi les schémas des patients.

EXEMPLE

Beth est une patiente porteuse d'un trouble de personnalité borderline et consulte pour un état dépressif lié à ses relations avec son ami, Carlos. Au début de leur relation, ils étaient inséparables. Progressivement, Carlos a voulu « davantage d'espace », ce qui mettait Beth hors d'elle. Elle s'est mise à le coller, le contrôler, à être bouleversée chaque fois que Carlos s'absentait, lui demandant des comptes sur son emploi du temps. Lorsqu'elle commence sa thérapie, Carlos veut clairement se séparer d'elle, mais Beth refuse la rupture. Elle l'appelle continuellement au téléphone, elle pleure, promet de changer de comportement, l'implore de revoir sa décision. Carlos refuse fermement de poursuivre la relation et se met à fréquenter d'autres femmes.

Le thérapeute a un schéma de Dépendance/Incompétence. Il cherche trop rapidement à lui faire faire le deuil de son ami. Il montre à Beth, et elle l'admet, que chercher à conserver Carlos a un côté auto-destructeur. Il lui apprend à stopper sa pensée par des méthodes de distraction lorsqu'elle est obsédée par Carlos. Il l'aide à trouver des solutions alternatives lorsqu'elle éprouve le besoin de lui téléphoner. Cependant, quoi qu'il fasse, rien ne change : Beth continue à être obsédée par Carlos, à lui téléphoner continuellement et à l'implorer de revenir. Le thérapeute commence à se sentir incapable et irrité. Lorsque Beth exprime son sentiment de délaissement, il se met à la critiquer. Il lui exprime qu'elle refuse en fait d'aller mieux (= stratégie de compensation du thérapeute). Lorsqu'elle parle des coups de téléphone qu'elle donne à Carlos, il la réprimande. Beth finit par penser qu'elle n'est pas assez bonne, ni pour son ami, ni pour le thérapeute.

Les thérapeutes ayant un schéma d'Imperfection, d'Échec ou de Dépendance/Incompétence peuvent aussi répondre aux insuffisances de progrès des patients par d'autres styles d'adaptation, tout aussi destructeurs.

Les thérapeutes qui ont un style d'adaptation de soumission peuvent se montrer agités, anxieux ou manquer d'assurance, ce qui réduit la confiance du patient dans la thérapie.

Les thérapeutes qui évitent risquent de proposer trop brutalement la recherche d'un autre thérapeute, qui soit meilleur.

9° *Les schémas du thérapeute sont activés par les crises du patient (notamment les crises suicidaires)*

Ces crises sont hautement susceptibles d'activer les schémas du thérapeute. Elles testent les capacités du thérapeute à s'adapter de façon positive.

EXEMPLE

Une thérapeute a un schéma d'Assujettissement lié à sa mère qui la contrôlait dans son enfance : « Si tu es vilaine (= si tu ne fais pas comme je veux), je t'abandonnerai. »

En débutant sa thérapie, la patiente, Jessica, fait un récit confus de son enfance. À un moment, elle raconte que sa tante et son oncle ont sexuellement abusé d'elle et de son jeune frère. Mais plus tard, elle dit que cela ne s'est en fait jamais produit. Elle a un ami qui se drogue (alcool, cocaïne). Lorsqu'il est sous l'emprise des drogues, il disparaît, souvent pour plusieurs jours. La dernière fois qu'il est parti, Jessica s'est tailladé les chevilles avec un rasoir.

Après quelques semaines de thérapie, ce garçon pose un lapin à Jessica (ils avaient rendez-vous pour un dîner). Jessica rentre chez elle, se taillade les chevilles et téléphone à sa thérapeute, qu'elle réveille. Au téléphone, Jessica gémit : « Comment a-t-il pu me faire ça ? » et elle raconte qu'elle s'est tailladé les chevilles. Plutôt que de répondre de façon empathique, la thérapeute répond furieusement, pensant à une manipulation, à une tentative de contrôle (comme le faisait sa mère). « Je désapprouve complètement ce que vous avez fait » lui répond-elle, ce qui déclenchera chez Jessica une crise de panique.

Pour gérer les crises, le thérapeute doit conserver son empathie et son objectivité, n'être ni critique ni punitif (voir la gestion des crises et du risque suicidaire, chapitre 9.)

10° *Le thérapeute envie le patient, de façon permanente au cours de la thérapie*

Si le thérapeute est narcissique, il risque d'envier le patient. Dans de tels cas, le patient représente une source de satisfactions que le thérapeute a toujours désiré avoir, sans jamais les obtenir, telles que la beauté, la santé, le succès. Dans l'exemple suivant, le patient remplit au cours de sa vie un des besoins inassouvis du thérapeute.

Exemple

Jade, 19 ans, est dépressive car sa mère est en train de mourir d'un cancer. Son père l'amène à la première séance de thérapie : il est très attentionné et très aimant pour elle. Jade est douce et gentille. Elle parle au thérapeute de sa mère mourante et elle pleure.

La thérapeute explique à jade qu'elle va l'aider à gérer la maladie de sa mère. Mais, en dépit de ces paroles sympathiques, elle est intérieurement jalouse de Jade. La thérapeute a grandi dans un état de manque affectif quasi-total. Même si sa mère est mourante, Jade a tellement plus de choses qu'elle-même n'a jamais eues. La thérapeute est surtout jalouse de la relation de Jade avec son père, lequel représente le type même de père qu'elle aurait toujours voulu avoir — gentil, aimant, rien à voir avec son père si distant. De ce fait, elle ne parvient pas à être empathique, ouverte et attentionnée. Sentant que quelque chose ne va pas, Jade quitte rapidement la thérapie.

L'envie peut inciter le thérapeute à se polariser sur le problème et avoir un comportement de jalousie (soumission au schéma), à éviter de parler d'un problème important (évitement de schéma) ou à tenter de vivre au travers du patient (compensation de schéma).

Les thérapeutes doivent s'acharner à reconnaître leurs propres limites : lorsque les patients activent chez eux des Schémas Inadaptés Précoces, ils doivent décider s'ils sont capables de répondre de façon adaptée en fonction des buts thérapeutiques et de continuer à se comporter de façon professionnelle.

Les thérapeutes peuvent utiliser les techniques de schéma-thérapie pour traiter le problème, soit par eux-mêmes, soit en supervision. Ils peuvent *conduire des dialogues* entre le schéma et le côté sain : Que dit le schéma dans les séances avec le patient ? Que commande-t-il au thérapeute de faire ? Comment le côté sain — le bon thérapeute — réagit-il ?

Ils peuvent utiliser les *techniques d'imagerie* pour explorer et corriger le problème. Le thérapeute peut, par exemple, se rappeler l'image d'une situation où son schéma a été activé en séance. Quand, dans son enfance, a-t-il ressenti la même chose ? Que dit l'Enfant Vulnérable du thérapeute dans cette image ? Quelle est la réponse de l'Adulte Sain ? Le thérapeute mène des dialogues entre les différents modes.

Enfin, ils peuvent également pratiquer les *techniques comportementales*. Plutôt que de répondre de façon inadaptée au patient, ils pourront se déterminer des tâches consistant à utiliser la confrontation empathique et le re-parentage partiel.

Si des problèmes restent non résolus, par la consultation ou la supervision, le thérapeute devra envisager d'adresser le patient à un autre thérapeute.

f. Le rôle de la relation thérapeutique dans l'information du patient

Le thérapeute façonne le matériel éducatif en fonction de la personnalité du patient. Certains patients veulent en savoir le plus possible, alors que d'autres se trouveront dépassés par un excès d'information. Certains veulent lire des livres, alors que d'autres préfèreront regarder des films ou des pièces de théâtre. Certains veulent montrer au thérapeute des photos de leur enfance, d'autres n'y voient aucun intérêt. Cependant, la relation thérapeutique joue un rôle important pour la plupart des patients dans l'information donnée sur leurs schémas et leurs stratégies d'adaptation.

Les patients trouvent souvent un grand intérêt à identifier les épisodes d'activation de schémas au cours même de la séance avec le thérapeute : les pensées, les émotions et les comportements du moment sont vifs et bien présents ; ils sont très rapidement traités par les patients lorsque l'émotion est présente.

En accord avec la nature collaborative de la schéma-thérapie, le thérapeute explique que, lorsque les schémas du patient seront activés en séance, le thérapeute se livrera à de la *confrontation empathique*. De plus, le thérapeute essaiera de ne pas renforcer les stratégies inadaptées du patient. Toutes ces explications seront données selon une forme que le patient comprendra comme un signe de soins attentifs.

EXEMPLE 1

Bruce a un schéma de Méfiance/Abus, basé sur ses relations infantiles avec un frère aîné sadique. Lorsque Bruce était un enfant vulnérable, son frère profitait de chaque occasion pour l'humilier et le torturer. Lorsque Bruce se sent vulnérable en séance avec Carrie, sa thérapeute, il se met à plaisanter et à la faire rire. Le temps passant, Bruce continue à éviter de se trouver en situation de vulnérabilité avec sa thérapeute. Finalement, Carrie lui explique qu'elle a décidé de ne plus rire de ses plaisanteries lorsqu'il s'en servira comme un moyen d'évitement. Bien qu'elle apprécie ses plaisanteries, et bien qu'elle comprenne qu'il est difficile pour lui de se sentir vulnérable, elle sait aussi que l'Enfant Vulnérable qui est en lui a besoin de parler et qu'il faut le laisser s'exprimer.

EXEMPLE 2

Clifford, 52 ans, vient à sa première séance. Il consulte pour retrouver confiance en lui, de façon à améliorer son ascension professionnelle. Il a perdu la plupart de ses relations importantes — sa femme, ses enfants, ses frères et sœurs, son meilleur ami — mais son assurance agressive ne lui permet pas d'apprécier ses pertes à leur juste valeur. Ed, son thérapeute, recadre le problème actuel du patient, en incluant les relations interpersonnelles, mais Clifford n'est pas d'accord : « C'est moi qui paie, c'est moi qui décide. » À la seconde séance, Ed reprend le problème, en donnant pour exemple la façon dont il a lui-même été traité à la première séance. « Bien que vous pensiez que vous avez un problème de confiance en vous, vous avez en fait un problème plus profond. Il s'agit d'un narcissisme, qui vous empêche d'être proche des autres et de connaître vos véritables émotions. » Pour ce patient l'utilisation du mot « narcissisme » a été d'un grand secours ; il explique que les autres thérapeutes ont cessé de travailler avec lui sans jamais lui dire pourquoi. (En revanche, pour d'autres patients qui ont moins de défenses, un diagnostic peut être ressenti de façon péjorative et être plus dangereux qu'utile.)

2 LA RELATION THÉRAPEUTIQUE À LA PHASE DE CHANGEMENT

Au cours de la phase de changement, le thérapeute continue à confronter le patient à ses Schémas Inadaptés Précoces et à ses styles d'adaptation dysfonctionnels, dans le cadre de la relation thérapeutique. La confrontation empathique et le re-parentage partiel sont les deux moyens principaux pour favoriser le changement.

a. La confrontation empathique (ou mise à l'épreuve empathique de la réalité)

C'est la base thérapeutique de la schéma-thérapie. Le thérapeute maintient cette position tout au long de la phase de changement pour favoriser la maturation psychologique du patient. Cependant, ce n'est pas une technique ; c'est plutôt une approche du patient qui implique un lien émotionnel réel. Le thérapeute doit être authentiquement attentif vis-à-vis du patient pour que cette approche fonctionne.

Dans la confrontation empathique ; Le thérapeute est en empathie avec le patient et confronte le schéma. Il exprime sa compréhension des raisons pour lesquelles le patient présente ce schéma, et de la difficulté à le modifier, tout en reconnaissant simultanément la nécessité de ce changement ; il s'efforce de réaliser, entre empathie et confrontation, le meilleur équilibre qui puisse conduire le patient au changement. Le thérapeute utilise la confrontation empathique chaque fois que les schémas du patient sont activés dans le contexte de la relation thérapeutique. L'activation d'un schéma se manifeste lorsque le patient réagit de façon excessive ou qu'il fait des interprétations erronées, ainsi que dans son comportement non verbal.

La première étape consiste à autoriser le patient à exprimer librement sa « vérité ». Le thérapeute l'encourage à donner son point de vue, à faire part librement de ses pensées et de ses émotions. Pour aider le patient, le thérapeute pose des questions : Que pensez-vous, et quelles sont vos émotions ? Que ressentez-vous le besoin de faire ? Quel est le rôle des actions du thérapeute dans l'activation du schéma ? De quels schémas s'agit-il ? Quelles autres personnes déclenchent cette émotion chez vous ? En particulier qui, dans le passé ? Que s'est-il produit alors ? Avec qui, dans votre enfance, avez-vous ressenti cette émotion ? Le thérapeute peut utiliser l'imagerie pour aider le patient à relier la situation actuelle à des événements du passé.

Ensuite, le thérapeute se place en empathie avec les émotions du patient, avec le point de vue du patient sur la situation, et reconnaît que les idées du patient sont en partie réalistes. Si besoin, il s'excuse pour ce qu'il aurait pu dire ou faire de douloureux pour le patient ou qui aurait pu paraître insensible.

Lorsque le patient se sent compris et validé, le thérapeute passe à la mise à l'épreuve de la réalité. Il confronte les points faibles de la vision du patient, en utilisant des arguments logiques et empiriques. Il propose une alternative logique, utilisant souvent la révélation de soi à propos de l'interaction entre le patient et le thérapeute. Le thérapeute et le patient évaluent les réactions du patient dans le cadre de la thérapie. Ce processus conduit habituellement à isoler d'une part un noyau de vérité et, d'autre part, des distorsions liées au schéma, alors que les deux étaient précédemment mêlés.

EXEMPLE 1

Lisette, 26 ans, vient en thérapie pour une relation amoureuse qui s'est cassée. Son schéma central est le Manque Affectif, en relation avec des parents non disponibles sur le plan affectif. Son père et sa mère ont beaucoup voyagé durant son enfance, la confiant à des gardiennes ou des internats d'écoles. Lisette se souvient de s'être jetée dans les escaliers pour empêcher ses parents de partir en voyage. Au cours d'une séance, Lisette se sent incomprise. Son schéma de Manque Affectif s'active et elle reproche furieusement au thérapeute de ne « jamais la comprendre ».

Le thérapeute utilise la confrontation empathique : il commence par aider Lisette à exprimer son point de vue sur ce qui vient de se passer. Lisette dit qu'elle est très en colère et que, sous la colère, se cache la crainte qu'il ne la comprenne jamais ; au fond d'elle-même, elle a peur d'être toujours toute seule. Le thérapeute exprime de la compréhension pour la raison de ces sentiments, il s'excuse pour cette incompréhension. Une fois que Lisette s'est sentie entendue, ils passent à une mise à l'épreuve de la réalité. Il est vrai que le thérapeute ne comprend pas parfaitement Lisette ; cependant, il la comprend tout de même la plupart du temps et il est authentiquement attentionné à son égard. Lorsque Lisette remplace sa peur par de la colère, cependant, cela a pour effet de repousser le thérapeute, pour qui il devient plus difficile de l'aider là où elle en a besoin.

Lors de la confrontation empathique dans le contexte de la relation thérapeutique, le thérapeute utilise la révélation de soi : il partage ses propres pensées et ses émotions au sujet de l'interaction avec le patient, lorsqu'il est vraisemblable que cela sera utile pour la thérapie. Si le patient a attribué au thérapeute des jugements, des intentions ou des émotions qui s'avèrent faux, alors le thérapeute pourra le lui dire franchement :

EXEMPLE 2

Une jeune patiente a un schéma d'Abandon ; elle demande à son thérapeute : « Ai-je des besoins trop importants pour vous ? Allez vous cesser de me voir parce que j'en demande trop ? » Le thérapeute répond de façon directe : « non, vous n'avez pas trop de besoins pour moi. Je ne ressens pas les choses comme ça. » Le thérapeute utilise la relation thérapeutique pour contredire le schéma. (Bien sûr, il répondra de cette façon si cela correspond à la réalité.) En faisant ainsi, le thérapeute donne au patient l'assurance qu'il est normal d'exprimer ses sentiments.

EXEMPLE 3

Un jeune homme a un schéma d'Imperfection ; il dit à son thérapeute : « Dans ma famille, on dit que je suis égoïste. Pensez-vous que je sois égoïste ? » Le thérapeute répond honnêtement : « Non, je ne vous crois pas égoïste ; je vous considère comme quelqu'un qui donne beaucoup aux autres. » La révélation de soi à laquelle se prête le thérapeute fournit un antidote partiel au schéma du patient.

EXEMPLE 4

Bill a un schéma d'Échec. Il demande une thérapie car sa carrière de directeur de société ne lui procure pas l'avancement qu'il souhaite. À la fin de la première séance, Eliot, son thérapeute lui remet le Questionnaire des Schémas de Young, avec la tâche de le remplir à la maison. Bill vient à la séance suivante sans avoir effectué sa tâche, avec une attitude belligérante, en piétinant de façon coléreuse, et il fait des excuses.

Le thérapeute attend que Bill soit suffisamment calme pour entamer la discussion. Ils analysent ce qui vient de se passer. « Je pensais que vous alliez me crier après », explique Bill. Eliot explore alors l'origine de cette attente dans l'enfance de Bill et ses effets dans sa vie professionnelle. Bill a grandi dans une ferme et lorsqu'il était enfant, son père le punissait durement lorsqu'il ne terminait pas son travail suffisamment vite. (Bill a aussi un schéma de Punition.) Le thérapeute sympathise avec l'expérience infantile de Bill : sous l'apparence coléreuse, se cache un Enfant Vulnérable qui a peur de l'échec et de la punition. Le thérapeute aide alors Bill à suivre les effets de ses schémas dans sa vie professionnelle. Il en ressort que Bill est souvent en opposition avec ses collaborateurs et ses supérieurs, ce qui constitue un obstacle dans la progression de sa carrière. Une fois que Bill a compris ses schémas (Échec et Punition) et ses stratégies inadaptées (compensation par un comportement coléreux), le thérapeute passe à la mise à l'épreuve de la réalité. Il fait de la révélation de soi au sujet du comportement coléreux de Bill : lorsque Bill se comporte ainsi, le thérapeute a envie de prendre de la distance par rapport à lui.

Si on analyse leurs schémas quand ils s'activent au cours de la relation thérapeutique, les patients parviennent à réaliser la manière dont ils perpétuent leurs schémas et ils se préparent à mieux comprendre leurs difficultés de vie en dehors de la thérapie.

Les thérapeutes peuvent anticiper l'activation de schéma et ils peuvent apprendre aux patients à faire de même. Il est facile de prévoir que le schéma d'Abandon d'un patient sera activé lors des congés du thérapeute. Cette notion permet au thérapeute de prévenir son patient suffisamment à l'avance et de l'aider à développer une stratégie d'adaptation saine. Le thérapeute et le patient pourront, par exemple, rédiger une fiche mémo-flash que le patient lira quand le thérapeute s'absentera.

De la même façon, on peut prévoir qu'un patient au schéma d'Assujettissement sera réticent à suivre les directives du thérapeute. Le thérapeute peut se préparer à cette éventualité et donner au patient des suggestions plutôt que des directives, dans le cadre des exercices en séance ou des tâches assignées. Plutôt que de donner des instructions au patient, le thérapeute lui demande de choisir l'exercice ou de formuler la tâche.

b. Le re-parentage partiel à la phase de changement

Le re-parentage partiel est particulièrement utile chez les patients dont les schémas sont situés dans le domaine de Séparation et Rejet ; c'est-à-dire des sujets qui ont été abusés, abandonnés, rejetés ou qui ont manqué d'affection, au cours de leur enfance. Plus le traumatisme aura été sévère, plus le re-parentage prendra un aspect important dans la thérapie. Cependant, les patients ayant des schémas dans les autres domaines peuvent aussi en bénéficier. Avec ces patients, le re-parentage est centré sur des problèmes d'autonomie, de limites réalistes, d'expression de soi, de réciprocité et de spontanéité.

Le re-parentage est partiel en ce sens que **le thérapeute offre une approximation des expériences émotionnelles manquantes**, dans la limite des règles éthiques et professionnelles. Le thérapeute ne cherche pas réellement à devenir le parent, il ne fait pas non plus régresser le patient au stade de la dépendance infantile. Le re-parentage partiel est plutôt un mode d'interaction avec le patient dans le but de guérir ses Schémas Inadaptés Précoces.

Pour adapter le style du re-parentage à un patient donné, le thérapeute doit prendre en compte le stade de développement du patient. Les patients borderlines ont des besoins très infantiles. Il leur manque la notion de stabilité de l'objet et ils ont souvent besoins de rendez-vous supplémentaires ou d'appels téléphoniques entre les séances. Les thérapeutes doivent assurer un équilibre entre les besoins des patients et leurs propres limites et établir des limites saines. (Voir l'établissement des limites au chapitre 9.)

Dans le re-parentage partiel, comme dans la confrontation empathique, **le thérapeute utilise la révélation de soi**. Pour qu'elle soit utile, elle doit être sincère et honnête. Par exemple féliciter un patient qui a un schéma d'Imperfection n'est un re-parentage approprié que dans la mesure où le thérapeute se base sur des qualités réelles du patient qu'il apprécie authentiquement. Avec des patients agressifs ou négatifs, il est parfois difficile au thérapeute de trouver des qualités positives. Dans de tels cas, une phrase de compréhension peut contre-attaquer le schéma. Ainsi, à un patient méfiant, on pourra dire : « lorsque vous vous sentez bien, vous me permettez d'être plus proche de vous ». Ainsi le thérapeute reconnaît qu'il est difficile pour ce patient d'être proche des autres, mais il explique qu'il voit la méfiance du patient comme une forme d'évitement et non pas comme son « moi réel ».

Une autre forme de révélation de soi, pour le thérapeute, consiste à répondre aux questions du patient de façon directe, si elles ne sont pas trop personnelles.

Exemple 1

Un patient ayant un schéma de Méfiance/Abus va connaître le contenu des notes prises par le thérapeute. Le thérapeute répond de façon directe, plutôt qu'en interprétant ou en questionnant. Dans ce cas, le re-parentage partiel demandera au thérapeute d'être honnête envers son patient à propos du contenu de son dossier.

Exemple 2

Un patient au schéma d'Imperfection remarque que sa thérapeute a un pèse-personne dans son bureau et lui demande pourquoi. La thérapeute répond qu'elle traite des patients présentant des troubles des conduites alimentaires et que ces patients se pèsent au cours des séances. Le patient réplique : « Ah, je croyais que vous essayiez de me dire que j'étais gros. » Une réponse directe de la part de la thérapeute améliore la confiance du patient. La thérapeute ne lui envoie pas des messages indirects négatifs.

Inversement, les patients ayant des schémas de Dépendance demandent souvent à leur thérapeute son opinion pour des décisions qu'ils pourraient prendre seuls. Dans de tels cas, le thérapeute associe la confrontation empathique et le re-parentage partiel et refuse gentiment de répondre. Il dira, par exemple : « je sais que prendre une décision vous rend anxieux. Votre schéma de Dépendance vous empêche d'essayer de décider par vous-même, mais vous pouvez le faire. Plutôt que de vous dire comment vous devez faire, je vous aiderai dans votre recherche de la réponse. »

Les thérapeutes doivent se souvenir que leur travail n'est pas d'éviter l'activation des schémas du patient au cours de la relation thérapeutique. D'abord il est probablement impossible de l'éviter, surtout avec des patients fragiles. Le travail du thérapeute est de s'occuper des schémas lorsqu'ils sont activés. Plutôt que de minimiser l'importance de ce qui se produit, le thérapeute utilise l'activation du schéma comme une occasion pour augmenter les capacités du patient à se développer psychiquement.

Le re-parentage partiel est très lié à l'ensemble du travail émotionnel, particulièrement à l'imagerie. Lorsque le thérapeute pénètre les images du patient pour tenir le rôle de « l'Adulte Sain », et qu'il autorise le patient à formuler à voix haute ce dont il avait besoin lorsqu'il était enfant, mais qu'il n'a pas pu obtenir de la part de ses parents, alors il fait du re-parentage. Le thérapeute apprend au patient qu'il aurait pu être traité autrement par ses parents. Lorsqu'il était enfant, il avait des besoins qui n'ont pas été comblés, et il est possible que d'autres parents aient pu les combler. En façonnant tout d'abord l'Adulte Sain dans l'image, puis en amenant ensuite le patient à y tenir ce rôle lui-même, le thérapeute apprend au patient à re-materner son propre enfant interne.

Nous avons développé des stratégies de re-parentage partiel spécifiques pour chaque Schéma Inadapté Précoce. Ces stratégies prennent en compte les styles d'adaptation, qui caractérisent typiquement chaque schéma. Les stratégies de re-parentage partiel ont pour but de fournir un antidote partiel contre le schéma, dans le cadre de la relation thérapeutique.

1. ***Abandon/Instabilité***. La thérapeute devient une source transitoire de stabilité, et il finit par aider le patient à trouver d'autres relations stables en dehors de la thérapie. Le thérapeute corrige les distorsions concernant la crainte qu'a le patient d'être abandonné par son thérapeute. Le thérapeute aide le patient à accepter les absences du thérapeute, ses vacances, son indisponibilité, sans abandonner la thérapie ni avoir un comportement autodestructeur.
2. ***Méfiance/Abus***. Le thérapeute est complètement digne de confiance, honnête et authentique avec le patient ; il recherche régulièrement si la confiance et l'intimité sont présentes dans la relation thérapeutique. Il discute tous les sentiments négatifs que le patient peut avoir à son égard.

3. ***Manque Affectif***. Le thérapeute favorise un climat attentif par la chaleur, l'empathie et l'accompagnement. Il encourage le patient à demander ce dont il a besoin sur le plan affectif et à se donner le droit d'avoir des besoins affectifs. Il aide le patient à exprimer ses émotions de manque affectif sans brutalité. Il l'aide à accepter les limites qu'il lui fixe, à supporter une certaine frustration, et à apprécier l'attention qui lui est accordée.
4. ***Imperfection***. Le thérapeute accepte sans juger. Il est attentif au patient malgré ses faiblesses. Il se veut imparfait, de façon à partager avec le patient quelques petits défauts. Le thérapeute félicite le patient aussi souvent que possible, mais sans que cela sonne faux.
5. ***Isolement Social***. Le thérapeute met en évidence les traits que son patient et lui ont en commun et ceux qui sont différents tout en étant compatibles.
6. ***Dépendance/Incompétence***. Le thérapeute résiste aux tentatives du patient qui essaie de devenir dépendant vis-à-vis de son thérapeute. Il l'encourage à prendre des décisions personnelles. Il le félicite pour son bon jugement et ses progrès.
7. ***Peur du Danger ou de la Maladie***. Le thérapeute incite le patient à devenir progressivement moins dépendant vis-à-vis de son thérapeute pour tout ce qui paraît dangereux dans le monde. Il lui exprime une confiance totale dans sa capacité à affronter les situations phobogènes et les maladies qu'il redoute.
8. ***Fusionnement/Personnalité atrophiée***. Le thérapeute aide le patient à déterminer des limites adaptées, de façon à savoir se comporter entre l'excès d'intimité et l'excès de distance. Il l'encourage à développer sa propre identité en tant que personne indépendante.
9. ***Échec***. Le thérapeute encourage les succès scolaires ou professionnels du patient. Il le structure et lui donne des limites.
10. ***Droits Personnels Exagérés***. Le thérapeute favorise le côté faible du patient et ne renforce pas le côté grandiose. Il confronte empathiquement le côté grandiose et fixe des limites. Il favorise la relation affective plutôt que le besoin de puissance.
11. ***Contrôle de soi/Autodiscipline Insuffisants***. Le thérapeute est très ferme sur les limites qu'il fixe. Il donne le modèle d'un autocontrôle et d'une autodiscipline adaptés et récompense le patient qui a progressivement développé de telles capacités.

12. ***Assujettissement***. Le thérapeute est relativement non directif plutôt que contrôleur. Il encourage le patient à choisir les buts thérapeutiques, les techniques thérapeutiques et les taches assignées. Il fait ressortir les comportements de rébellion et de déférence et aide le patient à reconnaître ses émotions de colère, à passer sa colère, puis il lui apprend à exprimer cette colère de façon appropriée.
13. ***Abnégation***. Le thérapeute aide le patient à déterminer des limites appropriées et à affirmer ses droits et ses besoins. Il encourage le patient à se fixer à son thérapeute, ce qui lui permet de démontrer les besoins de dépendance du patient. Il décourage la tendance du patient à prendre soin du thérapeute et met en évidence ce type de comportement lors de la confrontation empathique.
14. ***Besoin d'Approbation et de Reconnaissance***. Le thérapeute met l'accent sur les caractéristiques fondamentales de la personnalité du patient, plutôt que sur la recherche superficielle d'un statut, d'une apparence ou de la fortune.
15. ***Négativité/Pessimisme***. Le thérapeute demande au patient de tenir aussi bien le rôle du côté positif que celui du coté négatif : il s'abstient lui-même de tenir le rôle positif. Il cherche à modeler un optimisme sain.
16. ***Sur-contrôle Émotionnel***. Le thérapeute encourage le patient exprimer des affects spontanés au cours de séance. Il se donne pour modèle de l'expression appropriée de ces émotions.
17. ***Idéaux Exigeants***. Le thérapeute essaie d'être un modèle de normes équilibrées dans son approche thérapeutique et dans sa vie personnelle. Plutôt que de maintenir un climat sérieux et tendu, il félicitera les côtés ludiques du patient. Il valorise la relation thérapeutique plutôt que le sens des « choses bien faites » et il encourage un comportement non parfait.
18. ***Punition***. Le thérapeute à une attitude de tolérance et de pardon envers le patient et envers lui-même. Il est reconnaissant envers le patient lorsque celui-ci pardonne aux autres.

Le même comportement chez des patients différents nécessite des réponses thérapeutiques différentes en fonction des schémas sous-jacents. Le scénario suivant en est un exemple :

Une jeune femme arrive aux séances avec un retard régulier et important (il ne reste plus que dix minutes de séance).

a) *Si son schéma est la Méfiance/Abus :* elle arrive en retard parce qu'elle a peur que le thérapeute abuse d'elle d'une façon quelconque. Il faut donc la re-materner en entrant en empathie avec l'Enfant Maltraité et aider ensuite le mode enfant à se sentir en sécurité. « Je sais qu'il vous est difficile de venir aux séances, et que, dans votre for intérieur, je vous terrorise. Je sais aussi que si vous ressentez cela, c'est qu'il y a une raison : la façon dont certaines personnes en qui vous aviez confiance vous ont traitée lorsque vous étiez enfant. Je suis heureux que vous parveniez à venir quand même, et j'espère que, progressivement, vous me ferez suffisamment confiance pour profiter des séances dans leur intégralité. »

b) *Si son schéma est l'Abandon/Instabilité :* elle arrive en retard parce qu'elle a peur de s'attacher au thérapeute et de le perdre inévitablement par la suite. Son re-parentage commande de rassurer l'Enfant Abandonné sur la stabilité de la relation thérapeutique. « Je sais que vous croyez que je suis en colère contre vous pour votre retard. Je veux vous dire qu'il n'en est rien et que je sais que la cause de votre retard a quelque chose à voir avec votre enfance. Même si vous arrivez en retard, je continuerai à me sentir lié à vous. »

c) *Si son schéma est le Manque Affectif :* elle est en retard parce qu'elle compense en se donnant le droit de le faire. Son re-parentage demandera d'entrer en empathie avec l'Enfant Délaissé qui va maintenant manquer une bonne partie de sa séance. Car néanmoins la séance finira à l'heure dite. « Je regrette que vous soyez en retard et je n'aurais que quelques minutes à passer avec vous. J'aimerais que vous exprimiez votre sentiment à ce sujet. Passons là-dessus le reste de la séance. »

d) *Si le schéma est l'Imperfection :* elle a peur que le thérapeute la voie telle qu'elle est réellement et la trouve mauvaise. Son re-parentage demandera d'entrée en empathie avec l'Enfant Rejeté et d'insister sur le fait que le thérapeute l'accepte quel que soit son retard. « Je vous suis reconnaissant d'être venue, même si c'est très difficile pour vous. Il est important pour moi que vous sachiez que je vous accepte et que notre relation est importante, même si vous arrivez retard. »

e) *Si le schéma est l'Échec :* elle est en retard parce qu'elle est certaine qu'elle échouera dans sa thérapie. Son re-parentage exigera d'entrer en empathie avec l'attente d'échec sous-jacente en confrontant les conséquences de ce comportement. « Je sais qu'il vous est difficile de croire au succès de cette thérapie parce que beaucoup de choses dans votre passé ne se sont pas bien déroulées. Mais considérons ensemble ce qui va se passer si vous ne venez pas à l'heure et envisageons ce qui pourrait se passer si vous arriviez à l'heure. »

f) *Si le schéma est l'Incompétence/Dépendance* : elle est en retard parce qu'elle ne sait pas s'organiser et se débrouiller toute seule. Le re-parentage comprendra donc l'apprentissage de certaines habiletés. « Examinons ensemble ce que vous avez fait correctement pour venir ici et à quel moment les choses sont allées de travers ; de cette façon, nous allons étudier ensemble le moyen qui vous permettra d'arriver à l'heure la semaine prochaine. »

g) *Si le schéma est l'Abnégation* : elle s'est fait retarder par la rencontre d'une connaissance en cours de route et elle n'a pas su se libérer. Son re-parentage consistera à mettre en évidence la conséquence négative de son côté « abnégation » et à construire des habiletés sociales d'affirmation de soi. « La discussion qui vous a retardée vous coûte la majeure partie de votre séance et vous n'y avez rien gagné non plus. Voyons comment vous auriez pu vous libérer de cette personne. Voulez-vous essayer en imagination ? Fermer les yeux et concentrez-vous sur l'image de la rencontre avec votre ami, imaginez-vous coincée dans cette conversation. »

La connaissance des schémas du patient aide le thérapeute à re-materner le patient de la façon la plus adaptée.

Résumé

En thérapie des schémas, la relation thérapeutique est un élément essentiel du diagnostic et du changement du schéma. Dans notre méthode, la relation thérapeutique se caractérise par deux choses : la confrontation empathique et le re-parentage partiel. Dans la confrontation empathique, le thérapeute exprime sa compréhension des schémas du patient tout en le confrontant à la nécessité du changement. Le re-parentage partiel comble de façon partielle les besoins affectifs de l'enfance du patient.

Dans la phase de diagnostic et d'information, la relation thérapeutique est un moyen efficace pour déterminer les schémas et pour informer le patient. Le thérapeute établit le rapport collaboratif, il conceptualise le cas, il décide du style de re-parentage partiel dont le patient a besoin et détermine si les propres schémas et stratégies d'adaptation du thérapeute sont susceptibles d'interférer avec le déroulement de la thérapie.

La confrontation empathique et le re-parentage partiel s'associent ou s'alternent tout au long des stades cognitif, émotionnel et comportemental de la phase de changement. Le thérapeute adapte son style de re-parentage pour correspondre aux schémas et aux stratégies du patient. La connaissance de soi, de ses schémas et de ses stratégies d'adaptation aide le thérapeute à rester vigilant vis-à-vis de la meilleure méthode susceptible de rematerner le patient.

Chapitre 7

Plans détaillés de traitement des schémas

Dans ce chapitre, nous abordons chacun des 18 schémas en examinant la présentation clinique, les buts du traitement, les méthodes utilisées et les problèmes particuliers.

1 DOMAINE DE SÉPARATION ET REJET

a. Abandon/Instabilité

1° *Présentation typique du schéma*

Ces patients présentent de façon constante l'idée qu'ils vont perdre les gens les plus proches : ils pensent que ces gens vont les abandonner, tomber malade et mourir, les quitter pour quelqu'un d'autre, se comporter de façon imprévisible ou bien disparaître brusquement. En conséquence, ils vivent dans une peur permanente et sont toujours vigilants vis-à-vis de tout signe qui pourrait indiquer qu'une personne s'apprête à quitter leur vie.

Leurs émotions communes sont l'anxiété chronique de perdre quelqu'un, la tristesse et la dépression lorsqu'ils perçoivent ou vivent une perte, et la colère contre les gens qui les ont laissés. (Dans les formes plus intenses, ces émotions se transforment en terreur, désespoir ou rage.) Certains patients sont dans un état de détresse complète lorsqu'on les quitte pour une courte période de temps.

Leurs comportements typiques sont la proximité excessive vis-à-vis des autres, ils sont possessifs et ont besoin de contrôler. Ils accusent les autres de les abandonner, ils sont jaloux, entrent en compétition avec leurs rivaux — tout ceci dans le but d'éviter que les autres ne les quittent. Certains de ces patients évitent d'avoir des relations intimes tant ils craignent et redoutent la douleur inévitable de la perte. (Un patient à qui on demandait pourquoi il ne pouvait s'engager à vivre avec la femme qu'il aimait, répondait : « Et si elle mourait ? »). Du fait des processus de maintien du schéma, ces patients choisissent typiquement pour personnes proches des gens instables, tels que des partenaires qui ne s'engagent pas ou qui ne sont pas disponibles, qui présentent le risque de les quitter. Ils sont habituellement très attirés par ces partenaires dont ils tombent amoureux d'une façon obsédante.

Le schéma d'Abandon est fréquemment lié à d'autres schémas, notamment celui d'Assujettissement. Les patients estiment que s'ils ne font pas ce que les autres veulent, ils se retrouveront délaissés. Ce schéma d'Abandon peut aussi être lié au schéma de Dépendance/Incompétence. Les patients estiment que si les autres les quittent, ils ne seront pas capables de se débrouiller tout seuls dans le monde. Enfin, le schéma peut être lié à celui d'Imperfection. Les patients croient que les autres personnes vont découvrir leurs défauts et, de ce fait, les quitter.

2° *Buts du traitement*

Le premier but du traitement est d'aider ces patients à devenir plus réalistes à propos de la stabilité des relations interpersonnelles. Ceux d'entre eux qui ont été traités avec succès ne se soucient plus en permanence du risque de disparition des gens qui leur sont importants. En termes de relations d'objets, ils ont appris à internaliser les personnes proches comme des objets stables. Ils auront beaucoup moins tendance à amplifier ou à interpréter les comportements en tant que signes indiquant leur abandon prochain par les autres.

Habituellement, leurs schémas liés sont diminués eux-aussi. Comme ils se sentent moins assujettis, dépendants ou imparfaits, l'abandon ne les effraie plus autant. Ils se sentent davantage en sécurité dans leurs relations interpersonnelles, si bien qu'ils n'ont plus besoin de s'accrocher aux autres, de les contrôler ou de les manipuler. Ils sont moins coléreux. Ils sélectionnent des proches qui sont présents pour eux de façon durable et ils n'évitent plus les relations intimes. Enfin, ils sont capables de rester seuls durant des périodes prolongées, sans être anxieux ni déprimés, et sans avoir le besoin urgent de rencontrer quelqu'un.

3° *Stratégies thérapeutiques principales*

Plus le schéma d'Abandon est sévère, plus la relation thérapeutique sera importante dans le traitement. Les bordelines ont typiquement un schéma d'Abandon qui leur est central, et la relation thérapeutique est de ce fait la source principale de leur guérison. Dans notre approche, le thérapeute devient un parent de transition — une base stable à partir de laquelle le patient peut s'aventurer dans le monde et former d'autres liens stables. Tout d'abord, le patient apprend à surmonter son schéma au travers de la relation thérapeutique et il transfert ensuite cet apprentissage vers des personnes proches en dehors de la thérapie. Au travers du « re-parentage partiel », le thérapeute fait preuve de stabilité et le patient apprend progressivement à accepter le thérapeute comme un objet stable. Le travail des modes est particulièrement utile (chapitre 9). Par la confrontation empathique, le thérapeute corrige la distorsion qui fait croire au patient que le thérapeute est en permanence sur le point de l'abandonner. Le thérapeute l'aide à accepter ses absences, ses vacances et ses périodes d'indisponibilité et il l'aide à éviter toute réaction excessive ou catastrophique. Enfin, le thérapeute aide le patient à trouver quelqu'un qui le remplacera en tant que relation principale — quelqu'un de stable, qui ne risque pas de le quitter — si bien que le patient ne sera pas dépendant à vie de son thérapeute vu en tant qu'objet stable.

Les *techniques cognitives* sont centrées sur la modification de la vision excessive que le patient a des autres en tant que personnes qui vont le laisser, qui vont mourir ou se comporter de façon imprévisible. Les patients apprennent à cesser de réagir de façon catastrophique lors des séparations temporaires. De plus, les techniques cognitives chercheront à modifier les attentes irréalistes selon lesquelles l'entourage du patient devrait être disponible pour lui en permanence et de façon durable dans le temps. Les patients apprennent à accepter le droit qu'ont les autres de leur fixer des limites et de disposer d'un espace séparé.

Les techniques cognitives chercheront aussi à réduire le souci obsédant qu'ont ces patients de vérifier que leur partenaire est toujours là.

Finalement, les techniques cognitives corrigeront les cognitions liées aux autres schémas. Par exemple, l'idée qu'ils doivent faire ce que leur demandent les autres afin d'éviter d'être délaissés ; l'idée qu'ils sont incompétents ; qu'ils ont l'idée que les autres s'occupent d'eux ; l'idée qu'ils ont des défauts, que les autres vont les découvrir et que, de ce fait, ils seront inévitablement délaissés.

Les *techniques émotionnelles* sont utilisées pour faire revivre en imagination les expériences d'abandon ou d'instabilité. Les patients refont, par l'imagerie, l'expérience des souvenirs du parent qui les a quittés ou du parent instable qui était parfois là et d'autre fois non. Le thérapeute entre dans l'image et devient un personnage stable pour l'enfant. Le thérapeute exprime de la colère envers le parent qui agit de façon irresponsable et donc il réconforte l'« Enfant Abandonné ». De cette manière, le patient devient progressivement capable de jouer le rôle du Parent Sain dans l'imagerie.

Au cours des *techniques comportementales*, les patients se concentrent sur le choix de partenaires capables de tenir leurs engagements. Ils apprennent aussi à repousser ceux qui sont trop jaloux, trop collants, coléreux ou contrôleurs. Ils apprennent progressivement à tolérer la solitude. Pour contredire leurs schémas qui voudraient qu'ils soient attirés par la stabilité, ils apprennent à se tenir rapidement à l'écart des relations instables et à se sentir mieux dans des relations stables. Ils soignent aussi leurs schémas liés : ils cessent de tolérer que les autres les contrôlent ; ils apprennent à être plus compétents dans les problèmes quotidiens, et ils travaillent à moins se trouver des défauts.

4° *Problèmes spécifiques*

L'abandon devient un problème dans la thérapie lorsque le thérapeute est à l'origine d'une séparation — par exemple, en terminant une séance, en partant en vacances ou en changeant l'horaire d'un rendez-vous — le schéma est activé et le patient a peur ou bien est en colère. Ces situations fournissent une excellente occasion au patient pour progresser avec son schéma. Dans ce but, le thérapeute utilisera la confrontation empathique : bien qu'il comprenne la raison de l'effarement de son patient, le thérapeute se trouvera en réalité toujours lié au patient lorsqu'ils sont éloignés et il recommencera à le voir à son retour.

Les patients peuvent faire preuve d'une compliance excessive en thérapie, de façon à s'assurer que le thérapeute ne va jamais les quitter. Ils sont de « bons patients », mais ils ne sont pas authentiques. Les patients peuvent aussi assaillir le thérapeute par un besoin constant de se faire rassurer ou par des coups de téléphone entre les séances pour rétablir le lien.

Les patients évitants peuvent oublier les séances, être réticents à venir de façon régulière ou sortir prématurément de thérapie parce qu'ils ne veulent pas s'attacher à leur thérapeute. Certains patients peuvent tester le thérapeute de façon répétée — par exemple, en menaçant de cesser la thérapie ou en accusant le thérapeute de vouloir l'interrompre. Nous traitons de ces problèmes de façon détaillée dans le chapitre 9, consacré au traitement des borderlines. De façon résumée, le thérapeute abordera ce problème en associant la détermination de limites et la confrontation empathique.

Ces patients risquent également d'ériger de façon permanente le thérapeute en personnage central de leur vie, plutôt que de former des relations stables avec d'autres personnes. Être dépendant du thérapeute peut devenir une issue pathologique à la thérapie. Le but de la thérapie est de faire qu'en dehors des séances, ces patients puissent entrer en relation avec des gens susceptibles de combler leurs besoins émotionnels.

b. Méfiance/Abus

1° *Présentation typique du schéma*

Ces patients s'attendent à ce que les autres leur mentent, les manipulent, leur soient infidèles, en d'autres termes cherchent à les utiliser et à l'extrême, essaient de les humilier ou d'abuser d'eux. Ils ne croient pas que les autres puissent être honnêtes et sincères, qu'ils puissent avoir à cœur de s'intéresser à eux. Parfois, ils croient que les autres veulent intentionnellement les blesser. Au mieux, ils estiment que les gens ne s'occupent que d'eux-mêmes et ne prennent pas garde à ne pas gêner les autres quand ils veulent obtenir ce dont ils ont besoin ; au pire, ils sont convaincus que les gens sont malveillants, sadiques et prennent plaisir à faire souffrir les autres. Dans la forme extrême, les patients qui ont ce schéma peuvent penser que les autres veulent les torturer et abuser d'eux sexuellement.

De ce fait, ces patients ont tendance à éviter les relations intimes. Ils ne partagent pas leurs pensées et leurs sentiments les plus intimes, ou évitent d'être trop proches des autres ; dans certains cas, ils finissent par être infidèles ou par abuser des autres dans une sorte de jeu préventif (« je les aurai avant qu'ils n'aient pu m'avoir ») En gros, leurs comportements incluent ceux de la victime et de l'agresseur. Certains choisissent des partenaires qui les maltraitent et s'autorisent à être physiquement, sexuellement ou émotionnellement abusés, alors que d'autres patients se comporteront en maltraitant les autres. Certains patients deviennent les

« sauveurs » des opprimés ou bien attaquent ouvertement les gens qu'ils perçoivent comme abuseurs. Les patients qui ont ce schéma passent souvent pour paranoïaques : de façon permanente, ils testent les autres et cherchent à rassembler des arguments pour déterminer si ceux-ci sont dignes de confiance.

2° *Buts du traitement*

Le but principal du traitement est d'aider les patients ayant un schéma de Méfiance/Abus à réaliser que, bien que *certaines* personnes ne soient pas dignes de confiance, beaucoup d'autres le sont. Nous leur apprenons que les meilleures solutions, dans la vie, consistent à éviter autant que possible les gens qui maltraitent les autres, à se débrouiller seul lorsque c'est nécessaire et à chercher à avoir des relations personnelles avec des gens dignes de confiance.

Les patients qui ont pu guérir un schéma de Méfiance/Abus ont appris à distinguer les gens qui sont dignes de confiance de ceux qui ne le sont pas. Ils ont appris qu'il y a un spectre de continuité dans la confiance : les gens dignes de confiance n'ont pas besoin d'être parfaits ; il faut simplement qu'ils soient « suffisamment dignes de confiance. » Avec les gens dignes de confiance, les patients apprennent à se comporter d'une manière différente. Ils acceptent de leur accorder le bénéfice du doute, ils sont moins sur leurs gardes et moins méfiants, ils cessent de les tester, et ils ne trahissent plus les autres par peur d'être trahis. Ils deviennent plus authentiques avec leurs amis proches et leurs partenaires. Ils partagent leurs secrets et acceptent d'être davantage vulnérables. Finalement, ils découvrent que, s'ils se comportent de façon ouverte, les gens dignes de confiance vont généralement bien les traiter en retour.

3° *Stratégies thérapeutiques principales*

Lorsqu'on s'occupe de maltraitance infantile, la relation thérapeutique est cruciale. Dans le vécu de la maltraitance infantile, les sentiments de base sont la terreur, l'impuissance et l'isolement. Le thérapeute cherche à fournir au patient un antidote à ces sentiments. Les sentiments de sécurité, de puissance et la remise en relation sont les éléments centraux à développer dans la thérapie pour ce schéma.

Avec les patients qui ont été maltraités lorsqu'ils étaient petits, le thérapeute doit travailler pour établir la sécurité affective. Le but est de fournir un endroit sécurisant pour que les patients puissent raconter leur histoire de maltraitance. La plupart des rescapés de mauvais traitements sont très ambivalents quant à l'idée de raconter leur histoire. Une partie du patient a envie de dire ce qui s'est passé, mais une autre partie cherche à le cacher. Beaucoup de ces patients balancent entre les deux idées — tout comme ils alternent entre les émotions bouleversantes et les sentiments d'insensibilité (une caractéristique commune au trouble de stress post-traumatique). Il faut espérer qu'à la fin de la thérapie, on aura pu découvrir, discuter et comprendre la plupart des secrets traumatiques du patient. (Le thérapeute veille particulièrement, au cours de ce processus, à éviter de suggérer ou d'inciter subtilement à des souvenirs de mauvais traitements qui n'auraient en fait jamais eu lieu.)

Sur le plan cognitif, le thérapeute aide le patient à réduire son hypervigilance vis-à-vis de la maltraitance. Les patients apprennent à reconnaître un spectre de crédibilité dans le domaine de la confiance. De plus, ils travaillent à modifier la vision de dévalorisation, extrêmement fréquente, qu'ils ont d'eux-mêmes (mélange des schémas de Méfiance/Abus et d'Imperfection) et à critiquer les mauvais traitements qu'ils ont subis. Ils cessent de trouver des excuses aux personnes qui les ont maltraités et apprennent à formuler des critiques appropriés à leur encontre.

Sur le plan émotionnel, les patients revivent les souvenirs infantiles de maltraitance grâce à l'imagerie. Comme ce procédé est souvent bouleversant, ils ont besoin d'être bien préparés, suffisamment longtemps à l'avance, avant de l'utiliser. Le thérapeute attend que le patient soit prêt. Dans le travail émotionnel, il est d'une importance capitale que le patient soulage sa colère, en particulier contre les gens qui ont abusé de lui durant son enfance, au lieu de continuer à la diriger contre les autres dans sa vie actuelle, voire contre lui-même. Dans l'imagerie de maltraitance infantile, les patients expriment toutes les émotions qu'ils ont contenues à l'époque. Le thérapeute entre dans l'image de maltraitance pour affronter le responsable, et pour protéger et consoler l'enfant. Dans l'imagerie, les patients travaillent aussi à chercher un endroit sécurisant, loin de l'auteur des mauvais traitements. Ce peut être un endroit du passé du patient, ou bien une image que le thérapeute et le patient construisent ensemble, peut-être un beau paysage naturel, ou bien des couleurs et des lumières douces. Pour finir, les patients se visualisent eux-mêmes, ouverts et authentiques avec des proches dignes de confiance. Encore une fois, l'objectif central du traitement est tout d'abord d'aider les patients à faire très nettement la distinction entre les gens du passé qui méritent leur colère, et ceux du présent qui n'y sont pour rien ; il est, ensuite, d'aider les patients à exprimer leur colère au cours des séances contre les gens du passé qui l'ont méritée, tout en traitant bien les personnes de leur vie actuelle qui se comportent en les respectant.

Sur le plan comportemental, les patients apprennent progressivement à faire confiance aux gens honnêtes. Ils augmentent leur niveau d'intimité avec les proches qu'ils considèrent comme appropriés pour cela. Ils partagent, lorsque cela est approprié, leurs secrets et leurs souvenirs de mauvais traitements avec leur partenaire ou des amis proches. Ils réfléchissent à l'idée de participer à un groupe de rescapés de mauvais traitements. Ils choisissent des partenaires qui ne les maltraitent pas. Ils cessent de maltraiter les autres et fixent des limites aux auteurs de mauvais traitements. Ils ont moins tendance à être punitifs lorsque les autres font des erreurs. Au lieu d'éviter les relations intimes et de rester seuls, ou d'éviter les rencontres intimes et de se tenir affectivement distants des autres, ils autorisent les autres à se montrer proches et à devenir intimes. Ils cessent d'évaluer les autres en fonction du mal qu'ils ont pu leur faire. Dans leurs relations, ils cessent de tester les autres pour savoir s'ils peuvent leur faire confiance. Ils cessent de profiter des autres, incitant donc les autres à faire de même.

Les relations intimes du patient sont importantes à prendre en compte dans le traitement. Le patient apprend à faire davantage confiance et à se comporter de façon plus adaptée avec ses proches, amants, amis, collaborateurs (dans la mesure où l'autre personne est digne de confiance). Les patients deviennent plus sélectifs, à la fois dans les personnes qu'ils choisissent et dans ceux à qui ils font confiance dans leur vie. Il est souvent utile de faire intervenir le partenaire dans la thérapie, afin que le thérapeute puisse donner au patient des exemples de mauvaise interprétation de sa part envers son partenaire. Certains patients possédant ce schéma en sont arrivés au point de maltraiter gravement les autres. Ces patients ont besoin que le thérapeute serve de modèle de moralité et qu'il fixe les limites. Obtenir des patients qu'ils cessent de maltraiter les autres est un but comportemental important.

En termes de relation thérapeutique, le thérapeute essaie d'être aussi honnête et authentique que possible avec le patient. Il l'interroge régulièrement sur les problèmes liés à la confiance, en discutant de tout sentiment négatif que le patient pourrait avoir envers son thérapeute. Le thérapeute avance lentement, mettant en réserve le travail émotionnel, tout en cherchant à construire une confiance suffisante. Un des principes centraux du traitement est de donner du pouvoir au patient. Le thérapeute cherche à redonner au patient la notion d'une personnalité forte, active, capable, que la maltraitance avait brisée. Il l'incite à l'indépendance et lui donne le plus de contrôle possible sur le cours de la thérapie.

Les mauvais traitements endommagent le lien existant entre l'individu et les autres êtres humains. La personne est arrachée au monde des relations humaines ordinaires et projetée dans un cauchemar. Au cours des mauvais traitements, la victime se sent complètement seule et, après que tout soit fini, elle se sent détachée des autres et comme étrangère. Le monde réel des relations actuelles apparaît fou et irréel, alors que les souvenirs de la relation avec l'auteur des faits sont précis et nets. Le thérapeute est un intermédiaire entre le rescapé d'abus et le reste de l'humanité : il est l'instrument grâce auquel le patient se reconnecte avec le monde ordinaire. En se liant au thérapeute, il se relie symboliquement au reste de l'humanité.

Pour reprendre les termes d'Alice Miller (Miller, 1975), le thérapeute s'efforce d'être le « témoin éclairé » des expériences de mauvais traitements du patient. Lorsque le patient raconte son histoire, le thérapeute est là pour l'écouter, de toute sa force et sans le juger. Le thérapeute accepte de partager le fardeau émotionnel du traumatisme, quel qu'il soit. Il doit parfois être le témoin de la vulnérabilité et de l'anéantissement du patient lorsque les conditions sont extrêmes, ou de la capacité de l'auteur des faits dans le domaine du mal. De plus, de nombreux rescapés de mauvais traitements se débattent avec des problèmes moraux. Ils sont hantés par des sentiments de honte et de culpabilité à propos de ce qu'ils ont fait et ressenti au cours de leurs mauvais traitements. Ils veulent comprendre leur responsabilité personnelle dans ce qui leur est arrivé, et parvenir à un jugement juste et moral de leur conduite personnelle. Le rôle du thérapeute n'est pas de fournir les réponses, mais plutôt de proposer un lieu où les patients pourront trouver eux-mêmes leurs réponses (en corrigeant leurs distorsions cognitives).

Par le re-parentage partiel, le thérapeute cherche à se lier personnellement avec le patient. Plutôt que de se comporter comme un expert impersonnel, il est une personne authentique, attentionnée envers le patient et en qui celui-ci peut avoir confiance. Le fait que le thérapeute cherche à se lier d'une façon affective et proche avec le patient ne signifie pas qu'il dépasse les limites de la relation thérapeutique. Plus exactement, les limites de la relation thérapeutique procure un lieu sécurisant, permettant à la fois au thérapeute et au patient d'entreprendre le traitement du schéma. Il est essentiel que le thérapeute travaillant avec des rescapés de mauvais traitements reste à l'intérieur de ces limites, car ce travail peut être très éprouvant sur le plan émotionnel. Lorsqu'on traite des rescapés de mauvais traitements, on a à affronter de noires vérités qui ont trait à la fragilité humaine et aux capacités humaines à faire le mal.

Traiter des rescapés de mauvais traitements peut être traumatisant en soi. Il arrive parfois que des thérapeutes se mettent à ressentir les mêmes émotions de peur, de colère et de peine que leurs patients. Les thérapeutes peuvent ressentir des symptômes de stress post-traumatique, tels que des pensées intrusives, des cauchemars ou des flash-backs (Pearlman et Maclan, 1995). Ils peuvent aussi prendre pour leur propre compte les sentiments d'impuissance et de désespoir des patients. Sous l'emprise de tous ces symptômes et sentiments, le thérapeute peut être tenté de dépasser les limites de la relation thérapeutique pour devenir le « sauveur » du patient. Ce serait cependant une erreur : en dépassant les limites, le thérapeute laisse supposer au patient qu'il est effectivement réduit à l'impuissance, et, d'autre part, il court lui-même le risque de s'épuiser et de développer un ressentiment contre son patient. La schéma-thérapie élargit quelque peu les limites de la relation thérapeutique (par rapport à ce qu'elles sont en thérapie cognitivo-comportementale classique) pour permettre le re-parentage partiel ; mais nous attachons une importance tout particulière à ne pas violer ces limites par des comportements qui seraient préjudiciables aux patients. Lorsque nous nous occupons, par exemple, de réconforter des rescapés de traumas, nous ne les forçons pas à travailler plus vite qu'ils ne le souhaitent sur des souvenirs traumatiques.

Dans les cas graves, il faut parfois beaucoup de temps aux patients ayant un schéma de Méfiance/Abus pour faire confiance au thérapeute — pour admettre en toute confiance qu'il n'a pas l'intention de les blesser, de les trahir, de les humilier, d'abuser d'eux ou de leur mentir. Il faut consacrer une grande partie du temps de la thérapie à aider le patient à repérer toutes ses mauvaises interprétations des intentions du thérapeute, ses tendances à garder secrets des faits importants et ses comportements d'évitement de la vulnérabilité. Le but est que le patient internalise le thérapeute comme quelqu'un en qui il a confiance — peut-être le premier personnage intime dans sa vie, qui soit à la fois bien et fort.

4° *Problèmes spécifiques*

Si le schéma de Méfiance/Abus est apparu à la suite de traumatismes infantiles précoces, il est souvent long à traiter — il n'y a guère que le schéma d'Abandon qui soit aussi long à soigner. Il peut arriver que la blessure soit si grave que le patient ne parviendra jamais à faire suffisamment confiance au thérapeute pour s'ouvrir au changement. Quoi que fasse le thérapeute, le patient va continuer à déformer le comportement de celui-ci de telle façon qu'il lui apparaîtra mal intentionné ou bien reflétant quelque motivation négative sous-jacente. Lorsque le patient a de forts comportements compensatoires, ce schéma peut être très difficile à surmonter.

À un moindre degré, les patients peuvent refuser que le thérapeute ne prenne des notes, refuser de remplir des formulaires, ou faire de la rétention d'informations importantes parce qu'ils ont peur que, d'une manière ou d'une autre, ces informations soient utilisées contre eux. Nous pensons que le thérapeute doit, dans la mesure du possible, se plier à ces requêtes, mais qu'il doit aussi en profiter pour montrer au patient qu'elles sont des exemples du schéma qui se maintient.

c. Manque Affectif

1° *Présentation typique du schéma*

C'est le schéma que nous sommes le plus souvent amenés à traiter, même si les patients ne reconnaissent pas toujours qu'ils le présentent. Les patients ayant ce schéma viennent souvent en thérapie parce qu'ils se sentent seuls, amers, déprimés, mais souvent sans savoir pourquoi ; ou bien ils ont des symptômes vagues et peu précis qui vont s'avérer liés au schéma de Manque Affectif. Ces patients n'ont des autres — y compris du thérapeute — aucune attente d'écoute, de compréhension et de protection. Ils se sentent déprimés affectivement et ils ressentent une incapacité à exprimer suffisamment d'affection et de chaleur, d'attention ou de sentiments profonds. Ils ressentent qu'ils n'ont personne de fort pour les guider. Ils se sentent seuls au monde et incompris. Ils se sentent frustrés d'amour, invisibles ou vides.

Comme nous l'avons signalé, il existe trois types de manque affectif : *le manque d'apport affectif*, dans lequel les patients ressentent qu'ils n'y a personne près d'eux pour les prendre en charge, pour leur accorder de l'attention, pour leur donner de l'affection physique, les toucher et les prendre dans les bras ; *le manque d'empathie*, dans lequel ils ressentent qu'il n'y a personne près d'eux pour les écouter, chercher à comprendre qui ils sont et ce qu'ils ressentent ; et *le manque de protection*, dans lequel ils ressentent qu'il n'y a personne près d'eux pour les protéger et les guider (bien qu'ils dispensent eux-mêmes beaucoup de protection et de conseils aux autres). Le schéma de Manque Affectif est fréquemment lié au schéma d'Abnégation. La plupart des patients ayant un schéma d'Abnégation souffrent de manque affectif.

Leurs comportements typiques sont les suivants : ils ne demandent pas à leurs proches ce dont ils ont besoin sur le plan affectif ; ils n'expriment pas de désir d'amour ou de réconfort ; ils questionnent beaucoup les autres mais parlent peu d'eux-mêmes ; ils agissent comme s'ils étaient plus forts qu'ils ne le sont intérieurement ; et ils renforcent leur manque affectif en se comportant comme s'ils n'avaient aucun besoin affectif. Comme ces patients ne s'attendent à aucune aide affective, ils n'en demandent pas, et par conséquent, ils n'en reçoivent habituellement pas.

Nous avons aussi noté la tendance, chez ces patients, à choisir des proches qui ne peuvent pas ou ne veulent pas donner d'affection. Ils choisissent souvent des gens froids, distants, égocentriques, ou ayant de gros besoins, et qui sont donc susceptibles de les frustrer sur le plan affectif. Ou bien, s'ils sont très évitants, ils deviennent des solitaires. Ils évitent les relations intimes, parce qu'ils n'en attendent rien. Soit ils se cantonnent à des relations très distantes, soit ils les évitent totalement.

Les patients qui compensent le manque affectif ont tendance à être exigeants à l'extrême et à se mettre en colère lorsque leurs besoins ne sont pas satisfaits. Ces patients sont parfois narcissiques : lorsqu'ils étaient enfants, ils ont connu à la fois le manque affectif et le manque de limites (on leur passait tout), ils ont donc développé le sentiment profond que leurs droits à obtenir satisfaction de leurs besoins étaient sans limites. Ils ont la croyance qu'ils doivent être intransigeants dans leurs exigences, s'ils veulent obtenir quelque chose. Pour une minorité de patients ayant un schéma de Manque Affectif, le manque de limites dans leur enfance s'est exercé d'une façon différente : on les a gâtés sur le plan matériel, on n'a jamais exigé d'eux qu'ils suivent les règles normales de comportement, ou bien on les a idolâtrés à cause d'un talent ou d'un don, mais on ne leur a jamais donné d'amour authentique.

Chez un faible pourcentage des patients ayant ce schéma, on observe la tendance à un excès de besoins. Ces patients expriment intensément tellement de besoins qu'ils apparaissent comme désespérés ou collants, même histrioniques. Ils ont beaucoup de plaintes physiques — des symptômes psychosomatiques — avec le but secondaire d'obtenir l'attention des autres pour qu'on s'occupe d'eux (ce rôle est cependant presque toujours non conscient).

2° *Buts du traitement*

Un des principaux buts du traitement est d'aider les patients à acquérir la conscience de leurs besoins affectifs. Il leur est si naturel d'avoir des besoins affectifs insatisfaits qu'ils ne sont même pas conscients de ce qui ne va pas. L'autre but est de les aider à accepter que leurs besoins affectifs sont normaux. Tous les enfants ont besoin de chaleur affective, d'empathie, de protection et, en tant qu'adultes, nous avons aussi besoin de tout ça. Si les patients apprennent à choisir les gens appropriés, puis à formuler leurs besoins de façon adaptée, alors les autres leur donneront de l'affection. Les autres ne sont pas en eux-mêmes frustrants : ce sont les comportements que ces patients ont appris qui les conduisent à choisir des proches incapables de donner, ou qui découragent ceux qui savent donner de satisfaire leurs besoins.

3° *Stratégies thérapeutiques principales*

Il faut beaucoup insister sur l'exploration des origines infantiles du schéma. Le thérapeute se sert du travail émotionnel pour aider les patients à reconnaître que leurs besoins affectifs n'ont pas été satisfaits au cours de leur enfance. Beaucoup de patients n'avaient jamais réalisé qu'il leur manquait quelque chose, même s'ils avaient des symptômes de manque. Grâce au travail d'imagerie, les patients se mettent en relation avec la partie d'eux-mêmes qui est l'Enfant Esseulé et il relie ce mode à leurs problèmes actuels. Dans l'imagerie, ils expriment de la colère et de la souffrance, à leur parent frustrant. Ils énumèrent tous les besoins insatisfaits de leur enfance, et ils disent à leur parent ce qu'ils auraient voulu qu'il fasse pour que ces besoins soient comblés. Le thérapeute entre dans les images de leur enfance en tant qu'Adulte Sain, qui rassure et aide l'Enfant Esseulé. Les patients écrivent une lettre au parent, en tant que tâche assignée (sans l'envoyer), au sujet de la carence qu'ils ont découverte dans le travail d'imagerie.

Comme pour la plupart des schémas du domaine de Séparation et Rejet, la relation thérapeutique est au centre du traitement de ce schéma. La relation thérapeutique est souvent le premier lieu où ces patients ont jamais autorisé quelqu'un à s'occuper d'eux, à les comprendre et les conseiller. Grâce au re-parentage partiel, le thérapeute apporte au patient un antidote partiel à leur manque affectif : un environnement chaleureux, empathique et protecteur où ils peuvent trouver la satisfaction de leurs besoins. Si le thérapeute s'occupe chaleureusement du patient et le re-materne, celui-ci va sentir son sentiment de manque affectif s'atténuer. Comme dans le cas du schéma d'Abandon, la relation thérapeutique fournit au patient un modèle, une « expérience émotionnelle corrective », qu'il pourra ensuite transférer aux autres, dans sa vie de tous les jours (Alexander, 1956). Comme avec le schéma d'Abandon, il faut insister sur les relations intimes du patient. Le thérapeute et le patient étudient avec précaution les relations de celui-ci avec ses proches. Le patient travaille à choisir des partenaires et des amis intimes, à identifier ses besoins personnels et à demander la satisfaction de ces besoins selon des modalités appropriées.

Sur le plan cognitif, le thérapeute aide le patient à modifier l'impression exagérée que ses proches vont se conduire avec lui de façon égoïste ou frustrante. Pour contrer la pensée « en noir et blanc » qui alimente ses réactions, le patient apprend à distinguer des nuances dans la frustration — à voir un continuum plutôt que deux pôles opposés. Même si les autres mettent des limites à leur capacité à donner, ils ne se soucient pas moins de lui. Le patient identifie ses besoins affectifs insatisfaits dans ses relations actuelles.

Sur le plan comportemental, le patient apprend à choisir des partenaires et des amis attentionnés. Il demande à ses partenaires, d'une façon appropriée, de satisfaire ses besoins affectifs et il accepte le soutien que lui accordent les autres. Il cesse d'éviter l'intimité. Il cesse de répondre de façon coléreuse lorsque le niveau de frustration est faible et de se retirer ou de s'isoler lorsqu'il a l'impression d'être négligé par les autres.

Dans la relation thérapeutique, le thérapeute apporte une atmosphère chaleureuse et attentionnée, empathique, il donne des conseils, en cherchant particulièrement à montrer qu'il se sent affectivement impliqué (en souhaitant, par exemple, son anniversaire au patient). Le thérapeute aide le patient à exprimer ses sentiments de manque affectif sans réaction excessive ni silence. Le patient apprend à accepter les limites du thérapeute et à tolérer la frustration, tout en appréciant l'écoute chaleureuse que lui apporte celui-ci. Le thérapeute aide le patient à relier ses sentiments au cours de la thérapie avec des souvenirs précoces de manque affectif, et à travailler émotionnellement sur ces souvenirs.

4° *Problèmes spécifiques*

Le problème le plus fréquent est que les patients ayant ce schéma en sont très fréquemment inconscients. Même si le Manque Affectif est l'un des trois schémas les plus fréquents dont nous ayons à nous occuper (les deux autres étant l'Assujettissement et l'Imperfection), les gens ignorent souvent qu'ils l'ont. Comme ils n'ont jamais pu satisfaire leurs besoins affectifs, ces patients ne réalisent même pas que de tels besoins puissent exister. Il est donc important d'aider ces patients à établir un lien entre leur dépression, leur solitude ou leurs symptômes physiques, d'une part, et l'absence d'attention chaleureuse, d'empathie et de protection, d'autre part. Il est souvent utile de faire lire le chapitre de *Je réinvente ma vie* (Young et Klosko, 1993) consacré au schéma de Manque Affectif, pour les aider à reconnaître ce schéma. Ils peuvent s'identifier avec certains des personnages ou reconnaître le comportement frustrant d'un parent.

Les patients ayant ce schéma dénient souvent le bien fondé de leurs besoins affectifs. Ils dénient l'importance ou la valeur de leurs besoins, ou bien ils pensent que les personnes fortes n'ont pas de besoins. Ils pensent qu'il est mauvais ou faible de demander aux autres de satisfaire ses besoins et ils ont de la difficulté à accepter qu'il y ait en eux un Enfant Esseulé à la recherche d'amour et de relation, aussi bien avec le thérapeute qu'avec ses proches dans la vie de tous les jours.

De même, ces patients pensent que les autres devraient savoir de quoi ils ont besoin, sans qu'il soit nécessaire de demander. Toutes ces croyances œuvrent contre la capacité du patient à demander aux autres la satisfaction de ses besoins personnels. Ces patients apprennent qu'il est humain d'avoir des besoins, et qu'il est normal de demander aux autres de les satisfaire. C'est dans la nature humaine d'être vulnérable sur le plan émotionnel. Notre objectif dans la vie est d'établir un équilibre entre la force et la vulnérabilité, si bien qu'à certains moments nous sommes forts et à d'autres, vulnérables. N'avoir qu'un côté — être uniquement fort — c'est ne pas être totalement humain et dénier une partie centrale de nous-mêmes.

d. Imperfection/Honte

1° *Présentation typique du schéma*

Les patients ayant ce schéma se croient imparfaits, défectueux, inférieurs, mauvais, sans valeur ou incapables d'être aimés. Ils éprouvent par conséquent une honte chronique vis-à-vis d'eux-mêmes.

Quels sont les aspects d'eux-mêmes qu'ils considèrent comme imparfaits ? Ce peut être n'importe quelle caractéristique personnelle — ils pensent qu'ils sont trop coléreux, trop demandeurs, trop malfaisants, trop laids, trop paresseux, trop réservés, trop ennuyeux, trop bizarres, trop autoritaires, trop gros, trop maigres, trop grands, trop petits ou trop faibles. Ils ont parfois des désirs sexuels ou agressifs inacceptables. Il existe quelque chose, dans l'essence même de leur être, qu'ils ressentent comme imparfait : ce n'est pas ce qu'ils *font* qui est imparfait, mais ce qu'ils *sont*. Ils craignent les relations avec autrui car ils redoutent le moment où leur défaut apparaîtra comme évident. À tout moment, les autres gens risquent brutalement de découvrir en eux leur imperfection profonde, ce qui les couvrira de honte. Cette crainte s'applique aussi bien au domaine privé qu'à celui des relations publiques : les patients ayant ce schéma se sentent imparfaits dans leurs relations intimes ou dans la société en général, ou les deux.

Ces patients ont typiquement un comportement de dévalorisation de soi et ils donnent aux autres l'autorisation de les dévaloriser. Ils autorisent les autres à les maltraiter verbalement. Ils sont souvent hypersensibles à la critique ou au rejet, et ils réagissent très fortement, soit par de la tristesse et du découragement, soit par de la colère, selon qu'ils se soumettent au schéma ou qu'ils le compensent. Ils ressentent secrètement que leurs problèmes avec les autres sont exclusivement de leur faute. Souvent très conscients d'eux-mêmes, ils ont tendance à beaucoup se comparer aux autres. Ils ne se sentent pas en sécurité avec les autres, particulièrement avec ceux qu'ils considèrent comme « sans imperfection », ou ceux capables de mettre à jour leur imperfection. Ils sont jaloux et cherchent la compétition, particulièrement dans les domaines où ils se perçoivent imparfaits, ils voient parfois les relations interpersonnelles comme un jeu où il doit y avoir un dominant et un soumis. Ils choisissent souvent des partenaires qui les critiquent et les rejettent, et ils sont critiques à l'égard des gens qui les aiment. (Groucho Marx a exprimé ce dernier sentiment dans la phrase : « Je n'aimerais pas appartenir à un club dont je serais membre. ») Beaucoup des caractéristiques des patients narcissiques — telles que la grandeur et les idéaux élevés — peuvent être des manifestations d'un schéma d'Imperfection. Bien souvent, ces caractéristiques servent à compenser des sentiments sous-jacents d'imperfection et de honte.

Ces patients évitent les relations intimes ou les situations sociales, parce que les gens pourraient voir leurs défauts. En fait, nous considérons que le trouble de personnalité évitante est une manifestation habituelle du schéma d'Imperfection, avec un style d'adaptation principal qui est l'évitement. Ce schéma peut également conduire à l'abus de substances, aux troubles alimentaires, et à d'autres problèmes graves.

2° *Buts du traitement*

Le but fondamental du traitement est d'augmenter l'estime de soi de ces patients. Les patients qui ont guéri de ce schéma ont la croyance qu'ils ont droit à de l'amour et du respect, que leurs sentiments d'imperfection étaient soit erronés, soit grandement exagérés : soit ils ont pris pour un défaut un trait de caractère qui n'en était pas un, soit ce trait de caractère n'est qu'une simple restriction, beaucoup moins importante qu'elle ne leur parait. De plus, le patient est souvent capable de corriger le « défaut ». Mais, même s'il ne peut le corriger, cela ne renie pas sa valeur en tant qu'être humain. Il est dans la nature des êtres humains de présenter des défauts et d'être imparfaits. Cela ne nous empêche pas de nous aimer.

Les patients qui ont guéri d'un schéma d'Imperfection se sentent plus à l'aise avec les gens qui les entourent. Ils se sentent moins vulnérables et moins exposés à des risques, ils ont davantage envie de créer de nouvelles relations. Ils n'ont plus autant tendance à se surveiller lorsque les autres leur prêtent attention. Ils considèrent les autres comme ayant moins de propension à les juger et davantage à les accepter, ils considèrent les défauts des humains selon une vue plus réaliste. Devenus plus ouverts aux autres, ils cessent de leur cacher autant de leurs pensées et de leurs aspects personnels, ils sont capables d'avoir une notion stable de leur valeur personnelle, même lorsque les autres les critiquent ou les rejettent. Ils acceptent plus spontanément les compliments et ils n'autorisent plus les autres à mal les traiter. Moins sur la défensive, ils sont moins perfectionnistes vis-à-vis d'eux-mêmes et des autres, et ils choisissent des partenaires qui les aiment et qui les traitent bien. En résumé, ils présentent moins de comportements d'évitement, de soumission ou de compensation vis-à-vis de leur schéma d'Imperfection/Honte.

3° *Stratégies principales du traitement*

Encore une fois, la relation thérapeutique est au centre du traitement de ce schéma. Si le thérapeute, connaissant le défaut perçu, reste capable d'attention chaleureuse vis-à-vis du patient, celui-ci s'en rendra compte et se sentira revalorisé. Il est important que le thérapeute lui exprime de façon directe beaucoup d'éloges et qu'il mette l'accent sur ses côtés positifs.

Les stratégies cognitives ont pour but de modifier la vision négative d'eux-mêmes qui leur fait considérer qu'ils sont imparfaits. Les patients recherchent les arguments pour et contre le schéma, et ils mènent des dialogues entre le schéma qui critique et le côté sain qui a une bonne estime de soi. Ils apprennent à mettre en valeur leurs avantages et à réduire l'importance qu'ils attribuent à leurs défauts. Plutôt qu'intrinsèques à leur être, la plupart de ces défauts sont des comportements qui ont été appris au cours de l'enfance et qui peuvent être modifiés, ou bien ne sont pas du tout des défauts, mais représentent la traduction d'une tendance excessive à l'autocritique. Nous nous sommes aperçus que la plupart des patients ayant ce schéma n'ont pas vraiment de défaut sérieux, mais simplement des parents extrêmement critiques ou rejeteurs. Et même si le patient a vraiment des défauts, on peut les corriger par la thérapie ou d'autres moyens ; si ces défaut ne peuvent pas être corrigés, ils ne sont de toute manière pas aussi importants que les patients l'affirment. Les techniques cognitives aident le patient à ré-attribuer ses sentiments d'imperfection et de honte à la critique de ses proches dans son enfance. Les fiches mémo-flash, en faisant la liste des qualités du patient, sont très utiles pour ce schéma.

Sur le plan émotionnel, il est important que les patients soulagent leur colère vis-à-vis de leurs parents critiques et rejeteurs, dans l'imagerie et les dialogues. Le thérapeute entre dans l'image où le parent critique et rejette le patient, il confronte le parent et il console, protège ou félicite l'Enfant Rejeté. Enfin, le patient parvient à tenir ce rôle lui-même : il entre dans l'image en tant qu'Adulte Sain qui affronte le parent critique et console l'Enfant Rejeté.

Les stratégies comportementales — notamment l'exposition — sont important pour le traitement, particulièrement chez les patients évitants. Tant que les patients ayant un schéma d'Imperfection évitent les contacts humains proches, leur sentiment d'imperfection reste intact. Les patients travaillent à démarrer des relations interpersonnelles susceptibles d'améliorer leur vie. Les stratégies comportementales peuvent aussi aider les patients à corriger certains défauts authentiques (perdre du poids, améliorer le style vestimentaire, apprendre des habiletés sociales). De plus, les patients travaillent à choisir des proches qui les soutiennent au lieu de les critiquer. Ils essaient de choisir des partenaires qui les aiment et qui les acceptent.

Sur le plan comportemental, les patients apprennent aussi à cesser leur réaction excessive à la critique. Ils apprennent que, lorsque quelqu'un formule une critique juste, la réponse adaptée consiste à accepter la critique et à essayer de changer ; lorsque quelqu'un leur adresse une critique fausse, la meilleure réponse consiste à faire valoir à l'autre son point de vue personnel, tout en affirmant de façon interne que la critique est fausse. Il n'est pas adapté d'attaquer l'autre personne ; il n'est pas nécessaire de répondre par une critique, ni par une attaque, pour prouver à l'autre qu'il a tort. Les patients apprennent à fixer des limites à la critique excessive et ils cessent de tolérer qu'on les traite mal. Ils travaillent aussi à davantage se découvrir auprès des proches en qui ils ont confiance. Plus ils pourront partager leurs sentiments et leurs pensées tout en continuant à être acceptés, plus ils seront capables de surmonter leur schéma. Enfin, les patients travaillent à réduire leurs comportements de compensation. Ils cessent d'apparaître parfaits, de viser à des réussites d'exception, de dégrader les autres, ou d'entrer en compétition pour un statut, tous comportements qui avaient pour but de compenser leur sentiment profond d'imperfection.

4° *Problèmes spécifiques de ce schéma*

Beaucoup de patients ayant ce schéma n'en sont pas conscients. Beaucoup d'entre eux évitent ou compensent la douleur de ce schéma, qu'ils veulent éviter d'éprouver. Les patients à trouble de personnalité narcissique sont l'exemple d'un groupe de patients à haute probabilité d'avoir un schéma d'Imperfection et à faible probabilité d'en être conscients. Les narcissiques se laissent souvent prendre à entrer en compétition avec le thérapeute, ou à le dévaloriser, plutôt que de travailler à changer.

Les patients ayant un schéma d'Imperfection dissimulent de l'information à leur sujet parce qu'ils se sentent gênés. Il peut s'écouler beaucoup de temps avant qu'ils n'acceptent de partager totalement leurs souvenirs, leurs désirs, leurs pensées et leurs sentiments.

Ce schéma est difficile à changer. Plus la critique et le rejet des parents aura été précoce et sévère, plus il sera difficile à guérir.

e. Isolement Social

1° *Présentation typique du schéma*

Les patients ayant ce schéma ont la croyance qu'ils sont différents des autres gens. La plupart du temps, ils n'ont pas l'impression d'appartenir à un groupe et se sentent isolés, mis de côté, spectateurs externes. Quiconque grandit en se sentant différent est susceptible de développer ce schéma. C'est le cas des gens ayant un don, les personnes issues de familles célèbres, des gens dotés d'une grande beauté ou au contraire particulièrement laids, des homosexuels masculins ou féminins, des membres de minorités ethniques, des enfants d'alcooliques, des rescapés de traumatismes, des handicapés physiques, des orphelins ou des adoptés, et des gens qui appartiennent à une classe socio-économique significativement plus haute ou plus basse que ceux qui les entourent.

Parmi les comportements typiques, on trouve celui de rester à l'écart des groupes ou d'éviter tous les groupes, quels qu'ils soient. Ces patients ont tendance à pratiquer des activités solitaires : c'est le schéma des « perdants ». Selon la sévérité du schéma, le patient peut se sentir appartenir à une subculture, mais se sentir à l'écart du monde social au sens large ; il se sentira éloigné de tous les groupes, mais sera capable d'avoir quelques relations intimes, ou sera isolé de pratiquement tout autre individu.

2° *Buts du traitement*

Le but principal du traitement est d'aider les patients à se sentir moins différents des autres. Même s'ils ne sont pas dans la tendance générale, il existe d'autres personnes qui leur sont semblables. De plus, nous sommes tous, à la base, des êtres humains, avec les mêmes besoins fondamentaux et les mêmes désirs. Même si nous avons beaucoup de différences, nous avons tous davantage de similitudes que de différences. Il peut y avoir une tranche de la société dans laquelle le patient ne se sentira pas adapté — par exemple, un patient gay dans un groupe religieux fondamentaliste — mais il y aura d'autres endroits où il se sentira bien. Il faut qu'il s'éloigne des groupes mal accueillants et qu'il trouve des gens davantage semblables à lui qui l'accepteront mieux. Le patient devra souvent faire des changements importants dans sa vie et surmonter un évitement important, pour y parvenir.

3° *Stratégies principales du traitement*

À la différence des autres schémas du domaine de Séparation et Rejet, on s'intéressera moins au travail émotionnel sur les origines infantiles du schéma et davantage à l'amélioration des relations actuelles du patient avec ses pairs et avec les groupes. C'est donc le travail cognitif et comportemental qui sera prépondérant. La thérapie de groupe peut être utile pour beaucoup de patients ayant ce schéma, particulièrement ceux qui évitent les relations amicales. Plus le patient est isolé, plus la relation thérapeutique sera importante dans le traitement, car il s'agira là de l'une des seules relations du patient.

Le but des *stratégies cognitives* est de convaincre les patients qu'ils ne sont en réalité pas aussi différents des autres qu'ils le pensent. Ils ont de nombreuses qualités en commun avec les autres et certaines caractéristiques qui leur paraissent les distinguer des autres sont en fait universelles (des fantasmes sexuels ou agressifs, par exemple). Même s'ils ne sont pas dans la tendance générale, il existe d'autres personnes comme eux. Les patients apprennent à remarquer leurs similitudes avec les autres, au même titre que leurs différences. Ils apprennent à différencier des sous-groupes de gens qui sont comme eux — qui partagent leur façon d'être différent ; ils apprennent que beaucoup de gens peuvent les accepter, même s'ils sont très différents. Ils apprennent à s'opposer aux pensées automatiques négatives qui les empêchent de rejoindre des groupes et de se lier aux autres à l'intérieur de ces groupes.

Les stratégies émotionnelles peuvent aider les patients qui ont été exclus lorsqu'ils étaient enfants et adolescents à se souvenir de ce qu'il s'est passé. (Certains patients ayant ce schéma n'ont pas été des enfants exclus. Ils ont en fait choisi la solitude par préférence ou intérêt.) Par l'imagerie, ils revivent ces expériences infantiles. Ils passent leur colère contre les pairs qui les ont exclus ; et ils expriment leur solitude. Les patients se battent contre le préjudice social infligé aux gens qui sont différents. (Ceci est un avantage des groupes de prise de conscience : ils apprennent à leurs membres à se battre contre la haine des autres.) Les patients peuvent aussi se servir de l'imagerie pour se figurer des groupes de gens où ils se sentent bien adaptés.

Avec les stratégies comportementales, on cherche à aider les patients à surmonter leur évitement des situations sociales. Le but, pour les patients, est de se mettre progressivement à fréquenter des groupes, d'entrer en relation avec les gens qu'ils y trouvent, et de développer des relations amicales. Dans ce but, ils réalisent une exposition graduée, grâce à une série de tâches assignées. La gestion de l'anxiété peut aider les patients à gérer leur anxiété sociale qui est habituellement très importante. L'entraînement aux habiletés sociales leur permet de travailler leurs déficits dans les habiletés interpersonnelles. Au besoin, on peut se servir d'un traitement médicamenteux pour réduire l'anxiété des patients.

Bien sûr, le développement d'une relation étroite avec le thérapeute est positif pour les patients ayant ce schéma. Cependant, la relation thérapeutique ne sera probablement pas suffisante pour les aider, s'ils ne surmontent pas leur évitement grâce aux stratégies cognitives et comportementales. Certains patients ayant ce schéma parviennent à se lier au thérapeute, mais en continuant à se sentir différent des autres. Cela dépend de la sévérité du schéma : pour les patients les plus gravement atteints, la relation thérapeutique peut contrecarrer les sentiments de solitude absolue et avoir ainsi une importance. Mais dans la mesure où les patients sont déjà capables de se lier à des individus, tout en ne pouvant participer à un groupe, la relation thérapeutique en elle-même n'aura sans doute pas beaucoup d'intérêt en tant qu'expérience émotionnelle corrective. La thérapie de groupe peut être extrêmement utile si le groupe est accueillant pour le patient ; pour cette raison, les groupes à intérêt particulier — c'est à dire constitués de membres plus ou moins semblables au patient (enfants d'alcooliques, rescapés d'inceste, groupe pour traiter l'excès de poids) — peuvent être très utiles.

4° *Problèmes spécifiques de ce schéma*

Le problème le plus fréquent est la difficulté qu'éprouvent les patients à surmonter leur évitement des situations sociales et des groupes. Pour affronter les situations qu'ils craignent, ces patients doivent accepter de tolérer un haut niveau de malaise émotionnel. Pour cette raison, leur évitement est résistant au changement. Lorsque l'évitement bloque la progression de la thérapie, le travail des modes aide souvent les patients à construire la partie d'eux-mêmes qui souhaite le changement du schéma et qui parle au schéma. Les patients peuvent, par exemple, imaginer la situation d'un groupe dans lequel ils se sont récemment sentis isolés. Le thérapeute entre dans l'image en tant qu'Adulte Sain qui conseille l'Enfant (ou l'Adolescent) Esseulé pour lui permettre d'intégrer le groupe. Plus tard, le patient entrera dans l'image sous la forme de son propre Adulte Sain, pour aider l'Enfant Esseulé à maîtriser les situations sociales et en profiter.

2 DOMAINE DE MANQUE D'AUTONOMIE ET DE PERFORMANCE

a. Dépendance/Incompétence

1° *Présentation typique du schéma*

Ces patients apparaissent comme infantiles et réduits à l'impuissance. Ils se sentent incapables de se prendre en charge eux-mêmes, trouvent que la vie les accable, et s'estiment incapables de s'adapter. Ce schéma contient deux éléments. Le premier, c'est l'*incompétence* : ces patients manquent de confiance dans leurs décisions et leurs jugements, lorsqu'il s'agit de la vie courante. Ils détestent et redoutent d'affronter seuls des choses nouvelles ; ils se sentent incapables de s'attaquer seuls à des tâches nouvelles et ils croient qu'il leur faut quelqu'un pour leur montrer la marche à suivre. Ces patients se sentent comme des enfants qui seraient trop petits pour survivre seuls dans le monde : sans parents, ils pourraient mourir. Dans la forme extrême de ce schéma, les patients ont la croyance qu'ils sont incapables de se nourrir, de se vêtir, de se mettre à l'abri, d'aller d'un endroit à un autre, ou, tout simplement, d'accomplir les tâches de la vie courante.

Le second élément — la *dépendance* — découle du premier. Comme ces patients se sentent incapables de fonctionner par eux-mêmes, leurs seules possibilités sont, soit de trouver d'autres personnes pour s'occuper d'eux, soit de ne pas fonctionner du tout. Les gens qu'ils trouvent pour s'occuper d'eux sont habituellement des parents ou leurs substituts, tels que des partenaires, des frères et sœurs, des amis, des employeurs — ou des thérapeutes. Le personnage parental fait tout à leur place, ou alors leur montre la marche à suivre à chaque nouvelle étape qu'ils ont à affronter. L'idée centrale est : « Je suis incompétent, donc je dois dépendre des autres. »

Les comportements typiques sont : demander de l'aide aux autres ; poser constamment des questions lors de tâches nouvelles au travail ; demander de façon répétitive des avis pour des décisions ; avoir de la difficulté à voyager seul et à gérer ses finances seul ; abandonner facilement ; refuser des responsabilités supplémentaires (une promotion professionnelle, par exemple) ; éviter de nouvelles tâches. La difficulté à conduire une voiture est une image typique de ce schéma. Les gens qui ont un schéma de Dépendance/Incompétence ont souvent la crainte de conduire seul et ils évitent cette situation : ils pourraient se perdre, leur voiture pourrait avoir une panne, et ils ne sauraient pas quoi faire. Quelque chose d'imprévu pourrait se produire, qu'ils ne seraient pas capables de gérer. Ils ne seraient pas capables de trouver une solution par eux-mêmes. Ils ont donc besoin de quelqu'un près d'eux qui puisse soit leur donner la solution, soit gérer le problème à leur place.

Ces patients n'arrivent généralement pas en thérapie avec le but de devenir plus indépendants ou moins incompétents. Ils viennent chercher un produit miracle, ou bien un expert qui leur dira ce qu'il faut faire. Les problèmes qu'ils présentent sont souvent des symptômes de l'Axe I tels que l'anxiété, l'évitement phobique ou des problèmes physiques induits par le stress. Ils sont parfois déprimés car ils n'osent pas quitter un partenaire ou un personnage parental qui abuse d'eux, les frustre ou les contrôle ; cet individu est souvent une personne qui ressemble au parent qui a induit le schéma, car ils ont la croyance qu'ils sont incapables de survivre seuls. Leur but est généralement de se débarrasser de ces symptômes plutôt que de changer leur sentiment profond de dépendance et d'incompétence.

Un petit pourcentage de patients ayant un schéma de Dépendance/Incompétence compensent ce schéma en devenant contre-dépendants. Bien qu'en profondeur ils se sentent incompétents, ils insistent à se débrouiller pour tout faire par eux-mêmes. Ils refusent de compter sur quiconque. Ils ne veulent pas être dépendants, même dans les situations où cela serait normal. Comme des enfants pseudo-matures qui auraient grandi trop tôt, ils se débrouillent seuls, mais avec une anxiété très importante. Ils prennent en charge de nouvelles tâches, ils prennent leurs propres décisions, ils parviennent à bien se débrouiller et à prendre de bonnes décisions, mais à l'intérieur, ils ressentent toujours que, cette fois-ci, ils ne vont pas en venir à bout.

2° *Buts du traitement*

Les buts du traitement sont d'augmenter le sentiment de compétence du patient et de réduire sa dépendance vis-à-vis des autres. Pour augmenter le sentiment de compétence, il faut améliorer la confiance en soi et les habiletés ; réduire la dépendance revient à surmonter l'évitement et développer la prise en charge de tâches de façon solitaire. Idéalement, ces patients deviendront capables de cesser de compter sur les autres de façon excessive.

Se débarrasser de la dépendance est la clé du traitement. Le thérapeute guide les patients grâce à une sorte de prévention de réponse : les patients cessent de se tourner vers les autres pour demander de l'aide, gèrent des tâches seuls, acceptent le fait que les erreurs sont un moyen d'apprendre, persévèrent jusqu'à ce qu'ils réussissent et se prouvent à eux-mêmes qu'ils peuvent finalement trouver leurs propres solutions aux problèmes. Grâce au principe d'essai/erreur, ils apprennent à faire confiance à leur propre intuition et à leur jugement, au lieu de se déconsidérer.

3° *Stratégies principales du traitement*

L'élément cognitivo-comportemental du traitement est habituellement le plus important pour ce schéma. Il faut essayer d'aider les patients à changer leurs cognitions, à acquérir des habilités et entreprendre une exposition graduée pour prendre des décisions et fonctionner de façon indépendante.

Les techniques cognitives aident les patients à modifier l'idée selon laquelle ils ont constamment besoin d'assistance pour fonctionner. On utilise les techniques habituelles : fiches mémo, dialogues entre les schémas et le côté sain, résolution de problèmes en vue de la prise de décision, et remise en question des pensées négatives. Le thérapeute remet en question l'idée du patient selon laquelle la dépendance aux autres est un mode de vie souhaitable. L'excès de dépendance aux autres a un coût : elle empêche, par exemple, la satisfaction des besoins affectifs d'autonomie et d'expression de soi, chose que le thérapeute et le patient peuvent éclaircir ensemble. Il est essentiel de se servir des techniques cognitives pour construire la motivation car, pour surmonter ce schéma, les patients devront accepter de tolérer leur anxiété. Pour réduire l'inconfort du patient, le thérapeute pourra graduer les tâches selon un degré croissant d'anxiété, lui apprendre des techniques de réduction de l'anxiété, telles que la relaxation ou la pleine conscience (« mindfulness »).

Les techniques émotionnelles sont, comme nous l'avons déjà signalé, moins importantes pour ce schéma. Il est parfois utile que les patients confrontent en imagerie le parent qui les a surprotégés et affaiblis durant leur enfance, si le parent continue, par exemple, à les traiter de la sorte et s'ils sont en colère contre lui. Si les patients éprouvent de la colère contre le parent, le thérapeute les aide à l'exprimer. Cependant, les patients ayant ce schéma ne sont, le plus souvent, pas en colère contre leur parent. Comme celui-ci a souvent agi dans l'intention d'aider, il est difficile de lui en vouloir. Mais, même si les intentions du parent étaient bonnes, ce qu'il a fait a été préjudiciable à l'indépendance et au sentiment de compétence du patient. Le parent a tellement pris de décisions à sa place qu'il s'est senti incapable d'avoir confiance en son propre jugement ; son parent a tellement fait de choses à sa place qu'il a été incapable de mettre en place les habilités de base de la vie.

Le thérapeute mène des séances d'imagerie dans lesquelles le patient se souvient des situations infantiles qui ont créé le schéma. Le thérapeute entre dans l'image en tant qu'Adulte Sain, qui aide l'Enfant Incompétent à s'adapter et à résoudre ses problèmes. Lorsque le patient est incapable de parvenir à une réponse saine, le thérapeute le guide. Le thérapeute mène aussi des séances d'imagerie dans lesquelles le patient imagine les situations actuelles qui nécessitent un entraînement aux habiletés de base de la vie. Là encore, le thérapeute entre dans l'image en tant qu'Adulte Sain, pour aider l'Enfant Incompétent. (Beaucoup de patients ayant ce schéma se voient sous l'aspect de petits enfants lorsqu'ils s'imaginent eux-mêmes

— de petits enfants dans un monde de grands adultes.) L'Adulte Sain dit à l'enfant : « Je sais que tu es jeune et que tu as très peur de prendre des décisions. Mais tu n'as pas à les prendre ; je vais m'en charger à ta place. Tu es un enfant, mais moi je suis un adulte. Je peux prendre des décisions et faire des choses tout seul. »

La partie comportementale du traitement aide les patients à surmonter l'évitement de leur fonctionnement indépendant. Elle est essentielle pour la réussite du traitement : si les patients ne changent pas leur comportement, ils ne rassembleront jamais assez d'arguments pour combattre leur schéma. Comme l'évitement maintient indéfiniment une peur conditionnée, les patients ne seront capables de soigner leur schéma que s'ils acceptent de se confronter aux situations qui leur provoquent de l'anxiété. Le thérapeutes aide les patients à établir des tâches comportementales graduées au cours desquelles ils prennent en charge eux-mêmes les tâches de tous les jours. En commençant par la plus facile, ils s'entraînent à prendre en charge ces tâches, sous la forme de tâches à domicile.

Le thérapeute peut diriger des répétitions comportementales avec les patients au cours des séances pour les aider à préparer les tâches assignées. En imagination ou en jeu de rôle, les patients s'imaginent réussissant dans leurs tâches et résolvant les problèmes qui se présentent. Il est utile que les patients se récompensent eux-mêmes lorsqu'ils mènent à bien leurs tâches. Les techniques de gestion de l'anxiété, telles que les fiches mémo-flash, les exercices respiratoires, les techniques de relaxation, et la réponse rationnelle, peuvent aider les patients à supporter l'anxiété au cours de leur fonctionnement indépendant.

Le thérapeute fait parfois intervenir des membres de la famille dans le traitement, si ceux-ci continuent à entretenir la dépendance du patient, particulièrement lorsque le patient habite avec eux. Ces membres de la famille peuvent représenter un élément important, aussi bien dans le problème que dans sa solution. Si le patient est capable de gérer seul les membres de sa famille, le thérapeute ne les rencontre pas. Cependant, comme cela arrive très souvent, si le patient est incapable d'interrompre le renforcement du schéma par les membres de sa famille, alors le thérapeute doit envisager d'intervenir.

Dans la relation thérapeutique, il est important de résister aux tentatives du patient de prendre un rôle de dépendant vis-à-vis du thérapeute. Le thérapeute devra plutôt encourager les patients à prendre leurs propres décisions, en ne leur venant en aide que si nécessaire. Le thérapeute doit penser à renforcer les patients chaque fois qu'ils font des progrès.

4° *Problèmes spécifiques de ce schéma*

Un des risques principaux est que le patient devienne dépendant du thérapeute au lieu de surmonter son schéma. Le thérapeute se fourvoie à assumer un rôle de personnage parental et il gère la vie du patient. Le degré de dépendance qu'autorise le thérapeute tient d'un équilibre délicat. Si le thérapeute n'autorise aucune dépendance, le patient ne va probablement pas rester en thérapie. Pour être réaliste, le thérapeute doit commencer par autoriser un certain degré de dépendance, pour ensuite aller dans le sens de la réduction. Il doit s'efforcer d'autoriser le minimum de dépendance possible compatible avec le maintien du patient en thérapie.

Un des grands défis du traitement des patients ayant ce schéma est de surmonter l'évitement du fonctionnement indépendant. Les patients doivent accepter de négocier une souffrance à court terme pour obtenir des gains à long terme, et de supporter l'anxiété de fonctionner dans le monde en tant qu'adultes. Comme nous l'avons déjà signalé, la motivation est un aspect important du traitement. Le travail des modes peut aider les patients à renforcer la partie saine d'eux-mêmes, celle qui recherche l'indépendance et la compétence. Ce Chercheur d'Indépendance peut conduire des dialogues avec le parent dysfonctionnel, et avec les modes adaptatifs du patient qui bloquent la motivation.

b. Peur du Danger ou de la Maladie

1° *Présentation typique du schéma*

Ces patients passent leur vie à croire qu'une catastrophe peut surgir à tout moment. Ils sont convaincus que quelque chose de terrible va leur arriver, qui échappera à leur contrôle. Ils vont brusquement être frappés d'une maladie ; il va se produire une catastrophe naturelle ; ils vont être victimes d'un crime ; il va leur arriver un terrible accident ; ils vont perdre leur fortune ; ou ils vont avoir une crise de nerfs et devenir fous. Il va se produire quelque chose de mauvais et ils ne pourront pas le prévenir. L'émotion principale, c'est l'anxiété : qui peut aller d'une crainte de faible intensité jusqu'à des attaques de panique complètes. Ces patients n'ont pas peur de gérer les situations de la vie courante, comme ceux qui ont un schéma de Dépendance ; mais ils ont en fait peur des événements catastrophiques.

La plupart de ces patients comptent sur l'évitement ou la compensation pour s'adapter à leur schéma. Ils deviennent phobiques, restreignent leurs activités, consomment des tranquillisants, s'adonnent à la pensée magique, à des rituels compulsifs, ou bien ils se fient à des objets contra phobiques, tels qu'une personne en laquelle ils ont confiance, une bouteille d'eau, ou des tranquillisants. Tous ces comportements ont pour but d'empêcher l'événement néfaste de se produire.

2° *Buts du traitement*

Les buts du traitement sont de réduire chez ces patients la tendance à la prévision d'évènements catastrophiques et d'augmenter leur sentiment de capacité à s'adapter. Dans l'idéal, les patients parviennent à reconnaître que leurs craintes sont grandement exagérées et que, même si une catastrophe se produisait, ils seraient capables de la gérer de façon adaptée. Le but ultime est de convaincre ces patients de cesser d'éviter ou de compenser dans le cadre de ce schéma, d'affronter la plupart des situations qu'ils redoutent. (Bien sûr, nous n'incitons pas les patients à affronter des situations vraiment dangereuses, telles que conduire sous un violent orage ou nager en mer en s'éloignant trop de la côte.)

3° *Stratégies principales du traitement*

Les patients explorent les origines infantiles du schéma et en retrouvent le scénario au travers de leur vie. Ils calculent le coût de ce schéma. Les patients explorent les changements qu'ils feraient dans leur vie s'ils n'avaient pas autant peur. Il est important de passer du temps à motiver ces patients pour le changement. Le thérapeute aide le patient à se concentrer sur les conséquences négatives à long terme du style de vie phobique, telles que la perte d'occasions de s'amuser et de mieux de se connaître ; et sur les bénéfices positifs qu'il y a à bouger plus librement dans le monde : ils pourraient avoir une vie plus riche, plus remplie. Le travail des modes est particulièrement utile pour combattre la résistance du patient au changement et l'aider à construire un Adulte Sain qui veut progresser, et qui veut guider l'Enfant Effrayé dans les situations provocatrices. Sans une motivation suffisante, les patients ne seront pas volontaires pour supporter l'anxiété liée à l'arrêt de leurs moyens d'adaptation dysfonctionnels. Les techniques cognitives et comportementales pour surmonter l'anxiété et l'évitement sont au centre du traitement.

Les techniques cognitives aident les patients à réduire leur tendance à la prévision d'évènements catastrophiques, et à augmenter leur sentiment de capacité à s'adapter. Ils contrecarrent leurs perceptions exagérées du danger. Ils remettent en causes leurs pensées catastrophiques, ce qui les aide à gérer leurs attaques de panique et autres symptômes anxieux. Les techniques cognitives les aident également à construire leur motivation en insistant sur les avantages du changement.

De la même façon, *les techniques comportementales* aident les patients à se débarrasser de leurs rituels magiques et de leurs objets contra phobiques, et à affronter les situations qu'ils redoutent. Les patients entreprennent une exposition graduée aux situations phobogènes, en tâches assignées entre les séances. Pour préparer ces expositions, ils s'entraînent en imagerie au cours des séances : ils s'imaginent entrant dans des situations phobogènes spécifiques et s'y adaptant bien, avec l'assistance de l'Adulte Sain. Les techniques de gestion de l'anxiété, telles que les techniques respiratoires, la pleine conscience (« mindfulness ») et les fiches mémo-flash, peuvent aider les patients à s'adapter au travail d'exposition.

Les techniques émotionnelles sont intéressantes, particulièrement l'imagerie pour l'entraînement et le travail des modes. Si le schéma représente l'internalisation d'un parent (l'une des origines les plus fréquentes est un parent qui représente le modèle du schéma), le patient peut conduire des dialogues avec ce parent en imagerie. Il peut entrer dans des images infantiles ou des images de situations actuelles en tant qu'Adulte Sain pour rassurer l'Enfant Effrayé et confronter le parent aux conséquences négatives de son catastrophisme. Les patients peuvent également visualiser l'Adulte Sain en train de conduire l'Enfant Effrayé vers la sécurité, dans des situations phobogènes.

La relation thérapeutique n'est pas essentielle pour ces patients. Le plus important est que le thérapeute adopte une attitude de confrontation empathique envers la confiance du patient en l'évitement ou en la compensation, et qu'il apaise le patient en lui assurant que celui-ci sera parfaitement capable de s'adapter de façon saine. De plus, le thérapeute cherche à représenter le modèle de la façon de voir non phobique et de la prise en charge des situations qui ont un niveau de risque acceptable.

4° *Problèmes spécifiques de ce schéma*

Le problème principal est que ces patients ont très peur de stopper leur évitement ou leur compensation. Ils résistent à abandonner ces protections contre l'angoisse de leur schéma. Comme nous l'avons signalé, le travail de modes peut aider ces patients à renforcer la partie saine qui, chez eux, désire ardemment une vie plus remplie.

c. Fusionnement/Personnalité Atrophiée

1° *Présentation typique du schéma*

Lorsque les patients ayant ce schéma débutent un traitement, ils sont tellement fusionnés avec un proche que ni le thérapeute ni eux-mêmes ne peuvent clairement discerner où commence l'identité du patient et où finit celle de la personne liée. Cette personne est habituellement un parent ou un personnage parental, tel qu'un partenaire, un frère, une sœur, un employeur, un très bon ami. Les patients ayant ce schéma ressentent une implication et une proximité extrêmes avec ce personnage parental, au dépend de l'individuation complète du sujet et de son développement social normal. (Un de ces patients, qui fusionnait avec sa mère, expliqua à son thérapeute que sa mère essayait de le dissuader de se marier en lui disant : « Je sais ce qui est le mieux pour toi, mon fils. Après tout, j'ai connu beaucoup de liaisons féminines avec toi. »)

Beaucoup de ces patients croient que ni eux, ni le personnage parental ne pourrait survivre émotionnellement sans l'aide constante de l'autre, qu'ils ont désespérément besoin l'un de l'autre. Ils ressentent un lien intense avec ce personnage parental, pratiquement comme s'ils ne formaient ensemble qu'une seule et même personne. (Les patients ressentent parfois qu'ils sont capables de lire dans les pensées de l'autre, ou qu'ils savent ce que l'autre veut sans avoir à le lui demander.) Ils pensent qu'il est mauvais de fixer des limites à l'autre, et ils se sentent coupables s'ils le font. Ils disent tout à l'autre et s'attendre à ce que l'autre personne leur dise tout également. Ils ont l'impression de fusionner avec ce personnage parental et ils peuvent s'en trouver accablés et étouffés.

Les caractéristiques dont il a été question jusqu'ici représentent la partie « Fusionnement » du schéma. Il existe aussi la « Personnalité Atrophiée », qui est une carence de l'identité individuelle, dont les patients font souvent l'expérience sous la forme d'un sentiment de vide. Ces patients communiquent souvent l'idée d'une personnalité inexistante, car ils ont soumis leur identité pour maintenir leur relation avec l'autre personnage. Les patients qui ont une personnalité atrophiée ressentent qu'ils se laissent aller par le monde, sans aucune idée directrice. Ils ne savent pas qui ils sont. Ils n'ont pas constitué de préférences personnelles, ni développé de talents personnels, ils n'ont pas non plus suivi leurs tendances naturelles propres — ce pour quoi ils sont doués ou ce qu'ils aiment bien faire. Dans les cas extrêmes, ils se demandent même s'ils existent réellement.

Les deux parties du schéma — le Fusionnement et la Personnalité Atrophiée — vont souvent de pair, mais pas toujours. Les patients peuvent avoir une personnalité atrophiée sans fusionnement. La personnalité atrophiée peut se développer pour d'autres raisons que le fusionnement, comme l'assujettissement. Des patients qui ont, par exemple, été dominés lorsqu'ils étaient enfants ne développent parfois jamais la notion d'une identité séparée, parce que leurs parents les ont contraints de faire ce qu'ils exigeaient. Cependant, les patients qui fusionnent avec un parent ou un personnage parental ont presque toujours une personnalité atrophiée, par voie de conséquence. Leurs opinions, leurs intérêts, leurs choix et leurs buts sont principalement le fait de la personne avec laquelle ils sont fusionnés. C'est comme si la vie de l'autre personne leur semblait plus réelle que la leur : le personnage parental est l'étoile et ils en sont le satellite. De la même façon, les patients à personnalité atrophiée recherchent parfois des meneurs dotés d'un fort charisme, pour fusionner avec eux.

Parmi les comportements typiques on trouve la reproduction des comportements du personnage parental : le sujet pense et parle comme lui ; il reste en contact permanent avec lui, en refoulant toute pensée, tout sentiment et tout comportement personnels qui seraient en désaccord avec le personnage lié. Lorsque les patients essaient de se séparer de celui-ci, d'une manière ou d'une autre, ils sentent une culpabilité les envahir.

2° *Buts du traitement*

Le but essentiel est d'aider les patients à exprimer leur personnalité spontanée, naturelle — leurs préférences et tendances personnelles, leurs opinions, leurs décisions, leur talent — au lieu de refouler ce qu'il y a d'authentique dans leur personnalité et d'adopter de préférence l'identité du personnage avec lequel ils sont fusionnés. Les patients qu'on a réussi à traiter pour des problèmes de fusionnement ont perdu cette référence maladive à un personnage parental : leur vie personnelle est organisée autour d'eux-mêmes. Ils ne sont plus fusionnés avec ce personnage et ils sont devenus conscients, aussi bien de leurs ressemblances que de leurs différences mutuelles. Ils établissent des limites à ce personnage et ils ont une notion bien précise de leur identité personnelle.

Avec les patients qui, adultes, évitent les relations intimes pour se protéger d'un fusionnement, le but thérapeutique est d'établir des relations avec les autres qui ne soient ni trop distantes, ni trop fusionnelles.

3° *Stratégies principales du traitement*

Le traitement se focalise sur la vie actuelle des patients. Les techniques cognitives et émotionnelles permettent de les aider à identifier leurs préférences et leurs tendances naturelles, les techniques comportementales visent à faciliter l'accomplissement de leur véritable personnalité.

Les techniques cognitives remettent en cause l'idée des patients selon laquelle il est préférable de fusionner avec un personnage parental, plutôt que d'avoir sa propre identité. Le thérapeute et le patient explorent les avantages et les inconvénients qu'il y a à développer une identité séparée. Les patients identifient leurs similitudes et leurs ressemblances avec le personnage parental. Il est important d'identifier les similitudes : le but du patient n'est pas de devenir l'extrême opposé de son personnage parental, ni d'en dénier toutes les ressemblances. Il arrive que ces patients expriment le désir de ne plus vouloir ressembler du tout à l'autre personnage, au point qu'ils ne parviennent plus à retrouver des ressemblances qui existent pourtant incontestablement. Dans cette forme de compensation du fusionnement, les patients se comportent comme l'opposé de l'autre. De plus, les patients mènent des dialogues entre le côté fusionnel, qui veut rester fusionné à l'autre, et le côté sain, qui cherche à développer une identité propre.

Les techniques émotionnelles permettent aux patients de se visualiser séparés de l'autre grâce à l'imagerie. Ils revivent, par exemple, des moments de leur enfance où ils ont été différents du parent ou bien se sont sentis en désaccord avec lui. Ils imaginent ce qu'ils ont authentiquement ressenti, et ce qu'ils ont eu l'intention de faire. Ils s'imaginent disant aux personnages du passé et du présent, en quoi ils sont différents et en quoi ils sont semblables. Ils s'imaginent fixant des limites à ces mêmes personnages : ils refusent de leur communiquer certaines informations, ou de passer trop de temps avec eux. L'Adulte Sain, représenté au départ par le thérapeute, puis par le patient, aide l'Enfant Fusionnel à accomplir la séparation.

Les stratégies comportementales aident les patients à identifier leurs préférences et leurs tendances naturelles. Les patients commencent à établir la liste des expériences qu'ils estiment *intrinsèquement* agréables : ils se servent de leurs sensations corporelles de plaisir pour identifier ce qui leur fait plaisir. Au cours des tâches comportementales prescrites, ils doivent énumérer ce qui leur plait : leurs musiques favorites, les films, les livres, les restaurants, les activités. Ils font la liste de ce qu'ils aiment et de ce qu'ils n'aiment pas chez leurs proches. Les techniques comportementales les aident également à mettre en pratique leurs préférences, même si elles diffèrent de celles d'un personnage parental. De plus, elles les aident à choisir des partenaires et des amis qui ne renforcent pas le fusionnement. Typiquement, ces patients choisissent des partenaires forts, dans la vie desquels ils vont ensuite se trouvés noyés ; le partenaire devient le personnage parental. Le patient se satellise autour de ce partenaire.

Le thérapeute fixe des limites adaptées, en modulant la *relation thérapeutique* de façon à ce qu'elle ne soit ni distante ni fusionnelle. Si le thérapeute et le patient sont trop fusionnels, le fusionnement de l'environnement infantile du patient va se recréer. S'ils sont trop distants, le patient se sentira séparé et ne sera pas motivé pour un changement.

4° *Problèmes spécifiques de ce schéma*

Le problème spécifique le plus évident est le risque de fusionnement avec le thérapeute, qui deviendra alors le nouveau personnage parental dans la vie du patient. Le patient est capable de se débarrasser de l'ancien personnage parental, mais uniquement pour le remplacer par le thérapeute. Comme dans le schéma de Dépendance/Incompétence, le thérapeute doit autoriser un certain degré de fusionnement au départ du traitement, mais il doit rapidement inciter le patient à s'individuer.

d. Échec

1° *Présentation typique du schéma*

Les patients ayant un schéma d'Échec ont la croyance qu'ils ont échoué, par rapport à leurs pairs, en matière de réussite : carrière, argent, statut, scolarité ou sport. Ils se sentent, à niveau égal, fondamentalement incompétents par rapport aux autres — ils sont bêtes, inaptes, sans talents, ignorants ; ils pensent, qu'au fond d'eux-mêmes, il leur manque quelque chose : ce qui est nécessaire à la réussite.

Dans les comportements typiques de ces patients, on trouve la soumission à leur schéma (ils se sabotent eux-mêmes ou agissent sans enthousiasme), l'évitement (ils procrastinent, ou même n'entament pas du tout la tâche) et la compensation (ils travaillent sans relâche ou ils font, d'une manière ou d'une autre, tout pour réussir). Les compensateurs qui ont un schéma d'Échec pensent qu'ils ne sont pas aussi intelligents ou doués que les autres, mais qu'ils peuvent s'en sortir en travaillant avec acharnement.

Ils parviennent souvent à d'excellents résultats, mais toujours avec le sentiment d'avoir triché. Au monde extérieur, ils apparaissent comme des gens qui réussissent, mais en leur for intérieur, ils se croient au bord de l'échec.

Il est important de faire la distinction entre les schémas d'Échec et d'Idéaux Exigeants. Les patients qui ont un schéma d'Idéaux Exigeants croient qu'ils ont échoué dans l'atteinte de normes élevées qu'ils (ou que leurs parents) avaient fixées ; mais ils admettent malgré tout qu'ils ont fait aussi bien, ou même mieux, qu'une personne moyenne dans la même situation. Les patients ayant un schéma d'Échec pensent, au contraire, qu'ils ont fait moins bien qu'une personne moyenne appartenant à leur groupe de pairs, et ils ont souvent raison : la plupart des patients ayant un schéma d'Échec ont été moins performants que la personne moyenne de leur groupe de pairs. L'échec est devenu une prophétie qui s'auto-accomplit dans leur vie. Il faut aussi distinguer le schéma d'Échec de celui de Dépendance/Incompétence, qui est plus en rapport avec le fonctionnement quotidien qu'avec la réussite. Le schéma d'Échec concerne l'argent, le statut, la carrière, les sports et la scolarité ; le schéma de Dépendance/Incompétence concerne la prise de décision quotidienne et la prise en charge de soi-même dans la vie courante. Le schéma d'Échec est souvent lié à un schéma d'Incompétence. En se sentant en échec dans les domaines de la réussite, la personne se sent déficiente.

2° *Buts du traitement*

Le but essentiel est d'aider ces patients à se sentir et à devenir aussi performants que leurs pairs (dans les limites de leurs capacités et de leurs talents). On peut utiliser trois lignes directrices. La première consiste à augmenter le niveau de réussite en développant les habilités et la confiance en soi. Ensuite, s'ils s'avèrent suffisamment performants par rapport à leurs capacités, on peut augmenter l'appréciation qu'ils ont de leur niveau de performance, ou bien modifier les perceptions qu'ils ont de leur groupe de pairs. Enfin, il est possible de faire admettre aux patients qu'ils ont des capacités dont les limites ne sont pas améliorables, mais qu'ils sont néanmoins des personnes suffisamment valables.

3° *Stratégies principales du traitement*

Il est important d'évaluer avec précision le schéma d'Échec chez chaque patient, car les stratégies que le thérapeute va utiliser dépendront de cette évaluation. Chez certaines personnes, l'échec est liés à un *manque congéni-*

tal de talent ou d'intelligence. Dans ces cas, le thérapeute essaie d'aider le patient à construire des habiletés et à se fixer des buts réalistes. D'autres patients ont le talent et l'intelligence nécessaires pour réussir, mais *ils ne s'y sont jamais totalement employés*. Peut-être ont-ils manqué de conseils ou se sont-ils orientés vers la mauvaise direction. Dans ces cas, le thérapeute vise à donner les conseils appropriés ou à les diriger là où leur talent naturel sera mieux utilisé. Il peut aussi exister un autre *trouble qui a interféré avec leur développement* (un Trouble déficit de l'attention, par exemple) ; dans ce cas, le thérapeute doit s'attacher à traiter cet autre trouble. Peut-être manquent-ils de discipline : beaucoup de patients ayant un schéma d'Echec ont aussi le *schéma Contrôle de Soi/Autodiscipline Insuffisants*. Dans ces cas, le thérapeute s'allie au patient pour combattre le schéma Contrôle de Soi/Autodiscipline Insuffisants. Peut-être les patients sont-ils *submergés par un autre schéma*, comme l'Imperfection ou le Manque Affectif, dont l'évitement leur demande beaucoup de temps et d'effort — en abusant de drogues, en buvant de l'alcool, en jouant en bourse, en surfant sur l'Internet, en s'adonnant au jeu, à la pornographie, ou aux relations sexuelles multiples — évitement qui interfère avec le temps et l'effort consacrés au travail. Dans ces cas, le traitement met en jeu le travail sur les schémas sous-jacents. Il est important d'évaluer la cause d'échec du patient, pour pouvoir déterminer avec précision le traitement adapté. Dans la plupart des cas, les techniques cognitives et comportementales seront les plus importantes.

Si les patients ont effectivement échoué par rapport à leurs pairs, la *stratégie cognitive* la plus importante sera la remise en question de leur inaptitude intrinsèque et la ré-attribution de leur échec à un mécanisme de maintien de schéma. Ils n'ont pas échoué parce qu'ils étaient intrinsèquement ineptes, mais parce qu'ils ont involontairement agi pour mettre en échec leur tentative de réussite. C'est le schéma lui-même qui est responsable de leurs échecs. Le problème se situe alors au niveau de leurs styles d'adaptation — soumission, évitement — et non de leurs capacités de base. Les patients mènent des dialogues entre le schéma d'Échec et le côté sain, celui qui veut combattre le schéma.

La mise en évidence des succès et des habiletés du patient est une autre technique cognitive. Les patients ayant ce schéma ignorent leurs réussites et repèrent surtout leurs échecs. Le thérapeute les aide à corriger ce biais cognitif en leur apprenant à remarquer chaque succès. Il leur fait identifier leurs habiletés par la recherche des arguments « pour ». Enfin, il les aide à déterminer des buts à long terme qui soient réalistes. Les patients dont les buts à long terme sont beaucoup trop élevés ont besoin de réduire leurs attentes de succès, de trouver un groupe de comparaison différent, ou de passer à un champ d'action différent.

Les techniques émotionnelles sont utiles pour préparer les patients à entreprendre le changement comportemental. Grâce à l'imagerie, ils revivent des expériences d'échecs du passé et ils expriment de la colère envers les gens qui les ont découragés, qui se sont moqué d'eux ou les ont dévalorisés, lors de ces échecs. Il s'agissait souvent d'un parent, d'un frère ou d'une sœur plus âgé, ou d'un professeur. Ceci aide les patients à ré-attribuer l'échec à la critique de l'autre personne, plutôt qu'à leur incapacité personnelle. Les patients ayant un Trouble déficit de l'attention/hyperactivité sont l'exemple d'élèves souvent grondés, pour des comportements qu'ils ne pouvaient en fait pas contrôler. Leurs parents considéraient qu'ils refusaient délibérément d'apprendre, alors qu'ils étaient plus exactement incapables d'apprendre normalement. On dit souvent aux patients spontanément non sportifs qu'ils ne font pas assez d'efforts ou qu'ils ne s'entraînent pas suffisamment ; alors qu'en fait ils n'ont pas la possibilité de parvenir au niveau de performance que l'on exige d'eux. Il est important, pour qu'ils se débarrassent émotionnellement de leur schéma, qu'ils se mettent en colère contre leurs parents et contre tous ceux qui n'ont pas reconnu et accepté à la fois leurs possibilités et leurs limites.

D'autre part, il peut arriver que les parents du patient ne veuillent pas qu'il réussisse. Inconsciemment, ils ne veulent pas que leur enfant soit trop performant : ils ont peur qu'il les surpasse ou qu'il les abandonne. Ils donnent à l'enfant des messages subtils lui indiquant qu'ils le rejetteront ou lui retireront leur affection s'il devient trop performant. L'enfant développe une « peur de la réussite ». Les techniques émotionnelles aident le patient à identifier ce thème et à s'y relier émotionnellement. En se mettant en colère contre le Parent Dégradant, le patient parvient à comprendre que ce message était anormal et qu'il n'y a plus lieu d'y croire. Des parents normaux ne punissent pas leurs enfants pour leur réussite ! En se mettant en colère, les patients arrivent à combattre l'idée que les autres vont les rejeter s'ils réussissent trop bien. Le travail des modes les aide à développe un mode Adulte Sain capable d'encourager et de guider l'Enfant en Échec. Le thérapeute, et ensuite le patient, jouent l'Adulte Sain dans des images représentant des situations de réussite, passées et actuelles.

La partie comportementale du traitement est habituellement la plus importante. Quels que soient les progrès accomplis dans les autres domaines, si les patients ne cessent pas leurs comportements d'adaptation dysfonctionnels, ils vont continuer à renforcer le schéma. Le thérapeute aide le patient à remplacer ses comportements de soumission, d'évitement ou de compensation du schéma, par des comportements plus adaptés. Le patients se fixe des buts, et des tâches graduées pour les atteindre, qu'il appliquera dans le cadre des tâches assignées. Le thérapeute aide le patient à surmonter les blocages qu'il rencontre dans la réalisation de ses tâches. S'il y a un problème d'habiletés, il l'aide à développer des habiletés. S'il s'agit d'un problème d'aptitude, il l'aide à passer à un travail plus approprié. S'il y a un problème d'anxiété, il lui apprend à gérer son anxiété. Si c'est un problème d'autodiscipline, il l'aide à créer un programme de lutte contre la procrastination et de développement de l'autodiscipline. L'entraînement comportemental peut aider à surmonter les blocages. Les techniques d'imagerie ou de jeu de rôle permettent de travailler les blocages qui apparaissent spontanément.

Dans la relation thérapeutique, le thérapeute représente le modèle des comportements contraires au schéma : il fixe des buts réalistes, il travaille fermement à les atteindre, il anticipe les problèmes, il persiste malgré les échecs, il reconnaît tout progrès, il montre en somme que toute sa vie professionnelle peut servir d'antidote au schéma. (Le succès professionnel du thérapeute peut aussi avoir l'effet opposé : le patient peut se sentir moins compétent que le thérapeute. Le thérapeute doit être vigilant quant à cette éventualité. Pour régler ce problème, il cherchera à se donner pour modèle d'une approche normale du travail, sans accorder d'importance au niveau effectif de sa réussite.) Il re-materne également les patients en soutenant leurs succès, et reconnaissant ce qu'ils font de bien, en proposant des attentes réalistes et en fixant des limites.

4° *Problèmes spécifiques de ce schéma*

Le problème le plus fréquent est la persistance des comportements d'adaptation dysfonctionnels des patients. Ils continuent à se soumettre, à éviter ou à compenser le schéma plutôt que d'essayer de changer. Ils sont tellement convaincus qu'ils vont échouer, qu'ils sont peu enclins à s'engager complètement dans la voie de la réussite. Le travail des modes peut les aider à renforcer l'Adulte Sain, lequel est capable d'accepter le combat contre le schéma. Grâce à l'imagerie, les patients revivent les moments d'échec du passé et du présent. L'Adulte Sain aide l'Enfant en Echec à s'adapter de manière appropriée.

3 Domaine de manque de limites

a. Droits Personnels Exagérés/Grandeur

1° *Présentation typique du schéma*

Ces patients se croient spéciaux. Ils se croient meilleurs que les autres. Comme ils pensent faire partie d'une sorte d'« élite », ils estiment qu'ils ont des droits personnels et des privilèges particuliers, et ne se sentent pas concernés par les principes de réciprocité qui guident les interactions humaines normales. Ils cherchent à contrôler le comportement des autres pour satisfaire leurs propres besoins, sans empathie ni sans s'intéresser aux besoins des autres. Ils s'engagent dans des actes d'égoïsme et de grandeur. Ils estiment pouvoir dire, faire ou avoir ce qu'ils veulent, sans se préoccuper de ce qu'il en coûte aux autres. On trouve chez eux des comportements typiques tels que la compétitivité excessive, le snobisme, la domination des autres, l'affirmation de leur puissance d'une manière brutale, et l'imposition de leur propre point de vue aux autres.

Nous distinguons deux types de patients ayant un schéma de Droits Personnels Exagérés : ceux qui ont ce schéma « à l'état pur », et ceux qui sont typiquement décrits comme « narcissiques » par la littérature abondante consacrée aux troubles de la personnalité. Les patients narcissiques se comportent comme des gens ayant des droits exagérés, dans le but de compenser un sentiment sous-jacent d'imperfection et de manque affectif. Dans le cas du narcissisme, nous parlons de sujets « fragiles ». Le traitement va se centrer sur les schémas de Manque Affectif et d'Imperfection. Il est important de fixer des limites, mais ce n'est pas la le problème essentiel. (Nous verrons comment soigner les sujets « fragiles » dans le chapitre 10.)

En revanche, les patients ayant un schéma de Droits Personnels Exagérés pur étaient des enfants gâtés à qui on laissait tout faire, et ils continuent, dans leur vie d'adultes, à faire de même. Leur grandeur n'est pas la compensation d'un schéma sous-jacent — ce n'est pas une manière de s'adapter à une menace perçue. Chez les patients ayant ce schéma à l'état pur, il n'y a pas de schéma sous-jacent à traiter. L'essentiel du traitement consiste à mettre des limites. Dans ce paragraphe, nous nous intéressons à la grandeur « pure » même si la plupart des techniques peuvent également être utilisées dans le traitement du trouble de personnalité narcissique.

Il existe un autre groupe de patients que nous classons dans le cadre de la « grandeur dépendante » — un mélange des schémas de Dépendance et de Droits Personnels Exagérés. Ces patients ressentent des droits personnels exagérés dans le but de dépendre d'autres personnes qui s'occupent d'eux. Ils pensent que les autres doivent satisfaire leurs besoins quotidiens en matière d'alimentation, d'habillement, d'hébergement, de déplacements, et ils se mettent en colère lorsque ces personnes manquent à ces tâches. Pour traiter ces patients, le thérapeute travaille à la fois sur les schémas de Droits Personnels Exagérés et de Dépendance.

2° *Buts du traitement*

Le but principal est d'aider ces patients à accepter le principe de réciprocité dans les interactions humaines. Nous essayons d'enseigner à ces patients l'idée que, pour ce qui est des valeurs fondamentales, tous les gens naissent égaux et ont des droits égaux (à la différence de *la ferme des animaux*, de George Orwell, où les animaux ont remplacé cette loi par : « Tous les animaux naissent égaux, mais certains naissent plus égaux que d'autres. ») Tous les individus ont une valeur identique : Personne n'est intrinsèquement plus valable qu'un autre et personne n'a droit à un traitement spécial. Les individus sains ne dominent pas et ne brutalisent pas les autres, au contraire ils respectent les besoins et les droits des autres ; ils font de leur mieux pour contrôler leurs impulsions de façon à ne pas blesser les autres, et ils suivent la plupart du temps les règles sociales.

3° *Techniques principales du traitement*

Pour aider les patients à maintenir leur motivation à changer, le thérapeute met continuellement en exergue les inconvénients du schéma de Droits Personnels Exagérés. Ils sont souvent parvenus à une thérapie de façon contrainte : quelqu'un les y a forcés, ou bien ils font face à une conséquence négative de leur grandeur — la perte d'un emploi, un mariage qui tourne mal, des enfants qui ne leur parlent plus, un sentiment de solitude ou de vide. Ils ressentent parfois la souffrance d'une perte imminente. Le thérapeute détermine la cause de cette douleur et la raison de leur demande de thérapie : il s'en sert comme moyen pour maintenir ces patients en thérapie. Il leur rappelle continuellement : « Si vous ne vous débarrassez pas de ces droits exagérés que vous vous attribuez, si vous ne désirez pas changer, les gens continueront à se venger sur vous ou à vous quitter, et vous continuerez à vous sentir malheureux. » Le thérapeute rappelle de façon régulière à ces patients les conséquences de leur comportement s'ils n'en changent pas.

Les stratégies thérapeutiques les plus importantes sont *le travail des relations interpersonnelles et celui de la relation thérapeutique*. Le thérapeute incite le patient à essayer d'entrer en empathie avec les autres et à se sentir concerné par les problèmes de ceux-ci à reconnaître les méfaits qu'ils produisent lorsqu'ils font un mauvais usage de leur pouvoir sur les autres. Les techniques cognitives et comportementales telles que la gestion de la colère et l'affirmation de soi sont également importantes, pour que le patient apprenne à remplacer son approche générale agressive des autres par une approche plus assertive. Si le patient a une relation avec un partenaire amoureux, il est souvent utile de rencontrer le partenaire durant quelques séances. Le thérapeute pourra alors travailler avec le couple pour cesser le comportement de grandeur du patient et aider le partenaire à fixer des limites, si bien que chaque membre du couple équilibrera ses propres besoins avec ceux de son partenaire.

Les patients ayant ce schéma passent leur temps à s'intéresser à leurs qualités et à minimiser leurs défauts : leur vision de leurs côtés positifs et de leurs faiblesses n'est pas réaliste. Ils ne comprennent pas, et n'acceptent pas, qu'ils ont des faiblesses et des limites comme tous les autres êtres humains. Le thérapeute se sert des *techniques cognitives* pour les aider à développer une vision plus réaliste d'eux-mêmes, en recherchant aussi bien leurs points forts que leurs points faibles. De plus, il utilise ces techniques pour remettre en cause la vision qu'ils ont d'eux-mêmes : ils ne sont pas des êtres spéciaux ayant des droits spéciaux. Ces patients doivent apprendre à suivre les règles communes, comme n'importe qui d'autre. Ils doivent traiter les autres avec respect, en tant qu'égaux. Le thérapeute et le patient recherchent les situations du passé dans lesquelles le patient s'est arrogé des droits spéciaux et en a vécu les conséquences négatives.

Le thérapeute se sert des *techniques émotionnelles* pour aider le patient à admettre que ses parents ont été très laxistes dans son enfance. Il entre dans les scènes d'imagerie avec le rôle de l'Adulte Sain qui confronte empathiquement l'Enfant Grandiose et lui enseigne le principe de réciprocité. Enfin, le patient prendra le relais dans les scènes d'imagerie, il jouera son propre Adulte Sain.

Dans la relation thérapeutique, le thérapeute surveille le comportement d'exagération des droits et il en confronte tous les aspects grâce à la confrontation empathique. Il re-materne le patient en lui mettant des limites chaque fois qu'il se comporte de manière brutale ou dégradante, ou qu'il exprime sa colère de façon inappropriée. Le thérapeute se sert de la relation thérapeutique pour soutenir le patient chaque fois qu'il reconnaît un défaut, qu'il se considère à l'égal des autres ou qu'il ressent des sentiments d'infériorité. Il le félicite lorsqu'il exprime de l'empathie à l'égard des autres, lorsqu'il réfrène ses impulsions destructives et qu'il parvient à retenir une colère déraisonnable. Enfin, il le désapprouve lorsqu'il attache trop d'importance au statut et à d'autres qualités superficielles dans ses jugements sur lui-même et sur les autres.

4° *Problèmes spécifiques de ce schéma*

La difficulté la plus probable réside dans le maintien de la motivation du patient pour le changement. Une proportion importante des patients ayant ce schéma quitte la thérapie avant d'aller mieux, parce que ce schéma est responsable d'avantages importants. C'est agréable d'obtenir ce que l'on veut : pourquoi le patient désirerait-il changer ? Le thérapeute doit trouver un moyen de pression : les circonstances qui font de la grandeur un motif de souffrance pour le patient. Il lui faudra ensuite rappeler continuellement au patient les conséquences négatives de son schéma.

b. Contrôle de Soi/Autodiscipline Insuffisants

1° *Présentation typique de ce schéma*

Il manque typiquement deux qualités aux patients ayant ce schéma : (1) le contrôle de soi — c'est à dire *la capacité à réfréner ses émotions et ses impulsions personnelles* ; et (2) l'autodiscipline — *la capacité à supporter suffisamment longtemps l'ennui et la frustration pour pouvoir mener à bien des tâches*. Ces patients sont incapables de réfréner de façon appropriée leurs émotions et leurs impulsions. Aussi bien dans leur vie personnelle que sur le plan professionnel, ils présentent une difficulté à différer une satisfaction à court terme au profit d'un objectif à long terme. Ils donnent l'impression de ne pas tirer profit des conséquences de leur expérience, des conséquences négatives de leurs comportements. Ils ne peuvent pas, ou bien ne veulent pas, suffisamment se contrôler ou s'auto discipliner.

Dans la forme extrême, on a affaire à des patients qui ont l'air de jeunes enfants mal élevés. Dans les formes plus modérées, ils cherchent de façon excessive à éviter l'inconfort. Ils préfèrent la plupart du temps éviter la souffrance, le conflit, la confrontation, la responsabilité et le surmenage — même au prix de leur accomplissement ou de leur intégrité personnels.

On rencontre les comportements typiques suivants : l'impulsivité, l'inattention, l'inorganisation, l'absence de volonté à persister dans les tâches ennuyeuses ou routinières, l'expression intense des émotions, avec des caprices, des crises hystériques, la tendance à arriver en retard et l'instabilité. Tous ces comportements ont en commun la recherche de satisfactions à court terme, au détriment des objectifs à long terme.

À la base, ce schéma ne s'applique pas aux consommateurs excessifs de substances et aux conduites addictives. L'abus de substance n'est pas au centre du schéma, bien qu'il l'accompagne souvent. Ce schéma n'est pas destiné à évaluer les conduites addictives en elles-mêmes — telles que l'abus d'alcool ou de drogues, la boulimie, le jeu excessif, les activités sexuelles compulsives. Ces conduites peuvent être des réponses d'adaptation que l'on rencontre avec de nombreux autres schémas, et pas seulement celui-ci : elles peuvent représenter une réponse d'évitement pour n'importe quel schéma. Ce schéma s'applique plutôt à des patients qui ont de la difficulté à se contrôler ou à se discipliner dans de très nombreuses situations. Ils ne parviennent pas à imposer des limites à leurs émotions, à leurs impulsions, dans de nombreux domaines de leur vie, présentant ainsi de nombreux problèmes de contrôle de soi dans plusieurs domaines, et pas seulement des comportements addictifs.

Nous pensons que tout enfant naît avec un *mode impulsif*. Il s'agit d'une partie naturelle et inadaptée que possède chaque être humain, qui représente l'incapacité à contrôler suffisamment l'impulsivité et à apprendre l'autodiscipline. Par nature, les enfants manquent de contrôle et sont indisciplinés. Au travers des expériences familiales et sociales, nous apprenons à nous contrôler et à nous discipliner. Nous internalisons un mode Adulte Sain capable de réfréner l'Enfant Impulsif pour atteindre des objectifs à long terme. Parfois, un problème supplémentaire, tel qu'un Trouble déficit de l'attention/hyperactivité rend les choses plus difficiles pour l'enfant.

Il n'y a souvent aucune croyance ni sentiment spécifique inhérent à ce schéma. Il est rare que ces patients disent : « Il est normal que j'exprime pleinement mes sentiments » ou bien « Je dois agir de façon impulsive. » Ces patients ressentent plutôt ce schéma comme échappant à leur contrôle. Ce schéma n'est pas ressenti d'une façon aussi égosyntonique que les autres schémas. La plupart de nos patients cherchent à améliorer leur contrôle de soi et leur autodiscipline : ils essaient répétitivement de le faire, mais ils ne parviennent pas à soutenir leur effort très longtemps.

Le mode impulsif est aussi le mode de la spontanéité et de la désinhibition. Une personne dans ce mode peut jouer, être gaie et s'amuser. Ce mode présente un côté positif, mais quand il est excessif — c'est à dire s'il n'est pas équilibré par d'autres aspects de la personnalité — les inconvénients l'emportent sur les avantages et il devient nuisible pour la personne.

2° *Buts du traitement*

Le but est d'aider les patients à reconnaître l'importance qu'il y a à négliger une satisfaction à court terme au profit d'un objectif à long terme. Les bénéfices liés à l'épanchement des émotions ou à l'assouvissement d'un plaisir immédiat ne valent pas ceux liés à un avancement de carrière, à une réussite, aux relations interpersonnelles, et ils diminuent l'estime de soi.

3° *Techniques principales du traitement*

Les techniques thérapeutiques cognitivo-comportementales sont presque toujours les méthodes les plus utiles avec ce schéma. Le thérapeute apprend au patient à s'exercer au contrôle de soi et à l'autodiscipline. L'idée de base étant qu'*entre l'impulsion et l'action, il faut apprendre à insérer de la pensée*. Il faut qu'il apprenne à envisager les conséquences liées au laisser aller d'une impulsion *avant* de la laisser s'exprimer.

Par *les tâches assignées*, les patients apprennent progressivement à être organisés, à accomplir des tâches ennuyeuses ou routinières, à être à l'heure, à être structurés, à réfréner leurs émotions et leurs impulsions excessives. Ils débutent par des tâches peu difficiles. Ils se contraignent à accomplir de telles tâches durant une période limitée, qui progressivement augmentera. Ils apprennent des *techniques de contrôle des émotions* (relaxation, technique de pleine conscience, distraction) ; ils rédigent des *fiches de schéma* où figurent les raisons qui imposent ce contrôle de soi et les méthodes à utiliser pour y parvenir. En séance, ces patients utilisent l'*imagerie et le jeu de rôle* pour s'entraîner au contrôle de soi et à l'autodiscipline. Ils se récompensent lorsqu'ils réussissent à mettre en application le contrôle de soi et l'autodiscipline dans leur vie courante. Ces récompenses peuvent être l'autosatisfaction, un cadeau, la pratique d'une activité de plaisir ou du temps libre.

Il arrive que le schéma Contrôle de Soi/Autodiscipline Insuffisants soit lié à un autre schéma, lequel est parfois plus primordial. Dans ce cas, le thérapeute doit s'occuper du schéma principal, aussi bien que du schéma Contrôle de Soi/Autodiscipline Insuffisants. Parfois, ce schéma surgit parce que les patients ont trop longtemps réfréné leurs émotions. Cela se produit souvent avec le schéma d'Assujettissement. Durant une très longue période, ces patients n'ont pas exprimé leur colère lorsqu'ils la ressentaient. Cette colère s'est progressivement accumulée, puis elle éclate brusquement, d'une manière incontrôlée. Lorsque des patients passent d'état de passivité prolongée à un soudain comportement d'agressivité, ils ont souvent un schéma d'Assujettissement sous-jacent (voir le traitement de ce schéma plus loin). Si ces patients apprennent à exprimer de façon adaptée leurs besoins et leurs sentiments du moment, alors la colère ne s'accumulera pas en tâche de fond. Moins les patients refoulent leurs besoins et leurs émotions, moins ils seront susceptibles de développer un comportement impulsif.

Certaines *techniques émotionnelles* peuvent rendre service. Les patients peuvent imaginer des scènes passées et actuelles dans lesquelles ils ont présenté un manque de contrôle de soi ou d'autodiscipline. Le thérapeute, puis le patient, entrent dans les scènes dans le rôle de l'Adulte Sain qui aide l'Enfant Indiscipliné à se contrôler. Lorsque ce schéma est lié à un autre, le thérapeute utilise les techniques émotionnelles pour aider le patient à combattre le schéma sous-jacent. Ceci est particulièrement important chez les borderlines. À cause de leur schéma d'Assujettissement, ces patients ressentent qu'ils ne sont pas autorisés à exprimer leurs besoins et leurs émotions. Lorsqu'ils le font, ils méritent d'être punis par le Parent Punitif qu'ils ont internalisé. Ils s'interdisent donc de façon répétitive leurs émotions et leurs sentiments. Comme le temps passe, leurs besoins et leurs émotions s'accumulent, ils ne parviennent plus à les contenir, et ils embrayent alors le mode Enfant Coléreux où ils les expriment : ils deviennent soudain impulsifs et furieux. Lorsque cela se produit, l'approche générale du thérapeute consiste à leur permettre de passer complètement leur colère, à empathiser, puis à les confronter à la réalité.

Au cours de *la relation thérapeutique*, il est important que le thérapeute soit ferme dans la fixation des limites à ces patients. Ceci est particulièrement vrai lorsque l'origine du schéma est un manque de limites au cours de l'enfance. Certains de ces patients étaient des « enfants à la clé » : comme leurs parents travaillaient tous les deux, ils étaient livrés à eux-mêmes à la maison, où il n'y avait personne pour leur imposer une discipline. Lorsque la démission parentale représente l'origine infantile de ce schéma, le thérapeute peut apporter un antidote partiel en re-maternant activement le patient. Il impose des sanctions lorsque celui-ci arrivera en retard aux séances ou qu'il n'accomplira pas ses tâches assignées.

4° *Problèmes spécifiques de ce schéma*

Ce schéma apparaît parfois biologiquement déterminé et donc difficile à modifier par la seule psychothérapie, notamment lorsque le patient présente un problème d'apprentissage tel que le Trouble déficit de l'attention/hyperactivité. Si le schéma est biologiquement déterminé, il est possible que le patient ait du mal à développer un contrôle de soi et une autodiscipline suffisants, même s'il est très motivé et qu'il fait beaucoup d'efforts. En pratique, il est difficile de connaître le degré relatif d'intervention du tempérament et celui du manque de limites parentales. Chez les patients qui persistent à rencontrer des difficultés pour combattre ce schéma, malgré un engagement apparent dans la thérapie, il faut envisager un traitement médicamenteux.

4 Domaine d'orientation vers les autres

a. Assujettissement

1° *Présentation typique du schéma*

Ces patients autorisent les autres à les dominer. Ils se soumettent au contrôle des autres parce qu'ils s'y sentent contraints par une menace de punition ou d'abandon. Il existe deux formes : la première est l'*assujettissement des besoins*, dans laquelle les patients refoulent leurs propres désirs et suivent à la place les exigences des autres ; la seconde est l'*assujettissement des émotions*, dans laquelle les patients refoulent leurs émotions (principalement la colère) parce qu'ils ont peur que les autres ne se vengent contre eux. Ce schéma implique que les besoins et les émotions personnels du sujet n'ont pas de signification et sont sans importance aux yeux des autres. Il aboutit la plupart du temps à une accumulation des sentiments de colère, qui se manifeste par des comportements dysfonctionnels tels que le comportement passif-agressif, des accès impulsifs de colère, des symptômes psychosomatiques, du retrait affectif, des passages à l'acte, et des conduites d'abus de substances.

Les patients ayant ce schéma présentent habituellement un style adaptatif de soumission au schéma : ils sont complaisants de façon excessive et hypersensibles aux situations dans lesquelles ils se sentent piégés. Ils se sentent malmenés, harcelés et impuissants. Ils se croient à la merci des personnages représentant l'autorité : ces personnages sont plus forts et plus puissants ; il faut donc les respecter. Ce schéma implique un certain degré de crainte. Ces patients redoutent qu'il leur arrive quelque chose de mauvais, s'ils expriment leurs besoins et leurs sentiments. Quelqu'un d'important va se mettre en colère contre eux, les abandonner, les punir, les rejeter ou les critiquer. Ils refoulent leurs besoins et leurs sentiments, non pas parce qu'ils ressentent qu'ils *devraient* les refouler, mais parce qu'ils pensent qu'il *faut* le faire. Leur assujettissement n'est pas fondé sur une valeur internalisée, ni sur le désir d'aider les autres ; il est en fait fondé sur la crainte d'une vengeance. Cette idée contraste avec celle des schémas d'Abnégation, de Surcontrôle Emotionnel et d'Idéaux Exigeants qui représentent tous une valeur internalisée, selon laquelle il ne faut pas exprimer ses besoins ou ses sentiments personnels : les patients ayant ces schémas croient qu'il est mauvais ou erroné d'exprimer ses besoins et ses sentiments, si bien qu'ils se sentent honteux ou coupables s'ils le font. Les patients ayant ces trois schémas ne se sentent pas contrôlés par les autres. Ils ont un lieu interne de contrôle. Les patients ayant le schéma d'Assujettissement ont, eux, un lieu externe de contrôle. Ils croient qu'ils doivent se soumettre aux personnages représentant l'autorité — et cela même s'ils sont d'avis que c'est une mauvaise idée — ou sinon ils seront punis, d'une manière ou d'une autre.

Ce schéma conduit souvent à un comportement d'évitement. Ces patients évitent les situations où les autres pourraient les contrôler ou bien où ils pourraient se trouver pris au piège. Certains patients évitent les relations amoureuses parce que ces relations leur donnent une impression de claustrophobie ou de piège. Ce schéma mène aussi à des comportements de compensation tels que la désobéissance et l'opposition. La rébellion est la forme la plus habituelle de la compensation pour l'assujettissement.

2° *Buts du traitement*

Le but principal du traitement et de permettre à ces patients de voir qu'ils ont droit à des besoins et des sentiments personnels, et qu'ils ont le droit de les exprimer. En général, le meilleur mode de vie consiste à exprimer ses besoins et ses sentiments de façon appropriée au moment où ils se présentent, au lieu de remettre à plus tard, voire de ne pas les exprimer du tout. Il est normal d'exprimer ses besoins et ses sentiments, dans la mesure où cela est fait de façon appropriée, et les gens normaux ne se vengeront pas contre eux si les patients agissent ainsi. Les gens qui répondent de façon constante par un sentiment de vengeance lorsqu'ils expriment leurs besoins et leurs sentiments ne sont pas des personnes intéressantes à choisir pour des relations intimes. Nous incitons les patients à entrer en relation avec des gens qui les autorisent à exprimer leurs besoins et leurs sentiments normaux, et à éviter les relations avec les gens qui ne le font pas.

3° *Techniques principales du traitement*

Les quatre types de techniques thérapeutiques — les techniques cognitives, émotionnelles, comportementales et la relation thérapeutique — sont importantes pour traiter ce schéma.

En termes de *techniques cognitives*, les patients assujettis ont des attentes négatives irréalistes quant aux conséquences de l'expression de leurs besoins et de leurs sentiments vis-à-vis de leurs proches. En étudiant les arguments et en construisant des expériences comportementales, ils apprennent que ces attentes sont exagérées. De plus, il est important qu'ils apprennent que l'expression des besoins et des sentiments de manière adaptée est un comportement normal — même si leurs parents leur ont délivré le message qu'il était « mal » de le faire, lorsqu'ils étaient enfants.

Les techniques émotionnelles sont extrêmement importantes. Dans l'imagerie, les patients expriment leur colère et affirment leurs droits vis-à-vis du parent contrôleur et des autres personnages représentant l'autorité. Les patients ayant ce schéma ont souvent de la difficulté à exprimer de la colère, particulièrement à l'encontre du parent qui les a assujettis. Il faut que le thérapeute persiste avec le travail émotionnel jusqu'à ce que les patients soient capables de libérer pleinement leur colère dans les exercices d'imagerie ou de jeu de rôle. Il est crucial d'exprimer sa colère pour surmonter le schéma. Plus les patients se lient à leur colère et l'assouvissent en imagerie ou en jeu de rôle (notamment contre le parent contrôleur), plus ils seront capables de combattre ce schéma dans leur vie courante. L'expression de la colère n'a pas pour seul intérêt l'assouvissement : elle aide surtout les patients à se sentir puissants et actifs. La colère fournit la motivation et l'élan nécessaires pour combattre la passivité qui accompagne presque toujours l'assujettissement.

Sur le plan comportemental, il est capital d'aider ces patients à choisir des partenaires non-contrôleurs. Habituellement, les gens assujettis sont attirés par les partenaires contrôleurs. S'ils se sentent attirés par un partenaire qui désire une relation d'égalité, c'est l'idéal. Mais dans le cas habituel, ces patients ont tendance à choisir quelqu'un qui les contrôle — pour que s'accomplisse la « chimie du schéma. » On peut espérer que ce partenaire soit suffisamment peu contrôleur pour que le patient puisse exprimer tous les besoins et les sentiments qu'il voudra. Si le partenaire est dominateur, mais qu'il accepte de prendre en compte les besoins et les sentiments du patient, il peut être une solution pour ce schéma : il y a suffisamment de « chimie » pour maintenir la relation, mais aussi suffisamment de guérison de schéma pour que le patient mène une vie normale. Les patients travaillent aussi à choisir des amis non-contrôleurs. Les techniques d'affirmation de soi peuvent aider ces patients à affirmer leurs besoins et leurs sentiments avec leur partenaire et les autres.

Lorsque ce schéma provoque une personnalité atrophiée — au point que les patients servent les autres si assidûment dans leurs besoins et dans leurs préférences, qu'ils ignorent leurs propres besoins et préférences — les patients travaillent à s'individuer. Les techniques émotionnelles et cognitivo-comportementales peuvent les aider à identifier leurs tendances naturelles et à les mettre en pratique. Ils peuvent, par exemple, pratiquer des exercices d'imagerie pour recréer des situations au cours desquelles ils ont refoulé leurs besoins et leurs préférences. Dans les images, ils disent à voix haute ce dont ils ont besoin et ce qu'ils veulent faire. Ils peuvent imaginer les conséquences. Ils expriment leurs besoins et leurs sentiments vis-à-vis des autres en jeu de rôle, puis dans la vie courante au cours de tâches comportementales.

La plupart des patients assujettis commencent par percevoir le thérapeute comme un personnage d'autorité qui veut les contrôler ou les dominer, même s'il n'en est rien. Pour ce qui est du *re-parentage*, il est important que le thérapeute soit le moins directif possible ; il autorise les patients à faire des choix au cours du traitement : quels problèmes veulent-ils corriger, quelles techniques veulent-ils apprendre, quelles tâches comportementales veulent-ils accomplir ? Il est également attentif à repérer tout comportement de déférence de la part du patient, grâce à la confrontation empathique. Enfin, il aide le patient à reconnaître et exprimer sa colère envers le thérapeute, lorsqu'elle s'accumule, avant qu'il ne parvienne au point de rupture.

4° *Problèmes spécifiques de ce schéma*

Lorsque ces patients expriment leurs besoins et leurs sentiments, ils le font souvent de façon maladroite. Au début, il arrive qu'il leur soit impossible de s'affirmer suffisamment pour être entendus, ou bien qu'ils basculent dans l'extrême inverse avec une attitude agressive. Le thérapeute leur fait réaliser qu'il leur faudra un certain temps pour trouver un juste équilibre entre la suppression et l'expression des besoins et des sentiments, et qu'il ne faut pas qu'ils se jugent trop sévèrement sur ce point.

Lorsque les patients assujettis commencent à exprimer leurs besoins et leurs émotions, ils disent souvent : « Mais je ne sais pas ce que je veux, je ne sais pas ce que je ressens. » Dans de tels cas, le schéma d'Assujettissement est lié à un schéma de Personnalité Atrophiée, et le thérapeute aide ces patients à développer une notion de soi en leur apprenant à surveiller leurs désirs et leurs émotions. Les exercices d'imagerie aident à explorer les émotions. Pour finir, si ces patients résistent à leur assujettissement et s'ils persistent dans l'introspection, ils vont pour la plupart parvenir à reconnaître ce qu'ils veulent et ce qu'ils ressentent.

Comme certains thérapeutes apprécient le comportement de déférence des patients assujettis, il peut arriver qu'ils renforcent cet assujettissement. Il est facile de considérer par erreur qu'un patient assujetti est un « bon » patient : dans les deux cas, ils sont accommodants. Il n'est cependant pas bon qu'un patient assujetti soit trop accommodant : cette attitude risque de maintenir le schéma au lieu de le guérir.

Dans bien des cas, ce schéma est facile à traiter. Nous obtenons un fort taux de réussite clinique avec les problèmes d'assujettissement.

b. Abnégation

1° *Présentation typique du schéma*

Ces patients, comme ceux ayant un schéma d'Assujettissement, présentent un intérêt excessif à satisfaire les besoins des autres au détriment des leurs. Mais à la différence de ceux ayant un schéma d'Assujettissement, leur abnégation est volontaire. Ils agissent ainsi pour éviter aux autres de souffrir, pour faire ce qu'ils croient être juste, pour éviter de se sentir coupables ou égoïstes, ou pour maintenir une relation avec des proches chez qui ils perçoivent des besoins. Le schéma d'Abnégation résulte souvent d'une capacité d'empathie élevée — un sens aigu de la souffrance des autres. Certaines personnes ressentent si intensément la souffrance psychique des autres qu'ils sont fortement motivés pour la soulager ou la prévenir. Ils ne veulent pas faire, ou laisser faire, des choses qui entraîneraient la souffrance d'autrui. L'Abnégation implique souvent un sentiment de responsabilité très fort vis-à-vis des autres.

Ces patients souffrent habituellement de symptômes psychosomatiques tels que maux de tête, problèmes gastro-intestinaux, douleur chronique, fatigue chronique. Ces symptômes physiques constituent, pour ces sujets, un moyen inconscient d'attirer l'attention sur eux, sans formuler directement de demande. Ils se sentent autorisés à recevoir de l'attention ou à réduire l'attention qu'ils accordent aux autres quand ils sont « vraiment malades. » Ces symptômes peuvent aussi être la conséquence directe du stress provoqué par un tel comportement de don de soi, chez quelqu'un qui reçoit très peu en retour.

Les patients ayant ce schéma ont presque toujours aussi un schéma de Manque Affectif. Ils satisfont les besoins des autres, mais leurs besoins personnels ne sont pas satisfaits. En apparence, ils semblent satisfaits de cette abnégation, mais au fond d'eux-mêmes, ils ressentent un manque affectif intense. Ils ressentent parfois de la colère à l'encontre des objets de leur abnégation. Habituellement, les patients ayant ce schéma donnent tellement aux autres qu'ils finissent par se faire souffrir.

Ces patients pensent souvent qu'ils n'attendent rien des autres, mais dans une situation où l'autre ne leur rend pas la pareille, ils éprouvent du ressentiment. Bien que la colère ne soit pas inévitable dans ce schéma, les gens qui s'auto sacrifient de façon importante, et dont l'entourage n'agit pas de façon réciproque, éprouvent habituellement un certain ressentiment.

Comme nous l'avons indiqué pour le schéma d'Assujettissement, il est important de distinguer l'abnégation de l'assujettissement. Lorsque les patients ont le schéma d'Assujettissement, ils refoulent leurs besoins personnels par crainte de conséquences externes : ils ont peur que les autres ne se vengent sur eux ou ne les rejettent. Alors que dans le cadre du schéma d'Abnégation, les patients refoulent leurs besoins personnels à cause d'une exigence interne. (Selon les étapes du développement moral de Kohlberg [1963], l'Abnégation représente un niveau de développement moral plus élevé que l'Assujettissement.) Les patients assujettis ont l'impression d'être sous le contrôle des autres ; dans le cadre de l'abnégation, ils ressentent qu'ils agissent selon une décision personnelle.

Ces deux schémas diffèrent également par leur origine : bien qu'ils se recoupent, ils ont des origines pratiquement opposées. Le schéma d'Assujettissement a pour cause un parent qui contrôle ou domine ; dans le schéma d'Abnégation, le parent est habituellement faible, infantile, impuissant, malade, dépressif, ou bien il a des besoins importants. Le premier schéma se développe donc au contact d'un parent trop fort, alors que le second se forme au contact d'un parent trop faible ou malade. Il est également habituel, pour l'enfant qui va développer un schéma d'Abnégation à l'âge adulte, d'assumer le rôle de l'« enfant parentifié » (Earley et Cushway, 2002) dès son jeune âge.

Sur le plan comportemental, les patients ayant un schéma d'Abnégation écoutent les autres plutôt qu'ils ne parlent d'eux-mêmes ; ils se soucient des autres et ils éprouvent de la difficulté à agir pour eux ; ils concentrent leur attention sur les autres, et ils se sentent mal à l'aise lorsque l'attention se porte sur eux ; ils agissent de façon indirecte lorsqu'ils veulent quelque chose, au lieu de demander de manière directe. (Un patient nous a raconté l'anecdote suivante, qui concerne l'abnégation de sa mère : « J'étais en train de faire du café, un matin. Ma mère est entrée dans la cuisine et je lui ai demandé si elle en voulait. 'Non, je ne veux pas t'ennuyer,' dit-elle. 'Ça ne m'ennuie pas,' répondit le patient, 'laisse-moi t'en faire une tasse.' 'Non, non,' dit la mère, si bien que le patient n'en fit qu'une tasse pour lui. Lorsqu'il eût terminé, sa mère lui dit : 'Eh bien, tu n'aurais pas pu m'en faire une aussi ?' »)

Ce schéma peut aussi présenter des avantages secondaires : il a un côté positif, et il n'est pathologique que lorsqu'il est poussé à l'extrême. Les patients peuvent ressentir de la fierté à se considérer comme responsables des autres. Leur comportement altruiste leur donne le sentiment d'être quelqu'un de bien, quelqu'un qui a des qualités morales. (En revanche, ils ressentent parfois que ce n'est « jamais assez bien », et que quoi qu'ils fassent, ils se sentiront toujours coupables d'insuffisance.) Autre source de bénéfice potentiel : il peut arriver que ce schéma attire les gens vers eux. Beaucoup de gens apprécient l'empathie et l'aide dont font preuve ces patients. Ceux-ci ont d'ailleurs beaucoup d'amis, bien que leurs besoins ne soient souvent pas comblés, dans ces relations amicales.

Sur le plan des comportements de compensation, lorsque ces patients se sont autosacrifiés durant suffisamment longtemps, certains d'entre eux en arrivent à basculer dans un comportement coléreux excessif. Ils deviennent furieux et cessent totalement de donner à l'autre. Lorsqu'ils ne se sentent pas appréciés, il leur arrive de se venger en délivrant à l'autre le message suivant : « Je ne te donnerai plus jamais rien. » Une patiente a raconté l'incident suivant à son thérapeute, en expliquant ce qu'il s'est produit après le décès de sa mère : Elle était jeune adolescente et s'était mise à cuisiner, à faire le ménage et la lessive pour son père. Un jour, alors qu'elle repassait, son père est entré et lui a dit : « À partir de maintenant, boutonne mes chemises lorsque tu les ranges. » La patiente a cessé de repasser, est sortie de la pièce, et n'a plus jamais fait le ménage, la vaisselle ou la lessive pour son père. « Je me suis occupée de mes vêtements personnels et j'ai laissé les siens empilés sur le plancher, » conclut-elle.

2° *Buts du traitement*

Le but principal est d'apprendre aux patients ayant un schéma d'Abnégation que tout individu a le droit d'obtenir la satisfaction de ses besoins, et que ce droit est identique pour tous. Même si ces patients croient qu'ils sont plus forts que les autres, en réalité, la plupart d'entre eux souffrent de manque affectif. Ils ont fait le sacrifice d'eux-mêmes et n'ont pas obtenu satisfaction de leurs besoins en retour. Ils ont donc des besoins à satisfaire — autant que les gens « faibles » qu'ils se dévouent à aider. La différence essentielle est que les patients ayant un schéma d'Abnégation n'éprouvent pas de besoins, tout au moins consciemment. Habituellement, ils restent fixés sur la frustration de leurs besoins, pour pouvoir persister dans l'abnégation.

Il est important d'aider ces patients à reconnaître qu'ils ont des besoins insatisfaits, même s'ils n'en ont pas conscience ; et qu'ils ont autant le droit que n'importe qui d'autre d'obtenir la satisfaction de ces besoins. Même si ce schéma peut leur apporter des bénéfices secondaires, ces patients paient un tribut très élevé pour leur abnégation : ils n'obtiendront pas ce dont ils ont absolument besoin, c'est à dire l'attention des autres êtres humains.

Le traitement doit aussi chercher à réduire le sentiment de responsabilité du patient. Le thérapeute lui montre qu'il exagère souvent la fragilité et l'impuissance des autres. La plupart des gens ne sont pas aussi fragiles et impuissants que le patient veut bien le penser. S'il en faisait un peu moins pour eux, les autres continueraient à aller bien. Dans la plupart des cas, l'autre ne va pas s'effondrer ni connaître une souffrance insupportable si le patient lui apporte moins.

Le traitement vise aussi à corriger le manque affectif associé. Le thérapeute incite les patients à s'intéresser à leurs besoins personnels, à laisser les autres satisfaire leurs besoins, à demander de façon plus directe ce dont ils ont besoin, et à être davantage vulnérables au lieu de chercher à paraître forts.

3° *Techniques principales du traitement*

Les quatre techniques sont importantes avec ce schéma. En termes de *stratégies cognitives*, le thérapeute aide les patients à tester la perception exagérée qu'ils ont du caractère fragile et nécessiteux des autres. De plus, il cherche à augmenter le niveau de conscience qu'ils ont de leurs besoins ; le but est que les patients réalisent qu'ils ont des besoins — d'écoute attentive, de compréhension, de protection, de conseils — qui sont restés insatisfaits depuis bien longtemps. Ils prennent en charge les autres, mais ils n'autorisent pas ces derniers à s'occuper d'eux.

De plus, le thérapeute aide les patients à acquérir la conscience des autres schémas qui sous-tendent l'abnégation. Comme nous l'avons signalé, les patients ayant un schéma d'Abnégation ont souvent à un degré quelconque un manque affectif sous-jacent. L'Imperfection est aussi un schéma fréquemment lié : ces patients « donnent plus » parce qu'ils ressentent qu'ils « valent moins. » L'Abandon peut aussi être un schéma lié : l'abnégation a pour but d'éviter que l'autre ne les abandonne. La Dépendance peut être un schéma lié : l'Abnégation vise à ce que le personnage parental reste en relation avec eux et continue à s'occuper d'eux. La Recherche d'Approbation peut être liée : les patients s'occupent des autres pour obtenir leur approbation ou leur reconnaissance.

Le thérapeute met en évidence le déséquilibre entre donner et recevoir. Dans une relation normale d'égalité, il doit y avoir égalité entre ce qu'une personne donne et ce qu'elle reçoit. Cet équilibre n'est pas une obligation pour chaque aspect ponctuel de la relation, mais plutôt pour cette relation prise dans sa globalité. Chaque personne donne et reçoit selon ses capacités, mais l'équilibre approximatif global est de l'ordre de l'égalité. Un déséquilibre significatif entre le donner et le recevoir est habituellement néfaste pour le patient (Il existe une exception : les relations non réciproques entre parents et enfants. Les parents qui se sacrifient pour leurs enfants, par exemple, n'ont pas nécessairement un schéma d'Abnégation. Pour avoir ce schéma, il faut que l'abnégation soit retrouvée dans plusieurs relations, en tant que scénario général.)

Sur le pan émotionnel, le thérapeute aide les patients à acquérir la conscience de leur manque affectif, aussi bien dans leur enfance que dans leur vie actuelle. Les patients expriment de la tristesse et de la colère à cause des besoins qui n'ont pas été satisfaits. Grâce à l'imagerie, ils confrontent le parent qui les a frustrés — le parent égocentrique, dépressif ou ayant lui-même des besoins, qui ne les a pas écoutés, protégés, guidés, qui ne leur a pas accordé de chaleur affective. Ils expriment de la colère pour avoir été un « enfant parentifié » : même si cela n'était pas intentionnel de la part du parent, il n'était pas juste qu'on leur attribue ce rôle. Les patients reconnaissent la perte de leur enfance. Grâce à l'imagerie, ils expriment de la colère envers les proches qui les frustrent dans leur vie actuelle, et ils leur demandent ce dont ils ont besoin.

Sur le plan comportemental, les patients apprennent à demander de façon plus directe la satisfaction de leurs besoins, et à apparaître vulnérables plutôt que forts. Ils apprennent à choisir des partenaires qui soient forts et capables de donner, au lieu de personnes faibles qui ont besoin de recevoir. (Les patients ayant ce schéma sont souvent attirés par des partenaires faibles et ayant des besoins, tels que les gens dépendants de drogues, dépressifs, dépendants, plutôt que par des partenaires qui peuvent leur donner d'égal à égal.) De plus, les patients apprennent à fixer des limites à ce qu'ils donnent aux autres.

Il existe une stratégie thérapeutique qui serait anormale pour des patients d'autres schémas, mais qui s'avère très efficace pour les patients ayant un schéma d'Abnégation : ces patients notent tout ce qu'ils donnent et tout ce qu'ils reçoivent, avec leurs proches. À quel degré agissent-ils, écoutent-ils, s'occupent-ils de chaque personne, et combien obtiennent-ils en retour ? Lorsque l'équilibre n'est pas atteint — ce qui est souvent le cas avec ces patients — ils se donnent pour objectif de parvenir à l'équilibre : ils donnent moins et demandent davantage.

On peut dire que ce schéma est l'opposé du schéma de Droits Personnels Exagérés. Ce dernier implique de l'égocentrisme, alors que le schéma d'Abnégation exige d'être centré sur les autres. Ces deux schémas « s'adaptent » bien, au cours des relations : les patients ayant l'un de ces schémas se retrouvent souvent avec un partenaire ayant l'autre. Une autre combinaison fréquente est celle entre un partenaire ayant un schéma d'Abnégation et un autre ayant un schéma de Grandeur Dépendante. Le sujet en état d'abnégation fait tout pour son partenaire grandiose. La thérapie peut aider ces couples à avancer l'un et l'autre vers une zone intermédiaire plus saine.

Lorsqu'on regarde les schémas des psychothérapeutes, l'Abnégation est l'un des plus fréquents (l'autre étant le Manque Affectif). Pour de nombreux professionnels du domaine de la santé mentale, le schéma d'Abnégation est un des facteurs qui les a motivés à choisir leur métier. Si le thérapeute et le patient ont tous deux ce schéma, le thérapeute risque, inconsciemment, d'incarner un modèle trop empreint d'abnégation. Aussi bien dans la relation thérapeutique que lorsqu'ils seront amenés à discuter d'autres domaines de la vie, il faut que les thérapeutes montrent que, s'ils savent donner, ils ne se dénient pas pour autant eux-mêmes. Le thérapeute a des besoins et des droits dans la relation thérapeutique et il les affirme de façon appropriée.

Il est important que le thérapeute donne beaucoup aux patients ayant ce schéma, car ils ont reçu très peu de leurs parents et des autres. Il est important que le thérapeute soit attentionné, et qu'il ne laisse pas le patient se préoccuper de lui. Chaque fois qu'un patient ayant ce schéma cherche à être attentionné vis-à-vis du thérapeute, celui-ci le lui fait remarquer grâce à la confrontation empathique. Le thérapeute incite le patient à se fier à lui le plus possible. Certains de ces patients n'ont jamais pu compter sur un autre être humain. Le thérapeute renforce les besoins de dépendance du patient et il l'encourage à cesser son comportement d'adulte fort, pour accepter d'être vulnérable, et même, parfois, infantile, avec le thérapeute.

4° *Problèmes spécifiques de ce schéma*

L'abnégation représente souvent une valeur culturelle et religieuse forte, ce qui peut poser un problème. De plus, l'abnégation n'est pas un schéma dysfonctionnel, lorsqu'elle ne dépasse pas les limites normales. C'est même une bonne chose, à un certain degré ; elle ne devient pathologique que si elle est excessive. Pour que l'abnégation d'un patient soit un schéma dysfonctionnel, il faut qu'elle nuise au sujet. Il faut qu'elle soit responsable de symptômes ou qu'elle gêne les relations interpersonnelles. Il faut qu'elle se manifeste d'une certaine manière sous la forme d'une difficulté : la colère s'accumule, le patient ressent des troubles psychosomatiques, il se sent dépressif, ou présente une souffrance affective quelconque.

c. Recherche d'Approbation et de Reconnaissance

1° *Présentation typique du schéma*

Ces patients accordent une importance excessive à l'obtention de l'approbation ou de la reconnaissance des autres, au détriment de la satisfaction de leurs besoins affectifs de base et de l'expression de leurs tendances naturelles. Comme ils se concentrent habituellement sur les réactions des autres plutôt que sur les leurs, ils ne parviennent pas à développer la notion d'une identité stable et tournée vers eux-mêmes.

Il existe deux sous-types : *dans le premier sous-type, les patients recherchent l'approbation* et veulent que tout le monde les aime ; ils veulent être adaptés et acceptés. *Dans le second sous-type, les patients recherchent la reconnaissance*, ils veulent être admirés et félicités. Ces derniers sont souvent narcissiques : ils attachent une importance excessive au statut, à l'apparence, à l'argent ou à la réussite, qui représentent des moyens d'obtenir l'admiration des autres. Dans les deux sous-types, les patients sont exagérément concentrés sur l'obtention de l'approbation ou de la reconnaissance, dans le but de sentir bien avec eux-mêmes. Leur sens de l'estime de soi dépend des réactions des autres, plutôt que de leur valeur personnelle et de leurs tendances naturelles. Une jeune femme ayant ce schéma a dit : « Vous voyez comme sont les femmes dans la rue, celles qui donnent l'apparence d'avoir une vie géniale ? Leur vie peut tout aussi bien être épouvantable, mais quand vous les voyez marcher, vous pensez que leur vie doit être formidable. Je pense souvent que, si je devais choisir, je préférerais paraître avoir une vie géniale, plutôt que de l'avoir. »

Alice Miller (1975) traite du problème de la recherche de reconnaissance dans *Les prisonniers de l'enfance*. La plupart des cas qu'elle présente sont des personnes qui expriment l'extrémité narcissique du schéma. Enfants, ils ont appris à rechercher l'approbation, parce que leurs parents les y incitaient ou les y poussaient. Les parents obtenaient une reconnaissance par vicariance, mais les enfants ont grandi en s'éloignant de plus en plus de leur personnalité authentique — de leurs besoins affectifs fondamentaux et de leurs tendances naturelles.

Les personnages du livre d'Alice Miller ont à la fois les schémas de Manque Affectif et de Recherche de Reconnaissance. Le schéma de Recherche de Reconnaissance est souvent lié à celui de Manque Affectif, mais pas toujours. Cependant, certains parents sont capables d'écoute attentive, tout en étant demandeurs de reconnaissance : dans de nombreuses familles, les parents s'intéressent aux enfants et les aiment, mais ils sont aussi très concernés par l'apparence extérieure. Dans ces familles, les enfants se sentent aimés, mais ils ne développent pas une personnalité stable et centrée sur eux-mêmes : Ils ont de leur personnalité une notion réflective, fondée sur les réponses des autres. Les patients narcissiques représentent l'extrême de ce schéma, mais il existe des formes plus modérées dans lesquelles les patients ont un fonctionnement psychologique plus sain, tout en se consacrant à la recherche de l'approbation ou de la reconnaissance au détriment de l'expression de soi.

Sur le plan comportemental, ces patients sont accommodants et cherchent à faire plaisir aux autres, afin d'obtenir leur approbation. Certains d'entre eux tiennent le rôle de subordonnés obséquieux pour être approuvés. D'autres se montrent très empressés à faire plaisir, mettant les gens mal à l'aise autour d'eux. Ils attachent beaucoup d'importance à l'apparence, à l'argent, au statut, à la réussite et au succès pour obtenir la reconnaissance des autres. Ils recherchent le compliment, ou bien se montrent suffisants et vantards à propos de leur réussites. Parfois, ils sont plus subtiles et manipulent habilement les conversations afin d'y exposer leurs motifs de fierté.

Le schéma de Recherche d'Approbation et de Reconnaissance est différent des autres schémas pouvant conduire à un comportement de recherche d'approbation. Lorsque les patients présentent un comportement de recherche d'approbation, c'est leur motivation qui permet de déterminer si ce comportement est lié à ce schéma ou à un autre. Ce schéma est différent de celui d'Idéaux Exigeants (même si les origines infantiles peuvent être identiques), car les patients ayant ce dernier schéma s'efforcent d'atteindre un ensemble de valeurs internalisées, alors que les Chercheurs d'Approbation et de Reconnaissance cherchent à obtenir une validation externe. Ce schéma est également différent de celui d'Assujettissement, en ce sens que ce dernier est fondé sur la crainte, alors que ce n'est pas le cas du premier. Dans le schéma d'Assujettissement, les patients agissent dans le but d'obtenir l'approbation parce qu'ils ont peur d'être punis ou abandonnés, et non pas au départ par désir d'approbation. Le schéma de Recherche d'Approbation et de Reconnaissance est également différent de celui d'Abnégation en ce sens qu'il n'est pas fondé sur le désir d'aider ceux qui sont perçus comme fragiles ou nécessiteux. Si les patients agissent dans le sens de la recherche de reconnaissance parce qu'ils ne veulent pas faire blesser les autres, alors c'est un schéma d'Abnégation. Le schéma est enfin différent de celui de Droits Personnels Exagérés/Grandeur parce qu'il ne met pas en jeu la notion d'automagnification dans le but de se sentir supérieur aux autres. Si la recherche d'approbation constitue un moyen de contrôler, d'obtenir de la puissance ou un traitement spécial, alors le patient a un schéma de Droits Personnels Elevés.

La plupart des Chercheurs de Reconnaissance ont les croyances conditionnelles suivantes : « Les gens m'accepteront s'ils m'approuvent ou s'ils m'admirent », « J'ai de la valeur si les autres m'approuvent » ou bien « Si je parviens à me faire admirer des autres, alors on fera attention à moi. » Ils vivent sous l'idée conditionnelle suivante : pour se sentir bien, il faut qu'ils obtiennent l'approbation ou la reconnaissance des autres. Donc, pour ces patients, l'estime de soi est souvent dépendante de l'approbation des autres.

Le schéma de Recherche d'Approbation et de Reconnaissance est souvent, mais pas toujours, une forme de compensation pour un autre schéma tel que l'Imperfection, le Manque Affectif ou l'Isolement Social. Bien que de nombreux patients utilisent ce schéma pour compenser d'autres problèmes, beaucoup d'autres personnes ont ce schéma parce qu'ils ont été élevés de cette façon : leurs parents attachaient une grande importance à l'approbation ou à la reconnaissance. Ces parents avaient des objectifs et des attentes qui n'étaient pas fondés sur les besoins et tendances naturelles personnels de l'enfant, mais plutôt sur les valeurs de leur culture.

Il existe deux formes de recherche d'approbation, l'une saine et l'autre dysfonctionnelle. Ce schéma est habituel chez les gens qui ont du succès, dans de nombreux domaines tels que la politique et le spectacle. La plupart de ces gens possèdent une habileté très intuitive pour obtenir l'approbation ou la reconnaissance et ils sont capables de mimétisme comportemental pour attirer l'affection des gens ou pour les impressionner.

2° *Buts du traitement*

Le but essentiel est que les patients reconnaissent l'authenticité de leur personnalité, au lieu de la définir de façon erronée par une recherche d'approbation. Ils ont passé leur vie à refouler leurs émotions et leurs tendances naturelles parce qu'ils ne se préoccupaient que d'obtenir l'approbation ou la reconnaissance. Comme leur personnalité vraie a été refoulée et que leur personnalité chercheuse d'approbation a dirigé leur vie, leurs besoins affectifs fondamentaux n'ont pas été satisfaits. Comparée à l'expression authentique de soi, aussi bien sur le plan des émotions, des pensée et des comportements, l'approbation par les autres n'apporte qu'une satisfaction superficielle et transitoire. *Nous sommes ici en présence d'un postulat philosophique de notre théorie : les êtres humains sont plus heureux et satisfaits lorsqu'ils expriment des émotions authentiques et qu'ils agissent selon leur tendances naturelles.* La plupart des patients ayant ce schéma ignorent ce que signifie « être authentique. » Lorsqu'ils sont livrés à eux-mêmes, ils ne connaissent pas leurs tendances naturelles. Le but du traitement est d'aider ces patients à moins se concentrer sur la recherche d'approbation ou de reconnaissance, et davantage sur leur valeur intrinsèque, sur ce qu'ils sont.

3° *Techniques principales du traitement*

Les quatre techniques de traitement jouent un rôle important : les méthodes cognitives, émotionnelles, comportementales et la relation thérapeutique.

Sur le plan cognitif, il faut démontrer aux patients qu'il est important d'exprimer sa propre personnalité plutôt que de continuer à chercher l'approbation des autres. Il est naturel de vouloir être reconnu et approuvé, mais si ce désir devient extrême, il est dysfonctionnel. Les patients étudient le pour et le contre du schéma : Ils pèsent les avantages et les inconvénients à découvrir qui ils sont vraiment et à agir selon leurs tendances personnelles, plutôt qu'à continuer à se concentrer sur l'obtention de l'approbation des autres. De cette façon, ils décident de combattre le schéma. S'ils continuent à attacher une grande importance à l'argent, au statut, à la popularité, alors ils ne profiteront pas pleinement de la vie ; ils continueront à se sentir vides et insatisfaits. « Vendre son âme » au profit de l'approbation ou de la reconnaissance n'est pas quelque chose de profitable. (« Je pensais monter, et en réalité je descendais », pense au moment de mourir, Ivan Ilyitch, personnage de Tolstoï qui avait passé son temps à gravir les échelons de la société [Tolstoï, 1986].) L'approbation et la reconnaissance ne sont satisfaisantes que de façon temporaire. Ce sont des conduites addictives, qui ne donnent pas à la vie un sens profond et durable.

Les techniques émotionnelles, notamment le travail des modes, sont utiles. Le Chercheur d'Approbation est un mode que le patient a appris au cours de son enfance. Le thérapeute l'aide à identifier les modes Chercheur d'Approbation et Enfant Vulnérable (en utilisant des noms appropriés pour chaque patient). Le patient revit des incidents infantiles au cours desquels un parent cherchait l'approbation, il alterne entre les modes Chercheur d'Approbation et Enfant Vulnérable, en faisant s'exprimer à voix haute chacun des deux côtés. Quels étaient les besoins réels du patient, à des moments importants dans son enfance ? À quoi l'enfant pensait-il réellement ? Que ressentait-il réellement ? Que voulait-il vraiment faire ? Que voulait faire le parent ? Qu'exigeait le parent (ou autre personnage représentant l'autorité) de la part de l'enfant ? L'enfant exprime sa colère envers le Parent Exigeant et sa peine pour l'enfance qu'il a passée à rechercher l'approbation. L'Adulte Sain, représenté par le thérapeute, puis par le patient, aide l'enfant à combattre le Chercheur d'Approbation et à se comporter en accord avec l'Enfant Vulnérable.

Les patients peuvent mener des expériences comportementales pour explorer leurs tendances naturelles. Ils peuvent enregistrer leurs pensées et leur sentiments et utiliser des *techniques comportementales* pour agir plus souvent selon leurs tendances naturelles. Il est également important d'apprendre à tolérer la désapprobation des autres. Les patients s'entraînent à accepter les situations dans lesquelles ils ne sont pas approuvés ou reconnus par les autres. Dans la mesure où cette recherche d'approbation est devenue une sorte de conduite addictive, les patients apprennent à se débarrasser de cette addiction, à tolérer le manque d'approbation et de reconnaissance, pour le remplacer par d'autres formes plus normales de satisfaction. Cette entreprise peut être douloureuse pour les patients, surtout au début, et le thérapeute se sert de la confrontation empathique pour y pallier. La partie comportementale est indispensable à la réussite du traitement. Si, dans les situations de tous les jours, les patients ne cessent pas de s'intéresser exclusivement à la pensée des autres pour rechercher à la place leur authenticité propre, notamment dans leurs relations interpersonnelles, alors les autres techniques ne seront pas efficaces de façon durable.

Au cours de la relation thérapeutique, il est important que le thérapeute soit à l'affût des moments où le patient cherche à être approuvé ou reconnu. Ce scénario se manifeste presque toujours, en thérapie, avec ces patients. Lorsque c'est le cas, le thérapeute confronte empathiquement ce comportement et incite le patient à être ouvert et direct plutôt qu'à cacher ses réactions négatives.

4° *Problèmes spécifiques de ce schéma*

Le schéma de Recherche d'Approbation et de Reconnaissance génère pour le patient un certain nombre de bénéfices secondaires. Sur le plan interpersonnel, l'approbation et la reconnaissance sont des éléments gratifiants et sur le plan social, ce schéma est hautement valorisé. Obtenir des félicitations, devenir célèbre, être renommé, réussir, être apprécié, être bien adapté — tous ces faits sont fortement renforcés dans la société : le thérapeute demande donc au patient de combattre ou de modérer quelque chose que la société valorise de façon importante. Le thérapeute et le patient travaillent ensemble pour établir que le coût d'une recherche *excessive* d'approbation ou de reconnaissance est trop élevé par rapport aux bénéfices. De plus, le but est de *modérer* cette tendance, et non pas de l'éradiquer : ce schéma présente des aspects intéressants s'il est contrebalancé par une personnalité corrigée par le traitement.

On peut facilement faire l'erreur de considérer les patients ayant ce schéma comme des sujets normaux, c'est pourquoi il arrive souvent que les thérapeutes, involontairement, les renforcent dans leur comportement dysfonctionnel : ces patients font de gros efforts pour que le thérapeute les approuve ou les admire ; mais si leurs efforts sont fondés sur une distorsion dans la façon de percevoir leur identité, alors ils seront un obstacle à leur progrès thérapeutique.

5 Domaine de sur-vigilance et d'inhibition

a. Négativité/Pessimisme

1° *Présentation typique du schéma*

Ces patients sont négatifs et pessimistes. Ils s'intéressent spécifiquement, tout au long de leur vie et dans tous les domaines, aux aspects négatifs de la vie, tels que la souffrance, la mort, la perte, la déception, la trahison, l'échec, le conflit, tout en minimisant les aspects positifs. Dans de très nombreuses situations, professionnelles, financières et interpersonnelles, ils s'attendent de façon exagérée à ce que les choses tournent mal. Ils sentent qu'ils sont fragiles au point de faire des erreurs désastreuses qui causeraient l'effondrement de leur vie — des erreurs qui conduiraient à une catastrophe financière, une perte importante, une humiliation sociale, une situation malaisée dans laquelle ils seraient piégés, ou la perte du contrôle. Ils passent une grande partie de leur temps à vérifier qu'ils ne font pas d'erreur et sont enclins à des ruminations obsessionnelles. Leur attitude de base est l'anxiété. Ils présentent des sentiments de tension chronique et de préoccupation, et des comportements de plainte et d'indécision. Il est difficile de vivre à leur contact car, quoi que l'on dise, ils voient toujours le côté négatif de la situation. Le verre est toujours à moitié vide.

Les stratégies thérapeutiques dépendent de l'origine du schéma ; il s'agit essentiellement d'un apprentissage au contact d'un modèle. Dans ce cas, le schéma reflète une tendance dépressive liée à la négativité et au pessimisme que le patient a appris d'un parent. Le patient a internalisé l'attitude du parent sous la forme d'un mode. Le travail émotionnel est particulièrement utile avec les patients qui ont acquis le schéma de cette manière. Grâce à l'imagerie et au jeu de rôle, le thérapeute, puis le patient, combattent, en tant qu'Adulte Sain, le Parent Pessimiste. L'Adulte Sain confronte le Parent Négatif, il rassure et console l'enfant.

Ce schéma a une deuxième origine possible : un antécédent infantile de difficultés et de perte. Dans ces cas, les patients sont négatifs et pessimistes parce qu'ils ont connu beaucoup de difficultés, tôt dans leur vie. Il s'agit d'une origine plus difficile à surmonter. Ces patients, le plus souvent au cours de leur jeune âge, ont perdu l'optimisme naturel de la jeunesse. Un patient, un enfant de 9 ans dont le père était mort plusieurs années auparavant, disait : « N'essayez pas de me dire qu'il ne peut pas se produire de mauvaises choses, car je sais que c'est possible. » Beaucoup de ces patients éprouvent le besoin d'exprimer de la peine pour des pertes passées. Lorsque la malchance personnelle est à l'origine de ce schéma, toutes les techniques thérapeutiques sont importantes. Les techniques cognitives aident les patients à voir que les événements négatifs du passé ne prédisent pas la survenue d'événements négatifs du futurs. Les techniques émotionnelles aident les patients à exprimer leur colère et leur peine à propos des pertes traumatiques de leur enfance. Les techniques comportementales aident les patients à passer moins de temps à être préoccupés dans leur vie présente, et davantage de temps à chercher du plaisir. Dans la relation thérapeutique, le thérapeute exprime de l'empathie pour les pertes du patient, mais aussi, il représente un modèle d'attitudes et de comportements optimistes, et il récompense de tels changements positifs.

Ce schéma peut aussi représenter la compensation d'un schéma de Manque Affectif. Le patient se plaint dans le but d'obtenir de l'attention ou de la sympathie. Dans ce cas, le thérapeute traite le manque affectif sous-jacent en re-maternant le patient, en apportant écoute et attention, tout en prenant garde à ne pas renforcer le comportement de plainte guidé par le schéma. Le thérapeute ignore, par exemple, le contenu des commentaires pessimistes du patient, et cherche plutôt à apaiser les sentiments de manque affectif sous-jacents. Progressivement, le patient apprend des manières plus saines pour satisfaire ses besoins affectifs, tout d'abord avec le thérapeute, puis avec ses proches, en dehors de la thérapie.

Chez certains patients, le schéma peut avoir une composante et une origine biologique, peut-être en relation avec un trouble obsessionnel-compulsif ou un trouble dysthymique. Il faut alors faire l'essai d'un traitement médicamenteux.

2° *Buts du traitement*

Le but principal est d'aider les patients à prévoir plus objectivement le futur, c'est à dire de façon plus positive. Certains chercheurs suggèrent qu'on envisage la vie de la façon la plus saine possible avec une « lueur d'illusion » (Alloy et Abramson, 1979 ; Taylor et Brown, 1994), c'est à dire légèrement plus positive qu'elle ne l'est en réalité. Il ne semble pas qu'une vision négative soit saine ou adaptée. Peut-être parce que si l'on envisage que les choses vont aller mal et que cela se vérifie, on ne se sent pas mieux : il n'est pas très utile d'envisager le pire. Il est probablement plus sain de traverser la vie en s'attendant à ce que les choses aillent bien — dans la mesure où il n'existe pas, entre nos attentes et la réalité, un désaccord suffisant qui nous conduirait à de grandes déceptions.

Sur le plan pratique, nous ne nous attendons pas à ce que les patients ayant ce schéma deviennent insouciants et optimistes ; mais ils pourront au moins évoluer depuis une extrémité négative vers une position plus modérée. Lorsque les patients s'améliorent, on voit qu'ils sont moins souvent préoccupés, qu'ils ont une vision plus optimiste et qu'ils cessent de prédire constamment l'événement le pire et d'avoir des ruminations obsessionnelles sur le futur. Ils cessent de chercher obsessionnellement à éviter de faire des erreurs. Ils font un effort raisonnable pour éviter les erreurs, et s'intéressent à satisfaire leurs besoins affectifs et à suivre leurs tendances naturelles.

3° *Techniques principales du traitement*

Les techniques cognitives et comportementales constituent habituellement la partie principale du traitement, bien que les techniques émotionnelles et la relation thérapeutique puissent être utiles.

Beaucoup de *techniques cognitives* peuvent être utiles avec ce schéma : identification des distorsions cognitives, études des arguments pour et contre, création de pensées alternatives, utilisation des fiches de schéma, dialogues entre le côté du schéma et le côté sain. Le thérapeute aide le patient à faire des prédictions pour le futur et à observer la faible fréquence de réalisation de ses prédictions négatives. Les patients notent leurs pensées négatives, pessimistes et s'entraînent à un regard plus objectif sur leur vie, fondé sur les arguments logiques et réalistes. Ils apprennent à cesser d'exagérer les aspects négatifs de leur vie et à s'intéresser davantage aux aspects positifs. Ils notent les changements correspondants dans leur humeur.

Lorsque les patients ont des antécédents d'événements négatifs, les techniques cognitives les aident à analyser ces événements et à distinguer le présent et le futur, du passé. Si un événement négatif du passé était contrôlable, alors le thérapeute et le patient travaillent ensemble pour corriger le problème de façon à ce qu'il ne se reproduise plus. Si l'événement n'était pas contrôlable, alors il n'a aucune incidence sur le futur. Logiquement, il n'y a aucune raison d'être pessimiste pour un événement futur, même si le patient a vécu des événements négatifs incontrôlables dans le passé.

Lorsque ce schéma a une fonction de protection, les techniques cognitives aident les patients à remettre en cause l'idée selon laquelle en tenant une position négative, pessimiste, ils ne seront pas déçus. Cette idée est habituellement incorrecte : lorsque les patient s'attendent à ce que les choses tournent mal, et que c'est effectivement ce qui se produit, le fait de s'être fait du soucis ne les fait pas se sentir mieux ; s'ils s'attendent à ce que les choses aillent bien, et qu'au contraire tout va mal, ils ne se sentent pas plus mal. Quel que soit l'avantage qu'ils ont à anticiper des événements négatifs, il ne l'emporte pas sur le coût qu'il y a à vivre jour après jour dans le soucis et la tension chroniques. Les patients établissent la liste des avantages et des inconvénients qu'il y a dans la position pessimiste. Ils font des expériences avec les deux positions et en observent les effets sur leur humeur.

Certains patients présentent ce que Borkovec appelle la « magie de l'inquiétude » (Borkovec, Robinson, Pruzinsky et DePree, 1983). Ils croient que l'inquiétude représente un rituel magique capable de prévenir la survenue de mauvaises choses : tant qu'ils se feront du soucis, la mauvaise chose ne se produira pas. (Comme le disait une patiente ayant ce schéma : « Au moins, quand je m'inquiète, je fais quelque chose. ») Cette position est une tentative de contrôle sur les événements négatifs. Cependant, en réalité, la plupart de leurs objets d'inquiétude sont hors de leur contrôle ou bien ne sont pas contrôlables par l'inquiétude. Les patients peuvent aussi mener des dialogues entre leur côté pessimiste, négatif, et leur côté optimiste, positif, que la thérapie les aide à développer. De cette façon, ils parviennent à voir les bénéfices qu'il y a à prendre une position plus positive vis-à-vis de la vie.

Les *techniques émotionnelles* aident les patients à entrer en relation avec leur mode Enfant Heureux. Si l'origine du schéma était un parent négatif, pessimiste, les patients peuvent mener des dialogues avec ce parent en imagerie. Le thérapeute, puis le patient, entrent sous la forme de l'Adulte Sain dans les images de l'enfance où le Parent Pessimiste dégonfle l'enthousiasme de l'enfant. L'Adulte Sain provoque le Parent Négatif et il rassure l'Enfant Inquiet. L'enfant exprime sa colère envers le Parent Négatif pour sa présence si négative et stressante.

On peut utiliser les techniques émotionnelles pour aider les patients à dissiper des sentiments de manque affectif liés à des événements douloureux du passé. Si les patients expriment, dans l'imagerie, de la colère et de la peine, et que le thérapeute empathise, ils vont pouvoir se distancier de ces événements. Au lieu de rester figés dans leur souffrance, ils recommencent à avancer dans leur vie. L'Adulte Sain guide le patient au travers de ce travail.

Les patients peuvent mener des *expériences comportementales* pour tester leurs croyances négatives et leurs distorsions cognitives. Ils peuvent, par exemple, prédire le pire et évaluer avec quelle fréquence le futur leur donne raison ; ils peuvent tester l'hypothèse selon laquelle l'inquiétude permet d'éviter le pire ; ou bien tester s'ils se sentent mieux en prédisant un événement négatif ou un événement positif.

Les thérapeutes leur apprennent les techniques de prévention de réponse pour réduire l'hypervigilance liée à la crainte des erreurs. Les patients apprennent progressivement à être moins obsédés par les erreurs, à avoir moins de comportements destinés à éviter ces erreurs, et à observer la satisfaction et le plaisir qu'ils obtiennent en rendant ces changements effectifs.

Une tâche comportementale assignée importante consiste à demander aux patients de ne pas se plaindre aux autres. Lorsque le schéma est la compensation d'un schéma de Manque Affectif, le thérapeute enseigne à ces patients à demander de façon plus directe la satisfaction de leurs besoins affectifs dans leurs relations avec les autres. Beaucoup de ces patients négatifs, pessimistes — particulièrement ceux que les thérapeutes appellent « les mécontents qui rejettent l'aide » (Frank *et al.*, 1952) — sont extrêmement difficiles à traiter et ont souvent un schéma de Manque Affectif sous-jacent. Ils se plaignent dans le but d'obtenir des autres une écoute chaleureuse et attentive, ceci de façon non consciente. Si ce comportement chronique de plainte répond aussi mal à l'argumentation logique et aux arguments qui le contredisent, c'est parce que le problème central est le manque affectif : les patients se plaignent parce qu'ils veulent obtenir une écoute chaleureuse et empathique, et non pas parce qu'ils cherchent des solutions ou des conseils pratiques. Ce comportement de plainte a un aspect autodéfaitiste, car au bout d'un certain temps, les gens en ont assez et s'impatientent ou évitent ces patients. Néanmoins à court terme, cette attitude de plainte attire souvent aux patients sympathie et attention. S'ils apprennent à demander de l'attention de façon plus directe, au lieu d'y parvenir en se plaignant, ils pourront alors satisfaire leurs besoins affectifs de manière plus saine.

Sur le plan comportemental, on peut aider ces patients en limitant le temps qu'ils passent à s'inquiéter grâce à la programmation de « durées d'inquiétude ». Ils apprennent à remarquer à quel moment ils se mettent à s'inquiéter, et ils repoussent le moment d'inquiétude d'une durée correspondant à ce qui a été prescrit. Beaucoup de ces patients bénéficient aussi de la programmation d'une quantité plus importante d'activités de loisir. Les gens ayant ce schéma orientent leur vie dans le sens de la survie plutôt que vers le plaisir. Leur vie ne consiste pas à profiter de ce qui est bien, mais plutôt à éviter les mauvaises choses. La programmation d'activités agréables est, pour les patients, un antidote à leur tendance à passer beaucoup de temps à s'inquiéter. Comme dans le traitement de la dépression, l'augmentation des activités de plaisir est un élément important pour traiter le schéma de Négativité/Pessimisme.

Comme nous l'avons déjà signalé, beaucoup de patients ayant ce schéma ont souffert de manque affectif lorsqu'ils étaient enfants et ont donc besoin de beaucoup d'écoute chaleureuse et attentive de la part du thérapeute. Le thérapeute se concentre sur la reconnaissance des événements négatifs du passé, en prenant garde de ne pas soutenir les plaintes ou les prédictions négatives sur le futur. Si le thérapeute parvient à écouter chaleureusement le patient dans ses pertes du passé, sans répondre aux plaintes excessives sur les événements actuels, le patient commencera à guérir. Ce re-parentage partiel favorise l'expression de la souffrance sans renforcer le pessimisme ni les plaintes.

4° *Problèmes spécifiques de ce schéma*

Ce schéma est habituellement difficile à changer. Les patients n'ont souvent aucun souvenir de la période où ils n'étaient pas pessimistes et ne peuvent imaginer d'autre façon de ressentir les choses. Le travail des modes peut les aider à libérer leur mode Enfant Heureux, longtemps resté caché sous une montagne de soucis. L'Adulte Sain, d'abord joué par le thérapeute, puis par le patient, entre dans les images de situations bouleversantes du passé et du présent, pour aider l'Enfant Inquiet à avoir une vision plus positive des choses.

Les thérapeutes doivent faire très attention à ne pas tomber dans le piège qui consiste à argumenter sur les pensées négatives des patients. Il est important que le patient joue les deux côtés (négatif et positif) plutôt que de lui laisser le rôle du côté négatif. Lorsque le thérapeute et le patient prennent en charge chacun un côté opposé, les séances se transforment en débats entre deux adversaires. Si le patient joue alternativement les deux côtés, le thérapeute peut guider le côté sain lorsque c'est nécessaire. Le thérapeute aide le patient à identifier les deux modes : le Pessimiste et l'Optimiste, et à mener des dialogues entre eux.

Le schéma peut engendrer des bénéfices secondaires si le patient reçoit de l'attention lorsqu'il se plaint. Il faut que le thérapeute modifie ce type de renforcement autant que possible. Il peut rencontrer les membres de la famille qui renforcent les plaintes du patient et leur apprendre une réponse plus saine. Il les aide à ignorer le patient lorsqu'il se plaint, et à renforcer à la place les comportements qui expriment l'espoir et la confiance.

Lorsque ce schéma est la conséquence d'événements extrêmement négatifs de la vie, et qu'il est donc plus difficile de le changer, il est souvent utile que les patients expriment la souffrance de leurs pertes anciennes. L'expression du chagrin peut soulager le besoin de se plaindre. Le chagrin aide les patients à distinguer le présent, où l'on suppose qu'ils sont en sécurité, du passé, où ils ont été traumatisés par des pertes ou des préjudices.

Comme nous l'avons dit, il peut y avoir chez certains patients une composante biologique à l'inquiétude, si bien que le traitement médicamenteux peut être utile chez eux, notamment les antidépresseurs inhibiteurs de la recapture de la sérotonine.

b. Surcontrôle Émotionnel

1° *Présentation typique du schéma*

Ces patients ont tendance à se contenir sur le plan émotionnel et à être excessivement inhibés lorsqu'il s'agit d'exprimer leurs émotions ou d'en parler. Ils sont plutôt ternes sur le plan affectif, peu expressifs, et autocontrôlés, peu spontanés. Ils retiennent toute expression de chaleur et d'écoute attentive, et réfrènent leurs impulsions agressives. Beaucoup de personnes ayant ce schéma privilégient le contrôle de soi plutôt que l'intimité dans les interactions humaines et craignent de perdre tout contrôle s'ils se laissaient aller à leurs émotions. En fin de compte, ils redoutent de se couvrir de honte ou d'entraîner une conséquence sérieuse qui les mènerait à une punition ou un abandon. Ils étendent souvent ce contrôle excessif à leur entourage, en essayant d'éviter que leurs proches n'expriment leurs émotions, qu'elles soient négatives ou positives, surtout si elles sont intenses.

Les patients inhibent des émotions qu'il serait normal d'exprimer : ce sont les émotions naturelles du mode Enfant Spontané. Tous les enfants doivent apprendre à contrôler leurs émotions et leurs impulsions, afin de respecter les droits des autres. Mais les patients ayant ce schéma vont bien plus loin : ils ont tellement inhibé et surcontrôlé leur Enfant Spontané qu'ils ont oublié la spontanéité et le jeu. Les comportements de surcontrôle les plus fréquents sont : l'inhibition de la colère ; l'inhibition des sentiments positifs tels que la joie, l'amour, l'affection, et l'excitation sexuelle ; l'attachement excessif aux routines et aux rituels ; la difficulté à exprimer de la vulnérabilité ou à parler facilement de ses sentiments personnels ; l'importance excessive donnée à la raison, au détriment des besoins affectifs.

Les patients ayant ce schéma présentent fréquemment les critères diagnostiques du Trouble de personnalité obsessionnel-compulsif. En plus de la contention émotionnelle, ils présentent un intérêt excessif pour la bienséance au détriment de l'intimité et du jeu, ils sont rigides et inflexibles. Les patients qui associent les schémas de Surcontrôle Émotionnel et d'Idéaux Exigeants sont plus spécialement concernés par le diagnostic de personnalité obsessionnelle-compulsive, car ils en remplissent tous les critères.

L'origine la plus habituelle de ce schéma est l'humiliation provoquée par les parents ou par d'autres personnages d'autorité lorsque, enfants, ces patients montraient spontanément leurs émotions. Ce schéma a souvent un côté culturel, dans la mesure où certaines cultures valorisent le contrôle de soi. (Un patient a raconté la blague suivante, pour illustrer le côté restrictif de son héritage scandinave : « Connaissez-vous l'histoire de ce Scandinave qui aimait tellement sa femme qu'il a failli le lui dire ? ») Ce schéma est courant dans certaines familles. La croyance sous-jacente est qu'il est « mal » de montrer ses sentiments, d'en parler ou d'agir selon ceux-ci sans contrôle, alors qu'il est « bien » de garder ses sentiments pour soi. Les patients ayant ce schéma ont un comportement de contrôle de soi, ils ne montrent pas de joie, ils sont sévères. De plus, comme leurs sentiments de colère s'accumulent, inexprimés, ils sont souvent désagréables et rancuniers.

Les patients ayant ce schéma s'impliquent souvent avec des partenaires amoureux qui sont émotifs et impulsifs. L'explication pourrait être qu'une partie saine d'eux-mêmes cherche à faire émerger l'Enfant Spontané. (Une patiente, à qui on avait appris qu'il était mal de « se montrer », s'est mariée à un homme qui aimait les vêtements voyants et les endroits chics : « Quand je suis avec lui, je ressens que j'ai le droit de m'habiller », disait-elle.) Lorsque les gens inhibés épousent des gens émotifs, le couple évolue souvent, au fil du temps, vers une polarisation accentuée. Malheureusement, chaque partenaire en arrive à détester l'autre pour les qualités mêmes qu'il appréciait au départ : le partenaire émotif méprise la retenue de celui qui est inhibé, et le partenaire inhibé méprise l'intensité émotionnelle de l'autre.

2° *Buts du traitement*

Le but essentiel du traitement est d'aider ces patients à s'exprimer plus facilement et plus spontanément sur le plan émotionnel. Ils apprennent des manières appropriées pour parler des émotions qu'ils refoulent et pour les exprimer. Ils apprennent à exprimer leur colère de façon adaptée, à pratiquer davantage d'activités de loisir, à exprimer de l'affection, et à parler de leurs sentiments. À valoriser les émotions à l'égal de la raison, à cesser de contrôler les gens de leur entourage, d'humilier ceux qui expriment des émotions normales, et d'avoir honte de leurs propres émotions. Ils s'autorisent au contraire, eux et les autres, à être plus expressif sur le plan affectif.

3° *Techniques principales du traitement*

Les techniques comportementales et émotionnelles sont probablement les plus importantes. Les méthodes comportementales ont pour but d'aider le patient à parler de ses émotions avec les autres, à les exprimer, qu'elles soient positives ou négatives, et à pratiquer des activités de loisir. Il faut donner un peu d'explication, mais ne pas entrer dans des techniques cognitives, qui ne feraient que renforcer l'intérêt déjà élevé de ces patients pour le rationnel.

Les techniques émotionnelles aident les patients à accéder à leurs émotions. Dans les images d'enfance, l'Adulte Sain aide l'Enfant Inhibé à exprimer les émotions qu'il avait appris à refouler. Le thérapeute, puis le patient, jouent l'Adulte Sain. L'Adulte Sain confronte le Parent Inhibiteur et incite l'enfant à exprimer ses sentiments d'amour et de colère. Dans les images du présent et du futur, l'Adulte Sain aide le patient à formuler ses émotions, et à inciter les autres à faire de même.

La relation thérapeutique est utile pour ce schéma. Le thérapeute cherche à être plus expressif et émotionnel, pour re-materner le patient pour qui il cherche à être un modèle. Un thérapeute trop rationnel et inhibé renforcera involontairement ce schéma. Le re-parentage peut impliquer un comportement de spontanéité en séance (raconter une blague, parler d'un sujet futile, faire de l'humour) pour rompre le sérieux de la discussion. Et surtout, le thérapeute renforce le patient qui exprime ses émotions au lieu de les réfréner. Si le patient ressent de fortes émotions vis-à-vis du thérapeute, le thérapeute incite celui-ci à les exprimer à voix haute.

Les stratégies cognitives aident le patient à accepter les avantages qu'il y a à être plus émotif, et ainsi à accepter de combattre le schéma. Le thérapeute présente le combat du schéma comme la recherche d'un équilibre sur le spectre de l'émotivité, qui remplacera un fonctionnement en « tout ou rien » : le but n'est pas de faire basculer le patient d'une extrémité à l'autre, de devenir extrêmement impulsif, mais plutôt de trouver un juste milieu.

Les stratégies cognitives aident les patients à évaluer les conséquences de l'expression émotionnelle. Ils ont peur, s'ils expriment leurs émotions, que quelque chose de mal se produise. Ils ont souvent peur qu'on les humilie ou bien qu'on leur fasse honte. Si on aide les patients à réaliser qu'ils peuvent avoir un jugement positif sur l'expression de leurs émotions et que ce qu'ils redoutent a peu de chances de se produire, on leur permet de se sentir plus à l'aise et de tenter le changement.

Les techniques émotionnelles aident les patients à accéder, pour les exprimer, aux émotions infantiles qui n'ont pas été admises : leurs désirs, la colère, l'amour et la joie. Grâce à l'imagerie, ils revivent les situations importantes de leur enfance, cette fois-ci en exprimant leurs émotions. Ils verbalisent à voix haute les émotions qu'ils ont inhibées à l'époque. Le thérapeute, puis le patient, entrent dans les images dans le rôle de l'Adulte Sain qui aide l'Enfant Inhibé. L'Adulte Sain félicite l'enfant qui exprime ses émotions, au lieu de l'humilier ou de lui faire honte, comme le faisait les personnages parentaux. Il confronte le Parent Inhibiteur, console et accepte l'enfant. Le patient exprime sa colère et sa tristesse pour la perte de son Enfant Spontané.

Il existe de nombreuses possibilités de jeu de rôle et de tâches assignées. Les patients s'entraînent à parler de leurs sentiments avec les autres, à exprimer de façon adaptée leurs émotions positives et négatives, à jouer et à être spontanés, à pratiquer des activités ludiques. Ils s'inscrivent à un cours de danse, font l'expérience de la sexualité, apprennent à faire des choses imprévues. Ils apprennent à exprimer de l'agressivité par leur corps, par exemple en pratiquant un sport ou en frappant un punching-ball. Si nécessaire, le thérapeute hiérarchise les tâches selon une difficulté progressive, pour que les patients puissent se débarrasser progressivement de leur sur-contrôle. Il peut être utile de travailler avec le partenaire. Le thérapeute incite le patient et son partenaire à exprimer leurs sentiments de façon constructive. Enfin, les patients testent leurs prédictions négatives : ils mettent par écrit les prédictions qui devraient se réaliser par le seul fait de l'expression de leurs émotions, puis ils notent ce qu'il s'est effectivement produit. Les patients font des jeux de rôle sur les échanges avec les autres dans l'imagerie, et aussi avec le thérapeute, puis ils passent à des tâches comportementales prescrites. Ils comparent toujours les résultats réels avec ceux qu'ils escomptaient dans leurs prédictions.

Le thérapeute incite, en en représentant le modèle, à l'expression émotionnelle adaptée. La thérapie de groupe peut aussi aider de nombreux patients à être plus à l'aise dans l'expression de leurs émotions vis-à-vis des autres.

4° *Problèmes spécifiques de ce schéma*

Lorsque les patients ont toujours vécu (ou presque) en sur-contrôle émotionnel, il leur est très difficile de se mettre à se comporter différemment. L'expression des émotions leur est tellement étrangère — elle est tellement contraire à leur vraie nature — qu'ils rencontrent de grandes difficultés à le faire. Le travail des modes peut aider ces patients à accéder à leur côté sain, celui qui veut combattre le schéma, et à exprimer leurs émotions de façon plus ouverte.

c. Idéaux Exigeants/Critique Excessive

1° *Présentation typique de ce schéma*

Les patients ayant ce schéma sont perfectionnistes et extrêmement motivés. Ils croient qu'ils doivent en permanence s'efforcer d'atteindre des normes extrêmement élevées. Ces normes sont internalisées : à la différence de ceux ayant le schéma de Recherche d'Approbation/Reconnaissance, les patients ayant le schéma d'Idéaux Exigeants ne modifient pas aussi facilement leurs attentes ou leurs comportements en fonction des réactions des autres. Ils s'efforcent d'atteindre ces normes parce qu'« il faut », et non parce qu'ils veulent gagner l'approbation des autres. Même si personne ne venait à le savoir, la plupart de ces patients persisteraient à tâcher d'atteindre ces normes. Les patients ont souvent à la fois les schémas d'Idéaux Exigeants et de Recherche d'Approbation/Reconnaissance : dans ce cas ils recherchent à la fois à atteindre des normes très élevées et à gagner l'approbation externe. Idéaux Exigeants, Recherche d'Approbation/Reconnaissance et Droits Personnels Exagérés sont les schémas les plus facilement reconnaissables de la personnalité narcissique (bien que les schémas de Manque Affectif et d'Imperfection sous-tendent souvent ces schémas compensateurs). Nous en parlerons au chapitre 10 avec le traitement des patients narcissiques.

L'émotion que ressentent le plus souvent les patients ayant ce schéma est *la pression*. Cette pression est impitoyable. Comme la perfection est impossible, le sujet doit constamment chercher à faire mieux. Dans tout ce qu'ils font, ces patients ressentent, en tâche de fond, une intense peur de l'échec — pour eux, l'échec consiste à n'avoir que 19,5/20 au lieu de 20/20. Ils ressentent également le besoin d'une critique excessive, aussi bien d'eux-mêmes que d'autrui. Ces patients ressentent aussi considérablement la pression du temps qui passe : il y a tellement de choses à faire et si peu de temps pour les faire. Pour finir, ils sont épuisés.

Il est difficile d'avoir des idéaux exigeants, et il est souvent difficile de vivre avec quelqu'un qui a de tels idéaux. (Un de nos patients disait de sa femme : « Et ceci n'est pas bien, et cela n'est pas bien : rien n'est jamais assez bien. ») Ces patients ressentent aussi souvent de l'irritabilité, parce qu'on ne fait pas suffisamment de choses, suffisamment vite et suffisamment bien. Ils ont aussi l'esprit de compétition.

Ces patients sont souvent des bourreaux de travail : ils travaillent de façon incessante, dans les domaines spécifiques où ils mettent en œuvre leurs idéaux : l'école, le travail, l'apparence, la maison, les résultats sportifs, la santé, la morale ou le respect des règles, les performances artistiques. Dans leur perfectionnisme, ces patients attachent souvent un intérêt excessif aux détails et ils ont tendance à sous-estimer leurs résultats, par rapport à leur norme. Dans de nombreux domaines de leur vie, ils adoptent des règles rigides, telles que des normes morales, culturelles ou religieuses excessives. Leur pensée est souvent en tout ou rien : ou bien ils sont exactement parvenus à atteindre la norme, ou bien ils ont échoué. Ils prennent rarement plaisir à leur succès, car ils sont déjà préoccupés par la prochaine tâche qu'ils devront accomplir avec perfection.

Ces patients ne considèrent habituellement pas que leurs idéaux sont perfectionnistes : ils leur semblent normaux. Ils font simplement ce que leurs attentes leur commandent. Pour pouvoir considérer qu'un patient possède ce schéma, il faut qu'il en ressente des inconvénients significatifs : ce peut être une absence de plaisir dans sa vie, des problèmes de santé, une faible estime de soi, des relations intimes ou professionnelles non satisfaisantes, ou toute autre modalité de dysfonctionnement.

2° *Buts du traitement*

Le but essentiel du traitement est d'aider ces patients à réduire l'exigence de leurs idéaux et de leur tendance critique. Il y a deux aspects : obtenir que ces patients cherchent à accomplir moins de tâches, et qu'ils cherchent à les réussir avec moins de perfection. On pourra considérer le traitement réussi si le patient a amélioré l'équilibre entre ses réussites et le plaisir : il lui est aussi facile de s'amuser que de travailler, et il ne se soucie pas de « perdre son temps », de même qu'il n'en ressent plus de culpabilité. Il prend le temps d'avoir des relations affectives avec ses proches et il s'autorise l'imperfection sans pour autant se dévaloriser. Moins critique vis-à-vis de soi-même et des autres, il est moins exigeant et il accepte davantage l'imperfection humaine, de même qu'il devient moins rigide avec les règles. Il parvient à réaliser que ses idéaux exigeants lui coûtent davantage qu'ils ne lui apportent de bénéfices : en essayant d'améliorer très légèrement une situation, il en dégrade beaucoup d'autres.

3° *Techniques principales du traitement*

Les techniques cognitives et comportementales sont habituellement les plus importantes. Les techniques émotionnelles et la relation thérapeutique peuvent être utiles, mais elles ne sont pas essentielles, pour ce schéma.

Le thérapeute utilise *les techniques cognitives* pour aider les patients à remettre en cause leur perfectionnisme. Ils apprennent à juger leurs performances sur la base d'un spectre allant de médiocre à parfait — avec de nombreuses nuances intermédiaires — au lieu de raisonner en tout ou rien. Ils font des analyses avantages-inconvénients dans le cadre du maintien de leurs idéaux exigeants et se posent la question : si je devais entreprendre moins de choses, ou si je devais les accomplir avec moins de perfection, quels en seraient les avantages et les inconvénients ? Le thérapeute met en évidence les avantages à abaisser les idéaux — tous les bénéfices qui contribueraient à améliorer la santé et la joie de vivre, tout ce que des idéaux trop élevés déclenchent de souffrance, en matière de joie de vivre et de relations avec les autres. Les inconvénients sont supérieurs aux avantages : cette conclusion est la motivation qui va pousser les patients à changer. Le thérapeute aide également le patient à réduire sa perception d'un risque d'imperfection : l'imperfection n'est pas un crime. Faire des erreurs n'a pas les conséquences extrêmement négatives qu'il anticipe.

Ce schéma semble avoir deux origines différentes, avec des implications thérapeutiques spécifiques. L'origine la plus fréquente est *l'internalisation d'un parent qui a des idéaux élevés* (le mode Parent Exigeant). Dans ce cas, les techniques émotionnelles aident le patient à construire une partie de lui-même qui soit capable de combattre le Parent Exigeant internalisé : c'est l'Adulte Sain, dont le rôle est d'abord tenu par le thérapeute, puis par le patient. Les patients expriment de la colère vis-à-vis de la pression qu'ils ont reçue et du coût des idéaux exigeants du parent ; ils ont dû payer cher l'internalisation de ces idéaux.

La seconde origine est *la compensation d'un schéma d'Imperfection* : les patients se sentent imparfaits et ils compensent en essayant d'être parfaits. Dans ce cas, il est important d'aider les patients à avoir conscience de ce schéma d'Imperfection sous-jacent. Les techniques émotionnelles aident les patients à atteindre ce schéma. Toutes les méthodes d'imagerie valables pour l'Imperfection peuvent être utilisées ici. Les patients peuvent aussi faire apparaître en image leur côté perfectionniste (Une patiente l'appelait « Mademoiselle Perfection » : « Elle a les mains sur les hanches et son visage est marqué par la sévérité et la déception. »). Grâce à l'imagerie, le mode perfectionniste peut être mis sur la touche pour laisser parler l'Enfant Vulnérable.

Les techniques comportementales peuvent aider les patients à abaisser progressivement leurs normes excessives. Le thérapeute et le patient établissent des expériences comportementales pour réfréner le perfectionnisme — en faire moins, et le faire moins bien. Voici des exemples de tâches comportementales : programmer le temps passé au travail et celui consacré à autre chose (jouer, avoir des relations avec ses proches) ; fixer des idéaux plus bas et s'y tenir en pratique ; accomplir des tâches de façon volontairement non parfaites ; féliciter ses proches pour des tâches non parfaites, quoique valables ; « perdre du temps » avec des amis ou sa famille pour le simple plaisir de profiter d'eux et d'améliorer la qualité de ses relations. Les patients enregistrent les conséquences de ces tâches comportementales sur leur humeur et sur celle de leurs proches. Ils apprennent à combattre la culpabilité qu'ils ressentent lorsqu'ils ne cherchent pas à faire toujours mieux. L'Adulte Sain rassure l'Enfant Imparfait : un certain degré d'imperfection est tout à fait acceptable.

Le thérapeute cherche à représenter un modèle de normes raisonnables, aussi bien dans son approche thérapeutique que dans l'image qu'il donne de sa vie personnelle. Les thérapeutes qui sont trop perfectionnistes peuvent saper les progrès du patient. Le thérapeute se sert de la confrontation empathique lorsque les idéaux élevés du patient se manifestent au cours de la thérapie : quand, par exemple, le patient remplit trop bien les questionnaires, ou qu'il réalise trop parfaitement ses tâches assignées. Bien qu'il comprenne pourquoi le patient ressent ce besoin de perfection, puisque c'est ce que ses parents lui ont transmis quand il était petit, il lui exprime qu'il n'a aucunement besoin d'être parfait avec le thérapeute.

Celui-ci ne l'humiliera pas, ni ne le critiquera pas s'il se comporte de façon non parfaite. Il s'intéresse davantage à la relation qu'il a avec lui pour l'aider, et il ne voit aucun intérêt à l'évaluer dans ses performances au cours de la thérapie ; il souhaite que le patient ressente la même chose.

4° *Problèmes spécifiques de ce schéma*

L'obstacle principal est représenté par le bénéfice secondaire lié au schéma : quand on cherche à bien faire les choses, on en tire de nombreux bénéfices. Beaucoup de patients ayant ce schéma rechignent à abandonner leurs idéaux exigeants parce qu'à leurs yeux le bénéfice dépasse largement le coût. De plus ils ont souvent peur, en étant amenés à ne plus viser des normes si élevées, d'être mal à l'aise, d'avoir honte, de se sentir coupables et ils redoutent leur autocritique. L'incidence des sentiments négatifs leur paraît si élevée qu'ils hésitent à abaisser leurs normes, ne serait-ce que très peu. On peut les aider en avançant lentement, et en évaluant très précisément les conséquences de l'abaissement des normes. Le travail des modes les aide à construire un côté sain qui soit capable de gérer au mieux le perfectionnisme au profit d'une vie mieux remplie.

d. Punition

1° *Présentation typique de ce schéma*

Ces patients croient que les gens — eux-mêmes inclus — méritent d'être punis lorsqu'ils font des erreurs. Ils sont moralisateurs et intolérants, ils trouvent extrêmement difficile de pardonner les erreurs des autres ou les leurs. Ils pensent que, plutôt que d'être pardonnés, les gens qui font des erreurs méritent d'être punis. Aucune excuse n'est permise. Ils n'acceptent pas les circonstances atténuantes. Ils n'admettent pas l'imperfection humaine et ils ont de la difficulté à éprouver de l'empathie pour une personne qui fait quelque chose qu'ils considèrent comme mauvais ou faux. Ils ignorent le pardon.

On détecte ce schéma au *ton de voix punitif et accusateur* de ces patients lorsque quelqu'un a fait une erreur, qu'il s'agisse des autres ou d'eux-mêmes. L'origine de ce ton de voix punitif est presque toujours un parent accusateur qui parlait de la même façon. Ce ton signale la nécessité absolue d'une punition. C'est une voix impitoyable, froide, méprisante, qui manque de douceur et de compassion. Elle ne sera satisfaite que lorsque le fautif aura été puni. Dans ce schéma, la peine exigée est anormalement sévère : la punition est plus élevée que ne le réclamerait le crime. Comme la Reine de

Cœur dans *Alice au Pays des Merveilles*, qui crie « Qu'on lui tranche la tête ! » à la moindre infraction, ce schéma est non discriminatif et extrême.

Le schéma de Punition est souvent lié à d'autres schémas, notamment Idéaux Exigeants et Imperfection. Lorsque les patients ont des idéaux exigeants et qu'ils se punissent s'ils ne les atteignent pas, au lieu de simplement se sentir imparfaits, alors ils ont à la fois les schémas d'Idéaux Exigeants et de Punition. Lorsqu'ils se sentent imparfaits et qu'ils s'en punissent, au lieu de simplement se se sentir inadéquats ou déprimés, alors ils ont à la fois les schémas d'Imperfection et de Punition, ce qui est le cas de nombreux patients borderlines : ils se sentent mal chaque fois qu'ils se sentent déficients et ils cherchent à se punir parce qu'ils ont été mauvais. Ils ont internalisé leur Parent Punitif sous la forme d'un mode, et ils se punissent eux-mêmes pour leur imperfection, tout comme le parent avait l'habitude de les punir : ils se crient après, se coupent, se privent de nourriture, ou s'infligent d'autres punitions encore. (Nous aborderons le mode Parent Punitif dans le chapitre 9 consacré aux traitements du Trouble de personnalité borderline.)

2° *Buts du traitement*

Le but essentiel est d'aider ces patients à devenir moins punitifs et à pardonner davantage, aussi bien aux autres qu'à eux-mêmes. Le thérapeute commence par leur apprendre que, la plupart du temps, la punition a peu d'intérêt. La punition n'est pas un moyen efficace pour changer les comportements, notamment si on la compare à d'autres méthodes comme la récompense d'un bon comportement ou l'exemple donné par un modèle. Il existe de nombreuses études sur l'inefficacité de la punition en tant que moyen de changement comportemental (Baron, 1988 ; Beyer et Thrice, 1984 ; Coleman, Abraham et Jussin, 1987 ; Rachlin, 1976). D'autres études montrent que le style parental autoritaire est moins efficace que le style démocratique. Dans le style parental autoritaire, le parent punit le mauvais comportement ; dans le style démocratique, il explique pourquoi le comportement de l'enfant est mauvais. Les parents autoritaires ont tendance à produire des enfants qui désobéissent lorsque les parents sont hors de leur vue, alors que les parents démocratiques produisent plutôt des enfants qui cherchent à faire ce qui est bien, que les parents soient présents ou absents. De plus, les enfants de parents démocratiques ont une haute estime d'eux-mêmes (Aunola, Stattin et Nurmi, 2000 ; Patock-Peckham, Cheong, Balhorn et Nogoshi, 2001).

Chaque fois que le patient exprime le désir de punir quelqu'un, le thérapeute pose une série de questions : « La personne avait-elle des intentions bonnes ou mauvaises ? Si les intentions de la personne étaient bonnes, est-il qu'il ne faut pas en tenir compte ? La personne ne mérite-t-elle pas d'être pardonnée ? Si les intentions de la personne étaient bonnes, quelle sera l'utilité d'une punition ? Cette personne ne sera-t-elle pas tentée de répéter le comportement lorsque vous ne serez pas là pour la voir faire ? Même si la personne se comporte mieux la prochaine fois, le coût n'est-il pas trop élevé ? La punition va détériorer votre relation, ainsi que l'estime de soi de cette personne : est-ce là ce que vous voulez ? Ces questions guident le patient et lui font découvrir que la punition n'est pas l'approche la plus judicieuse.

Les patients travaillent à développer de l'empathie et du pardon vis-à-vis des êtres humains, à en admettre les faiblesses et les imperfections. Ils apprennent à prendre en compte les circonstances atténuantes et à avoir une réponse modérée lorsque quelqu'un fait une erreur ou ne parvient pas à répondre à leurs attentes. S'ils sont en position d'autorité (si l'autre personne est un enfant ou un employé, par exemple), ils ne punissent pas la personne. Ils vont plutôt s'intéresser à faire comprendre à cette personne comment mieux se comporter la fois suivante. La punition doit être réservée à ceux qui commettent des négligences grossières ou qui ont des intentions immorales. La balance de la justice doit toujours être modérée par la clémence.

3° *Techniques spécifiques du traitement*

Les techniques cognitives sont importantes pour développer la motivation du patient au changement. La stratégie principale est éducative : les patients explorent les avantages et les inconvénients relatifs de la punition et du pardon. Ils font la liste des conséquences respectives de la punition d'une personne d'une part et de l'attitude qui consiste plutôt à pardonner et à inciter la personne à méditer sur son comportement, d'autre part. L'étude des avantages et des inconvénients aide le patient à accepter intellectuellement que la punition n'est pas un moyen efficace de gérer les erreurs. Les patients mènent des dialogues entre le côté punitif et le côté clément. Au début, le thérapeute joue le côté sain, et le patient le côté du schéma ; pour finir, le patient joue alternativement les deux côtés. En étant convaincu sur un plan cognitif que le coût du schéma est supérieur à son bénéfice, le patient parvient à renforcer sa résolution à combattre ce schéma.

Comme ce schéma est presque toujours lié à l'internalisation du schéma de Punition d'un parent, *le travail émotionnel* cherchera surtout à externaliser et combattre le mode Parent Punitif. Grâce à l'imagerie, les patients visualisent le parent leur parlant d'un ton de voix punitif. Ils lui répondent, en disant : « Je ne vais plus t'écouter. Je ne vais plus te croire. Tu as tort, et tu n'es pas bon avec moi. » Le travail d'imagerie avec le Parent Punitif permet aux patients de se distancier vis-à-vis du schéma et de le ressentir moins égo-syntonique. Au lieu d'entendre la voix punitive du schéma comme leur propre voix, ils l'entendent comme la voix de leur parent. Ils peuvent se dire à eux-mêmes : « Ce n'est pas ma voix qui me punit ; c'est la voix de mon parent. La punition n'était pas une bonne chose pour moi lorsque j'étais enfant, et ça ne l'est pas davantage aujourd'hui. Je ne vais plus me punir, et je ne vais plus punir les autres, notamment les gens que j'aime. »

Le but des *techniques comportementales* est de mettre en pratique plus de réponses de pardon dans les situations où les patients éprouvent le besoin de se condamner, eux-mêmes ou les autres. Les patients s'entraînent à ces situations dans des exercices d'imagerie ou en jeu de rôle avec le thérapeute, puis ils appliqueront le comportement sous formes de tâches assignées. Si nécessaire, le thérapeute représente le modèle de réponses de pardon. Les patients notent si les conséquences correspondent à leurs prédictions désastreuses. Une mère, par exemple, a changé sa réponse aux mauvais comportements de sa jeune fille durant une semaine : au lieu de lui crier après lorsqu'elle se conduisait mal, la patiente lui expliquait calmement pourquoi ce comportement était mauvais. La patiente s'attendait à ce que sa fille ait un comportement de plus en plus mauvais, mais en fait, elle a constaté que la conduite de celle-ci s'était améliorée.

Le thérapeute utilise la *relation thérapeutique* pour donner un modèle au comportement de clémence. Son re-parentage partiel met l'accent sur la compassion au détriment de la sévérité. Si le patient fait une erreur, comme, par exemple, oublier un rendez-vous ou bien oublier une tâche assignée, le thérapeute de le réprimande pas. Il l'aide plutôt à envisager comment éviter cette erreur dans le futur.

4° *Problèmes spécifiques de ce schéma*

Ce schéma peut s'avérer difficile à changer, particulièrement s'il est associé à un schéma d'Imperfection. La rigueur morale du patient et son sens de l'injustice peuvent être très rigide. La clé du traitement réside dans le maintien de la motivation du patient à changer. Le thérapeute aide le patient à rester concentré sur le coût et le bénéfice du schéma en termes d'amélioration de l'estime de soi et de relations interpersonnelles plus harmonieuses.

Chapitre 8

Le travail sur les modes de schémas

Comme nous l'avons indiqué dans le chapitre 1, un mode est un ensemble de schémas ou d'opérations de schémas — adaptés ou inadaptés — qui sont actifs à un moment donné chez un individu. Le concept de mode que nous avons développé fait partie d'une évolution naturelle au cours de laquelle nous nous sommes intéressés à des patients ayant des troubles de sévérité croissante. Nous avons commencé avec la thérapie cognitive-comportementale classique, qui a rendu service à de nombreux patients porteurs de troubles de l'axe I. Cependant, chez de nombreux autres patients — tout particulièrement ceux qui sont porteurs de symptômes chroniques et ceux qui présentent des troubles de l'axe II —, on constate soit une absence d'amélioration, soit une amélioration insuffisante de leurs symptômes de l'axe I, et en même temps, la persistance d'une gêne émotionnelle significative et d'une réduction des fonctions psychiques — c'est-à-dire une psychopathologie du caractère significative. De la même façon, la thérapie des schémas a pu aider une grande partie de ces patients, mais elle laissait de côté un ensemble de patients porteurs de troubles sévères qui nécessitaient un traitement plus approfondi, en particulier les patients porteurs des troubles de personnalité borderline et narcissique.

Bien que nous ayons, au départ, développé le travail sur les modes pour traiter ce genre de patients, nous l'utilisons actuellement avec un grand nombre de nos patients porteurs de troubles moins sévères. Si bien que le travail sur les modes fait maintenant partie intégrante de la thérapie des schémas, et nous associons régulièrement le travail sur les modes aux travail des schémas : nous ne considérons pas qu'il s'agit de deux approches distinctes. La différence se fait plutôt au niveau du choix de l'approche initiale : pour les patients porteurs de troubles borderlines ou narcissiques, nous utilisons en premier l'approche des modes, alors que chez les patients moins sévères, ce travail interviendra en tant que méthode adjuvante. En conséquence, le travail sur les modes est un outil amélioré qui s'ajoute au travail des schémas, et que le thérapeute peut utiliser partout où il se trouve bloqué ou bien lorsqu'il sent que cela peut être utile. Tous les dialogues entre deux modes différents, notamment entre le côté du schéma et le côté sain, sont des formes de travail sur les modes.

1 Quand utiliser l'approche des modes ?

Quand le clinicien est-il susceptible de choisir l'approche des modes plutôt que l'approche plus simple des schémas décrite jusque-là ? Dans notre pratique, plus le fonctionnement psychique du patient est élevé, plus on sera amené à utiliser les méthodes standard de la schéma-thérapie (telles qu'elles ont été décrites dans les chapitres précédents de ce livre) ; *plus le patient est porteur de troubles sévères, plus on devra mettre l'accent sur les techniques des modes*. Pour des patients de type intermédiaire, on pourra associer les deux types d'approches, et parler des schémas, des styles d'adaptation et des modes.

On pourra passer d'une approche simple des schémas à une approche des modes *lorsque la thérapie paraîtra bloquée et qu'on ne pourra pas briser l'évitement ou la compensation du patient pour parvenir au schéma sous-jacent*. Cela peut se produire avec un patient très rigide, très évitant ou très compensateur, tels que des patients obsessionnels-compulsifs ou narcissiques.

On peut aussi basculer vers une approche des modes *lorsque le patient est autopunitif et autocritique d'une façon particulièrement rigide. Ceci indique habituellement l'internalisation d'un parent dysfonctionnel qui punit et qui critique le patient.* Le clinicien et le patient peuvent alors allier leurs forces contre ce mode du Parent Punitif. Le fait de nommer le mode de cette façon va aider le patient à externaliser ce mode et à le rendre davantage égo-dystonique.

On peut aussi utiliser les modes avec un *patient présentant un conflit interne qui paraît insoluble* : par exemple lorsqu'il existe deux parties de la personnalité qui se mettent en opposition pour une décision importante de la vie, comme celle de mettre fin ou non à une relation de longue durée. On pourra spécifier en tant que modes chacune des deux parties, et les deux modes pourront mener des dialogues et négocier l'un avec l'autre.

Enfin, nous accordons généralement plus d'importance aux modes chez les *patients qui présentent des fluctuations fréquentes dans leurs émotions*, comme cela se produit souvent chez les patients borderlines, lesquels sautent de façon répétée de la colère à la tristesse puis à l'autopunition puis à l'anesthésie affective.

2 Les modes de schémas habituels

Comme indiqué au chapitre 1, nous avons identifié quatre types principaux de modes : les modes de l'Enfant, les modes des Styles d'Adaptation Dysfonctionnels, les modes des Parents Dysfonctionnels et le Mode de l'Adulte Sain. Chaque type de modes est associé à certains schémas (à l'exception des modes de l'Enfant Heureux et de l'Adulte Sain) ou concrétise certains styles d'adaptation.

Chez les patients porteurs de troubles de personnalité borderline ou narcissique, les modes sont relativement séparés et les patients ne sont capables de vivre qu'un seul type de mode à la fois. Les patients borderlines sautent rapidement d'un mode à un autre. D'autres patients, tels ceux porteurs d'un trouble de personnalité narcissique, ont des variations de modes moins rapides et peuvent rester dans le même mode sur une période prolongée. Un narcissique en vacances pour un mois peut, par exemple, passer la totalité de cette période dans un mode détaché auto-apaisant, à la recherche de la nouveauté et de l'excitation ; au contraire, un narcissique au travail ou dans une soirée pourra passer son temps dans un mode d'auto-inflation de soi.

D'autres patients encore, tels que ceux porteurs d'un trouble de personnalité obsessionnel-compulsif, sont verrouillés de façon rigide dans un mode unique et ne fluctuent presque jamais. Sans tenir compte de l'endroit où ils se trouvent, des gens avec qui ils sont ou de ce qui peut leur arriver, ils sont en réalité les mêmes : rigides et perfectionnistes. La fréquence de fluctuation est importante lorsqu'on considère un patient donné, mais elle n'intervient pas pour définir un mode. Les modes peuvent changer fréquemment chez un patient donné, ou bien rester relativement constants. L'un ou l'autre de ces extrêmes peut conduire à des problèmes significatifs pour le patient.

a. Les modes de l'Enfant

Les modes de l'Enfant sont particulièrement nets chez les borderlines, qui ressemblent eux-mêmes tellement à des enfants. Nous avons identifié quatre modes d'Enfant : l'Enfant Vulnérable, l'Enfant Coléreux, l'Enfant Impulsif/Indiscipliné et l'Enfant Heureux (voir tableau 8.1). Nous considérons que ces modes d'Enfant sont innés et qu'ils représentent les différents aspects de la partie innée de l'émotionnel chez les êtres humains. Tout ce qui se passe dans l'environnement de la petite enfance peut réprimer ou majorer un mode d'Enfant, mais les êtres humains naissent avec la capacité d'exprimer chacun de ces modes.

Dans le mode **Enfant Vulnérable**, le patient peut apparaître effrayé, triste, accablé ou désespéré. Ce mode ressemble à un jeune enfant lâché dans le monde, qui aurait besoin de l'attention des adultes pour survivre,

TABLEAU 8.1
Les modes de l'Enfant

Mode	*Description*	*Principaux schémas associés*
Enfant Vulnérable	Ressent des émotions dysphoriques ou anxieuses, particulièrement tristesse, peur et impuissance, lorsque les schémas associés sont activés.	Abandon, Méfiance/Abus, Manque Affectif, Isolement Social, Dépendance/Incompétence, Peur du Danger et de la Maladie, Fusionnement/Personnalité Atrophiée, Peur des Événements Évitables/Pessimisme.
Enfant Coléreux	Se met de suite en colère en réponse à la perception de besoins affectifs non comblés ou de mauvais traitements en relation avec ses schémas centraux.	Abandon, Méfiance/Abus, Manque Affectif, Assujettissement (ou, parfois, tout schéma associé à l'Enfant Vulnérable.)
Enfant Impulsif/ Indiscipliné	Agit de façon impulsive, selon ses désirs immédiats de plaisir, sans tenir compte des limites ni des besoins ou des sentiments des autres (non lié aux besoins fondamentaux).	Droits Personnels Exagérés, Autocontrôle/Autodiscipline Insuffisants.
Enfant Heureux	Se sent aimé, lié aux autres, satisfait.	Aucun schéma activé.

mais qui ne parvient pas à la trouver. (Marilyn Monroe représentait le côté sans défense de l'Enfant Vulnérable.) La nature spécifique de la blessure de l'Enfant Vulnérable dépend du schéma : le parent laisse l'enfant seul durant de longues périodes (**Enfant Abandonné**), frappe l'enfant de façon excessive (**Enfant Maltraité**), lui refuse son amour (**Enfant Privé d'Affection**), le critique sévèrement (**Enfant Imparfait**). D'autres schémas peuvent être associés à ce mode, tels que l'Isolement Social, la Dépendance/Incompétence, la Peur du Danger et de la Maladie, le Fusionnement/Personnalité Atrophiée, et l'Échec. Pour cette raison, nous considérons l'Enfant Vulnérable comme le mode central en ce qui concerne le travail des schémas. C'est, en fin de compte, le mode que nous cherchons le plus à soigner.

L'**Enfant Coléreux** est devenu furieux. Tous les jeunes enfants sont susceptibles de se mettre en colère lorsqu'on ne comble pas leurs besoins fondamentaux. Bien que les parents puissent punir ou réprimer cette réponse d'une façon quelconque, la colère est une réaction normale chez un jeune enfant dans cette situation. Les patients dans le mode de l'Enfant Coléreux libèrent leur colère en réponse directe à des besoins perçus comme non satisfaits ou à un traitement déloyal lié à un des schémas associés, tels que l'Abandon, la Méfiance/Abus, le Manque Affectif et l'Assujettissement. Lorsqu'un schéma est activé et que le patient se sent abandonné, maltraité, privé ou assujetti, il devient furieux et se met à hurler, à avoir des idées ou des impulsions violentes.

L'**Enfant Impulsif/Indiscipliné** agit de façon impulsive pour remplir ses besoins (non liés aux besoins fondamentaux) et recherche le plaisir sans tenir compte des limites ni se préoccuper des besoins ou des sentiments des autres. Ce mode est l'enfant naturel, non inhibé et « non civilisé », irresponsable et libre. (Peter Pan, l'enfant éternel, incarne ce mode.) L'Enfant Impulsif/Indiscipliné a une basse tolérance à la frustration et il est incapable de différer une gratification à court terme au profit d'un objectif à long terme. Une personne dans ce mode apparaît gâtée, coléreuse, insouciante, paresseuse, impatiente, inattentive, incontrôlée. Les schémas associés sont notamment Droits Personnels Exagérés et Autocontrôle/Autodiscipline Insuffisants.

L'**Enfant Heureux** se sent aimé et satisfait. Ce mode n'est associé à aucun Schéma Précoce Inadapté parce que les besoins fondamentaux de l'enfant sont satisfaits de façon adéquate. Le mode de l'Enfant Heureux représente la circonstance saine de l'absence d'activation de tout schéma.

b. Les modes des Styles d'Adaptation Dysfonctionnels

Les modes des Styles d'Adaptation Dysfonctionnels représentent les tentatives de l'enfant pour s'adapter à la vie dans un environnement nocif et avec des besoins affectifs insatisfaits. Ces styles d'adaptation étaient fonctionnels lorsque le patient était enfant, mais ils sont le plus souvent dysfonctionnels dans le monde élargi des adultes. Nous en avons identifié trois grands types : le Soumis Obéissant, le Protecteur Détaché et le Compensateur (voir tableau 8.2). Ils correspondent, respectivement, aux processus d'adaptation de soumission, d'évitement et de compensation.

Le **Soumis Obéissant** a un style d'adaptation qui est la soumission au schéma. Les patients dans ce mode apparaissent comme passifs et dépendants. Ils font tout ce que le thérapeute (et les autres) leur demande. Ils se considèrent comme impuissants face à un personnage plus important. Ils ressentent qu'ils ne peuvent rien faire d'autre que de chercher à plaire à ce personnage pour éviter tout conflit. Ils sont obéissants, autorisant parfois les autres à abuser d'eux, à les négliger, à les contrôler ou à les dévaluer, ceci dans le but de protéger leur relation ou d'éviter des représailles.

Le **Protecteur Détaché** utilise l'évitement comme style d'adaptation. Ce style d'adaptation consiste en un retrait psychologique. Les individus dans ce mode se détachent des autres et effacent leurs émotions dans le but de se protéger de la perception douloureuse de leur vulnérabilité. Ce mode est une sorte d'armure ou de mur protecteur, à l'intérieur duquel se cachent les modes plus vulnérables. Dans le mode Protecteur Détaché, les patients se sentent vides ou insensibilisés. Ils peuvent adopter une posture cynique ou distante pour éviter de s'investir affectivement avec les autres ou dans

TABLEAU 8.2
Les Modes des Styles d'Adaptation Dysfonctionnels

Mode	*Description*
Soumis Obéissant	Adopte un style d'adaptation d'obéissance et de dépendance.
Protecteur Détaché	Adopte un style d'adaptation de retrait émotionnel, d'évitement comportemental, se coupe des autres.
Compensateur	Adopte un style d'adaptation de contre-attaque et de contrôle. Peut compenser par des moyens semi-adaptatifs tels que le travail excessif.

des activités. Sur le plan comportemental, ils présentent un retrait social, un excès de confiance en soi, un auto-apaisement par des conduites addictives, la rêverie, la distraction compulsive et la recherche d'excitations. Le mode du protecteur Détaché pose un problème chez nombre de nos patients présentant des troubles de personnalité, notamment les borderlines, et il est souvent le mode le plus difficile à modifier. Lorsque ces patients étaient enfants, le mode du Protecteur Détaché a constitué pour eux une stratégie d'adaptation. Ils étaient pris au piège dans un environnement traumatisant qui leur causait trop de souffrance, et il a paru nécessaire de prendre de la distance, de se détacher et de ne rien ressentir. Lorsque ces enfants ont grandi et sont devenus adultes, ils sont entrés dans un monde moins hostile ou moins frustrant ; l'adaptation aurait alors consisté en l'abandon du Protecteur Détaché pour s'ouvrir à nouveau à leurs propres émotions et au monde. Mais ces patients se sont tellement habitués à leur mode de Protecteur Détaché qu'il est devenu automatique et qu'ils ne savent plus comment s'en débarrasser. Leur refuge est devenu une prison.

Le **Compensateur** utilise la compensation en tant que stratégie d'adaptation. Il agit comme si l'inverse du schéma était vrai. S'il se sent, par exemple, porteur de défauts, il cherche à être parfait et supérieur aux autres. S'il se croit coupable, il accuse les autres. S'il se sent dominé, il tyrannise les autres. S'il se sent utilisé, il exploite les autres. S'il se croit inférieur, il cherche à impressionner les autres par son statut ou ses réussites. Certains compensateurs sont passifs-agressifs. Ils apparaissent ouvertement obéissants alors qu'ils préparent secrètement leur vengeance ou bien ils se rebellent intérieurement en procrastinant, en traînant les pieds, en se plaignant ou par le refus de performance. D'autres compensateurs sont obsessionnels. Ils maintiennent un ordre strict, observent un autocontrôle étroit ou un haut niveau de prévision grâce à la programmation, la pratique de routines excessives ou des précautions exagérées.

c. Les modes du Parent Dysfonctionnel

Les modes du Parent Dysfonctionnel sont des internalisations de personnages parentaux aux cours de la petite enfance du patient. Lorsque les patients sont dans un mode de Parent Dysfonctionnel, ils deviennent leur propre parent et ils se traitent eux-mêmes comme le parent les a traités lorsqu'ils étaient enfants.

Nous avons identifié deux types habituels de modes de Parent Dysfonctionnel (bien que certains patients puissent présenter d'autres

TABLEAU 8.3
Les modes du Parent Dysfonctionnel

Mode	*Description*	*Schémas habituellement associés*
Parent Punitif/ Critique	Restreint, critique ou punit (soi-même ou les autres).	Assujettissement, Punition, Imperfection, Méfiance/Abus (en tant qu'abuseur).
Parent Exigeant	Fixe aux autres des attentes élevées et un haut niveau de responsabilité.	Idéaux Exigeants, Abnégation.

modes de parent) : le Parent Punitif/Critique et le Parent Exigeant (voir tableau 8.3).

Le **Parent Punitif** punit de façon coléreuse, il critique ou prive l'enfant qui a exprimé des besoins ou qui a fait des erreurs. Les schémas le plus souvent associés sont la Punition et l'Imperfection. Ce mode est spécialement évident chez les borderlines et les dépressifs sévères. Les borderlines ont un mode de Parent Punitif dans lequel ils deviennent leur propre parent abuseur et se punissent eux-mêmes. Ils disent, par exemple, qu'ils sont le diable, qu'ils sont sales, méchants, et ils se punissent souvent en se coupant. Dans ce mode, ils ne sont pas des Enfants Vulnérables, mais des Parents Punitifs qui infligent la punition à l'enfant Vulnérable. En réalité, ils sautent du Parent Punitif à l'Enfant Vulnérable et vice-versa, si bien qu'à certains moments, ils sont l'enfant que l'on maltraite, et qu'à d'autres moments ils sont leur propre parent qui se livre à la maltraitance.

Le **Parent Exigeant** pressurise l'enfant pour qu'il accomplisse des objectifs parentaux irréalistes car trop élevés. Le sujet ressent que la « bonne » façon d'être se trouve dans la perfection et que la « mauvaise » façon est représentée par la faillibilité ou la spontanéité. Les schémas associés sont souvent les Idéaux Exigeants ou l'Abnégation. Ce mode est très courant dans les troubles de personnalité narcissiques et obsessionnels-compulsifs. Les patients passent dans un mode de Parent Exigeant à l'intérieur duquel ils se fixent des normes élevées et ils se fixent pour but de les atteindre. Cependant, le parent Exigeant n'est pas nécessairement Punitif : il attend beaucoup, mais il ne réprimande pas et ne punit pas. Plus fréquemment, l'enfant reconnaît la déception du parent et se sent honteux. La plupart des patients utilisent un mode combiné de Parent Exigeant et Punitif, dans lequel ils se fixent d'une part des normes élevées, et d'autre part se punissent quand ils ont failli à leur objectif qui était de les atteindre.

d. Le mode de l'Adulte Sain

Ce mode est la partie saine et adulte de la personnalité qui sert de fonction « exécutive » par rapport aux autres modes. L'Adulte Sain aide l'enfant à combler ses besoins affectifs fondamentaux. Le but suprême du travail sur les modes est de construire et renforcer l'Adulte Sain du patient pour travailler de façon plus efficace avec les autres modes.

La plupart des patients adultes possèdent une version de ce mode, mais il existe de très grandes variations pour ce qui est de son efficacité. Les patients les plus sains, ceux qui ont un fonctionnement mental parmi les plus élevés, ont un mode d'Adulte Sain très fort ; les patients porteurs de troubles plus sévères ont habituellement un mode d'Adulte Sain plus faible. Les personnalités borderlines n'ont souvent pour ainsi dire pas d'Adulte Sain, si bien que le thérapeute doit développer ce mode, ou bien aider le patient à créer ce mode s'il est extrêmement sous-développé.

Comme un bon parent, l'Adulte Sain exerce les trois fonctions suivantes :

1. éduquer, soutenir et protéger l'Enfant Vulnérable ;
2. donner des limites à l'enfant Coléreux et à l'Enfant Impulsif/Indiscipliné, selon les principes de réciprocité et d'autodiscipline ;
3. combattre ou modérer les modes de Styles d'Adaptation Dysfonctionnels et du Parent Dysfonctionnel.

Tout au long du traitement, les patients internalisent le comportement du thérapeute en tant que partie constitutive de leur propre mode d'Adulte Sain. Au départ, le thérapeute joue le rôle de l'Adulte Sain toutes les fois que le patient est incapable de le faire. Si le patient est capable, par exemple, de combattre lui-même le Parent Punitif, le thérapeute n'intervient pas. Cependant, si le patient est incapable de combattre le Parent Punitif, et qu'à la place il s'attaque à lui-même indéfiniment sans aucune riposte, alors le thérapeute intervient et combat le Parent Punitif pour le patient. Progressivement, le patient tiendra le rôle de l'Adulte Sain. (C'est ce que nous appelons le re-parentage partiel.)

3 Les sept étapes du travail sur les modes

Nous avons mis au point sept étapes dans le travail sur les modes de schémas. (Dans les deux chapitres suivants, nous verrons comment nous pouvons adapter ces stratégies pour travailler avec les modes individuels identifiés chez les patients borderlines et narcissiques.)

1. Identifier et nommer les modes du patient.
2. Explorer l'origine et éventuellement la signification adaptative de chaque mode dans l'enfance ou dans l'adolescence.
3. Établir la relation entre les modes inadaptés et les problèmes et symptômes actuels.
4. Démontrer l'avantage qu'il y a à modifier ou à se débarrasser d'un mode quand il interfère avec l'accès à un autre mode.
5. Accéder à l'Enfant Vulnérable grâce à l'imagerie.
6. Mener des dialogues entre les modes. Au départ, le thérapeute joue le modèle du mode de l'Adulte Sain ; plus tard, c'est le patient qui jouera ce mode.
7. Aider le patient à généraliser le travail sur les modes aux situations de la vie de tous les jours, en dehors des séances.

4 Exemple de cas : Annette

Pour illustrer les sept étapes du travail sur les modes, voici le cas d'Annette. Les extraits qui suivent sont tirés d'une consultation avec le docteur Young ; Annette a déjà été traitée par un autre schéma thérapeute qui s'appelait Rachel. Au moment de l'entretien, Annette a suivi six mois de thérapie avec Rachel.

Annette a 26 ans. Elle vit seule à Manhattan où elle travaille en tant que réceptionniste. Au début de la thérapie, les problèmes qu'elle présentait étaient la dépression et l'abus d'alcool. Elle rapportait également des problèmes dans ses relations sociales et professionnelles : elle passait son temps à errer d'une relation à une autre et d'un travail à un autre ; elle avait aussi de la difficulté à s'autodiscipliner pour accomplir ses tâches assignées.

Jusqu'alors, Rachel s'est occupé de traiter Annette en associant des stratégies comportementales et cognitives pour la dépression et l'abus d'alcool (en coopération avec les Alcooliques Anonymes) et la schémathérapie. Rachel n'a obtenu qu'une amélioration partielle. Annette a pu réaliser qu'elle était affectivement séparée des autres et qu'elle buvait et faisait la fête pour effacer ses émotions et remplir un sentiment de vide. Bien qu'elle ait réussi à mieux se connaître, elle est toujours déprimée et elle continue à abuser de l'alcool par intermittence.

Annette semble être une bonne candidate pour le travail sur les modes, car la thérapie apparaît bloquée. Le mode du Protecteur Détaché d'Annette est si puissant qu'elle ne parvient à reconnaître aucune de ses émotions de faiblesse. Son incapacité à accéder à ses émotions de faiblesse — ses schémas — constitue un blocage dans la thérapie. Ceci est l'exemple typique d'un cas dans lequel le thérapeute peut faire avancer les choses grâce au travail sur les modes de schémas : le patient est très fortement évitant ou compensateur et il n'a pas d'accès émotionnel aux schémas. Dans le passage suivant, le docteur Young utilise le travail sur les modes pour forcer le Protecteur Détaché et parvenir aux schémas sous-jacents de l'Enfant Vulnérable.

Dans la première partie, Annette décrit ses objectifs actuels en thérapie.

Thérapeute : Pouvez-vous me dire quels sont actuellement vos buts dans la thérapie ?

Annette : Eh bien, j'aimerais être heureuse. Je suis déprimée.

Thérapeute : D'accord. C'est donc principalement le sentiment de dépression qui vous ennuie ?

Annette : Oui. J'essaie de changer mon style de vie.

Thérapeute : Est-ce que vous savez ce qui, dans votre vie, vous rend déprimée ?

Annette : Maintenant, oui.

Thérapeute : Qu'avez-vous appris à ce sujet ?

Annette : Je ne sais pas exprimer mes sentiments, je ne sais pas non plus en parler. Dans ma famille, on ne parle pas de ses sentiments.

Thérapeute : Donc personne n'est capable de parler de ses sentiments.

Annette : Exact. Je suis proche de ma mère, mais nous sommes plutôt comme deux amies.

Thérapeute : Mais comme deux amies qui ne partagent pas leurs sentiments ?

Annette : Exact.

Thérapeute : Je vois. Avez-vous des amies avec qui vous auriez des échanges à propos de vos sentiments ?

Annette : Non.

Thérapeute : Donc vous avez toujours été quelqu'un de très renfermé ?

Annette : Oui.

Sans vraiment utiliser le langage des modes, Annette établit la relation entre sa dépression et son mode de Protecteur Détaché. C'est parce qu'elle est détachée affectivement des autres qu'elle se sent déprimée.

Thérapeute : Je vois. D'autre part vous avez signalé que vous vous sentiez mal à l'aise avec vous-même.

Annette : Oui.

Thérapeute : De quelle façon vous sentez-vous mal à l'aise avec vous-même ?

Annette : Quand je suis déprimée, je bois.

Thérapeute : D'accord.

Annette : C'est que je suis mal à l'aise avec moi-même.

Thérapeute : Si vous cessiez de boire, pensez-vous que vous seriez à l'aise avec vous-même ?

Annette : En ce moment, je ne suis pas en train de boire, mais je suis mal à l'aise avec moi-même.

Thérapeute : Qu'est-ce qui pourrait expliquer que vous n'êtes pas heureuse avec vous-même ?

Annette : Vous savez, c'est ma famille, mes amis, mon mode de vie. Tout marche de travers.

Thérapeute : Je vois.

Annette : Il faut que je change tout ça.

Annette poursuit en décrivant sa vie amoureuse. Elle a eu une liaison avec un homme marié mais elle a rompu, et maintenant elle fréquente un homme stable et qui l'aime, mais qui l'ennuie : « Il est du genre stable et normal : je n'en vois pas l'intérêt. »

Le thérapeute procède à la première étape du travail sur les modes : l'identification et la dénomination des modes de la patiente.

a. Étape 1 : Identifier et nommer les modes du patient

Ce processus se met en place naturellement au fur et à mesure que le thérapeute observe les pensées, les émotions et les comportements du patient. Le thérapeute remarque les changements chez le patient et commence à identifier les modes associés à chaque état. Au fur et à mesure que les modes apparaissent dans des séances ou dans les informations que rapporte le patient, le thérapeute propose des dénominations pour chacun d'eux.

Le thérapeute doit prendre la précaution de s'assurer qu'un mode a été identifié de façon précise avant de lui donner un nom. Il doit au préalable rassembler une quantité suffisante d'arguments et d'exemples en faveur de ce mode — grâce, d'une part, à l'observation répétée de ce mode au cours des séances et, d'autre part, à l'écoute attentive des descriptions du patient concernant des événements de sa vie. Une fois que le thérapeute a identifié un mode, il demande au patient s'il approuve la proposition. Il est rare que des patients récusent l'existence d'un mode qui a été identifié correctement par le thérapeute. Dans le cas contraire, ce qui est exceptionnel, le thérapeute ne cherchera pas à persuader le patient d'accepter un mode qu'il ne reconnaît pas intuitivement. Le patient joue un rôle important dans la dénomination d'un mode. L'introduction d'un mode en tant que « personnage » dans la thérapie est toujours un processus collaboratif.

Le thérapeute et le patient travaillent ensemble pour personnaliser le nom de chaque mode, de façon à saisir les stratégies qu'utilise spécifiquement chaque patient. Habituellement, nous n'utilisons pas les noms de modes tels que nous les avons indiqués précédemment. À la place, nous travaillons avec le patient pour trouver des noms qui correspondent plus précisément et plus individuellement à leurs pensées, leurs émotions ou leurs comportements. Le Soumis Obéissant pourra, par exemple, devenir la « Bonne Fille ». Pour l'Enfant Vulnérable, on dira dire « l'Enfant Abandonné » ou « l'Enfant Solitaire ». À la place du Protecteur Détaché, on décrira « l'Intoxiqué du Travail », le « Mur », le « Chercheur d'Excitations ». Plutôt que de dire le « Compensateur », on parlera du « Dictateur », du « Tyran », du « Chercheur de Statut ». Nous travaillons avec le patient pour trouver un nom qui représente l'essentiel de ce que le patient fait ou ressent lorsqu'il est dans ce mode.

La plupart des patients se sentent à l'aise avec la notion de modes. Lorsque le thérapeute demande : « Dans quel mode êtes-vous actuellement ? », le patient sait répondre « Actuellement, je suis dans mon mode Compulsif », ou bien « Actuellement, je suis l'Enfant Coléreux ». Le modèle correspond bien à l'expérience interne du patient qui passe d'un état affectif à un autre.

Dans le passage suivant, le thérapeute aide Annette à identifier et dénommer ses principaux modes. Au début, Annette décrit son sentiment d'ennui. Le thérapeute explore ce qui se cache derrière cet ennui.

Thérapeute : Donc, vous passez votre temps à rechercher absolument une excitation quelconque ?

Annette : Oui.

Thérapeute : Vous voulez tout le temps du changement et de la nouveauté. Lorsque vous commencez vraiment à vous ennuyer, que ressentez-vous ? Avez-vous déjà laissé cet ennui durer suffisamment longtemps pour ressentir une émotion ?

Annette : Je deviens vraiment excitée. Je veux dire que j'ai les nerfs en boule. Comme quand je reste à la maison, disons, tout un week-end.

Thérapeute : D'accord, disons que vous êtes restée à la maison tout un week-end.

Annette : Oui. C'est ce que j'ai fait le week-end dernier.

Thérapeute :C'était comment ?

Annette : J'étais un peu déprimée.

Thérapeute : D'accord. Ce qui est intéressant, c'est qu'après m'avoir parlé de votre ennui, vous me dites maintenant que vous étiez en fait déprimée.

Annette : J'étais les deux.

Thérapeute : Je me demande si « ennuyée » n'est pas le terme que vous utilisez pour vous-même afin de ne pas reconnaître qu'au fond, vous êtes déprimée ?

Annette : Probablement.

Sous l'ennui d'Annette se cache la dépression du mode Enfant Vulnérable. Le thérapeute l'expliquera plus tard à Annette.

« **Annette Gâtée** »

Le thérapeute aide Annette à identifier le mode qu'elle et son thérapeute vont appeler « Annette Gâtée ». (Nous n'utilisons habituellement pas de dénominations péjoratives, mais la patiente a elle-même fait allusion à cette idée.) Ce mode est une variation de l'Enfant Impulsif/Indiscipliné. Bien qu'Annette ait eu récemment quelques succès dans le combat contre ce mode, il continue à lui causer des problèmes en lui faisant faire tout ce qui lui est agréable dans l'instant présent — boire, faire la fête — plutôt que ce qui lui serait bénéfique à long terme — développer, par exemple, des relations intimes plus durables ou une carrière.

Le thérapeute continue à explorer la dépression sous-jacente à l'ennui d'Annette.

Thérapeute : Donc, ce qui se passe, c'est que si tout est calme, il y a place pour les pensées dépressives sous-jacentes. En revanche, les stimulations, les activités, vous poussent à éviter ces idées pénibles.

Annette (d'un ton las) : Je ne pense pas toujours à ça, c'est trop difficile.

Thérapeute : Que voulez-vous dire par trop difficile ? Trop pénible ?

Annette (d'un ton las) : Quand je m'ennuyais, j'avais l'habitude de sortir avec des amis et de boire à en être ivre, pour ne penser à rien. Maintenant, il faut que je supporte toutes ces idées pénibles, et je n'ai pas l'habitude.

Thérapeute : On dirait que pour vous, c'est une offense d'avoir à supporter des choses pareilles.

Annette (elle rit).

Thérapeute : Vous voyez ce que je veux dire : vous ne devriez pas avoir à faire ça ; pourriez-vous me parler de cet aspect de vous qui ne devrait pas avoir à faire ça ?

Annette : Je ne devrais pas avoir à faire ce que je ne veux pas faire, hein ?

Thérapeute : Vous dites « hein » comme si je devais vous approuver.

Annette : Et vous n'êtes pas d'accord ?

Le thérapeute explore les pensées et les sentiments de la partie d'Annette qui s'octroie des droits.

Thérapeute : Vous m'avez dit que vos deux parents vous laissaient faire tout ce que vous vouliez. Mais vous avez ajouté que vous réalisiez que ce n'était pas une bonne chose.

Annette : Je ne ferais pas comme ça avec mon enfant, si j'en avais un : je vois bien maintenant que ce style d'éducation a des conséquences néfastes.

Thérapeute : Donc, vous savez, intellectuellement, les conséquences néfastes de ce style d'éducation, mais sur le plan émotionnel, vous ressentez toujours que vous ne devriez pas avoir à faire les choses que vous ne voulez pas faire.

Annette : Oui, mon caractère est tel que, si ça ne va pas comme je veux, je sens que je pique une crise.

Thérapeute : Je vois : comme un enfant qui fait un caprice.

Annette : Je ne fais pas de caprices.

Thérapeute : Ça se présente comment alors ?

Annette : Si les autres ne font pas comme je veux, comme avec mes parents, je ne reste pas avec eux, je m'en vais.

Thérapeute : Comme pour les punir ?

Annette (elle s'agite) : Oui, c'est ça, je les punis : c'est exactement ça.

Thérapeute : D'accord : vous les punissez parce qu'ils ne vous donnent pas ce que vous voulez ?

Annette : Oui, exactement. Mais en fait, c'est moi que je punis ; c'est moi qui souffre, personne d'autre, mais c'est comme ça que ça se passe.

Ensuite, le thérapeute désigne « Annette gâtée » comme étant un mode.

Thérapeute : Il existe donc une partie de vous, et comprenez bien que ce n'est pas une critique, qui apparaît comme la partie gâtée.

Annette (elle rit).

Thérapeute : Est-ce que cela vous semble correct ? Y a-t-il une partie de vous qui ressent que vous ne devriez toujours faire que ce que vous voulez ?

Annette (elle rit) : Voulez-vous dire que je suis une sale gamine ?

Thérapeute : Non, je n'ai pas dit que vous étiez une sale gamine ; je dit qu'il y a une partie de vous qui a été gâtée par...

Annette (elle interrompt) : Oh, oui, je suis un peu gâtée, je pense.

Thérapeute : Je ne dis que cette partie est la seule chez vous : nous parlerons plus tard des autres parties. Mais c'est une partie de vous.

Annette : Oui, je suis d'accord, c'est bien ça.

En faisant de la partie « gâtée » d'Annette un mode, le thérapeute a la possibilité de reconnaître cette partie d'elle-même, tout en restant alliée à elle. Cette possibilité de confronter les patients tout en préservant l'alliance thérapeutique est un avantage de l'approche des modes : le thérapeute peut confronter les aspects dysfonctionnels du mode sans condamner la personnalité du patient dans sa globalité.

« Annette la Dure »

Par la suite, il apparaît un second mode, plus difficile et plus important qu'Annette gâtée. C'est le mode que le thérapeute appelle « Annette la Dure » : il s'agit d'une variante du Protecteur Détaché.

Dans la première partie de cet extrait, le thérapeute continue à parler avec Annette Gâtée. Dans la deuxième partie, il essaie d'accéder à l'Enfant Vulnérable, mais Annette la Dure lui barre le chemin.

Thérapeute : Que pensez-vous de ce questionnaire ? Est-ce que ça vous a également paru une perte de temps ? Est-ce que ça vous a ennuyée ?

Annette : Je me suis dit : « Encore un de ses questionnaires » Vous m'avez déjà fait remplir plusieurs autres questionnaires : examinez-les.

Thérapeute : Avez-vous du ressentiment envers moi ?

Annette : Je l'ai rempli, mais c'était difficile de démarrer.

Thérapeute : Donc vous vous êtes forcée à le faire parce qu'il le fallait ?

Annette : Oh, c'est parce que j'ai été gentille. J'ai été gentille parce que Rachel (sa thérapeute) me l'a demandé.

Dans le passage suivant, le thérapeute discute avec Annette de son attachement à Rachel, sa thérapeute, pour entamer son chemin vers l'Enfant Vulnérable.

Thérapeute : Cela renvoie à ma question : si vous avez été gentille, était-ce pour Rachel, entre autre ?

Annette : Bof.

Thérapeute : Si c'est entre autre pour cette raison, il n'y a pas de mal à cela.

Annette : Je ne sais pas. J'aime bien Rachel, elle m'aide, et je veux changer pour aller mieux.

Thérapeute : Voulez-vous qu'elle soit fière de vous ?

Annette : Je ne sais pas.

Thérapeute : On dirait que vous avez peur d'admettre que vous vous êtes attachée à Rachel. Est-ce difficile pour vous de reconnaître ce sentiment ?

Annette : Je ne sais pas, c'est autre chose.

Le thérapeute fait reconnaître « Annette la Dure » à Annette : c'est à dire la partie d'elle qui résiste à reconnaître qu'elle dépend des autres pour leur aide.

Thérapeute : C'est un comportement dur que vous avez là.. Je ne sais pas comment vous pouvez le qualifier, mais vous me paraissez un peu dure.

Annette : Je suis dure, ce n'est pas seulement un comportement.

Thérapeute : D'accord. Mais d'un autre côté, je vous trouve aussi un peu nerveuse.

Annette (plus fragile) : C'est vrai, je suis nerveuse.

Thérapeute : Il doit donc y avoir une autre partie de vous, plus profonde, qui n'est pas aussi dure que vous semblez l'être. Je ressens un peu votre côté dur comme une « action » ou un « mécanisme » pour paraître forte vis-à-vis des autres.

Annette : C'est tout à fait moi. J'ai toujours été comme ça.

Le thérapeute dénomme « Annette la Dure » comme un mode et il la différencie du mode central. C'est l'Enfant Vulnérable — celui qui est « nerveux » — qui est le noyau. Annette la Dure est une « action » ou un « mécanisme pour paraître forte vis-à-vis des autres. »

L'idée que l'Enfant Vulnérable est le mode central de la personnalité est une affirmation théorique liée à notre modèle conceptuel. Nous ne l'imposons pas comme vérité universelle.

b. Étape 2 : Explorer les origines et la valeur adaptative des modes

Dans cette étape, le thérapeute aide le patient à comprendre et à entrer en empathie avec ses différents modes. Le patient et son thérapeute explorent ensemble l'origine et la fonction initiale de chacun d'eux. Certains modes ont eu en effet une valeur adaptative pour le sujet, à une époque donnée. Pour guider le patient, le thérapeute lui pose des questions : « Quand vous souvenez-vous avoir ressenti cela pour la première fois ? » « À votre avis, qu'est-ce qui a pu provoquer ce mode lorsque vous étiez enfant ? » « En quoi ce mode influe-t-il sur votre vie actuelle ? »

Revenons maintenant à Annette. Après l'identification d'Annette la Dure, le thérapeute aide Annette à explorer les origines infantiles de ce mode.

Thérapeute : Votre père et votre mère étaient-ils durs eux aussi ?

Annette : Non ; mon père, je ne sais pas trop comment on peut dire : il n'est pas très proche, pas très intime. Mais ma mère est gentille ; elle n'agit pas du tout de façon dure.

Thérapeute : Quand pensez-vous que cette façade dure soit apparue ? Quel age aviez-vous ?

Annette : Je ne sais pas, je me souviens d'avoir toujours été dure.

Thérapeute : Même au berceau ? (Il rit) Vous étiez un bébé dur ?

Annette : Oui, j'étais dure (elle sourit). Je ne suis pas très sûre, mais je pense que c'est pour protéger ma mère, c'est pour ça qu'il faut qu'on me trouve dure. Je veux que personne ne l'embête. C'est sûrement pour ça.

Thérapeute : D'accord. Est-ce que votre père l'embêtait ? Est-ce qu'il la maltraitait ?

Annette : Non, simplement, ils se sont mariés très jeunes, alors c'était devenu différent.

Thérapeute : Alors, de quoi la protégez-vous donc ?

Annette : Je ne sais pas. De tout le monde, je pense. Je ne veux que personne... Elle est un peu naïve, comme si elle ne connaissait que la tendresse, et les gens pourraient en profiter, et je ne veux pas, alors...

Thérapeute : Donc, vous protégez votre mère pour que personne ne profite d'elle, c'est ça ?

Annette : Exactement.

Thérapeute : Comment pensez-vous en être arrivée à tenir ce rôle du protecteur ?

Annette : Je ne sais pas.

Thérapeute : Peut-être le point de départ est-il la grande intimité entre vous et votre mère. Vous étiez très proches, mais peut-être pas comme deux amies. Peut-être que vous êtes devenue une mère. Ça vous paraît possible ?

Annette : Oui. Vous savez, Rachel et moi en avons parlé : je dois être un peu sa mère à elle.

Annette la Dure s'est constituée dans l'enfance d'Annette, au contact de sa mère faible et fragile, et de son père coléreux et peut-être dangereux. Annette est devenue le protecteur de sa mère. Ce mode est devenu un moyen pour se détacher de la vulnérabilité de ses émotions, pour lui permettre d'être forte pour sa mère. Annette ne partage avec personne sa vulnérabilité émotionnelle — elle tient les autres à distance.

c. Étape 3 : Établir la relation entre les modes et les problèmes actuels

Il est important de montrer aux patients comment leurs modes sont reliés aux problèmes de leur vie actuelle. Cela donne aux patients les principes de base du traitement et les aide à se motiver au changement.

Si un patient demande, par exemple, à être traité pour l'excès de boisson, le thérapeute peut relier ce problème au Protecteur Détaché. Le thérapeute dit que la boisson est la seule façon pour le patient d'éviter l'émotion liée à l'abandon, à la maltraitance ou au manque affectif qu'il a connus lorsqu'il était enfant. Il boit pour éviter ses émotions négatives et pour embrayer le mode du Protecteur Détaché. Si le thérapeute et le patient parviennent à travailler avec les modes de l'Enfant Vulnérable ou de l'Enfant Coléreux, alors le patient apprendra à s'adapter à ses émotions et à combler ses besoins affectifs. Il lui sera alors moins nécessaire de boire pour éviter ses émotions, et son comportement de buveur excessif, qui était commandé par un schéma, s'amoindrira. (Le thérapeute pourra associer l'intervention d'une association d'anciens buveurs, car beaucoup de composants de l'alcoolisme ne sont pas dictés par un schéma et doivent être traités de façon indépendante).

Annette fait la relation entre Annette Gâtée et ses difficultés à se tenir à un emploi ; le thérapeute saisit l'occasion pour relier ce mode à ses problèmes professionnels actuels.

Annette : Vous savez, je n'ai aucune patience. Je n'aime pas faire ce dont je n'ai pas envie.

Thérapeute : Hmm-hmm.

Annette : Comme au travail, et tout ça. Je ne sais pas pourquoi, mais ça m'assomme.

Thérapeute : Donc, si vous avez quelque chose à faire qui vous ennuie, par exemple, et qui ne vous intéresse pas, vous avez de la peine à vous y mettre ?

Annette : Oui.

Thérapeute : Et qu'est-ce que vous vous dites, pour que l'émotion monte ?

Annette : Je dois me dire : « Il faut que je sorte d'ici, il faut que je parte. »

Le thérapeute aide la patiente à explorer le mode dans la relation avec ses problèmes professionnels. Il met au point un dialogue entre Annette (qui tient le rôle d'Annette Gâtée) et lui-même (tenant le rôle de l'Adulte Sain).

Thérapeute : Bien, je vais essayer de jouer le « côté sain ». Je veux que vous fassiez de votre mieux pour être le côté qui a tous les droits et je veux entendre ce qu'il dirait vraiment. D'accord ? Je vais commencer par être le chef qui vous dicte votre travail. Je veux que vous me disiez ce que vous pensez à l'intérieur de vous-même lorsque je vous dis tout ça, ok ?

Annette : D'accord.

Thérapeute (en tant que chef). « Bon, Annette, vous savez que vous devez finir tout ça. Ça fait partie de votre travail. On vous paie un peu à ne rien faire, ici. »

(en tant que thérapeute) : Alors, que se passe-t-il maintenant dans votre esprit ? Je veux que vous pensiez tout haut. Je veux entendre tout ce que vous vous dites.

Annette : Eh bien je me dis quelque chose comme : « Pourquoi faut-il toujours que je travaille ? Qu'est-ce que ça peut m'ennuyer. »

Thérapeute : Bien, maintenant, je vais faire, en quelque sorte, la voix « saine », je vais dire : « Écoute, c'est comme ça que le monde tourne ; c'est la règle : si tu veux quelque chose, il faut que tu donnes autre chose. Ça s'appelle la réciprocité. Si tu veux que les gens te donnent quelque chose, il te faut leur donner quelque chose en retour. Pourquoi voudrais-tu te procurer des vêtements, de la nourriture, un bel appartement, sans rien donner au monde à la place ? C'est tout à fait normal de devoir travailler, pour apporter sa part de contribution. » Essayez de défendre, du mieux que vous pouvez, l'idée contraire.

Annette : Je ne comprends pas. J'ai envie de dire : « Pourquoi, pourquoi faut-il qu'il en soit ainsi ? Pourquoi dois-je faire tout ça ? Je peux aussi bien obtenir ce que je veux par mes parents. »

Thérapeute : Oui, peut-être, mais tes parents ne vivront pas toujours. Tu as très peur que ta mère ne meure. Tu as bien dit ça ?

Annette : Oui, probablement.

Le dialogue précédent aide Annette à faire l'expérience de son mode Annette Gâtée. Ensuite, le thérapeute résume le conflit entre le mode Annette Gâtée et l'Adulte Sain :

Thérapeute : Donc, il y a un réel combat, dans la mesure où une partie de vous-même croit très fortement que vous devriez passer votre temps à vous amuser et à faire ce que vous voulez.

Annette : C'est bien pourquoi je m'ennuie autant, ces temps-ci.

Thérapeute : À cause de quoi ?

Annette (en boudant) : J'en ai marre de tout ça. Il faut que j'aille au travail, j'ai tellement, tellement, de travail en retard. Mais je suis là, et je déteste ça.

Thérapeute : À vous entendre, on dirait bien qu'on vous a imposé de venir ici.

Annette (elle rit).

Thérapeute : On dirait que quelqu'un vous a, en quelque sorte, poussée, forcée.

Annette : Je me demande qui ça peut bien être (elle rit et jette un coup d'œil à Rachel).

Thérapeute : C'est Rachel ?

Annette : Elle m'y a poussé.

Thérapeute : D'accord. Est-ce que ce serait pour lui faire plaisir, ou bien est-ce parce que c'est une bonne chose pour vous et que c'est pour cette raison que vous le faites ?

Annette : En fait, je ne sais pas exactement, mais je suis dépressive. Il faut que ça change ; je veux vraiment être différente. Parce que si je reste comme ça, je vais continuer à être malheureuse.

Thérapeute : Donc, en vous, la partie saine sait qu'en continuant comme vous faisiez, vous iriez de moins en moins bien et vous seriez malheureuse. Mais la partie gâtée, celle qui s'arroge des droits, pense qu'il ne faut pas faire comme ça : c'est une perte de temps et vous devriez vous amuser avec tous vos amis.

Annette : Exact.

Thérapeute : Et ces deux côtés sont en conflit. En vous, ces deux côtés se combattent.

Annette : En permanence.

Thérapeute : En permanence. Et jusqu'à présent, qui gagne la plupart du temps ?

Annette : En ce moment, je me contrôle. Je vais au travail et ne sors pas m'amuser. Je ne veux pas dire que je ne m'amuse pas, mais je ne sors avec personne. En fait, c'est ce côté qui gagne en ce moment, mais ça ne m'excite pas tant que ça...

Le dialogue permet au patient d'accéder aux pensées et aux émotions aussi bien du mode Annette Gâtée qu'à celles du mode Adulte Sain lorsqu'il provoque Annette Gâtée.

d. Étape 4 : Démontrer l'avantage qu'il y a à modifier ou à se débarrasser d'un mode

Dans la suite de l'entretien, le thérapeute passe d'Annette la Dure à Petite Annette. Petite Annette est l'Enfant Vulnérable, le personnage central dans le travail sur les modes. Le thérapeute a dû passer en chemin Annette la Dure avant d'atteindre Petite Annette. Au début de la discussion, le thérapeute parle de la façon dont Annette défendait sa mère contre son père lorsqu'elle avait 7 ans

Thérapeute : Vous apportiez à votre mère la force qu'elle n'avait pas, pour lui faire face et pour supporter le monde entier. C'est ça votre rôle.

Mais la question, c'est : « Qu'est-il arrivé à la Petite Annette ? Nous avons, donc, d'une part, cette fille forte de 7 ans qui protège sa mère. Et d'autre part, nous avons aussi cette partie de vous qui est gâtée, qui est capable de faire ce qu'elle veut. Et la petite fille, qui a besoin qu'on s'occupe d'elle, où est-elle ?

Annette : Perdue.

Thérapeute : Oui.

Annette : Elle ne se trouve nulle part.

Thérapeute : Ça vous arrive, parfois, de la sentir ?

Annette :Parfois.

Thérapeute : À quel moment ? Pouvez-vous la ressentir, à l'instant présent ?

Annette : Un petit peu. Je suis un peu vulnérable, en ce moment, car j'ai accepté de venir ici.

Le thérapeute suit la piste de ses sentiments de vulnérabilité.

Thérapeute : C'est une chose vraiment très dure de faire ça devant des gens. Que pense le côté vulnérable, sur le fait d'être venu ?

Annette : Je pense que ma famille va bien. Ça cafouille un peu, mais finalement ils ne sont pas trop mal. Je suis un peu l'échec de la famille, parce qu'ils ne viendraient jamais ici, faire ce que je fais. Ils ne sont pas en thérapie, donc je crois que c'est moi l'échec. Je suis vraiment dérangée et pour eux tout va bien, comme toujours, rien ne les inquiète. Mais moi, ça m'inquiète.

La patiente exprime des sentiments d'imperfection activés par la situation thérapeutique. Dans sa famille, elle est « la malade ». Personne n'a besoin de thérapie. Le thérapeute s'allie à l'Enfant Vulnérable contre la famille et lui offre son soutien.

Thérapeute : Oui, d'accord, examinons l'idée selon laquelle tout va bien pour eux. Vous avez dit que votre mère se fait manipuler en permanence par les autres. Votre père est inaffectif, inhibé, il critique tout le monde. Ils se battent tout le temps. Ça n'est quand même pas merveilleux.

Annette : Exact, mais ça ne les rend pas dépressifs, alors que moi...

Thérapeute : Bien sûr, parce qu'ils passent leur temps à soulager leur colère ; ils n'ont fait que remplacer un ensemble de symptômes par un autre.

Annette (en colère contre elle-même) : Ils acceptent les choses telles qu'elles sont, et moi non. C'est ça la différence.

Thérapeute (après une pause) : Ce que je pense de votre enfance est faux alors ?

Annette : Vous en pensez quoi ?

Thérapeute : Ce que je pense est faux ?

Annette : Avec mes parents, on ne parlait jamais de nos sentiments... J'ai dit à Rachel que je ne me souvenais pas que ma mère m'ait jamais serrée dans ses bras. Jamais je ne vais tout contre eux, jamais, ça me paraîtrait même bizarre.

Mais maintenant je vois les choses différemment. Ma mère était encore une enfant lorsqu'elle s'est mariée et qu'elle a eu des enfants. Comment un enfant pourrait-il s'occuper d'un autre enfant ?

Annette est partagée entre la reconnaissance du désert affectif qu'était son enfance et la protection de sa mère. : elle passe de l'Enfant Vulnérable, sensible à ses besoins, au Protecteur Détaché, qui dénie le bien fondé de ses besoins.

Thérapeute : Bien. Voilà le problème. Il n'y avait personne pour s'occuper de vous. Mais, s'il n'y avait personne pour s'occuper de vous, était-ce votre faute, ou bien...

Annette (elle interrompt) : Non, ce n'était pas de ma faute.

Thérapeute : Vous êtes donc la victime de parents qui étaient incapables de veiller de façon adaptée à vos besoins affectifs. Vous avez grandi sans affection, sans empathie, sans personne pour vous écouter et vous comprendre. Vous avez donc grandi toute seule, dans votre chambre. C'est une chose vraiment très, très difficile, car les besoins les plus fondamentaux des enfants, à part la nourriture et les vêtements, sont l'attention, la prise en charge affective et l'amour. Si bien que vos besoins affectifs les plus primordiaux n'ont jamais été comblés lorsque vous étiez enfant. Il n'est donc pas étonnant que vous soyez si malheureuse, au fond de vous-même. Et il n'est pas étonnant non plus qu'il vous soit difficile d'aller vers les autres.

Que pensez-vous de mes explications, est-ce qu'elles correspondent à quelque chose pour vous ?

Annette : Oh ! Oui, bien sûr.

Dans le travail sur les modes, une fois qu'on a pu franchir les modes de stratégies dysfonctionnelles (ici, le mode Protecteur Détaché : Annette la Dure), une bonne partie du travail est faite, car on va pouvoir accéder à l'Enfant Vulnérable, pour ensuite le re-materner. Comme l'Enfant Vulnérable contient les schémas les plus centraux, l'essentiel de la guérison des schémas est lié au travail avec ce mode. Le thérapeute s'emploie à démontrer au patient les avantages qu'il y a à se débarrasser (ou à les modifier) des modes qui gênent l'accès à l'Enfant Vulnérable.

L'imagerie s'avère souvent le moyen le plus efficace dont dispose le thérapeute pour établir la communication avec l'Enfant Vulnérable. Le thérapeute demande au patient de créer une image de l'Enfant Vulnérable ; il entre ensuite dans l'image en tant qu'Adulte Sain et il parle à l'Enfant Vulnérable. Le thérapeute aide le patient, par le mode Enfant Vulnérable, à exprimer ses besoins insatisfaits et il essaie, par le « re-parentage partiel », de pallier à ces manques — dans les domaines de la sécurité, de l'éducation attentive, de l'autonomie, de l'expression de soi et des limites. (Nous utilisons cet exercice de façon très courante, même en dehors du travail sur les modes.)

Le thérapeute demande à Annette de former une image de la Petite Annette, l'Enfant Vulnérable, mais Annette refuse. Le thérapeute l'aide à identifier les causes de cette résistance : ce sont Annette Gâtée et Annette la Dure qui refusent. Annette Gâtée ne veut pas travailler sur quelque chose qui lui déplait ; Annette la Dure pense que c'est une faiblesse de se montrer vulnérable et elle bloque les émotions douloureuses pour protéger la Petite Annette. Le thérapeute se sert du travail de mode pour forcer ces deux modes inadaptés et parvenir à l'Enfant Vulnérable.

Thérapeute : Que diriez-vous d'essayer un exercice d'imagerie pour parvenir à votre côté enfant ?

Annette : Je ne peux pas.

Thérapeute : Seriez-vous d'accord pour essayer ?

Annette : Je ne sais pas. Rachel et moi essayons tout le temps et ça ne marche pas.

Thérapeute : Même si ça ne marche pas, cet exercice pourrait être utile pour m'aider à en comprendre la raison ; de la sorte, je pourrais éventuellement vous proposer des solutions afin que, la fois suivante, cet exercice puisse marcher.

Il suffit pour l'instant que nous parvenions à comprendre ce qui crée cette résistance. Nous ne chercherons pas nécessairement à la vaincre aujourd'hui. Si je pouvais tout simplement comprendre ce qui vous empêche de faire cet exercice d'imagerie, ça nous aiderait beaucoup. Voulez-vous m'aider à explorer pourquoi il vous est si difficile de faire ce travail d'imagerie ?

Annette : Je pense que oui.

Thérapeute : Bien ; que ressentez-vous en ce moment ?

Annette : Tout simplement, je n'ai pas envie.

Thérapeute : Faites la partie de vous qui ne veut pas le faire : je veux l'entendre.

Annette : Je ne sais pas ; je ne veux pas, c'est tout. Je n'aime pas faire les choses que je n'ai pas envie de faire.

C'est ici Annette Gâtée qui résiste au travail d'imagerie, parce qu'elle ne veut pas faire ce qu'elle n'aime pas faire. Le thérapeute entame un dialogue avec Annette Gâtée, en la confrontant empathiquement.

Thérapeute : Bon. Je vais jouer le rôle de l'Adulte Sain : « Je sais que c'est difficile pour vous, mais ce n'est qu'en essayant de faire ce qui est difficile que vous parviendrez à ce qui est important : vous n'y arriverez pas autrement. » Jouez le rôle opposé, je veux entendre la réponse.

Annette : Je n'aime pas faire des choses difficiles. C'est trop dur.

Thérapeute : Est-ce que vous voudriez tout de même essayer ?

Annette : Je pense que oui.

Thérapeute : Bien ! Faisons un essai de 5 minutes, et si vraiment vous détestez ça…

Annette (elle interrompt, d'une voix dure et rebelle) : Si je déteste ça, je vous le dirai, n'ayez crainte ! Alors, on fait quoi ?

Thérapeute : Gardez simplement les yeux fermés durant 5 minutes et, si vous détestez ça, vous pouvez les ouvrir et cesser l'exercice.

Annette (dans un demi-sourire) : Je ne peux pas rester encore 5 minutes assise, encore moins fermer les yeux durant 5 minutes.

Thérapeute : Je pense que si vous dites ça, c'est pour résister : vous êtes bien déjà restée assise 35 minutes aujourd'hui, donc vous pouvez sûrement rester 5 minutes de plus si vous le voulez.

Annette : Mais je ne veux pas.

Thérapeute : Oui, c'est bien ce que je pense. Et, pour moi, la raison de ce refus, c'est que vous ne voulez pas descendre dans cette partie de vous qui souffre, qui est déprimée et qui est seule. Vous ne voulez pas regarder de ce côté-là.

Annette : Oui, parce qu'il est mauvais.

Lorsqu'elle refuse l'imagerie, Annette passe du côté qui s'arroge des droits au côté dur — refusant de reconnaître son Enfant Vulnérable, qu'elle considère comme une mauvaise partie d'elle-même. Ce sentiment que l'Enfant Vulnérable est mauvais provient de son schéma d'Imperfection. Néanmoins, le thérapeute insiste. Dans le passage suivant, le Protecteur Détaché s'avère être l'obstacle responsable des principales difficultés d'accès à l'Enfant Vulnérable. Il ne veut pas paraître faible aux yeux des autres, parce qu'ils pourraient le blesser.

Thérapeute : Mauvais, c'est à dire ?

Annette : Je ne sais pas, un truc mauvais. Je me sens déjà suffisamment mal : pourquoi essayer de me souvenir de tout ça ?

Thérapeute : Parce que la seule façon pour vous d'aller mieux est de parvenir à connaître ces sentiments-là pour les guérir. Mon idée est qu'Annette la Dure ne veut pas laisser quiconque approcher la Petite Annette, ni même l'aimer. C'est ça son rôle.

Annette (elle soupire profondément).

Thérapeute : Elle tient tout le monde à l'écart. Si bien que la Petite Annette est toujours seule, perdue, sans personne qui s'occupe d'elle. Tant que je n'aurai pas aidé Annette la Dure à réduire sa résistance, la Petite Annette ne pourra pas obtenir des autres l'amour dont elle a besoin. Elle va continuer à se sentir seule. La seule façon de l'aider est de convaincre Annette la Dure de se retirer pour nous permettre de trouver la Petite Annette et lui donner ce qu'il lui faut. Mais Annette la Dure ne veut pas voir la Petite Annette.

Donc, je voudrais que vous lâchiez suffisamment Annette la Dure pour pouvoir faire l'exercice. Et je pense que si Annette la Dure ne veut pas faire l'exercice, c'est parce qu'elle ne veut pas que je voie la Petite Annette.

Annette : Et si la Petite Annette n'existait pas ?

Thérapeute : Alors vous ne seriez pas dépressive et vous seriez comme le reste de votre famille. Tout irait bien. Nous savons que la Petite Annette doit exister, sinon vous ne seriez pas dépressive et vous ne vous sentiriez pas seule. Vous ne feriez pas une thérapie. La Petite Annette, c'est la partie de vous qui est triste. Annette la Dure n'est pas triste, Annette Gâtée non plus. Donc, la seule partie qui puisse être triste, c'est la Petite Annette.

Annette (elle soupire profondément).

Thérapeute : Mais vous ne voulez pas la regarder, même si c'est elle qui supporte toute la souffrance. Elle porte à elle seule toute la souffrance que vous ressentez.

Annette : Ce n'est pas que je refuse de la regarder : en fait, je ne la connais pas, je ne sais pas où elle se trouve.

Thérapeute : En résistant contre le travail d'imagerie, vous résistez à la regarder. Et moi, je vous dit : traitez-la moins durement ; voyons à quoi elle ressemble. Ne la combattez-pas avec tant de force. Si vous cherchez à voir de quoi elle a l'air, il ne se produira rien de si terrible. Si vous la regardez, et essayez de comprendre ses sentiments, je pense que ce ne sera pas aussi mauvais que vous le dites. Nous pourrions essayer ?

Annette : Oui, je pense.

e. Étape 5 : Accéder à l'Enfant Vulnérable grâce à l'imagerie

Finalement, la patiente accepte de créer une image de la Petite Annette. Remarquez combien le thérapeute a insisté, grâce à la confrontation empathique, pour qu'Annette parvienne à ce point — sans la critiquer, mais en insistant pour la convaincre. Le thérapeute persiste à empathiser avec la douleur que représente pour Annette l'accès à sa faiblesse, sans jamais cesser de la pousser à le faire.

Dans les ateliers et les conférences, les psychothérapeutes sont souvent surpris de notre insistance à pousser les patients au travail émotionnel. Ils pensent que les patients sont trop fragiles pour supporter d'être poussés de cette façon — qu'ils vont décompenser ou interrompre la thérapie. Cependant, nous considérons que beaucoup de thérapeutes exagèrent la fragilité des patients ou leur susceptibilité à quitter la thérapie lorsque nous insistons de cette façon.

Nous ne serions certainement pas aussi insistants au début de la thérapie, de même que nous n'insisterions pas autant avec les patients les plus fragiles, tels que les borderlines, ou ceux qui ont subi des traumatismes ou des abus graves. Mais, avec des patients à fonctionnement plus élevé, tels qu'Annette, nous nous permettons d'être aussi insistants, dans la mesure où rien dans leur histoire ne les présente comme étant à risque de décompensation significative. Dans notre expérience, il est extrêmement rare que les patients décompensent ou interrompent la thérapie lorsque nous les poussons fortement au travail émotionnel, quand ils ont été correctement sélectionnés. Au contraire, lorsque les patients évitants font l'expérience de la partie la plus émotionnelle d'eux-mêmes, ils ressentent généralement un profond sentiment de soulagement. Ils se sentent moins vides, moins dépressifs, ils se sentent revivre. Ils savent enfin pourquoi ils sont si insensibilisés. Nous avons remarqué que, dans l'ensemble, lorsque les patients sont très opposés à l'imagerie, ou bien s'ils sentent un risque important, ils refuseront catégoriquement l'exercice, même si l'on continue gentiment à insister.

Dans le passage suivant, le thérapeute accède enfin à la Petite Annette.

Thérapeute : Bien, alors je vais vous demander de fermer les yeux, et de les garder fermés durant 5 minutes.

Annette (elle ferme les yeux).

Thérapeute : Bien. Après ces 5 minutes, si vous tenez réellement à les ouvrir, pas de problème. Mais, durant ces 5 minutes, essayez vraiment de vous forcer à entrer en relation avec elle. Fermez les yeux et créez une image de la Petite Annette, aussi jeune que vous pouvez vous imaginer. C'est vous-même lorsque vous étiez enfant. Dites-moi simplement ce que vous voyez, d'accord ?

Annette : Que pourrais-je bien voir ?

Thérapeute : Essayez simplement de créer une image dans laquelle vous regardez cette petite fille. Peu importe si elle ne fait rien. Tâchez simplement de voir son visage ou son corps. Imaginez-la d'une manière ou d'une autre, une photo d'elle si vous ne pouvez la voir en tant que personne réelle.

Annette : D'accord.

Thérapeute : Que voyez-vous ?

Annette : Je vois quelqu'un qui peut avoir, disons, 5 ans.

Thérapeute : Où se trouve-t-elle ? Pouvez-vous voir l'endroit où elle se trouve ?

Annette : Elle est à la maison.

Thérapeute : D'accord. Pouvez-vous me dire dans quelle pièce elle se trouve ?

Annette : Dans sa chambre.

Thérapeute : Et elle est seule ?

Annette : Oui.

thérapeute : Pouvez-vous regarder l'expression de son visage et me dire ce qu'elle ressent ?

Annette : Je ne sais pas. Elle est calme.

Thérapeute : Pouvez-vous lui demander ce qu'elle ressent et me répéter ce qu'elle vous dit ? Je voudrais que vous, Annette Adulte, parliez à la Petite Annette, lui demandiez ce qu'elle ressent et me répétiez ce qu'elle vous répond.

Annette : Hm, je ne sais pas, elle est nerveuse.

Thérapeute : A-t-elle peur de quelque chose ?

Annette : Oui.

thérapeute : Pouvez-vous lui demander de quoi elle a peur ? Le sait-elle ?

Annette : Oui, elle sait.

Thérapeute : Pouvez-vous me le dire ?

Annette : Hm, ce qui lui faire peur, c'est que ses parents se disputent beaucoup.

Thérapeute : A-t-elle peur pour sa mère ? Que redoute-t-elle ?

Annette : Je ne sais pas. Son père a un tel caractère.

Thérapeute : Qu'a-t-il de mauvais, ce caractère ?

Annette : Eh bien, il ne la bat pas, sa mère non plus, mais, disons, qu'il crie beaucoup.

Thérapeute : Qu'a-t-elle peur qu'il se produise, si son père ne se contrôlait plus ? Quel est l'événement qu'elle redoute ?

Annette : Heu, elle a peur que, heu, qu'il batte quelqu'un ou même qu'il tue quelqu'un.

Thérapeute : A-t-elle peur qu'il la batte elle-même ?

Annette : Oui.

Thérapeute : Et elle se cache dans sa chambre pour y être en sécurité ?

Annette : Oui.

Le thérapeute a la possibilité de parler à l'enfant Vulnérable (via Annette Adulte) et de découvrir ce qu'elle ressent. Il a appris que la Petite Annette a peur de son père. Ensuite, le thérapeute demande à Annette de faire entrer sa mère dans l'image.

Thérapeute : Pouvez-vous faire venir sa mère dans la pièce, maintenant, et me dire ce que vous voyez et ce qu'il se passe ?

Annette : Sa mère est bouleversée, elle est toujours bouleversée.

Thérapeute : Bouleversée comment ? De tristesse ou de colère ?

Annette : Elle paraît effrayée.

Thérapeute : Et lorsque la Petite Annette voit sa mère si effrayée, si bouleversée, que ressent-elle ?

Annette : Elle a peur, elle aussi.

Thérapeute : Donc elles ont peur, toutes les deux ?

Annette : Han-han.

Thérapeute : Elles voudraient toutes les deux quelqu'un pour les protéger ?

Annette : Oui.

Thérapeute : Mais il n'y a personne de suffisamment fort, ou alors est-ce la Petite Annette qui va s'en occuper ?

Annette : Je crois que oui. Mais je ne sais pas si elle sait comment faire : elle est petite.

Thérapeute : D'accord. Que se passe-t-il dans sa tête ? Dites moi ce qui lui vient à l'esprit quand elle voit sa mère si effrayée ?

Annette : Elle se dit que sa mère est triste et déprimée.

Thérapeute : Elle est inquiète pour elle ?

Annette : Han-han.

Thérapeute : Est-ce qu'elle veut faire quelque chose pour l'aider, ou bien éprouve-t-elle le besoin d'être aidée elle-même ?

Annette : Non, elle éprouve le besoin d'aider sa mère.

thérapeute : Donc, pour ça, elle a besoin d'être forte, d'être dure ; il ne faut pas qu'elle laisse paraître sa peur, n'est-ce pas ?

Annette : Oui.

Thérapeute : Donc, elle va s'endurcir, pour sa mère, pour que sa mère ne voit pas qu'elle a peur.

Annette : Oui. Elle ne veut pas qu'elle soit bouleversée. Elle ne veut pas inquiéter davantage sa mère.

Une fois que le thérapeute a pu franchir Annette la Dure dans l'image, le mode qui fait surface est — comme d'habitude — l'Enfant Vulnérable. Maintenant, le thérapeute peut travailler sur les schémas centraux que représente la Petite Annette : ses sentiments, ses souvenirs, ses besoins et ses croyances sous-jacents. Ce qui apparaît alors, c'est la peur de la colère de son père, et le désir de protéger sa mère. Il n'y a personne de fort pour protéger Annette : son père est dangereux et sa mère est faible. Les schémas centraux sont : Méfiance/Abus, Abnégation et Manque Affectif.

f. Étape 6 : Mener des dialogues entre les modes, le thérapeute tenant le rôle de l'Adulte Sain

Une fois que l'Enfant Vulnérable et l'Adulte Sain sont établis sous la forme de personnages dans l'image, le thérapeute introduit les autres modes du patient dans l'imagerie et il met en place des dialogues. Il aide les modes à communiquer et négocier entre eux. L'Adulte Sain peut, par exemple, dialoguer avec le Parent Punitif, ou bien l'enfant Vulnérable peut parler avec le Protecteur Détaché. Le thérapeute tient le rôle de l'Adulte Sain (ou du Parent Sain) chaque fois que les patients sont incapables de le tenir eux-mêmes.

L'Adulte Sain a plusieurs fonctions dans les dialogues entre les modes :

(1) il donne son attention et ses conseils, il soutient et protège l'Enfant Vulnérable ;

(2) il fixe des limites à l'Enfant Coléreux et à l'Enfant Impulsif/Indiscipliné ;

(3) il combat, contourne, ou assouplit les modes de Styles d'Adaptation Dysfonctionnels ou du Parent Dysfonctionnel.

Tout ceci peut se faire en imagerie, ou bien à la façon de la Gestalt-thérapie, en changeant de chaises. Le thérapeute assigne alors un mode à chaque chaise et il demande au patient de changer de chaise lorsqu'il change de mode. Là encore, le thérapeute joue le rôle de l'Adulte Sain lorsque le patient en est incapable. (Habituellement, le thérapeute jour le rôle de l'Adulte Sain durant plusieurs mois, avant que le patient ne soit capable de tenir ce rôle.)

Dans le passage suivant, le thérapeute aide la patiente à mener un dialogue entre l'Adulte Sain et l'Enfant Vulnérable. Au début du passage, la patiente est toujours la petite fille, dans sa chambre avec sa mère. Le thérapeute demande à Annette de faire entrer Rachel dans l'image, pour parler à l'Enfant Vulnérable, plutôt que lui-même, parce que Rachel a une relation plus forte avec Annette depuis ses nombreux mois de thérapie. Le thérapeute joue le rôle de Rachel, même si Annette n'est pas à l'aise pour montrer sa fragilité.

Thérapeute : Pouvez-vous faire entrer Rachel dans l'image, maintenant ?

Annette : Comment ?

Thérapeute : Collez-la simplement au milieu de l'image, avec vous.

Annette : L'image où je suis petite ?

Thérapeute : Oui, et faites sortir toute autre personne. Faites sortir Annette la Dure, faite sortir votre mère : il n'y a maintenant plus que la Petite Annette et Rachel. Pouvez-vous voir ça ?

Annette : Oui.

Thérapeute : Pouvez-vous dire à Rachel ce que vous venez de dire à votre mère ?

Annette (intransigeante) : Non !

Thérapeute : Pourquoi ?

Annette : Je ne sais pas, je ne peux pas, c'est tout.

Thérapeute : Que pensez-vous ? Qu'elle va vous juger ? Qu'elle va avoir une mauvaise impression de vous si vous lui dites ?

Annette : Je ne sais pas. Elle va me trouver bizarre. Je ne sais pas, je ne sais pas ce qu'elle va penser.

La patiente ne parvient pas à s'imaginer aussi fragile en présence de Rachel. Comme elle est bloquée, le thérapeute lui vient en aide. Il montre de l'empathie pour les sentiments de l'Enfant Vulnérable en fournissant des mots à Rachel.

Thérapeute : Laissez-moi faire entrer Rachel et parler pour elle, d'accord ?

Annette : D'accord.

Thérapeute (dans le rôle de Rachel) : « Annette, il est compréhensible que vous soyez effrayée en ce moment : vos parents se disputent, et avec le caractère de votre père,… vous avez le droit que quelqu'un de fort soit là pour vous aider et s'occuper de vous, quelqu'un qui vous comprenne, vous écoute, vous serre dans ses bras. Vous avez le droit à tout ça, dès maintenant, et je veux vous dire que moi, dans la mesure de mes possibilités de thérapeute, je veux le faire pour vous ; car je pense que vous n'avez jamais eu quelqu'un qui le fasse jusqu'à présent. » Que ressent la petite Annette lorsque je lui dit ça ?

Annette : Je ne sais pas, elle est mal à l'aise.

Thérapeute : Que ressent-elle ? Pouvez-vous verbaliser ce qu'elle ressent ?

Annette : Elle se demande seulement ce qu'elle a fait pour mériter tout ce cinéma.

Le thérapeute explique les droits de l'Enfant Vulnérable, mais Annette n'est pas d'accord.

Thérapeute : Bien, je vais être Rachel, maintenant : « Parce que vous êtes une bonne fille. Vous faites tellement d'efforts pour aider tout le monde. Vous êtes une fille qu'on a envie d'aimer. Vous êtes une fille gentille qui fait tout ce qu'elle peut pour aider sa famille et protéger sa mère. Vous méritez qu'on s'occupe de vous et qu'on vous traite avec gentillesse, vous méritez de l'affection. Tous les enfants le méritent, et vous tout particulièrement, car vous êtes une bonne fille. »

Annette : Je ne suis peut-être pas si bonne que ça ; je suis peut-être mauvaise.

Thérapeute (dans le rôle de Rachel) : « Si vous étiez si mauvaise, vous n'essayeriez pas tant de protéger votre mère. Si vous étiez égoïste, vous ne penseriez qu'à vous-même. Vous vous contenteriez de vous procurer ce dont vous avez besoin. Mais ce n'est pas ce qu'il se produit : en fait, vous vous sacrifiez pour elle, pour sa sécurité. C'est le comportement d'un enfant très, très sensible et attentionné. Donc, je ne pense pas du tout que vous soyez un mauvais enfant. vous avez peut-être un aspect enfant gâté lorsque vous voulez des choses matérielles, des choses que l'on peut acheter ; mais lorsqu'il s'agit du domaine affectif, vous n'êtes pas égoïste du tout. En fait, vous vous sacrifiez beaucoup ; sur le plan affectif, on vous a trompée : on ne vous a pas donné tout ce que vous méritiez. Vous n'avez pas reçu grand-chose sur le plan affectif. » Comment vous sentez-vous maintenant ?

Annette : Je me sens troublée ; je ne comprends rien.

Thérapeute : Mon explication vous semble-t-elle correcte ?

Annette : Non.

Le thérapeute fait intervenir la partie d'Annette qui rejette son explication.

Thérapeute : Soyez la partie de vous qui ne me croit pas. Est-ce votre mère qui ne me croit pas ? Ou bien est-ce Annette la Dure qui ne me croit pas ?

Annette : C'est Annette, Annette la Dure.

Thérapeute : Bien. Soyez Annette la Dure qui ne croit pas à mes explications.

Annette (en tant qu'Annette la Dure) : « Je ne vois pas l'intérêt de tout ça : affection, sentiments ; je ne vois pas à quoi ça sert d'en parler. Pourquoi serait-ce nécessaire ? »

Le thérapeute joue les rôles qu'Annette a de la difficulté à tenir : la Petite Annette et l'Adulte Sain.

Thérapeute : Je vais faire la Petite Annette, puis l'Adulte Sain.

(en tant que Petite Annette) : « Écoute, je suis un petit enfant, et puis j'ai peur. Tu es une adulte, et tous les enfants ont besoin d'être embrassés, enlacés, écoutés et respectés. Ce sont les besoins fondamentaux de tout enfant. »

(en tant qu'Adulte Sain) : « On est tous nés comme ça ; si tu penses que tu ne mérites pas d'affection, c'est parce que tu n'en as jamais reçu. Mais nous en avons tous besoin. Et tu es devenue dure parce que tu n'as trouvé aucun moyen d'en obtenir. Alors tu t'es dit : 'Je pourrais aussi bien m'endurcir et prétendre que je n'en ai pas besoin.' Mais en réalité, tu sais bien que tu as besoin d'affection, autant que moi. Simplement, tu as peur de l'admettre, parce que tu penses qu'il n'existe aucun moyen pour toi de jamais en obtenir. »

Annette (en tant qu'Annette la Dure) : « C'est un défaut. »

Thérapeute : Qu'est-ce qui est un défaut ?

Annette (en tant qu'Annette la Dure) : « Eh bien, d'avoir autant de besoins ».

Thérapeute : Non, cela fait partie de la nature humaine. Chacun est fait comme ça. Avez-vous déjà vu un petit enfant qui ne veuille aucune aide, ou qui n'ait pas besoin d'être pris en charge ? Est-ce que vous voulez dire que tout enfant qui demande de l'aide a un défaut ? Est-ce que tout enfant est déficient s'il veut qu'on s'occupe de lui ?

Annette : Non, bien sûr, non.

Dans la partie suivante, le thérapeute demande à Annette de se mettre en colère contre sa mère dans l'image. Ceci dans le but d'aider Annette à combattre son schéma de Manque Affectif en affirmant ses droits face à sa mère. La mère se comporte d'une façon très frustrante sur le plan affectif : elle ne protège pas Annette et elle ne lui donne pas l'attention et l'affection dont elle a besoin.

Thérapeute : Pouvez-vous maintenant être la Petite Annette, et dire à votre mère de quoi vous avez vous-même besoin ? Dites-le à voix haute.

Annette : Ce que veut la Petite Annette ?

Thérapeute : Oui. « J'ai besoin… »

Annette : Je ne sais pas. je crois que j'ai besoin d'un câlin. J'ai tellement peur.

Thérapeute : Que ressentez-vous en disant ça ?

Annette : Ça me rend anxieuse.

Thérapeute : Comment réagit-elle quand vous lui dites que vous avez besoin d'un câlin ?

Annette : Je dois le dire ?

Thérapeute : Oui, soyez votre mère, maintenant.

Annette (elle parle avec mépris) : Elle ne dirait probablement rien. Je pense qu'elle se contenterait de me regarder.

Thérapeute : Dites-moi ce qui lui passe par la tête quand elle vous regarde ainsi.

Annette : Elle penserait : « Pourquoi veut-elle un câlin ? C'est moi qui supporte tous les problèmes. Pourquoi a-t-elle besoin d'un câlin ?

Dans l'image, la mère dénie les besoins d'Annette et se concentre plutôt sur les siens, qui lui paraissent plus importants. Le thérapeute remarque que la mère répond de façon égoïste.

Thérapeute : Êtes-vous en colère, lorsque votre mère vous dit ça ?

Annette (d'un air agréable et acquiescent) : Oui.

Thérapeute : Soyez la petite Annette qui se met en colère contre sa mère qui lui a dit ça. (Longue pause). Vous pouvez commencer par « je n'ai que cinq ans ».

Annette (elle rit) : Hm, voyons « Je n'ai que cinq ans. J'ai besoin de quelqu'un qui s'occupe de moi. » (Longue pause).

Thérapeute : Dites-lui de quoi vous avez besoin. Voulez-vous des câlins ?

Annette : Oui, j'ai besoin de câlins. J'ai besoin de quelqu'un qui me dise comment il se sent avec moi.

Thérapeute : Avez-vous besoin d'éloges ?

Annette : Nan, je crois pas.

Thérapeute : Quelqu'un qui soit suffisamment fort, pour que vous n'ayez plus peur ?

Annette : Elle veut seulement quelqu'un qui lui dise qu'elle compte, qu'elle a de l'importance.

Le thérapeute aide Annette à verbaliser ses besoins d'enfant auprès de sa mère. On a appris à Annette qu'elle ne devait avoir besoin de rien et ne rien réclamer. Il fallait qu'elle soit dure. Qu'elle protège les autres. Qu'elle ne demande ni aide ni amour à personne. Il n'est donc pas étonnant que, devenue adulte, elle ne s'adresse pas aux autres avec l'attente d'aide ou de réconfort.

g. Étape 7 : Aider le patient à généraliser le travail sur les modes aux situations de la vie de tous les jours

L'étape finale consiste à aider les patients à généraliser ce travail dans leur vie courante. Que se passe-t-il lorsque le patient embraye le Protecteur Détaché ou le Parent Punitif ou encore l'Enfant Coléreux ? Le patient parvient-il à rester centré sur le mode Adulte Sain ?

Le thérapeute utilise la révélation de soi sur son enfance personnelle pour aider Annette à accepter son côté vulnérable et être davantage volontaire pour l'exprimer. Annette explique que son Enfant Vulnérable a trop de besoins.

Thérapeute : Pensez-vous que le petit enfant qui est en vous soit si différent de celui qui est en moi, ou de celui qui est en Rachel ?

Annette : Peut-être. Peut-être que vous avez reçu de l'affection, et que c'est ça qui fait la différence.

Thérapeute : Je n'ai pas eu beaucoup d'affection non plus, lorsque j'étais enfant. C'est pourquoi je sais combien il est important d'en recevoir. Je sais ce que c'est de ne pas recevoir d'affection.

Annette (elle parle de façon accusatrice) : Vous dites ça pour que je vous raconte.

Thérapeute : Vous ne me croyez pas. Si je dis tout ça, ce n'est pas pour vous manipuler, croyez-moi. Je vous dis la vérité. Je n'ai pas eu d'affection, moi non plus, et je ressens vraiment ce que c'est quand on n'en reçoit pas. Et je vous dis que tout le monde en a besoin. J'ai grandi avec l'idée que je n'en avais pas besoin. Que tout ce que je devais faire, c'était bien travailler à l'école, être bon avec les autres, être bien élevé, tout faire de mon mieux : c'est tout ce dont j'avais besoin pour être heureux.

Annette raconta plus tard à son thérapeute que, pour elle, c'était là le moment le plus important de la séance. La révélation de soi du thérapeute a représenté une forme de re-parentage très puissante.

Le thérapeute aide Annette à généraliser le travail de modes à sa vie en dehors des séances. Quelles sont les conséquences de ce qu'elle a appris ? Ils discutent ensemble de ses relations amoureuses. Pourquoi lui est-il si difficile d'établir des relations avec les hommes ? Elle n'a jamais pu accepter de l'amour. Comme toutes les personnes qui ont un côté détaché très fort, elle est attirée par les hommes qui donnent peu d'affection. Pour Annette, un des buts de la thérapie consiste à rechercher des hommes qui soient affectivement généreux, pour rester avec eux de façon stable.

Thérapeute : Donc, si quelqu'un vous embrasse, vous vous sentez embarrassée. Il y a quelque chose qui ne va pas. Il vous faut complètement surmonter ce sentiment.

Annette : Comment faire ?

Thérapeute : En laissant faire quelqu'un sans vous écarter et en vous disant : « Je ne me sens pas très à l'aise, mais c'est ce qu'il me faut. C'est comme ça que c'est bien. »

Annette : Même si ça vous fait drôle ?

Thérapeute : Ça vous fera drôle la première fois, parce que vous n'aurez jamais connu ça avant. En tout cas, pas autant que vous vous souveniez.

Annette : Je fais des cauchemars où des gens m'embrassent.

Thérapeute : Ça ne m'étonne pas. Et moi je vous dis que si vous dépassez ça, si vous laissez quelqu'un vous embrasser sans résister, et si vous vous dites : « C'est quelque chose de nouveau pour moi, mais j'en ai besoin. Si je peux rester comme ça longtemps, je vais m'y habituer, et ça ira mieux. Si je laisse l'affection m'envahir, alors je me sentirai mieux. » Alors, vous lutterez contre cette partie de vous qui est gênée d'être embrassée.

Finalement, le but pour Annette est de reconnaître ses besoins affectifs non comblés et de demander à ses proches de les satisfaire. Elle pourra ainsi entrer en relation avec les autres de façon très intime et très agréable.

Le thérapeute termine l'entretien en résumant les implications de ce travail sur les modes dans le cadre de ses buts thérapeutiques.

Thérapeute : Il faut que vous reconnaissiez la Petite Annette et que vous admettiez le bien-fondé de ses besoins affectifs : ils ne sont pas mauvais, ils sont bons et normaux. Et il faut que vous l'aidiez à les satisfaire, sans affirmer qu'elle n'a besoin de rien. Car si vous persistez à prétendre qu'elle n'a aucun besoin, vous continuerez à être déprimée et à vous sentir seule et isolée.

Cela veut dire qu'il vous faut tolérer des sentiments qui vous gênent, comme quand vous faites des exercices d'imagerie. Car si vous ne tolérez pas la gêne provoquée par l'intimité des autres, vous ne dépasserez pas ce stade. Cette gêne est en effet une étape, un cap à passer, et vous la surmonterez. Finalement, vous vous sentirez à l'aise quand quelqu'un vous prendra dans ses bras, vous touchera et vous écoutera.

Le but d'Annette est de former des relations intimes avec des gens importants pour elle, qui seront capables de satisfaire ses besoins affectifs et à qui elle le permettra. En termes de modes, il faut qu'elle construise un mode Adulte Sain qui puisse écouter et guider, soutenir et protéger la Petite Annette ; qui puisse mettre des limites à Annette Gâtée et apprendre à contourner Annette la Dure de façon durable.

Résumé

Un mode est un ensemble de schémas ou d'opérations de schémas — adaptés ou dysfonctionnels — qui sont actifs à un moment donné chez un individu. Nous avons développé le concept de mode pour traiter des patients particulièrement sévères, tels que ceux porteurs des troubles de personnalité borderline et narcissique. Au début, le travail sur les modes était destiné à traiter ce type de patients, mais actuellement nous l'utilisons également chez de nombreux patients ayant un fonctionnement supérieur. Le travail de modes est devenu une partie intégrante de la schéma-thérapie.

Dans notre pratique, plus le fonctionnement du patient est élevé, plus nous insistons sur les schémas ; et plus le trouble du patient est important, plus nous aurons tendance à privilégier les modes. Pour les patients à fonctionnement psychique intermédiaire, nous associons les deux approches.

Le thérapeute peut passer de l'approche des schémas à celle des modes lorsque la thérapie paraît bloquée et que l'évitement ou la compensation du patient ne peut être vaincu. On peut aussi utiliser l'approche des modes quand le patient est autopunitif ou autocritique de façon rigide, ou bien qu'il présente un conflit interne qui semble insoluble : par exemple, si deux parties de l'individu sont bloquées en opposition dans une décision de vie importante. Enfin, nous insistons sur le travail sur les modes avec les patients ayant des fluctuations émotionnelles fréquentes, tels les borderlines.

Nous avons identifié quatre types principaux de modes : les modes de l'Enfant, les modes des Styles d'Adaptation Dysfonctionnels, les modes du Parent Dysfonctionnel et le mode de l'Adulte Sain. Chaque type de mode est associé à certains schémas dysfonctionnels (sauf l'Adulte Sain et l'Enfant Heureux), ou incarne certains styles d'adaptation.

Les modes de l'Enfant sont l'Enfant Vulnérable, l'Enfant Coléreux, l'Enfant Impulsif/Indiscipliné et l'Enfant Heureux. Nous pensons que ces modes d'Enfant sont innés. Nous avons identifié trois grands types de modes de Styles d'Adaptation Dysfonctionnels : le Soumis Obéissant, le Protecteur Détaché et le Compensateur. Ils correspondent respectivement aux processus adaptatifs de la soumission, de l'évitement et de la compensation. Nous avons identifié deux types principaux de Parent Dysfonctionnel : le Parent Punitif et le Parent Exigeant. Le mode de l'Adulte Sain est la partie de la personnalité qui tient le rôle « exécutif » par rapport aux autres modes. Le but suprême du travail sur les modes est de construire l'Adulte Sain du patient afin qu'il travaille de façon plus efficace avec les autres modes. Comme tout bon parent, le mode Adulte Sain exerce les trois fonctions suivantes : (1) éduquer, soutenir et protéger l'Enfant Vulnérable ; (2) fixer des limites à l'Enfant Coléreux et à l'Enfant Impulsif/Indiscipliné, selon les principes de réciprocité et d'autodiscipline ; (3) combattre ou modérer les modes des Styles d'Adaptation Dysfonctionnels et du Parent Dysfonctionnel. Au cours du traitement, les patients internalisent le comportement du thérapeute comme étant un partie de leur Adulte Sain. Au début, le thérapeute tient le rôle de l'Adulte Sain lorsque le patient est incapable de le faire. Progressivement, le patient prendra en charge le rôle de l'Adulte Sain.

Nous avons développé sept étapes dans le travail sur les modes de schémas : (1) identifier et nommer les modes du patient ; (2) explorer leur origine infantile (et, éventuellement, leur valeur adaptative ancienne) ; (3) établir la relation entre les modes inadaptés et les problèmes actuels ; (4) démontrer les avantages à modifier ou à se débarrasser d'un mode qui gêne l'accès à un autre mode ; (5) accéder à l'Enfant Vulnérable au travers de l'imagerie ; (6) mener des dialogues entre les modes ; (7) aider le patient à généraliser le travail sur les modes aux situations de la vie en dehors des séances.

Dans le chapitre suivant, nous appliquerons le travail sur les modes au diagnostic et au traitement du trouble de personnalité borderline.

Chapitre 9

Thérapie des schémas pour le trouble de personnalité borderline

1 CONCEPTUALISATION DES SCHÉMAS DU TROUBLE DE PERSONNALITÉ BORDERLINE

Les Schémas Inadaptés Précoces sont les souvenirs, les émotions, les sensations corporelles et les cognitions associés aux aspects négatifs des expériences infantiles du sujet ; ils s'organisent en scénarios de vie qui se répètent tout au long de l'existence. Aussi bien pour les patients présentant des troubles du caractère que pour des patients moins sévères, les thèmes centraux en sont les mêmes : l'Abandon, l'Abus, le Manque Affectif, l'Imperfection et l'Assujettissement. Pour les patients caractériels, il peut y avoir davantage de schémas en cause et les schémas peuvent être plus sévères, mais ils ne sont pas différents. Ce n'est pas la présence de certains schémas qui distingue les patients à troubles du caractère des autres, moins sévères, mais plutôt les styles d'adaptation extrêmes qu'ils emploient pour s'adapter à ces schémas et les modes qui se cristallisent à partir de ces styles d'adaptation.

Comme déjà signalé, le concept de modes est né de notre expérience clinique des patients porteurs du trouble de personnalité borderline. Lorsque nous avons tenté d'appliquer, chez ces patients, le modèle des schémas, nous avons rencontré de façon régulière deux problèmes. Tout d'abord, les borderlines présentent à peu près l'ensemble des 18 schémas (particulièrement Abandon, Méfiance/Abus, Manque Affectif, Imperfection, Autocontrôle Insuffisant, Assujettissement et Punition). Devant tant de schémas, notre approche initiale des schémas s'est avérée trop lourde à manier. Nous avions besoin, pour l'analyse, d'une unité plus facile à manipuler. D'autre part, en travaillant avec les borderlines, nous avons été étonnés (comme la plupart des cliniciens) par la tendance de ces patients à embrayer rapidement d'un état affectif intense vers un autre. À un moment donné, ces patients sont en colère, l'instant d'après ils sont terrifiés, puis fragiles, puis impulsifs — au point que l'on a parfois l'impression d'avoir affaire à des personnes différentes. Les schémas, qui sont essentiellement des traits, n'expliquent pas ce passage rapide d'un état à un autre. Nous avons développé le concept de modes pour représenter les états affectifs très changeants des patients borderlines.

Les patients borderlines passent continuellement d'un mode à un autre, en réponse aux événements de la vie. Les patients à fonctionnement supérieur ont habituellement des modes moins nombreux et moins extrêmes, ils passent des périodes de temps plus longues dans chacun d'eux, alors que les borderlines ont un nombre de modes plus grand, leurs modes sont plus extrêmes et ils peuvent changer de mode d'un instant à l'autre. De plus, lorsqu'un borderline embraye un mode, tous les autres modes semblent disparaître. À la différence des patients à fonctionnement supérieur, qui peuvent faire l'expérience de deux modes (parfois plus) simultanément, si bien qu'un mode peut modérer l'intensité de l'autre, les patients borderlines qui sont dans un mode semblent en pratique n'avoir aucun accès aux autres modes. Les modes sont presque complètement dissociés.

a. Les modes de schémas chez le patient borderline

Nous avons identifié cinq modes de schémas principaux chez le patient borderline :

1. L'Enfant Abandonné
2. L'Enfant Coléreux et Impulsif
3. Le Parent Punitif
4. Le Protecteur Détaché
5. L'Adulte Sain

Après un bref résumé qui donnera un aperçu général de ces modes, nous décrirons chacun d'un de façon plus détaillée.

Le mode de l'*Enfant Abandonné* est l'enfant interne qui souffre. C'est la partie du patient qui ressent la douleur et la peur associées à la plupart des schémas, notamment l'Abandon, l'Abus, le Manque Affectif, l'Imperfection et l'Assujettissement.

Le mode de l'*Enfant Coléreux et Impulsif* prédomine lorsque le patient est en colère ou se comporte de façon impulsive parce que ses besoins affectifs fondamentaux ne sont pas comblés. Les schémas activés peuvent être les mêmes que ceux du mode de l'Enfant Abandonné, mais l'émotion vécue est alors la colère.

Le mode du *Parent Punitif* est l'internalisation de la voix du parent qui critique et punit le patient. Lorsque ce mode est activé, le patient devient un persécuteur cruel, habituellement envers lui-même.

Dans le mode du *Protecteur Détaché*, le patient se coupe de toutes ses émotions, il s'isole des autres et il fonctionne d'une façon quasi robotisée.

Le mode de l'*Adulte Sain* est extrêmement fragile et sous-développé chez les patients borderlines, particulièrement au début du traitement. C'est, en quelque sorte, le problème essentiel : les borderlines n'ont pas de mode parental suffisamment apaisant pour les calmer et pour leur donner de l'attention. C'est ce qui contribue de façon significative à leur incapacité à tolérer les séparations.

Le thérapeute incarne le modèle de l'Adulte Sain pour le patient jusqu'à ce que celui-ci soit capable d'internaliser sous la forme de son propre Adulte Sain les attitudes, les émotions, les réactions et les comportements du thérapeute. Le but principal du traitement est de construire le mode Adulte Sain du patient ; ce mode sera capable d'éduquer attentivement et de protéger l'Enfant Abandonné ; d'apprendre à l'Enfant Coléreux et Impulsif des méthodes appropriées pour exprimer sa colère et obtenir la satisfaction de ses besoins ; de vaincre et repousser le Parent Punitif ; et progressivement de remplacer le Protecteur Détaché.

Ce qui permet le plus facilement de reconnaître un mode, c'est son style émotionnel. Chaque mode possède son propre affect. Le mode de l'Enfant Abandonné se présente avec l'affect d'un enfant perdu : il est triste, effrayé, fragile et sans défense. Le mode de l'Enfant Coléreux et Impulsif a un affect d'enfant furieux qui ne se contrôle pas : il crie, il est agressif envers les gens qui sont chargés de veiller sur lui s'ils le frustrent dans ses besoins infantiles de base, ou bien il agit de façon impulsive dans le but de satisfaire ces besoins. Le mode du Parent Punitif a un ton dur, critique, qui ne pardonne pas. Le mode du Protecteur Détaché un affect plat, sans émotion, mécanique. Enfin le mode de l'Adulte Sain a l'affect d'un parent fort et aimant. Le thérapeute parvient habituellement à différencier les modes en écoutant le ton de la voix du patient et en observant sa manière de parler. Le schéma-thérapeute cherche à identifier à tout moment le mode du patient et à répondre de façon adaptée, grâce aux stratégies spécifiquement prévues pour travailler avec chaque mode.

Nous allons maintenant décrire chacun des modes dans le détail : la fonction du mode, ces signes et symptômes, et les grandes stratégies dont dispose le thérapeute pour aider les patients porteurs d'un trouble de personnalité borderline lorsqu'il sont dans le mode en question.

1° *Le mode Enfant Abandonné*

Dans le chapitre 8, nous avons présenté le mode de l'Enfant Vulnérable. Nous estimons que ce mode est inné et universel. L'Enfant Abandonné est la version de l'Enfant Vulnérable commune aux borderlines, particulièrement représenté par l'intérêt du patient pour l'abandon. Dans le mode Enfant Abandonné, les patients se montrent fragiles et naïfs. Ils paraissent tristes, agités, effrayés, mal-aimés, égarés. Ils se sentent impuissants et complètement délaissés. Ils sont obsédés par l'idée de trouver un personnage parental qui s'occupera d'eux. Dans ce mode, les patients ressemblent à de très jeunes enfants, innocents et dépendants. Ils idéalisent leurs éducateurs, qu'ils imaginent venant à leur secours. Ils font des efforts désespérés pour éviter que les gens qui s'occupent d'eux ne les abandonnent, et il arrive que leur tendance à percevoir l'abandon voisine l'illusion.

L'Enfant Vulnérable du patient fonctionne à un niveau d'âge particulièrement bas, ce qui explique la plupart des styles cognitifs de ces patients : les borderlines ont un mode Enfant Vulnérable qui a souvent moins de trois ans d'âge ; alors que les patients à fonctionnement supérieur ont un Enfant Vulnérable qui peut avoir quatre ans ou davantage. Dans le mode Enfant Abandonné, les borderlines ressentent de façon permanente un manque d'objet. Ils sont incapables de faire appel à une image mentale apaisante de la personne qui s'occupe d'eux, si celle-ci est physiquement absente. L'Enfant Abandonné vit dans un présent éternel, sans notion bien nette du passé et du futur, ce qui aggrave le besoin d'urgence et d'impulsivité du patient. Tout ce qui se produit dans l'instant présent représente tout ce qui est, tout ce qui a été ou tout ce qui sera jamais. Le mode Enfant Abandonné est essentiellement pré-verbal et il exprime ses émotions au travers de l'action plutôt que des mots. Les émotions sont pures et intenses, non modérées.

Chez les patients borderlines, les quatre modes peuvent fonctionner chacun à des âges différents. Le Protecteur Détaché, par exemple, est souvent un adulte, alors que l'Enfant Vulnérable et l'Enfant Coléreux appartiennent au monde de l'enfance. Le patient attribue souvent à son Parent Punitif la puissance et le savoir que les jeunes enfants accordent à leurs parents.

Le mode de l'Enfant Abandonné est le vecteur des schémas centraux du patient. Le thérapeute console l'enfant aux prises avec ses schémas et lui apporte un antidote partiel grâce au re-parentage partiel de la relation thérapeutique. Lorsque les borderlines sont dans le mode Enfant Abandonné, la stratégie générale du thérapeute consiste à les aider à identifier, accepter et satisfaire leurs besoins affectifs fondamentaux en matière de sécurité dans la relation, d'amour, d'empathie, d'expression authentique de soi et de spontanéité.

2° *Le mode Enfant Coléreux et Impulsif*

C'est le mode que les professionnels de santé mentale associent le plus souvent au trouble de personnalité borderline, même si, dans notre expérience, ces patients peuvent ne pas en faire l'expérience. La plupart de nos patients porteurs d'un trouble de personnalité borderline passent la majeure partie de leur temps dans le mode du Protecteur Détaché — qui est leur mode de base, à partir duquel ils oscillent vers le Parent Punitif ou vers l'Enfant Abandonné. Au bout d'un certain temps, les émotions et les besoins s'accumulant, le patient ressent une pression grandissante de pression interne. Il lui arrive de dire : « Je sens en moi quelque chose qui monte ». (Il peut se mettre à faire des rêves dans lesquelles il empêche des catastrophes telles que des raz-de-marée ou des orages.) La pression grandissant, il va se produire un événement qui sera la « goutte qui fait déborder le vase » (parfois une interaction problématique avec le thérapeute ou avec un partenaire), et le patient bascule dans le mode Enfant Coléreux. Brusquement, il se sent en furie.

Lorsque les patients sont dans ce mode, ils passent leur colère de façon inappropriée. Ils peuvent se présenter comme furieux, exigeants, dévalorisateurs, contrôleurs ou abuseurs. Ils agissent de façon impulsive pour satisfaire leurs besoins et peuvent être manipulateurs ou insouciants. Ils peuvent menacer de se suicider ou avoir des comportements para-suicidaires. Une patiente pourra, par exemple, annoncer qu'elle va se tuer ou se couper pour que l'on fasse ce qu'elle veut. (Une patiente, en réaction à un sentiment d'abandon activé à la fin d'une séance, embraya le mode Enfant

Coléreux et quitta la séance en disant : « Je vais aller dans la salle de bains pour me taillader les chevilles. ») Dans le mode Enfant Coléreux, il arrive que les patients aient des exigences de droits particuliers, ou fassent des caprices, ou bien s'éloignent des autres. En fait, ces demandes ne reflètent pas réellement un sentiment de grandiosité, mais plutôt des efforts désespérés pour satisfaire leurs besoins affectifs fondamentaux.

Lorsque les patients sont dans ce mode, la stratégie générale du thérapeute consiste à leur fixer des limites et à leur apprendre des moyens plus appropriés pour gérer leur colère et satisfaire leurs besoins.

3° *Le mode Parent Punitif*

La fonction de ce mode est de punir le patient parce qu'il a fait quelque chose de « mal », comme exprimer ses sentiments ou manifester ses besoins. Ce mode représente une internalisation de l'un ou l'autre des parents qui avait un comportement de colère, de haine, de répugnance, d'abus ou d'assujettissement vis-à-vis du patient lorsqu'il était enfant. Les signes en sont le dégoût de soi, la critique de soi, le déni de soi, l'automutilation, les intentions suicidaires, et les comportements autodestructeurs. Dans ce mode, les patients deviennent leur propre parent punitif et rejeteur. Ils se mettent en colère contre eux-mêmes, se reprochant d'avoir, ou de laisser apparaître, des besoins normaux que leurs parents ne leur permettaient pas d'exprimer. Ils se punissent eux-mêmes — par exemple en se coupant ou en se privant — et ils parlent d'eux-mêmes d'une manière dure, en se traitant de mauvais, de vilains ou de sales.

Lorsque les patients sont dans le mode Parent Punitif, la stratégie principale du thérapeute est de les aider à rejeter les messages du parent punitif et à construire leur estime de soi. Il soutient l'Enfant Abandonné dans ses besoins dans ses droits et il essaie de refouler et de supplanter le Parent Punitif.

4° *Le mode Protecteur Détaché*

Sauf dans les cas sévères, les borderlines passent la plupart de leur temps dans le mode Protecteur Détaché. Ce mode leur sert à se détacher des émotions, à s'éloigner des autres, et à avoir un comportement soumis pour éviter la punition.

Lorsque les patients borderlines sont dans le mode Protecteur Détaché, ils ont une apparence normale, ils sont de « bons patients ». Ils font tout ce qu'on leur demande et se comportent de façon adaptée. Ils arrivent aux séances à l'heure, ils font leurs tâches comportementales, et ils paient de façon régulière. Ils n'agissent pas de façon impulsive et ne perdent pas le contrôle de leurs émotions. En fait, beaucoup de thérapeutes renforcent, par erreur, ce mode. Le problème est que, lorsque les patients sont dans ce mode, ils sont détachés de leurs propres besoins et de leurs propres émotions. Plutôt que d'être authentiques envers eux-mêmes, ils ont comme seule base à leur identité la recherche de l'approbation du thérapeute. Ils font ce que le thérapeute leur demande, mais ils ne sont pas réellement en lien avec lui. Il arrive que des thérapeutes passent la totalité des séances avec un patient sans réaliser qu'il se trouve dans le mode du Protecteur Détaché la plupart du temps. Le patient ne fait aucun progrès significatif, il se contente de passer d'une séance à une autre.

Les signes et symptômes du Protecteur Détaché sont la dépersonnalisation, la sensation de vide, l'ennui, l'abus de drogue, la boulimie, l'automutilation, l'absence de pensée, les plaintes psychosomatiques, les réponses d'obéissance automatique. Les patients embrayent souvent le mode Protecteur Détaché lorsque leurs émotions sont activées au cours des séances, ceci dans le but de se détacher de leurs émotions. Lorsque que les patients sont dans le mode du Protecteur Détaché, la stratégie principale du thérapeute consiste à les aider à faire l'expérience de leurs émotions sans les bloquer lorsqu'elles apparaissent, à les faire se relier aux autres et à leur faire exprimer leurs besoins.

Il est important de réaliser qu'un mode peut en activer un autre. Un patient peut, par exemple, exprimer un besoin dans le mode Enfant Abandonné, osciller vers le mode du Parent Punitif pour se punir de l'expression de ce besoin, et passer ensuite en mode Protecteur Détaché pour échapper à la douleur de la punition. Les patients borderlines sont souvent pris au piège dans ce cercle vicieux, où un mode en active un autre dans une boucle qui s'auto perpétue.

Si nous devions classer les modes par ordre de santé psychologique dans un large éventail de patients borderlines, le mode Adulte Sain et le mode Enfant Vulnérable sont les plus sains ; vient ensuite l'Enfant Coléreux qui exprime des émotions authentiques et des désirs authentiques ; puis le Protecteur Détaché, qui maintient le contrôle sur le comportement du patient. Enfin, le Parent Punitif, qui est le mode le plus destructeur à long terme pour le patient.

b. Origines hypothétiques du trouble de personnalité borderline

1° *Facteurs biologiques*

Dans notre expérience, la majorité des patients porteurs d'un trouble de personnalité borderline ont un tempérament émotionnel intense et labile. Cette hypothèse de tempérament peut représenter une prédisposition biologique pour développer ce trouble.

Les trois-quarts des patients diagnostiqués borderlines sont des femmes (Gunderson, Zanarini et Kisiel, 1991). Il est possible que ce résultat soit en partie le fait d'une différence de tempéraments : les femmes ont peut-être plus volontiers que les hommes des tempéraments intenses et labiles. Cette différence en fonction du sexe peut également être due à des facteurs environnementaux. L'abus sexuel, une caractéristique fréquente des histoires infantiles des patients borderlines (Herman, Perry et Van de Kolk, 1989), est plus fréquent chez les filles. Les filles sont plus souvent assujetties et on leur demande plus volontiers de contrôler leur colère. Il est possible également que les hommes borderlines représentent un groupe sous-diagnostiqué. Chez les hommes, ce trouble se manifeste différemment. Les hommes ont davantage tendance à avoir des tempéraments agressifs, à être dominateurs qu'obéissants et sont plutôt violents contre les autres que contre eux-mêmes. Ils sont probablement plus susceptibles d'être rangés dans les catégories diagnostiques des troubles de personnalité antisociale et narcissique (Gabbard, 1994), même si les modes et les schémas sous-jacents sont similaires.

2° *Facteurs environnementaux*

Nous avons identifié dans l'environnement familial quatre facteurs qui interagissent avec la prédisposition biologique pour conduire au développement d'un trouble de personnalité borderline.

1. *L'instabilité et l'insécurité*. Le manque de sécurité résulte presque toujours de l'abus ou de l'abandon. La majorité des patients borderlines ont vécu un abus physique, sexuel ou verbal lorsqu'ils étaient enfants. Si le patient n'a subi aucun abus réel, il a souvent vécu dans la menace d'une explosion de colère ou de violence. Ou bien il a pu observer qu'un autre membre de la famille était victime d'abus. De plus, ces patients ont fréquemment vécu l'abandon. Il peut s'agir d'un enfant qu'on a laissé seul pendant de grandes périodes de temps

sans personne pour s'occuper de lui ou bien qu'on a confié à un gardien abuseur (il peut, par exemple, y avoir un parent qui abuse de l'enfant pendant que l'autre dénie et permet cet abus). Ou bien le gardien principal de l'enfant n'est pas fiable, ni stable : ce peut être un parent qui a de très grandes variations d'humeur ou qui consomme des drogues. Au lieu de représenter la sécurité, l'attachement au parent est souvent fait d'instabilité et de terreur.

2. *La privation.* Les relations d'objets précoces sont souvent appauvries. L'éducation parentale — chaleur physique, empathie, proximité et soutien affectifs, protection, aide et conseils — est absente ou défaillante. L'un des parents ou bien tous les deux (plus particulièrement le gardien principal) est incapable de fournir un minimum d'empathie et d'affection. Sur le plan affectif, le patient se sent seul.
3. *L'environnement familial est dur, punitif et rejeteur.* Les patients borderlines ne grandissent pas dans des familles qui les accepte, leur pardonne et les aiment. Leurs familles les critiquent et les rejettent ; elles les punissent durement lorsqu'ils font des erreurs et ne leur pardonnent pas. La sévérité est extrême : on a fait sentir à ces enfants, qu'ils étaient sans valeur, mauvais, vilains, sales, et non pas simplement des enfants normaux qui auraient eu un mauvais comportement.
4. *L'environnement familial est assujettissant.* L'environnement familial réprime les besoins et les sentiments de l'enfant. Il existe habituellement des règles implicites qui régissent ce qu'on lui permet et ce qu'on lui interdit de dire et de ressentir. L'enfant reçoit le message suivant : « Ne montre pas ce que tu ressens. Ne pleure pas lorsqu'on te fait mal. Ne te mets pas en colère lorsque quelqu'un te maltraite. Ne demande pas ce que tu veux. Ne soit pas réel ou vulnérable. Contente-toi d'être ce que nous voulons que tu sois. » Lorsque l'enfant exprime une souffrance émotionnelle — en particulier de la tristesse et de la colère — le parent se met souvent en colère, et il punit l'enfant ou ne veut plus s'occuper de lui.

c. Les critères diagnostiques du DSM-IV pour le trouble de personnalité borderline et les modes de schémas

Le tableau 9.1 fait la liste des critères diagnostiques du trouble de personnalité borderline selon le DSM-IV et il établit la relation avec les modes de schémas correspondants. Nous avons considéré quatre modes : l'Enfant Abandonné, l'Enfant Coléreux, le Parent Punitif et le Protecteur Détaché.

TABLEAU 9.1

Critères diagnostiques DSM-IV pour le trouble de personnalité borderline et modes de schémas correspondants

Critères diagnostiques du DSM-IV	*Modes de schémas correspondants*
1. Efforts effrénés pour éviter les abandons réels ou imaginés.	Mode de l'Enfant Abandonné.
2. Mode de relations interpersonnelles instables et intenses caractérisées par l'alternance entre des positions extrêmes d'idéalisation excessive et de dévalorisation.	Tous les modes. (C'est l'oscillation rapide d'un modeà un autre qui crée l'instabilité et l'intensité. L'Enfant Abandonné idéalise les gens qui s'occupent de lui et l'Enfant Coléreux les dévalorisent et leur fait des reproches.)
3. Perturbation de l'identité : instabilité marquée et persistante de l'image ou de la notion de soi.	a. Mode du Protecteur Détaché. (Parce que ces patients doivent plaire aux autres et n'ont pas le droit d'être eux-mêmes, ils sont incapables de développer une identité sûre.) b. Passage constant d'un mode non intégré à un autre, chacun possédant sa propre vision de soi, ce qui conduit également à une image de soi instable.
4. Impulsivité (p. ex. dépenses, sexualité, toxicomanie conduite automobile dangereuse, crises de boulimie).	a. Mode de l'Enfant Coléreux et Impulsif (pour exprimer de la colère ou obtenir la satisfaction des besoins). b. Mode du Protecteur Détaché (pour se calmer soi-même ou rompre l'insensibilité).
5. Répétition de comportements, de gestes ou de menaces suicidaires, ou d'automutilations.	Les quatre modes.
6. Instabilité affective due à une réactivité marquée de l'humeur (p. ex. dysphorie épisodique intense, irritabilité ou anxiété).	a. Tempérament biologique supposé intense et labile. b. Oscillation rapide entre les modes, chacun ayant son affect propre.
7. Sentiments chroniques de vide.	Mode du Protecteur Détaché. (La séparation des émotions et l'éloignement des autres conduit aux sentiments de vide.)
8. Colères intenses ou inappropriées ou difficulté à contrôler sa colère.	Mode de l'Enfant Coléreux
9. Survenue transitoire dans de situations de stress d'une idéation persécutoire ou de symptômes dissociatifs sévères.	Chacun des quatre modes (lorsque l'affect devient insupportable ou bouleversant).

Lorsqu'un patient borderline est suicidaire ou parasuicidaire, il faut que le thérapeute reconnaisse le mode qui vit l'urgence. L'urgence provient-elle du mode Parent Punitif, avec pour but la punition du patient ? Ou bien l'urgence provient-elle du mode Enfant Abandonné qui souhaite mettre fin à la souffrance d'une solitude insupportable ? Provient-elle du mode Protecteur Détaché, qui tente de distraire le patient de sa souffrance affective par l'intermédiaire d'une douleur physique, ou qui cherche à transpercer son anesthésie affective pour lui faire ressentir quelque chose ? Ou bien l'urgence vient-elle du mode de l'Enfant Coléreux dans le désir d'obtenir une revanche ou de blesser une autre personne ? Dans chacun de ces modes, le patient à une raison différente pour chercher à se suicider, et le thérapeute va traiter l'urgence suicidaire en accord avec le mode qui la génère.

1° *Exemple de cas*

Problème actuel

Kate est une borderline de 27 ans. Le passage suivant est tiré d'un entretien avec le docteur Young ; la patiente vient de commencer une thérapie avec un autre schéma-thérapeute.

C'est à 17 ans que Kate a vu son premier thérapeute. Ce passage illustre l'imprécision de son problème actuel à cet instant.

Thérapeute : Qu'est-ce qui vous a amenée à consulter pour votre première thérapie ?

Kate : C'était il y a dix ans. J'étais très malheureuse. J'étais déprimée, j'avais l'esprit troublé, j'étais en colère, j'avais beaucoup de difficulté à fonctionner : comme le matin, parler aux gens, même marcher dans la rue. J'étais vraiment bouleversée, en colère et triste.

Thérapeute : S'est-il produit quelque chose qui a activé cette réaction ?

Kate : Non, seulement une accumulation de problèmes.

Thérapeute : Vous rappelez-vous quels problèmes se sont accumulés ?

Kate : Des problèmes à la maison. Des problèmes avec moi-même et mon identité. Je ne me sentais bien nulle part. Je n'avais que des sentiments négatifs.

Thérapeute : Mais il ne s'est rien passé, par exemple un décès ou quelqu'un qui vous aurait quittée ?

Kate : Non.

Cette notion d'une identité dispersée, dont parle Kate, est liée au mode Protecteur Détaché : les borderlines, lorsqu'ils se trouvent dans le mode Protecteur Détaché, ont une idée confuse de ce qu'ils sont. Ils ne savent pas ce qu'ils ressentent. Ils sont presque complètement préoccupés par l'obéissance aux autres et par l'évitement de l'abandon ou de la punition, et ils bloquent leurs propres désirs et leurs propres émotions. Comme ils ne suivent pas leurs tendances naturelles, ils ne parviennent pas à développer une identité distincte par eux-mêmes. Ils ressentent à la place une sensation de vide, d'ennui ; ils sont agités, leur esprit est brouillé ou confus.

Kate a fait l'expérience, de façon caractéristique, d'une batterie de troubles de l'Axe I, notamment la dépression, la boulimie et l'usage de drogues.

Thérapeute : Quels sont vos autres symptômes ?

Kate : Je me sens sans valeur, je n'ai pas vraiment l'impression d'être une personne à part entière, si jamais je sais ce que cela veut dire. Tout ce que je sais, c'est que je ne me trouve pas égale aux autres, lorsque je les regarde.

Thérapeute : Est-ce qu'il vous arrive de vous punir vous-même, d'une façon ou d'une autre ?

Kate : Oui, ça m'est arrivé.

Thérapeute : Que faisiez-vous pour ça ?

Kate : Souvent, je me suis coupée. J'ai été boulimique pendant près de neuf ans. Ce genre de comportements autodestructeurs.

Thérapeute : Et maintenant, êtes-vous tentée de recommencer ?

Kate : Oui.

Thérapeute : Vous continuez à avoir ce genre de comportements ?

Kate : Pas depuis un moment. Souvent, je me mets à boire, mais depuis plusieurs mois, je n'ai pas consommé de drogues.

HISTOIRE DE LA MALADIE ACTUELLE

Le traitement actuel de Kate a commencé il y a deux ans au cours d'une hospitalisation pour une tentative de suicide. Dans le passage suivant, le thérapeute lui demande de décrire la série d'événements qui l'ont conduit à cette hospitalisation :

Thérapeute : Qu'est-ce qui vous est arrivé cette fois-ci ?

Kate : J'ai fait une overdose.

Thérapeute : De quelle drogue s'agissait-il ?

Kate : Du Rivotril.

Thérapeute : Est-ce que c'était volontaire ?

Kate : Oui.

Thérapeute : Vous souvenez-vous quand vous avez commencé à consommer ce produit ? S'est-il passé quelque chose ?

Kate : Oui. J'étais mariée. Tout allait bien, j'étais heureuse, mais il a rencontré quelqu'un d'autre. Il voulait que je quitte sa vie. Il m'a dit qu'il avait rencontré quelqu'un d'autre, qu'il ne me voulait plus à la maison, que je devais partir. Au départ, lorsque ça s'est produit, je pense que j'étais sous le choc, et je suis devenue très dépressive, au point que je ne voulais plus vivre.

Thérapeute : Vous souvenez-vous du sentiment qui vous rendait aussi dépressive ?

Kate (elle parle avec passion) : J'ai ressenti que je n'étais pas bonne, que je n'avais aucune valeur, et qu'il avait fini par le comprendre : il avait raison d'agir ainsi, car je n'étais personne.

Kate exprime que sa tentative de suicide résulte du mode Enfant Abandonné, dans lequel elle se trouve inondée par ses schémas d'Abandon et d'Imperfection. L'abandon par un proche est un activateur habituel de ce mode.

Histoire infantile

Lorsqu'on regarde l'histoire de Kate, on s'aperçoit que son enfance a été marquée par les quatre facteurs environnementaux prédisposants que nous avons cités plus tôt : son environnement familial manquait de sécurité et d'affection, il était dur et punitif, et on assujettissait ses sentiments.

Le passage suivant, qui fait suite au précédent, illustre l'enfance frustrante de Kate. Kate n'avait personne pour s'occuper d'elle avec attention, pour empathiser avec elle, pour la protéger ou pour la guider.

Thérapeute : Avez-vous une idée de l'origine de ces sentiments d'être sans valeur, de ne pas être bonne ?

Kate : Je les ai toujours eus ; dans ma famille, je n'ai jamais eu le sentiment d'être quelqu'un d'important, quelqu'un qui comptait, quelqu'un de significatif.

Thérapeute : Comment vous montrait-on que vous n'aviez pas d'importance, que vous ne comptiez pas ?

Kate : Tout simplement, on ne m'écoutait pas, on ne me reconnaissait pas. Je pouvais faire ce que je voulais, quand je voulais.

Thérapeute : Donc vous aviez la liberté totale.

Kate : Exactement.

Thérapeute : Mais personne ne prêtait attention à vous.

Kate. Exactement.

Thérapeute : On vous ignorait.

Kate : Exactement.

Thérapeute : Personne ne s'intéressait suffisamment à vous pour...

Kate (elle termine la phrase)... Pour me parler, pour me discipliner ou me proposer une orientation, quelque chose comme ça.

Dans l'enfance de Kate, l'environnement ne présentait aucune sécurité. Son frère aîné, qui avait un déficit de l'attention avec hyperactivité, abusait souvent d'elle physiquement et sexuellement. Aucun de ses parents ne la protégeait : ils ne lui accordaient aucune affection et ils la réprimandaient pour le mauvais comportement de son frère.

Kate : Mon frère était hyperactif. Je pense que mes parents passaient beaucoup de temps à le surveiller et qu'ils le craignait. Il ne prenait aucun traitement, si bien qu'il échappait au contrôle.

Thérapeute : Il était l'objet de l'attention de tous parce qu'il était malade ?

Kate : Oui.

Thérapeute : Et donc vous n'aviez plus droit à rien ?

Kate : C'est à peu près ça. Je crois que mon père était dans son monde à lui. Il n'était pas très souvent la maison. Il était très dépressif. Il était constamment comme ça : je pense que tout ça c'était trop pour lui.

Thérapeute : Donc, votre père était surtout dans son monde à lui ?

Kate : Oui, en permanence.

Thérapeute : Donc vous passiez votre temps toute seule ?

Kate : Oui.

L'environnement familial de Kate était également fait de punition et de rejet. Sa mère était particulièrement critique envers elle et intolérante vis-à-vis de ses émotions.

Thérapeute : Et votre mère ?

Kate : Ça n'allait pas entre nous. J'étais très malheureuse, et ça la gênait beaucoup ; il y avait beaucoup de tension entre nous. Elle ne pouvait pas comprendre pourquoi je n'étais pas gaie et insouciante, comme elle l'aurait souhaité. Elle s'imaginait qu'il y avait chez moi quelque chose qui n'allait pas, elle ne savait pas comment faire avec moi, et elle ne m'aimait pas beaucoup.

Thérapeute : Est-ce qu'elle vous critiquait, vous rejetait ?

Kate : Oui, elle était toujours très critique, particulièrement quand je suis devenue grande. On était tout le temps en train de se disputer. Elle me disait qu'elle ne m'aimait pas, que j'étais vraiment désespérante, qu'elle ne supportait pas de me voir aussi lamentable. (Elle pleure).

Thérapeute : Que ressentiez-vous lorsqu'elle vous parlait de cette façon ?

Kate : Eh bien, j'y croyais, parce que c'était vrai.

Thérapeute : Sur quoi basait-elle son jugement ? Quel était, à votre avis, la critique principale qu'elle pouvait vous faire ?

Kate : J'étais malheureuse, cela lui était désagréable et je lui empoisonnais l'existence.

Thérapeute : Et vous pensiez qu'elle avait raison ?

Kate : Oui.

Dans son enfance, l'environnement de Kate était assujettissant : elle vivait de graves expériences de négligence et d'abus, mais elle n'avait pas le droit d'être triste ou de se mettre en colère pour ce qui lui arrivait. Ses manifestations émotionnelles rendaient ses parents furieux et déclenchaient chez son frère l'envie d'abuser d'elle.

Pour tenter de réprimer ses émotions, Kate bascule dans le mode Parent Punitif chaque fois qu'elle se met en colère avec les autres.

Thérapeute : Le côté coléreux, c'est-à-dire la partie de vous qui ressent qu'elle était maltraitée, que personne n'était là pour elle, est-ce que vous le ressentez ?

Kate : Oui, je ressens ça, mais je pense que je l'ai bien mérité, que les gens ont le droit de me traiter de cette façon. Et alors je me mets en colère pour avoir pensé ainsi, mais... (Pause).

Thérapeute : Se pourrait-il à ce moment-là que vous deveniez le parent punitif, qui puni le petit enfant pour sa colère ? Est-ce que cela ressemble à ce que vous faites ? Comme si vous vous disiez : « tu es vilaine, qui es-tu pour penser que tu puisses avoir des droits quelconques ? »

Kate : Oui. C'est ce qui m'empêche de me défendre et de m'occuper de moi : je pense que je n'en ai pas le droit. Et je pense que personne n'a le droit de chercher à s'occuper de moi, car je ne le mérite pas.

2° *Les quatre modes des borderlines*

Au cours de l'entretien, Kate fait l'expérience des quatre modes. Voici des exemples pour chacun d'eux.

Le mode Protecteur Détaché

Kate démarre l'entretien dans le mode Protecteur Détaché. Dans ce passage, qui se situe au début de l'entretien, elle arrête de pleurer. Lorsque le thérapeute fait des commentaires, Kate répond en mode Protecteur Détaché.

Thérapeute : Avez-vous envie de pleurer ?

Kate : Oui, mais je ne pleurerai pas.

Thérapeute : Qu'est-ce qui vous effraie dans le fait de pleurer ici ? Êtes-vous gênée ?

Kate : Oui. Je sais que vous me demandez d'être moi-même, c'est vraiment difficile pour moi.

Thérapeute : Vous m'avez dit que votre mère vous critiquait lorsque vous vous sentiez malheureuse. Ressentez-vous que, si vous vous montrez sous cet aspect, c'est une mauvaise chose ? Est-ce qu'il y a de ça ?

Kate : Oui. C'est pour être comme vous le voulez. Je ne veux pas pleurer ici devant vous.

Thérapeute : À votre avis, comment veux-je que vous soyez ?

Kate : Je ne sais pas : très intelligente et capable de m'exprimer correctement.

Thérapeute : Sans trop d'émotions ?

Kate : Oui. Pour vous aider à atteindre votre but (elle rit), même si je ne vous connais pas très bien. Pour vous aider, et rendre les choses plus faciles pour vous. Pour vous mettre à l'aise. Comme par exemple votre boisson, là : j'avais envie de vous la faire passer.

Thérapeute : En fait ce qui vous intéresse uniquement, c'est faire et être comme je le désire.

Kate : Oui. Parce que je ne sais même pas qui je suis. Je pense que, dans mon fort intérieur, je ne suis qu'une personne malheureuse. Voilà ce que je pense.

Thérapeute : Donc, puisque vous pensez que, dans votre for intérieur, vous n'êtes qu'une personne profondément malheureuse, le meilleur moyen de surmonter ça, c'est d'être exactement ce que les autres veulent de vous. À quoi cela vous sert-il, pourquoi agissez-vous de cette façon ?

Kate : C'est comme si je sortais de moi-même, je me mets à rivaliser avec les autres, c'est comme si j'étais différente, et que je puisse être qui je veux et comme je veux. Mais je m'aperçois que ça ne me fait que me sentir moins bien, plus vide.

Thérapeute : Voulez-vous dire, en cherchant à être ce que les autres veulent que vous soyez ?

Kate : Oui, car je ne sais pas ce que j'espère. Je ne sais pas ce que je veux. Je ne sais pas ce qui est important pour moi. Je ne sais pas. J'ai 27 ans et je n'en ai pas la moindre idée.

Kate exprime cette notion d'identité diffuse, caractéristique du mode Protecteur Détaché. Séparée de ses besoins et de ses émotions, elle ne sait pas qui elle est. Elle est ce que les autres veulent qu'elle soit.

Kate parle d'une thérapie antérieure dans laquelle elle a passé son temps dans le mode Protecteur Détaché.

Kate : Je me souviens de mon premier thérapeute. Je l'ai vu pendant cinq ans, il m'a aidée sur pas mal de choses. Mais, je crois que je cherchais surtout à lui faire plaisir. Je voulais surtout qu'il m'apprécie, j'avais très peur qu'il me juge. Il me disait bien que ce n'était pas le cas, mais je croyais qu'il me jugeait. Je voulais qu'il m'accepte.

Thérapeute : Finalement, vous agissez avec lui comme vous avez agi avec d'autres personnes dans votre vie, c'est-à-dire que vous n'avez pas vraiment fait part de ce que vous êtes réellement et de ce que vous ressentez réellement.

Kate : Oui.

Ce passage illustre l'importance pour le thérapeute de distinguer le mode Protecteur Détaché de celui de l'Adulte Sain. Beaucoup de thérapeutes, comme celui que Kate a décrit, croient par erreur que le patient va mieux ou qu'il est guéri lorsqu'en fait, le patient est passé dans le mode Protecteur Détaché.

Lorsque les patients sont dans le mode Adulte Sain, ils sont capables de livrer et d'exprimer leurs besoins et leurs sentiments. Lorsqu'ils sont dans le mode Protecteur Détaché, ils sont déconnectés de leurs besoins et de leurs sentiments. Ils peuvent se comporter de façon adaptée, mais néanmoins sans affects et sans considérer leurs propres besoins. Les borderlines ne sont pas capables de s'engager dans des relations intimes authentiques lorsqu'ils sont dans le mode Protecteur Détaché. Ils peuvent entrer en relation, comme Kate l'a fait avec son thérapeute antérieur, mais ils ne se comportent pas d'une façon intime et vulnérable. Le corps est présent, mais l'âme est ailleurs.

Le mode Enfant Abandonné

Kate décrit comment, au cours du mois qui a précédé sa tentative de suicide, elle alternait entre les modes Protecteur Détaché et Enfant Abandonné : « Je continuais à me détacher, et à m'intéresser à d'autres choses, mais je n'en pouvais plus. J'avais usé toutes mes ressources. » Elle ne parvenait pas à échapper à ses sentiments de désolation et d'absence de valeur.

Kate : Juste avant d'avaler des comprimés, je suis allée voir mon mari au travail. J'avais l'habitude d'y aller et, on peut dire, de l'ennuyer. Lui, il m'a répondu, du style « Arrête, j'en ai marre ». Je me suis senti tellement seule, bien plus seule que jamais. Je me suis dit, « Il vaudrait mieux que soit morte plutôt que de continuer ainsi. » Et je me suis dit que la mort c'était mieux que la souffrance, et que je ne pouvais plus endurer cette douleur davantage. Je ne savais pas trop ce qu'il allait se produire, j'ai avalé un tas de comprimés ; je me suis dit que cette façon de mourir, ce serait sûrement très pénible, mais je m'imaginais que j'en aurais fini, plutôt que de continuer chaque jour à supporter cette douleur. Je n'en pouvais plus, c'était trop pour moi.

Les borderlines ont souvent besoin de savoir qu'ils peuvent se suicider si la douleur devient trop importante, et qu'ainsi ils pourront se libérer de leur souffrance. Il ne faut pas que le thérapeute écarte cette idée de l'esprit du patient. Il est important que le patient puisse penser à l'idée du suicide et parler de ses intentions suicidaires aussi souvent qu'il en a besoin. Mais il faut qu'il soit d'accord pour joindre son thérapeute et discuter de ses sentiments avant toute tentative de suicide.

Le mode Enfant Coléreux

Pour la plupart des borderlines, il n'est pas possible de se souvenir ou de parler de leur mode Enfant Coléreux. De ce fait, nous utilisons souvent des techniques d'imagerie pour y parvenir. Le thérapeute demande à Kate de créer une image de son Enfant Coléreux.

Thérapeute : Est-ce que ça vous effraie beaucoup de créer une image de Kate en colère lorsqu'elle était enfant et de voir à quoi elle ressemblait ?

Kate : Non, j'ai une image.

Thérapeute : Et à quoi ressemble Kate en colère ?

Kate : Eh bien, elle est en train de mettre sa chambre en l'air.

Thérapeute : Et pourquoi est-elle en train de mettre sa chambre en l'air ?

Kate : Tout simplement parce qu'elle est très en colère. Elle est très en colère après tout le monde.

Thérapeute : Voulez-vous former une image des gens après qui elle est en colère ?

Kate : Son père et son frère.

Thérapeute : Maintenant, pourriez-vous être Kate en colère, et lui faire exprimer sa colère à haute voix, pendant qu'ils sont là ? Pouvez-vous lui faire dire pourquoi elle est tellement en colère contre eux ?

Kate : Non.

C'est le mode Parent Punitif qui empêche Kate d'exprimer sa colère. Elle oscille vers le mode Parent Punitif pour s'interdire la colère ou pour punir l'Enfant Coléreux qui a exprimé sa colère.

Le mode Parent Punitif

Ce mode contient l'identification du patient avec les aspects punitifs de ses parents, qui sont maintenant internalisés, et habituellement dirigés contre soi. Dans le passage suivant, le docteur Young aide Kate à relier la voix de son mode Parent Punitif à la voix de son père. Ce passage est la suite du précédent.

Thérapeute : Pourquoi est-il difficile pour vous d'exprimer votre colère, qu'en pensez-vous ?

Kate : Parce que je n'ai pas le droit de le faire.

Thérapeute : Pouvez-vous leur demander de vous le dire maintenant ? Quel est celui qui vous le dirait ? Votre père, votre frère ?

Kate : Mon père. (Elle pleure.)

Thérapeute : Soyez maintenant votre père, et faites-lui vous dire que vous n'avez pas le droit de mettre en colère. Dites-le à haute voix, de façon à ce que j'entende ce qu'il vous répond.

Kate : Il dit : « Il faut toujours que tu provoques ton frère et ça le fait se mettre en colère. Tu sais qu'il est malade, mais tu continues à l'exciter. Je veux que tu ailles dans ta chambre que tu te tiennes tranquille. »

Kate n'a pas le droit d'exprimer sa colère. Un peu plus loin, lorsqu'elle se trouve dans le mode Parent Punitif, elle dit, « je ne suis qu'une mauvaise fille, qu'une vilaine, une sale. » Tel est l'essentiel du message véhiculé par ce mode.

2 TRAITEMENT DES PATIENTS BORDERLINES

a. Philosophie du traitement

Les professionnels de santé mentale ont une vue plutôt négative des borderlines, ils ont tendance à parler d'eux en termes péjoratifs. Ces professionnels les considèrent souvent comme manipulateurs et égoïstes. Cette vision négative des borderlines est néfaste pour leur traitement. À partir du moment où le thérapeute considère le patient de façon négative, il renforce un des modes de schémas dysfonctionnels du patient. Souvent, le thérapeute devient le Parent Punitif, qui se met en colère contre le patient, le critique et le rejette. Il est inutile de dire que cela a un effet extrêmement négatif sur le patient. Plutôt que de construire le mode Adulte Sain du patient et de guérir son mode Enfant Abandonné, le thérapeute contribue à renforcer le mode Parent Punitif du patient.

Le travail avec les borderlines est tumultueux et intense. Les propres schémas du thérapeute sont souvent activés. Nous verrons un peu plus loin comment les thérapeutes peuvent travailler sur leurs propres schémas lorsqu'ils traitent les borderlines.

1° *Le borderline est un enfant vulnérable*

Nous pensons que le moyen le plus efficace d'appréhender les borderlines est de les voir en tant qu'enfants vulnérables. Ils peuvent avoir l'apparence des adultes, mais, sur le plan psychologique, ce sont des enfants abandonnés à la recherche de leurs parents. Leur comportement est inadapté parce qu'ils sont désespérés, et non pas parce qu'ils sont égoïstes. Ils font ce que tous les jeunes enfants font lorsqu'ils n'ont personne pour s'occuper d'eux, personne pour s'assurer de leur sécurité. La plupart des borderlines étaient des enfants délaissés et maltraités. Il n'y avait personne pour les consoler ou les protéger. Souvent, les seules personnes qui étaient là étaient des gens qui leur faisaient du mal. Comme il leur manquait un adulte sain qu'ils puissent internaliser, il leur manque en tant qu'adultes les ressources internes qui leur permettraient de les soutenir. Lorsqu'ils sont seuls, ils se sentent paniqués.

Lorsque les thérapeutes sont en difficulté pour traiter des borderlines, nous leur proposons de superposer mentalement l'image d'un petit enfant sur celle du patient : cette méthode les aide à mieux comprendre le patient et à s'imaginer ce qu'ils doivent faire. Cette stratégie leur permet de contrer leurs réactions négatives au comportement du patient, et leur permet de se souvenir que, même si le patient est en colère, détaché ou punitif, plus profondément, il s'agit d'un enfant abandonné.

2° *Équilibre entre les droits du thérapeute et les droits du patient borderline*

Les borderlines ont presque toujours des besoins supérieurs à ceux que le thérapeute peut leur apporter. Cela ne signifie pas que le thérapeute doit essayer de donner à ces patients tout ce dont ils ont besoin. Au contraire, les thérapeutes aussi ont des droits. Les thérapeutes ont le droit de se conserver une vie privée, d'être traités avec respect, et de fixer des limites lorsque les patients enfreignent ces droits. Cela ne veut pas dire non plus que les thérapeutes doivent se mettre en colère lorsque les patients enfreignent les limites. Les borderlines n'enfreignent pas les droits du thérapeute dans le but de le persécuter, mais parce qu'ils sont désespérés.

La relation thérapeutique se fait entre deux personnes qui ont toutes les deux des droits et des besoins légitimes. Le patient borderline a les droits et les besoins d'un très jeune enfant : il a besoin d'un parent. Comme le thérapeute ne peut aider le patient que dans le cadre du reparentage partiel, il est inévitable qu'il y aura un gouffre entre ce que veut le patient et ce que le thérapeute peut lui apporter. Personne n'est à blâmer pour cela. Le problème n'est pas que le borderline en veut trop et que le schéma-thérapeute en donne trop peu ; il réside simplement dans le fait que la thérapie n'est pas un moyen idéal pour re-materner. De ce fait, il existera un conflit certain dans la relation entre le thérapeute et le patient. Ce conflit est lié au fait que les patients borderlines auront toujours des besoins supérieurs aux capacités du thérapeute : on peut prévoir que ces patients seront frustrés par le thérapeute. Les borderlines sont susceptibles de considérer les limites professionnelles comme froides, égoïstes, manquant d'attention, injustes, ou même cruelles.

À un moment donné de la thérapie, de nombreux borderlines imaginent qu'ils vont vivre avec le thérapeute — que le thérapeute va peut-être les adopter, se marier avec eux, ou emménager avec eux. Il ne s'agit pas au départ d'un fantasme sexuel. Ce que veut plus exactement le patient, c'est un parent qui soit toujours disponible. Les borderlines cherchent un parent dans toutes les personnes qu'ils rencontrent — et dans chaque thérapeute. Ils veulent que leur thérapeute soit leur parent de substitution. Dès que le thérapeute essaie d'être quelque chose d'autre que ce parent, ces patients passent dans un autre mode et deviennent coléreux, détachés, ou quittent la thérapie. Il faut que le thérapeute accepte ce rôle de parent.

Tel est le défi du thérapeute : établir un juste équilibre entre les droits et besoins du patient d'une part et les siens d'autre part ; trouver un moyen de devenir le substitut parental du patient durant une période déterminée, tout en préservant le sanctuaire de sa vie privée et en évitant de devenir victime de l'épuisement.

3° *Le re-parentage partiel du patient borderline*

Dans une certaine mesure, les progrès du patient au cours du traitement évoluent comme le développement d'un enfant. Sur le plan psychologique, les patients grandissent au cours de la thérapie. Le patient commence à l'état de jeune enfant et, sous l'influence du re-parentage du thérapeute, il mûrit progressivement jusqu'à devenir un adulte sain. C'est la raison pour laquelle le traitement en profondeur efficace d'un borderline ne peut pas être bref. Traiter ce trouble exige un traitement à long terme (au moins deux ans et parfois davantage). De nombreux patients borderlines restent en traitement indéfiniment. Bien qu'ils s'améliorent de façon radicale, dans la mesure où les circonstances le permettent, ils continuent à fréquenter le thérapeute. La plupart des patients ne peuvent mettre fin à leur thérapie que lorsqu'ils ont établi une relation stable et saine avec un partenaire. Même lorsque le patient cesse la thérapie, le thérapeute est susceptible de conserver le rôle de personnage parental, et il y a de fortes chances qu'un jour ou l'autre le patient le contacte à nouveau.

En traitant les borderlines, les thérapeutes sont souvent frustrés. Comme nous l'avons indiqué, même si le thérapeute donne beaucoup, le patient en demandera toujours davantage. Si le patient devient exigeant ou opposant, il existe un risque que le thérapeute se venge ou se retire et qu'il contribue ainsi à instaurer un cercle vicieux susceptible de détruire la thérapie. Comme déjà signalé, lorsque le thérapeute en arrive à être frustré de la sorte, nous lui suggérons de rétablir l'empathie en partant à la recherche de l'enfant abandonné, dans la profondeur du patient, plutôt qu'en n'observant que le comportement extérieur.

Pour qu'elle soit efficace, la relation entre le thérapeute et le patient doit être empreinte de respect mutuel et d'authenticité. Pour que la thérapie fonctionne, le thérapeute doit sincèrement prendre soin du patient. Si ce n'est pas le cas, le patient va s'en apercevoir, son comportement va l'exprimer ou bien il quittera la thérapie. Le thérapeute doit être authentique, et non pas un acteur jouant le rôle d'un thérapeute. Les borderlines sont souvent très intuitifs et ils détectent immédiatement toute fausseté chez le thérapeute.

b. Objectifs généraux du traitement : les modes

En termes de modes, l'objectif général du traitement est d'aider le patient à **constituer un mode d'Adulte Sain, calqué sur le thérapeute**, qui lui permettra de :

1. Empathiser avec l'Enfant Abandonné et le protéger.
2. Aider l'Enfant Abandonné à donner et recevoir de l'amour.
3. Combattre et éliminer le Parent Punitif.
4. Fixer des limites comportementales à l'Enfant Coléreux et Impulsif et aider le patient dans ce mode à exprimer ses émotions et ses besoins de façon adaptée.
5. Tranquilliser, et progressivement remplacer, le Protecteur Détaché par l'Adulte Sain.

Suivre les modes à la trace. Telle est la partie centrale du traitement : le thérapeute est à l'affût de chacun des modes du patient à tout moment de la séance, de façon à mettre en œuvre, pour chaque mode, les stratégies spécifiques correspondantes. Par exemple, si le patient se trouve dans le mode Parent Punitif, le thérapeute utilisera les stratégies adaptées pour prendre en charge le Parent Punitif. Si le patient est dans le mode Protecteur Détaché, le thérapeute se servira des méthodes adaptées pour le Protecteur Détaché. (Nous étudierons plus loin les stratégies spécifiques pour chaque mode.) Le thérapeute apprend à reconnaître les modes et à leur répondre de façon adaptée. Lorsqu'il traque les modes et qu'il cherche à les modifier, le thérapeute joue le rôle du « bon parent ». Progressivement, le patient s'identifie avec lui et il internalise le re-parentage du thérapeute sous la forme de son mode d'Adulte Sain personnel.

c. Aperçu général du traitement

Pour donner aux lecteurs un aperçu général de la schéma-thérapie du patient borderline, nous allons décrire rapidement l'ensemble du traitement. Dans ce paragraphe, nous présentons les éléments du traitement selon l'ordre dans lesquelles nous les mettons en place avec le patient. Dans le paragraphe suivant, nous présenterons une description plus détaillée des étapes thérapeutiques.

Comme le développement précoce de l'enfant, le traitement met en jeu trois étapes : (1) l'étape du lien et de la régulation émotionnelle,

(2) l'étape de la modification des modes de schémas et (3) l'étape de l'autonomie.

1° *Première étape : le lien et la régulation émotionnelle*

a) *Le thérapeute crée un lien avec le patient, il contourne le Protecteur Détaché, et il devient une base éducative stable et attentionnée.* Le thérapeute doit commencer par créer un attachement affectif sécurisant avec le patient. Le thérapeute commence par re-materner l'Enfant Abandonné du patient, en le prenant en charge sur le plan émotionnel et en lui apportant de la sécurité (Winnicott, 1965). Le thérapeute commence par interroger le patient sur ses problèmes actuels et ses sentiments. Dans la mesure du possible, le thérapeute incitera le patient à rester dans le mode de l'Enfant Abandonné. La raison en est que cette situation va aider le thérapeute à développer des sentiments de sympathie et de chaleur à l'égard du patient et à former un lien avec lui. Plus tard, lorsque les autres modes commenceront à faire surface, et que le patient se montrera coléreux ou punitif, le thérapeute pourra avoir l'attention et la patience nécessaires pour les supporter. Lorsque le patient reste dans le mode de l'Enfant Abandonné, cela lui permet également de se lier au thérapeute. Ce lien empêchera le patient de quitter la thérapie de façon prématurée et il donnera au thérapeute une puissance qui lui permettra de confronter les autres modes, plus problématiques, du patient.

Pour se lier avec l'Enfant Abandonné, le thérapeute doit tout d'abord contourner le Protecteur Détaché. Ce processus peut s'avérer difficile car, habituellement, le Protecteur Détaché ne fait confiance à personne. Dans une étude thérapeutique pilote menée aux Pays-Bas, on a comparé la thérapie des schémas à la thérapie psychanalytique chez les borderlines ; nous avons pu observer que la plupart des schéma-thérapeutes ont consacré la première année des traitements à surmonter le mode du Protecteur Détaché, de façon à pouvoir re-materner l'Enfant Abandonné.

b) *Au cours des séances, le thérapeute incite à l'expression des besoins et des émotions.* Pour les patients borderlines, un comportement thérapeutique réflexe et silencieux n'est généralement pas adapté. Ces patients interprètent généralement le silence comme un manque d'attention ou un refus d'aide. Pour l'alliance thérapeutique, la participation active du thérapeute rend davantage de services. Le thérapeute pose des questions ouvertes qui incitent les patients à exprimer leurs besoins et leurs émotions. Le thérapeute peut dire par exemple : « Que pensez-vous d'autre sur la question ? » ; « Que ressentez-vous, lorsque vous parlez de ça ? » ; « Lorsque cela s'est produit, qu'aviez-vous envie de faire ? » ; « Qu'aviez-vous envie de dire ? » En permanence, le thérapeute assure le patient de sa compréhension et de son approbation. Lorsque le patient commence à se lier avec le thérapeute, celui-ci fait des efforts particuliers pour l'inciter à exprimer sa colère. Il fait très attention de ne pas critiquer le patient qui exprime sa colère (dans des limites raisonnables). Le but du thérapeute est de créer un environnement qui soit un antidote partiel à celui que le patient a connu lorsqu'il était enfant — un environnement qui soit sécurisant, attentionné, éducateur, protecteur, qui pardonne et qui incite à l'expression de soi.

Comme Kate dans l'entretien précédent, le patient a spontanément tendance à retenir ses besoins et ses sentiments, et à penser que le thérapeute veut simplement de lui qu'il soit « gentil » et poli. Mais cela ne correspond pas à ce que veut le thérapeute. Le thérapeute veut que le patient soit lui-même, qu'il dise ce qu'il ressent et qu'il exprime ses besoins — et le thérapeute essaie de convaincre le patient de ces intentions-là. Le patient n'a probablement jamais reçu ce genre de message de la part d'un parent. De cette façon, le schéma-thérapeute essaie de casser le cercle vicieux de l'assujettissement et du détachement dans lequel le patient se trouve pris.

Lorsque le thérapeute incite le patient à exprimer ses émotions et ses besoins, c'est généralement le mode Enfant Abandonné qui va les manifester. Il est stabilisant pour le patient de le maintenir dans le mode Enfant Abandonné et de l'aider à grandir. Le patient oscillera moins souvent d'un mode à un autre, et les modes deviendront moins extrêmes. Si le patient est capable d'exprimer ses émotions et ses besoins dans le mode Enfant Abandonné, alors il n'aura pas besoin de basculer dans le mode Enfant Coléreux et Impulsif pour les exprimer. Il n'aura pas besoin non plus d'embrayer le mode Protecteur Détaché pour se séparer de ses émotions. Et il ne sera pas tenté de passer dans le mode Parent Punitif car, en montrant au patient qu'il l'accepte, le thérapeute remplace le Parent Punitif par un personnage parental qui autorise l'expression de soi. Le thérapeute incite donc le patient à exprimer ses besoins et ses émotions, il le re-materne, et les modes dysfonctionnels du patient vont progressivement s'amenuiser.

c) *Le thérapeute apprend au patient des techniques adaptatives pour gérer son humeur et pour apaiser la détresse liée à l'abandon*. Dès que possible, le thérapeute enseigne au patient des techniques d'adaptation pour contenir et moduler l'émotion. Plus les symptômes du patient sont sévères (c'est particulièrement le cas avec les comportements suicidaires et parasuicidaires), plus le thérapeute devra introduire ces techniques précocement. Un certain nombre des habiletés proposées par Linehan (1993) dans sa thérapie comportementale et dialectique — telles que la technique de pleine conscience (« mindfulness ») et la tolérance à la détresse — peuvent s'avérer utile pour réduire les comportements destructifs.

Nous nous sommes cependant aperçus que la majorité des patients borderlines ne peuvent pas accepter et tirer bénéfice des techniques cognitivo-comportementales avant d'avoir pleinement confiance en le thérapeute et en la stabilité du lien de re-parentage. Si le thérapeute introduit ces techniques trop tôt, elles risquent de ne pas être efficaces. Au début du traitement, le patient s'intéresse surtout à son lien avec le thérapeute — il cherche à être sûr que ce lien est toujours présent — et son attention n'est pas suffisamment disponible pour se concentrer sur la plupart des techniques cognitives et comportementales. Bien que certains borderlines soient capables d'utiliser ces techniques tôt dans la thérapie, la plupart vont les rejeter en les trouvant froides ou mécaniques. Lorsque le thérapeute propose ces techniques, ces patients se sentent affectivement abandonnés et parfois il leur arrive de dire : « Vous ne vous intéressez pas vraiment à moi. Je ne suis pas une personne qui vous intéresse réellement. » Lorsque les patients sont réellement parvenus à avoir confiance en la sécurité et la stabilité de la relation thérapeutique, ils deviennent davantage capables de s'allier avec le thérapeute pour parvenir au but thérapeutique.

Si l'on introduit trop tôt les techniques cognitives, il existe un autre danger : le patient risque d'utiliser ces techniques pour renforcer le mode Protecteur Détaché. De nombreuses techniques cognitives peuvent devenir de bonne stratégie pour se détacher de l'émotion. En enseignant ces techniques au patient, le thérapeute risque de donner davantage de prise au mode Protecteur Détaché. Comme le but suprême de la thérapie est de favoriser l'apparition de tous les modes durant les séances pour les traiter, si le thérapeute enseigne au patient des techniques qui répriment les autres modes — l'Enfant Abandonné, l'Enfant Coléreux et Impulsif et le Parent Punitif — tout le travail va alors s'écrouler.

Lorsque nous décidons que le patient peut gérer les techniques cognitives, nous commençons habituellement par des techniques destinées à améliorer l'autocontrôle de l'humeur et l'auto apaisement. On utilise alors l'imagerie d'un endroit sûr, l'auto hypnose, la relaxation, l'enregistrement des pensées automatiques, les fiches mémo-flash, les objets de transition — selon ce qui paraît plus adapté pour le patient. Le thérapeute donne aussi au patient une information sur les schémas et commence à provoquer les schémas du patient en utilisant les techniques cognitives du chapitre 3. Le patient lit *Je réinvente ma vie* (Young et Klosko, 1993) dans le cadre du processus d'information. Au travers de ces techniques d'adaptation, le thérapeute cherche à réduire les réactions excessives générées par des schémas et à construire l'estime de soi du patient.

d) *Le thérapeute et le patient négocient des limites en matière de disponibilité du thérapeute, en fonction de la sévérité des symptômes, et des droits personnels du thérapeute.* Dès le début du traitement, il est important de fixer des limites. Les limites constituent un élément majeur et indispensable à la sécurité. Le thérapeute doit faire ce qui est nécessaire pour assurer la sécurité du patient ainsi que celle de ses proches. Une fois la sécurité établie, les limites seront déterminées selon un équilibre entre les besoins du patient et les droits personnels du thérapeute. Le principe de base est que le thérapeute ne doit rien accepter qu'il puisse regretter plus tard.

   Si le patient veut, par exemple, laisser chaque soir un message sur le répondeur téléphonique et que le thérapeute estime que cela ne le conduira pas par la suite à s'en irriter, alors, il pourra lui en donner l'autorisation. Mais si le thérapeute estime que, pour finir, ces messages quotidiens vont lui causer un ressentiment envers le patient, alors il doit refuser. Comme les causes de ressentiment sont personnelles, les limites seront spécifiques et elles pourront différer d'un thérapeute à un autre.

e) *Le thérapeute gère les crises et fixe des limites aux comportements auto destructeurs.* Les crises mettent généralement en jeu des comportements auto destructeurs tels que le suicide, l'automutilation et l'abus de drogues. Le thérapeute re-materne, informe, fixe des limites et propose des moyens adjuvants. Il aide également le patient à mettre en œuvre les méthodes de régulation émotionnelle dont on a déjà parlé, lorsqu'une crise se prépare.

   Le thérapeute est la ressource principale pour le borderline en crise. La plupart des crises se produisent lorsque le patient se sent dénué de valeur, mauvais, mal aimé, maltraité ou abandonné. La capacité du thérapeute à reconnaître ces sentiments pour y répondre de façon compatissante est ce qui rend le patient capable de résoudre la crise. Finalement, ce qui stoppe le processus auto destructeur, c'est la conviction du patient que le thérapeute est authentiquement attentionné auprès de lui et qu'il le respecte, à la différence du Parent Punitif. Tant que l'attention authentique du thérapeute ne sera pas très nette dans l'esprit du patient, il continuera ses comportements auto destructeurs lors des événements stressants de sa vie.

Le thérapeute proposera des moyens sociaux adjuvants pour aider le patient à se gérer : des numéros de lignes téléphoniques d'écoute pour suicidaires, des groupes de victimes d'inceste, par exemple.

f) *Le thérapeute commence le travail émotionnel en s'intéressant à l'enfance du patient.* Lorsque la thérapie progresse et que le patient se stabilise, le thérapeute commence un travail d'imagerie basé sur les aspects non traumatiques des expériences infantiles précoces du patient. (Plus tard, il se concentrera sur les souvenirs traumatiques.) Les méthodes émotionnelles principales sont l'imagerie et les dialogues. Le thérapeute apprend au patient à créer des images de chacun de ses modes, à les nommer et à conduire des dialogues. Chaque mode devient un personnage dans l'imagerie du patient, et ce personnage parle à voix haute à un autre personnage. Le thérapeute représente le modèle de l'Adulte Sain et il aide ainsi les autres modes à exprimer de façon efficace leurs besoins et leurs émotions et à négocier entre eux.

2° *Deuxième étape : la modification des modes de schémas*

Le thérapeute façonne le mode Adulte Sain grâce au re-parentage du patient. L'Adulte Sain agit pour apaiser et protéger l'Enfant Abandonné, pour fixer des limites à l'Enfant Coléreux, pour remplacer le Protecteur Détaché et pour éliminer le Parent Punitif. Progressivement, le patient internalise ce mode Adulte Sain. C'est la base de la schéma-thérapie. Dans l'étude pilote que nous avons citée plus haut, après l'étape du lien, les schéma-thérapeutes accordent une grande partie de la deuxième année du traitement à combattre le mode Parent Punitif, qui résiste au changement. Une fois que le Parent Punitif a été suffisamment affaibli, alors le changement fait de rapides progrès.

3° *Troisième étape : l'autonomie*

Le thérapeute conseille le patient dans ses choix de partenaires appropriés et il l'aide à généraliser aux relations extérieures à la thérapie les changements surve-

nus en séance. En passant à la troisième étape, le thérapeute et le patient se concentrent sur les relations intimes du patient en dehors de la thérapie. Lorsqu'un patient débute une thérapie au beau milieu d'une relation destructrice, le thérapeute le conseille très rapidement sur les possibilités de changement ou d'interruption de cette relation. Cependant, nous avons observé que, tant que le lien de re-parentage n'est pas sécurisé, le patient est généralement incapable de suivre ces conseils. Habituellement, le patient est incapable de lâcher la relation auto destructrice et de tolérer le sentiment d'abandon.

Lorsque le patient est lié au thérapeute et que celui-ci est devenu une base stable — le travail des modes ayant amélioré l'estime de soi et la régulation de l'humeur — le patient parvient souvent à lâcher sa relation auto destructrice et commence à créer des relations saines. Le thérapeute l'aide à faire des choix de partenaires meilleurs et à se comporter de façon plus constructive dans ses relations. Le patient apprend à exprimer ses émotions de façon adaptée et modérée, et à exprimer ses besoins de façon appropriée.

Le thérapeute aide le patient à découvrir ses tendances spontanées et à les suivre dans les situations de tous les jours et dans les décisions importantes de la vie. Lorsque le patient se stabilise et qu'il passe moins de temps dans les modes Protecteur Détaché, Enfant Coléreux et Impulsif, et Parent Punitif, il devient progressivement capable de s'intéresser à la réalisation de lui-même. Le thérapeute l'aide à identifier, dans sa vie, des objectifs et des sources de satisfaction. Il apprend à découvrir et à suivre ses tendances naturelles dans les domaines tels que le choix de carrière, l'apparence physique, ses habitudes culturelles et ses activités de loisirs.

Le thérapeute sèvre progressivement le patient de sa thérapie en réduisant la fréquence des séances. Cas par cas, le thérapeute et le patient envisageront le problème de la fin de thérapie. Le thérapeute laisse au patient l'initiative de cette entreprise. Le thérapeute lui permet d'être aussi indépendant qu'il en est capable, tout en lui faisant savoir qu'en cas de besoin, il sera toujours là pour servir de base sûre.

d. Description détaillée du traitement

Nous allons maintenant présenter une description détaillée de notre traitement des borderlines, en insistant sur les stratégies spécifiques à chacun des modes.

1° *Pour commencer : faciliter le lien de re-parentage*

Comme déjà signalé, le premier but de thérapeute est de faciliter le lien de re-parentage. Le thérapeute aborde avec le patient les problèmes actuels de celui-ci et cherche à lui apporter de la sécurité, de la stabilité, de l'empathie et à l'accepter. Il lui demande de décrire ses thérapies antérieures éventuelles et de préciser ses attentes dans la thérapie actuelle. Le thérapeute écoute avec attention le patient et cherche à créer une atmosphère accueillante et ouverte.

Le thérapeute peut renforcer le lien de re-parentage de plusieurs façons. Tout d'abord le ton de sa voix. Plutôt que de parler froidement et de façon technique, le thérapeute parle chaleureusement et avec sympathie. Il peut renforcer le lien relationnel par la révélation de soi, en veillant à son authenticité. Plutôt que de jouer le rôle d'un professionnel détaché, le thérapeute est une personne authentique qui répond de façon spontanée, qui partage ses réponses émotionnelles, et qui se révèle (lorsque cela peut être utile au patient). Il est également possible de renforcer le lien relationnel en faisant directement comprendre au patient que l'on souhaite entendre tout ce qu'il a à dire, comprendre tout ce qu'il ressent, tout ceci ayant pour but de l'aider. C'est essentiellement par l'attention qu'il porte au patient que le thérapeute va faciliter le lien de re-parentage.

Régulièrement, le thérapeute incite le patient à parler librement de ses besoins et de ses sentiments à l'égard du thérapeute. Le thérapeute est direct, honnête et authentique : il demande au patient d'en faire de même.

2° *Le thérapeute détermine les buts thérapeutiques*

Le thérapeute spécifie les buts thérapeutiques d'une manière personnalisée : « Dans la thérapie, je veux que vous trouviez un endroit sécurisant » ; « Je veux être là pour vous de façon à ce que vous ne vous sentiez pas seul » ; « Je veux vous aider à définir vos propres besoins et vos sentiments » ; « Je veux vous aider à établir une forte notion de votre identité » ; « Je veux vous aider à être moins punitif envers vous-même » ; « Je veux vous aider à prendre en charge vos émotions d'une façon plus constructive » ; « Je veux vous aider à améliorer vos relations en dehors de la thérapie. »

Pour chaque patient, le thérapeute adapte la présentation des buts thérapeutiques, en utilisant les propos mêmes du patient. Il explique comment la thérapie peut corriger les problèmes actuels du patient, en incitant celui-ci à déterminer ses propres buts thérapeutiques. Si le patient propose un but qui est contre thérapeutique (en cherchant, par exemple, à rester dans le cadre d'une relation destructrice), le thérapeute ne donne pas son accord, mais il attend, pour insister sur son désaccord, que le lien de re-parentage ait été renforcé. Finalement, le thérapeute discute de ce problème avec le patient, et grâce à une découverte guidée, il l'aide à reconnaître le caractère autodéfaitiste de ce but.

3° *Le thérapeute et le patient explorent l'historique du patient*

Le thérapeute s'enquiert de la vie du patient, en insistant sur les expériences infantiles précoces aussi bien dans le cadre de la famille qu'avec des pairs. De façon informelle, il établit un historique. Il détermine si les quatre facteurs prédisposants précédemment cités dans ce chapitre ont été présents dans l'environnement familial précoce du patient, notamment dans le cadre de la famille : (1) la maltraitance et le manque de sécurité ; (2) l'abandon et le manque affectif (3) l'assujettissement des besoins et des sentiments et (4) la sévérité ou le rejet. Le thérapeute et le patient commencent à identifier les thèmes et les circonstances d'activation.

4° *Le thérapeute et le patient passent en revue les instruments de diagnostic*

Avec leur accord, les patients complètent, sous la forme de tâches à domicile, les instruments diagnostiques suivants :

1. L'inventaire multimodal historique de vie
2. L'inventaire des attitudes parentales de Young
3. Le questionnaire des schémas de Young (dans le cas où le diagnostic de trouble de personnalité borderline n'est pas net).

Ces formulaires de diagnostic ont déjà été examinés de façon détaillée dans le chapitre 2.

S'il est extrêmement utile de faire remplir ces formulaires, la priorité du thérapeute est néanmoins d'établir une relation de re-parentage. Si le patient borderline rechigne à remplir ces formulaires, le thérapeute n'insistera pas ; si le patient est très fragile, nous suggérons que le thérapeute renonce à faire remplir tous ces formulaires. Compléter ces formulaires peut être extrêmement pénible pour beaucoup de ces patients, car ils activent des souvenirs et des émotions douloureux. D'autres patients borderlines vont trouver ces questionnaires trop mécaniques. Plusieurs d'entre eux ne les rempliront que plus tard, spontanément, lorsqu'ils deviendront capables de gérer leurs émotions et leurs modes.

De tous ces formulaires, celui qui est nous paraît le plus régulièrement utile avec les borderlines est l'inventaire des attitudes parentales de Young. Dans ce questionnaire, le patient évalue son père et sa mère sur un certain nombre de dimensions. Le patient remplit le questionnaire sous la forme d'une tâche assignée et le ramène à la séance suivante. Le thérapeute utilise ce questionnaire comme point de départ pour une discussion sur les origines infantiles des schémas et des modes. Le thérapeute ne fait pas une cotation, mais il souligne les items qui ont été cotés au plus haut et il demande au patient de lui en parler. La discussion de ces items permet au patient de commencer à explorer son enfance et de comprendre les origines de ses problèmes. Elle aide aussi le patient à voir ses parents de façon plus objective et réaliste.

Le questionnaire des schémas de Young est surtout utile à titre diagnostique. Comme beaucoup de borderlines présentent la plupart des schémas et que remplir ce questionnaire est pour eux une tâche pénible, nous ne l'utilisons que lorsque le diagnostic de trouble de personnalités borderline n'est pas clair. Si le diagnostic est clair, le questionnaire n'apporte pas d'informations supplémentaires.

Le thérapeute discute des formulaires avec le patient d'une manière très personnelle. La façon dont le thérapeute présente les formulaires détermine pour une bonne part la façon d'y répondre du patient. Si le thérapeute les présente d'une façon mécanique, il est très vraisemblable que le patient ne les accepte pas. Si le thérapeute utilise ces formulaires comme un moyen de se lier affectivement au patient, il est alors plus probable que celui-ci acceptera de les remplir.

5° *Le thérapeute explique les modes de schémas au patient*

Le thérapeute explique les modes de schémas au patient. Si le thérapeute présente les modes d'une façon personnalisée, la plupart des patients borderlines vont très rapidement s'y reconnaître. Voici comment le docteur Young les explique à Kate.

Thérapeute : Je vais vous dire comment je vois vos problèmes, et vous me direz si cela est adapté. Je vais mettre ça par écrit, pour vous permettre de mieux suivre. Mon idée est que les gens qui ont votre genre de problèmes présentent différentes parties d'eux-mêmes et que ces différents côtés changent selon l'instant.

Il existe une première partie que j'appellerai l'Enfant Abandonné. L'Enfant Abandonné, c'est la partie qui se sent perdue, seule, dont personne ne s'occupe. Est-ce que vous vous retrouvez dans cette partie ?

Kate : Oui. (Elle pleure.) Tout le temps.

Thérapeute : C'est ce que vous ressentez la plupart du temps ?

Kate : Oui.

Thérapeute : L'autre côté, c'est le Parent Punitif. C'est la partie de vous qui est toujours sur votre dos, qui vous attaque, qui vous punit, du style « je suis mauvaise, je ne suis pas bonne. » Est-ce que vous voyez aussi cette partie de vous-même ?

Kate (elle hoche la tête pour acquiescer et elle pleure).

Thérapeute : À quel moment ce côté intervient-il ? Pouvez-vous me dire ce qu'il se passe lorsque vous ressentez ce côté-là ? Que ressentez-vous ?

Kate : Que je suis mauvaise, que je suis méchante, que je suis sale. C'est tout ce que je ressens.

Thérapeute Lorsque vous ressentez ce côté Parent Punitif, que faites-vous habituellement ? Est-ce que vous faites quelque chose pour vous distraire ?

Kate : Oui. C'est ce que je fais. J'essaie d'avoir une vie très active et très remplie.

Thérapeute : Le troisième côté, je l'appellerai le Protecteur Détaché. C'est la partie de vous qui vous empêche de ressentir tout le reste. Son action consiste à bloquer vos sentiments, à vous échapper, à boire, à penser à autre chose...

Kate (elle interrompt) : Ou à devenir quelqu'un d'autre ?

Thérapeute : Oui, ou à devenir quelqu'un d'autre. Et le dernier coté, c'est l'Enfant Coléreux, la partie de vous qui se sent maltraitée — vous savez, les gens qui n'ont pas été gentils avec elle...

Il faut noter qu'en pratique nous parlons d'un mode comme s'il s'agissait d'une personne. Cette façon de faire joue un rôle thérapeutique réel, car elle aide les patients à prendre de la distance vis-à-vis de chaque mode pour l'observer. Cependant, sur le plan conceptuel, nous ne considérons pas chaque mode comme une personnalité séparée.

Remarquez la facilité avec laquelle Kate établit une relation avec chacun des quatre modes. Cependant, certains patients borderlines rejettent l'idée des modes. Lorsque cela se produit, le thérapeute n'insiste pas. Le thérapeute utilise alors d'autre dénomination telle que « votre côté mauvais », « votre côté en colère », « votre côté autocritique » et « votre côté insensible ». Il est important que le thérapeute donne un nom aux différentes parties de la personnalité, d'une manière ou d'une autre, sans que ce nom corresponde forcément à nos appellations conceptuelles.

Le thérapeute demande au patient de lire les chapitres de *Je réinvente ma vie* qui sont liés à ses modes. Bien que le livre ne fasse pas directement état des modes, il décrit l'expérience des schémas — les sentiments de maltraitance, d'abandon, de manque affectif, d'assujettissement — et les trois styles d'adaptation : la soumission, l'évitement et la compensation. Le thérapeute demande au patient de lire les chapitres qui le concernent. Il est important que le thérapeute prescrive la lecture d'un chapitre donné à un moment donné, car les borderlines, lorsqu'ils lisent *Je réinvente ma vie*, ont tendance à se voir partout et à être complètement dépassés.

Nous répétons que l'approche générale du thérapeute, dans le cadre du traitement, est de pister les modes du patient à chaque instant, afin d'utiliser les stratégies adaptées pour chacun d'eux. Le thérapeute se comporte comme le bon parent. Le but étant de construire le mode Adulte Sain du patient, façonné sur le modèle du thérapeute ; ce mode sera capable d'être attentif à l'Enfant Abandonné, de tranquilliser et de remplacer le Protecteur Détaché, de bannir et renvoyer le Parent Punitif, et d'apprendre à l'Enfant Coléreux des méthodes adaptées pour exprimer ses émotions et ses besoins.

6° *Traitement du mode Enfant Abandonné*

L'Enfant Abandonné, c'est l'enfant interne blessé du patient. C'est la partie infantile du patient qui a connu la maltraitance, l'abandon, le manque affectif, l'assujettissement et qui a été durement punie. Dans le cadre de la relation thérapeutique, le thérapeute cherche à apporter le contraire : une relation qui est sûre, sécurisante, attentionnée, qui incite à l'expression authentique de soi, et qui pardonne.

La relation thérapeutique

La relation thérapeutique est au centre du traitement du mode Enfant Abandonné. Grâce au re-parentage partiel, le thérapeute cherche à apporter un antidote partiel à l'enfance néfaste du patient. Le thérapeute travaille à créer un environnement de prise en charge(Winnicott, 1965) dans lequel le patient pourra se développer en partant de l'état de jeune enfant pour parvenir à l'état d'adulte sain. Le thérapeute devient une base stable à partir de laquelle le patient construira progressivement une notion de son identité et de l'acceptation de soi. En insistant sur le côté enfant abandonné du patient, le thérapeute essaie de le guider vers le mode Enfant Abandonné et de l'y maintenir, puis de l'aider à grandir comme un parent le ferait pour son enfant.

Le thérapeute re-materne le patient dans les limites autorisées de la relation thérapeutique. C'est ce que nous appelons le re-parentage partiel. Le danger existe que le thérapeute aille trop loin et fusionne avec le patient ou se comporte avec lui comme un vrai parent. Le thérapeute doit rester dans les limites de la relation thérapeutique. Le thérapeute, par exemple, ne rencontrera pas les patients en dehors du cabinet, ne se servira pas du patient comme confident ou comme d'une personne qui serait chargée de veiller sur lui, il ne touchera pas le patient, il n'entretiendra pas une dépendance excessive. Cependant, en matière de re-parentage, nous allons plus loin que ne le font les thérapeutes dans beaucoup d'autres méthodes thérapeutiques.

Tout en tenant compte de ces limites, le thérapeute essaie de combler les besoins infantiles insatisfaits du patient en matière de sécurité, d'attention, d'autonomie, d'expression de soi et de limites. Le thérapeute dira au patient : « Je suis là pour vous », « Je me soucie de vous », « Je ne vous abandonne pas », « Je ne veux ni vous maltraiter ni vous exploiter », « Je ne vous rejetterai pas. » Tous ces messages donnent au thérapeute le rôle d'une base stable et attentionnée.

Pour construire la confiance du patient, le thérapeute n'hésite pas à lui exprimer son admiration. Lorsque les patients sont dans le mode Enfant Abandonné, le thérapeute cherche à lui exprimer des éloges aussi directes et sincères que possible. Les patients borderlines ne reconnaissent habituellement pas leur propre valeur. Ils ont besoin que le thérapeute leur exprime leurs qualités — qu'ils sont généreux, par exemple, aimants, intelligents, sensibles, créatifs, empathiques, passionnés ou loyaux. Si le thérapeute attend que le patient soit capable d'identifier lui-même ses propres qualités, cela ne se produira probablement jamais. Lorsque le thérapeute exprime au patient tout ce qu'il admire en lui, le patient a toujours tendance à renier ses qualités. Le patient passe de l'Enfant Abandonné au Parent Punitif, et le Parent Punitif dénie la louange. Cependant, même si le Parent Punitif dénie la louange, l'Enfant Abandonné l'entend quand même. Des mois plus tard, il est possible que le patient rapporte les propos du thérapeute, même si, sur le moment, il ne les a pas pris en compte.

En utilisant la réciprocité et la révélation de soi, le thérapeute se sert de la relation thérapeutique pour montrer au patient comment l'on respecte les droits des autres, comment on exprime ses émotions de façon adaptée, comment on peut donner et recevoir de l'affection, affirmer ses besoins et être authentique. Il est important pour les thérapeutes de partager ses réactions personnelles avec les patients. Cela ne signifie pas que le thérapeute doive partager des détails intimes de sa vie personnelle. Toute révélation de soi est utile — mais il n'est pas nécessaire qu'elle soit très intime. Il peut s'agir d'une interaction avec un étranger dans la rue, ou d'une expérience avec un vendeur dans un magasin. Les thérapeutes reconnaissent qu'ils ont, comme les patients, un côté vulnérable. Par là-même, ils montrent comment on peut accepter d'être vulnérable, accepter ses sentiments et les partager avec un autre être humain.

Le travail émotionnel

Grâce à l'imagerie, le thérapeute aide l'Enfant Abandonné, par son attention, son empathie et sa protection. Progressivement, le patient va internaliser les comportements du thérapeute dans son propre mode Adulte Sain, qui remplacera par la suite le thérapeute dans l'imagerie.

Dans l'imagerie, le thérapeute aide le patient à travailler sur des événements bouleversants de son enfance. Le thérapeute entre dans les images et il re-materne l'enfant. Plus tard dans la thérapie, lorsque le lien thérapeutique sera sécurisé et que le patient sera suffisamment fort pour ne pas décompenser, le thérapeute guidera le patient dans des images traumatiques de maltraitance ou de négligence. Le thérapeute fera tout ce qu'un bon parent aurait fait : il retirera l'enfant de cette situation, il confrontera le responsable, il s'interposera entre lui et l'enfant, ou il transmettra à l'enfant la puissance nécessaire pour prendre en main la situation. Progressivement, le patient prendra le rôle de l'Adulte Sain, il entrera dans l'image en tant qu'adulte, et il re-maternera l'enfant.

Le travail émotionnel peut également aider le patient à gérer des situations bouleversantes de sa vie actuelle. Le patient peut travailler son appréhension d'une situation donnée : il ferme les yeux et il crée une image de la situation ou bien il joue cette situation en jeux de rôles avec le thérapeute. Parfois, le patient joue le rôle du mode qui s'est activé pendant que le thérapeute joue l'Adulte Sain. Dans d'autres situations, le patient exprime tour à tour les sentiments et les désirs conflictuels qu'il ressent dans chaque mode ; puis grâce à des dialogues entre les modes, il négocie une réponse saine à la situation.

Le travail cognitif

Le thérapeute informe le patient sur les besoins humains normaux. Il commence par enseigner aux patients les besoins de l'enfant en matière de développement. Beaucoup de patients borderlines n'ont aucune notion de ce que sont ces besoins, parce que leurs parents leur ont appris que des besoins, même normaux, étaient « mauvais ». Ces patients ignorent qu'il est normal pour les enfants d'avoir besoin de sécurité, d'amour, d'autonomie, de félicitations et d'acceptation. Les premiers chapitres de *Je réinvente ma vie* sont utiles à cette étape du traitement car ils confirment les besoins normaux des enfants.

Les techniques cognitives peuvent aider les patients borderlines à se sentir liés avec le thérapeute dans des situations pénibles. Un patient borderline souffrant d'attaques de panique, par exemple, expliquait à son thérapeute que la lecture des fiches mémo-flash dans les situations phobogènes lui était utile parce que ces fiches lui permettait de se sentir en relation avec le thérapeute. Pour personnaliser les choses, il est même possible que le patient parle au thérapeute dans la situation pénible, soit mentalement, soit par écrit.

Le travail comportemental

Le thérapeute aide le patient à pratiquer les techniques d'affirmation de soi. Le patient met en pratique ces techniques à la fois au cours des séances, dans l'imagerie ou dans les exercices de jeux de rôles, et entre les séances, en tant que tâches assignées. Le but est que le patient apprenne à gérer les affects d'une façon efficace et qu'il développe des relations intimes avec des personnes appropriées, avec lesquelles il sera capable de se révéler vulnérable sans bouleverser l'autre.

Nous parlerons des habiletés cognitives et comportementales destinées aux patients borderlines dans les paragraphes consacrés à l'Enfant en Colère et l'Enfant Abandonné.

Les dangers dans le travail avec le mode Enfant Abandonné

Le premier risque est que le patient soit bouleversé. Il peut quitter la séance dans le mode Enfant Abandonné, être déprimé ou impressionné. Les patients borderlines se situent l'intérieur d'un spectre de fonctionnement étendu, et ce qu'un patient est capable de supporter, un autre ne le pourra pas. Il est préférable pour le thérapeute d'observer le patient de très près et de parvenir à connaître ce qu'il est capable de gérer. Le thérapeute sera attentif à ne pas bouleverser les patients qui sont parvenus à se connaître, car cette connaissance est quelque chose de difficile pour nombre d'entre eux. Le thérapeute commencera avec les techniques simples et, progressivement, il passera à des méthodes chargées en émotions.

L'autre danger est que le thérapeute agisse, par inadvertance, d'une façon telle que le patient se détache de son mode Enfant Abandonné. Si le thérapeute répond à un patient qui se trouve dans le mode Enfant Abandonné en essayant, par exemple, de résoudre un problème, le patient risque d'embrayer le mode du Protecteur Détaché. Ce patient aura pu croire que le thérapeute lui demandait d'être objectif et rationnel, plutôt que subjectif et émotionnel. De la même façon, si le thérapeute traite trop le patient en adulte, et qu'il ignore son côté infantile, celui-ci pourra basculer dans le mode Protecteur Détaché parce que l'enfant se sentira indésirable. Durant toute leur vie, les borderlines ont reçu le message que leur mode Enfant Vulnérable n'était pas le bienvenu dans les relations interpersonnelles.

Le troisième danger est l'irritation du thérapeute devant le comportement infantile du patient et sa faible capacité à résoudre les problèmes lorsqu'il se trouve dans le mode Enfant Abandonné. Toute expression de colère, d'irritation de la part du thérapeute refermera immédiatement l'Enfant Abandonné. Le patient embrayera le mode Parent Punitif, pour se punir lui-même d'avoir mis le thérapeute en colère. Là encore, le thérapeute peut utiliser la technique de la surimposition de l'image d'un jeune enfant par-dessus celle du patient afin de maintenir l'empathie. Ceci aidera le thérapeute à envisager le patient sous un stade développemental plus adapté et donc à avoir des attentes plus raisonnables.

7° *Traitement du mode Protecteur Détaché*

Le mode Protecteur Détaché a pour rôle de séparer le patient de ses émotions et de ses besoins dans le but de lui éviter de la douleur et de le mettre l'écart du danger en apaisant les autres et en adoucissant leur colère. Dans ce mode, le patient est une coquille vide qui agit de façon automatique et mécanique dans le but de faire plaisir. Le Protecteur Détaché agit de cette façon parce que, dans ce mode, le patient ressent qu'il n'est pas en sécurité s'il se montre authentiquement vulnérable avec le thérapeute (ou avec d'autres gens). Le Protecteur Détaché existe pour protéger l'Enfant Abandonné.

La relation thérapeutique

Le thérapeute tranquillise le Protecteur Détaché : il peut laisser en toute sécurité l'Enfant Vulnérable auprès du thérapeute. Le thérapeute protège le patient de façon suivie, si bien que le Protecteur Détaché n'a pas à s'en occuper. Il y a plusieurs façons de faire. Le thérapeute aide le patient à contenir ses émotions bouleversantes en l'apaisant, si bien que, pour le Protecteur Détaché, il est possible de laisser le patient faire l'expérience de ses sentiments en toute sécurité. Le thérapeute autorise le patient à lui exprimer tous ses sentiments (dans le cadre des limites appropriées), y compris les émotions de colère, sans jamais le punir. Si nécessaire, le thérapeute augmente la fréquence des contacts avec le patient de façon à ce que le patient se sente l'objet d'attention. En re-maternant le patient, le thérapeute s'assure que le patient se sent en sécurité.

Contournement du Protecteur Détaché

Pour contourner le Protecteur Détaché, il faut passer par plusieurs étapes. Le thérapeute commence par dénommer le mode Protecteur Détaché, ce qui aide le patient à reconnaître ce mode et à identifier les causes qui l'activent. Ensuite, le thérapeute analyse le développement de ce mode au cours de l'enfance du patient et il met en valeur sa signification adaptative. Le thérapeute aide le patient à observer les événements qui précèdent l'activation de ce mode dans sa vie et il lui fait réaliser les conséquences du détachement. Ensemble, le thérapeute et le patient passent en revue les avantages et les inconvénients du détachement dans la vie adulte actuelle du patient. Il est important pour le thérapeute d'insister fortement pour que le patient accepte de combattre le mode du Protecteur Détaché et qu'il fasse l'expérience des autres modes dans le cadre de la thérapie, parce qu'aucun progrès réel ne se produira aussi longtemps que le patient restera dans le mode du Protecteur Détaché. En représentant l'Adulte Sain, le thérapeute provoque et négocie avec le Protecteur Détaché. Lorsque toutes les étapes ont été franchies avec succès et que le thérapeute a contourné le Protecteur Détaché, alors le patient est prêt au travail d'imagerie.

En voici un exemple avec Kate. Le docteur Young commence par montrer à la patiente qu'elle se trouve dans le mode Protecteur Détaché et, en lui rappelant la raison d'être de ce mode, il lui demande de produire une image de son mode Enfant Abandonné.

Thérapeute : Fermez les yeux. (Pause.) Je vous ai déjà parlé de l'Enfant Abandonné. Vous savez, la petite Kate, la petite fille qui veut qu'on l'aime. Imaginez-vous en tant que petite fille. (Pause.) Parvenez-vous à vous voir ? Pouvez-vous obtenir une image de la petite Kate ?

Kate : Oui, j'ai une photographie de moi, et je la vois.

Thérapeute : Et dans cette photo, à quoi ressemblez-vous ? Pouvez-vous voir ce que ressent la petite Kate ?

Kate : Sur cette photo, je suis heureuse, j'ai quatre ans.

Thérapeute : C'est donc une image heureuse de la petite Kate. Pouvez-vous obtenir une image de la petite Kate lorsque n'est pas heureuse ? Imaginez-la lorsqu'elle est triste ou seule. Elle peut être à la maison, sans personne qui prête attention à elle, son père est peut-être parti dans son monde a lui. Vous arrivez à voir une image comme ça ?

Kate : Oui, un peu. Je ne sais pas trop.

Thérapeute : Est-ce qu'en fait vous y arrivez bien, mais que vous avez peur d'en parler, ou bien est-ce que vous ne voulez pas voir cette situation ?

Kate : Je pense que je ne veux pas voir. Mais aussi j'oublie les choses. C'est difficile pour moi.

Thérapeute : C'est ce que j'appelle le mode du Protecteur Détaché. C'est le côté qui essaie de vous protéger contre ces sentiments, il vient d'apparaître l'instant de vous dire : « Kate, ne te mets pas à penser ou à voir de telles choses, ça va te faire trop mal. » Vous pensez que c'est ça ?

Kate (elle pleure et elle hoche la tête pour dire oui).

Le thérapeute demande à la patiente de faire venir une image du Protecteur Détaché et il commence un dialogue avec ce mode. Le Protecteur Détaché devient un personnage de l'image. En menant ce dialogue, le but du thérapeute est de convaincre le Protecteur Détaché de se mettre sur la touche pour permettre au thérapeute d'interagir avec l'Enfant Vulnérable et avec les autres modes d'enfant. Le thérapeute approche le Protecteur Détaché avec une attitude de confrontation empathique.

Thérapeute : Voulez-vous parler au côté détaché de vous-même, pour lui dire que vous avez besoin qu'il vous autorise à regarder certaines de ces choses ?

Kate : C'est difficile. C'est vraiment difficile. Ça me fait mal. Et plus j'essaie d'y penser, plus j'oublie ; plus j'essaie de me concentrer, plus ça m'est impossible.

Thérapeute. Vous voyez, c'est toujours la bataille entre eux le côté petit enfant et le côté détaché. Pouvez-vous créer une image de la partie de vous qui a peur de laisser faire ça ? Pouvez-vous créer une image de vous en train de dire : « Kate, ne fais pas ça. »

Kate : Oui.

Thérapeute : Pouvez-vous lui parler et lui demander : « Pourquoi ne veux-tu pas me laisser regarder ces choses ? Pourquoi m'embrouilles-tu de la sorte ? » Et que répond-elle ?

Kate : Je pense qu'elle essaie de s'occuper d'elle.

Thérapeute : Laissez-moi lui parler. « Kate, que craignez-vous qu'il se produise si vous laisser sortir ces émotions et si vous vous souvenez de ces choses ? »

Kate : Eh bien, je vais être tellement en colère et tellement déchaînée que je ne saurais pas quoi faire.

Thérapeute : Avez-vous peur que vous émotions échappent à votre contrôle, que votre colère blesse quelqu'un ?

Kate : Oui.

Thérapeute : Est-ce que ce serait trop effrayant pour vous de créer une image de Kate en colère, pour voir à quoi elle ressemble ?

À ce moment, Kate et le thérapeute sont enfin capables de passer au travers du Protecteur Détaché pour accéder à l'enfant coléreux qui, au-delà, s'est déjà activé.

Le travail émotionnel

Une fois que le thérapeute a contourné le Protecteur Détaché, le travail d'imagerie peut commencer. À partir de ce moment du traitement, le thérapeute utilise habituellement le travail d'imagerie pour contourner le Protecteur Détaché. Nous estimons que la meilleure stratégie pour débarrasser un patient borderline de son mode Protecteur Détaché est le travail d'imagerie, particulièrement le travail d'imagerie mettant en jeu les modes. Lorsque nous demandons aux borderlines de fermer les yeux et d'imaginer leur enfant vulnérable, ils peuvent souvent accéder de façon immédiate aux sentiments qui sont sous-jacents au masque affectif vide.

Nous décrirons le travail d'imagerie de façon plus détaillée lorsque nous abordons le traitement des autres modes.

Le travail cognitif

Il est très utile d'expliquer le mode Protecteur Détaché au patient. Le thérapeute met en évidence les avantages des expériences affectives et de la relation aux autres. Vivre selon le mode du Protecteur Détaché, c'est vivre comme quelqu'un qui est mort sur le plan affectif. Une satisfaction affective réelle n'est possible que pour ceux qui acceptent de ressentir et de demander.

Par-delà le travail éducatif, il y a quelque chose de paradoxal à faire un travail cognitif avec le Protecteur Détaché. En insistant sur le rationnel et l'objectif, la démarche du travail cognitif a tendance à renforcer ce mode. Pour cette raison, nous ne recommandons pas d'insister sur le travail cognitif avec le Protecteur Détaché (autrement que dans le travail d'information). Une fois que le patient a reconnu sur le plan intellectuel qu'il existe des avantages importants à remplacer le Protecteur Détaché par de meilleures formes d'adaptation, le thérapeute passe alors au travail émotionnel.

Le travail biologique

Si le patient est bouleversé par des émotions intenses chaque fois qu'il se déconnecte du mode Protecteur Détaché, le thérapeute peut alors envisager d'utiliser un médicament. Les psychotropes peuvent aider le patient à mieux tolérer la déconnexion du mode Protecteur Détaché pour embrayer d'autres modes. Les stabilisateurs de l'humeur ou les antidépresseurs peuvent permettre au patient de contenir ses émotions et lui éviter de se trouver bouleversé. Comme nous l'avons déjà signalé, c'est uniquement lorsque le patient se trouve dans un des autres modes qu'un progrès thérapeutique réel peut se produire. Si le patient ne peut pas se maintenir dans les autres modes en thérapie, et qu'il reste figé dans le mode du Protecteur Détaché, alors il ne lui sera guère possible de progresser.

Le travail comportemental

La prise de distance vis-à-vis des autres est un aspect important de ce mode. Le Protecteur Détaché est très réticent à s'ouvrir affectivement aux autres. Au cours du travail comportemental, le patient essaie de s'ouvrir — progressivement et par étapes — malgré cette résistance. Le patient met en pratique la déconnexion du Protecteur Détaché et l'embrayage de l'Enfant Vulnérable et de l'Adulte Sain avec des personnages proches qui seront appropriés.

Le patient peut pratiquer l'imagerie ou le jeu de rôle avec le thérapeute en séance et ensuite accomplir des tâches assignées. Une patiente pourra, par exemple, avoir pour but thérapeutique de partager davantage ses sentiments sur un sujet donné avec une de ses amies proches. En jeu de rôle avec le thérapeute, elle s'entraînera à exprimer ses sentiments, puis elle passera dans la réalité avec cette amie, sous la forme de tâche assignée, la semaine suivante.

De plus, le patient peut adhérer à un groupe d'entraide (Alcooliques anonymes, etc.) Il pourra s'entraîner à se déconnecter du mode Protecteur

Détaché et à embrayer les modes Enfant Vulnérable et Adulte Sain dans le cadre d'un groupe de soutien.

Il est important pour le thérapeute qu'il persiste à confronter le mode Protecteur Détaché. Nous avons présenté dans le chapitre 8 la transcription d'une séance menée par le docteur Young qui explicite ce processus dans le détail.

Les dangers dans le travail avec le mode Protecteur Détaché

Le premier danger est que le thérapeute prenne par erreur le Protecteur Détaché pour l'Adulte Sain. Le thérapeute croit que le patient va bien, mais celui-ci s'est en fait mis en veilleuse et se comporte d'une manière docile, comme « un enfant gentil », passif et obéissant. *L'élément clé permettant la distinction entre les deux modes est l'existence d'émotions*. Le thérapeute peut demander : « Que ressentez-vous en ce moment ? » Dans le mode Protecteur Détaché, le patient répondra « Je ne ressens rien », ou bien « Je me sens insensibilisé. » Si le thérapeute demande : « Qu'avez-vous envie de faire en ce moment ? », le patient répondra « Je ne sais pas », car dans le mode Protecteur Détaché, le patient n'a aucune notion de ses désirs. Si le thérapeute demande : « Que ressentez-vous en ce moment envers moi ? », le patient en mode Protecteur Détaché répondra : « Rien ». Le patient peut ressentir des émotions dans les autres modes, mais pas dans le mode du Protecteur Détaché.

Le deuxième danger est que le mode du Protecteur Détaché entraîne le thérapeute vers une résolution de problèmes, sans avoir pu atteindre le mode sous-jacent. De nombreux thérapeutes tombent dans le piège de la résolution de problèmes chez les borderlines, notamment lors du début de la thérapie. Souvent, le patient ne veut aucune solution — il demande de l'attention et de la protection. Il a besoin que le thérapeute empathise avec le mode sous-jacent au Protecteur Détaché, là où se trouvent cachés les modes de l'Enfant Abandonné et de l'Enfant Coléreux.

Le troisième danger est que le thérapeute ne parvienne pas à reconnaître la colère du patient. Le Protecteur Détaché efface, aux yeux du thérapeute, la colère du patient. Si le thérapeute ne passe pas outre le Protecteur Détaché, et s'il n'aide pas le patient à exprimer sa colère, alors la colère du patient va grandir et le patient finira par la manifester ou quitter la thérapie. Le patient pourra, par exemple, rentrer chez lui pour se couper, conduire de façon imprudente, se mettre à consommer des drogues, à faire des rencontres sexuelles impulsives et non sécurisées, ou cesser la thérapie de façon inopinée.

8° *Traitement du mode Parent Punitif*

Le Parent Punitif est, pour le patient, l'identification et l'internalisation d'un parent (ou d'un autre personnage important) qui l'a dévalorisé et rejeté au cours de son enfance. Ce mode punit le patient qui a été « vilain » — ce qui peut signifier à peu près n'importe quoi, mais particulièrement le fait d'exprimer des sentiments authentiques ou d'avoir des besoins affectifs. Le but du traitement est de vaincre le Parent Punitif et de s'en débarrasser. À la différence des autres modes, le Parent Punitif n'a aucune utilité. Le thérapeute combat le Parent Punitif puis, progressivement, le patient parvient à s'identifier au thérapeute et à l'internaliser en tant que son propre adulte sain ; il pourra ensuite combattre lui-même le Parent Punitif.

La relation thérapeutique

En incarnant un modèle à l'opposé de la sévérité — c'est-à-dire une attitude qui accepte et pardonne — le thérapeute apporte la preuve que le Parent Punitif est dans l'erreur. Au lieu de critiquer et de réprimander le patient, le thérapeute le reconnaît lorsqu'il exprime des sentiments authentiques et des besoins normaux et il lui pardonne s'il fait quelque chose de « faux ». Le patient est une bonne personne qui a le droit de faire des erreurs.

En transformant en mode la partie auto punitive du patient, le thérapeute aide le patient à démolir le processus d'identification et d'internalisation qui a créé ce mode au cours de la petite enfance. La partie autopunitive devient égo-dystonique et externe. Le thérapeute devient alors l'allié du patient pour combattre le Parent Punitif.

En s'associant au patient dans le combat contre le Parent Punitif, le thérapeute fait de la confrontation empathique. Il empathise avec la difficulté que rencontre le patient, tout en poussant ce dernier à combattre la voix punitive. En se concentrant sur l'empathie, le thérapeute évitera de s'identifier par inadvertance avec le Parent Punitif, et de devenir dur ou critique.

Le travail émotionnel

Le thérapeute aide le patient à combattre le Parent Punitif grâce à l'imagerie. Il commence par aider le patient à identifier quel est le parent (ou toute autre personne importante) que ce mode représente. À partir de là, le thérapeute changera la dénomination du mode, en lui attribuant un nom spécifique (par exemple, « votre père punitif »). Ce mode représente parfois les deux parents, mais il est le plus souvent la voix internalisée d'un seul parent. En nommant le mode de cette façon, le patient parvient à externaliser la voix du parent punitif : il s'agit de la voix du parent, et non pas de la sienne propre. Le patient devient alors davantage capable de se distancier par rapport à la voix punitive du mode et il va pouvoir se battre contre lui.

Voici un exemple, tiré de l'entretien du docteur Young avec Kate. Dans ce passage, Kate passe de l'Enfant Coléreux au mode Parent Punitif : le Parent Punitif essaie de punir l'Enfant Coléreux pour son accès de colère. Kate identifier le Parent Punitif comme étant son père.

Thérapeute : Maintenant, je voudrais que vous essayiez d'être Kate en colère. Répondez à votre père, dites-lui : « Mon frère est l'objet de toutes vos attentions : j'en ai assez. Moi aussi je mérite de l'attention. »

Kate (à son père dans l'image) : J'en ai assez qu'il s'en prenne à moi, qu'il me frappe, et que tu me cries après.

Thérapeute (il dirige Kate) : « Ce n'est pas juste ».

Kate (elle répète) : Ce n'est pas juste.

Thérapeute (continuant à diriger Kate) : « C'est pour ça que je mets tout en l'air dans ma chambre. Je suis tellement en colère quand tu fais comme ça. »

Kate : Je veux que vous mouriez tous.

Thérapeute : D'accord, c'est bien d'avoir dit ça, Kate. Maintenant est-ce que vous vous sentez mal à l'aise avec vous-même, après avoir parlé de la sorte, ou est-ce que ça vous fait du bien ?

Kate : Non. (Elle pleure.) C'est faux.

Thérapeute : Pouvez-vous être la partie de vous-même qui ressent actuellement que c'est faux ? Est-ce que c'est votre père qui vous dit ça maintenant ?

Kate (elle approuve en hochant la tête).

Thérapeute : Pouvez-vous être votre père, maintenant, qui vous dit que c'est faux ?

Kate (dans le rôle du père) : « Tu as tort de penser et de ressentir des choses pareilles, et de te mettre en colère, de vouloir que je meure, de vouloir que nous mourions tous. Nous nous occupons de toi, tout de même. »

Le thérapeute entre ensuite dans l'image pour combattre le Parent Punitif.

Thérapeute : Pouvez-vous me faire entrer dans l'image et me laisser parler à votre père une minute, enfin que je vous protège un peu de lui ? Est-ce que nous pouvons faire ça ? Pouvez-vous m'imaginer à l'intérieur de cette image avec votre père et vous ?

Kate (elle hoche la tête pour dire oui).

Thérapeute : Je veux parler pour vous au père punitif : « Kate n'a pas tort de se mettre en colère contre vous. En tant que père, vous ne lui accordez pas la quantité normale d'écoute et d'attention auxquelles elle a droit ; et votre épouse ne fait pas mieux. Elle ne lui accorde aucune intention non plus. Il ne faut donc pas vous étonner que Kate soit en colère. Il ne faut pas vous étonner si elle vous déteste tous. Que faites-vous pour qu'elle vous apprécie et qu'elle soit attentionnée auprès de vous ? Que faites-vous pour que votre fille vous aime et qu'elle se sente proche de vous ? Vous ne faites que vous mettre en colère contre elle et la réprimander. Même lorsque son frère la frappe, vous continuez à lui faire des reproches. Est-ce que vous pensez que comme ça, elle peut vous aimer et être heureuse ? Est-ce que c'est juste ? »

Que ressentez-vous lorsque je dis tout ça à votre place ?

Kate : Je me sens coupable.

Thérapeute : Est-ce que vous ressentez le besoin de vous frapper, est-ce que vous méritez d'être punie ?

Kate : J'ai l'impression qu'après votre départ, je vais me faire battre.

Thérapeute : Qui va vous battre ?

Kate : Mon frère. (Elle pleure.)

L'espace d'un instant, Kate a perdu le lien entre l'imagerie et la réalité : l'imagerie a pris pour elle l'aspect d'un flash-back. L'affirmation selon laquelle, après le départ du thérapeute, elle va se faire battre par son frère mélange le présent et le passé. Elle a embrayé le mode de l'Enfant Abandonné. Le thérapeute agit pour la protéger et il lui rappelle que, dans l'image, elle est seule.

Thérapeute : Mais il n'est pas présent actuellement dans votre vie, n'est-ce pas ?

Kate (elle hoche la tête pour dire oui).

Thérapeute : Non, c'est seulement dans l'image actuelle que vous voyez ça ? Est-ce que c'est ce qu'il se produit dans l'image ? Vous ressentez qu'il va vous battre parce que vous avez dit ça ?

Kate (elle hoche la tête pour dire oui) : Parce que je me suis défendue.

Thérapeute : Maintenant, dans l'image, pourriez-vous imaginer que vous vous donnez une espèce de cloison ou quelque chose comme ça, pour vous protéger de lui ? Que pourriez-vous utiliser pour vous protéger de lui ?

Ce passage montre bien la rapidité avec laquelle les patients borderlines oscillent entre les modes. Kate passe de l'Enfant Coléreux au Parent

Punitif (pour punir l'Enfant Coléreux) puis à l'Enfant Abandonné (qui a peur que son frère ne se venge de sa colère). Pour les borderlines, ce type d'oscillations rapides entre les modes ne se produit pas seulement au cours de l'imagerie. Cela correspond au comportement habituel de ces patients dans leur vie : ils oscillent aussi rapidement entre les modes.

Le passage précédent illustre la stratégie qui permet d'attribuer la voix punitive à un personnage parental dans l'image. Chaque fois que le patient embraye le mode du Parent Punitif, le thérapeute identifie le mode au parent qui l'a façonné. Le thérapeute dit : « Soyez votre père en train de vous dire ça. » Ce n'est plus la voix du patient, cela devient la voix du parent. Maintenant, le thérapeute peut s'associer au patient pour combattre le parent.

Comme dans le passage précédent, la plupart des patients borderlines ont besoin que le thérapeute pénètre dans l'image pour combattre le Parent Punitif. Dans les débuts du traitement, la plupart des patients sont trop intimidés et ont trop peur du Parent Punitif pour se battre contre lui dans l'imagerie. Plus tard, lorsque les patients auront internalisé la voix du thérapeute et développé un mode d'Adulte Sain suffisamment fort, ils seront capables de combattre par eux-mêmes le Parent Punitif. Au début du traitement, le patient est surtout un observateur de la bataille entre le Parent Punitif et le thérapeute. Le thérapeute utilise tous les moyens nécessaires pour gagner cette bataille, sans bouleverser le patient. Encore une fois, le but est d'éliminer aussi complètement que possible le Parent Punitif, et non pas de l'intégrer aux autres modes.

Le thérapeute ne dirige pas de dialogues d'imagerie dans lesquels les patients se verraient eux-mêmes sous une forme punitive ; c'est toujours un de leurs parents qui prend cette forme. S'ils prenaient eux-mêmes la forme punitive plutôt que le parent, le thérapeute, s'attaquant à la voix punitive, sembleraient s'attaquer au patient, et celui-ci ne parviendrait pas à distinguer les attaques destinées au parent et celles destinées au patient. L'identification parentale de la voix punitive résout le problème : elle permet de combattre le Parent Punitif sans s'attaquer au patient. Une fois qu'on a donné à cette voix le nom d'un parent, il n'y a plus d'ambiguïté : il s'agit désormais d'un débat entre le thérapeute et le parent. Dans ce débat, le thérapeute verbalise les sentiments de l'Enfant Coléreux. Le thérapeute exprime les sentiments profonds du patient, que celui-ci a toujours été incapable d'exprimer à cause de la tyrannie du parent punitif.

Le thérapeute indique les limites à poser au Parent Punitif, plutôt que de proposer une solution défensive. Le patient apprend à se battre contre le Parent Punitif, et non pas à se défendre contre lui. Le patient n'a pas à se défendre pour démontrer ses droits et sa valeur. Le patient dira au Parent Punitif : « Je ne te laisserai plus me parler de cette façon. » Et il apprend à envisager une conduite à tenir lorsque le Parent Punitif viole ses limites.

Le thérapeute peut utiliser d'autres méthodes émotionnelles. Il peut par exemple utiliser la méthode à deux chaises de la Gestalt-thérapie. Le thérapeute demande patient de mener des dialogues entre l'Adulte Sain et le Parent Punitif, en changeant de chaise lorsqu'il change de mode. Le thérapeute dirige l'entretien, mais il ne prend pas le rôle d'un mode. Ceci permet de localiser le conflit à l'endroit approprié chez le patient, et non pas entre le thérapeute et le patient. De plus, les patients peuvent écrire des lettres aux gens qui ont été punitifs envers eux dans le passé, en y précisant leurs sentiments et y affirmant leurs besoins. Ces lettres serviront de tâches à domicile, elles seront lues au thérapeute à la séance suivante.

Le travail cognitif

Le thérapeute explique au patient les besoins et les sentiments humains normaux, en montrant que ce ne sont pas de « mauvaises » choses. À cause de leur manque affectif et de leur assujettissement, la plupart des patients borderlines pensent qu'ils ont tort d'exprimer leurs besoins et leurs sentiments, et qu'ils méritent d'être punis lorsqu'ils le font. Le thérapeute enseigne également au patient que la punition n'est pas une stratégie efficace pour s'améliorer. Le thérapeute ne considère pas que l'idée de la punition représente une valeur. Lorsque les patients font des erreurs dans leur vie, il leur apprend à remplacer l'autopunition par une réponse plus constructive telle que le pardon, la compréhension. Le but pour les patients est de reconnaître honnêtement leurs erreurs, d'avoir un remords approprié, de chercher à réparer auprès de ceux qui ont pu être affectés négativement, d'envisager des comportements plus efficaces pour le futur et, ce qui est le plus important, de se pardonner à eux-mêmes. De cette façon, les patients accepteront la responsabilité de leurs erreurs sans chercher à se punir.

Le thérapeute travaille pour que le patient ré-attribue la condamnation parentale aux propres problèmes du parent lui-même. Voici un exemple, tiré de l'entretien entre le docteur Young et Kate. Kate décrit combien sa mère lui reprochait d'être malheureuse et de lui gâcher l'existence.

Thérapeute : Est-ce que vous pensez encore que votre mère avait raison ?

Kate : Oui. Mais finalement, si je me comportais de cette façon, la raison ne venait peut-être pas de moi. Je commence à le réaliser maintenant ; ce sentiment a été long à venir. Peut-être bien que ce n'était pas moi, la cause.

Thérapeute : Mais jusqu'à tout récemment, vous ressentiez toujours que si votre famille vous traitait de la sorte, c'était parce qu'il y avait un problème chez vous. Vous avez cru de façon absolue à ce qu'ils disaient.

Kate : Et je le crois encore.

Thérapeute : Mais vous essayez de plus y croire.

Kate : Oui.

Thérapeute : Mais c'est un combat !

Kate : Oui.

Il faut parfois un an ou davantage pour vaincre le Parent Punitif, comme Kate essaie de le faire, et il s'agit d'une étape cruciale dans le traitement des borderlines. Il faut que le thérapeute convainque les patients que leurs parents les ont maltraités non pas parce qu'ils étaient de mauvais enfants, mais parce que leurs parents avaient des problèmes personnels ou parce que le système familial était dysfonctionnel. Les borderlines ne parviendront pas à surmonter leurs sentiments de dévalorisation tant qu'ils n'auront pas fait cette ré-attribution. Ils étaient de bons enfants qui ne méritaient pas ce mauvais traitement ; en fait, aucun enfant ne mérite le mauvais traitement qu'il a vécu.

Le thérapeute et le patient vont chercher à comprendre pourquoi le parent maltraitait le patient. Peut-être le parent maltraitait-il tous les enfants (auquel cas le parent a un problème psychologique) ; ou bien le parent était jaloux du patient (dans ce cas, le parent a une mauvaise estime de soi et se sent menacé par le patient) ; ou bien le parent n'était pas capable de comprendre le patient (dans ce cas, le patient est différent du parent, mais il n'est pas « mauvais »). Une fois que les patients ont compris les raisons parentales du mauvais traitement, ils sont plus à même de briser le lien émotionnel existant entre le traitement parental et leur estime de soi. Ils apprennent que, même si leur parent les maltraitait, ils étaient dignes d'amour et de respect.

Le patient qui se bat pour faire cette ré-attribution se trouve face à un dilemme. En réprimandant le parent, en se mettant en colère contre lui, le patient risque de perdre le parent, soit sur le plan psychologique, soit en réalité. Ce dilemme illustre une fois de plus l'importance de la relation de re-parentage. Comme le thérapeute devient le substitut parental partiel, le patient n'est plus aussi dépendant du parent réel et il accepte plus volontiers de réprimander ce parent et de se mettre en colère contre lui. En devenant une base stable et attentive, le thérapeute donne au patient la stabilité qui lui permettra de lâcher un parent dysfonctionnel ou bien de lui faire face.

En général, il est préférable que les borderlines n'habitent pas avec leur famille d'origine, ou qu'ils n'aient pas de contacts fréquents avec elle, particulièrement au début du traitement. La famille est très susceptible de poursuivre le renforcement des modes et des schémas que le thérapeute s'acharne à combattre et à surmonter. Si le patient habite avec sa famille d'origine et que la famille continue à le traiter d'une façon dangereuse, le thérapeute s'emploiera en priorité à aider le patient à déménager.

L'autre façon de combattre le Parent Punitif consiste, pour le thérapeute, à définir les aspects positifs du patient. Le thérapeute et le patient en tiennent une liste qui sera régulièrement révisée. Sous forme de tâche assignée, les patients rassemblent des informations sur leurs aspects positifs (en interrogeant par exemple leurs amis proches) et ils font des expériences pour contrer leurs aspects négatifs (en partageant authentiquement, par exemple, leurs besoins ou leurs sentiments avec des proches qui ont été sélectionnés et en observant ce qui se produit). Le thérapeute et le patient pourront résumer ce travail sur des fiches mémo-flash.

Le travail cognitif est répétitif. Les patients ont besoin qu'on leur répète inlassablement les arguments contre le Parent Punitif. Ce mode s'est développé sur une longue période de temps, grâce à des répétitions innombrables. Chaque fois que le patient combat le mode du parent punitif par l'amour de lui-même, il affaiblit un peu plus ce mode. C'est la répétition qui finira par user la résistance du parent punitif.

Enfin, il est important que le thérapeute et le patient puissent reconnaître les qualités du parent. Souvent, il est tout de même arrivé que le parent donne au patient un peu d'amour ou de reconnaissance, toutes choses que le patient tient pour très précieuses, du fait de leur rareté. Cependant, le thérapeute rappellera que tous les côtés positifs du parent ne justifient ni n'excusent en aucun cas son comportement néfaste.

Le travail comportemental

Les patients borderlines s'attendent à ce que les autres les traitent de la même façon que leurs parents les ont traités. (Ceci fait partie du schéma de Punition.) Leur hypothèse implicite est que tout individu est, ou deviendra, le parent punitif. Le thérapeute propose des expériences pour tester cette hypothèse. Le but est de démontrer au patient qu'en exprimant ses besoins et ses émotions de façon adaptée, il ne sera pas amené à être rejeté, par des gens sains, et que ces mêmes gens ne vont pas le rejeter. On pourra, par exemple assigner à un patient la tâche de demander à son partenaire, ou à un ami intime, de l'écouter lorsqu'il se trouvera angoissé par son travail. Le thérapeute et le patient étudieront l'interaction en jeu de rôle jusqu'à ce que le patient se sente suffisamment à l'aise pour mettre la tâche en application. S'il s'avère que le patient et son thérapeute ont choisi avec sagesse la personne désignée pour recevoir la confidence, il faudra récompenser le patient pour ces efforts par un renforcement positif.

Les dangers dans le travail avec le mode Parent Punitif

Lorsqu'on aide le patient à combattre le mode du Parent Punitif, le danger existe que le Parent Punitif réplique en punissant le patient. Après la séance, il peut arriver que le patient embraye le mode Parent Punitif et se punisse lui-même par un comportement parasuicidaire : qu'il se taillade, ou se prive d'alimentation. Il est important que le thérapeute surveille le patient dans ce sens et s'occupe de prévenir cette éventualité. Il donnera au patient des instructions pour qu'il ne se punisse pas et lui proposera des activités alternatives (telles que la lecture des fiches de schémas ou la technique de pleine conscience) lorsqu'il éprouve le besoin impérieux d'agir de la sorte.

L'autre danger est que le thérapeute sous-estime l'effroi provoqué par le Parent Punitif et qu'il n'assure pas une protection suffisante au cours des exercices émotionnels. Souvent, le Parent Punitif est un parent maltraitant. Pour s'opposer au Parent Punitif, le patient a besoin d'un protection importante. Le thérapeute assure cette protection en confrontant le Parent Punitif et en fixant des limites au traitement du Parent Punitif du patient dans l'imagerie.

Il peut arriver que le thérapeute ne tienne pas un rôle suffisamment actif dans le combat contre le Parent Punitif : qu'il soit trop passif ou trop rationnel et calme et qu'il manque d'agressivité. Le thérapeute doit combattre le Parent Punitif de façon agressive. Il doit lui dire : « Vous avez tort » ; « Je ne veux plus vous entendre la critiquer ; je ne veux plus entendre votre voix blessante. Je ne vous laisserai plus la punir. » Il faut traiter le Parent Punitif comme une personne sans bonne volonté et sans empathie. On ne raisonne pas avec une telle personne, ce type d'approche ne fonctionne pas avec le Parent Punitif. La méthode qui fonctionne le plus souvent consiste à affronter ce mode pour le combattre.

Il est également dangereux de ne pas apprendre au patient comment faire face par lui-même au Parent Punitif. Le passage du thérapeute dans l'image pour combattre ce mode n'est qu'une technique transitoire. Pour finir, le patient doit apprendre comment combattre tout seul le parent Punitif. Le thérapeute se retire progressivement des séances d'imagerie, ce qui permet au patient d'assumer un niveau progressivement croissant de responsabilité dans le combat contre le Parent Punitif.

Enfin, le dernier danger est que le patient ressente comme une infidélité le fait de critiquer le Parent Punitif. Le thérapeute assure le patient qu'il pourra plus tard, s'il le souhaite, pardonner à son parent, mais que l'essentiel est pour l'instant la recherche de la vérité.

9° *Traitement de l'Enfant Coléreux*

Le mode de l'Enfant Coléreux exprime de la colère contre un mauvais traitement et pour les besoins fondamentaux insatisfaits qui ont généré des schémas inadaptés — l'abandon, la maltraitance, le manque affectif, l'assujettissement, le rejet et la punition. Bien que la colère soit habituellement justifiée dans le contexte de l'enfance, ce mode d'expression est autodéfaitiste dans la vie d'adulte. La colère du patient le bouleverse et l'isole des autres, ce qui rend beaucoup plus improbable encore la satisfaction de ses besoins affectifs. Le thérapeute re-materne l'Enfant Coléreux en fixant des limites à son comportement coléreux, en confirmant le bien-fondé de ses besoins affectifs sous-jacents et en lui apprenant des moyens plus efficaces pour exprimer sa colère et pour obtenir satisfaction de ses besoins affectifs.

La relation thérapeutique

Quelle est la stratégie du thérapeute lorsque le patient borderline embraye le mode Enfant Coléreux et se met en colère contre le thérapeute ? La colère vis-à-vis du thérapeute est fréquente avec ces patients et, pour beaucoup de thérapeutes, elle représente un aspect très frustrant du traitement. Le thérapeute ressent souvent de la fatigue, en cherchant à combler les besoins du patient. Si bien que, lorsque celui-ci se tourne vers le thérapeute pour lui dire « vous ne vous occupez pas de moi, je vous déteste », le thérapeute ressent une colère bien naturelle et il n'apprécie pas ! Les borderlines sont parfois abuseurs, manipulateurs, et il arrive qu'ils forcent le thérapeute à leur donner ce qu'ils demandent. Ils adoptent des comportements qui mettent le thérapeute en colère, si bien que celui-ci est tenté de se venger. Les patients n'agissent pas ainsi par envie de blesser, mais par désespoir. Lorsque les thérapeutes ressentent de la colère avec les borderlines, leur première priorité est de s'occuper de leurs propres schémas. Quels sont les schémas qui s'activent chez moi à la suite du comportement du patient ? Comment puis-je répondre tout en maintenant une position thérapeutique vis-à-vis du patient ? Nous parlerons du problème des schémas du thérapeute plus loin.

L'étape suivante consiste à fixer des limites si la colère du patient devient dangereuse. Les borderlines franchissent parfois la limite séparant la colère simple, qui est saine, d'un comportement qui maltraite le thérapeute ; par exemple en insultant le thérapeute, en faisant contre lui des attaques personnelles, en lui crachant dessus, en criant fort, en essayant de le dominer physiquement ou en le menaçant.

Le thérapeute ne doit tolérer aucun de ces comportements et répondre par des affirmations telles que : « Non, je ne peux pas vous laisser faire ça ; vous devez cesser de me crier après. Vous avez le doit d'être en colère, mais nous n'avez pas le droit de me hurler dessus. » Si le patient ne cesse pas son comportement abusif, le thérapeute impose alors une conséquence : « Je voudrais que vous alliez en salle d'attente quelques minutes pour vous calmer. Lorsque vous serez calme, vous pourrez revenir et continuer à me parler de cette colère, mais sans me crier après. » Le thérapeute transmet au patient deux messages : tout d'abord, il veut entendre la colère du patient ; ensuite, celui-ci doit exprimer cette colère dans des limites correctes. Nous parlerons de la fixation des limites plus loin dans ce chapitre.

Mais la plupart des borderlines ne se comportent pas de façon abusive, même si leur colère peut être très intense. Lorsque le patient est dans le mode Enfant Coléreux et qu'il ne se comporte pas de façon abusive, le thérapeute répond en suivant les quatre étapes suivantes : (1) faire exprimer la colère ; (2) empathiser ; (3) tester la réalité ; (4) entraîner.

1. *Faire exprimer la colère*. Le thérapeute commence par autoriser le patient à exprimer pleinement sa colère. Ceci va aider le patient à se calmer et à être suffisamment réceptif pour la deuxième étape ; le thérapeute lui dira : « Parlez-m'en davantage. Expliquez-moi pourquoi vous êtes si en colère contre moi. » Il autorise le patient à passer sa colère, même si celle-ci paraît excessive ou injustifiée. Si le thérapeute fait preuve d'empathie à ce stade, il neutralise habituellement la colère. Comme ce n'est pas le but initial, le thérapeute utilise un ton plat et neutre, et non pas un ton d'écoute attentive,

en répétant simplement : « Avez-vous d'autres raisons de vous mettre en colère contre moi ? »

2. *Empathiser*. Ensuite, le thérapeute entre en empathie avec les schémas sous-jacents à la colère du patient : par-derrière la colère, il va habituellement trouver des thèmes d'abandon, de manque affectif ou d'abus. L'Enfant Coléreux est une réponse aux besoins insatisfaits de l'Enfant Vulnérable.

   Le thérapeute va dire quelque chose comme : « Je sais que vous êtes en colère contre moi, mais je sais aussi que, sous cette émotion, il existe un sentiment de douleur : vous pensez que je ne m'intéresse pas à vous, vous sentez que je vous abandonne. » Le thérapeute essaie de traduire en termes de schémas le ressenti du patient.

   Lorsqu'il empathise, le thérapeute a pour but de faire basculer le sujet depuis le mode de l'Enfant Coléreux vers celui de l'Enfant Vulnérable. Ensuite, il pourra re-materner l'Enfant Abandonné et remédier ainsi à la cause de cette colère.

3. *Tester la réalité*. À l'étape suivante, le thérapeute demande au patient de mettre à l'épreuve la nature et l'intensité de sa colère : cette colère est-elle réellement justifiée, ou bien est-elle basée sur une incompréhension ? Peut-il trouver des explications alterna-tives ? La colère est-elle proportionnée à la situation ? Après les première étapes, la plupart des patients sont d'accord pour tester la réalité de cette façon.

   Le thérapeute n'est ni punitif ni défensif et il admet tous les éléments réalistes éventuels dans les accusations de son patient. La limite entre la mise à l'épreuve de la réalité et l'attitude défensive est ténue : s'il existe une quelconque vérité dans les propos du patient, le thérapeute l'admet et demande à être excusé. Il dira : « Vous avez raison » et « je suis désolé ».

   Le thérapeute confronte ensuite les aspects erronés et exagérés de la colère du sujet, le plus souvent grâce à la révélation de soi : « Je trouve, tout de même, que lorsque vous me dites que je ne m'intéresse pas du tout à vous, vous allez trop loin. » « Lorsque vous dites que je ne me soucie pas du tout de vous, j'ai le sentiment que tous mes efforts pour vous montrer mon intérêt ne signifient rien pour vous. » Il lui fait également part de ce qu'il a ressenti au cours de l'accès de colère inapproprié qui vient d'avoir lieu : « Lorsque vous criez de cette façon, il m'est impossible de vous écouter. Je ne peux rien entendre d'autre que vos cris et ma seule envie est que vous cessiez. »

4. *Entraîner à l'affirmation de soi.* Si la colère du patient a suffisamment diminué après ces trois premières étapes, on passe à l'étape finale, la pratique d'une affirmation appropriée de la colère. Le thérapeute demande au patient : « Si vous deviez recommencer, comment exprimeriez-vous votre colère envers moi ? Comment pourriez-vous exprimer vos besoins et vos sentiments, de façon à ce que je puisse, moi ou quelqu'un d'autre, vous écouter sans attitude défen-sive ? » Si besoin, il joue le modèle du comportement adapté et le patient le reproduit. Le thérapeute aide le patient à exprimer sa colère d'une façon plus adaptée et plus assertive.

Le travail émotionnel

Dans le travail émotionnel, le patient se décharge complètement de sa colère sur les personnages proches de son enfance, son adolescence ou sa vie adulte, qui l'ont maltraité. Le thérapeute l'incite à passer sa colère de la manière qui lui convient, et même en s'imaginant attaquer les personnes qui l'ont blessé. (On fera une exception avec le patient connu pour avoir été violent : les thérapeutes ne devront pas inciter les patients dont l'histoire fait état de comportements violents à s'imaginer des idées de violence.)

La plupart des borderlines n'ont pas d'antécédent de comportement violent ; ils ont pour la plupart été des victimes. Plutôt que de blesser les autres, ce sont eux qui ont été blessés. S'imaginer se battre contre les gens qui les ont agressés dans leur enfance leur permet d'exprimer leur colère dans l'imagerie. En agissant ainsi, ils acquièrent un sentiment de puissance qui remplace celui d'impuissance. Assouvir la colère leur permet aussi de se débarrasser d'un sentiment qui n'a plus son rôle et de reconsidérer la situation actuelle. Les patients peuvent faire des jeux de rôle avec le thérapeute, au cours desquels ils assouvissent leur colère, ils peuvent aussi écrire des lettres à l'intention des gens qui leur ont fait du mal (il est habituel de ne pas les expédier). Ils peuvent aussi utiliser des moyens physiques pour assouvir leur colère dans le travail émotionnel, comme frapper dans un oreiller.

Les patients s'entraînent à exprimer leur colère au cours de leur vie actuelle. Ils utilisent l'imagerie ou le jeu de rôle avec le thérapeute pour mettre au point des méthodes constructives qui leur permettront d'avoir un comportement adapté dans les situations problématiques. Dans le travail de modes, ils mènent des dialogues entre l'Enfant Coléreux, l'Adulte Sain et les autres modes pour trouver des compromis. Dans le cadre du compromis, le patient est autorisé à exprimer sa colère et à affirmer ses besoins, à la condition de le faire de façon adaptée. Une patiente, par exemple, ne pourra pas crier après son petit ami, mais elle pourra lui dire tranquillement la cause de son tracas.

Le travail cognitif

Comme nous l'avons souligné, une partie importante du traitement des borderlines consiste à leur apprendre ce que sont les émotions humaines normales. Il est particulièrement important de leur apprendre la signification de la colère. Les borderlines ont tendance à penser que toute colère est « mauvaise ». Le thérapeute leur apprend qu'il n'en est rien : il est normal et sain de ressentir de la colère et de l'exprimer de façon adaptée. Leur colère n'est pas mauvaise en elle-même ; mais c'est la façon dont ils l'expriment qui est problématique. Il faut donc qu'ils apprennent à exprimer leur colère d'une façon plus constructive et efficace. Plutôt que d'osciller entre passivité et agressivité, il leur faut trouver un moyen terme en utilisant les habilités d'affirmation de soi.

Le thérapeute enseigne aux patients des techniques pour tester la réalité, de façon à ce qu'ils puissent reformuler des attentes plus réalistes envers les autres. Les patients parviennent à réaliser qu'ils pensent en « noir ou blanc » et ils cessent de réagir de façon excessive et impulsive aux affronts émotionnels. Lorsqu'ils se sentent en colère, ils prennent quelques minutes pour lire la fiche de schéma *avant* de répondre par un comportement. Plutôt que de se laisser aller à leur impulsion ou de se mettre en retrait, ils réfléchissent à la façon dont ils vont pouvoir exprimer leur colère.

Prenons l'exemple de Dominique, une patiente qui faisait très fréquemment appeler (par messagerie téléphonique) son petit ami, Alan, et qui se mettait en furie lorsqu'il ne la rappelait pas immédiatement. Avec l'aide du thérapeute, elle a composé la fiche mémo-flash suivante :

> En ce moment, je suis en colère parce que je viens de faire appeler Alan et qu'il ne m'a pas encore rappelée. Je suis bouleversée parce que j'ai besoin de lui et qu'il n'est pas là pour moi. Quand il me fait ça, j'ai tendance à penser qu'il ne s'intéresse pas du tout à moi. J'ai peur qu'il ne me quitte. J'ai envie de continuer à le rappeler sans arrêt jusqu'à ce qu'il me réponde. J'ai envie de l'engueuler.

> Mais je sais que c'est mon schéma d'Abandon qui s'est activé. C'est mon schéma d'Abandon qui me fait croire qu'Allan va me quitter. Or, l'évidence va contre ce schéma : j'ai déjà pensé très souvent, par le passé, qu'Allan allait me quitter et j'ai toujours eu tort. Plutôt que de le rappeler incessamment, je vais lui donner le bénéfice du doute et admettre qu'il a eu une excellente raison pour me pas me rappeler, et qu'il va le faire dès qu'il en aura la possibilité. Lorsqu'il parviendra à me joindre, je lui répondrai d'un ton calme et affectueux.

Il peut être utile de demander au patient de trouver des explications alternatives au comportement des autres. La patiente ci-dessus pourra, par exemple, établir une liste des explications au non-rappel de son ami : « il est pris par son travail », « il se trouve actuellement dans une situation qui ne lui laisse pas suffisamment d'intimité pour me rappeler » et « il attend le bon moment pour me rappeler ».

Travail comportemental

Le patient s'entraîne à la gestion des émotions et à l'affirmation de soi, à la fois en séance par l'imagerie et le jeu de rôles, et à domicile par les tâches assignées.

Nous verrons ces techniques, ainsi que d'autres, dans le paragraphe « Comment aider l'Enfant Abandonné et l'Enfant Coléreux à s'adapter ».

Les dangers dans le traitement de l'Enfant Coléreux

Lorsque les patients se trouvent en mode Enfant Coléreux, il existe un risque élevé que le thérapeute se comporte de façon antithérapeutique. On a déjà signalé que le thérapeute risquait de se mettre sur la défensive et de dénier la partie réaliste des doléances du patient. Il faut que le thérapeute fasse un travail sur ses schémas, dans le but de se préparer à répondre de façon thérapeutique lorsque ceux-ci seront activés par l'Enfant Coléreux.

Le danger de contre-attaque de la part du thérapeute est très sérieux. Si le thérapeute se venge en attaquant le patient, il y aura activation du mode Parent Punitif du patient qui va se joindre au thérapeute dans son attaque.

Il existe aussi le danger du retrait psychologique du thérapeute. Lorsque les borderlines sont en mode Enfant Coléreux, les thérapeutes ont tendance à se détacher de leurs émotions, et à se retirer dans leur propre mode Protecteur Détaché. Le retrait psychologique du thérapeute est problématique car le message reçu par le patient est que le thérapeute ne peut pas contenir la colère de celui-ci. De plus, le retrait est susceptible d'activer le schéma d'Abandon du patient, dans la mesure où le thérapeute n'est plus en liaison avec lui sur le plan émotionnel.

À l'autre extrême, il est possible que le thérapeute laisse le patient aller trop loin dans l'expression de sa colère, au point que celui-ci peut devenir abusif. Un tel comportement du thérapeute renforce l'Enfant Coléreux du patient d'une manière pathologique. Le thérapeute donne au patient la permission de porter sa colère à un niveau extrême, abusif, et il échoue dans la fixation des limites. Si le patient quitte la séance avec le sentiment que sa colère était totalement justifiée, le thérapeute aura été insuffisant dans la mise à l'épreuve de la réalité et dans l'imposition des limites.

Il existe aussi le risque que le patient embraye le mode Parent Punitif après la séance pour se punir de s'être mis en colère contre le thérapeute. Il est important pour le patient d'entendre qu'il n'est pas « mauvais » s'il s'est mis en colère, que le thérapeute n'a pas l'intention de le punir plus tard, et qu'il veut l'aider. Le thérapeute dit : « Vous vous êtes mis en colère contre moi, mais je sais que vous n'êtes pas quelqu'un de mauvais, et je n'ai pas l'intention de vous punir après la séance. Si votre Parent Punitif essaie de vous punir, il faut que vous l'en empêchiez ; vous pouvez même me téléphoner pour que je le stoppe. Je ne veux pas que vous vous fassiez du mal, d'une manière ou d'une autre, après ce qu'il s'est passé dans notre séance d'aujourd'hui. »

Le dernier danger est que le patient interrompe la thérapie parce qu'il est en colère contre le thérapeute. Nous nous sommes rendu compte que, dans la plupart des cas, si le thérapeute permet au patient de bien soulager sa colère dans les limites appropriées, et s'il exprime de l'empathie, le patient ne quitte pas la thérapie. Le patient se sent reconnu et accepté, et de ce fait il reste en thérapie.

e. Aider l'Enfant Coléreux et l'Enfant Abandonné à s'adapter

Nous allons décrire des techniques cognitivo-comportementales destinées à aider les patients lorsqu'ils se trouvent dans les modes Enfant Coléreux, Enfant Abandonné ou Parent Punitif. Ces techniques peuvent être introduites à n'importe quel moment de la thérapie, dès lors que le patient est réceptif pour les mettre en œuvre, mais nous essayons de les enseigner à nos patients le plus tôt possible, dès la première étape du traitement.

1° *Technique de pleine conscience (« mindfulness »)*

La technique de pleine conscience est une technique dérivée de la méditation bouddhiste (*vipassana*) qui aide les patients à s'apaiser et à réguler leurs émotions (Linehan, 1993). Plutôt que de se détacher de leurs émotions ou de se trouver dépassés par celles-ci, les patients observent leurs émotions mais ne les traduisent pas par des actes. Ils se concentrent sur l'instant présent, sur les aspects sensoriels de l'expérience du moment. On demande aux patients de rester concentrés en pleine conscience jusqu'à ce qu'ils soient apaisés et capables de penser rationnellement la situation présente. Ainsi, lorsqu'ils agiront, ce sera de façon réfléchie et non impulsive.

Le patient peut, par exemple, s'entraîner à la pleine conscience en tant que technique adaptative d'autoapaisement. Lorsqu'il doit affronter une situation bouleversante, il utilise la pleine conscience en tant qu'outil lui permettant de se calmer suffisamment pour avoir un regard rationnel sur la situation. Il se concentre sur l'instant présent, il observe ses émotions, sans les traduire en actes, et il examine ses pensées. C'est l'apparition d'une émotion forte qui constitue, pour le patient, le signal d'alerte pour déclencher la pleine conscience.

2° *Activités agréables auto-éducatives*

Le thérapeute incite le patient à s'occuper attentivement de son Enfant Abandonné par des activités agréables. Ces activités varient d'un patient à l'autre, selon les goûts personnels du sujet. Certaines patientes, par exemple, prendront un bain de mousse, d'autres se feront un petit cadeau, se feront masser, ou demanderont un câlin à leur amoureux. Ces activités vont s'opposer au sentiment de frustration et de dévalorisation du patient. Le thérapeute peut les prescrire sous formes de tâches assignées à domicile.

3° *Techniques cognitives d'adaptation*

Les fiches mémo-flash. Les fiches de schémas sont la stratégie d'adaptation la plus utile pour beaucoup de borderlines. Les patients les emportent avec eux dans leurs déplacements et ils les lisent lorsqu'ils ressentent une forte émotion, signe de l'activation d'un de leurs modes. Le thérapeute compose les fiches avec le patient. Les fiches peuvent être écrites de la main du thérapeute, ou bien rédigées par le patient lui-même. On compose en général plusieurs fiches différentes, une par situation activatrice — par exemple quand le patient se met en colère, quand il est déçu par un ami, quand son patron se met en colère, ou quand son partenaire demande plus de liberté.

De plus, nous composons une ou plusieurs fiches pour chacun des quatre modes.

Le modèle présenté (figure 3.1, chapitre 3) est destiné à aider le thérapeute à composer de telles fiches. Voici maintenant un exemple de fiche mémo-flash rédigée selon ce modèle, destinée à être lue par une patiente lors des absences de sa thérapeute. Le thérapeute personnalise la fiche pour chaque patient.

> En ce moment, j'ai peur et je suis en colère parce que ma thérapeute est en vacances. J'ai envie de me brûler ou de me couper. Mais je sais que ces sentiments sont ceux de mon mode Enfant Abandonné ; ce mode s'est développé au contact de mes deux parents alcooliques qui me laissaient seule durant de longues périodes de temps. Quand je suis dans le mode Enfant Abandonné, j'ai tendance à exagérer l'idée que les gens ne vont jamais revenir et qu'ils ne se soucient pas de moi.
>
> Même si je pense que ma thérapeute ne va pas revenir, qu'elle ne veut plus me voir ou qu'elle va mourir, la réalité est qu'en fait, elle va revenir, en bonne santé, et qu'elle voudra me revoir. Les arguments pour cette vision saine des choses sont que chaque fois qu'elle est partie, elle est toujours revenue, en bonne santé et qu'elle s'est toujours souciée de moi.
>
> C'est pourquoi, même si j'ai envie de me faire du mal, je vais plutôt me faire du bien. Je vais appeler le thérapeute remplaçant, passer un moment avec des gens qui m'aiment, faire quelque chose d'agréable (aller marcher, appeler une amie, écouter de la musique, faire un jeu). De plus, je vais écouter la voix de ma thérapeute sur la cassette de relaxation pour m'aider à m'apaiser.

En plus de la fiche de schéma écrite, le thérapeute peut aussi en dicter le texte sur une bande magnétique que le patient écoutera à la maison. Il est important pour le patient d'entendre la voix de son thérapeute. Mais il est également important que le patient dispose d'un support écrit, plus facile à avoir sous la main à tout instant. Ainsi, les patients ont sur eux leurs fiches de schémas, et ils les sortent pour les lire lorsqu'ils en ont besoin. De nombreux patients nous disent que, ayant ces fiches sur eux, ils ont le sentiment qu'ils ont avec eux un morceau de leur thérapeute.

Le Journal de Schémas. Le Journal de Schémas (voir exemple figure 3.2) est une technique plus approfondie car, à la différence des fiches mémo-flash, elle nécessite que les patients créent leurs propres réponses d'adaptation lorsqu'ils ressentent une forte émotion. Lorsqu'un patient ressent une forte émotion, et qu'il ne sait pas comment la prendre en charge, il utilise le Journal de Schémas. D'une certaine manière, ce Journal correspond à la méthode d'enregistrement des pensées automatiques de la thérapie cognitive classique (Young *et al.*, 2001, p. 279). Lorsque le patient rédige son Journal, cela l'aide à réfléchir à un problème situationnel et à envisager une réponse saine. Ce Journal sert de support au mode Adulte Sain. Lorsque la thérapie est bien avancée que le patient accepte volontiers de se servir du Journal de Schémas.

4° *Entraînement à l'affirmation de soi*

Il est important d'entraîner les patients borderlines aux techniques d'affirmation de soi tout au long de la thérapie, de façon à ce qu'ils apprennent à exprimer leurs émotions d'une manière plus adaptée et qu'ils s'autorisent à satisfaire leurs besoins fondamentaux. Comme nous l'avons signalé, il leur faut principalement améliorer l'expression de la colère, car ils ont tendance à passer rapidement d'une extrême passivité à une extrême agressivité. Ils apprennent à gérer leur colère en même temps qu'ils s'entraînent à l'affirmation de soi : la gestion de la colère leur apprend à autocontrôler leurs accès de colère, l'affirmation de soi leur permet d'exprimer leur colère de façon appropriée. En jeu de rôles, ils jouent des situations diverses de leur vie qui exigent des habilités d'affirmation de soi. Habituellement, le patient tient son propre rôle et le thérapeute joue les autres personnages. Lorsque le patient est parvenu à développer une réponse saine, il s'entraîne jusqu'à ce qu'il se sente capable de l'appliquer dans la vie réelle.

Au cours d'une séance, avant d'amener le patient aux techniques d'affirmation de soi, le thérapeute utilise l'étape du bilan émotionnel pour que celui-ci aborde les situations fortement émotionnelles de sa vie courante, qu'il se décharge de ses émotions et qu'il fasse le lien avec les situations bouleversantes de son enfance. Les borderlines ont besoin de soulager leur colère avant de mettre en application les techniques comportementales, sinon ils ne pourront pas se concentrer suffisamment sur l'affirmation de soi.

f. Fixer les limites

1° *Idées directrices*

Pour fixer les limites, le thérapeute suit les idées directrices suivantes.

1. *Les limites sont basées sur la sécurité du patient et les droits personnels du thérapeute.* Pour décider des limites, il faut que le thérapeute se pose

les deux questions suivantes : « Le patient sera-t-il est sécurité ? » et « Cette décision risque-t-elle de m'irriter par la suite ? » (Le thérapeute se préoccupe également de la sécurité des autres, bien que ce problème soit mineur avec les borderlines.)

La sécurité du patient doit être considérée en premier. Le thérapeute doit tout mettre en œuvre pour que le patient soit en sécurité, avant de chercher à savoir si son confort personnel de thérapeute est respecté. Si le patient est en danger (et que le thérapeute a essayé toutes les autres stratégies), il doit fixer des limites qui assureront sa sécurité. Si le patient appelle en plein milieu de la nuit, ou durant les congés du thérapeute, celui-ci doit prendre les mesures nécessaires pour le protéger (par exemple, appeler les secours, et rester au téléphone jusqu'à leur arrivée).

Mais, si le patient est en sécurité, et qu'il demande au thérapeute quelque chose que celui-ci sera amené à regretter plus tard, le thérapeute ne doit pas accepter. Il exprimera son refus d'une manière personnalisée, comme nous l'expliquerons plus loin.

2. *Le thérapeute ne doit jamais se lancer dans quelque chose qu'il ne pourra pas continuer à faire sauf s'il exprime clairement que c'est pour une durée déterminée.* Il ne faut pas qu'il accepte, par exemple, au cours des 3 premières semaines du traitement, de recevoir et lire chaque jour de longs e-mails du patient, puis qu'il annonce brusquement que l'envoi ces e-mails est contraire à ses règles de thérapeute et doivent cesser.

   Mais, si le patient traverse une crise, le thérapeute peut décider de faire le point avec lui chaque jour jusqu'à la fin de la crise, en expliquant que cette mesure est transitoire et qu'elle cessera au bout d'une période qu'il précise. Il pourra, par exemple, lui dire : « La semaine prochaine, je souhaite que vous m'appeliez chaque soir, de façon à faire le point avec vous durant quelques minutes, et ce tant que cette crise ne sera pas terminée. »

   Il est important que le thérapeute anticipe le temps pour déterminer les limites et que, par la suite, il se tienne à son engagement. Il est préférable que chaque thérapeute ait en tête des limites prédéfinies, plutôt qu'il ne les établisse sur-le-champ, dans le feu de l'action.

3. *Le thérapeute fixe les limites d'une façon personnalisée.* Plutôt que de donner aux limites des explications impersonnelles (par exemple, « dans notre centre, il est de règle d'interdire le comportement

suicidaire »), le thérapeute donne des indications personnelles (par exemple, « pour ma tranquillité d'esprit, j'ai besoin de savoir que vous êtes en sécurité »). Le thérapeute utilise la révélation de ses intentions et de ses sentiments aussi souvent que possible et il évite de paraître rigide ou punitif. Plus le thérapeute donnera aux limites des raisons personnelles, plus les patients les accepteront et essaieront de s'y conformer. Cette ligne de conduite est en harmonie avec notre position générale en matière de re-parentage partiel.

4. *Pour introduire une règle, le thérapeute attend que le patient l'ait violée.* Sauf pour les patients institutionnalisés ou à fonctionnement particulièrement faible, le thérapeute n'énumère pas les limites de façon anticipée. De même, sauf dans des cas inhabituels, il n'établit pas de contrat explicite. Les listes ou les contrats ont une signification trop rigide dans le contexte du re-parentage partiel. Le thérapeute attendra plutôt que le patient franchisse pour la première fois une limite pour faire une déclaration à ce sujet et expliquer cette limite ; ce n'est qu'à la seconde violation de la même limite qu'il décidera d'y adjoindre une conséquence. Nous expliquerons plus loin ce processus.

   Le thérapeute explique les principes qui imposent la limite et il insiste sur la difficulté que le patient peut rencontrer à respecter cette limite.. Il fera de la révélation de soi pour montrer l'importance de la limite, en partageant ses sentiments en matière de frustration. Le thérapeute cherche à comprendre la cause de la violation de la limite et les modes de schémas qui en sont responsables.

5. *Le thérapeute impose des conséquences naturelles aux violations de limites.* Toutes les fois que cela est possible, le thérapeute fixe des conséquences aux violations des limites ; ces conséquences découleront de façon naturelle du comportement du patient. Si le patient a, par exemple, appelé le thérapeute au téléphone plus souvent que convenu, alors le thérapeute fixera une période de temps durant laquelle le patient n'aura plus l'autorisation de le faire. Si le patient exprime sa colère de façon inappropriée (s'il crie après le thérapeute, par exemple) et qu'il refuse de se calmer, alors le thérapeute sortira de son bureau durant un intervalle de temps donné, ou bien il retirera ce même temps de la durée de la séance suivante. Si le patient persiste dans un mode de vie autodestructeur (en abusant de drogues, par exemple), le thérapeute insistera pour qu'il prenne des mesures destinées à assurer sa sécurité.

Le simple fait de savoir que le thérapeute est excédé, a un effet préventif puissant pour le patient. Si le thérapeute se contente de dire : « ce que vous faites m'ennuie beaucoup » ou « ce que vous faites me met en colère », ce sera le plus souvent suffisant. Lorsque cela ne sera pas le cas, le thérapeute imaginera d'autres répercussions. Si par exemple une patiente harcèle le thérapeute au téléphone pour lui parler de ses intentions suicidaires, le thérapeute répondra : « si vous continuez à m'appeler aussi souvent, il faudra que nous décidions ensemble d'une conduite à tenir en cas d'idées suicidaires, comme par exemple de vous rendre dans un service d'urgences. »

Parce que nous traitons des borderlines, nous avons tendance à renforcer plus strictement les limites au fur et à mesure que la thérapie progresse. Nous sommes moins stricts au début de la thérapie, avant que le patient n'ait pu construire un attachement solide avec le thérapeute. En général, plus l'attachement avec le thérapeute est fort, plus la motivation du patient à adhérer aux limites que le thérapeute a établies sera grande.

La deuxième fois que le patient franchira la limite, le thérapeute exprimera fermement sa désapprobation, il mettra en application la conséquence promise, et il expliquera ce qu'il se produirait si la limite devait être franchie une nouvelle fois. Cette nouvelle conséquence devra à être plus importante que celle ayant suivi la première violation de limite. Si cette violation de limite est grave, il peut s'avérer nécessaire de monter rapidement dans la hiérarchie des conséquences. Le thérapeute doit faire tout ce qui est nécessaire pour la sécurité du patient, sans hésiter à l'hospitaliser si besoin. Lorsque la sécurité est assurée, le thérapeute continue à explorer les causes de la violation de limite en termes de schémas et de modes.

La troisième fois que la limite est franchie, le thérapeute fixe une conséquence beaucoup plus sérieuse en cas de quatrième violation, telle que l'arrêt de la thérapie pour une période de temps déterminée ou bien le transfert temporaire vers un autre thérapeute. Si la limite est franchie pour la quatrième fois, Le thérapeute menacera d'un arrêt permanent de la thérapie au cas où la limite serait franchie une cinquième fois, avec transfert définitif vers un autre thérapeute.

2° *Domaines dans lesquels le thérapeute fixe des limites*

Il existe quatre domaines dans lesquels les thérapeutes ont fréquemment besoin de fixer des limites aux patients borderlines. Dans ce paragraphe, nous expliquerons comment les idées générales énumérées ci-dessus peuvent s'appliquer à chaque domaine particulier.

Limitation des contacts avec le thérapeute en dehors des séances

Le premier domaine est la limitation des contacts extérieurs entre le thérapeute et le patient. Nous considérons que les thérapeutes qui travaillent avec des borderlines doivent, à certains moments, accepter de consacrer aux patients du temps supplémentaire en dehors des séances. Mais combien de temps ?

Notre première idée directrice stipule qu'une fois la sécurité du patient assurée, le thérapeute ne doit pas accepter de faire quelque chose qui pourrait le contrarier plus tard. En d'autres termes, il ne doit faire que ce avec quoi il se sent à l'aise : il accordera au patient tout le temps supplémentaire qu'il lui est possible d'attribuer dans la mesure où cela ne lui provoquera pas de contrariété. Les patients bénéficient généralement de tout le temps supplémentaire que le thérapeute est capable de leur accorder — leurs besoins de re-parentage sont élevés. Le thérapeute doit se poser la question suivante : « Jusqu'à quel niveau suis-je capable de donner à ce patient sans que cela me gêne ? » Pour répondre à cette question, il lui faut bien se connaître. En ce qui concerne le temps supplémentaire, les limites sont une affaire personnelle et elles varient d'un thérapeute à l'autre. Certains thérapeutes, par exemple, autorisent les patients à laisser des messages sur leur répondeur téléphonique lorsqu'ils se sentent bouleversés. Tant que les patients n'abuseront pas de ce privilège en laissant des messages trop fréquents et trop longs, ces thérapeutes ne seront pas gênés. D'autres thérapeutes ne s'accommoderaient pas de cet arrangement : ils ne doivent donc pas l'accepter.

Les thérapeutes ne doivent pas proposer ou autoriser d'autres formes de contacts externes s'ils ne sont pas capables de les assurer indéfiniment, ceci à l'exception d'une période de temps déterminée de façon bien précise. Le thérapeute ne doit, par exemple, pas accepter, dans un premier temps, de parler au téléphone chaque soir avec un patient, puis brusquement lui déclarer par la suite que ses appels sont trop fréquents et lui demander de les interrompre. Si le thérapeute éprouve le besoin de faire fréquemment le point avec son patient, alors il instaurera cette procédure pour une période de temps pré-déterminée, par exemple une semaine.

Lorsque le patient franchit pour la première fois la limite, il faut que le thérapeute lui en parle, et ceci de façon personnalisée. Par exemple, si le patient prend l'initiative de le contacter par téléphone trop souvent au goût du thérapeute, celui-ci lui parlera en termes de sentiments personnels plutôt que de règles professionnelles en lui disant :

> « Si vous avez besoin de dix minutes supplémentaires d'appel téléphonique, contactez-moi une semaine avant nos séances, je serai plus à l'aise. Ça me convient bien, et ça me fera plaisir de parler avec vous. Mais actuellement vous m'appelez deux à trois fois par semaine, et cela me gêne. Pour moi, cela fait trop, étant donné mes autres rendez-vous et je ne voudrais pas éprouver de ressentiment à votre égard. »

Dans la mesure du possible, le thérapeute fixera cette limite personnellement, au cours de la séance suivante, plutôt que par téléphone.

Le thérapeute impose une conséquence naturelle lorsque le patient viole les limites. Le thérapeute le fait par l'intermédiaire de la confrontation pratique. Considérons, par exemple, le scénario suivant : une patiente borderline appelle son thérapeute par le 'pager'[1] trois fois par semaine pour des situations qui ne sont pas urgentes (par exemple : son petit ami est en retard à un rendez-vous). Or le thérapeute lui a demandé de ne l'appeler qu'en cas d'urgence. Avant de fixer une conséquence, le thérapeute empathise avec les sentiments que la patiente a pu avoir au cours de la semaine et qui l'ont forcée à l'appeler. Il lui dit : « Vous m'avez beaucoup appelé au cours de la semaine dernière ; je sais que, en quelque sorte, vous étiez en crise, et qu'il vous est arrivé des choses bouleversantes. »

Ensuite, le thérapeute explique de façon personnelle pourquoi il n'est pas d'accord avec le comportement de la patiente :

> « Même si je tiens à m'occuper de vous, il m'a été très pénible, au cours de la semaine dernière, d'être aussi souvent appelé. Votre comportement m'a beaucoup gêné et je ne veux pas avoir ce sentiment avec vous. Si vous continuez à m'appeler trop souvent, je vais cesser de répondre à vos appels, et il nous faudra convenir d'un autre moyen pour gérer les urgences : vous devrez par exemple vous rendre dans un service d'urgence. Je ne veux pas que cela se produise. Je veux être là pour vous en cas d'urgence. Pouvez-vous comprendre ce que je ressens ? »

1. N.d.T. : Le 'pager' est un récepteur de messagerie portable très utilisé aux USA. Lorsque le professionnel ne peut être joint directement par téléphone, ses correspondants ont à leur disposition le numéro d'appel du 'pager' pour demander à être rappelés.

Les borderlines sont souvent empathiques et comprennent le point de vue du thérapeute lorsqu'il est présenté d'une manière personnelle. Le thérapeute aide le patient à trouver une solution pour le comportement problématique : « Pourriez-vous trouver d'autres solutions pour vous aider lorsque vous êtes en crise ; vous pourriez par exemple laisser un message sur mon répondeur ou appeler un service d'écoute des urgences ? »

Après avoir fixé la limite et proposé un mode d'affirmation de soi approprié, le thérapeute invite le patient à une réflexion sur la nature de sa colère. Il l'aide à comprendre son scénario — à savoir que la colère qu'il ne parvient pas à exprimer s'intensifie jusqu'à ce qu'il embraye le mode Enfant Coléreux — il l'aide aussi à surmonter son scénario en corrigeant, par l'affirmation de soi, les causes de cette contrariété avant qu'elles ne parviennent à faire monter la colère.

Contacter le thérapeute en cas d'idées suicidaires ou parasuicidaires

Le thérapeute demande au patient d'accepter l'idée de ne faire aucune tentative de suicide sans l'avoir au préalable contacté. Cet accord est une condition de la thérapie. Le thérapeute met en place cette condition dès qu'un patient signale des intentions suicidaires, actuelles ou passées. Les patients doivent accepter cette règle s'ils veulent continuer leur thérapie. Les borderlines ont le droit de s'exprimer sur leurs intentions suicidaires aussi souvent qu'ils en ont besoin au cours des séances de thérapie, mais ils ne sont pas autorisés à passer à l'action : les patients doivent parler au thérapeute lui-même avant d'agir, de façon à ce que le thérapeute ait la possibilité de les arrêter.

Nous nous sommes aperçus que, lorsque nous demandions aux borderlines d'accepter de ne commettre aucune tentative de suicide, cette exigence n'était pas efficace. En effet, les tentatives de suicide dont ils font l'expérience sont hors de leur contrôle et ils ne peuvent souvent pas supporter de cesser de voir le suicide en tant que moyen de secours. Ainsi, beaucoup de borderlines refusent d'accepter le principe de ne faire aucune tentative de suicide. Plutôt que de les exclure de la thérapie, nous avons modifié les conditions et nous demandons à ces patients d'accepter de joindre le thérapeute pour lui parler avant toute tentative. Les borderlines ont tendance à voir cette exigence comme une marque d'attention et ils l'acceptent facilement.

Le thérapeute indique au patient un numéro de téléphone personnel à utiliser en cas d'urgence. Nous pensons que le thérapeute qui traite des borderlines doit accepter d'offrir ce moyen d'accès, en considérant que c'est un composant vital de la relation de re-parentage partiel. Il ne faut faire intervenir un remplaçant, ou une ligne téléphonique spécialisée dans l'écoute, que dans les cas exceptionnels où le thérapeute ne pourra être joint. Le thérapeute expliquera que ce numéro personnel est réservé aux urgences vitales et il fixera des limites si la règle est violée.

Règles spécifiques aux intentions suicidaires et para suicidaires

Pour pouvoir continuer leur thérapie, les patients doivent s'engager à contacter le thérapeute avant toute tentative de suicide, mais ils doivent aussi obéir à une hiérarchie de règles fixées par le thérapeute pour gérer les crises suicidaires. Nous aborderons ces règles dans le paragraphe suivant. Nous voulons insister pour l'instant sur la définition de la limite suivante : chaque fois que le patient est suicidaire, il doit accepter de passer par une succession d'étapes bien déterminée, la nature de ces étapes étant déterminée par le thérapeute. La dernière étape est représentée par le thérapeute lui-même, que le patient pourra joindre, pour être en sécurité, lorsqu'il sera parvenu à la fin de la hiérarchie imposée.

Le thérapeute introduit cette limite dès que le patient exprime pour la première fois des idées suicidaires. Si le patient refuse d'adhérer à la limite, le thérapeute lui donne un avertissement : il prévient le patient que, s'il refuse de respecter la limite, et qu'il contacte son thérapeute en cas de crise suicidaire, celui-ci le recevra au cours de cette crise, mais il mettra fin à la thérapie après cette intervention. Il lui donne, à l'issue de cet avertissement, une chance de reconsidérer sa décision et de décider d'accepter cette limite. Il lui dit : « Je respecte vos droits et vous devez respecter les miens. Je ne peux pas accepter le fait que, lorsque vous serez suicidaire, vous ne suivrez pas les règles que je vous impose dans l'intérêt de votre sécurité. C'est beaucoup trop angoissant pour moi, je ne peux pas travailler de cette façon. » Si le patient persiste à refuser la limite après l'avertissement, le thérapeute recevra le patient, lors d'une crise suicidaire, puis il mettra fin à la thérapie, comme prévu.

Limiter les comportements auto-destructeurs impulsifs

Les borderlines sont parfois tellement noyés par leurs affects qu'ils ne trouvent aucun autre moyen de survie que des comportements auto-destructeurs impulsifs, tels que l'automutilation ou l'abus de drogues. On peut aider ces patients à tolérer leur détresse grâce aux techniques adaptatives d'habiletés décrites plus haut, mais ils seront parfois trop bouleversés pour en bénéficier. Jusqu'à ce que le re-parentage partiel soit établi de façon assurée, le thérapeute ne sera probablement pas capable d'obtenir que le patient cesse tous ses comportements autodestructeurs. Le thérapeute tente de fixer des limites fermes mais il réalise qu'au début de la thérapie, il sera nécessaire de tolérer certains de ces comportements, car le patient n'a pas la stabilité nécessaire pour les cesser totalement. Le thérapeute peut s'attendre à ce que, dans les six premiers mois de la thérapie, le patient devienne capable de réduire de façon importante la fréquence de ces comportements.

Une fois que les borderlines sont parvenus à se lier au thérapeute reconnu comme base stable et attentionnée, et dès qu'ils sont capables d'exprimer directement leur colère en séance, envers le thérapeute et envers les autres, alors les comportements autodestructeurs impulsifs ont tendance à diminuer de façon significative dans la plupart des circonstances environnementales extrêmes, telles que la fin d'une relation de longue durée.

Les comportements autodestructeurs peuvent émaner de n'importe lequel des quatre modes de schémas, mais surtout du mode Enfant Coléreux et Impulsif. La plupart de ces comportements surviennent parce que le sujet est en colère contre un individu et qu'il ne parvient pas à exprimer cette colère de façon directe. La colère du patient va grandissante et elle finit par se manifester sous la forme de comportements autodestructeurs impulsifs. D'autres comportements impulsifs proviennent des modes Enfant Abandonné, Parent Punitif ou Protecteur Détaché. Comme nous l'avons déjà signalé, lorsque les borderlines se coupent, ils peuvent être dans le mode Enfant Abandonné et chercher à utiliser la douleur physique comme distraction à la douleur affective ; ou bien ils peuvent être dans le mode Parent Punitif et se punir eux-mêmes ; ou bien ils peuvent être dans le mode Protecteur Détaché et essayer de briser leur insensibilité pour ressentir qu'ils existent. Le thérapeute fixe des limites en accord avec le mode qui génère de comportements autodestructeurs.

Le thérapeute ne tolère aucun comportement destructeur envers les autres. Si le patient représente une menace pour les autres, alors le thérapeute fixe la limite suivante : si le patient fait quoi que ce soit qui puisse être abusif ou destructif envers les autres, par exemple en frappant, en harcelant, en abusant sexuellement, alors le thérapeute devra prévenir la personne mise en danger, et/ou prévenir la police, selon la gravité du comportement. Le thérapeute dira : « Si je me rends compte que vous vous apprêtez à être dangereux vis-à-vis de quelqu'un, je devrai faire le nécessaire pour que vous cessiez. Je ne vous laisserai pas abuser de quelqu'un d'autre. »

Limiter les absences et les interruptions

Le thérapeute n'autorise pas les borderlines à manquer les séances. C'est essentiellement le mode Protecteur Détaché qui est responsable de l'absentéisme aux séances. Si, en séance, une patiente embraye un mode qui l'angoisse — tel que l'Enfant Abandonné ou l'Enfant Coléreux — elle risque de manquer la séance suivante pour éviter une récidive de l'anxiété. De même, si une patiente est en colère contre son thérapeute et qu'elle a peur de passer en mode Enfant Coléreux, il est possible qu'elle saute une séance. Le thérapeute ne pourra pas tolérer ces absences, car il a précisément besoin, pour que les progrès s'installent, de travailler avec les patients au moment où ces modes sont activés. Les patients doivent s'engager à venir aux séances de thérapie de façon régulière et à ne manquer des séances que dans des situations extrêmes (par exemple, une maladie, l'enterrement d'un proche ou une tempête de neige).

Si les patients persistent à manquer des séances, le thérapeute imposera une conséquence aux séances manquées. Par exemple, il pourra dire : « Si vous manquez une nouvelle séance, je vais interrompre nos contacts extérieurs aux séances durant une semaine », « Si vous manquez encore une séance, nous devrons interrompre la thérapie pour une semaine », ou bien « Si vous manquez une séance, la prochaine séance sera entièrement consacrée aux raisons de cette absence. »

Le thérapeute impose la limite d'une façon qui apparaît plutôt attentionnée que punitive. Il dira : « Je ne fais pas cela pour vous punir, ni parce que je considère que vous êtes 'mauvaise' ; j'agis de la sorte parce que, pour moi, la seule façon que j'aie de vous aider est de vous voir au cours des séances même si vous êtes bouleversée. Si vous ne venez pas à vos séances, je ne pourrai pas vous aider. Il faut donc que je vous impose une limite pour que vous puissiez venir même si vous n'avez, en fait, pas du tout envie d'être là. »

Chez les borderlines, la désobéissance ne fait habituellement pas partie du mode Enfants Abandonné. Seule exception : le patient qui contacte trop souvent le thérapeute à cause d'une anxiété de séparation. L'Enfant Abandonné est dépendant du thérapeute et il fait confiance au thérapeute pour le guider : par conséquent il a tendance à être obéissant. La désobéissance provient habituellement de l'un des autres modes — le Protecteur

Détaché, le Parent Punitif ou l'Enfant Coléreux et Impulsif. Pour surmonter la désobéissance du patient, le thérapeute travaille avec ces modes jusqu'à ce que le patient parvienne à tenir compte de la limite.

En définitive, la capacité du thérapeute à fixer les limites réside dans la puissance du lien de re-parentage. Ce lien est le levier qui permet au thérapeute de persuader les patients de suivre la règle. Généralement, les patients acceptent de suivre les règles par respect pour les sentiments du thérapeute, mêmes s'ils ne peuvent pas parfaitement comprendre les raisons de ces règles.

g. Prise en charge des crises suicidaires

Lorsqu'un patient borderline est suicidaire ou para-suicidaire, le thérapeute suit une hiérarchie d'étapes.

1° *Augmenter la fréquence des contacts avec le patient*

Cette première étape est la plus importante : le contact avec le thérapeute est habituellement l'antidote le plus efficace contre les intentions suicidaires du patient. Si le thérapeute fait chaque jour le point quelques minutes avec le patient jusqu'à ce que la crise soit passée, cela est souvent suffisant. La crise suicidaire passe, et le thérapeute n'a pas besoin de passer à l'étape suivante de la hiérarchie.

Le thérapeute détermine le mode qui est responsable des crises suicidaires du patient et il utilise la stratégie appropriée à ce mode. S'il s'agit du mode Enfant Abandonné, le thérapeute accorde de l'attention au patient et il le protège. Si c'est l'Enfant Coléreux, il lui permet de passer sa colère, il empathise et fait une mise à l'épreuve de la réalité. S'il s'agit du Parent Punitif, le thérapeute prend la défense du patient et combat la voix punitive. Si l'urgence vient du Parent Punitif, le thérapeute fixe également des limites aux comportements para suicidaires, car le patient peut avoir l'intention d'un tel comportement pour s'insensibiliser.

2° *Déterminer le risque suicidaire à chaque contact*

Lorsqu'un patient traverse une crise suicidaire, le thérapeute détermine le risque suicidaire chaque fois qu'il parle au patient. Il lui dit : « En ce moment, quel est le risque que vous puissiez vous faire du mal, entre l'instant présent et la date de notre prochain rendez-vous ? » Il peut demander au patient de coter le risque sur une échelle (haut-moyen-bas). Si le risque suicidaire est élevé, le thérapeute passera alors à l'étape suivante dans la hiérarchie : obtenir la permission de contacter des personnes proches.

3° *Obtenir la permission de contacter des proches*

Le thérapeute dit :

> « Nous n'avons, en cet instant présent, que très peu de possibilités, car vous avez un risque suicidaire élevé. Il faut, soit que vous alliez à l'hôpital, soit que nous trouvions quelqu'un qui puisse rester près de vous, un ami ou un membre de la famille qui veillera sur vous et vous tiendra compagnie jusqu'à la fin de la crise. Y a-t-il quelqu'un qui puisse temporairement venir chez vous, ou chez qui vous puissiez vous rendre ? Si vous ne voulez pas aller à l'hôpital, il faut que vous m'autorisiez à parler à quelqu'un de proche, car je ne me sens pas tranquille de vous laisser seule jusqu'à notre prochain contact, je pense que vous pourriez vous faire du mal. »

(Note : ce n'est qu'en dernier ressort qu'il faut faire appel à la famille d'origine, dans le cas où elle est largement responsable des schémas du patient.)

4° *Organiser une consultation avec un co-thérapeute*

Parallèlement, le thérapeute organise une consultation avec un co-thérapeute. Cette personne va partager le fardeau du risque suicidaire du patient : le thérapeute ne sera pas seul à supporter cette charge, et la prise en charge du risque suicidaire sera ainsi optimale. Le thérapeute partage le patient avec le co-thérapeute, qui sert de secours au thérapeute principal. Si le patient ne peut pas joindre le thérapeute principal, ou si le patient et le thérapeute sont en conflit et qu'ils ne parviennent pas à résoudre ce conflit seuls, alors le co-thérapeute pourra intervenir. Les thérapeutes qui traitent des borderlines peuvent travailler ensemble et servir de co-thérapeutes les uns pour les autres.

5° *Introduire un médicament psychotrope*

Si le thérapeute n'est pas psychiatre, il organise une consultation avec un psychiatre. Le psychiatre pourra prendre en charge les problèmes pharmacologiques et l'hospitalisation. Beaucoup de borderlines répondent bien aux psychotropes, qui peuvent significativement réduire leur peur et leur douleur, leur permettant ainsi de fonctionner à un niveau supérieur.

6° *Envisager des traitements adjuvants*

Le thérapeute tient compte de tout ce qui peut aider le patient : hôpital de jour, thérapie de groupe, lignes de téléphone d'écoute d'urgence, groupes d'anciens patients, etc.

7° *Proposer une hospitalisation, si nécessaire*

C'est à la fois l'intensité et la fréquence des crises suicidaires qui déterminent si les patients ont besoin d'une hospitalisation. Si le risque suicidaire est élevé, ou si les idées suicidaires sont trop fréquentes, alors il faut hospitaliser le patient. Le thérapeute dit : « Puisque vous êtes de façon permanente en situation de vie ou de mort, alors vous serez plus en sécurité à l'hôpital. »

Si le patient refuse l'hospitalisation et que le suicide paraît imminent, le thérapeute hospitalise le patient contre sa volonté. Il fait tout ce qui est nécessaire pour maintenir le patient en vie, sans hésiter à mettre en œuvre les mesures d'hospitalisation contre la volonté du patient. Il lui dit : « Si vous refusez l'hospitalisation volontaire, je n'ai pas d'autre choix que de vous faire hospitaliser contre votre gré. Il faut que vous sachiez que, si je suis amené à agir ainsi, je ne serai plus votre thérapeute à votre sortie de l'hôpital. » Le thérapeute impose une conséquence au refus de coopération du patient et il lui donne une chance de revenir sur sa décision : « Si vous allez volontairement à l'hôpital, je resterai votre thérapeute et je reprendrai le traitement avec vous lorsque vous sortirez de l'hôpital. Si vous refusez d'y aller, je vais organiser une hospitalisation contre votre gré, mais je ne pourrai alors plus être votre thérapeute puisque vous n'aurez pas accepté mes limites. »

h. Travailler sur les souvenirs infantiles traumatiques d'abus ou d'abandon

La dernière partie du travail émotionnel, et la plus difficile, est le travail sur les souvenirs infantiles traumatiques d'abus et d'abandon. Avec le thérapeute pour guide, le patient se rappelle et revit ses souvenirs traumatiques d'abus ou d'abandon (ou autres) en imagerie.

Le thérapeute ne commence le travail d'imagerie traumatique que sous certaines conditions. La première est que le patient est stable et qu'il fonctionne à un niveau suffisamment élevé pour supporter cette méthode sans être bouleversé ni devenir suicidaire. Le thérapeute et le patient décident ensemble si le patient est prêt. La deuxième condition exige que le thérapeute ne débute pas le travail d'imagerie traumatique s'il n'a pas longuement discuté avec le patient de ses souvenirs traumatiques dans les séances précédentes. Autrement dit, le patient et le thérapeute font un travail cognitif sur les souvenirs traumatiques avant de passer à un travail émotionnel. Troisièmement, nous pensons que le thérapeute doit être suffisamment entraîné au travail sur les traumas avant de se servir de l'imagerie dans ce domaine.

Les caractéristiques qui définissent les traumas sont la peur, l'impuissance et l'horreur (DSM-IV ; American Psychiatric Association, 1994). Les émotions liées aux souvenirs traumatiques ne sont pas des émotions ordinaires : elles sont extrêmes. Elles submergent les capacités ordinaires dont disposent les individus pour supporter l'émotion. Les traumas qui sont l'œuvre de l'être humain, qui sont précoces, et qui sont répétés sur une longue période, sont particulièrement dévastateurs : ceci est malheureusement caractéristique de l'abus et de la négligence infligés aux enfants.

Le thérapeute aide le patient à contenir les émotions associées aux traumas, dans le contexte de la relation thérapeutique, de façon à ce que le patient n'ait pas à en affronter l'expérience seul. C'est, en définitive, la sécurité du lien thérapeute-patient qui rend le patient capable de supporter le traumatisme et de le revivre. Le lien thérapeutique vient s'opposer à la signification que le patient a toujours attribuée au traumatisme d'origine : le sentiment d'absence de valeur, d'impuissance et de solitude. Le lien thérapeutique permet au patient de se sentir, au contraire, valorisé, protégé, relié aux autres, en dépit de l'expérience traumatique.

1° *Présentation du principe*

Comme les souvenirs d'abus peuvent provoquer des émotions douloureuses, il est important d'expliquer aux patients de façon convaincante la nécessité de les revivre. Sans une explication satisfaisante, il peut être plus traumatisant que curatif de revivre l'abus en imagerie. Cela peut être beaucoup plus blessant que bénéfique pour le sujet.

Le thérapeute présente les principes sous la forme d'une « mise à l'épreuve empathique de la réalité ». Le thérapeute empathise avec la douleur du patient lors du souvenir traumatique, il exprime qu'il comprend son souhait de vouloir éviter la confrontation, mais il insiste pour confronter la réalité de la situation. Plus le patient évite de confronter le souvenir d'abus, plus l'abus va dominer la vie du patient ; alors que plus le patient acceptera de s'occuper de cet abus, moins ce trauma aura de pouvoir sur sa vie. Tant que le patient continuera à dissocier les souvenirs, ces souvenirs continueront à bouleverser sa vie, sous la forme de symptômes et de comportements autodestructeurs ; alors que si le patient parvient à se rappeler et à intégrer ses souvenirs, il pourra finalement se libérer de ses symptômes.

Le thérapeute explique l'intérêt qu'il y a à revivre l'abus. Le patient commencera par revivre les souvenirs et les émotions du trauma, sans les bloquer. Puis le thérapeute l'aidera à se battre contre son abuseur. Ceci aidera le patient à acquérir de la puissance pour le futur, à la fois contre son abuseur et aussi contre ceux qui pourraient abuser de lui. Cela affaiblira également la mainmise du trauma sur sa vie et donnera un nouveau sens à son existence. Si le patient parvient à créer quelque chose de bon à partir de cet abus, il pourra alors sentir sa victoire sur lui.

Le thérapeute tranquillise le patient par sa présence stable durant l'imagerie. Il lui dit : « Je serai là avec vous. Je vais vous aider à supporter les sentiments douloureux. » Le but est de parvenir à un point auquel les souvenirs d'abus n'auront plus d'effet négatif sur le patient.

2° *Mener l'imagerie des événements traumatiques*

Une fois que le patient a compris et accepté le principe, le thérapeute est prêt à commencer l'imagerie. Afin d'augmenter le sentiment de contrôle du patient, il commence par expliquer ce qu'il va se passer. Il dit :

> « Je vais vous demander de fermer les yeux et de créer une image de l'abus (ou abandon) dont vous m'avez parlé précédemment. Lorsque l'image viendra, je veux que vous me racontiez dans le détail ce qui se produit. Parlez au présent, comme si cela se produisait actuellement. Si vous avez peur, et que vous voulez quitter l'image, je vous aiderai à rester dans l'image ; mais si vous voulez cesser, à tout moment, vous pourrez lever la main et nous arrêterons. Après cela, je vous aiderai à faire une transition vers une image du moment présent, afin que nous puissions parler de ce qu'il s'est passé dans l'image. Nous pourrons en parler aussi longtemps que vous le souhaiterez. »

Le thérapeute demande au patient s'il a des questions.

Lors du travail avec les souvenirs traumatiques, le thérapeute guide des exercices d'imagerie très courts, et il laisse souvent deux semaines avant de réitérer la méthode. Durant cet intervalle, il discute de l'imagerie avec le patient, de façon exhaustive. Ce procédé correspond à une exposition graduée, et non pas à une exposition prolongée en imagination (« flooding »). Les patients sont souvent réticents à entreprendre l'imagerie traumatique, notamment pour les passages les plus durs. Le thérapeute aide le patient à approcher les images redoutées de façon graduée.

La première fois que le patient décrit l'image, le thérapeute parle très peu, en ne s'exprimant que lorsque le patient reste bloqué, ceci pour l'encourager à poursuivre. Sinon, il reste muet et il écoute. Au fur et à mesure que les séances d'imagerie se succèdent, le thérapeute devient progressivement plus actif. Lorsque le patient se met à bloquer des images, il l'aide à insister. Lorsque le patient revit des souvenirs, il l'aide à rendre l'émotion très vive, le but étant d'augmenter le niveau d'implication émotionnelle du patient dans l'imagerie. Le thérapeute ralentit l'action en posant des questions et il incite le patient à décrire la scène avec un maximum de mots. Que voit-il, qu'entend-il, que touche-t-il, que goûte-t-il, que sent-il ? Quelles sont ses sensations corporelles ? Que pense-t-il ? Quels sont ses sentiments ? Peut-il exprimer seul ses sentiments ?

Lors du travail avec les souvenirs traumatiques, les images formées par le patient sont souvent sans liaison avec ce qu'il s'est passé. Il ne parvient qu'à voir des « flashes » d'image, et non pas l'image tout entière. La plupart des rescapés d'abus infantiles sont incapables de se souvenir de certains moments. Lorsqu'ils approchent de ces instants dans l'imagerie, le récit s'arrête. Il est possible qu'ils ne voient qu'une suite d'images figées. Lorsqu'ils se souviennent de ces moments pénibles, ils baignent dans une émotion intense : ils peuvent trembler de peur, ressentir des accès nauséeux, lever les mains pour se protéger des images, ou détourner la tête. Le thérapeute les aide à assembler tous ces fragments en un récit cohérent qui intègre la majeure partie des images traumatiques. Le but est qu'à la fin, seule la plus petite partie possible des souvenirs reste dissociée. Le thérapeute attachera la plus grande importance à ne pas suggérer d'éléments dans les souvenirs, de façon à ne pas créer de « faux souvenirs ». (Nous avons parlé de ce problème dans le chapitre 4.)

Le thérapeute incite le patient à dire et faire dans l'image ce qu'il n'a pas pu faire dans son enfance, comme par exemple se battre contre son abuseur. Le thérapeute entre dans l'image pour aider le patient. À notre avis, pour traiter les abus infantiles, il est capital que le patient se batte contre son abuseur dans l'image. Tant qu'il ne parviendra pas à combattre son abuseur — et par là combattre son mode Parent Punitif — il ne sera pas capable de guérir de cet abus. Nous autorisons les patients à se battre de la manière qui leur convient, y compris avec un comportement agressif, avec une exception importante : nous ne les incitons pas à échafauder des fantasmes d'images dans lesquelles ils commettent des actes violents, lorsqu'ils ont un historique de comportement violent.

Après l'exercice d'imagerie, le thérapeute propose au patient un exercice quelconque de relaxation. Il peut s'agir d'une des habiletés d'auto apaisement apprises antérieurement, telles que la pleine conscience (« mindfulness »), la relaxation musculaire progressive (Jacobson), l'imagerie d'un endroit sécurisant, ou la suggestion positive. Le thérapeute poursuit la relaxation jusqu'à ce que le patient soit calme. Une fois le patient calmé, le thérapeute le ramène au moment présent : il attire son attention sur l'environnement immédiat (les objets du bureau), lui propose à boire, ou discute avec lui tranquillement de sujets banals.

Lorsque le patient est calme, le thérapeute dialogue avec lui de façon approfondie sur la séance d'imagerie. Il l'incite à exprimer complètement les réactions qu'il a eues en revivant cet abus et il le félicite pour la force dont il a fait preuve. Le thérapeute prend garde de laisser suffisamment de temps au patient (environ 20 minutes) pour récupérer. Il ne le laisse pas quitter la séance s'il se trouve particulièrement bouleversé : il lui demande de rester en salle d'attente après la séance ou bien de le rappeler plus tard dans la journée pour faire le point.

i. Favoriser l'intimité et l'individuation

Lorsque le traitement progresse, le thérapeute encourage la généralisation des progrès obtenus dans le cadre de la relation thérapeutique aux personnes proches en dehors de la thérapie. Il aide le patient à choisir des partenaires et des amis stables, puis il l'incite à développer avec eux des relations authentiques et intimes.

Lorsque le patient est réticent pour s'engager dans ce processus, le thérapeute répond par la confrontation empathique : il exprime de la compréhension pour les difficultés que le patient peut éprouver à se risquer dans des relations intimes, mais il lui fait comprendre que ce n'est qu'en s'y risquant (de façon contrôlée) qu'il parviendra à avoir des relations intimes satisfaisantes avec les autres. Lorsque le patient évite l'intimité, le thérapeute mène un travail de modes avec la partie évitante du patient ; il fait de cette partie « résistante » un personnage, dans l'imagerie et il conduit des dialogues avec ce mode. Le thérapeute confronte empathiquement les comportements sociaux autodéfaitistes, tels que la tendance à s'accrocher aux autres, le retrait social et la colère excessive.

De plus, lorsque le patient est stabilisé, le thérapeute l'aide à s'individuer par la découverte de ses « tendances naturelles ». Le patient apprend à se comporter en accord avec ses besoins et émotions authentiques, plutôt que dans le but de faire plaisir aux autres. Kate, dans un entretien avec le docteur Young, exprime de façon poignante cette partie de son traitement :

Kate : Je peux dire que j'ai une conviction profonde, ou que je ressens fortement quelque chose, mais l'instant d'après, ça disparaît. C'est étrange, mais, il y a deux mois, j'ai réalisé quelle était ma couleur favorite, et ça m'a beaucoup émue (elle rit). J'avais donc une couleur favorite, et j'étais en train de m'en rendre compte.

Thérapeute : Et vous saviez que c'était vous.

Kate : Oui (elle pleure). J'avais 27 ans, et je le découvrais. C'est vraiment la couleur que j'aime : non pas parce que quelqu'un m'a dit que je devais aimer cette couleur, non plus parce quelqu'un à qui je voudrais ressembler aime cette couleur, mais parce que ça me fait plaisir, à moi. Et j'étais très fière de moi (elle rit).

Thérapeute : C'est formidable ! Vous étiez donc capable de découvrir une partie de vous qui était réelle, et opposée à celle qui essaie d'être ce que les autres veulent.

Kate : Oui.

Thérapeute : Et c'est une chose que vous n'aviez pas faite de toute votre vie.

Kate : C'est amusant, parce que, chaque fois que je vois cette couleur, j'ai vraiment envie de m'y accrocher, car je sais que c'est quelque chose que j'aime et qui important pour moi. Il y a tellement peu de choses que je sois certaine d'aimer et de vouloir.

Pour le thérapeute, l'étape finale consiste à encourager progressivement l'indépendance du patient vis-à-vis de la thérapie en espaçant doucement les séances. Comme nous l'avons déjà signalé, dans la plupart des cas, les borderlines traités avec succès ne cessent jamais complètement la thérapie. Même si de longues périodes de temps s'écoulent entre les contacts, la plupart de ces patients rappellent leur thérapeute. Ils considèrent leur thérapeute comme un parent de substitution et ils continuent à maintenir le contact.

j. Les pièges du thérapeute

Comme ils embrayent continuellement d'un mode à un autre, les borderlines n'ont pas une image interne stable de leur thérapeute. Leur vision du thérapeute varie selon les modes activés. Dans le mode Enfant Abandonné, le thérapeute est idéalisé en éducateur attentif qui peut brutalement disparaître ou qui est susceptible d'engloutir le patient. Dans le mode Enfant Coléreux, il est un personnage frustrant et déconsidéré. Dans le mode Parent Punitif, le thérapeute est un ennemi critique et négatif. Dans le mode Protecteur Détaché, c'est un personnage distant et lointain. Le patient perçoit donc le thérapeute d'une façon qui change constamment. Ces changements sont très déconcertants pour le thérapeute. Les thérapeutes qui sont l'objet de telles fluctuations de leur appréciation sont enclins à des réactions contre-tranférentielles intenses, notamment des sentiments de culpabilité, des fantasmes destinés à les sauver, des envies de vengeance, des transgressions de règles, et de profonds sentiments de délaissement.

Nous allons faire la liste de quelques dangers auxquels les thérapeutes doivent souvent faire face lorsqu'ils traitent des borderlines. Ces dangers sont liés aux propres schémas et styles d'adaptation du thérapeute.

1° *Le schéma d'Assujettissement chez le thérapeute*

Les thérapeutes ayant des schémas d'Assujettissement et dont les styles d'adaptation sont la soumission ou l'évitement s'exposent au danger de devenir trop passifs avec leurs patients. Ils risquent d'éviter la confrontation et d'échouer dans la détermination de limites appropriées. Les conséquences peuvent être négatives aussi bien pour le thérapeute que pour le patient. Le thérapeute voit sa colère s'intensifier avec le temps ; le patient devient de plus en plus anxieux devant la carence des limites et il risque de s'engager dans un comportement autodestructeur.

Les thérapeutes qui ont un schéma d'Assujettissement doivent faire des efforts conscients et déterminés pour confronter les patients aussi souvent que nécessaire — grâce à la confrontation empathique — et pour établir et renforcer des limites appropriées.

2° *Le schéma d'Abnégation chez le thérapeute*

Dans notre expérience, la plupart des thérapeutes ont ce schéma. Le danger est alors que ces thérapeutes n'autorisent trop de contacts entre les séances et qu'ils en viennent à éprouver du ressentiment à l'encontre des patients. Chez de nombreux thérapeutes, se trouve sous-jacent à ce schéma d'Abnégation un schéma de Manque Affectif — de nombreux thérapeutes donnent à leurs patients ce qu'ils auraient voulu qu'on leur donne lorsqu'ils étaient enfants. Le thérapeute donne trop, le ressentiment croît, et finalement le thérapeute se met en retrait ou bien punit le patient.

Le meilleur moyen de gérer la situation, pour ces thérapeutes, est de connaître leurs propres limites en matière de temps et de les respecter scrupuleusement.

3° *Le schéma d'Imperfection, d'Échec ou d'Idéaux Exigeants chez le thérapeute*

Les thérapeutes qui possèdent l'un de ces schémas risquent de se sentir inefficaces si le patient borderline ne progresse pas, s'il rechute, ou encore s'il critique le thérapeute. Il est important que ces thérapeutes se souviennent que le traitement de ce type de patients est caractérisé par des périodes de découragement, de rechutes, de conflits, et cela, même dans les meilleures circonstances avec les meilleurs thérapeutes. Il peut être utile d'avoir un co-thérapeute et une bonne supervision pour garder une vision claire de ce qu'il est réaliste d'envisager à chaque étape du traitement.

4° *La compensation de schémas chez le thérapeute*

Ce piège est extrêmement dangereux et il peut détruire la relation thérapeutique. Si le thérapeute a tendance à compenser ses schémas — c'est-à-dire à contre-attaquer — il peut se mettre en colère et réprimander ou punir le patient. Les thérapeutes compensateurs risquent fortement d'aggraver les borderlines plutôt que de les aider et ils ont intérêt à être supervisés de façon étroite lorsqu'ils traitent ce type de patients.

5° *L'évitement de schémas chez le thérapeute*

Les thérapeutes éviteurs peuvent involontairement décourager le patient d'exprimer des besoins et des émotions de manière intense. Lorsque le patient exprime un sentiment très fort, ces thérapeutes se sentent mal à l'aise et ils se mettent en retrait ou sont capables de montrer leur frayeur. Les borderlines détectent souvent ces réactions et les interprètent comme un rejet ou une critique. Ces thérapeutes favorisent parfois l'arrêt prématuré d'une thérapie pour éviter les émotions intenses des patients.

Pour être efficaces avec les borderlines, les thérapeutes éviteurs doivent apprendre à tolérer leurs propres émotions ainsi que celles des patients.

6° *Le schéma de Surcontrôle Émotionnel chez le thérapeute*

Les thérapeutes ayant un schéma de Surcontrôle Émotionnel se présentent souvent aux patients borderlines comme distants, rigides et impersonnels. Il y a là un danger très sérieux. Les thérapeutes qui sont très fortement inhibés sur le plan émotionnel sont susceptibles de blesser les patients borderlines et ne devraient probablement pas travailler avec eux. Les borderlines ont besoin qu'on prenne soin d'eux de façon attentive et qu'on les re-materne. Un thérapeute à l'apparence froide ne sera probablement pas capable de donner à ce type de patient l'attention dont il a besoin selon une modalité que celui-ci est susceptible de reconnaître et d'accepter.

Si le thérapeute décide de soigner ce schéma, il lui sera alors possible de surmonter son surcontrôle émotionnel au cours de la thérapie.

3 Conclusion

Une thérapie avec un patient borderline est une entreprise de longue haleine. Pour qu'un patient parvienne au stade de l'individuation et des relations intimes avec les autres, il faut souvent 2 à 3 ans de traitement, parfois davantage. Mais les patients font généralement des progrès significatifs tout au long de la cure.

En utilisant la schéma-thérapie avec les borderlines, nous avons un sentiment d'optimisme et d'espoir. Bien que le traitement soit souvent long et difficile, à la fois pour le patient et pour le thérapeute, les récompenses sont grandes. Nous nous sommes rendus compte que les patients borderlines faisaient des progrès importants. Pour ces patients, il nous apparaît que les éléments essentiels de la schéma-thérapie sont le re-parentage partiel apporté par le thérapeute, le travail des modes et le déroulement progressif de la cure, étape par étape, tel que nous venons de le décrire.

Chapitre 10

Thérapie des schémas du trouble de personnalité narcissique

Dans notre expérience, les patients présentant un trouble de personnalité borderline ou narcissique [1] sont parmi les plus difficiles à traiter. Ces deux groupes de patients posent aux thérapeutes des dilemmes opposés : les borderlines ont trop de besoins et sont hypersensibles, alors que les narcissiques sont souvent non vulnérables ou pas assez sensibles. Ces deux groupes sont ambivalents vis-à-vis du processus thérapeutique. Comme pour les borderlines, notre approche des narcissiques utilise le travail des modes. C'est principalement pour traiter ces deux types de patients que nous avons développé le concept de modes. L'approche des modes nous permet de bâtir une alliance thérapeutique avec les parties du patient qui s'efforcent de guérir, tout en combattant parallèlement les parties inadaptées — celles qui vont dans le sens de l'isolement, de l'autodestruction et de la nuisance aux autres.

1 Les modes de schémas chez le narcissique

Nous avons pu observer **trois modes principaux** caractéristiques du Trouble de personnalité narcissique (en plus du mode Adulte Sain, que le thérapeute cherche à développer) :

1. N.d.T. : Le terme « narcissique » sera utilisé pour alléger le texte ; il signifiera toujours : « Trouble de personnalité narcissique. »

1. L'Enfant Esseulé
2. L'Auto-Magnificateur
3. L'Auto-Tranquilliseur Détaché

Les patients porteurs d'un trouble de personnalité narcissique n'ont pas tous ces trois modes, et certains d'entre eux en ont d'autres. Mais ces trois modes sont de loin les plus fréquents. Nous allons les présenter et les relier aux schémas et aux styles d'adaptation que nous considérons comme spécifiques du narcissisme.

Dans notre expérience, ces patients sont souvent incapables de donner et de recevoir authentiquement de l'amour (à l'exception occasionnelle de leurs propres enfants). Les schémas centraux du narcissisme sont le Manque Affectif et l'Imperfection, qui font partie du mode Enfant Esseulé. Le schéma de Droits Personnels Exagérés est une compensation des deux autres schémas et il fait partie du mode Auto-Magnificateur. Comme beaucoup de narcissiques sont incapables de faire l'expérience d'un amour authentique, ils sont susceptibles de maintenir leurs schémas de Manque Affectif et d'Imperfection tout au long de leur vie. Au travers de leur comportement, ils sont certains de demeurer incapables d'aimer ou d'être aimés — à moins qu'ils ne s'engagent dans une thérapie, ou une autre relation, qui les guérira.

L'Enfant Esseulé a presque toujours un schéma de Manque Affectif et un style adaptatif de compensation. Pour compenser ce schéma, les patients en viennent à s'arroger des droits spéciaux. Ils demandent beaucoup et donnent peu aux gens qui leur sont proches. Comme ils s'attendent à ce qu'on les frustre, ils se comportent d'une façon exigeante pour s'assurer que leurs besoins seront bien satisfaits. C'est leur schéma de Manque Affectif qui les conduit à considérer avec exagération qu'ils sont négligés et incompris.

Le schéma d'Imperfection est habituellement présent dans le narcissisme. La plupart des patients narcissiques se sentent imparfaits, défectueux. C'est la raison pour laquelle ils ne laissent pas les autres devenir trop intimes. Les narcissiques sont ambivalents dans le domaine de l'intimité : d'une part ils la recherchent et d'autre part, lorsqu'ils commencent à en bénéficier, ils se sentent mal à l'aise et se tiennent à distance. (On peut considérer qu'il s'agit d'une tension entre leurs schémas de Manque Affectif et d'Imperfection ; le sentiment de manque affectif les motive à rechercher la proximité des autres et le sentiment d'imperfection les incite à repousser les autres.) Ils croient que la révélation d'un de leurs défauts serait une humiliation et les conduirait finalement à être rejetés. Lorsqu'ils échouent publiquement dans l'atteinte de normes élevées, ils sombrent de la grandeur dans l'infériorité et ils ressentent de la honte. De tels échecs produisent souvent des symptômes de l'axe I tels qu'un état dépressif, un trouble anxieux ou un trouble psychosomatique. De plus, les échecs les précipitent dans de nouveaux efforts de compensation.

Dans notre pratique actuelle, nous affinons souvent la dénomination des modes pour mieux correspondre à chaque patient. Nous appellerons, par exemple, l'Enfant Esseulé : l'« Enfant Rejeté », l'« Enfant Ignoré », l'« Enfant Inadéquat » ; l'Auto-Agrandisseur pourra s'appeler le « Compétiteur » ou le « Critique » ; l'Auto-Tranquilliseur Détaché sera le « Spéculateur » ou l'« Accro de l'Excitation ». Nous utilisons les noms qui représentent le mieux le mode chez un patient donné.

a. Autres schémas

Manque Affectif, Imperfection et Droits Personnels Exagérés sont les trois principaux schémas des narcissiques, mais il y en a souvent d'autres. Nous rencontrons souvent les schémas suivants :

Méfiance/Abus
Isolement Social
Échec
Contrôle de Soi/Autodiscipline Insuffisants
Assujettissement
Recherche d'Approbation et de Reconnaissance
Idéaux Exigeants/Critique Excessive
Punition

Comme ils se servent de la compensation et de l'évitement comme styles adaptatifs, les narcissiques ne sont la plupart du temps pas conscients de leur schémas.

b. Le mode Enfant Esseulé

Ce mode est la version de l'Enfant Vulnérable telle qu'on la rencontre chez les patients narcissiques. Au fond d'eux-mêmes, ces patients se sentent comme des enfants seuls qui ne s'estiment valorisés que dans la mesure où ils peuvent magnifier leurs parents. Cependant, le patient n'a habituellement que très peu conscience de ce sentiment profond. Comme les besoins affectifs les plus importants de l'enfant n'ont pas été satisfaits, le patient se sent vide et isolé. C'est avec le mode Enfant Esseulé du patient que le thérapeute forme le lien le plus fort.

Dans ce mode, les narcissiques ressentent souvent qu'ils ne méritent pas d'être aimés. L'Enfant Esseulé s'estime non aimé et non aimable. Beaucoup de narcissiques croient que, d'une manière ou d'une autre, le niveau de réussite auquel ils sont parvenus dépasse de beaucoup leurs capacités : en quelque sorte, ils ont dupé tout le monde ou bien ils ont eu beaucoup de chance. Si bien qu'ils estiment, au plus profond d'eux-mêmes, qu'ils ne peuvent pas répondre aux attentes des autres, même si en apparence ils donnent l'impression d'y répondre. Ils ressentent qu'ils ne parviendront pas longtemps à donner le change. Ces patients ont souvent le sentiment profond que les domaines de leur vie dans lesquels ils compensent, dans le but d'obtenir une reconnaissance et une valeur, sont à deux doigts de s'effondrer.

Ces patients se sentent « spéciaux » et ils opposent « spécial » à « moyen ». Se sentir « moyen » est le pire des sentiments pour un individu narcissique, car leur image d'eux-mêmes s'en trouve fractionnée : ou bien ils sont des êtres merveilleux, au centre de l'attention, ou bien ils ne sont rien du tout. Il n'y a pas de zone intermédiaire. Ceci est le résultat de l'approbation conditionnelle que ces patients ont reçue lorsqu'ils étaient enfants. Être moyen, c'est être ignoré, et cela est inacceptable. S'ils ne sont pas spéciaux, personne ne va les aimer, personne ne va passer du temps avec eux. Ils vont être seuls.

Le mode Enfant Esseulé est habituellement activé chez les narcissiques lors de la perte d'une source de validation ou de statut spécial : ils rencontrent un échec professionnel ; ils perdent leur travail ; leur partenaire ou de leur épouse les quitte ; ils perdent lors d'une compétition ; quelqu'un d'autre réussit mieux ou est mieux reconnu qu'eux ; quelqu'un qu'ils respectent les critique ; ou bien ils sont malades et ne peuvent aller travailler. Lorsque ces patients ont basculé dans le mode Enfant Esseulé, ils s'emploient à revenir aussitôt que possible dans un autre mode (l'Auto-Magnificateur ou l'Auto-Tranquilliseur Détaché). La plupart des patients restent le moins longtemps possible dans ce mode, car le vécu de l'Enfant Esseulé est très douloureux : il se sent triste, mal aimé, humilié et (habituellement) contraint de se dégoûter lui-même. À un moment ou un autre dans leur vie — à la suite d'une défaite, d'un échec ou d'un rejet — la plupart des narcissiques passent une période de temps dans le mode Enfant Esseulé. Cependant, ils ne s'en souviennent pas clairement, ils évitent d'y repenser, et font tout pour ne pas se sentir vulnérables.

c. Le mode Auto-Magnificateur

Le mode Auto-Magnificateur est une compensation aux sentiments de Manque Affectif et de d'Imperfection. Lorsque les patients sont dans ce mode, ils se comportent comme s'ils avaient des droits spéciaux, ils sont compétitifs, grandioses, abuseurs, ou bien ils sont à la recherche d'un statut. C'est leur mode automatique de base, particulièrement vis-à-vis des autres : c'est le mode dans lequel les narcissiques vivent la plupart du temps. Ils embrayent généralement vers le mode Auto-Tranquilliseur Détaché lorsqu'ils sont livrés à eux-mêmes durant de longues périodes, et ils ne passent que rarement dans le mode Enfant Esseulé.

Comme l'Enfant Esseulé se sent (habituellement) imparfait, l'Auto-Magnificateur essaie de démontrer sa supériorité. Dans ce mode, les patients sollicitent l'admiration et se comportent de façon critique à l'égard des autres. Ils sont enclins à des comportements de compétition : ils parlent d'un ton condescendant, ils se vengent de façon coléreuse lorsqu'ils perçoivent un affront émotionnel, ils cherchent à être les meilleurs, ils doivent toujours avoir raison. Ces comportements sont compensatoires : au fond d'eux-mêmes, ces patients se sentent inférieurs et offensés. Ce schéma se manifeste aussi par des comportements qui évitent l'intimité : ils expriment de la colère lorsqu'ils se sentent vulnérables, ils contrôlent la conversation en cherchant à l'éloigner des sujets qui révèleraient leurs émotions (comme Carl, l'exemple que nous présentons en fin de chapitre).

C'est le Schéma de Droits Personnels Exagérés qui conduit le patient à cet égocentrisme, à ce manque d'intérêt pour les droits et les besoins des autres et à ce sentiment d'être quelqu'un de « spécial ». Dans le mode Auto-Magnificateur, les narcissiques tendent à se comporter sans aucune sensibilité. Ils veulent absolument faire et avoir ce qu'ils veulent, sans tenir compte de ce qu'il en coûte aux autres. Ils sont complètement absorbés par leurs préoccupations personnelles et ne montrent que très peu d'empathie pour les besoins et les sentiments des autres. Ils cherchent à diriger le comportement des autres selon leurs désirs personnels. Ils s'attendent à être traités de façon spéciale et ils considèrent qu'ils ne devraient pas avoir à suivre les règles qui s'appliquent aux autres.

Comme déjà indiqué, le thérapeute change le nom du mode Auto-Magnificateur pour correspondre davantage à chaque patient. Il le nommera le « Côté Grandiose », ou encore le « Chercheur de Statut ». Le thérapeute utilise les aspects plus saillants des styles d'adaptation du patient pour aider à cette dénomination.

Dans notre expérience, les *styles d'adaptation* les plus courants chez les narcissiques lorsqu'ils sont dans le mode Auto-Magnificateur sont :

Agressivité et Animosité
Dominance et Excès d'Affirmation de Soi
Recherche de Reconnaissance et de Statut
Manipulation et Exploitation

Ces styles d'adaptation représentent des extrêmes. Il est important de se souvenir que le narcissisme peut se présenter sous diverses formes. Les patients ne présentent pas tous des styles d'adaptation aussi extrêmes. Il existe un « spectre du narcissisme » qui va d'une forme relativement bénigne à la forme la plus maligne. À une extrémité, les patients sont sociopathes ; à l'autre, ils sont absorbés par leurs préoccupations personnelles, mais restent capables d'empathie et de chaleur avec certaines personnes (voir la discussion de Kernberg [1984] sur le « narcissisme malin »). En thérapie, on trouve des patients de l'ensemble du spectre. Nous considérons que, chez chacun d'entre eux, il existe en profondeur un Enfant Esseulé.

Lorsque les patients narcissiques utilisent le style adaptatif *Agressivité et Animosité*, ils passent leur colère sur ceux qui ne satisfont pas leurs besoins personnels ou bien lorsque l'on provoque une de leurs compensations. Ces patients croient en la maxime « La meilleure défense, c'est une bonne attaque. » Lorsqu'ils se sentent menacés, ils attaquent. Poussé à l'extrême, ce style adaptatif se manifeste par de la violence envers les autres. La fonction de ce style adaptatif est de forcer les autres à remplir les besoins affectifs du patient (contrant ainsi le sentiment de manque affectif sous-jacent) ou de préserver un masque de supériorité (contrant ainsi le sentiment d'imperfection).

Le deuxième style adaptatif, *Dominance et Excès d'Affirmation de Soi*, représente la tendance à intimider les autres dans le but de maintenir le contrôle sur la situation. Les patients qui se servent de ce style d'adaptation sont capables de se comporter comme des tyrans. Ils essaient souvent de dépasser les autres physiquement ou psychologiquement afin de les intimider. Ils cherchent à être le « numéro un » — ceci dans le but d'obtenir la satisfaction de leurs besoins affectifs ou d'établir leur supériorité. Ils agissent ainsi chaque fois qu'un de leurs schémas profonds (Manque Affectif ou Imperfection) se trouve activé.

Recherche de Statut et de Reconnaissance correspond au désir très fort d'obtenir l'admiration des autres, c'est un élément dominant chez la plupart des patients narcissiques. Ces patients attachent une importance exagérée aux signes extérieurs de succès : le statut social, la réussite à un haut niveau, l'apparence physique et la richesse. Ceci dans le but de s'adapter à leurs sentiments d'imperfection sous-jacents. Comme ils se sentent « les derniers des derniers », ils s'affirment comme « les meilleurs ». Dans le mode Auto-Magnificateur, les patients narcissiques sont envieux des succès des autres, y compris de leurs proches — et ils cherchent fréquemment à diminuer ou détruire les réussites des autres.

Manipulation et Exploitation correspond à la tendance à utiliser les autres pour sa propre satisfaction. À l'extrême, les patients qui adoptent ce style adaptatif n'ont aucune règle. Ils sont prêts à tout pour obtenir ce qu'ils veulent, quoi qu'il en coûte aux autres. Ils ont très peu d'empathie et considèrent les autres comme des objets à utiliser pour leur satisfaction personnelle plutôt que des individus ayant leurs propres droits. Cette impression de droits personnels spéciaux leur sert à compenser leur sentiment de manque affectif. (En fait, plusieurs schémas sont des compensations narcissiques : Droits Personnels Exagérés, Idéaux Exigeants, Recherche de Statut et de Reconnaissance.)

Certains patients sont des « narcissiques secrets. » Ils ont les trois modes décrits ci-dessus, mais le mode Auto-Magnificateur n'existe qu'en fantasme et pas dans la réalité. Rien dans leur apparence ne montre aux autres qu'ils se voient eux-mêmes comme étant spéciaux ou qu'ils fantasment sur une autre vie. Pour les autres, ces narcissiques secrets apparaissent comme des personnes sans prétention, voire agréables. Cependant, dans leurs fantasmes, ils sont supérieurs à la plupart des gens. Ces patients ont des structures de personnalité très similaires aux narcissiques plus caractérisés, mais ils ne montrent pas leur mode Auto-Magnificateur à leur entourage.

d. Le mode Auto-Tranquilliseur Détaché

Lorsqu'ils sont avec les autres, les narcissiques sont habituellement dans le mode Auto-Magnificateur. Lorsqu'ils sont seuls, séparés de l'admiration qu'ils peuvent obtenir dans l'interaction avec les autres, ils embrayent habituellement le mode Auto-Tranquilliseur Détaché. Dans ce mode, ils se séparent de leurs émotions en pratiquant des activités qui vont les tranquilliser ou les distraire de leurs affects. Les narcissiques embrayent ce mode lorsqu'ils sont seuls parce que, sans personne pour les faire se mettre en valeur, ils ont tendance à passer en mode Enfant Esseulé. Ils se mettent alors à se sentir vides, ils s'ennuient, se dépriment. En l'absence de source extérieure qui les valorise, c'est l'Enfant Esseulé qui émerge ; le mode Auto-Tranquilliseur Détaché est un moyen pour éviter la douleur de l'Enfant Esseulé.

L'Auto-Tranquilliseur Détaché peut prendre plusieurs formes, représentant toutes des mécanismes d'évitement de schémas. Souvent, ces patients s'engagent dans des activités diverses qui les stimulent. Ces comportements sont habituellement pratiqués de manière addictive ou compulsive. Chez certains patients, ce mode prend l'aspect d'un bourreau de travail ; chez d'autres, il s'agit de jeu excessif, d'investissements boursiers, de sports dangereux tels que la course automobile ou l'escalade en montagne, d'activités sexuelles désordonnées, de pornographie ou de cybersexe, d'abus de drogues telles que la cocaïne. Ces activités procurent excitation et stimulation.

D'autres patients s'engagent de façon compulsive dans des activités solitaires plus apaisantes que stimulantes, telles que les jeux sur ordinateur, la boulimie, la téléphagie, ou la rêverie. Ces activités compulsives éloignent leur attention de la douleur de leurs schémas d'Imperfection et de manque Affectif — loin du mode Enfant Esseulé. Ces activités sont essentiellement des moyens pour éviter les sentiments de vide et de dévalorisation.

2 Critères DSM-IV du trouble de personnalité narcissique

Voici la liste des critères du DSM-IV pour le Trouble de personnalité narcissique. Il faut remarquer que tous ces critères sont ciblés sur un seul des trois modes : l'Auto-Magnificateur.

1. Le sujet a un sens grandiose de sa propre importance (p. ex., surestime ses réalisations et ses capacités, s'attend à être reconnu comme supérieur sans avoir accompli quelque chose en rapport).
2. Est absorbé par des fantaisies de succès illimité, de pouvoir, de splendeur, de beauté ou d'amour idéal.
3. Pense être « spécial » et unique et ne pouvoir être admis ou compris que par des institutions ou des gens spéciaux et de haut niveau.
4. Besoin excessif d'être admiré.

5. Pense que tout lui est dû : s'attend sans raison à bénéficier d'un traitement particulièrement favorable et à ce que ses désirs soient automatiquement satisfaits.
6. Exploite l'autre dans les relations interpersonnelles : utilise autrui pour parvenir à ses propres fins.
7. Manque d'empathie : n'est pas disposé à reconnaître ou à partager les sentiments et les besoins d'autrui.
8. Envie souvent les autres, et croit que les autres l'envient.
9. Fait preuve d'attitudes et de comportements arrogants et hautains.

Nous avons un regard critique sur ces critères du DSM-IV parce qu'ils ne s'intéressent qu'au comportement extérieur, compensateur, des patients et qu'ils négligent les autres modes, que nous considérons comme centraux chez ces patients. De plus, en se polarisant uniquement sur le mode Auto-Magnificateur, le DSM-IV conduit de nombreux cliniciens à une vision négative des patients narcissiques, au lieu de favoriser l'empathie et l'intérêt pour le haut niveau de souffrance que connaissent la plupart de ces individus. Enfin, nous considérons que les critères diagnostiques du patient narcissique — comme ceux de nombreux autres troubles de l'axe II — ne mènent pas à une orientation thérapeutique effective. Ces critères ne décrivent que les styles d'adaptation du patient et ne guident pas le thérapeute pour la compréhension des thèmes ou schémas sous-jacents correspondants ; or nous sommes convaincus que ce sont ces thèmes et schémas qui doivent changer pour que les patients « axe II » parviennent à une amélioration durable.

3 Le trouble de personnalité narcissique opposé au simple schéma de Droits Personnels Exagérés

Il est important de distinguer le trouble de personnalité narcissique, que nous décrivons, du simple schéma Droits Personnels Exagérés — c'est à dire des cas où le sujet a un schéma de Droits Personnels Exagérés dans sa forme pure, sans les schémas sous-jacents d'Imperfection et de Manque Affectif.

Le schéma Droits Personnels Exagérés peut se développer de deux manières différentes. Dans sa forme pure, l'enfant est tout simplement *gâté*. Les parents fixent trop peu de limites et n'exigent pas de l'enfant qu'il respecte les sentiments et les droits des autres. L'enfant ne parvient pas à apprendre le principe de réciprocité dans les relations. Cependant, l'enfant n'est ni rejeté, ni frustré affectivement, si bien que le schéma de Droits Personnels Élevés n'est pas compensatoire.

Dans d'autres cas, le schéma Droits Personnels Exagérés se développe par compensation de sentiments de manque affectif et d'imperfection. À la différence de l'enfant *gâté* qui ne présente qu'un schéma Droits Personnels Exagérés pur, ce sont des patients *fragiles*. Leur sentiment de grandeur est fragile parce qu'ils savent, au fond d'eux-mêmes, ce que c'est que d'être ignorés et dévalorisés. Ils courent constamment le risque que leur compensation s'effondre, les laissant vulnérables et exposés.

Comme les patients *gâtés*, les narcissiques *fragiles* se comportent de façon exigeante et de manière supérieure. Cependant, les patients ayant un schéma de Droits Personnels Exagérés pur n'ont pas de mode Enfant Esseulé central. Au fond d'eux-mêmes, ils ne sont pas des enfants tristes, égarés, vulnérables et imparfaits. Au plus profond de l'enfant gâté pur se trouve un enfant impulsif et indiscipliné. Bien que les narcissiques gâtés et fragiles puissent apparaître semblables extérieurement, leurs mondes internes sont très différents.

En fait, les narcissiques que nous traitons présentent une combinaison des aspects gâté et fragile de la grandeur. Leur sentiment de grandeur est en partie appris et en partie compensatoire — d'une part ils ont été gâtés et traités avec trop de permissivité lorsqu'ils étaient enfants, d'autre part leur grandeur est une façon de suppléer aux sentiments sous-jacents d'imperfection et de manque affectif. C'est pourquoi, la plupart des patients ont besoin d'une association de fixation de limites et de travail de modes. Mais la plupart des patients qui demande une thérapie ont une composante fragile marquée ; ils en sont arrivés à une thérapie parce que leurs compensations ont échoué et qu'ils se sont mis en dépression. Ces patients nécessitent que l'essentiel du traitement se concentre sur le travail de modes. La fixation des limites est une partie du traitement, mais pas l'essentiel.

Lorsque les spécialistes des narcissiques écrivent sur ce sujet, ils traitent surtout des patients fragiles, compensateurs, plutôt que de ceux qui ont un schéma de Droits Personnels Exagérés pur. Ce chapitre est consacré au traitement des patients fragiles. On peut sans aucun problème effectuer le travail de modes que nous décrivons ici avec des patients à schéma Droits Personnels Exagérés pur, car il n'y a aucun mode inadapté sous-jacent à atteindre. Il n'y a qu'un schéma Droits Personnels Exagérés et le rôle du thérapeute consiste à apprendre au patient la réciprocité et les limites adaptées. (Ceci peut être fait avec une forme plus simple du travail de modes : la conduite de dialogues entre l'Enfant Gâté et l'Adulte Sain.)

4 LES ORIGINES INFANTILES DU NARCISSISME

Nous avons trouvé quatre facteurs caractéristiques fréquents dans l'environnement infantile des patients narcissiques :

1. La solitude et l'isolement
2. L'insuffisance des limites
3. Des antécédents d'utilisation ou de manipulation
4. Une approbation conditionnelle

a. La solitude et l'isolement

La plupart des patients narcissiques étaient des enfants qu'on a laissés seuls. Ils ont été mal aimés d'une façon significative. La plupart ont subi un manque affectif important. Leur mère (ou un autre personnage principal d'éducation) a pu être attentive à leur égard, mais elle n'était pas physiquement affectueuse ni démonstrative. Il y avait de la part de la mère un manque d'empathie et d'harmonie, l'absence d'un amour authentique et d'un attachement affectif. De plus, beaucoup de patients se sont sentis différents de leurs pairs ou rejetés par ceux-ci. On trouve chez ces patient des schémas de Manque Affectif, d'Imperfection et d'Isolement Social. Habituellement, ils ne sont pas conscients (ou seulement très vaguement) de ces schémas.

b. L'insuffisance des limites

La plupart des patients narcissiques n'ont pas reçu suffisamment de limites lorsqu'ils étaient enfants et on était trop permissif avec eux. Mais cette permissivité ne concernait pas l'affectivité : elle était purement matérielle. On leur permettait de se comporter comme ils le voulaient sans tenir compte des sentiments des autres. On les autorisait peut-être à maltraiter les autres ou bien on leur passait ce qu'ils voulaient lorsqu'ils faisaient un caprice. Ils ont été très peu surveillés et dirigés — sauf s'il s'agissait de satisfaire narcissiquement leurs parents — en matière de travaux ménagers et d'horaires imposés. Un sentiment d'être quelqu'un de « spécial » s'est mis à remplacer le manque d'amour : c'est ce que l'enfant a pu obtenir de mieux. Chez ces enfants, on trouve des schémas tels que Droits Personnels Exagérés et Contrôle de Soi/Autodiscipline Insuffisants.

c. Les antécédents d'utilisation ou de manipulation

Beaucoup de patients ont été utilisés ou manipulés d'une manière ou d'une autre lorsqu'ils étaient enfants, généralement par un de leurs parents. Un parent peut avoir abusé d'eux sexuellement, par exemple, les avoir manipulé pour tenir lieu de conjoint de substitution, ou les avoir poussé à remplir par procuration des besoins parentaux en matière de réussite, de succès, de statut ou de reconnaissance. Lorsqu'ils étaient enfants, beaucoup de ces patients ont été utilisés pour compenser les schémas d'un parent — pour remplir les besoins affectifs non satisfaits de ce parent en matière sexuelle, en matière de soutien affectif (schéma de Manque Affectif) ou de sentiment d'inadaptation (schéma d'Imperfection).

Tout ceci s'est généralement produit sans que l'enfant en ait eu conscience. Les patients commencent souvent leur traitement en disant : « J'ai eu une enfance heureuse ; mes parents étaient tous les deux des gens formidables. » ils ne réalisent pas consciemment que quelque chose n'allait pas. Cependant, lorsque le thérapeute examine de plus près l'enfance de ces patients, il découvre des parents qui ne comprenaient pas les besoins de leur enfant, mais qui satisfaisaient leurs propres besoins au travers de cet enfant. Ils découvrent souvent que ces parents avaient un trouble de personnalité narcissique.

Ces patients ont souvent vécu, étant enfants, dans une ambiance perturbatrice. Ils recevaient de l'attention, des éloges et de l'admiration ; ainsi tout allait bien et ils estimaient qu'on les aimait. Mais il leur manquait, par ailleurs, l'attention éducative de base : on ne les touchait pas, on ne les embrassait pas, on ne leur faisait pas de câlins. On ne les voyait pas, on ne les entendait pas. Donc, ils étaient approuvés, mais n'étaient pas l'objet d'une amour authentique : on les utilisait, en ce sens qu'on ne leur prêtait attention que lorsqu'ils atteignaient certaines normes dans leur comportement. Chez ces enfants, on trouve des schémas tels que Méfiance/Abus et Assujettissement. Dans ces cas, quelqu'un, souvent un parent, les a utilisés ou dominés, comme s'ils étaient des objets destinés à la seule satisfaction du parent.

d. L'approbation conditionnelle

La plupart des patients ont reçu une approbation conditionnelle lorsqu'ils étaient enfants, plutôt qu'un amour authentique et altruiste. (Il est difficile de dire si le parent aimait l'enfant — si les sentiments du parent étaient véritablement faits d'amour. Comme le disait un de nos patients : « Oui, mon père m'aimait : il m'aimait comme le loup aime l'agneau. ») En tant qu'enfants, ils se sentaient spéciaux lorsqu'ils atteignaient certaines normes imposées par le parent ; sinon, ils étaient ignorés ou dévalorisés par le parent. Le parent attachait beaucoup d'importance aux « apparences », au détriment du bonheur réel et de l'intimité. L'enfant essayait d'être parfait pour mériter l'approbation du parent et pour se préserver de ses critiques et de ses exigences. L'enfant n'a pas pu développer un sentiment stable de l'estime de soi ; son estime personnelle est devenue dépendante de l'estime des autres. Lorsque les autres l'approuvaient, l'enfant se sentait valorisé temporairement ; lorsque les autres le désapprouvaient, il se sentait sans valeur. On trouve chez ces patients des schémas d'Imperfection, d'Idéaux Exigeants et de Recherche d'Approbation.

e. Antécédents infantiles typiques chez ces patients

Nous allons décrire quelques cas typiques d'ambiances infantiles chez les narcissiques. Ce sont des modèles habituels, et non universels, chez ce type de patients. Un grand nombre de patients avaient dans leur enfance un parent donné qui les traitait d'une façon préférentielle, comme s'ils étaient spéciaux, et leur fixait très peu de limites. Il s'agit la plupart du temps de la mère, mais il peut s'agir aussi du père. La mère gâtait l'enfant et lui laissait tout faire, mais son comportement était basé sur ses besoins à elle, et non sur ceux de l'enfant. À travers son enfant, elle cherchait à satisfaire son besoin de statut et de reconnaissance. Elle idéalisait l'enfant et avait pour lui des attentes de très haut niveau. Pour qu'il reste en conformité avec ses désirs à elle, elle était capable de le manipuler et de le contrôler. Elle manquait d'empathie pour ses besoins et ses sentiments et ne lui donnait pas d'affection physique (sauf peut-être devant les autres, pour se montrer, ou bien lorsqu'*elle* le décidait). L'autre parent jouait également un rôle important. Pour beaucoup de ces patients, l'autre parent était l'extrême opposé. Leur père était souvent absent, passif, distant, rejetant, critique ou abuseur. Ces enfants recevaient donc, de la part de chacun de leurs deux parents, des messages opposés : l'un des parents les valorisait à l'excès, alors que l'autre les ignorait ou les dévaluait.

Beaucoup de narcissiques étaient des enfants doués : brillants, beaux, sportifs ou artistes. Typiquement, l'un des parents ou les deux les incitaient fortement à gagner des éloges grâce à ce talent. Lorsqu'ils excellaient dans leurs réussites ou dans leur apparence d'une manière positive pour le parent, on les baignait d'admiration et d'attention ; dans le cas contraire, on ne leur donnait rien ou très peu — ils étaient ignorés ou dévalorisés. Ils travaillaient à paraître toujours doués pour gagner l'approbation de leur parent parce qu'ils avaient peur que, s'ils cessaient d'agir ainsi, le parent ne retire brusquement son attention et ne les critique. Il existait une discordance entre leur côté spécial dans une situation donnée — lorsqu'ils montraient leurs dons — et leur absence de valeur dans d'autres situations — lorsqu'ils étaient des enfants ordinaires.

De même, certains narcissiques ont grandi dans des familles que les autres considéraient comme spéciales. Ce pouvait être une famille plus riche que les autres, un parent célèbre ou qui a bien réussi, ou une famille à statut supérieur, pour une raison ou une autre. Lorsqu'ils étaient enfants, ces patients ont appris : « Je suis spécial parce que ma famille est spéciale. » Cependant, à l'intérieur de la famille, c'était différent : on les ignorait, on les rejetait. Dans cette famille, ils ont appris que les enfants auxquels on accordait de l'attention et que l'on félicitait étaient ceux qui étaient excellents. Les enfants moyens étaient invisibles. Là encore, il existait une tension entre leur valeur élevée dans une situation donnée — en dehors de la famille — et leur valeur faible dans une autre situation — à l'intérieur de la famille.

Une autre origine infantile fréquente chez les narcissiques est le rejet social. Certains patients étaient aimés et valorisés à l'intérieur de la famille, mais à l'extérieur, ils étaient rejetés par leurs pairs ou se sentaient différents d'une manière significative. Peut-être n'étaient-ils pas attirants pour le sexe opposé, peu sportifs, ou pas aussi riches que les enfants de leur entourage. Lorsqu'ils étaient adolescents, ils n'étaient pas appréciés par le groupe.

5 Le narcissique et les relations intimes

Lorsqu'il traite des narcissiques, le but suprême du thérapeute est de les aider à apprendre comment satisfaire leurs besoins affectifs fondamentaux, à la fois en thérapie et dans le monde : le but est d'aider l'Enfant Esseulé. En termes de modes, le but est d'aider le patient à incorporer le mode Adulte Sain, calqué sur le thérapeute, pour qu'il reconnaisse et donne son attention à l'Enfant Esseulé, d'aider l'Enfant Esseulé à donner et recevoir de l'amour, de rassurer et progressivement remplacer les modes Auto-Tranquilliseur Détaché et Auto-Magnificateur. Pour cela, le thérapeute doit explorer, dans les relations intimes, ce qui fait que le patient voit ses besoins affectifs comblés et son partenaire non. Le traitement va donc se centrer sur les relations intimes du patient.

Nous allons décrire quelques caractéristiques des narcissiques dans leurs relations intimes. Les sujets peuvent avoir l'ensemble de ces caractéristiques, ou bien seulement une partie.

a. Les narcissiques sont incapables d'absorber l'amour qu'ils reçoivent

L'amour vrai est tellement inconnu pour ces patients qu'ils sont incapables de l'absorber. Lorsque quelqu'un essaie de leur exprimer de l'empathie ou de l'écoute affective, ils ne peuvent recevoir cette affection. Ils sont capables de recevoir de l'approbation, de l'admiration, de l'attention mais pas de l'amour. Cette incapacité à absorber l'amour maintient leurs schémas de Manque Affectif et d'Imperfection.

b. Les relations en tant que sources d'approbation et de reconnaissance

Même dans les relations les plus intimes, avec leurs partenaires amoureux ou leurs conjoints, l'admiration prend la place de l'amour. C'est l'une des raisons pour lesquelles les narcissiques sont si souvent malheureux : leurs besoins affectifs de base ne sont pas comblés, même dans leurs relations intimes.

Beaucoup de ces patients sélectionnent des partenaires qui sont eux-mêmes affectivement distants et qui ont de la difficulté à donner de l'amour. Ils sont attirés par des partenaires susceptibles de les frustrer sur le plan affectif, comme leurs parents : ce scénario de vie autodéfaitiste contribue à maintenir les schémas. Ils se sentent à l'aise quand ils ne sont pas aimés et sont d'accord pour le supporter (habituellement parce qu'ils n'ont pas conscience de ce qui leur manque.) D'autres patients sélectionnent des partenaires chaleureux et capables de donner de l'amour, pour tout leur prendre et ne rien leur donner. Ces patients n'ont aucune limite dans ce qu'ils sont capables de prendre ; si le partenaire se laisse faire, le narcissique continuera à prendre, sans fin, et sans jamais donner.

c. L'empathie limitée

C'est en grande partie à cause du manque affectif qu'ils ont vécu dans leur enfance, que beaucoup de narcissiques sont non empathiques, particulièrement avec les gens qui sont proches d'eux. Parce qu'ils ont eux-mêmes reçu peu d'empathie, ils ne savent pas ressentir ni exprimer de l'empathie pour les autres.

Il est intéressant de noter que, lorsqu'ils sont dans le mode Enfant Esseulé, ils sont souvent capables d'être très empathiques. Lorsqu'ils sont dans les autres modes — l'Auto-Magnificateur et l'Auto-Tranquilliseur Détaché — ils sont non empathiques. Il semble que ces patients soient capables d'empathie, mais lorsqu'ils compensent ou évitent leurs schémas sous-jacents, ils perdent leurs capacités d'empathie. Les narcissiques présentent souvent un aspect mixte dans le domaine de l'empathie. Un père narcissique pourra, par exemple, regarder un film présentant un enfant mal aimé et éprouver une forte émotion, peut-être pleurer. Même si ce père est capable de traiter son propre enfant de la même manière que l'enfant du film, avec pas ou peu d'empathie. Lorsqu'il regarde l'enfant du film, ce père passe en mode Enfant Esseulé et il est capable d'empathie. Mais lorsqu'il est avec son propre enfant, il embraye le mode Auto-Magnificateur et il n'est pas capable d'empathie. Ce qu'il peut faire dans un mode, il en est incapable dans l'autre.

d. L'envie

Les narcissiques sont souvent envieux des autres, lorsqu'ils les perçoivent comme étant dans une position supérieure : lorsque quelqu'un obtient de l'approbation, ces patients estiment qu'on leur a pris quelque chose. Ils ne se sentent pas l'objet de suffisamment d'attention, d'écoute affective, ou d'admiration. Si quelqu'un d'autre en reçoit, ils estiment que leur part personnelle s'en trouvera réduite. Ils embrayent alors l'Enfant Esseulé et se sentent trahis, mal aimés, frustrés et envieux. Il vont soit se déprimer, soit probablement chercher à compenser et faire quelque chose pour restaurer leur position en tant que centre de l'attention. Ils embrayent alors le mode Auto-Magnificateur.

e. Idéalisation et dévalorisation des objets d'amour

Les narcissiques idéalisent souvent leurs objets d'amour à la période initiale de la relation, en tant que compensation de leur schéma d'Imperfection. Ils voient l'objet d'amour comme étant parfait parce qu'en gagnant l'approbation d'un partenaire parfait, ils ressentent que leur valeur personnelle se trouve rehaussée. À cette période, ces patients sont hypersensibles aux signes de critique ou de rejet de la part de leur partenaire. Ils vont alors avoir un comportement débordant et ils feront tout pour parvenir à être l'objet de leur attention.

Ces patients choisissent des partenaires qui les font paraître bons — qui sont attirants et que les autres admirent. Ils commencent par idéaliser et adorer ce partenaire. Mais, le temps passant, ils se mettent à le dévaloriser, épinglant le moindre défaut, la moindre imperfection. Ces patients présentent presque toujours, au bout d'un certain temps, ce scénario de dévalorisation du partenaire. Il existe un certain nombre de raisons à cela. La première est le maintien du schéma : tout défaut chez le partenaire active un sentiment d'imperfection chez le sujet. Pour éviter de ressentir cet affect, ils compensent en se sentant supérieur à leur partenaire. Les patients dévalorisent leurs partenaires dans le but de gonfler leur estime personnelle. En rabaissant le partenaire, ils se donnent l'impression d'être meilleur. Ils dévalorisent également leurs partenaires parce qu'en les maintenant dans une position inférieure, ils peuvent les contrôler. S'ils dévalorisent le partenaire, il sera moins probable que celui-ci se sente une valeur suffisante pour chercher quelqu'un d'autre et donc quitter le patient. Chaque fois qu'un défaut apparaît chez le partenaire, le patient devient critique ou méprisant. Certains deviennent sadiques et humilient leur partenaire. Ils finissent par tellement le diminuer que celui-ci n'a plus que très peu de valeur, voire pas de valeur du tout, à leurs yeux. À ce moment, le partenaire ne représente plus une source d'approbation.

Si le partenaire répond à ce traitement en essayant de plaire de toutes ses forces au patient — ce qui se passe souvent — cette stratégie va échouer : plus le partenaire essaie de plaire au patient, plus celui-ci le dévalorise. Plus le partenaire essaie de l'apaiser, d'empathiser avec lui, de l'excuser, plus il s'en trouve dévalorisé. En général, les narcissiques ne respectent que les gens qui leur font face et qui se battent contre eux. Plus le partenaire va se battre, plus le narcissique le valorisera et plus l'approbation de son partenaire aura de la valeur à ses yeux.

f. Les Droits Personnels Exagérés dans les relations

Le schéma de Droits Personnels Exagérés de ces patients est habituellement le résultat direct de la permissivité d'un de leurs parents lorsqu'ils étaient enfants. Ce schéma sert aussi de source supplémentaire de validation. Pour le patient : « Si mon partenaire me traite comme quelqu'un de spécial, alors j'ai de la valeur. Plus on me traite de façon spéciale, plus j'ai de la valeur. » Ces patients exigent que tous les aspects de la relation servent à les satisfaire. Ils cherchent à exercer leur contrôle sur leur environnement et sur leur partenaire dans le but de satisfaire leurs besoins et leurs désirs personnels (exactement comme le faisait leur parent dans leur enfance.)

g. L'Auto-Tranquilliseur Détaché en l'absence de validation externe

Comme ces patients finissent par dévaloriser leurs partenaires, ils se mettent à prendre de la distance vis-à-vis d'eux et à s'impliquer davantage dans des comportements solitaires d'auto-apaisement. Lorsque les partenaires perdent le pouvoir de servir à la fonction de magnification, ces patients s'isolent progressivement de leurs partenaires en embrayant le mode Auto-Tranquilliseur Détaché. Pour éviter la souffrance de l'Enfant Esseulé, ils se tournent vers des comportements addictifs, des comportements compulsifs, ou de recherche de stimulation plutôt que de se tourner vers leurs partenaires.

6 Diagnostic du narcissisme

Il existe plusieurs méthodes pour établir le diagnostic de narcissisme. Le thérapeute peut observer : (1) le comportement du patient au cours des séances ; (2) la nature des problèmes actuels du patient et ses antécédents ; (3) la réponse du patient aux exercices d'imagerie et aux questions sur l'enfance (incluant l'Inventaire des Attitudes Parentales de Young) ; et (4) le Questionnaire des Schémas de Young.

a. Observation du comportement du patient au cours des séances

Quels sont, en thérapie, les premiers signes qui indiquent qu'un patient est narcissique ? Au début du traitement, les signes les plus probables sont les comportements indiquant des droits exagérés. Le patient annule les séances à la dernière minute, ou bien il arrive en retard (tout en s'attendant à une séance complète) ; il pose des questions détaillées sur la valeur du thérapeute pour déterminer s'il ou si elle est « suffisamment bon(ne) » ; il essaie d'impressionner le thérapeute par l'étalage de ses réussites et de ses talents ; il s'attend à ce que le thérapeute le rappelle de façon immédiate lorsqu'il veut le joindre par téléphone ; il fait fréquemment des demandes de rendez-vous déraisonnables ; il se plaint du confort dans le bureau du thérapeute ; il demande des traitements spéciaux ; il considère le thérapeute comme parfait (pour le dévaloriser par la suite) ; il interrompt le thérapeute lorsqu'il parle ou bien ne l'écoute pas ; il corrige constamment le thérapeute sur des points de détail ; ou il refuse d'adhérer aux limites que le thérapeute lui impose.

Un autre signe précoce du narcissisme est la tendance à réprimander les autres. Plutôt que de prendre leurs responsabilités, ces patients ont tendance à blâmer les autres lorsqu'il s'agit de leurs problèmes personnels. Lorsque le traitement progresse, le thérapeute peut devenir, à son tour, une cible de ces critiques.

Le dernier signe est le manque d'empathie du patient, particulièrement avec ses proches, y compris avec le thérapeute.

b. Nature des problèmes actuels et antécédents du patient

La nature des problèmes actuels et des antécédents apportent souvent des indices en faveur du narcissisme. Ces patients ont pour motif commun de demande de thérapie une crise à laquelle ils doivent faire face dans leur vie personnelle ou professionnelle : quelqu'un d'important pour eux — un conjoint, un amant, un très bon ami, un enfant, un frère ou une sœur, un patron, un collaborateur — les rejette ou se venge d'eux à cause de leur comportement égocentrique. (Il existe un risque significatif qu'une fois la crise résolue, le patient quitte prématurément le traitement.)

Ces patients arrivent parfois en thérapie parce que quelqu'un les y a forcé. Leurs partenaires ou des membres de leur famille les menacent de mettre fin à leur relation s'ils ne se font pas soigner. Leur patron exige qu'ils se fassent traiter ou bien qu'ils quittent leur travail. La Justice a ordonné un traitement pour un acte illégal, tel que la conduite automobile en état d'intoxication. Ils viennent se faire soigner contre leur gré et ils ne considèrent pas que leurs problèmes sont de leur faute. Ils croient fréquemment que ce sont les autres qui devraient changer.

Ils consultent aussi parfois parce qu'ils éprouvent un sentiment de vide. Même s'ils donnent l'apparence du succès, leur vie manque fréquemment d'une signification interne. Il existe un vide au centre de leur vie : les besoins affectifs non satisfaits de l'Enfant Esseulé. Bien que ces patients puissent paraître tout avoir, leur vie manque à la fois de liens intimes avec les autres et de réelle expression de soi.

Certains narcissiques entament une thérapie lors d'échecs personnels ou professionnels. Ils ont échoué dans un domaine de leur vie qui servait de compensation, et ils font maintenant l'expérience des sentiments sous-jacents d'humiliation et de découragement. Ils viennent chercher de l'aide pour reconstruire leurs compensations et ils s'irritent lorsque le thérapeute dévie de cette fonction. (Ceci est un point important : nous pensons qu'il ne faut pas que le thérapeute soutienne les compensations narcissiques du patient. Agir ainsi reviendrait à s'allier au mode Auto-Magnificateur du patient, plutôt qu'aux modes Enfant Esseulé ou Adulte Sain.)

Certains patients demandent une thérapie parce que leur mode Auto-Tranquilliseur Détaché a causé des problèmes. Ce sont des joueurs excessifs, des consommateurs de drogues, ils ont des comportements sexuels qu'ils sont ensuite amenés à regretter, ou bien encore ils s'impliquent dans des comportements compulsifs autodestructeurs.

Enfin, l'insatisfaction dans leur mariage est une autre cause de demande de thérapie. Ils peuvent venir, par exemple, pour décider s'ils doivent quitter un conjoint pour une autre personne avec qui ils ont des relations.

c. Description de l'enfance et réponse aux exercices d'imagerie

Sauf s'ils apportent des souvenirs « parfaits » de leur enfance, les narcissiques sont généralement incapables de répondre précisément aux questions qui explorent les thèmes profonds de leur enfance. Ils parlent volontiers des souvenirs infantiles agréables, mais ils ne sont pas conscients des souvenirs douloureux de leur enfance. Ces patients sont souvent opposés aux exercices d'imagerie mettant en jeu leur enfance et des émotions pénibles (autres que la colère). Ils résistent à se montrer vulnérables et à embrayer le mode Enfant Esseulé.

Certains patients — probablement ceux de meilleur pronostic — reconnaissent plus volontiers l'existence de l'Enfant Esseulé, précocement au cours de la thérapie. Ils acceptent volontiers de parler des souvenirs douloureux de leur enfance et de faire les exercices d'imagerie. Et lorsqu'ils créent des images de leur enfance, les patients les plus sains peuvent exprimer et ressentir leurs affects de honte et de solitude.

d. Le Questionnaire des Schémas de Young et autres mesures

Dans le Questionnaire des Schémas de Young, nous rencontrons un profil constant chez les patients narcissiques. Typiquement, ils cotent haut les schémas Droits Personnels Exagérés, Idéaux Exigeants et Contrôle de Soi/Autodiscipline Insuffisants, et ils cotent bas la plupart des autres schémas. Ce profil témoigne des capacités d'évitement et de compensation de ces patients. Ils sont très souvent inconscients de leurs schémas centraux de Manque Affectif et d'Imperfection, ainsi que de tout autre schéma.

Il est intéressant de noter qu'ils sont souvent capables d'identifier beaucoup d'aspects négatifs dans le comportement de leurs parents sur le Questionnaire des Attitudes Parentales de Young. Même s'ils ne sont pas conscients de leurs schémas, ils sont souvent capables de décrire dans ce questionnaire ce que leurs parents leur ont fait de mal. Les patients narcissiques ont un score régulièrement élevé sur le Questionnaire des Attitudes de Compensation de Young, car ils ont beaucoup de comportements compensateurs.

7 Exemple de cas

a. Problème et état clinique actuels

Carl a 37 ans, il a un trouble de personnalité narcissique. Il a tout d'abord débuté une thérapie, à l'âge de 36 ans, avec une schéma-thérapeute nommée Leah. Voici des extraits d'une consultation que le docteur Young a menée avec Carl un an après le début de sa thérapie avec Leah. Leah a demandé cette consultation parce qu'elle est bloquée dans sa thérapie avec Carl.

Dans le premier passage, le docteur Young et Leah parlent du patient. (Tous les autres passages sont tirés de la consultation du Dr Young avec Carl.) Au début de ce passage, Leah décrit la façon dont Carl s'est présenté à elle la première fois et comment se passait la thérapie avec Carl.

Leah : Carl était très provocateur. Je ne pensais pas qu'il resterait en thérapie plus de deux séances. Je pensais qu'il avait envie de « m'essayer. »

À peine avoir quitté mon cabinet, il était capable de sonner à nouveau. Il ne prononçait jamais mon nom, il ne répondait à aucune parole d'accueil et n'en prononçait aucune. Il jetait sa veste sur le plancher et s'affalait sur une chaise en disant quelque chose comme : « C'est pour m'impressionner que vous dites ça ? Vous voulez que je pense que vous êtes quelqu'un, hein ? » Il parlait de façon très condescendante, il essayait délibérément de me provoquer. Pour lui, c'était un jeu, dès le début.

Dr Young : Et que ressentiez-vous lorsque vous vous aperceviez qu'il prenait ça comme un jeu, qu'il vous provoquait, qu'il essayait de vous battre ?

Leah : De la colère. J'étais en colère contre lui, contre sa tendance à dominer. Mes propres schémas s'activaient et j'étais tentée de le prendre au jeu, et de vouloir gagner.

Tels sont certains des sentiments typiques des thérapeutes qui travaillent avec des narcissiques. Mais ces thérapeutes ne doivent pas faire l'erreur de chercher à entrer en compétition avec le patient ou à l'impressionner. De tels comportements ne font que renforcer le narcissisme du patient et l'incitent à dévaloriser le thérapeute.

Après la rencontre avec Leah, le docteur Young entame sa consultation avec Carl. Dans le passage suivant, Carl explique au docteur Young les raisons de cette thérapie. Il rencontre de sérieux problèmes à la fois dans sa vie professionnelle et dans son mariage.

Carl : J'ai 37 ans, je suis marié, j'ai deux enfants. J'ai grandi à Los Angeles et je suis actuellement entre deux emplois.

Dr Young : Avez-vous l'intention d'entreprendre un nouveau travail, ou bien profitez-vous de cette absence d'emploi ?

Carl : Je profite du moment, et je vais peut-être commencer un nouveau travail. C'est mon problème actuel, de savoir ce que je vais faire.

Dr Young : D'accord. Comment s'appelle votre femme ?

Carl : Danielle. Nous sommes mariés depuis 9 ans.

Dr Young : Pouvez-vous me dire quels sont vos buts dans cette thérapie ? En ce moment, quelle est la raison de votre traitement, à votre avis ?

Carl : En gros, je n'ai aucune maîtrise sur mes impulsions. Sur le plan pratique, je suis capable de rester toute une nuit debout et de dormir la journée, bien que je sache que ce n'est pas une bonne chose pour moi, que ça interfère beaucoup avec ma vie. Et jusqu'alors, j'ai été incapable d'un quelconque progrès pour changer ça.

Dr Young : Y a-t-il d'autres buts que vous voudriez atteindre grâce à la thérapie, à part le fait de maîtriser le contrôle de vos impulsions ?

Carl : Ça, c'est un but tangible. Je reconnais aussi le besoin de continuer à travailler pour découvrir comment être quelqu'un et comment mieux me comporter avec les gens.

Dr Young : Et vous pensez que c'est quelque chose de difficile pour vous ? De quelle façon vous est-il difficile de mieux vous comporter avec les gens ?

Carl : Eh bien, je me considère comme un peu différent, pas ordinaire, ou — quelqu'un m'a qualifié d'indépendant ; je ne sais pas si le terme convient.

Vous pouvez dire indépendant, ou mal élevé, ou bien penser que je suis une sorte d'intellectuel égocentrique et mal adapté. (Il rit).

Dr Young : Quand vous pensez que vous êtes différent, voulez-vous dire différent et meilleur, ou bien différent et moins bon, ou bien différent et comparable à d'autres personnes ?

Carl : Eh bien, différent et différent. Mais aussi différent et meilleur. Mais dans certains cas, différent et moins bon.

Dr Young : Vous avez aussi signalé sur un des questionnaires une « paralysie de la volonté. » Est-ce aussi un problème, et qu'est-ce que cela veut dire pour vous ?

Carl : Eh bien, ça voulait dire qu'à cette époque j'étais incapable de sortir tant soit peu de ma routine quotidienne, de donner un coup de fil pour obtenir un rendez-vous avec un psychothérapeute. J'ai décidé il y a environ 2 ans que j'avais vraiment besoin d'aide, et je n'ai téléphoné que 6 mois plus tard.

Dr Young : Toujours à cause de cette paralysie.

Carl : Oui.

Dr Young : Avez-vous actuellement une idée de la cause de cette paralysie ? De quoi s'agissait-il ?

Carl : Eh bien, je ne suis pas très sûr. Je pense que c'était une espèce de frousse, une sorte de dépression.

Il faut noter que le ton de voix de Carl et sa façon de parler au thérapeute sont arrogants. Il parle comme si le Dr Young et lui étaient sur un pied d'égalité, et non pas comme un patient venu demander de l'aide. Il est détaché dans ses manières, et sa description des problèmes est quelque peu auto-magnifiante. Un ton et des manières arrogants sont souvent le premier indice d'un patient narcissique.

Carl décrit plusieurs raisons à sa demande de traitement. La première est le manque de contrôle de ses impulsions : il s'agit d'un schéma de Contrôle de Soi/Autodiscipline Insuffisants, qui fait partie du mode Auto-Magnificateur. Il est incapable de mettre des limites à son comportement. La seconde raison est des difficultés relationnelles avec les autres : il s'agit d'un problème habituel chez les narcissiques — Carl est au moins conscient de cette difficulté, à la différence de nombreux autres patients. La troisième raison est cette « paralysie de la volonté » — la dépression qu'il ressent lorsqu'il n'est pas suffisamment stimulé ou approuvé. Notez que Carl ne comprend pas ce symptôme, bien qu'il soit conscient de sa dépression. Plus tard, le Dr Young essaiera de relier cette dépression à son mode Enfant Esseulé.

Dans le passage suivant, Carl explique les raisons pour lesquelles il lui est difficile de savoir se comporter avec les autres. Il commence par expliquer pourquoi il pense que les gens pourraient le trouver ennuyeux. Le passage montre qu'il est capable d'une certaine introspection sur son comportement.

Dr Young : Pourquoi pensez-vous que les gens vous trouvent ennuyeux ?

Carl : Eh bien, s'il faut que je devine, je dirais que je suis quelqu'un qui commence chacune de ses phrases par le mot « je » (Il rit).

Dr Young : Donc, vous êtes ennuyeux parce que vous ne vous intéressez qu'à vous-même, C'est bien ce que vous voulez dire ?

Carl : Oui. C'est ce que je pense.

Dr Young : Et savez-vous pourquoi vous ne vous intéressez qu'à vous-même ? Pourquoi pensez-vous que vous êtes autant concentré sur vous-même dans une conversation ?

Carl : Oh, vous voulez que je vous parle de ma mère ? (Rire sarcastique).

Dr Young (il rit aussi) : Non, je ne voyais pas aussi loin ! Qu'y a-t-il au fond de vous-même qui vous impose de vous centrer sur vous, en particulier maintenant que vous paraissez avoir conscience de ce qui agace les gens ?

Carl : En fait, c'est le problème, je n'en suis pas vraiment conscient. Dans une rencontre, je n'ai pas la parfaite conscience à laquelle on pourrait théoriquement s'attendre. C'est très dur pour moi. Et ce n'est pas seulement de l'égocentrisme, c'est aussi une sorte de timidité ou de peur.

Carl a la capacité de reconnaître qu'il est trop égocentrique dans les situations sociales, mais seulement lorsqu'il est dans le mode où il se trouve au moment de l'entretien. Il s'agit d'un mode détaché. Le but de l'entretien est de le faire sortir de ce mode détaché. Lorsque Carl se trouve dans des situations sociales, son mode Auto-Magnificateur est dominant et il perd la conscience de son égocentrisme.

Carl a conscience de la timidité sous-jacente à son mode Auto-Magnificateur, ce qui un signe de bon pronostic. Cependant, il semble blasé par son égocentrisme — il semble ne pas en être troublé. Ceci est typique des narcissiques. Même lorsqu'ils font preuve d'introspection sur leur comportement égocentrique, ils ne paraissent pas particulièrement perturbés par celui-ci. Avec leur belle indifférence, ils ne sont pas bouleversés en découvrant qu'ils se coupent des autres ou qu'ils sont injustes.

Dans le passage suivant, Carl décrit ses sentiments envers sa femme. Il fait apparaître la dévaluation du partenaire que nous avons décrite plus haut.

Dr Young : Et avec votre femme ? Comment vous sentez-vous avec elle ? Dans ce que vous avez écrit ici (il montre les questionnaires), il y a votre souhait d'avoir « davantage d'échanges avec votre femme ».

Carl : Oui.

Dr Young : Donc, il doit y avoir des sentiments négatifs dans cette relation, de la déception...

Carl : Elle est mieux, maintenant ; nous allons un peu mieux. J'ai plus ou moins évolué, depuis.

Dr Young : Quelle était la déception avec elle ? De quelle manière était-elle décevante ?

Carl : Eh bien, ce qui était décevant, c'était son niveau d'honnêteté, sa façon de faire confiance, sa conscience de soi et ses capacités intellectuelles.

Comme on peut le déduire de la manière désagréable avec laquelle il critique sa femme, le narcissisme de Carl n'est pas encore guéri.

Dans le passage suivant, Carl décrit l'égocentrisme de son épouse. On voit que, bien qu'il la dénigre, il conserve une vue introspective des limites réalistes de celle-ci.

Dr Young : Comment traitez-vous Danielle ?

Carl : Par le passé, il m'est arrivé d'être très froid, très distant. Parfois, elle ne le remarque même pas. À sa façon à elle, elle est plus égocentrique que moi. Elle est obsédée par ses problèmes au point qu'elle empêcherait le monde de tourner, et si j'ai du mal à gérer mes émotions, je peux dire qu'elle a plus de mal à gérer les siennes.

Dr Young : Qu'est-ce qui vous a attiré chez elle, au départ ?

Carl : Au début, j'ai surtout vu son esprit de famille, car je crois que nous avons beaucoup de choses en commun en matière de dysfonctionnement.

Comme souvent chez les narcissiques, Carl a choisi de se marier avec une femme qui a renforcé le sentiment de manque affectif de son enfance.

8 TRAITEMENT DU NARCISSISME

a. But principal du traitement

Le but principal du traitement est de construire le mode Adulte Sain du patient, calqué sur le thérapeute, de façon à ce qu'il soit capable de rematerner l'Enfant Esseulé et de combattre les modes Auto-Magnificateur et Auto-Tranquilliseur Détaché. Le but est d'augmenter la vulnérabilité, de diminuer les compensations et les évitements.

De façon plus spécifique, le but du traitement est d'aider à construire un mode Adulte Sain pour :

1. Aider l'Enfant Esseulé à se sentir compris, pris en charge, de façon à empathiser et être attentionné avec les autres.
2. Confronter l'Auto-Magnificateur pour que le patient se débarrasse de son besoin excessif d'approbation et qu'il traite les autres sur la base de la réciprocité, lorsque l'Enfant Esseulé parvient à gérer l'amour authentique.
3. Aider l'Auto-Tranquilliseur Détaché à se débarrasser de ses comportements inadaptés d'addictions et d'évitement, pour les remplacer par l'amour authentique, l'expression de soi et le vécu des affects.

Le thérapeute aide le patient à établir des relations intimes authentiques, tout d'abord avec le thérapeute, puis avec des proches. Lorsque l'Enfant Esseulé devient davantage capable d'amour et d'empathie, le patient n'a plus besoin de remplacer l'amour par l'approbation et l'insensibilité et n'a plus besoin de se comporter de façon dégradante et égocentrique avec les autres. Les modes Auto-Tranquilliseur Détaché et Auto-Magnificateur vont tous les deux s'affaiblir et progressivement disparaître.

Le thérapeute s'attache donc essentiellement à traiter les relations intimes du patient, à la fois dans la relation thérapeutique et dans les relations avec les personnes proches. Comme dans notre traitement pour les borderlines, la stratégie principale est le travail de modes.

Voici les éléments du traitement, dans l'ordre adopté pour les présenter au patient.

b. Le thérapeute utilise les plaintes du patient comme moyen d'action

Le thérapeute s'efforce de maintenir le patient en contact avec sa souffrance affective, car dès que la souffrance aura disparu, le patient sera susceptible de quitter la thérapie. Plus le thérapeute maintient le patient conscient de ses sentiments profonds de vide, d'imperfection, de solitude, plus il dispose d'un moyen d'action pour maintenir celui-ci en traitement. Si le patient arrive en thérapie avec un état de détresse émotionnelle, cet état peut servir de levier pour conserver la motivation du patient à se soigner et à chercher le changement. Le thérapeute se concentre aussi sur les conséquences négatives du narcissisme du patient, telles que le rejet par les êtres aimés ou les retards de carrière professionnelle.

Les narcissiques n'arrivent généralement pas en thérapie avec le but de travailler sur leurs sentiments profonds de manque affectif et d'imperfection. Leur but est plus souvent de retrouver une source d'approbation qu'ils ont perdue ou de se débarrasser de certaines conséquences négatives de leurs comportements d'automagnification ou d'autoapaisement. Ils viennent demander de l'aide pour soutenir leurs modes Auto-Magnificateur et Auto-Tranquilliseur Détaché. Une fois que le thérapeute a clairement fait comprendre qu'il ne servirait pas les intérêts de ces deux modes, certains patients se mettent en colère et décident de quitter la thérapie. Cependant, si le thérapeute parvient à maintenir ces patients conscients de leur souffrance affective et de ce à côté de quoi ils passent dans leur vie, ainsi que des conséquences négatives qu'il y aurait à ne pas changer, peut-être ces raisons les inviteront-elles à rester en thérapie. La liaison affective avec le thérapeute et la peur des représailles des autres sont les principales motivations à rester en traitement. Si le thérapeute peut maintenir le patient dans son mode Enfant Esseulé et l'aider à grandir, alors il est probable que le patient restera en traitement, même si, dans les autres modes, le patient ne veut pas rester.

c. Le thérapeute se lie à l'Enfant Esseulé

Par la relation thérapeutique, le thérapeute essaie de créer un endroit dans lequel le patient se sent valorisé et considéré comme l'objet d'attention, sans besoin d'être spécial ni parfait, et dans lequel le patient considère le thérapeute comme un objet d'attention qu'il valorise, sans que le thérapeute n'ait besoin d'être spécial ni parfait. Le thérapeute établit un lien avec l'Enfant Esseulé. Il valorise le patient quand il exprime sa vulnérabilité et il a sur lui une « attention positive et inconditionnelle » (Rogers, 1951).

Les narcissiques ne savent souvent pas qu'ils ont des problèmes dans leurs relations intimes. Ils peuvent n'avoir jamais vécu de réelle intimité. Au travers de la relation thérapeutique, ils commencent à réaliser combien il leur est difficile d'être proches, sur le plan affectif, des autres êtres humains. Le thérapeute recadre les buts thérapeutiques en aidant le patient à rester dans le mode Enfant Esseulé et il essaie de satisfaire ses besoins affectifs de base. Contrairement au parent, qui était là pour le mode Auto-Magnificateur, le thérapeute est là pour l'Enfant Esseulé. Le thérapeute aide le patient à tolérer la souffrance qu'il ressent dans le mode Enfant Esseulé, sans embrayer un des autres modes. Le thérapeute aide le patient dans le mode Enfant Esseulé à grandir, favorisant la guérison des schémas. Au travers du re-parentage partiel, le thérapeute apporte un antidote partiel aux schémas de Manque Affectif et d'Imperfection (ainsi que des autres) du patient.

Le thérapeute confronte le comportement de recherche d'approbation et de reconnaissance du patient, sans le dévaloriser. Il lui donne toujours le même message : « C'est de vous que je m'occupe, pas de votre apparence ni de vos performances. » De même, le thérapeute confronte le comportement de droits personnels exagérés sans dévaloriser le patient. Le thérapeute insiste sur le principe de réciprocité, et il fixe des limites. Le message est le suivant : « Je m'occupe de vous, mais je m'occupe aussi de moi et des autres. Nous méritons tous une attention équivalente. »

Lorsque le patient se met en colère de façon inappropriée contre le thérapeute, celui-ci le confronte empathiquement. Le thérapeute exprime de la sympathie et de la compréhension pour le point de vue du patient, mais il corrige toutes les distorsions du patient lorsque celui-ci voit le thérapeute comme égoïste, frustrant, dévalorisant ou contrôleur. Si le patient formule une critique valable, mais d'une façon dégradante, alors le thérapeute affirmera malgré tout son droit et sa valeur. Il donne le message suivant : « Nous méritons tous de l'attention, même si nous ne sommes pas parfaits. » Le thérapeute insiste pour exprimer ce qu'il ressent devant un tel comportement dévalorisant et l'impact qu'aurait ce comportement sur les relations avec les autres en dehors de la thérapie. Il aide aussi le patient à prendre du recul vis-à-vis de cet incident pour que celui-ci comprenne en termes de modes la raison pour laquelle il a eu ce comportement.

d. Le thérapeute confronte avec tact le style condescendant ou provocateur du patient

Tôt ou tard, les narcissiques vont se mettre à traiter leur thérapeute comme ils traitent n'importe quelle autre personne — d'une manière condescendante ou provocatrice. Le patient commence à dévaloriser le thérapeute. Il est important pour le thérapeute de faire face au patient à ce moment-là, sinon il perdra le respect du patient.

Il est souvent difficile pour les thérapeutes de confronter ces patients, parce que, dans notre expérience, beaucoup de thérapeutes ont des schémas d'Abnégation ou d'Assujettissement. Ces schémas tendent à rendre difficile l'affirmation de soi face à un narcissique. Si le patient ressemble notablement à l'un des parents du thérapeute — s'il est, par exemple, exigeant, critique ou contrôleur — le thérapeute risque de reprendre des stratégies inadaptées de son enfance plutôt que de faire ce qui est le mieux pour le patient. Le thérapeute pourra, par exemple, faire l'erreur de donner son accord pour des exigences déraisonnables ou bien de tolérer un comportement de droits personnels exagérés.

Les thérapeutes doivent être constamment en alerte et rechercher l'activation de leurs propres schémas, au cours du traitement des narcissiques. L'activation des schémas du thérapeute peut conduire à des réponses contre-thérapeutiques telles que la vengeance ou la compétitivité, qui feront plus de mal au patient qu'elles ne l'aideront. Les thérapeutes ayant un schéma d'Abnégation ou d'Assujettissement ont généralement eu un parent froid ou contrôleur, si bien que les comportements des narcissiques reproduisent souvent celui de leur parent, qui leur faisait du mal dans leur enfance. Ces thérapeutes risquent donc de revenir à des stratégies adaptatives de leur enfance, avec ces patients, au lieu de les re-materner.

Il est important que le thérapeute puisse affronter le patient, mais grâce à la confrontation empathique. Le thérapeute peut affirmer les choses suivantes :

> « Je sais que vous n'avez pas l'intention de me blesser, mais lorsque vous me parlez de cette façon, je ressens que vous essayez de me faire du mal. »
>
> « Quand vous me parlez sur ce ton, je me sens distant de vous, même si je sais que vous êtes en proie à une forte émotion et que vous avez besoin que je sois là pour vous. »
>
> « Lorsque vous me parlez d'une manière si méprisante, j'ai envie de m'écarter de vous, il m'est alors plus difficile de vous donner ce dont vous avez besoin. »
>
> « Même si au fond de vous-même vous voulez être proche des gens, lorsque vous leur parlez de cette façon, ils n'ont pas envie d'être proches de vous. »

Le thérapeute insiste sur le comportement dévalorisant du patient, il lui montre qu'il comprend pourquoi il se comporte de cette manière, tout en lui faisant comprendre les conséquences négatives de ce comportement dans ses relations — avec le thérapeute et avec les autres personnes dans sa vie.

Dans le passage suivant, le docteur Young commence à confronter, chez Carl, les modes Auto-Magnificateur et Auto-Tranquilliseur Détaché. Dans le cadre de la discussion avec Carl à propos de sa femme, Danielle, le Dr Young lui montre qu'il se comporte avec lui-même d'une façon dévalorisante.

Dr Young : Comment Danielle était-elle à cette époque ? Etait-elle belle ? Représentait-elle votre idéal ?

Carl : Elle était belle. Mais, n'oubliez pas que j'étais saoûl, j'étais assis, elle aussi (il rit). Je dis toujours que je ne serais jamais tombé amoureux de quelqu'un aussi vite si je n'avais pas été saoûl et si nous n'avions pas été assis. Elle avait un corps parfait, une couleur de cheveux parfaite.

Dr Young : Donc, elle répondait à tous ces critères objectifs.

Carl (ennuyé) : Il n'y a pas de critères objectifs. Ce sont des critères qu'on ressent, en quelque sorte indicibles, sans savoir d'où ils viennent.

Dr Young : Mais elle paraissait correspondre à toutes ces choses auxquelles inconsciemment vous vous sentez lié…

Carl (il interrompt) : Bon, elle correspondait suffisamment. Et elle s'intéressait à moi, et j'étais prêt. Je veux dire, c'est tout un ensemble de facteurs.

Dr Young (après une pause) : Ce qu'il apparaît lorsque nous parlons, Carl, c'est que lorsque je dis quelque chose qui contient une faible partie d'inexactitude, je veux dire par là quelque chose où il ne manque qu'un dixième pour obtenir ce que vous ressentez, vous vous emportez immédiatement et vous attaquez comme si nous nous disputions. Vous voyez ce que je veux dire ? Plutôt que de me dire : « Oui, vous avez raison, c'est ça, mais pas tout à fait, » vous dites « ce n'est pas ça du tout. »

Carl (ennuyé) : Je ne trouve pas qu'il ne manque qu'un dixième. Je ne dirais pas un dixième, mais plutôt cinq dixièmes. Ça me paraît différent. Je suis très difficile, n'est-ce pas ?

Le thérapeute confronte doucement Carl, qui répond d'une manière provocatrice. Le thérapeute continue à parler de façon empathique, tandis que Carl persiste à dévaloriser les observations du thérapeute. Néanmoins, cela ne décourage pas le thérapeute, qui insiste à confronter Carl, sans devenir agressif ni punitif envers lui. Le thérapeute met régulièrement en exergue les conséquences du comportement de Carl dans ses relations avec le thérapeute et avec les autres. Pour chaque incident survenant en séance, le thérapeute prend du recul, il observe calmement le patient, exprime de l'empathie et donne un retour objectif et éducatif.

Dr Young : Lorsque vous agissez ainsi, que vous faites toutes ces corrections, quel effet cela a-t-il sur la personne avec qui vous parlez ?

Carl : Je ne sais pas (Il rit doucement).

Dr Young : À votre avis ? Vous avez dit que vous étiez une personne sensible...

Carl (il interrompt) : Je suis sensible de façon normale à la manière de réagir des gens. Là, ça a l'air de vous gêner. On dirait que ça vous contrarie, ce genre de correction.

Dr Young : Eh bien, je pense que n'importe qui serait contrarié, s'il était corrigé chaque fois qu'il dit quelque chose. Je suis psychologue et je comprends qu'avec le type de problèmes que vous avez, il est très important d'être perfectionniste et d'avoir le sens de la précision ; je suis capable de me dire : « De son point de vue, c'est un problème crucial et important que de bien préciser les choses. »

Carl (il interrompt) : Ça ne me paraît crucial ou important que dans la conversation.

Dr Young : Oui, mais je me dis que, si vous faites la même chose avec quelqu'un qui n'est pas psychologue et qui ne cherche pas à comprendre votre point de vue, cette personne va le vivre, à mon avis, comme une sorte de critique, et penser que ce qu'elle a dit n'était pas assez intelligent, que cela ne répondait pas à vos attentes dans la conversation.

Carl : Ou bien comme un complément non indispensable à un sujet qui n'a besoin d'aucune suite.

Dr Young : oui, mais ce n'est pas tellement ça qui m'intéresse ; je suis plutôt concerné par ce qui blesse au niveau affectif.

Carl essaie de détourner la conversation de l'idée qu'il pourrait blesser les autres. Il essaie de maintenir la discussion sur un plan intellectuel et de qualifier son comportement comme peu important. Mais le thérapeute ne le laisse pas s'écarter ainsi. Il continue, calmement mais fermement, à réaffirmer que le comportement de Carl est blessant pour les autres. Dans le passage suivant, Carl commence à faire preuve d'une certaine introspection sur son comportement.

Carl : Donc, ce que vous me faites remarquer, et je trouve que c'est intéressant, c'est que j'ai tendance à contextualiser toutes les interactions sous la forme d'un jeu intellectuel — on pourrait dire comme ça.

Dr Young : Et cela a pour effet de supprimer les émotions. Quelles que soient les émotions que j'ai avec vous, ou que vous pourriez avoir avec moi, elles se perdent dans le verbiage. C'est comme la lecture d'un livre où les mots auraient tellement d'importance qu'il n'y aurait pas assez d'émotions.

Carl : C'est peut-être mon mode de vie. C'est peut-être bien mon mode de vie, de me couper des émotions.

Carl reconnaît la véracité des propos du thérapeute — il intellectualise et il critique pour éviter les émotions — ce qui est un signe de progrès de sa part. Cependant, il recommence bientôt à vouloir dérider le thérapeute. Le Dr Young fait venir la thérapeute actuelle de Carl, Leah.

Dr Young : Leah a signalé cette « danse de la domination », qui est un de vos thèmes.

Carl (avec un rire moqueur) : Je me demande si ce n'est pas vous qui avez trouvé ça ! Je ne sais pas si c'est un de mes thèmes, c'est une phrase facile à retenir.

Dr Young : Si, c'est elle qui l'a indiqué, mais je pense que cela peut s'appliquer au contexte actuel. On pourrait dire que, dans les conversations intellectuelles, deux personnes entrent en compétition sur un plan intellectuel pour voir laquelle des deux sera la plus intelligente, ou la plus précise.

Carl (provocateur) : Oui, oui. Et, si vous remarquez bien, il faut être deux pour danser le tango.

Dr Young (incrédule) : Et vous pensez que ça me fait rire ?

Ce type de joute fait partie du traitement des narcissiques. Le patient continue à débattre contradictoirement avec le thérapeute ou à le dévaloriser et le thérapeute persiste à répondre en mettant en évidence les effets de ce comportement, à la fois sur le thérapeute et sur les personnes proches du patient.

Au fur et à mesure que l'entretien se poursuit, Carl reconnaît progressivement la véracité des propos du thérapeute. Même s'il y a une partie de lui qui continue à se battre avec le thérapeute — le mode Auto-Magnificateur ne veut pas se sentir diminuer et refuse d'abandonner la partie — sa partie saine devient de plus en plus réceptive au thérapeute et de plus en plus consciente de son comportement. Le but du traitement, c'est d'aider Carl à construire ce mode Adulte Sain.

e. Le thérapeute exprime ses droits avec tact chaque fois que le patient les viole

Le thérapeute s'affirme de façon appropriée chaque fois que le patient se comporte d'une manière dévalorisante. Il fixe des limites au patient de la même façon qu'un parent le fait pour un enfant. Tout comme un bon parent ne permet pas, dans la maison, un comportement qu'il n'autoriserait pas à l'extérieur — tel que brutaliser, ou parler d'une manière dévalorisante — le thérapeute n'autorise pas le patient à agir envers lui d'une façon qui serait inacceptable avec les gens en dehors de la thérapie. Le thérapeute fixe des limites lorsque le patient se comporte mal.

Voici quelques lignes directrices que les thérapeutes peuvent suivre pour fixer des limites avec les narcissiques.

1. *Les thérapeutes empathisent avec le point de vue narcissique et confrontent avec tact le comportement de droits personnels exagérés*. Le thérapeute empathise avec les raisons jugées valables qui font que le patient narcissique se comporte de façon égoïste, tout en lui faisant savoir que ce comportement affecte les autres. Le thérapeute doit établir un juste équilibre entre empathie et confrontation.

   Si le thérapeute n'exprime pas suffisamment d'empathie, le patient se sentira incompris et dénigré, il n'écoutera plus ce que dira le thérapeute. Si le thérapeute n'est pas assez confrontatif, le patient estimera que le thérapeute justifie son comportement de droits personnels exagérés.

2. *Lorsque les patients les dévalorisent, les thérapeutes ne doivent ni se défendre ni attaquer*. Le thérapeute ne doit pas se perdre dans le contenu de l'attaque du patient. Il lui faut prendre du recul par rapport à ce contenu, ne pas le considérer comme s'adressant à lui-même, et se concentrer plutôt sur les aspects interpersonnels de la discussion. Le thérapeute qui discute du contenu des propos du patient fait généralement une erreur. Dès que le thérapeute devient défensif ou contre-attaque, il joue le jeu du patient et c'est le patient qui contrôle la séance. Il doit, à la place, se concentrer sur le déroulement de ce qui se passe — à savoir que le patient le dévalorise pour éviter ses propres émotions — et continuer à le confronter empathiquement sur les conséquences de son comportement.

3. *Les thérapeutes affirment leurs droits sans sévérité*. Lorsque les patients violent les droits du thérapeute, celui-ci, toujours par la confrontation empathique, met la violation en évidence. Il dit : « Je sais que vous n'avez probablement pas l'intention de me blesser, et qu'au fond de vous-même vous vous sentez incompris, mais je ne suis pas à l'aise lorsque vous me parlez de cette façon. »

4. *Les thérapeutes n'acceptent pas d'être forcés par les patients à faire des choses qu'ils n'ont pas envie de faire.* Ils fixent plutôt des limites nettes basées sur ce avec quoi ils se sentent à l'aise, ou ce qui leur semble juste, sans tenir compte de la pression du patient. Ils ne doivent, par exemple, pas autoriser les patients à demander régulièrement des changements dans les rendez-vous, à abuser du temps de séance, ils ne doivent pas analyser les partenaires ou les rivaux potentiels (ce qui aiderait le patient à manipuler ces personnes ou à se mettre dans une position dominante, dans un rapport de force), ni sortir des limites de la relation thérapeutique. De plus, les thérapeutes ne cherchent pas à brutaliser leurs patients en retour.

5. *Les thérapeutes font valoir que la relation thérapeutique est basée sur la notion de réciprocité, et non sur un principe de maître et esclave.* Lorsque le patient traite le thérapeute avec un comportement de droits personnels exagérés, le thérapeute le met en évidence. Il lui dit : « Je sais qu'en ce moment, vous avez peur, et que vous avez besoin que je vous aide, mais je sens que vous me traitez comme un serviteur, et cela a tendance à m'éloigner de vous », ou bien « Vous me traitez d'une manière irrespectueuse, et cela fait qu'il m'est difficile d'être ici pour vous, de la façon dont je voudrais, bien que je sache qu'au fond de vous vous souffrez. »

   Le patient répond souvent : « Mais je vous paie. » Le thérapeute peut répondre : « Vous payez le temps que je passe avec vous, mais pas pour avoir le droit de me traiter de façon irrespectueuse. » Le thérapeute fait savoir que la seule modalité relationnelle acceptable dans la relation est l'égalité. Le fait que le patient paie le thérapeute ne lui donne pas le droit de maltraiter celui-ci, ni de l'obliger à satisfaire toutes ses exigences.

6. *Les thérapeutes cherchent les arguments en faveur d'une fragilité sous-jacente et ils les mettent systématiquement en évidence.* Le thérapeute recherche l'Enfant Esseulé chez le patient et il attire l'attention de celui-ci sur ce mode chaque fois qu'il émerge. Les signes en sont : l'expression de l'anxiété, de la tristesse ou de la honte ; la reconnaissance de sa faiblesse, ainsi que de ses besoins insatisfaits. Le thérapeute encourage le patient à demeurer dans le mode Enfant Esseulé autant que possible et il re-materne le patient.

7. *Les thérapeutes prennent du recul par rapport aux incidents spécifiques et demandent aux patients d'explorer les motivations qui se cachent derrière les déclarations de droits personnels exagérés, de magnification de soi, de*

dévalorisation ou d'évitement. Les thérapeutes ne se laissent pas piéger par le *contenu* des discussions : ils s'intéressent à la *façon* dont le patient se comporte et aux *effets* de ce comportement sur les autres. Le thérapeute réalise que le patient se sent fragile au fond de lui. Lorsque les patients se comportent d'une façon dégradante, ils essaient bien souvent de faire ressentir au thérapeute ce qu'ils ont eux-mêmes ressenti venant de lui : le contenu de leur propos révèle davantage la façon dont ces patients se sentent rabaissés, que les défauts qu'ils auraient pu percevoir chez lui.

Pour éviter de paraître accusateur, le thérapeute pose des questions. Il dit : « Pourquoi faites-vous cela, en ce moment ? Pourquoi vous comportez-vous de façon si condescendante ? Pourquoi me repoussez-vous ? Pourquoi ne voulez-vous pas parler de ça ? Pourquoi êtes-vous en colère contre moi ? »

Les narcissiques sont souvent très brillants, ils sont capables de circonvenir le thérapeute et de l'emporter dans les désaccords. Mais, même s'ils gagnent la partie, ils ont néanmoins tort s'ils traitent le thérapeute d'une manière dévalorisante ou désagréable. S'ils n'ont pas tort pour ce qui est du fond de la discussion, ils ont tout de même tort quant à la forme. En prenant du recul par rapport aux incidents de discussion, le thérapeute peut éviter de nombreux désaccords.

8. *Les thérapeutes cherchent les thèmes narcissiques habituels et les signalent au patient*. Exemples de thèmes narcissiques habituels : (a) la condescendance, l'art de surpasser les autres, le comportement de compétition ; (b) les commentaires destinés à juger, critiquer, évaluer, que ce soit de façon positive ou négative ; (c) les propos qui démontrent une recherche de statut ou qui reflètent l'importance accordée à l'apparence extérieure ou à la performance plutôt qu'aux qualités internes telles que l'amour et l'accomplissement personnel.

   Encore une fois, pour soutenir le patient au lieu de le critiquer, le thérapeute peut mettre ces thèmes en exergue sous la forme de questions. Il dit : « Pourquoi éprouvez-vous le besoin de vous comporter de façon condescendante, en ce moment ? » ou bien « Pourquoi me repoussez-vous ? » ou encore « Pourquoi pensez-vous qu'il est si important de me parler de vos réussites ? »

9. *Les thérapeutes mettent une étiquette sur les propos qui semblent représenter les modes Auto-Magnificateur et Auto-Tranquilliseur Détaché*. Ceci aide les patients à reconnaître les modes dans lesquels ils se trouvent. Lorsqu'ils sont dans le mode Auto-Magnificateur ou dans

le mode Auto-Tranquilliseur Détaché, le thérapeute porte leur attention sur ce mode et il les aide à reconnaître l'expérience émotionnelle qu'ils vivent de ce mode.

f. Le thérapeute montre qu'il peut être vulnérable

Un des meilleurs moyens dont dispose le thérapeute pour montrer aux narcissiques qu'ils peuvent accepter de se montrer vulnérables, c'est d'être eux-mêmes vulnérables. Plutôt que de chercher à apparaître parfaits, les thérapeutes reconnaissent leur vulnérabilité. Ils se *donnent pour modèle* de la vulnérabilité : ils reconnaissent leurs sentiments lorsqu'ils sont blessés et admettent rapidement leurs erreurs, à un niveau correspondant à celui d'une relation d'intimité. Ils acceptent d'être imparfaits. Même si nombre de ces patients considèrent la vulnérabilité comme un signe de faiblesse, il est néanmoins important que le thérapeute exprime une vulnérabilité adaptée. Nous ne voulons pas dire que les thérapeutes doivent discuter des détails intimes de leur vie personnelle ; mais plutôt qu'ils partagent avec les patients les sentiments de vulnérabilité qui apparaissent naturellement au cours de la séance de thérapie. En général, il vaut mieux que le thérapeute attende que la traitement ait avancé pour montrer davantage de vulnérabilité, plutôt que de se révéler vulnérable en début de thérapie. Si le thérapeute montre trop précocement sa vulnérabilité, le patient peut mal l'interpréter et penser que le thérapeute est trop fragile pour gérer le comportement difficile du patient. Le thérapeute doit partir d'une position de force, en ayant déjà démontré sa capacité à fixer des limites. Donc, le thérapeute essaie de véhiculer un mélange subtil de confiance, de force et de vulnérabilité.

Dans le passage suivant, le thérapeute exprime sa vulnérabilité pour encourager Carl à faire de même. Au début du passage, il suggère à Carl que son côté compétitif (« le jeu ») est dicté par des sentiments sous-jacents d'inaptitude dont il est en grande partie inconscient. C'est-à-dire que Carl compense ses sentiments d'Enfant Esseulé en embrayant le mode Auto-Magnificateur.

Dr Young : À quoi vous sert-il de jouer à ce jeu ? Quelle est la fonction sous-jacente, lorsque vous jouez un tel jeu avec quelqu'un ?

Carl (ennuyé) : Je ne sais pas. Ce n'est qu'une façon d'être, naturelle et stimulante.

Dr Young : Il me semble qu'il y a une réponse plus profonde à cette question.

Carl : Oui, quel serait le but de jouer à ce jeu en général ? Ce serait intéressant que je puisse voir à quel moment je joue à ce jeu-là. Si je réfléchis au rôle spécifique du jeu avec vous... (pause). Je pense qu'il me permet de me détacher du contenu de l'interaction, c'est aussi un moyen de contrôler la conversation, de l'éloigner, peut-être, d'un contenu émotionnel qui serait un peu désagréable, pour la diriger vers un monde plus agréable.

Dr Young : Oui, ça me semble exact. Ça me paraît être ce qu'il s'est passé. Avez-vous une idée de ce que vous cherchez à fuir et qui est si désagréable ? Que se passerait-il si vous ne jouiez pas du tout ce jeu habituel, et que nous soyons complètement émotionnels l'un envers l'autre ? Vous pourriez me faire part de vos réactions émotionnelles, et je vous ferais part des miennes. Je pourrais vous interroger sur votre vécu émotionnel, et vous en parleriez de façon ouverte.

Carl : Je pense que ce serait difficile.

À ce moment, Carl discerne avec précision le motif de son comportement : aiguiller la conversation loin des sujets émotionnels qui détiennent le pouvoir de le bouleverser. Il choisit le détachement et l'auto magnification pour éviter l'intimité et l'Enfant Esseulé. Ces modes évitant et compensateur tiennent l'Enfant Esseulé à distance. Carl a cessé de dévaloriser le thérapeute. Il embraye par moments le mode Enfant Esseulé, pour reprendre ensuite son état de départ.

g. Le thérapeute introduit le concept du mode Enfant Esseulé

Le thérapeute commence ensuite à s'adresser plus directement au mode Enfant Esseulé de Carl. Il explique que l'entretien va être enregistré en vidéo et il demande à Carl quels sont ses sentiments. Carl répond en déniant tout sentiment de vulnérabilité. Le thérapeute répond en exprimant sa propre vulnérabilité.

Dr Young : Que ressentez-vous, à être ici avec moi, ou à vous sentir enregistré ? En mettant de côté l'analyse intellectuelle, que ressentez-vous, dans vos tripes, dans cette situation ?

Carl : Je pense que je suis capable de l'ignorer.

Dr Young : N'y a-t-il aucun contenu émotionnel, aucune réaction émotionnelle ?

Carl (pause). De ma part ou de votre part ?

Thérapeute : Des deux. En ce qui me concerne, j'ai une réaction émotionnelle ; on est en train de me filmer, des gens pourront m'observer...

Carl (il interrompt) : Eh bien, vous êtes un peu plus en évidence que moi ; je suis un patient plus ou moins anonyme et vous, vous êtes celui qui dirige ça (il rit tout bas). Ce n'est pas moi que l'on va juger pour ce qui se passe ici, mais c'est vous. C'est un problème pour vous, pas pour moi.

Dr Young : Sur le plan intellectuel, je suis d'accord. Mais au niveau viscéral, je ne vous crois pas. Je pense que n'importe qui dans cette situation aurait une réaction émotionnelle sous-jacente.

Carl (ennuyé). Mais pourquoi ne parlez-vous pas de ce que vous ressentez !

Dr Young : Mais je pense que je l'ai fait. Je viens de dire : Je me sens un peu nerveux, parce que je suis dans une situation où j'ai de grandes attentes personnelles, les gens qui me regarderont ont de grandes attentes aussi, et il y a un risque réel que je fasse une erreur, ça pourrait mal se passer, et ce serait gênant.

Carl (il interrompt). Vous voyez, il n'y a aucun risque que je fasse une erreur : je suis le patient et je peux dire et faire tout ce que je veux. (Il rit, sûr de lui.)

Dr Young : Je ne dis pas que vous avez tort, mais êtes-vous sûr que c'est vraiment ce que vous ressentez au fond de vous-même, que vous n'avez pas plus d'anxiété ni de problème quand des gens vous regardent ?

Carl : Ça vous est peut-être difficile à comprendre : vous vous attendez à ce les gens soient conscients d'eux-mêmes.

Dr Young : Oui, et vous particulièrement : vous m'avez indiqué que vous étiez timide.

Carl : Oui, mais ça se produit lorsque je n'ai pas vraiment conscience de moi-même.

Carl est en mode Auto-Magnificateur, il dévalorise subtilement le thérapeute, tout en étant inconscient de son mode Enfant Esseulé — la partie centrale de son être qui se sent fragile, effrayée, inadaptée et perdue. Le thérapeute renforce le sentiment de vulnérabilité du patient, en mettant en évidence les modes Auto-Magnificateur et Auto-Tranquilliseur Détaché.

Dans le passage suivant, le Dr Young explore la relation de Carl avec Leah, sa thérapeute, pour voir si Carl peut reconnaître des sentiments de vulnérabilité ou de lien affectif avec elle. Là encore, Carl exprime la même difficulté à reconnaître sa fragilité.

Dr Young : Comment vous sentez-vous dans une séance avec Leah, par rapport à une situation comme maintenant ? Que ressentez-vous sur le plan émotionnel lorsque vous êtes en séance avec elle ? Est-ce que c'est la même chose qu'ici ou bien est-ce différent ?

Carl : Eh bien, je pense que j'essaie d'appliquer ici tout ce que j'ai appris au cours des séances avec Leah.

Dr Young : Non, je veux dire, lorsque vous êtes en séance avec Leah, quelles sont vos émotions ? Quelles sont les émotions qui s'activent lorsque vous êtes en séance avec Leah ?

Carl : J'essaie d'avoir un air détaché et d'être pleinement conscient de mes émotions lorsqu'elles apparaissent.

Dr Young : Mais il y a l'idée de ne pas se perdre dans les émotions, de se faire prendre par elles ?

Carl : Pas nécessairement. Parfois je ressens l'envie d'être pris dans mes émotions, de les découvrir, de les ressentir.

Dr Young : Mais alors pourquoi vouloir conserver un air détaché ?

Carl : Non, je crois que l'air détaché est simplement mon état naturel. C'est l'état naturel de Carl.

Dr Young : Détaché.

Carl : Oui.

Dr Young : Alors, nous nous retrouvons face à l'autre explication : celle qui fait que vous vous détachez dans le but d'éviter certains affects, certaines émotions, que vous ne voulez pas vivre.

Carl : Vous me demandez maintenant pourquoi j'ai appris à être détaché. Je ne me suis pas mis à être détaché à l'âge de 37 ans.

Dr Young : Quand pensez-vous que vos avez débuté votre côté détaché ?

Carl : Peut-être à l'âge de 4 ans, ou plus tôt ; de toute façon lorsque j'étais un jeune garçon, sans aucun doute.

Carl reconnaît qu'il est détaché, que le détachement est sa façon normale d'être, et qu'il a commencé très tôt dans sa vie. Maintenant, le thérapeute dispose d'un accès vers le mode Enfant Esseulé. Il peut explorer ce qui se trouve sous ce détachement, et qui a conduit au développement de ce mode.

Le Dr Young appelle la partie détachée de Carl : « Carl Détaché ». En réalité, ce mode est un mélange des modes Auto-Magnificateur et Auto-Tranquilliseur Détaché.

h. Le thérapeute explore les origines infantiles des modes grâce à l'imagerie

Une fois que le patient a conscience de ses modes, le thérapeute passe à l'exploration des modes au cours de l'enfance, en étudiant particulièrement le mode Enfant Esseulé. Nous nous sommes aperçus que la meilleure façon pour cela était l'utilisation de l'imagerie. Il faut presque toujours surmonter au préalable l'opposition du patient à la pratique de l'imagerie.

Dans le passage suivant, le thérapeute explore l'origine du mode détaché de Carl. Le thérapeute demande à Carl de faire un exercice d'imagerie, mais Carl exprime tout d'abord de nombreuses réserves sur ce procédé et il résiste au travail d'imagerie.

Dr Young : Accepteriez-vous de faire un exercice d'imagerie pour voir ce que vous étiez avant ça ? Pourrais-je vous demander de fermer les yeux et de vous imaginer à l'âge de 3 ans, avant votre période détachée ? Je voudrais ressentir votre côté émotionnel à cette époque, avant votre détachement. Seriez-vous d'accord pour essayer, et me dire ce que vous voyez ?

Carl : On pourrait essayer, mais je ne vous donne pas trop d'espoir, à l'âge de trois ans... (il rit)

Dr Young : Eh bien, essayez d'être le plus jeune possible dans votre image.

Carl : Vous savez, retourner en arrière, ça me paraît comme s'il y avait un puits, que les intempéries et la saleté auraient comblé avec le temps, et dont vous voudriez atteindre le fond : vous ne voyez rien, il faut commencer par creuser pour ôter toute cette saleté auparavant : voilà à quoi ça me fait penser.

Dr Young : Je vois ce que vous voulez dire. Il paraît difficile d'obtenir cette image. Essayez quand même. (Pause.) Fermez les yeux et créez une image du Petit Carl, enfant, et dites moi ce que vous voyez. Essayez de garder les yeux fermés jusqu'à ce que nous ayons terminé l'exercice. Pensez bien à voir des images. Ne les analysez pas, ne les commentez pas, dites-moi simplement ce que vous voyez, comme s'il s'agissait d'un film qui se déroule dans votre tête.

Carl : En principe, je ne vois pas d'images.

Dr Young : Donc, gardez toujours les yeux fermés, si vous essayez de voir Carl enfant, vous ne voyez vraiment rien ?

Carl : Exact. Je ne vois pas d'image, pas d'image interprétable.

Dr Young : Que voyez-vous réellement lorsque vous cherchez à revenir à cette époque ?

Carl : Bon, je vais essayer d'obtenir une sorte d'impression.

Dr Young : Oui, ce serait bien.

Carl : Je vais essayer d'en tirer ce que je pourrai. Mais ce ne sera pas sous la forme d'une image que je verrais réellement.

Dr Young : Bon, plus cela en sera proche, mieux ce sera.

Carl continue à résister, mais il est au moins d'accord pour démarrer. Comme il a dit qu'il lui était difficile de trouver une image de lui-même enfant, le thérapeute lui propose de créer une image de sa mère lorsqu'il était petit. (Proposer au patient une tâche beaucoup plus facile est une stratégie destinée à contrer la résistance du patient à faire de l'imagerie.)

Dr Young : Et si vous créiez une image de votre mère lorsque vous étiez petit, pour commencer ? Serait-ce plus facile ?

Carl : Oui.

Dr Young : Que ressentez-vous lorsque vous regardez l'expression de son visage dans l'image ? Avez-vous une réaction ? Que ressentez-vous ?

Carl : Eh bien, je me sens très triste, parce que j'aime beaucoup ma mère, très profondément, et que je veux être avec elle pour l'aimer.

Dr Young : Et elle ne facilite pas les choses ?

Carl (longue pause) : Non.

Dr Young : Pouvez-vous me dire comment elle est avec vous, comment elle se comporte ?

Carl : Je ne vois pas une image réelle, mais on dirait de la pierre, elle ne bouge pas.

Dr Young : Pouvez-vous lui dire maintenant, dans l'image, comme si vous étiez cet enfant, même si à l'époque vous ne pouviez rien lui dire, pouvez-vous lui dire ce dont vous aviez besoin de sa part ? Dites-le-lui à haute voix, pour que je puisse l'entendre.

Carl (en tant qu'enfant) : « Maman, ce que je veux c'est que tu me prennes dans tes bras, que tu m'aimes, que tu fasses attention à moi, et que tu sois toujours avec moi. Et que tu ne me laisses jamais partir. »

Dr Young : Est-ce qu'il lui est facile de vous toucher, ou bien a-t-elle de la difficulté à montrer son affection ?

Carl : C'est de la pierre. Elle est en pierre, dans l'image.

Dr Young : Oui, et cependant, quand vous la regardez, pouvez-vous imaginer ses pensées ? Pouvez-vous entrer dans son esprit ?

Carl (longue pause) : Je pense qu'elle est très triste.

Dr Young : Et que pense-t-elle de vous, quand vous lui dites : « Je veux être avec toi, je veux te tenir, je veux que tu m'aimes. »

Carl : Je pense que seule une partie d'elle peut l'entendre. Je pense qu'elle est très préoccupée par sa tristesse.

Dr Young : D'accord. Elle est très absorbée par son état d'humeur.

Carl : Oui.

Dr Young : Maintenant, faites-la répondre à ce que vous lui avez dit.

Carl : Elle n'a pas vraiment envie de me parler. Je pense qu'elle est en colère car je fais intrusion auprès d'elle.

Dr Young : Que ressentez-vous lorsqu'elle est en colère contre vous ?

Carl : Je me sens épouvantable.

C'est la première fois que nous parvenons à l'Enfant Esseulé, dans l'imagerie. Le patient décrit une mère faite de pierre, incapable de donner son affection ; lui, c'est un enfant, qui veut son amour, et qui n'a aucun moyen de l'obtenir.

Le thérapeute a constamment cherché à se diriger sur cet instant, à essayer de faire reconnaître à Carl son mode Enfant Esseulé et lui en faire faire l'expérience. Il a finit par contourner les modes Auto-Magnificateur et Auto-Tranquilliseur Détaché, avec lesquels il n'est possible d'établir qu'un lien très superficiel. Le thérapeute peut maintenant former un lien avec l'Enfant Esseulé. Il peut re-materner l'Enfant Esseulé et commencer le processus de guérison du schéma.

i. Le thérapeute travaille avec le patient sur les modes

Le thérapeute aide le patient à identifier et à dénommer ses modes, puis à créer des dialogues entre eux. Dans l'extrait suivant, le thérapeute identifie deux modes — le « Petit Carl » et « Carl Détaché. » Le premier est l'Enfant Esseulé, le second une association des modes Auto-Magnificateur et Auto-Tranquilliseur Détaché. Le thérapeute aide Carl à se lier émotionnellement à ses modes, en commençant par le Petit Carl.

Dr Young : Je veux que vous vous sépariez en deux Carl : le Carl petit enfant qui veut l'amour de sa mère, et l'autre Carl, avec son attitude détachée.

Carl : D'accord.

Dr Young : Pouvez-vous les voir tous les deux ?

Carl (il hoche de la tête) : Oui.

Dr Young : Décrivez-les moi, pour que je puisse voir les différences dans leurs comportements, dans leurs sentiments.

Carl : Eh bien le Carl qui veut l'amour de sa mère est très triste. (pause.) Il est tellement triste qu'il rend triste sa partie détachée. (Il rit.)

Dr Young : D'accord. Est-il comme paralysé de tristesse, comme s'il voulait passer son temps au lit, une sorte de tristesse qui fait qu'il peut à peine bouger ?

Carl (pause) : Non. Mais presque.

Dr Young : Presque.

Carl : Mais pas tout à fait.

Ici, le thérapeute relie la dépression de Carl à la tristesse de son Enfant Esseulé.

Une fois que le thérapeute a aidé Carl à reconnaître ses modes Enfant Esseulé et Auto-Magnificateur, il passe à l'exploration des schémas sous-jacents. Le thérapeute commence à poser des questions pour déterminer les schémas constituant le mode Enfant Esseulé de Carl. Il recherche plus spécialement le schéma d'Imperfection, en plus de celui de Manque Affectif que Carl vient de brosser avec l'image de sa mère faite de pierre.

Dr Young : Est-ce qu'il se sent mal aimé, rejeté, non sécurisé, ou bien seulement esseulé ? Qu'est-ce qui le rend triste ?

Carl : Je pense qu'il se sent insécurisé... (pause.) Euh, plutôt rejeté, je veux dire.

Dr Young : Sait-il pourquoi sa mère ne veut pas l'aimer de la façon dont il le lui demande ?

Carl : Non, il est très troublé, c'est tout.

Dr Young : Est-ce qu'il croit que ça vient de lui ?

Carl : Non.

Dr Young : Alors pourquoi ?

Carl : Il ne comprend pas.

Dr Young : Il ne sait pas.

Carl : Non, simplement, il ne comprend pas.

Dr Young : Ça lui manque beaucoup ?

Carl : Oui, et il ne sait pas pourquoi.

Dr Young : Se sent-il seul ou isolé ?

Carl : Il est seul, sans l'amour de sa mère.

Carl indique qu'il a un schéma de Manque Affectif, mais pas de schéma d'Imperfection. Il se sent seul, mais sans se percevoir comme une personne déficiente.

Le thérapeute informe le patient de ses schémas. Le Dr Young présente les modes à Carl, en se servant des propres modes de Carl pour l'explication.

Dr Young : Quand j'examine vos problèmes, il semble qu'il y ait deux modes de schémas. Le premier, c'est l'Enfant Esseulé, vulnérable, le Carl de 3 ans avec sa mère, qui se sent triste et seul, parce que personne ne lui donne l'amour dont il a besoin. Le second, c'est, dans votre cas, un mode qui associe les droits personnels exagérés et le détachement. Cet autre mode sert à cacher, à compenser et à éviter ce mode de petit enfant plus vulnérable dont vous ne voulez pas faire l'expérience.

Carl : Carl Détaché n'a pas envie d'intimité, absolument pas.

Le Dr Young continue à explorer les autres schémas de Carl. En se servant des questionnaires que celui-ci a remplis, il cherche à déterminer si Carl a un schéma sous-jacent de Méfiance/Abus. Il demande à Carl s'il considère que les autres cherchent à le maltraiter.

Dr Young : Dans le Carl Détaché, d'après ce que vous avez dit sur les questionnaires, je pense que les autres sont vus comme malveillants. Les autres ne sont pas seulement des gens qui ne vont pas vous donner de l'amour, mais aussi des personnes qui cherchent à vous exposer au danger, à vous battre, à prendre le dessus sur vous.

Carl : Je pense que Carl Détaché est une compensation qui permet de vivre et qu'il s'investit dans la compétitivité.

Dr Young : Cela lui donne une valeur et une raison d'être ?

Carl : Oui.

Dr Young : La valeur, c'est la compétitivité.

Carl : Oui. Et je pense que la compétitivité existe dans de nombreux domaines, et pas seulement sur les terrains de sport, où elle est évidente ; le Carl Détaché se met aussi en compétition dans l'interaction entre deux individus, comme vous avez pu en être le témoin. Et ceci même avec un étranger.

Dr Young : Et ceci, par goût du jeu, ou bien parce qu'il considère vraiment que les autres, au fond d'eux-mêmes, vont essayer de l'avoir avant qu'il n'ait pu les avoir ?

Carl (il parle de façon assurée) : Non. Il ne considère pas que les autres cherchent à l'avoir.

Dr Young : Il n'y a pas de méfiance vis-à-vis des autres ?

Carl : Pas du tout.

Carl répond qu'il ne considère pas les autres comme étant susceptibles de mal le traiter. Sa motivation dans ce jeu de la compétitivité, c'est, en fait, la satisfaction de gagner. Le schéma principal de Carl est Manque Affectif, et non pas Méfiance/Abus. Il joue à ce jeu pour combler le vide de son manque affectif, plutôt que pour se protéger de la cruauté ou de l'humiliation.

Dr Young : Ce jeu, c'est donc pour donner un but aux choses.

Carl : Il donne un sens à la vie.

Dr Young : Dans la mesure où il n'y a pas de lien relationnel adapté.

Le thérapeute aide Carl à achever une compréhension intellectuelle minutieuse de ses modes et des schémas sous-jacents.

j. Le thérapeute explore les fonctions adaptatives des modes de Styles Adaptatifs Dysfonctionnels

Le thérapeute aide Carl à accéder au Carl Détaché et à explorer le rôle de ce mode. Carl Détaché existe pour le distraire de sa tristesse.

Carl : Je peux arriver à me mettre en relation avec un Carl Détaché de neuf ans.

Dr Young : D'accord. De quoi a-t-il l'air ?

Carl : C'est un être impénétrable. Il voit ce petit garçon très triste et il reconnaît que ça lui est déjà arrivé, une fois. Quand il y pense, il devient triste aussi, mais il ne veut pas penser à ça.

Dr Young : Il ne veut pas penser à ça ?

Carl : Non, ce n'est pas son habitude. Son habitude, c'est de ne jamais y penser.

Dr Young : Alors que fait-il pour s'en distraire ?

Carl : Il aime lire des bandes dessinées, jouer aux échecs, regarder la télé. (Pause.) Je ne crois pas qu'il ait besoin de faire quelque chose de spécial pour être détaché.

Dr Young : Il est plutôt en compagnie, ou plutôt solitaire, ou bien est-ce égal ?

Carl : C'est égal, l'un ou l'autre.

Dr Young : Il n'y a aucune des deux situations dans laquelle il se sente un peu plus en sécurité, ou un peu moins à l'aise ?

Carl : Non, il est impénétrable.

Pour se protéger de la tristesse liée à sa mère, Carl s'est lui aussi changé en pierre.

Le thérapeute continue à aider Carl à se relier émotionnellement au Carl Détaché. Notez que le Carl Détaché cherche, au début, à prendre de la distance en critiquant la question du thérapeute. Il fait de l'évitement de schéma, ce qui est sa fonction primordiale. Lorsque le Dr Young questionne le Carl Détaché sur ses sentiments, celui-ci s'irrite.

Dr Young : Puis-je parler au Carl Détaché, une seconde ?

Carl : Oui.

Dr Young : Donc, vous êtes en train de lire une bande dessinée, de jouer aux échecs, de regarder la télé. Que ressentez-vous ?

Carl (Pause.)

Dr Young : Est-ce que ces activités vous font plaisir ?

Carl (il parle d'un ton ennuyé) : Je trouve votre question un peu idiote.

Dr Young : Bon. Et si vous m'en proposiez une meilleure ? Reformulez-la d'une manière plus raisonnable, qui corresponde mieux à la situation.

Carl : C'est juste des trucs que j'aime faire. Pourquoi ne pourrais-je pas aimer ça ?

Dr Young : Ah, on dirait que, pour le Carl Détaché, il y a un peu de critique dans l'air ?

Carl (il paraît ennuyé) : Oh, simplement il ne comprend pas. Il ne comprend pas ce que vous voulez dire.

Dr Young : Mais j'ai l'impression qu'il y a un peu de colère dans le ton de sa voix — ce qui veut dire qu'il ressent aussi quelque chose...

Carl (il interrompt) : Voulez-vous dire que vous demandez au Carl Détaché d'avoir des sentiments ?

Dr Young : Je lui demande s'il se pourrait qu'il ait un sentiment de colère, et non plus de tristesse.

Carl (il interrompt) : Je pense qu'il est en colère parce que vous lui demandez de se concentrer sur lui-même.

Dr Young : Oui, c'est ce que je veux dire. Donc, il est en colère.

Carl : Oui, il est colère si vous voulez qu'il regarde ou qu'il pense à ce qu'il est en train de faire.

Dr Young : Oui, exactement. Et, en tant que Carl Détaché, que ressentez-vous vis-à-vis des gens en général ? Quelle est votre relation à eux, vos croyances à leur sujet ?

Carl : Heu. (Pause.) Oh, en fait, je ne les aime pas beaucoup.

Dr Young : Pourquoi ?

Carl (longue pause) : Je ne sais pas pourquoi.

Dr Young : Sont-ils stupides, sont-ils égoïstes ?

Carl : Eh bien, certains sont stupides, mais d'autres non. Ils ne sont pas aussi intelligents que moi, bien sûr.

Dr Young : Vous vous sentez bien, en étant plus intelligent que les autres ?

Cal (d'une voix énergique) : Oh, oui.

Dr Young : Et en ce moment, pourquoi cela vous semble-t-il bien ?

Carl : Il faut que je sois le meilleur. Il faut que je sois le gagnant.

Dr Young : Et pourquoi est-ce important pour vous d'être le gagnant ?

Carl (d'une voix coléreuse) : Vous me faites mettre en colère.

Dr Young : Pouvez-vous m'expliquer pourquoi vous êtes en colère contre moi ?

Carl : Vous me posez toutes ces questions.

Dr Young : Et vous ne voulez pas penser à ces choses.

Carl : Non.

Le thérapeute aide Carl à atteindre un niveau plus profond dans la compréhension du Carl Détaché. Le Carl Détaché n'aime pas beaucoup les autres, il n'aime pas devoir penser à ses problèmes, il n'aime pas penser à la raison des choses qu'il fait, et il faut qu'il soit le Numéro Un. Le thérapeute l'aide à comprendre ce que le Carl Détaché ressent et comment il opère — une étape importante pour comprendre comment le Carl Détaché affecte sa vie de façon négative, depuis très longtemps.

Il faut noter que Carl décrit à la fois la fonction évitante et la fonction compensatrice du Carl Détaché. Comme nous l'avons dit, le Carl Détaché est, à la fois Auto-Magnificateur et Auto-Tranquilliseur Détaché. Il évite ses propres émotions négatives, et il se sent supérieur aux autres.

Il est intéressant de constater qu'une fois le Carl Détaché identifié par le thérapeute, qui en fait un personnage dans l'imagerie, l'attitude de Carl envers le thérapeute change. Il sort de ses modes Auto-Magnificateur et Auto-Tranquilliseur Détaché. Il ne s'engage que de façon transitoire dans la « danse de la domination » avec le thérapeute. Ce n'est que sans enthousiasme qu'il entre en compétition avec lui et le repousse. Le Carl détaché, qui dispose maintenant d'une voix en tant que mode, n'a plus besoin de démontrer sa supériorité envers le thérapeute, et il n'a plus besoin de prendre autant de distance vis-à-vis de celui-ci.

k. Le thérapeute apprend aux modes à négocier au travers des dialogues de schémas

Une fois que le patient a identifié, dénommé ses modes et qu'il a établi une relation avec eux, le thérapeute l'aide à mener des dialogues entre ses modes. Il apprend aux modes à négocier au travers des dialogues de schémas. C'est une des fonctions de l'Adulte Sain : diriger les négociations entre les modes. Le but de l'Adulte Sain est de prendre la place de l'Auto-Magnificateur et de l'Auto-Tranquilliseur Détaché, qui jouaient le rôle de protecteurs vis-à-vis de l'Enfant Esseulé, et d'aider celui-ci à satisfaire ses besoins affectifs.

Dans le passage suivant, le thérapeute aide Carl à mener un dialogue en imagerie entre le Carl Détaché et le Petit Carl (l'Enfant Esseulé). Le thérapeute met en jeu Danielle, la femme de Carl. Chez Danielle, la concentration sur soi fait écho à celle de la mère de Carl, perpétuant ainsi, au cours de sa vie adulte, le manque affectif de son enfance. Le thérapeute cherche à renforcer la relation entre l'Enfant Esseulé de Carl et Danielle. Le but final est de mettre le Carl Détaché sur la touche et de permettre au Petit Carl de ressentir et d'exprimer des émotions avec Danielle.

Carl : Je pense que le Petit Carl veut sa maman. Il veut sa maman : sa maman possède une certaine qualité — peut-être une qualité triste, peut-être une qualité négative — mais il veut cette qualité.

Dr Young : Donc, ça pourrait être elle, ou bien quelqu'un qui lui ressemble beaucoup.

Carl : Oui, je pense que le Petit Carl se souvient que sa mère était triste.

Dr Young : Donc, il veut quelqu'un de triste et vulnérable, comme sa mère.

Carl : Oui.

Dr Young : Et Danielle ? Comment le Petit Carl...

Carl (il interrompt) : Elle est triste et vulnérable.

Dr Young : Est-ce ce que veut le Petit Carl ?

Carl (d'un ton triste) : Oui.

Le thérapeute aide le Petit Carl à négocier avec le Carl Détaché.

Dr Young : Mettons que le Petit Carl dise : « J'aimerais essayer d'être plus proche de Danielle. » Que répondrait le Carl Détaché ?

Carl (longue pause) : Je crois qu'il est d'accord, vraiment.

Dr Young : Mais il va y avoir des problèmes, n'est-ce pas ? Ça ne va pas se passer tout seul. Il faut donc que vous parliez de ce qui va interférer : comment le Carl Détaché va-t-il interférer ?

Carl : Oui, vous avez raison. Il y a des problèmes. La survie du Carl Détaché est menacée.

Dr Young : Oui, donc, dites-le au Petit Carl, car maintenant vous êtes un autre personnage, mais vous voulez continuer à vivre, aussi. Vous n'êtes plus simplement à son service.

Carl (en tant que le Carl Détaché, parlant au Petit Carl) : « Oui, c'est Danielle qu'il te faut. Mais, tu sais, j'ai une vie moi aussi, et j'y tiens. »

Dr Young : Parlez-lui de cette vie, et de ses bons côtés.

Carl : « Tu sais, il faut que je joue aux échecs. Il faut que je continue à stimuler ce vieux cerveau. Tu ne voudrais pas t'ennuyer, n'est-ce pas ? Tu voudrais t'ennuyer, Petit Carl, tu voudrais t'ennuyer ? »

Dr Young : Et que dit-il ?

Carl (en tant que Petit Carl, d'une petite voix) : « Euh, non, non. »

Dr Young : J'ai l'impression que le Carl Détaché l'intimide un peu.

Carl (il rit.)

Dr Young : Laisser le Petit Carl devenir plus fort ; laissez-le grandir un peu, peut-être, de façon à ce qu'il conserve les mêmes sentiments, tout en étant plus habile.

Carl (en tant que Petit Carl, avec plus de force) : « Bon, toi, la grosse brute, écoute-moi bien… »

Le Carl Détaché est bien plus fort que le Petit Carl. Le thérapeute s'est allié au Petit Carl, pour niveler la différence des forces. Il fournit des munitions à l'Enfant Esseulé pour combattre le Carl Détaché. Ceci dans le but d'un combat loyal, sans risque pour le Petit Carl de recevoir une raclée.

Lorsque le Petit Carl est ainsi renforcé, il continue à négocier avec le Carl Détaché. Carl joue les deux côtés, le thérapeute intervenant en tant que guide.

Carl (en tant que Carl Détaché, parlant au Petit Carl) : « Oui, oui, d'accord, tu as raison. La famille, c'est important, Danielle, c'est important. Mais faut-il pour autant que je laisse tout tomber ? Il faut que je laisse tout tomber ? Est-ce que je ne peux pas garder quelque chose ? »

Dr Young : C'est bien. Donnez un exemple au Petit Carl, quelque chose que vous voudriez conserver. Négociez.

Carl (en tant que Carl Détaché) : « Est-ce que je peux garder mes biscuits, mon chocolat et ma pizza ? Je pourrai jouer aux échecs sur l'ordinateur toute la nuit ? »

Dr Young : Et si on disait plutôt deux heures ?

Carl : Ce n'est pas assez !

Dr Young : Essayez encore de négocier un peu. Ne soyez pas si dur avec lui.

Carl : Je dois négocier avec le Petit Carl ?

Dr Young : Oui.

Carl (en tant que Carl Détaché) : « Bon, on va s'occuper de la famille, mais voilà ce que je veux. » (D'une voix coléreuse.) « Laisse-moi seul, et je m'occuperai de la famille. »

Dr Young : Et que répond le Petit Carl ?

Carl (en tant que Petit Carl, qui parle d'une voix très triste) : « Vraiment, tu vas t'occuper de la famille ? Je te laisserai seul si tu t'occupes de la famille, si tu t'occupes de toi. C'est bon comme ça ? »

Notez qu'à ce moment, le Petit Carl est un mélange des modes Enfant Esseulé et Adulte Sain. Le Petit Carl a pris le rôle du thérapeute et fait de la confrontation empathique. Il confronte le Carl Détaché avec les problèmes actuels : c'est à la fois le Petit Carl et Danielle qui se sentent délaissés et négligés.

1. Le thérapeute relie l'Enfant Esseulé et les relations proches actuelles

Le thérapeute aide l'Enfant Esseulé à entrer en relation avec des proches dans l'imagerie. Le Dr Young convainc le Carl Détaché de laisser davantage sortir le Petit Carl, pour qu'il puisse donner et recevoir avec Danielle. Ceci est également dans l'intérêt du Carl Détaché, car en fait, lui aussi cherche de l'amour et cela lui importe même davantage que de vouloir jouer pour gagner. (Dans notre modèle, les modes de styles d'adaptation dysfonctionnels — dans ce cas, l'Auto-Tranquilliseur Détaché et l'Auto-Magnificateur — veulent aussi de l'amour. Ces modes dysfonctionnels ne sont pas là pour blesser le patient, mais plutôt pour le protéger. Lorsque ces modes sont convaincus de la sécurité de l'Enfant Vulnérable, ils l'autorisent alors à faire surface.)

Dr Young : Et si le Carl Détaché se mettait de côté un moment, pour laisser le Petit Carl se lier un peu avec Danielle ? Fermez les yeux et laissez le Petit Carl et Danielle entrer en relation, juste pour que je voie ce qui se passe lorsqu'ils sont tous les deux, sans le Carl Détaché, dans l'image. Que voyez-vous ? Que se produit-il ?

Carl (Pause) : Que se produit-il physiquement ?

Dr Young : Oui. Que voyez-vous ? Quelle est leur relation ? Regardez le Petit Carl, mais en le faisant un peu grandir : ne le laissez pas à l'âge de trois ans.

Carl : Oui. Bien sûr.

Dr Young : Que voyez-vous avec le Petit Carl et Danielle ? Comment interagissent-ils ?

Carl : Euh, et bien, il vient tout contre elle.

Dr Young : Est-ce qu'il la touche ? Est-ce qu'il la tient ?

Carl : Oui. Elle le tient dans ses bras.

Dr Young : Que ressent-il ?

Carl : C'est bien, c'est bon. Il la regarde dans les yeux, il regarde son visage...

Dr Young : C'est ce qu'il veut ?

Carl : Oui.

Carl se rend compte qu'il veut vraiment être très proche de Danielle, chose qu'il ne reconnaissait pas auparavant. C'est en se rapprochant de Danielle que l'Enfant Vulnérable pourra satisfaire ses besoins affectifs de base. Le thérapeute introduit le Carl Détaché dans l'image.

Dr Young : Maintenant, faites entrer le Carl Détache dans cette image-là, et faites-le commenter ce qu'il voit, avec son avis personnel. Que ressent-il lorsqu'il voit ça ?

Carl : Et bien, le Carl Détaché se trouve éclairé et satisfait, après tout. (Il rit.)

Dr Young (en tant que Carl Détaché) : « Bien, très bien. C'est du bon boulot, tout ça. »

Dr Young (en tant que Carl Détaché) : « Maintenant, est-ce que je vais retourner jouer aux échecs, ou bien est-ce que je m'assieds ici un moment pour regarder la télé ?

Carl : Non. J'en veux encore.

m. Le thérapeute aide le patient à généraliser les changements dans la thérapie à la vie en dehors de la thérapie

La dernière partie du traitement consiste à aider les patients à généraliser les changements, à partir de la relation thérapeutique et d'exercices d'imagerie en séance, aux relations externes avec des proches. Le thérapeute aide le patient à choisir des proches capables de se soucier de réciprocité et il l'aide à entrer en relation affective avec eux. Il incite le patient à laisser l'Enfant Esseulé faire surface dans ces relations, pour qu'il puisse donner et recevoir de l'amour authentique.

Dans le passage suivant, le Dr Young aide Carl à comprendre comment il peut généraliser, à partir du travail des modes, à la vie extérieure à la thérapie.

Dr Young : À votre avis, quelle est l'étape suivante, pour « les Carls », en termes de progrès thérapeutiques ?

Carl : Eh bien, à mon avis, il faut arriver à ce que le Petit Carl puisse sortir, et rester définitivement sorti. Je pense qu'il faut s'intéresser davantage au Carl Détaché et en être pleinement conscient. Je pense que cette dichotomie entre le Petit Carl et le Carl Détaché est très puissante pour ce qui est de la conscience que j'ai de moi-même. Et que, dans la mesure où le Petit Carl est là, le Carl Détaché n'a plus besoin d'apparaître.

Dr Young : D'accord. Vous pensez donc que le Carl Détaché va automatiquement se mettre en retrait, par le seul fait que le Petit Carl soit là ?

Carl : Oui.

Dr Young : Et, ce qui est conforme à cette pensée, c'est que vous me semblez différent, en ce moment, quand vous me parlez, de ce que vous étiez au tout début. Actuellement, je vous sens plus vulnérable, je sens que davantage d'émotions se manifestent, et que vous ne discutaillez plus sur des petits détails de la conversation.

Carl : C'est, c'est le rôle du Carl Détaché.

Dr Young : Oui, exactement. Donc, ce que vous avez prédit dans votre description vient déjà de se produire : vous êtes maintenant beaucoup moins dans ce Carl Détaché que précédemment. C'est donc le fait de vous relier au Petit Carl qui fait clairement changer le Carl Détaché.

Carl : Oui. Me relier au Petit Carl, me relier à mes émotions en général, est quelque chose qui n'est pas dans mes habitudes, je ne suis pas habitué à le faire — mais il est important pour moi d'avoir cette facilité pour le faire. Et je crois vraiment que le Petit Carl, puisque c'est de lui qu'on parle, doit émerger du fond de moi-même et demeurer à la surface.

Une fois que le patient autorise l'Enfant Esseulé à émerger et à se mettre en relation avec les autres, les autres modes se mettent à régresser. Leur fonction de protecteurs de l'Enfant Vulnérable devient progressivement obsolète. Bien sûr, ces modes referont surface de temps à autre, mais plus l'Enfant Esseulé émerge et se connecte aux autres, moins les autres modes ressentiront la nécessité d'apparaître.

Pour aider les patients à généraliser les changements thérapeutiques dans leurs relations externes, il est souvent utile de faire intervenir une thérapie de couple, surtout à cette étape du traitement. De plus, les tâches assignées de la thérapie cognitivo-comportementale classique aide les patients à travailler leurs relations avec les membres de la famille, les partenaires et amis.

n. Le thérapeute introduit des stratégies cognitives et comportementales

Bien que cet exemple de cas n'en soit pas l'illustration, le thérapeute introduit très tôt des méthodes cognitives et comportementales. Ces techniques aident les narcissiques, aussi bien à la phase de diagnostic qu'à la phase de changement. Les tâches assignées cognitivo-comportementales sont essentielles pour aider les patients à surmonter les styles d'adaptation d'évitement et de compensation qui maintiennent leurs schémas. Si les patients maintiennent leurs comportements d'auto magnification et de droits personnels exagérés, dans leurs relations interpersonnelles actuelles, leurs schémas sous-jacents d'Imperfection et de Manque Affectif ne guériront jamais complètement.

L'enregistrement des pensées automatiques lors de situations fortement émotionnelles permet aux patients d'identifier et de corriger leurs distorsions cognitives. Voici quelques distorsions cognitives fréquentes chez les narcissiques.

1. *La pensée en « noir et blanc »*. En utilisant les outils de la thérapie cognitive, le thérapeute aide les patients à corriger la pensée en « noir et blanc » du mode Auto-Magnificateur : « Soit je suis spécial et au centre de l'attention, soit je ne vaux rien et on m'ignore. » Le thérapeute apprend aux patients à distinguer des nuances de gris et à répondre de façon plus modérée aux affronts qu'ils perçoivent. Les patients mènent des débats entre les modes Auto-Magnificateur et Adulte Sain ou Enfant Esseulé.
2. *L'idée d'être dévalorisé ou frustré par les autres*. Le thérapeute enseigne aux patients à corriger leur idée que les autres, notamment leurs proches, les dévalorisent ou les frustrent. Le thérapeute leur demande de « tester la réalité » lorsqu'ils se sentent offensés et il affirme le principe de réciprocité : les patients ne doivent pas attendre des autres ce qu'ils ne sont pas prêts à leur donner eux-mêmes. Il guide les patients dans la recherche de relations où ils se sentiront égaux aux autres, plutôt que supérieurs ou spéciaux.
3. *Le perfectionnisme*. Le thérapeute apprend aux patients à provoquer leur perfectionnisme en se fixant des limites plus réalistes en matière de performance, à la fois pour eux-mêmes et pour les autres. Dans le cadre du modèle de la relation thérapeutique, ils apprennent à devenir plus indulgents vis-à-vis des défauts humains. Le thérapeute les

aide à identifier leur voix perfectionniste interne comme étant celle du Parent Exigeant, qui n'est jamais satisfait.

4. *L'importance excessive accordée à la satisfaction narcissique plutôt qu'à l'accomplissement de soi.* Le thérapeute aide les patients à étudier les avantages et inconvénients qu'il y a à accorder autant d'importance au succès, au statut et à la reconnaissance, plutôt qu'à l'amour authentique et à l'expression de soi. De même, il les guide dans l'examen des avantages et inconvénients qu'il y a à conserver leurs idées et leurs comportements de grandeur plutôt qu'à développer de l'empathie et de la réciprocité. Le thérapeute mène des débats entre les schémas et l'Adulte Sain.

En travaillant avec les patients, le thérapeute établit des fiches mémo-flash que les patients utilisent pour rester conscients des conséquences négatives de leur narcissisme et des conséquences positives de la pratique de la gentillesse et de l'amour dans leurs relations externes. Le thérapeute aide les patients à établir et à mettre en pratique des expériences comportementales, en étudiant les conséquences du comportement de grandeur en opposition à celui d'amour, dans leurs relations intimes. Il reconnaît, pour le renforcer, le comportement aimant du patient, qui a choisi l'amour authentique plutôt que des satisfactions narcissiques temporaires.

La technique de la « flèche descendante » (Burns, 1980) est utile pour aider les patients à identifier les pensées sous-jacentes qui motivent leur recherche incessante de satisfactions narcissiques. Le thérapeute pose des questions du style « Que se passerait-il si... » Par exemple : « Que se passerait-il si vous n'étiez pas parfaitement beau, brillant, riche, célèbre, si vous n'aviez pas de succès, ou si vous ne disposiez pas d'un statut élevé ? Quelle signification cela aurait-il pour vous ? Que pourrait-il se passer ? Comment imaginez-vous le devenir de votre vie, dans de telles conditions ? » Le travail avec de telles questions conditionnelles constitue un autre moyen d'accéder à l'Enfant Esseulé. Lorsqu'ils contemplent l'image de ce que serait leur vie sans satisfaction narcissique, les patients se rendent souvent dans la partie d'eux-mêmes qui est mal aimée : l'endroit où se trouvent leurs schémas de Manque Affectif et d'Imperfection.

Entre les séances, les patients lisent leurs fiches de schémas pour se souvenir de ce qu'ils ont appris lors du travail cognitif. Ces fiches leur indiquent des comportements sains qui guérissent, au lieu de maintenir, leurs schémas de Manque Affectif et d'Imperfection.

Le thérapeute associe le travail cognitif aux tâches assignées comportementales. Il demande, par exemple, aux patients de passer du temps seuls pour leurs tâches à domicile, sans chercher à se stimuler ni à s'apaiser, pour parvenir à connaître et à comprendre leur Enfant Esseulé. Les patients écrivent, ou enregistrent sur bande magnétique, leurs pensées automatiques et leurs émotions, et ils les apportent à la séance suivante. Ils en discutent avec le thérapeute, qui en profite pour re-materner le patient.

Les patients apprennent à remplacer leurs comportements auto-destructeurs impulsifs et compulsifs par de la proximité émotionnelle et de l'authenticité. Dans les situations sociales, ils font des expériences au cours desquelles ils apprennent à résister à leur mode Auto-Magnificateur. Ils adoptent, l'espace d'une soirée, un rôle d'observateur, se concentrant sur l'écoute des autres, en évitant de faire des remarques destinées à provoquer l'admiration.

Enfin, et c'est peut-être ce qui est le plus important, les narcissiques travaillent pour développer leurs relations intimes. Ils font des expériences, dans le cadre des tâches assignées, où ils doivent être attentionnés envers les autres et pratiquer l'empathie. Ils réduisent le temps passé à impressionner les autres et ils augmentent celui qu'ils consacrent à améliorer la qualité affective de leurs relations intimes. Ils laissent l'Enfant Esseulé sortir, lors des rencontres intimes appropriées, afin que ses besoins affectifs de base soient comblés. Ils observent ce qu'il se produit lorsqu'ils remplacent des comportements d'addiction et d'auto apaisement par de l'amour et de l'intimité.

9 OBTACLES FRÉQUENTS LORS DU TRAITEMENT DU NARCISSISME

Au cours du traitement des narcissiques, on rencontre plusieurs obstacles, que l'on parvient habituellement à surmonter. Il peut parfois arriver que nos efforts s'avèrent vains. Ces patients sont plus susceptibles que d'autres d'interrompre leur thérapie, notamment au cours des premières séances. Ils peuvent cesser le traitement pour plusieurs raisons.

Le mode Auto-Magnificateur du patient peut avoir du mal à saisir le but de la thérapie — à établir une relation fondée sur le soucis d'être attentionné, plutôt que sur la grandeur — particulièrement si le patient n'a jamais vécu l'expérience d'une réelle écoute attentive. L'Auto-Magnificateur peut ne pas supporter que le thérapeute frustre le patient dans ses besoins narcissiques de paraître grandiose et spécial, et il n'existe rien que le thérapeute puisse faire pour maintenir le patient en traitement, à part satisfaire ses besoins narcissiques, ce qui serait nuisible aussi bien au thérapeute qu'au patient.

Certains patients peuvent quitter le traitement pour *éviter de vivre la souffrance de l'Enfant Esseulé*. Sans le vouloir, ils ne parviennent pas à se laisser aller à être suffisamment vulnérables pour faire confiance au thérapeute et s'y attacher. S'ils ont débuté la thérapie au cours d'une crise, le risque est grand qu'ils ne cessent leur traitement, une fois la crise résolue.

Il peut arriver que *l'Auto-Magnificateur rejette le thérapeute parce qu'il ne le juge pas assez bien*, d'une manière ou d'une autre — pas assez riche, pas assez intelligent, pas assez bien éduqué, sans succès suffisant, pas assez célèbre, et ainsi de suite. De plus, cela peut se produire plus tard au cours du traitement : après avoir tout d'abord idéalisé le thérapeute, le patient se met plus tard à le dévaloriser.

De quels moyens le thérapeute dispose-t-il pour maintenir le patient en thérapie ? Qu'a-t-il à sa disposition, et que le patient voudrait ? Comme nous l'avons signalé, le premier moyen est représenté par les conséquences négatives du narcissisme du patient. Le thérapeute rappelle constamment aux patients que, tant qu'ils n'auront pas changé, ils continueront à payer le prix de leur narcissisme dans leurs relations professionnelles ou sentimentales. Le second moyen est la relation thérapeutique. Si le thérapeute parvient à maintenir le patient dans le mode Enfant Esseulé et qu'il le rematerne, alors l'attachement du patient au thérapeute pourra devenir une raison pour rester en thérapie.

RÉSUMÉ

Avec les patients narcissiques, nous utilisons une approche basée sur les modes. Nous avons rencontré chez eux trois modes principaux caractéristiques (en plus du mode Adulte Sain) : l'Enfant Esseulé ; l'Auto-Magnificateur et l'Auto-Tranquilliseur Détaché. Les schémas centraux sont le Manque Affectif et l'Imperfection, qui font partie de l'Enfant Esseulé. Le schéma de Droits Personnels Exagérés est une compensation des deux autres schémas et il appartient à l'Auto-Magnificateur.

Les narcissiques sont habituellement dans le mode Auto-Magnificateur lorsqu'ils sont en présence d'autres personnes ; le mode Auto-Tranquilliseur Détaché est celui qu'ils utilisent lorsqu'ils sont seuls. L'Auto-Tranquilliseur Détaché peut prendre plusieurs aspects, qui représentent tous des mécanismes d'évitement de schémas. Certains d'entre eux pratiquent des activités diverses qui les autostimulent, leur apportant distraction et excitation. D'autres patients ont des activités compulsives solitaires qui sont plus auto-apaisantes qu'autostimulantes. Ces activités compulsives détournent leur attention de la souffrance liée aux schémas de Manque Affectif et d'Imperfection.

Nous avons trouvé quatre facteurs caractéristiques de l'environnement infantile des patients narcissiques : (1) la solitude et l'isolement ; (2) le manque de limites ; (3) des antécédents d'utilisation et de manipulation ; et (4) l'approbation conditionnelle.

Dans les relations intimes, les narcissiques présentent des comportements caractéristiques. Ils sont généralement incapables d'absorber l'affection qu'on leur dispense et ils considèrent les relations comme des moyens pour obtenir de l'approbation ou de la reconnaissance. Ils manquent d'empathie, particulièrement avec les gens qui leurs sont les plus proches. Ils sont souvent envieux des autres lorsqu'ils les sentent meilleurs d'une manière ou d'une autre. Au début d'une relation, ils idéalisent leurs objets d'amour ; par la suite, le temps passant, ils dévalorisent progressivement leurs partenaires. Enfin, les patients présentent un scénario de grandeur dans leurs relations intimes.

Pour évaluer le narcissisme, le thérapeute peut tenir compte de plusieurs choses : (1) le comportement du patient en séance ; (2) la nature des problèmes actuels du patient et de ses antécédents ; (3) les réponses du patient aux exercices d'imagerie et aux questions portant sur l'enfance (y compris dans le Questionnaire des Attitudes Parentales de Young) ; et enfin (4) le Questionnaire des Schémas de Young.

Notre façon de traiter les narcissiques se concentre sur le re-parentage de l'Enfant Esseulé et la conduite de dialogues entre les modes. Le thérapeute aide le patient à se forger un mode Adulte Sain, construit sur le modèle du thérapeute, qui soit capable de re-materner l'Enfant Esseulé et de modérer les modes Auto-Magnificateur et Auto-Tranquilliseur Détaché. Le thérapeute se sert des plaintes actuelles comme moyen d'action et il commence le re-parentage partiel de l'Enfant Esseulé. En traitant les narcissiques, il est important que les thérapeutes confrontent avec tact le style dévalorisant ou provocateur du patient et qu'ils affirment leurs droits chaque fois que le patient les viole. Sans chercher à être parfaits, les thérapeutes reconnaissent leur vulnérabilité.

Le thérapeute introduit la notion de mode Enfant Esseulé et il aide le patient à reconnaître les modes Auto-Magnificateur et Auto-Tranquilliseur Détaché. Il explore les origines infantiles de ces modes au travers de l'imagerie. (Habituellement, il est tout d'abord confronté à une résistance considérable de la part du patient, et il lui faut la surmonter.) Le thérapeute guide le patient dans le travail des modes. Le mode Adulte Sain mène des négociations entre les modes, dans le but de : (1) aider l'Enfant Esseulé à se sentir écouté, pris en attention, compris, et à éprouver de l'empathie et de l'écoute attentive envers les autres ; (2) confronter l'Auto-Magnificateur pour que le patient se débarrasse de son besoin excessif d'approbation et qu'il traite les autres sur les bases du respect et de la réciprocité, lorsque l'Enfant Esseulé devient capable de recevoir un amour authentique ; et (3) il aide l'Auto-Tranquilliseur Détaché à abandonner ses comportements inadaptés d'addictions et d'évitements, pour les remplacer par l'expression de soi, le vécu de ses émotions et de l'amour authentique.

La partie finale du traitement consiste à aider le patient à généraliser les changements, à partir de la relation thérapeutique et des exercices d'imagerie en séance, aux relations avec des proches en dehors de la thérapie. Le thérapeute aide le patient à choisir des proches qui soient capables d'une écoute attentionnée mutuelle et à se lier affectivement à ceux-ci. Il encourage le patient à faire sortir l'Enfant Esseulé du plus profond de lui-même, au cours de ces relations, et à le maintenir accessible aux autres, pour qu'il puisse donner et recevoir de l'amour.

Annexe

Questionnaire des schémas de Young

Questionnaires des Schémas de Young

Sont actuellement disponibles les versions suivantes du Questionnaire des Schémas de Young :

◊ La version courte (YSQ-S1), 1994, à 75 items explorant 15 schémas.

◊ La version longue YSQ-L2, 1990, à 205 items explorant 16 schémas, ci-annexée.

◊ La version longue YSQ-L3, 2001, à 232 items explorant 18 schémas.

Schémas Précoces Inadaptés et Domaines de Schémas

Les codes à deux lettres entre parenthèses sont l'abréviation correspondant à chaque Schéma Précoce Inadapté. Dans le texte du YSQ-L2, ces codes suivent chaque groupe d'items, indiquant au thérapeute quel schéma vient d'être mesuré.

Le Schéma de Non-Désirabilité Sociale (**su**), qui existe dans le questionnaire (YSQ-L2), a été supprimé dans la version YSQ-L3, ainsi que dans la YSQ-S1, car l'analyse factorielle ne l'a pas confirmé comme étant significatif.

Les astérisques signalent les Schémas qui n'existaient pas dans le YSQ-L2 (voir chapitre 2, page 116), et qui ont été ajoutés par Young en 1998.

A. *Domaine de séparation et rejet*

1. Abandon/Instabilité (**ab**)
2. Méfiance/Abus (**ma**)
3. Manque Affectif (**ed**)
4. Imperfection/Honte (**ds**)
5. Isolement Social (**si**)

B. *Domaine de manque d'autonomie et de performance*

1. Dépendance/Incompétence (**di**)
2. Peur du Danger ou de la Maladie (**vh**)
3. Fusionnement/Personnalité Atrophiée (**em**)
4. Echec (**fa**)

C. *Domaine de manque de limites*

1. Droits Personnels Exagérés/Grandeur (**et**)
2. Contrôle de Soi/Autodiscipline Insuffisants (**is**)

D. *Domaine d'orientation vers les autres*

1. Assujettissement (**sb**)
2. Abnégation (**ss**)
3. Recherche d'Approbation et de Reconnaissance* (**as**)

E. *Domaine de survigilance et inhibition*

1. Négativité/Pessimisme* (**np**)
2. Surcontrôle Émotionnel (**ei**)
3. Idéaux Exigeants/Critique Excessive (**us**)
4. Punition* (**pu**)

Questionnaire des Schémas de Young : YSQ-L2/SQII (Version 1994)

Traduction par Jean Cottraux (1995, révisée 1999)
Unité de traitement de l'anxiété, hôpital neurologique, Lyon, France

Instructions

Vous allez trouver ci-dessous des affirmations qui pourraient être utilisées par une personne pour se décrire elle-même. Nous vous prions de lire chaque affirmation et de décider à quel point elle donne une bonne description de vous-même. Lorsque vous hésitez, basez votre réponse sur ce que vous ressentez ***émotionnellement,*** et non pas sur ce que vous ***pensez rationnellement*** être vrai pour vous.

Si vous le désirez, corrigez et réécrivez l'affirmation de telle sorte qu'elle vous corresponde encore mieux. Choisissez ensuite entre 1 et 6 le chiffre le plus élevé qui correspond à une bonne description de vous-même (y compris vos corrections), et écrivez ce chiffre dans l'espace libre avant chaque affirmation.

Échelle :

1. Cela ne m'a jamais correspondu tout au long de ma vie.
2. Cela a été vrai pour une période de ma vie, mais non pas la plupart du temps.
3. Cela me concerne en ce moment même, mais généralement cela ne m'a pas concerné durant ma vie.
4. Assez vrai pour moi durant la majeure partie de ma vie.
5. Tout à fait vrai pour moi la majeure partie de ma vie.
6. Me décrit parfaitement tout au long de ma vie.

---

1. ______ Les autres n'ont pas satisfait mes besoins émotionnels.
2. ______ Je n'ai reçu ni amour, ni attention.
3. ______ La plupart du temps, je n'ai eu personne dont je dépende pour donner des conseils et un soutien émotionnel.
4. ______ La plupart du temps, je n'ai eu personne pour m'éduquer et avec qui je puisse partager une relation ou pour se soucier profondément de tout ce qui m'arrive.
5. ______ Pour la plus grande part de ma vie, je n'ai eu personne qui voulait être près de moi et passer beaucoup de temps avec moi.
6. ______ En général, les autres n'ont pas été présents pour me donner de la chaleur, du soutien et de l'affection.
7. ______ Pour la plus grande part de ma vie, je n'ai jamais eu le sentiment que je représentais quelqu'un d'important pour quelqu'un d'autre.

8. ______ En grande partie, je n'ai eu personne qui m'écoute réellement, me comprenne et soit en accord avec mes vrais besoins et mes vrais sentiments.

9. ______ J'ai eu rarement une personne forte pour me donner des avis valables ou pour m'indiquer le chemin à suivre quand je n'étais par sûr(e) de ce qu'il fallait faire.

ed

10. ______ Je suis préoccupé(e) par le fait que les gens que j'aime vont mourir bientôt même s'il y a peu de raisons médicales pour valider ma préoccupation.

11. ______ Je suis souvent en train de m'accrocher aux autres dont je suis proche car j'ai peur qu'ils ne me quittent.

12. ______ Je crains que les gens dont je me sens proche ne me quittent ou ne m'abandonnent.

13. ______ J'ai le sentiment de manquer d'une base stable qui me soutienne émotionnellement.

14. ______ Je n'ai pas le sentiment que les relations importantes dureront ; je m'attends à ce qu'elles finissent.

15. ______ Je me sens en dépendance des partenaires qui ne peuvent être là pour moi d'une façon constante.

16. ______ Je finirai seul(e).

17. ______ Quand je sens que quelqu'un à qui je tiens s'éloigne de moi, je deviens désespéré(e).

18. ______ Parfois, je suis si préoccupé(e) que les autres ne me quittent que je les rejette.

19. ______ Je deviens bouleversé(e) quand quelqu'un me laisse seul(e) même pour une courte période.

20. ______ Je ne peux compter sur la présence régulière de ceux qui me soutiennent.

21. ______ Je ne peux me permettre d'être vraiment proche des autres car je ne peux être sûr(e) qu'ils seront toujours là.

22. ______ Il me semble que les personnes importantes dans ma vie sont toujours en train de venir et de repartir.

23. ______ Je m'inquiète beaucoup que les personnes que j'aime ne trouvent quelqu'un d'autre qu'ils préfèrent et qu'ils m'abandonnent.

24. ______ Les gens qui sont proches de moi sont toujours tout à fait imprévisibles ; un moment ils sont disponibles et gentil(le)s puis ils sont en colère, bouleversés, préoccupés par eux-mêmes, agressif(ve)s...

25. ______ J'ai tellement besoin des autres que je m'inquiète de les perdre.
26. ______ Je me sens tellement sans défense si je n'ai personne pour me protéger que je crains beaucoup de perdre mes relations
27. ______ Je ne peux être moi-même ou exprimer ce que je sens véritablement ou les autres me quitteront.

ab

28. ______ J'ai l'impression que les autres abusent de moi.
29. ______ Je me sens souvent dans la nécessité de me protéger vis-à-vis des autres.
30. ______ Je sens que je ne peux pas baisser ma garde devant les autres sinon ils vont faire exprès de me blesser.
31. ______ Si une personne agit de façon aimable à mon égard, je considère qu'elle cherche à obtenir quelque chose.
32. ______ Être trahi(e) par quelqu'un est uniquement une question de temps.
33. ______ La plupart des gens pensent uniquement à eux.
34. ______ J'ai la plus grande difficulté à faire confiance aux autres.
35. ______ Je trouve tout à fait suspectes les motivations des autres.
36. ______ Les autres sont rarement honnêtes, ils ne sont pas en général ce qu'ils paraissent.
37. ______ Habituellement, je cherche les motivations lointaines des autres.
38. ______ Si je pense que quelqu'un cherche à me blesser, je cherche à le blesser en premier.
39. ______ Les autres habituellement doivent faire leurs preuves avec moi avant que je leur accorde ma confiance.
40. ______ Je teste les autres pour voir s'ils me disent la vérité ou sont bien attentionnés.
41. ______ Je suis d'accord avec la croyance : « contrôle ou sois contrôlé(e) ».
42. ______ Je me mets en colère quand je pense aux façons dont j'ai été maltraité(e) par les autres tout au long de ma vie.
43. ______ Tout au long de ma vie, mes proches ont abusé de moi et m'ont utilisé pour leurs propres desseins.
44. ______ J'ai été physiquement, émotionnellement ou sexuellement abusé(e) par des personnes importantes dans ma vie.

ma

45. ______ Je ne suis pas adapté(e).
46. ______ Je suis fondamentalement différent(e) des autres.
47. ______ Je suis à part ; je suis un(e) solitaire.

48. ______ Je me sens éloigné(e) des autres.
49. ______ Je me sens isolé(e) et seul(e).
50. ______ Je me sens toujours à l'extérieur des groupes.
51. ______ Personne ne me comprend vraiment.
52. ______ Ma famille était toujours différente des familles aux alentours.
53. ______ Je me sens souvent étranger(e).
54. ______ Si je disparaissais demain, personne ne le remarquerait.

si

55. ______ Aucun homme ou femme que je désire ne pourrait m'aimer une fois qu'il(elle) aurait vu mes déficiences.
56. ______ Aucune personne que je désire ne pourrait rester proche de moi si elle connaissait ce que je suis réellement.
57. ______ Je suis fondamentalement marqué(e) par un défaut et déficient(e).
58. ______ Même si je me donne le plus grand mal, je sens qu'il ne me sera pas possible d'avoir le respect d'un homme ou d'une femme importante et de sentir que je suis valable.
59. ______ Je ne mérite pas l'amour, l'attention et le respect des autres.
60. ______ Je sens que je suis quelqu'un que l'on ne peut pas aimer.
61. ______ Je suis trop fondamentalement inacceptable pour me révéler aux autres.
62. ______ Si les autres trouvaient mes déficiences fondamentales, je ne pourrais les rencontrer.
63. ______ Lorsque les gens m'apprécient, je pense que je les trompe.
64. ______ Souvent, je me sens attiré(e) par les gens qui sont vraiment critiques ou me rejettent.
65. ______ J'ai des secrets intérieurs que je ne veux pas que mes proches connaissent.
66. ______ C'est ma faute si mes parents n'ont pu m'aimer suffisamment.
67. ______ Je ne laisse pas les gens connaître ce que je suis réellement.
68. ______ Une de mes plus grandes peurs est que mes déficiences deviennent publiques.
69. ______ Je ne puis comprendre comment qui que ce soit pourrait m'aimer.

ds

70. ______ Je ne suis pas attirant(e) sexuellement.
71. ______ Je suis trop gros(se).
72. ______ Je suis laid(e).

73. ______ Je ne peux soutenir une conversation convenable.
74. ______ Je suis banal(e) et ennuyeux(se) dans des situations sociales.
75. ______ Les gens que j'estime ne voudraient pas s'associer avec moi à cause de mon statut social (revenu, niveau d'études, carrière...)
76. ______ Je ne sais jamais que dire en société.
77. ______ Les autres ne veulent pas m'accepter dans leur groupe.
78. ______ Je m'observe vraiment beaucoup quand je suis en société.

Su

79. ______ Presque rien de ce que je fais au travail (ou à l'école) ne vaut autant que ce que les autres font.
80. ______ Je suis incompétent(e) quand il s'agit de réussir.
81. ______ La plupart des gens sont plus capables que moi en ce qui concerne le travail et la réussite.
82. ______ Je suis un raté.
83. ______ Je n'ai pas autant de talent que les autres au travail.
84. ______ Je ne suis pas aussi intelligent(e) que la plupart des gens quand il s'agit du travail (ou de l'école).
85. ______ Je suis humilié(e) par mes fautes ou mes manques dans le monde du travail.
86. ______ Je me sens souvent embarrassé(e) vis-à-vis des autres car je ne les vaux pas en termes de réalisations.
87. ______ Je compare souvent mes réalisations avec les autres et je trouve qu'ils ont beaucoup plus de réussite.

fa

88. ______ Je ne me sens pas capable de me débrouiller par moi-même dans la vie de tous les jours.
89. ______ J'ai besoin des autres pour m'aider à m'en sortir.
90. ______ Je n'ai pas le sentiment que je puisse bien m'adapter par moi-même.
91. ______ Je crois que les autres peuvent prendre soin de moi mieux que je ne le peux moi-même.
92. ______ J'ai des difficultés à prendre en charge de nouvelles tâches en dehors du travail à moins que quelqu'un ne me guide.
93. ______ Je me considère comme une personne dépendante en ce qui concerne le fonctionnement quotidien.
94. ______ Je gâche tout ce que j'entreprends même à l'extérieur du travail (ou à l'école).
95. ______ Je suis stupide dans la plupart des domaines de la vie.

96. ______ Si je fais confiance à mon propre jugement dans les situations quotidiennes, je prendrai la mauvaise décision.

97. ______ Je manque de bon sens.

98. ______ On ne peut se fier à mon jugement dans les situations quotidiennes.

99. ______ Je n'ai pas confiance dans ma capacité de résoudre les problèmes qui se posent tous les jours.

100. ______ Je pense que j'ai besoin de quelqu'un sur qui je puisse compter pour me donner des conseils en ce qui concerne les problèmes pratiques.

101. ______ Je me sens plus un(e) enfant qu'un(e) adulte quand il s'agit de prendre en main les responsabilités quotidiennes.

102. ______ Je trouve que les responsabilités quotidiennes sont accablantes.

di

103. ______ Il ne me semble pas possible d'échapper au sentiment que quelque chose de mauvais va bientôt se passer.

104. ______ J'ai le sentiment qu'un désastre naturel, criminel, financier ou médical pourrait frapper à tout moment.

105. ______ Je me soucie de devenir un(e) sans domicile fixe ou un(e) mendiant(e).

106. ______ J'ai peur d'être attaqué(e).

107. ______ Je sens que je dois être tout à fait prudent(e) en ce qui concerne l'argent ou autrement je finirai avec rien.

108. ______ Je prends de grandes précautions pour éviter de tomber malade ou d'être blessé(e).

109. ______ Je me soucie de perdre tout mon argent et de déchoir.

110. ______ Je me soucie de développer une maladie sérieuse même si rien de sérieux n'a été diagnostiqué par un médecin.

111. ______ Je suis quelqu'un de peureux.

112. ______ Je me soucie beaucoup de ce qui va mal dans le monde : le crime, la pollution, etc.

113. ______ J'ai souvent le sentiment que je pourrais devenir fou(folle).

114. ______ J'ai souvent le sentiment que je suis sur le point d'avoir une attaque d'anxiété.

115. ______ Je me soucie souvent que je pourrais avoir une attaque cardiaque, même s'il y a peu de raisons médicales de s'en soucier.

116. ______ Je pense que le monde est un endroit dangereux.

vh

117. ______ Je n'ai pas été capable de me séparer de mes parents comme les autres personnes de mon âge ont l'air de le faire.
118. ______ Mes parents et moi avons tendance à être surimpliqués dans les vies et les problèmes des uns et autres.
119. ______ Il est vraiment difficile pour mes parents et moi de garder secrets des détails intimes sans se sentir trahis ou coupables.
120. ______ Mes parents et moi devons nous parler presque tous les jours ou autrement l'un de nous se sent coupable, blessé(e), désappointé(e), ou seul(e)...
121. ______ Je sens souvent que je n'ai pas une identité séparée de mes parents ou de mon partenaire.
122. ______ J'ai souvent l'impression que mes parents vivent à travers moi — je n'ai pas une vie qui me soit propre.
123. ______ Il est vraiment difficile de maintenir une distance vis-à-vis des gens dont je suis intime ; j'ai des difficultés à maintenir un sens séparé de moi-même, quel qu'il soit.
124. ______ Je suis si impliqué(e) avec mon partenaire ou mes parents que je ne sais pas vraiment qui je suis et ce que je veux.
125. ______ J'ai des difficultés à distinguer mon point de vue ou mon opinion de celle de mes parents ou de mon partenaire.
126. ______ Je sens souvent que je n'ai pas d'intimité quand il s'agit de mes parents ou de mon partenaire.
127. ______ Je sens que mes parents sont ou seraient véritablement blessés si je vivais seul(e) loin d'eux.

em

128. ______ Je laisse les autres faire ce qu'ils veulent car j'ai peur des conséquences.
129. ______ Je pense que si je fais ce que je veux, je suis seulement en train de créer des problèmes.
130. ______ Je sens que je n'ai pas d'autre choix que de me soumettre aux souhaits des autres, ou autrement ils exerceront des représailles ou me rejetteront d'une façon ou d'une autre.
131. ______ Dans les relations, je laisse l'autre avoir la haute main sur moi.
132. ______ Je laisse toujours les autres faire les choix pour moi, ainsi je ne sais pas vraiment ce que je veux pour moi-même.
133. ______ Je sens que les décisions majeures de ma vie n'étaient pas vraiment les miennes.

134. ______ Je me soucie beaucoup de plaire aux autres pour qu'ils ne me rejettent pas.
135. ______ J'ai beaucoup de difficultés à exiger que mes droits soient respectés et que mes sentiments soient pris en compte.
136. ______ Je réponds aux autres d'une manière faible plutôt que de montrer ma colère.
137. ______ Je laisse beaucoup plus traîner les choses en longueur que la plupart des gens pour éviter les confrontations.

sb

138. ______ Je fais passer les besoins des autres avant les miens ou autrement je me sens coupable.
139. ______ Je me sens coupable de laisser tomber les autres ou de les désappointer.
140. ______ Je donne plus aux autres que je ne reçois en retour.
141. ______ Je suis celui ou celle qui habituellement fini, par prendre soin des gens dont je suis proche.
142. ______ Il n'y a presque rien que je pourrais refuser si j'aimais quelqu'un.
143. ______ Je suis quelqu'un de bon car je pense aux autres plus qu'à moi-même.
144. ______ Au travail, je suis habituellement celui ou celle qui est volontaire pour faire des tâches en plus ou des heures supplémentaires.
145. ______ Peu importe à quel point je suis occupé(e), je trouverai toujours du temps pour les autres.
146. ______ Je peux m'en sortir avec vraiment peu car mes besoins sont minimes.
147. ______ Je suis heureux(se) seulement quand ceux qui sont autour de moi le sont.
148. ______ Je suis si occupé(e) à faire des choses pour les gens dont je me soucie que j'ai peu de temps pour moi-même.
149. ______ J'ai toujours été celui ou celle qui écoute les problèmes des autres.
150. ______ Je me sens plus à l'aise en donnant un présent qu'en en recevant un.
151. ______ On me voit comme quelqu'un qui en fait trop pour les autres mais pas assez pour moi-même.
152. ______ Peu importe combien je donne, ce n'est jamais assez.
153. ______ Si je fais ce que je veux, je me sens vraiment mal à l'aise.
154. ______ Il m'est vraiment difficile de demander aux autres de se soucier de mes besoins.

ss

155. ______ Je me soucie de perdre le contrôle de mes actions.
156. ______ Je me soucie de ce que je pourrais faire du mal à quelqu'un physiquement ou émotionnellement si je perdais tout contrôle sur ma colère.
157. ______ Je sens que je dois contrôler mes émotions et mes impulsions ou quelque chose de mauvais risque de m'arriver.
158. ______ Beaucoup de colère et de ressentiment monte à l'intérieur de moi sans que je ne l'exprime.
159. ______ Je suis trop préoccupé(e) de moi-même pour montrer les sentiments positifs (affection) aux autres ou pour montrer que je m'en préoccupe.
160. ______ Je trouve embarrassant de montrer mes sentiments aux autres.
161. ______ Il me semble difficile d'être chaud et spontané.
162. ______ Je me contrôle tant que les autres pensent que je suis sans émotion.
163. ______ Les gens me considèrent comme trop contrôlé(e) émotionnellement.

ei

164. ______ Je dois être le(a) meilleur(e) dans tout ce que je fais, je ne peux accepter d'être le(a) second(e).
165. ______ Je m'efforce de maintenir presque toutes choses en ordre parfait.
166. ______ Je dois apparaître sous mon meilleur jour la plupart du temps.
167. ______ J'essaie de faire de mon mieux ; il ne suffit pas d'être assez bien.
168. ______ J'ai tant de choses à réaliser qu'il ne me reste presque pas de temps pour véritablement me relaxer.
169. ______ Presque rien de ce que je fais n'est assez bon, je pourrais toujours faire mieux.
170. ______ Je dois faire face à toutes mes responsabilités.
171. ______ Je sens qu'il y a une pression constante pour que je réussisse et termine les choses.
172. ______ Mes relations souffrent de ce que je m'impose trop de choses.
173. ______ Ma santé souffre car je me mets moi-même sous une pression si importante pour bien faire.
174. ______ Souvent, je sacrifie le plaisir et le bonheur pour atteindre mes idéaux.
175. ______ Quand je fais une erreur, je mérite une forte critique.

176. ______ Je ne peux me dégager facilement ou faire des excuses pour mes erreurs.

177. ______ Je suis une personne tout à fait compétitive.

178. ______ J'attache beaucoup de prix à l'argent et au statut social.

179. ______ Je dois toujours être le numéro un en ce qui concerne mes activités.

us

180. ______ J'ai beaucoup de difficultés à accepter qu'on me réponde non quand je veux quelque chose des autres.

181. ______ Je deviens souvent coléreux et irritable quand je ne peux pas avoir ce que je veux.

182. ______ Je suis quelqu'un de particulier et je ne devrais pas accepter beaucoup des restrictions auxquelles les autres doivent se soumettre.

183. ______ Je déteste être limité(e) ou empêché(e) de faire ce que je veux.

184. ______ J'ai le sentiment que je n'ai pas à suivre les règles et les conventions comme les autres.

185. ______ Je ressens que ce que j'ai à offrir est de plus grande valeur que les contributions des autres.

186. ______ Habituellement, je fais passer mes besoins avant ceux des autres.

187. ______ Souvent, je trouve que je suis si impliqué(e) dans mes propres priorités que je n'ai pas le temps à donner pour les autres et ma famille.

188. ______ Souvent les gens me disent que je contrôle trop la façon dont les choses sont faites.

189. ______ Je deviens vraiment irrité(e) contre les gens qui ne font pas ce que je leur demande.

190. ______ Je ne peux tolérer que les autres me disent ce que je dois faire.

et

191. ______ J'ai de grandes difficultés à m'arrêter de boire, de fumer, de trop manger et à arrêter d'autres comportements problèmes.

192. ______ Il ne me semble pas possible de me discipliner pour terminer des tâches de routine ou ennuyeuses.

193. ______ Souvent, je me permets de me laisser aller à des impulsions ou à exprimer des émotions qui me créent des difficultés ou blessent les autres.

194. ______ Si je ne peux atteindre un but, je deviens aisément frustré(e) et abandonne.

195. ______ J'ai un moment tout à fait difficile quand je sacrifie une gratification immédiate pour mener à bien un but à long terme.

196. ______ Il m'arrive souvent, une fois que j'ai commencé à me sentir en colère, de ne vraiment pas pouvoir me contrôler.
197. ______ J'ai tendance à en faire trop, même si je sais que les choses sont mauvaises pour moi.
198. ______ Je suis très facilement ennuyé(e).
199. ______ Quand les tâches deviennent difficiles, habituellement, je ne peux persévérer et les terminer.
200. ______ Je ne peux me concentrer sur quelque chose pendant trop longtemps.
201. ______ Je ne peux me forcer à faire les choses qui ne me plaisent pas, même quand je sais que c'est pour mon propre bien.
202. ______ Je perds mon calme à la plus petite offense.
203. ______ Il m'est arrivé(e) rarement d'être capable à me tenir à mes résolutions.
204. ______ Je ne peux presque jamais me retenir de montrer aux gens mes véritables sentiments, même si cela doit me coûter beaucoup.
205. ______ Souvent, je fais des choses impulsivement que je regrette plus tard.

is

Bibliographie

Ainsworth, M.D. S. (1968). Object relations, dependency, and attachment : A theoretical review of the infant-mother relationship. *Child Development*, 40, 969-1025.

Ainsworth, M.D. S., & Bowlby, J. (1991). An ethological approach to personality development. *American Psychologist*, 46,331-341.

Alexander, E. (1956). *Psychoanalysis and psychotherapy : Developments in theory, techniques, and training*. New York : Norton.

Alexander, F., & French, T.M. (1946). *Psychoanalytic therapy : Principles and applications*. New York : Ronald Press.

Alford, B.A., & Beck, A.T. (1997). *The integrative power of cognitive therapy.* New York : Guilford Press.

Alloy L.B., & Abramson, L.Y. (1979). Judgment of contingency in depressed and nondepressed students. Sadder but wiser ? *Journal of Experimental Psychology : General*, 108, 449-485.

American Psychiatric Association. (1994). *Diagnostic and statistical manual of mental disorders* (4th ed.). Washington, DC : Author.

Aunola, K., Stattin, H., & Nurmi, J.E. (2000). *Journal of Adolescence*, 23(2), 205-222.

Barlow, D.H. (1993). *Clinical handbooh of psychological disorders*. New York : Guilford Press.

Barlow, D.H. (Ed.). (2001). *Clinical handbooh of psychological disorders* (3rd ed.). New York : Guilford Press.

Baron, R. (1988). Negative effects of destructive criticism. Impact on conflict, self-efficacy, and task performance. *Journal of Applied Psychology* 73, 199-207.

Beck, A.T. (1967). *Depression : Causes and treatment.* Philadelphia : University of Pennsylvania Press.

Beck, A.T. (1976). *Cognitive therapy and the emotional disorders*. New York : International Universities Press.

Beck, A.T. (1996). Beyond belief : A theory of modes, personality, and Psychopathology. In P Salkovskis (Ed.), *Frontiers of cognitive therapy* (pp. 1-25). New York : Guilford Press.

Beck, A.T., Freeman, A., & Associates. (1990). *Cognitive therapy of personality disorders*. York : Guilford Press.

Beck, A.T., Rush, A.J., Shaw, B. E, & Emery, G, (1979). *Cognitive therapy of depression*. New York : Guilford Press.

Beck, A. T, Steer, R.A., & Brown, G.K. (1996). *Beck Depression Inventory-II*. San Antonio, Texas : The Psychological Corporation.

Beck, A.T., Ward, C.H., Mendelson, M., Mock, J., & Erbaugh, J. (1961). An inventory for measuring depression. *Archives of General Psychiatry*, 4, 561-571.

Beyer, J., & Trice, H. (1984). A field study of the use and perceived use of discipline in controlling worker performance. *Academy of Management Journal*, 27, 743-764.

Borkovec, T.D., Robinson, E., Pruzinsky, T, & DePree, J.A. (1983). Preliminary exploration of worry : Some characteristics and processes. *Behaviour Research and Therapy*, 21, 9-16.

Bowlby, J., (1969). *Attachment and loss : Vol. I. Attachment*. New York : Basic Books.

Bowlby, J., (1973). *Attachment and loss : Vol. II. Separation*. New York : Basic Books.

Bowlby, J., (1980). *Attachment and loss : Vol. III. Loss, sadness, and depression*. New York : Basic Books.

Bowlby, J., (1988). A *secure base : Parent-child attachment and healthy human development*. New York : Basic Books.

Burns, D.D. (1980). *Feeling good*. New York : Morrow

Carine, B.E. (1997). Assessing personal and interpersonal schemata associated with Axis II Cluster B personality disorders : An integrated perspective. *Dissertations Abstracts International*, 58, 1B.

Carroll, L. (1923). *Alice in wonderland*. New York : J.H. Sears.

Coe, C.L., Glass, J.C., Wiener, S.G., & Levine, S. (1983). Behavioral, but not physiological adaptation to repeated separation in mother and infant primates. *Psychoneuroendocrinology*, 8, 401-409.

Coe, C.L., Mendoza, S. P, Smotherman, W p, & Levine, S. (1978). Mother-infant attachment in the squirrel monkey : Adrenal responses to separation. *Behavioral Biology*, 22, 256-263.

Coe, C.L., Wiener, S.G., Rosenberg, L. T, & Levine, S. (1985). Endocrine and immune responses to separation and maternal loss in nonhuman primates. In

M. Reite dt T Field (Eds.), *The psychobiology of attachment* (pp., 163-199). Orlando, FL : Aeademic Press.

Coleman, L., Abraham, J., & Jussin, L. (1987). Students' reactions to teachers' evaluations. The unique impact of negative feedback. *Journal of Applied Psychology*, 64, 391-400.

Craske, M.G., Barlow, D.H., & Meadows, E.A. (2000). *Mastery of your anxiety and panic : Therapist guide for anxiety, panic, and agoraphobia (MAP-3)*. San Antonio, TX : Graywind/Psychological Corp,

Earley, L., & Cushway, D. (2002), The parentified child. *Clinical Child Psychology and Psychiatry* 7(2) 163-188.

Eliot, T.S. (1971). *The complete poems and plays : 1909-1950*. New York : Hareourt, Brace, & World.

Elliott, C.H., & Lassen, M.K. (1997). A schema polarity model for case conceptualization, intervention, and research. *Clinical Psychology : Science and Practice*, 4, 12-28.

Erikson, E.H. (1950). *Childhood and society*. New York : Norton.

Erikson, E.H. (1963). *Childhood and society* (2nd ed.). New York : Norton.

Fisher, C. (1989). *Postcards from the edge*. New York : Simon & Schuster.

Frank, J.D., Margolin, J., Nash, H.T., Stone, A.R., Varon, E., & Ascher, E. (1952). Two behavior patterns in therapeutic groups and their apparent motivation. *Human Relations*, 5, 289-317.

Freeman, N. (1999). Constructive thinking and earlymaladaptive schemas as predictors inventory for of interpersonal adjustment and marital satisfaction. *Dissertations Abstracts International*, 59, 9B

Freud, S. (1963). Introductory lectures on psychoanalysis : Part III. General theory of the neurosis. In J. Strachey (Ed. and Trans.), *The standard edition of the complete psychological works of Sigmund Freud* (Vol. 16, pp. 241-263). London : Hogarth Press. (Original work published 1917)

Gabbard, G.O. (1994). *Psychodynamic psychiatry in clinical practice : The DSM-IV edition*. Washington, DC : American Psychiatrie Press.

Greenberg, L., & Paivio, S. (1997). *Working with emotions in psychotherapy*. New York, Guilford Press.

Greenberg, L.S., Rice, L.N., & Elliott, R. (1983). *Facilitating emotional change : The moment-by-moment process*. New York : Guilford Press.

Gunderson, J.G., Zanarini, M.C., & Kisiel, C.L. (1991). Borderline personality disorder : A review of data on DSM-III-R descriptions. *Journal of Personality Disorders*, 5, 340-352.

Herman, J.L., Perry, J.C., & van de Kolk, B.A. (1989). Childhood trauma in borderline personality disorder. *American Journal of Psychiatry*, 146, 490-495.

Horowitz, M.J. (Ed.). (1991). *Person schemas and maladaptive interpersonal patterns*. Chicago : University of Chicago Press.

Horowitz, M.J. (1997). *Formulation as a basis for planning psychotherapy treatment.* Washington, DC : American Psychiatric Press.

Horowitz, M.J., Stinson, C.H., & Milbrath, C. (1996). Role relationship models : A person schematic method for inferring beliefs about identity and social action. In A. Colby, R. Jessor, & R. Schweder (Eds.), *Essays on ethnography and human development* (pp. 253-274). Chicago : University of Chicago Press.

Hyler, S., Rieder, R.O., Spitzer, R.L., & Williams, J. (1987). *Personality Diagnostic Questionnaire-Revised.* New York : New York State Psychiatrie Institute.

Kagan, J., Reznick, J.S., & Snidman, N. (1988). Biological bases of childhood shyness. *Science*, 240, 167-171.

Kernberg, O. E (1984). *Severe personality disorders : Psychotherapeutic strategies.* New Haven : Yale University Press.

Kohlberg, I. (1963). Moral development and identifcation. In H. Stevenson (Ed.), *Child psychology* (62nd yearbook of the National Society for the Study of Education.) Chicago : University of Chicago Press.

Kohut, H. (1984). *How does analysis cure ?* Chicago : University of Chicago Press.

LeDoux, J. (1996). *The emotional brain.* New York : Simon & Schuster.

Lee, C. W, Taylor, G., & Dunn, J. (1999). Factor structures of the Schema Questionnaire in a large clinical sample. *Cognitive Therapy and Research*, 23(4), 421-451.

Linehan, M.M. (1993). *Cognitive-behavioral treatment of borderline personality disorder.* New York : Guilford Press.

Maslach, G., & Jackson, S.E. (1986). *Maslach Burnout Inventory manual.* Palo Alto, CA : Consulting Psychologists Press.

McGinn, L.K., Young, J.E., & Sanderson, W C. (1995). When and how to do longer term therapy without feeling guilty. *Cognitive and Behavioral Practice*, 2, 187-212.

Miller, A. (1975). *Prisoners of childhood : The drama of the gifted child and the search for the true self.* New York : Basic Books.

Miller, A. (1990). *Thou shalt not be aware : Society's betrayal of the child.* New York : Penguin.

Millon, T. (1981). *Disorders of personality.* New York : Wiley

Noyes, R.J., Reich, J., Christiansen, J., Suelzer, M., Pfohl, B., & Coryell, W A. (1990). Outcome of panic disorder. *Archives of General Psychiatry*, 47, 809-818.

Nussbaum, M.C. (1994). *The therapy of desire : Theory and practice in hellenistic ethics.* Princeton, NJ : Princeton University Press. Press.

Orwell, G. (1946). *Animal farm.* New York : Harcourt, Brace.

Patock-Peckham, J.A., Cheong, J., Balhorn, M.E., & Nogoshi, C.T. (2001). A social learning perspective : A model of parenting styles, self-regulation, perceived drinking control, and alcohol use and problems. *Alcoholism : Clinical and Experimental Research*, 25(9), 1284-1292.

Pearlman, L.A., & MacIan, P S. (1995). Vicarious traumatization : An empirical study of the effects of trauma work on trauma therapists. *Professional Psychology : Research and Practice*, 26(6), 558-565.

Persons, J.B. (1989). *Cognitive therapy in practice : A case formulation approach.* New York : Norton.

Piaget, J. (1962). *Play, dreams, and imitation in childhood.* New York : Norton.

Plath, S. (1966). *The bell jar.* London : Faber and Faber.

Rachlin, H. (1976). *Behavior and learning.* San Francisco : Freeman.

Reich, J.H., & Greene, A.L. (1991). Effect of personality disorders on outcome of treatment. *Journal of Nervous and Mental Disease*, 179, 74-83.

Rittenmeyer, G.J. (1997). The relationship between early maladaptive schemas and job burnout among public school teachers. *Dissertations Abstracts International*, 58, 5A.

Rogers, C.R. (1951). *Client-centered therapy.* Boston : Houghton Mifflin.

Rosenberg, M. (1965). *Society and the adolescent self-image.* Princeton, NJ : Princeton University Press.

Ryle, A. (1991). *Cognitive-analytic therapy : Active participation in change.* New York : Wiley

Sanderson, W C., Beck, A.T., & McGinn, L.K. (1994). Cognitive therapy for generalized anxiety disorder : Significance of comorbid personality disorders. *Journal of Cognitive Psychotherapy : An International Quarterly*, 8(1), 13-18.

Schmidt, N.B., Joiner, T.E., Young, J.E., & Telch, M.J. (1995). The Schema Questionnaire : Investigation of psychometric properties and the hierarchical structure of a measure of maladaptive schemata. *Cognitive Therapy and Research*, 19(3), 295-321.

Shane, M., Shane, E., & Gales, M. (1997). *Intimate attachments : Toward a new self psychology.* New York : Guilford Press.

Singer, I.B. (1978). *Shosha.* New York : Farrar, Straus, & Giroux.

Smucker, M.R., & Dancu, C. V (1999). *Cognitive behavioral treatment for adult survivors of childhood trauma : Imagery rescripting and reprocessing.* Northvale, NJ : Aronson.

Suinn, R.M. (1977). Type A behavior pattern. In R.B. Williams & W D. Gentry (Eds), *Behavioral approaches to medical treatment.* Cambridge, MA : Ballinger.

Taylor, S.E., & Brown, J.D. (1994). Positive illusions and well-being revisited : Separating fact from fiction. *Psychological Bulletin*, 116, 1-27.

Terence (1965). *Heauton timoroumenos* [The self-tormentor] (Betty Radice, Trans.). New York : Penguin.

Thompson, L. W, Gallagher, D., & Czirr, R. (1988). Personality disorder and outcome in the treatment of later life depression. *Journal of Geriatric Psychiatry and Neurology*, 121,133-146.

Tolstoy L. (1986). The death of Ivan Ilyitch. In C. Neider (Ed.), *Tolstoy : Tales of courage and conflict*. New York : Cooper Square Press.

Turner, S.M. (1987). The effects of personality disorders on the outcome of social anxiety symptom reduction. *Journal of Personality Disorders*, 1, 136-143.

van der Kolk, B.A. (1987). *Psychological trauma*. Washington, DC : American Psychiatric Press.

Wills, R., & Sanders, D. (1997). *Cognitive therapy : Transforming the image*. London : Sage.

Winnicott, D. W (1965). *The maturational processes and the facilitating environment : Studies in the theory of emotional development*. London : Hogarth Press.

Young, J.E. (1990). *Cognitive therapy for personality disorders*. Sarasota, FL : Professional Resources Press.

Young, J.E.(1993). *The schema diary*. NewYork : Cognitive Therapy Center of NewYork.

Young, J.E. (1994). *Young Parenting Inventory*. NewYork : Cognitive Therapy Center of New York.

Young, J.E. (1995). *Young Compensation Inventory*. New York : Cognitive Therapy Center of New York.

Young, J.E. (1999). *Cognitive therapy for personality disorders : A schema focused approach*. Sarasota, FL : Professional Resources Press.

Young, J.E., & Brown, G. (1990). *Young Schema Questionnaire*. New York : Cognitive Therapy Center of New York.

Young, J.E., & Brown, G. (2001). *Young Schema Questionnaire : Special Edition*. New York : Schema Therapy Institute.

Young, J.E., & Gluhoski, V L. (1996). Schema-focused diagnosis for personality disorders. In E W Kaslow (Ed.), *Handbook of relational diagnosis and dysfunctional family and patterns* (pp. 300-321). New York : Wiley.

Young, J.E., & Klosko, J.S. (1993). *Reinventing your life : How to break free from negative life patterns*. New York : Dutton.

Young, J.E., & Klosko, J. (1994). *Reinventing your life*. New York : Plume.

Young, J.E., & Rygh, J. (1994). *Young-Rygh Avoidance Inventory*. New York : Cognitive Therapy Center of New York.

Young, J.E., Wattenmaker, D., ST Wattenmaker, R. (1996). *Schema therapy flashcard*. New York : Cognitive Therapy Center of New York.

Young, J.E., Weinberger, A.D., & Beck, A.T. (2001). Cognitive therapy for depression. In D. Barlow (Ed.), *Clinical handbook of psychological disorders* (3rd ed., pp. 264-308). New York : Guilford Press.

Zajonc, R.B. (1984). On the primacy of affect. *American Psychologist*, 39, 117-123.

Index

f indique une figure, « t » indique un tableau

Table des matières

carrefour des psychothérapies

Collection dirigée par Edith GOLDBETER-MERINFELD

Giovanni ABIGNENTE (Adaptation française de Jean-Yves HAYEZ), Les racines et les ailes. Ressources, tâches et embûches de la famille

Maurizio ANDOLFI (Traduction d'Angela MACCIOCCHI), La thérapie racontée par les familles. Un regard rétrospectif selon le modèle transgénérationnel

Maurizio ANDOLFI, Anna MASCELLANI (Traduction d'Angela MACCIOCCHI), Histoires d'adolescence. Expériences de thérapie familiale

Bernard AUCOUTURIER, La méthode Aucouturier. Fantasmes d'action et pratique psychomotrice

Aaron T. BECK (Traduction de Bernard Pascal), La thérapie cognitive et les troubles émotionnels

Rolando Omar BENENZON (Adaptation française de Fabienne CASSIERS), La musicothérapie. La part oubliée de la personnalité

Antoine BIOY, Pascal-Henri KELLER, Hypnose clinique et principe d'analogie. Fondements d'une pratique psychothérapeutique

Sarah BOWEN, Neha CHAWLA, G. Alan MARLATT, Addictions : prévention de la rechute basée sur la pleine conscience. Guide clinique

Nicole CALEVOI, Gérard DARGE, Régine GOSSART, Marc HAYAT, Sylvie KOCKELMEYER, Romano SCANDARIATO, Rita SFERRAZZA, Le psychodrame psychanalytique métathérapeutique. Supervision, relance et dégagement

Luigi CANCRINI (Traduction de Silvia GUZZI), L'océan borderline. Troubles des états limites, récits de voyage

Michel CAUTAERTS, « Je tu(e) il ». Psychanalyse et mythanalyse des perversions

Salvatore D'AMORE, Les nouvelles familles. Approches cliniques

Frank M. DATTILIO, Thérapies cognitivo-comportementales pour les couples et les familles

Michel DELBROUCK, Psychopathologie. Manuel à l'usage du médecin et du psychothérapeute

Édouard de PERROT, La psychothérapie de soutien. Une perspective psychanalytique

Édouard de PERROT, Martin WEYENETH, Psychiatrie et psychothérapie. Une approche psychanalytique

Barry L. DUNCAN, Scott D. MILLER, Bruce E. WAMPOLD, Mark A. HUBBLE, L'essence du changement. Utiliser les facteurs communs aux différentes psychothérapies

Mansour EL FEKI (Éd.), La sexothérapie. Quelle thérapie choisir en sexologie clinique ?

Nicolas FAVEZ, France FRASCAROLO-MOUTINOT, Hervé TISSOT, Naître et grandir au sein de la triade. Le développement de l'alliance familiale

Elisabeth FIVAZ-DEPEURSINGE, Antoinette CORBOZ-WARNÉRY, Le triangle primaire. Le père, la mère, le bébé

Jacques FRADIN, Camille LEFRANÇOIS, La thérapie neurocognitive et comportementale. Prise en charge neurocomportementale des troubles psychologiques et psychiatriques

Edith GOLDBETER-MERINFELD, Le deuil impossible. Familles et tiers pesants

Edith GOLDBETER-MERINFELD, Juan-Luis LINARES, Luigi ONNIS, Elida ROMANO, Marco VANNOTTI, Thérapie familiale en Europe. Inventions à cinq voix

Zohra GUERRAOUI, Gérard PIRLOT, Comprendre et traiter les situationsinterculturelles. Approches psychodynamiques et psychanalytiques

Russ HARRIS, Passez à l'ACT. Pratique de la thérapie d'acceptation et d'engagement

Michel HELLER, Psychothérapies corporelles. Fondements et méthodes

Jon KABAT-ZINN (Traduction de Claude MASKENS), Au cœur de la tourmente, la pleine conscience. MBSR, la réduction du stress basée sur la mindfulness : programme complet en 8 semaines

David G. KINGDON, Douglas TURKINGTON (Traduction de Pierre PÉRIARD), Thérapie cognitive de la schizophrénie. Une thérapie par le dialogue et l'écoute du sujet

Ilios KOTSOU, Alexandre HEEREN, Pleine conscience et acceptation. Les thérapies de l a troisième vague

Juan Luis LINARES (Traduction de Felipe BARROS SOLANA), Des abus et autres maltraitances. La maltraitance familiale, entre thérapie et contrôle

Jean-Claude MAES, Emprise et manipulation. Peut-on guérir des sectes ?

Muriel MEYNCKENS-FOUREZ, Christine VAN DER BORGHT et Philippe KINOO, Éduquer et soigner en équipe. Manuel de pratiques institutionnelles

Pierre MICHARD, La thérapie contextuelle de Boszormenyi-Nagy. Une nouvelle figure de l'enfant dans le champ de la thérapie familiale

Moïra MIKOLAJCZAK et Martin DESSEILLES, Traité de régulation des émotions

Salvador MINUCHIN, Joel ELIZUR (Traduction de Serge KANNAS), Maladie mentale et hospitalisation psychiatrique. Familles, psychothérapies et société

Serge MORI et Georges ROUAN, Les thérapies narratives

Haim OMER (Traduction d'Édith GOLDBETER-MERINFELD), La résistance non violente. Une nouvelle approche des enfants violents et autodestructeurs

Luigi ONNIS, Anorexie et boulimie, le temps suspendu. Individu, famille et société

Luigi ONNIS (Traduction de Michèle LAURENT), Asthme et enfant. Apports de la thérapie familiale

André PASSELECQ (Éd.), Anorexie et boulimie. Une clinique de l'extrême

Paolo RIGLIANO et Margherita GRAGLIA, L'homosexualité dans les psychothérapies. Histoire, enjeux et perspectives

Babette ROTHSCHILD (Traduction de Françoise DUCÈNE), Le corps se souvient. Mémoire somatique et traitement du trauma

Benjamin SCHOENDORFF, Jana GRAND, Marie-France BOLDUC, La thérapie d'acceptation et d'engagement. Guide clinique

Matteo SELVINI (Traduction de Dominique WATHELET), Réinventer la psychothérapie. L'École de Mara Selvini-Palazzoli

René SIRVEN, Relaxation thérapeutique pour adolescents. Guide de pratique psychosomatique

Emmanuel STREEL et Léonie CHINET (Éd.), Cannabis. Approches thérapeutiques contemporaines

Zindel V. SEGAL, J. Mark G. WILLIAMS, John D. TEASDALE, (Traduction de Claude MASKENS) La thérapie cognitive basée sur la pleine conscience pour la dépression. Une nouvelle approche pour prévenir la rechute

Philippe de TIMARY, Sortir l'alcoolique de son isolement

Sylvie TORDJMAN Mathias WISS, À la rencontre des jeunes en souffrance. L'expérience d'une équipe mobile pluriprofessionnelle

Onno VAN DER HART, Ellert R.S. Nijenhuis, Kathy STEELE, Le soi hanté. Dissociation structurelle et traitement de la traumatisation chronique

Jean-Jacques WITTEZAELE (Éd.), La double contrainte. L'influence des paradoxes de Bateson en Sciences humaines

Jeffrey E. YOUNG, Janet S. KLOSKO, Marjorie E. WEISHAAR (Traduction de Bernard PASCAL) La thérapie des schémas. Approche cognitive des troubles de la personnalité